JUEGOS E INFORMACIÓN

Traducción de
ROBERTO REYES MAZZONI

ERIC RASMUSEN

JUEGOS
E INFORMACIÓN
Una introducción a la teoría de juegos

FONDO DE CULTURA ECONÓMICA

MÉXICO

Primera edición en inglés,   1989
Segunda edición en inglés,   1994
Primera edición en español, 1996

Título original:
Games and Information. An Introduction to Game Theory
© Eric Rasmusen, 1989
Basil Blackwell, Cambridge, Massachusetts, EUA, y Oxford, Reino Unido

D. R. © 1996, Fondo de Cultura Económica
Carretera Picacho-Ajusco, 227; 14200, México, D. F.

ISBN 968-16-4739-4

Impreso en México

PREFACIO

CONTENIDO Y PROPÓSITO

Este libro trata de la teoría de los juegos no cooperativos y de la información asimétrica. En la introducción expondré las razones por las cuales creo que dichos temas son importantes. En el presente prefacio procuraré ayudar al lector a decidir si éste es el libro que le conviene leer, en caso de que estos temas le interesen.

Escribo como un economista que hace aplicaciones teóricas, no como un teórico de los juegos, y aquellos lectores cuyos campos son la antropología, el derecho, la física, la contabilidad y la administración me han ayudado a darme cuenta del provincialismo de la economía y de la teoría de los juegos. Mi finalidad es exponer la teoría de los juegos y la economía de la información que actualmente aparecen en los artículos de revistas y en la tradición oral, de una manera que muestre cómo construir modelos sencillos utilizando formatos estándar. En retrospectiva, los artículos de las revistas son más complicados y menos claros de lo que parece necesario; precisamente porque una idea en verdad nueva es original, incluso su descubridor pocas veces la entiende. Después de que se publican unas cuantas docenas de artículos sobre esa idea, la entendemos y nos maravillamos por su sencillez. Pero los editores de las revistas no aceptan con facilidad nuevos artículos que admiten contener exactamente las mismas ideas que los viejos artículos, sólo que presentados con más claridad. En el mejor de los casos, las aclaraciones se ocultan en la introducción de algún nuevo artículo o se condensan en un párrafo de alguna reseña. Los estudiantes, a quienes todas las ideas les resultan tan complicadas como lo fueron para los descubridores de las mismas cuando eran nuevas, deben aprender de artículos originales muy confusos o de la tradición oral de un departamento económico de alto nivel. Este libro proporciona una alternativa.

CÓMO UTILIZAR ESTE LIBRO

El libro se divide en tres partes: la primera parte trata de la teoría de juegos; la segunda parte de la economía de la información, y la tercera parte de la aplicación a temas particulares. Las primeras dos partes están integradas por conjuntos ordenados de capítulos.

La primera parte por sí sola sería adecuada para un curso sobre la teoría de juegos y se podrían añadir secciones de la tercera parte como ejemplos. Si los estudiantes ya se hallan familiarizados con la teoría básica de juegos, la segunda parte puede aprovecharse para un curso sobre la economía de la información. Todo el libro puede ser útil como texto complementario de un curso de organización industrial. Imparto enseñanza con temas de cada capítulo en un curso de un semestre para estudiantes del primero y segundo años del doctorado de la Escuela de Empresas de la Universidad de Indiana, e incluyo más o menos secciones de los capítulos, dependiendo del progreso de la clase.

Al término de cada capítulo se ofrecen ejercicios y notas. Es útil complementar un libro como éste con artículos originales, pero dejo a los lectores o a sus profesores el profundizar en los temas que les interesen. También recomiendo que los lectores traten de asistir a un seminario en el cual se presente la investigación que se realiza actualmente sobre algún tema del libro; aunque la mayor parte del seminario podría resultar incomprensible, siempre es emocionante ver que una persona ataque al orador con la pregunta: "¿Está usted seguro de que el equilibrio es perfecto?", justo una semana después de aprender lo que significa "perfecto".

Algunos de los ejercicios al final de los capítulos dan leves matices a los conceptos del texto, en tanto que otros introducen nuevos conceptos. Las respuestas de las preguntas impares se encuentran en el apéndice A. En particular, recomiendo que quienes deseen aprender estos temas sin un profesor trabajen mediante los problemas.

Las notas finales de cada capítulo incluyen material valioso, al igual que referencias. A diferencia de las notas de otros libros, no se debe omitir su lectura, ya que muchas son importantes aunque no se refieran específicamente al tema, y algunas califican enunciados del texto principal. Las notas menos importantes dan ejemplos adicionales o enlistan resultados técnicos para referencia. Un apéndice matemático al final del libro proporciona referencias técnicas, define ciertos términos matemáticos y contiene el glosario de algunos conceptos para referencia que no son utilizados en el texto principal.

El nivel matemático

Al estudiar los prefacios de libros anteriores sobre la teoría de juegos, observé que el señalar a los lectores cuánto conocimiento matemático necesitan expone a un autor a la acusación de estar alejado de la realidad. El nivel matemático aquí es aproximadamente el mismo que se requiere para la obra de Luce y Raiffa (1957) y lo mejor que puedo hacer es citar el consejo que dan en la página 8 de su libro:

Probablemente el prerrequisito más importante es esa cualidad mal definida: la sofisticación matemática. Tenemos la esperanza de que éste sea un ingrediente que no se requiera en gran medida, pero no hay duda de que se le necesita en cierto grado. El lector debe ser capaz de aceptar enunciados condicionales, aunque piense que los supuestos son falsos; debe estar dispuesto a hacer concesiones en aras de la sencillez matemática; debe tener la suficiente paciencia para continuar con la clase peculiar de interpretación que es la matemática, y, sobre todo, debe simpatizar con el método: simpatía basada en el conocimiento de sus pasados éxitos en las varias ciencias empíricas y en su comprensión de la necesidad de una rigurosa deducción en la ciencia tal como la conocemos.

Si el lector no está familiarizado con los términos "aversión al riesgo", "condición de primer orden", "función de utilidad", "densidad de la probabilidad" y "tasa de descuento", no entenderá completamente este libro. Sin embargo, si lo hojea, verá que la densidad de ecuaciones es mucho menor que en los textos de microeconomía del primer año de posgrado. En cierto sentido, la teoría de juegos es menos abstracta que la teoría de precios, ya que trata de agentes individuales en vez de mercados agregados y está orientada hacia la explicación de hechos estilizados, más que hacia proporcionar especificaciones econométricas.

Cambios a la segunda edición

George Stigler solía decir que era una lástima que Alfred Marshall hubiera dedicado tanto tiempo a las ocho ediciones de los *Principios de economía* que aparecieron entre 1890 y 1920, en vista del costo de oportunidad de otros libros que pudo haber escrito. Como no soy ningún Marshall, he estado dispuesto a sacrificar uno o dos artículos de Rasmusen por esta nueva edición, aunque dudo que continuaré haciéndolo hasta el año 2019.

Juegos e información ha tenido mucho éxito, se ha vendido en todo el mundo y ya se ha traducido al italiano y al japonés. En vista de ello, no he cambiado el estilo o la organización del libro. No obstante, he añadido temas nuevos, he aumentado el número de ejercicios (proporcionando también respuestas detalladas), he actualizado las referencias, he cambiado la terminología en algunas partes y he mejorado la claridad del libro entero, ya que un libro, como un poema, nunca se termina —sólo se le abandona—. La única sección de la primera edición que eliminé es la discusión de los teoremas de la existencia. Los nuevos temas incluyen juegos de auditoría, demandas por daños y perjuicios, recoordinación en equilibrio, renegociación en contratos, supermodularidad, bloqueo de transmisiones, microestructura de los mercados y proveeduría del gobierno. Se ha reorganizado la discusión sobre los riesgos morales y el número total de capítulos se aumentó en dos.

Intentaré el experimento de poner las erratas y las respuestas a los conjuntos de problemas en un archivo de mi computador NeXT. El nombre de la máquina es rasmusen.bus.indiana.edu, el número IP es 129.79.122.177, la cuenta es 'guest' y la palabra clave es 'guest'. Ésta es una cuenta Unix, así que recuerde usar las letras inferiores del teclado y utilizar el comando 'ls' para la lista de los archivos. Puede accederse a ella por telnet usando el comando "telnet rasmusen.bus.indiana.edu" o llamando por teléfono al 812-855-4211 para contactar el modem baud 2400 de la Universidad de Indiana y tecleando 'connect rasmusen'. (El número para el modem baud 9600 es 812-855-9681.) Los archivos del texto están en LaTeX, que emplea únicamente caracteres ASCII. Les pido a los lectores que me notifiquen cualquier error por Internet e-mail en: Erasmuse@Indiana.edu.

Otros libros

Cuando se publicó la primera edición de este libro, la mayoría de sus temas no se encontraba en los libros que existían sobre la teoría de juegos o la economía de la información. Los libros más antiguos sobre la teoría de juegos incluían los de Davis (1970), Harsanyi (1977), Luce y Raiffa (1957), Moulin (1986a, b), Ordeshook (1986), Owen (1982), Rapoport (1970), Shubik (1982), Szep y Forgo (1985), Thomas (1984) y Williams (1966). Los libros sobre la economía de la información se ocupaban principalmente de la toma de decisiones en condiciones de incertidumbre más que de la información asimétrica. Las excepciones incluyen a Bamberg y Spremann (1987) sobre la teoría de los agentes, Hess (1983) sobre la organización y J. Green y Laffont (1979) sobre el diseño de mecanismos. Binmore y Dasgupta (1986), Diamond y Rothschild (1978) y el gran Rubinstein (1990) integran una colección de importantes artículos en la literatura de la teoría de juegos y de la economía de la información. Para artículos que datan de la prehistoria de la economía matemática, véase la antología de Baumol y Goldfeld (1968).

Fudenberg y Tirole (1986a) sobre el oligopolio y McMillan (1986) acerca de la economía internacional son excelentes y breves libros de aplicaciones.

Desde la primera edición ha aparecido una repentina oleada de libros sobre la teoría de juegos y he encontrado algunos otros que no conocía previamente.

Libros recientes sobre la teoría de juegos y sus aplicaciones

Aumann, Robert (1988), *Lectures on Game Theory. Underground Classics in Economics*, Westview Press, Boulder, Colorado, 1989.

—— y Sergiu Hart (1992), *Handbook of Game Theory with Economic Applications*, North-Holland, Nueva York, 1992.

Baird, Douglas, Robert Gertner y Randal Picker (en preparación), *Strategic Behavior and the Law: The Role of Game Theory and Information Economics in Legal Analysis*.

Banks, Jeffrey (1990), *Signalling Games in Political Science*, Harwood Publishers, Chur, Suiza, 1990.

Basu, Kaushik (1993), *Lectures in Industrial Organization Theory*, Blackwell Publishers, Oxford, 1993.

Bierman, H. Scott y Luis Fernandez (1993), *Game Theory with Economic Applications*, Addison Wesley, Reading, Massachusetts, 1993.

Binmore, Ken (1992), *Fun and Games: A Text on Game Theory*, D. C. Heath, Lexington, Mass., 1992.

Dixit, Avinash K. y Barry J. Nalebuff (1991), *Thinking Strategically: The Competitive Edge in Business, Politics, and Everyday Life*, Norton, Nueva York, 1991.

Eatwell, John, Murray Milgate y Peter Newman (comps.) (1989), *The New Palgrave: Game Theory*, W. W. Norton & Co., Nueva York, 1989.

Friedman, James (1990), *Game Theory with Applications to Economics*, Oxford University Press, Nueva York, 1990 (1a. ed., 1986).

Fudenberg, Drew y Jean Tirole (1986), *Dynamic Models of Oligopoly*, Harwood Academic Publishers, Chur, Suiza, 1986.

—— (1991), *Game Theory*, MIT Press, Cambridge, Mass., 1991.

Gibbons, Robert (1992), *Game Theory for Applied Economists*, Princeton University Press, Princeton, 1992.

Harris, Milton (1987), *Dynamic Economic Analysis*, Oxford University Press, Oxford, 1987.

Jacquemin, Alex (1985), *The New Industrial Organization*, MIT Press, Cambridge, Mass., 1987.

Kreps, David (1990), *A Course in Microeconomic Theory*, Princeton University Press, Princeton, 1990.

—— (1990), *Game Theory and Economic Modeling*, Clarendon Press, Oxford, Oxford University Press, Nueva York, 1990.

Krouse, Clement (1990), *Theory of Industrial Economics*, Blackwell Publishers, Oxford, 1990.

Laffont, Jean-Jacques y Michel Moreaux (comps.), traducido al inglés por Francois Laisney (1991), *Dynamics, Incomplete Information and Industrial Economics*, Blackwell Publishing, Oxford, 1991.

—— y Jean Tirole (1993), *A Theory of Incentives in Procurement and Regulation*, MIT Press, Cambridge, Mass., 1993.

McMillan, John (1986), *Game Theory in International Economics*, Harwood Academic Publishers, Chur, Suiza, 1986.

—— (1992), *Games, Strategies and Managers: How Managers Can Use Game Theory to Make Better Business Decisions*, Oxford University Press, Oxford, 1992.

Milgrom, Paul y John Roberts (1991), *Economics of Organization and Management*, Prentice-Hall, Englewood Cliffs, Nueva Jersey, 1991.

Myerson, Roger (1991), *Game Theory: Analysis of Conflict*, Harvard University Press, Cambridge, Mass., 1991.

Palfrey, Thomas y Sanjay Srivastava (1993), *Bayesian Implementation*, Harwood Academic Publishers, Nueva York, 1993.

Phlips, Louis (1988), *The Economics of Imperfect Information*, Cambridge University Press, Cambridge, 1988.

Rasmusen, Eric (1993), *Games and Information*, Oxford, Blackwell Publishers, Oxford, 1993 (1a. ed., 1989).

Schmalensee, Richard y Robert Willig (comps.) (1989), *The Handbook of Industrial Organization*, North-Holland, Nueva York, 1989.

Tirole, Jean (1988), *The Theory of Industrial Organization*, MIT Press, Cambridge, Mass., 1988.

Van Damme, Eric (1983), *Refinements of the Nash Equilibrium Concept*, Springer-Verlag, Berlín, 1983.

—— (1987), *Stability and Perfection of Nash Equilibrium*, Springer-Verlag, Berlín, 1987.

Varian, Hal (1992), *Microeconomic Analysis*, 3a. ed., W. W. Norton, Nueva York, 1992.

Reconocimientos

Deseo agradecer a Dean Amel, Dan Asquith, Sushil Bikhchandani, Patricia Hughes Brennan, Paul Cheng, Luis Fernandez, David Hirshleifer, Jack Hirshleifer, Steven Lippman, Ivan Png, Benjamin Rasmusen, Marilyn Rasmusen, Ray Renken, Richard Silver, Yoon Suh, Brett Trueman y Barry Weingast. D. Koh, Jeanne Lamotte, In-Ho Lee, Loi Lu, Patricia Martin, Timothy Opler, Sang Tran, Jeff Vincent, Tao Yang, Roy Zerner y en particular a Emmanuel Petrakis, que me asistieron en la investigación en una u otra etapa.

También agradezco a Robert Boyd, Mark Ramseyer, Ken Taymor y John Wiley por sus comentarios a medida que terminaba cada capítulo.

Jonathan Berk, Mark Burkey, Craig Holden, Peter Huang, Michael Katz, Thomas Lyon, Steve Postrel, Herman Quirmbach, H. Shifrin, George Tsebelis, Thomas Voss y Jong-Shin Wei hicieron provechosos comentarios sobre secciones de la segunda edición, y Alexander Butler y John Spence me asistieron en la investigación. Mis estudiantes de las clases Management 200 en la Universidad de California Los Ángeles (UCLA) y de Business Economics G601 en la Universidad de Indiana me proporcionaron invaluable ayuda, en especial al tener que resolver los primeros borradores de los problemas que les dejaba como tarea.

ERIC RASMUSEN
Erasmuse@indiana.edu

INTRODUCCIÓN

Historia

No hace mucho, el escéptico podía decir que la econometría y la teoría de juegos se parecían al Japón y a la Argentina. A finales de los años cuarenta, ambas disciplinas y ambas economías estaban llenas de promesas, listas para un rápido crecimiento y para ejercer una profunda influencia en el mundo. Todos sabemos lo que les sucedió a las economías del Japón y de la Argentina. Pues bien, la econometría se convirtió en parte inseparable de la economía, mientras que la teoría de juegos languideció como una subdisciplina que atraía sólo a los especialistas, pero que era ignorada por la profesión entera. Por lo general, los especialistas en la teoría de juegos eran matemáticos interesados en definiciones y pruebas más que en la aplicación de métodos a los problemas económicos. Los teóricos del juego se enorgullecían de la diversidad de disciplinas a las que podía aplicarse su teoría, pero ésta no era indispensable en ninguna de ellas.

En la década de los setenta, la analogía con la Argentina dejó de ser valedera. Al mismo tiempo que la Argentina solicitaba a su antiguo dictador, Juan Domingo Perón, que regresara, los economistas empezaban a descubrir lo que podían obtener combinando la teoría de juegos con la estructura de situaciones económicas complejas. Las innovaciones en la teoría y en las aplicaciones fueron especialmente útiles para situaciones con información asimétrica y una secuencia temporal de acciones, los dos temas esenciales de este libro. Durante los años ochenta, la teoría de juegos se hizo dramáticamente más importante para la corriente principal de la economía; de hecho, parece estar absorbiendo a la microeconomía, de la misma manera en que la econometría ha devorado a la economía empírica.

De ordinario se considera que la teoría de juegos empezó con la publicación, en 1944, de *The Theory of Games and Economic Behavior*, de Neumann y Morgenstern. Aunque muy poco de la teoría de juegos contenida en aquel grueso volumen es de interés para este libro, hay que señalar que sí presentó la idea de que el conflicto puede ser analizado matemáticamente y proporcionó la terminología con la cual hacerlo. El desarrollo del Dilema del Prisionero (Tucker, inédito) y las ponencias de Nash acerca de la definición y la existencia del equilibrio (Nash, 1950b, 1951) establecieron los fundamentos de la teoría moderna de juegos no cooperativos. De modo simultáneo, la teoría de juegos cooperativos logró trascendentes resultados en las contribuciones de Nash (1950a) y Shapley (1953b) sobre los juegos de negociación, y las de Gillies (1953) y Shapley (1953a) sobre el núcleo.

Hacia 1953 se había desarrollado prácticamente toda la teoría de juegos que utilizarían los economistas durante los siguientes veinte años. Hasta mediados de los años setenta, la teoría de juegos permaneció como un campo autónomo de poca importancia para la corriente principal de la economía, aunque notables excepciones fueron el libro de Schelling, *The Strategy of Conflict* (1960), que abordó por primera vez el tema del punto focal, y una serie de artículos (de los cuales el de Debreu y Scarf de 1963 es característico) que mostraban la relación del núcleo de un juego con el equilibrio general de una economía.

En los setenta, la información se convirtió en el principal interés de muchos modelos a medida que los economistas se concentraban en individuos que actúan racionalmente, pero con información limitada. Cuando se prestó atención a los agentes individuales, la secuencia temporal en que llevaban a cabo sus acciones empezó a ser incorporada de manera explícita. Con esto, los juegos tuvieron suficiente estructura para llegar a resultados significativos y no obvios. Referencias que constituyen importantes herramientas incluyen los artículos previos (pero no aplicados durante mucho tiempo), de Selten (1965, sobre la perfección) y Harsanyi (1967, sobre la información incompleta), los estudios de Selten (1975) y de Kreps y Wilson (1982b), que ampliaban la perfección, y el artículo de Kreps, Milgrom, Roberts y Wilson acerca de la información incompleta en juegos repetidos. La mayoría de las aplicaciones que se presentan en este libro fueron desarrolladas después de 1975, y no hay señales de que las investigaciones vayan a disminuir.

El método de la teoría de juegos

La teoría de juegos ha tenido éxito en años recientes debido a que se ajusta muy bien a los nuevos métodos de la economía. En el pasado, los macroeconomistas empezaban con amplias relaciones de conducta como la función de consumo, y los microeconomistas frecuentemente con supuestos de conducta precisos pero irracionales, como el de la maximización de las ventas. Ahora todos los economistas comienzan con supuestos primitivos acerca de las funciones de utilidad, las funciones de producción y las dotaciones de los participantes en los modelos (a las que muy a menudo debe añadirse la información); la razón es que por lo común resulta más fácil juzgar si los supuestos primitivos son sensibles, que evaluar supuestos de alto nivel referentes a la conducta. Una vez aceptados los supuestos primitivos, quien hace el modelo piensa en lo que ocurre cuando los actores maximizan su utilidad bajo las limitaciones impuestas por su información, dotaciones y funciones de producción. Éste es exactamente el paradigma de la teoría de juegos: quien hace el modelo asigna funciones de pagos y conjuntos de estrategia a sus jugadores, y observa lo que ocurre cuando eligen estrategias para aumentar al máximo sus pagos. Tal enfoque es una combinación de la "Maximización sujeta a limitaciones" del MIT, y el "Ningún almuerzo es gratis" de Chicago. Sin embargo, veremos que la teoría de juegos no sólo depende del espíritu de estos dos enfoques: se ha alejado de las maximizaciones mediante cálculos, y las dotaciones insuficientes son comunes. Los jugadores actúan de modo racional, pero frecuentemente las consecuencias son raras, lo que hace que la aplicación a un mundo de hombres inteligentes y resultados ridículos sea adecuada.

La teoría ejemplificadora

Junto con la tendencia hacia los supuestos primitivos y hacia la conducta maximizadora, ha habido una tendencia a la sencillez. A esto lo llamé el modelo "escueto" en la primera edición, pero el término "teoría ejemplificadora" es más adecuado (véase Fisher, 1989). También se le ha llamado "modelando por el ejemplo", la "teoría del estilo-MIT" o, con menos modestia por su doble sentido, "la teoría ejemplar". La esencia del enfoque es la de descubrir los supuestos más sencillos que se necesitan para generar una conclusión interesante: el modelo más escueto, menos complejo, el cual obtiene el resultado deseado que a su vez es la respuesta a algunas preguntas relativamente limitadas. ¿Es posible que la educación sea sólo una señal de habilidad? ¿Por qué podrían existir los márgenes entre los precios que se ofrecen y los que se piden? ¿Es la fijación de precios un instrumento para arruinar al competidor en algún caso racional?

Quien hace el modelo parte con una idea vaga como: "Las personas van a la universidad para demostrar que son listos". Luego modela la idea de una manera formal y sencilla. La idea podría sobrevivir intacta, encontrarse que formalmente carece de significado, sobrevivir con condicionantes u ocurrir que su opuesto resulte cierto. El modelador utiliza el modelo para obtener propuestas precisas, cuyas pruebas le pueden decir más sobre la idea. Después de las pruebas, vuelve a meditar y trata de comprender más que el mero hecho de que las pruebas eran correctas matemáticamente.

Una buena teoría de cualquier clase utiliza el concepto de la "navaja de Occam", que "corta" toda explicación superflua, y el supuesto de *ceteris paribus*, que restringe la atención a un problema a la vez. La teoría ejemplificadora da un paso más allá proporcionando, en la teoría, sólo una respuesta limitada a la pregunta. Como dice Fisher, "la teoría ejemplificadora no nos dice lo que *debe* ocurrir. En cambio, nos dice lo que *puede* ocurrir". De la misma manera, en Chicago oí llamar a este estilo "Historias que podrían ser verdaderas". Ésta no es una crítica destructiva si quien hace el modelo es modesto, ya que también hay muchas "Historias que no pueden ser verdaderas". El propósito sería obtener una o más historias que podrían aplicarse a una situación en particular, y después tratar de descubrir cuál historia da una mejor explicación. En esto, la economía combina el razonamiento deductivo de las matemáticas con el razonamiento analógico de la ley.

Un crítico del enfoque matemático en la biología lo ha comparado con un reloj de arena (Slatkin, 1980). Primero se introduce un problema importante y general. Segundo, se le reduce a un modelo muy especial, pero de fácil manejo, cuya finalidad es la de capturar su esencia. Finalmente, en la parte más peligrosa del proceso se amplían los resultados para aplicarlos al problema original. La teoría ejemplificadora hace lo mismo.

En el proceso se establecen enunciados de "si..., entonces", ya sea con palabras o con símbolos. Para aplicar esos enunciados deben verificarse sus premisas y conclusiones mediante el empirismo casual o cuidadoso. Si los supuestos requeridos parecen forzados o los supuestos y sus implicaciones contradicen a la realidad, la idea debe ser descartada. Si la "realidad" no es obvia de inmediato y hay datos disponibles, las pruebas econométricas pueden ayudar a mostrar si el modelo es válido. Pueden hacerse predicciones de sucesos futuros, pero por lo general ésa no es la motivación primaria: la mayoría de nosotros estamos más interesados en explicar y entender que en predecir.

El método que se acaba de describir se parece a la forma en que, según Lakatos (1976), se desarrollan los teoremas matemáticos; contrasta fuertemente con la opinión común de que el investigador empieza con una hipótesis y la comprueba o demuestra que es falsa. En cambio, el proceso de prueba ayuda a mostrar cómo debe formularse la hipótesis.

Una parte importante de la teoría ejemplificadora es lo que Kreps y Spence (1984) han denominado la "caja negra": tratar a los subcomponentes de un modelo muy superficialmente. El juego "Entrar para que lo compren" de la sección 14.14, por ejemplo, se pregunta si una empresa de reciente ingreso a una rama económica será comprada por el productor que ya se encuentra en ella, lo que dependerá de la fijación de precios en un duopolio y de la negociación. Tanto la fijación de precios como la negociación son juegos complicados en sí, pero si quien hace el modelo no desea desviar la atención a esos temas, sencillamente puede utilizar las soluciones de Nash y de Cournot y proceder a analizar la compra. Si el único foco de atención del modelo fuera la fijación de precios en un duopolio, utilizar la solución de Cournot estaría expuesto a crítica, pero es aceptable como un supuesto simplificador, en vez de uno que "impulsa" el modelo.

A pesar de la tendencia a la sencillez, se requiere cierto grado de formalismo y de matemáticas para captar el pensamiento de quien hace el modelo. La teoría ejemplificadora sigue un camino intermedio entre la generalidad matemática y la vaguedad no matemática. Los proponentes de cualesquiera de esas dos opciones se quejan de que la teoría ejemplificadora es muy "limitada". Pero hay que tener cuidado con las solicitudes de descripciones más "ricas", "complejas" o "matizadas"; frecuentemente éstas conducen a una teoría demasiado incoherente o incomprensible para que se la pueda aplicar a situaciones reales.

Algunos lectores opinarán que la teoría ejemplificadora utiliza muy poca técnica matemática, mientras que otros, en especial quienes no son economistas, pensarán que utiliza demasiada. Las personas inteligentes no especialistas han objetado el grado de matemáticas usado en la economía por lo menos desde 1880, cuando George Bernard Shaw dijo que de niño 1) había dejado que alguien supusiera que $a = b$; 2) permitió varios pasos algebraicos y 3) encontró que había aceptado una prueba de que $1 = 2$. Después de eso, Shaw desconfió de los supuestos y del álgebra. A pesar de los esfuerzos por lograr sencillez (o quizá debido a ellos), la matemática es esencial para la teoría ejemplificadora. Las conclusiones pueden traducirse a palabras, pero raras veces pueden obtenerse mediante el razonamiento verbal. El economista Philip Wicksteed lo expresó muy bien en su respuesta a la crítica de Shaw:

El señor Shaw llegó a la "sabia" conclusión de que había "algún tornillo flojo en algún lado", no en sus propios poderes de raciocinio, sino en "el arte algebraico";

por tanto, renunció al razonamiento matemático en favor del método literario que le permite a un hombre listo seguir argumentos igualmente falaces hasta llegar a conclusiones igualmente absurdas *sin darse cuenta de que son absurdas*. Ésta es la diferencia exacta entre el tratamiento matemático y el literario de la teoría pura de la economía política. (Wicksteed, 1885, p. 732.)

En la teoría ejemplificadora es posible "arreglar" un modelo para lograr una amplia gama de resultados, pero se le tendría que "arreglar" con supuestos primitivos muy raros. Quien conoce el estilo sabe que el lugar para buscar la fuente de resultados sospechosos es la descripción inicial del modelo. Si esa descripción no es clara, el lector deduce que los resultados del modelo que van contra la intuición se deben a malos supuestos, ocultos tras una mala redacción. De aquí que la claridad sea importante, y la presentación poco elegante de jugadores-acciones-pagos que se utiliza en este libro sirve no sólo para ayudar al autor, sino también para persuadir al lector.

EL ESTILO DEL LIBRO

El contenido y el estilo están estrechamente relacionados. La diferencia entre un buen modelo y uno malo no es sólo el que capten o no lo esencial de la situación, sino también qué tanta palabrería cubre a la esencia. En este libro he procurado que los juegos sean lo más sencillos posible. Por ejemplo, a menudo sólo le permiten a cada jugador elegir entre dos acciones. Nuestra intuición funciona mejor con esos modelos, y las acciones continuas son técnicamente más problemáticas. Otros supuestos, como el de los costos de producción iguales a cero, se fundamentan en la intuición instruida. Para quien no es especialista, la suposición de que la producción no tiene costos parece forzada, pero un poco de experiencia con estos modelos enseña que lo importante es la constancia del costo marginal, no su nivel.

Más trascendente que lo que dice un modelo es lo que entendemos que dice. Así como un artículo escrito en sánscrito es inútil para mí, también lo es el que tiene excesivas matemáticas o está mal escrito, sin importar lo riguroso que le parezca al autor. Un artículo de esa clase me da alguna nueva idea sobre el tema, pero esa idea no es clara, o precisamente correcta. La excesiva precisión al dar un mensaje crea imprecisión al recibirlo, porque la precisión no es lo mismo que la claridad. A veces, la consecuencia de un esfuerzo por ser preciso matemáticamente es abrumar al lector, de igual manera que una persona que pide una respuesta a una pregunta sencilla durante las dilucidaciones de una demanda judicial se ve abrumada cuando la otra parte responde con 70 cajas de documentos. La calidad de los insumos del autor se debe juzgar, no por alguna norma abstracta, sino por lo que produce en términos de la comprensión del lector.

Con este ánimo, he tratado de simplificar la estructura y la notación de los modelos, a la vez que doy crédito a los autores originales, pero debo pedir disculpas a cualquiera cuyo modelo haya simplificado en exceso, distorsionado o replicado inadvertidamente sin darles el crédito. Al intentar ser comprensible, he tomado riesgos en lo que se refiere a la exactitud. Tengo la esperanza de que la impresión que le quede al lector será más exacta que si, con un estilo más precavido y oscuro, hubiera dejado que él ingeniara sus propias equivocaciones.

Los lectores pueden sorprenderse al descubrir ocasionales referencias a artículos de periódicos o revistas en este libro. Espero que tales referencias nos recuerden que finalmente los modelos deben aplicarse a hechos específicos, y que muchas situaciones interesantes aguardan nuestro análisis. El problema del agente-principal no se halla sólo en los números atrasados de *Econometrica:* puede encontrarse en la primera página del *Wall Street Journal* del día de hoy, si se sabe qué buscar.

De vez en cuando hago algunas bromas; la teoría de juegos es un tema intrínsecamente lleno de paradojas y sorpresas. No obstante, quiero hacer hincapié en que me ocupo con seriedad de la teoría de juegos, de la misma manera en que los economistas de Chicago se ocupan con seriedad de la teoría de precios. No es sólo una forma de arte académico: en realidad, las personas eligen sus acciones deliberadamente y cambian un bien por otro, y la teoría de juegos les ayudará a entender cómo lo hacen. Si no fuera así, no le aconsejaría que estudiara un tema tan difícil. Creo que es importante que toda persona educada tenga contacto con las ideas de este libro, así como debe tener alguna noción de los principios básicos de la teoría de precios.

Me he visto obligado a ser más circunspecto con las definiciones de lo que había esperado. Muchos conceptos se han definido sobre una base artículo-por-artículo en los escritos acerca del tema, sin ninguna congruencia y con poca atención a la eufonía o a la utilidad. Otros conceptos, como la "información asimétrica" y la "información incompleta", se han considerado tan básicos que no requerían una definición y en consecuencia se les ha utilizado en formas contradictorias. Siempre que es posible uso los términos que ya existen, y se presentan listas de sinónimos.

Frecuentemente he llamado a los jugadores Smith y Jones, en vez de 1 o 2, de modo que se presione menos la memoria del lector al recordar cuál es un jugador y cuál un periodo. También espero reforzar la idea de que un modelo es una historia a la que se da precisión; se empieza con Smith y Jones, aunque pasemos rápidamente a *s* y *j*. Si se tiene esto en mente, es menos probable que quien hace el modelo construya modelos matemáticamente correctos con conjuntos de acciones absurdos, y además es más agradable leer su descripción. En el mismo sentido, llamar a una curva "$U = 83$" no sacrifica ninguna generalidad: la frase "$U = 83$ y $U = 66$" tiene virtualmente el mismo significado que "$U = \alpha$ y $U = \beta$, donde $\alpha > \beta$", pero usa menos memoria de corto plazo.

Un peligro con este enfoque es que los lectores podrían no darse cuenta de la complejidad de algún material. Aun cuando los artículos de revistas hacen que el material parezca más difícil de lo que realmente es, este enfoque lo hace parecer más fácil (afirmación que puede ser cierta, aunque usted encuentre que éste es un libro difícil). Cuanto mejor haga su trabajo el autor, más grave es este problema. Keynes dice de los *Principios* de Alfred Marshall:

La falta de énfasis y de luz y sombra fuertes, la suave eliminación de los bordes agudos y de las salientes y rugosidades, hasta que lo más novedoso puede parecer trillado, permite al lector seguir adelante fácilmente. Así como un pato sale del agua, puede escapar de esta ducha de ideas casi sin mojarse. Se ocultan las dificultades; los problemas más peliagudos se resuelven en las notas de pie de página; un razonamiento fértil y original es presentado como una perogrullada. (Keynes, 1933, p. 212.)

Este libro podría ser sometido a la misma crítica, pero he tratado de enfrentarme a los puntos difíciles, y los problemas al final de cada capítulo evitarán que el avance del lector sea demasiado fácil. Sin embargo, sólo puede esperarse cierto nivel de comprensión de un libro. La forma eficiente de aprender a investigar es la de empezar a hacerlo, no la de leer acerca de ello, y después de leer este libro muchos lectores querrán construir sus propios modelos. Aquí mi finalidad es mostrarles el panorama general, ayudarles a entender los modelos intuitivamente y darles la sensibilidad para el proceso de modelado.

NOTAS

- Quizá la contribución más importante de von Neumann y Morgenstern (1944) es la teoría de la utilidad esperada. Aunque desarrollaron la teoría porque la necesitaban para encontrar el equilibrio de los juegos, hoy es muy utilizada en todas las ramas de la economía. En la teoría de juegos propiamente dicha aportaron la estructura para describir los juegos y el concepto de las estrategias mixtas.
- Sobre el método, véase el diálogo por Lakatos (1976), o a Davis y Hersh (1981), cuyo capítulo 6 es un diálogo más breve del mismo estilo. M. Friedman (1953) es el ensayo clásico acerca de una metodología diferente: se evalúa un modelo sometiendo a prueba sus predicciones. Kreps y Spence (1984) proporcionan una discusión de la teoría ejemplificadora.
- En vista de que el estilo y el contenido están relacionados estrechamente, la forma en que uno escribe tiene importancia. Para consejos acerca de la forma de escribir, véase McCloskey (1985, 1987, sobre economía), Basil Blackwell (1985, sobre libros), Bowersock (1985, sobre las notas de pie de página), Fowler (1965), Fowler y Fowler (1949), Halmos (1970, sobre la escritura de obras de matemáticas), Strunk y White (1959), Weiner (1984) y Wydick (1978).
- **Una prueba falaz de que 1 = 2.** Suponga que $a = b$. Entonces $ab = b^2$ y $ab - b^2 = a^2 - b^2$. Por factorización, la última ecuación nos da $b(a - b) = (a + b)(a - b)$, que puede simplificarse a $b = a + b$. Pero entonces, si usamos nuestro supuesto inicial, $b = 2b$ y $1 = 2$. (La falacia está en la división entre cero.)

PRIMERA PARTE

TEORÍA DE JUEGOS

1. LAS REGLAS DEL JUEGO

1.1. Definiciones básicas

La teoría de juegos trata de las actividades de quienes toman decisiones y están conscientes de que tales acciones los afectan mutuamente. Cuando los dos únicos editores de una ciudad eligen los precios de sus periódicos, como saben que sus ventas se determinan juntas, participan en un juego entre ambos. No es un juego con los lectores que compran sus periódicos, porque cada lector ignora su efecto sobre el editor. La teoría de juegos no es útil cuando se toman decisiones que ignoran las reacciones de otros o las tratan como fuerzas impersonales del mercado.

La mejor forma de entender cuáles situaciones pueden modelarse como juegos, y cuáles no, es la de pensar en ejemplos como los siguientes:

1) Los miembros de la OPEP eligen su producción anual.
2) La General Motors compra acero a USX.
3) Dos productores, uno de tuercas y otro de pernos, deciden si van a utilizar normas métricas o estadunidenses.
4) Una junta de directores elabora un plan de opciones de documentos de valores para el ejecutivo en jefe.
5) La United Fruit Company contrata trabajadores en Honduras en la década de los treinta.
6) Una compañía de energía eléctrica decide si va a ordenar una nueva planta, en vista de su estimación de la demanda de electricidad en los siguientes 10 años.

Los primeros cuatro ejemplos son juegos. En el 1), los miembros de la OPEP están en un juego porque Arabia Saudita sabe que la producción petrolera de Kuwait se fundamenta en la estimación kuwaití de la producción saudita, y la producción de ambos países influye en el precio mundial. En 2), una parte importante del comercio estadunidense de acero es el que se hace entre la General Motors y la USX, compañías que saben que las cantidades comerciadas por cada una afecta el precio. Una quiere que el precio sea bajo, la otra que sea alto, de modo que en este juego hay un conflicto entre los dos jugadores. En 3), los productores de tuercas y pernos no se hallan en conflicto, pero las acciones de uno influyen en las acciones que desea el otro, así que de cualquier modo se trata de un juego. En 4), la junta de directores elige un plan de opciones de documentos de valores, anticipando su efecto sobre las acciones del ejecutivo en jefe.

La teoría de juegos no es adecuada para modelar los dos ejemplos finales. En 5), cada trabajador afecta a la United Fruit insignificantemente, y cada trabajador toma su decisión de emplearse sin tener en cuenta su efecto sobre la conducta de la United Fruit Company. En 6), la compañía eléctrica se enfrenta a una decisión complicada, pero no se enfrenta a otro agente racional. Cambios en las variables económicas importantes pueden convertir a los ejemplos 5) y 6) en juegos. El modelo adecuado cambia si la United Fruit Company trata con un sindicato de trabajadores de las plantaciones o si la comisión de servicios públicos ejerce presión sobre la compañía de energía eléctrica para que modifique su capacidad generadora.

La teoría de juegos, tal como se verá en este libro, es un instrumento para modelar, no un sistema axiomático. En este capítulo la presentación es poco convencional. En vez de empezar con definiciones matemáticas o pequeños juegos sencillos, como los utilizados posteriormente en el capítulo, lo haremos con una situación que habrá que modelar, y a partir de ella construiremos un juego paso a paso.

Describiendo un juego

Los elementos esenciales de un juego son los **jugadores,** las **acciones,** la **información,** las **estrategias,** los **pagos,** los **resultados** y los **equilibrios.** La descripción del juego debe incluir por lo menos a los jugadores, las estrategias y los pagos, que se conforman a partir de las acciones y de la información. A los jugadores, las acciones y los resultados se les denomina colectivamente **las reglas del juego,** y el objetivo del modelador es usar las reglas del juego para determinar el equilibrio.

Definiremos estos términos usando como ejemplo un juego llamado Modelo OPEP I.

Los **jugadores** *son individuos que toman decisiones. La meta de cada jugador es la de aumentar al máximo su utilidad mediante la elección de sus acciones.*

Para el Modelo OPEP I, los jugadores son Arabia Saudita (S) y Otros Productores (O) (es decir, los otros productores de petróleo en el mundo). Los individuos pasivos, como el consumidor estadunidense, que reaccionan en forma predecible a los cambios en el precio del petróleo sin pensar en cambiar la conducta de alguien, no son jugadores, sino parámetros ambientales.

A veces es útil incluir explícitamente en el modelo a individuos llamados **seudojugadores,** que realizan sus acciones de manera mecánica.

La **Naturaleza** *es un seudojugador que toma acciones aleatorias en puntos específicos del juego con probabilidades específicas.*

En el Modelo OPEP I supondremos que la magnitud de la demanda mundial de petróleo, a la que representamos por D, puede tomar dos valores permanentes. Al principio del juego, la Naturaleza decide aleatoriamente si la demanda de petróleo será *débil* o *fuerte*, asignando probabilidades de 70 y 30%. Incluso si los jugadores toman siempre las mismas acciones, este movimiento aleatorio significa que el modelo dará más de una sola predicción. Diremos que hay diferentes **realizaciones** del juego dependiendo de los resultados de los movimientos aleatorios.

Una **acción** *o* **movimiento** *por un jugador i, a la que se representa por a_i, es una elección que él puede hacer.*

El **conjunto de acciones** *del jugador i, $A_i = \{a_i\}$, es todo el conjunto de acciones que le son posibles.*

Un **perfil de acción** *es un conjunto ordenado de $a = \{a_i\}$, $(i = 1, ..., n)$ de una acción para cada uno de los n jugadores en el juego.*

En nuestro modelo especificamos los mismos conjuntos de acción para Arabia Saudita y los Otros Productores: una producción de petróleo que es o *alta* o *baja* en cada año. Utilizaremos la notación $Q_{país,año} = nivel$. Así, si la producción saudita en 1988 es *alta*, diremos que $Q_{S,8} = A$.

Además de especificar las acciones disponibles a cada jugador, se debe precisar también cuándo es que están disponibles. A esto se le llama el **orden del juego.** Diremos que un país elige su producción al inicio de cada año, en vez de elegir las producciones de ambos años al principio del juego. Por tanto, el orden del juego es el siguiente:

0) La Naturaleza determina si la demanda, D, será *débil* o *fuerte*.
1) Arabia Saudita y Otros Productores eligen simultáneamente sus producciones individuales para 1988 a partir de sus conjuntos de acción,

$$[[Q_{S,8} = B, Q_{S,8} = A] \text{ y } [Q_{O,8} = B, Q_{O,8} = A]].$$

2) Arabia Saudita y Otros Productores eligen simultáneamente sus producciones individuales para 1989 a partir de sus conjuntos de acción,

$$[[Q_{S,9} = B, Q_{S,9} = A] \text{ y } [Q_{O,9} = B, Q_{O,9} = A]].$$

Una especificación alternativa, adecuada si la tecnología de la producción petrolera requiere planificación anticipada, es la de que un país elige su producción para ambos años al principio del juego. Entonces el orden del juego sólo tendría dos elementos:

0) La Naturaleza elige si la demanda, D, es *débil* o *fuerte*.
1) Arabia Saudita elige sus producciones individuales para 1988 y 1989 del conjunto de acción,

$$\left\{ \begin{array}{l} (Q_{S,8} = B, Q_{S,9} = B), (Q_{S,8} = B, Q_{S,9} = A) \\ (Q_{S,8} = A, Q_{S,9} = B), (Q_{S,8} = A, Q_{S,9} = A) \end{array} \right\}$$

Otros Productores eligen simultáneamente las acciones de su conjunto de acción equivalente.

La información se modela utilizando el concepto del **conjunto de información,** que se definirá en la sección 2.3. Por ahora, piense en el conjunto de información de un jugador como su conocimiento en un determinado momento de los valores de diversas variables. Los elementos del conjunto de información son los diferentes valores que el jugador cree posibles. Si el conjunto de información tiene muchos elementos, hay muchos valores que el jugador no puede excluir; si tiene un elemento, sabe su valor con precisión. Especifiquemos que después de que mueve la Naturaleza, Arabia Saudita sabe si la demanda mundial de petróleo será *fuerte* o *débil,* pero Otros Productores no puede excluir ninguna de esas dos posibilidades. Los conjuntos de información son:

Otros Productores: {*D* = *Fuerte*, *D* = *Débil*};
Arabia Saudita: {*D* = *Fuerte*} o {*D* = *Débil*}, dependiendo de la demanda.

El conjunto de información de un jugador no sólo incluye la distinción entre los valores de variables como la fortaleza de la demanda de petróleo, sino también el conocimiento de las acciones que se han tomado previamente, de modo que su conjunto de información cambia en el transcurso del juego.

La **estrategia** s_i *del jugador i es una regla que le dice qué acción elegir en cada instante del juego, dado su conjunto de información.*

El **conjunto de estrategia** *o* **espacio de estrategia** $S_i = \{s_i\}$ *del jugador i, es el conjunto de estrategias que tiene a su disposición.*

Un **perfil de estrategia** $s = (s_i, ..., s_n)$, *es un conjunto ordenado que consiste en una estrategia para cada uno de los n jugadores que participan en el juego.*

Ya que el conjunto de información incluye lo que sabe el jugador acerca de las acciones previas de los otros jugadores, la estrategia le dice cómo reaccionar a sus acciones. En el Modelo OPEP I, las acciones son las de producir *Alto* o *Bajo* en 1988 y 1989. Una estrategia en el conjunto de estrategia de Arabia Saudita es:

$$
\left\{
\begin{array}{l}
Q_{S,8}(D) = \begin{cases} B & \text{si } D = Débil \\ A & \text{si } D = Fuerte \end{cases} \\[2em]
Q_{S,9}(D, Q_{S,8}, Q_{O,8}) = \begin{cases} B & \text{si } D = Débil, Q_{S,8} = B, \text{ y } Q_{O,8} = B \\ A & \text{si es de otra manera} \end{cases}
\end{array}
\right\}
$$

Esta estrategia nos da la acción de Arabia Saudita en 1988 como una función exclusiva de la fortaleza de la demanda (ya que la acción de Otros Productores todavía se desconoce), y su acción de 1989 como una función de la demanda, su propia acción de 1988 y la acción de Otros Productores en 1988. Una estrategia no sólo es una función de la historia observada, o de las acciones actuales o de la estrategia de otro jugador. La estrategia de Arabia Saudita no puede especificarse de tal manera que su acción de 1989 sea una función de la acción en 1989 de Otros Productores o de su estrategia. Esa especificación errónea es una fuente común de pensamiento confuso. En los juegos sencillos de las siguientes secciones, la distinción entre acciones y estrategia no es importante, pero en los capítulos finales será de mucha ayuda. El concepto de estrategia es útil porque la acción que un jugador quiera elegir dependerá de las acciones anteriores de la Naturaleza y de los otros jugadores. Sólo raras veces podemos predecir las acciones de un jugador incondicionalmente, pero con frecuencia sí podemos anunciar cómo responderá al mundo exterior.

Tengamos presente que la estrategia de un jugador es para él un conjunto completo de instrucciones que le dice cuáles acciones elegir en toda situación concebible, aun cuando no espere llegar a tal situación. En rigor, si la estrategia de un jugador le instruye para que se suicide en 1989, también debe especificar las acciones que tomará si sigue vivo en 1990. Esta clase de detalles será crucial en la discusión, en el capítulo 4, del equilibrio perfecto de un subjuego. Lo completo de la descripción también significa que, a diferencia de las acciones, no es posible observar las estrategias. Una acción es física, pero una estrategia es sólo mental.

Por **pago** $\pi_i(s_1, \ldots, s_n)$ *del jugador i, nos referimos ya sea a:*

1) *La utilidad que el jugador i recibe después de que todos los jugadores y la Naturaleza han elegido sus estrategias y se ha jugado el juego; o*

2) *La utilidad esperada que recibe el jugador i, como una función de las estrategias elegidas por él y por los otros jugadores.*

Las definiciones 1) y 2) son distintas, pero en las obras sobre el tema y en este libro el término "pago" se usa tanto para el pago real como para el pago esperado. El contexto aclarará lo que se quiere decir. Aquí supondremos que los pagos para Arabia Saudita y Otros Productores son las sumas esperadas de sus ingresos obtenidos por petróleo en los dos años de producción.

El **resultado** *de un juego es el conjunto de elementos interesantes que el modelador elige de los valores de las acciones, de los pagos y de otras variables después de que se ha jugado el juego.*

La definición del resultado para cualquier modelo en particular depende de las variables que el modelador encuentre interesantes. Un resultado del Modelo OPEP I es:

$$Q_{S,8} = B, \ Q_{S,9} = A, \ Q_{O,8} = A, \ Q_{O,9} = B, \ D = B, \ \pi_S = 100, \ \pi_O = 80, \qquad (1)$$

Modelo OPEP II

Jugadores
Arabia Saudita, Libia, Venezuela, Kuwait, Nigeria.

Información
Todos los jugadores conocen el valor de la demanda, pero eligen sus acciones simultáneamente.

Orden del juego
1) Los jugadores eligen simultáneamente las funciones de oferta que consisten en las cantidades que cada uno ofrecerá a cada precio posible del mercado en 1988 (este modelo no se ocupa de 1989).
2) La Naturaleza determina si la demanda mundial de petróleo será *débil* o *fuerte*, con probabilidades iguales.

Estrategias
Las estrategias son las mismas que las acciones, ya que no se revela ninguna información que pueda afectar la acción que elige un jugador.

Los pagos
Para cada país el pago es de +100 si sus ingresos petroleros se mantienen por encima de una cantidad específica por país necesaria para evitar un golpe de Estado militar, y de −100 si el ingreso cae por debajo de esa cantidad.

Resultados
El resultado incluye las cantidades que se ofrecen, el estado de la demanda, los ingresos resultantes y el precio del mercado, y si un país tiene o no un golpe militar.

donde 100 y 80 son los valores especificados en las funciones de pago. El resultado puede definirse más limitadamente como el conjunto de pagos o los niveles de producción. La definición que se elija dependerá de lo que el modelador considere interesante sobre la OPEP.

De hecho, el modelo entero es sólo uno de los muchos modelos posibles de la OPEP. En contraste, otro juego que representa a la OPEP es el Modelo OPEP II.

En la construcción del modelo, no en su solución, se muestra el mayor talento del modelador, ya que debe buscar un equilibrio entre el realismo, la facilidad de la solución y la claridad de la presentación. ¿Cómo seleccionaría usted uno de los dos modelos de la OPEP?

El equilibrio

Para predecir el resultado de un juego, el modelador se concentra en los perfiles de estrategia posibles, ya que la interacción de las estrategias de los diferentes jugadores determina lo que ocurre. La distinción entre los perfiles de estrategia (que son conjuntos de estrategias) y los resultados (que son conjuntos de valores de las variables consideradas de interés) es una fuente común de confusión. A menudo, diferentes perfiles de estrategia conducen al mismo resultado. En el Modelo OPEP I, el resultado único

$$(Q_{S,8} = B, Q_{O,8} = B, Q_{S,9} = B, Q_{O,9} = B, D = Fuerte, \pi_S = 100, \pi_O = 80) \quad (2)$$

es producido por cualquiera de los dos perfiles de estrategia siguientes, la Regla de Oro y la Regla de Plata.

La **Regla de Oro** *(una baja producción sin importar lo que ocurra):*

$$\left\{ \begin{array}{l} \text{Arabia Saudita:} \quad (Q_{S,8} = B; Q_{S,9} = B) \\ \text{Otros Productores:} (Q_{O,8} = B; Q_{O,9} = B) \end{array} \right\}$$

La **Regla de Plata** *(contrataque):*

$$\left\{ \begin{array}{l} \text{Arabia Saudita:} \quad (Q_{S,8} = B; Q_{S,9} = B \text{ si } Q_{O,8} = B; Q_{S,9} = A \text{ de otra manera}) \\ \text{Otros Productores:} (Q_{O,8} = B; Q_{O,9} = B \text{ si } Q_{S,8} = B, Q_{O,9} = A \text{ de otra manera}) \end{array} \right.$$

Con la Regla de Oro, ambos jugadores eligen siempre una baja producción, de modo que ésta es baja en los dos años. Con la Regla de Plata (una variante de la estrategia golpe por golpe de la sección 5.2), ambos jugadores eligen una producción baja en 1988; en 1989 cada uno elige la producción que el otro eligió en el año anterior, de modo que la producción también es baja.[1]

Un **equilibrio** $s^* = (s_1^*, ..., s_n^*)$ *es un perfil de estrategia que consiste en una táctica mejor para cada uno de los n jugadores que participan en el juego.*

Las **estrategias de equilibrio** son las estrategias que los jugadores eligen al tratar de aumentar al máximo sus ganancias individuales, a diferencia de los muchos perfiles de estrategia posibles que pueden obtenerse eligiendo arbitrariamente una estrategia por cada jugador. En la teoría de juegos se entiende el equilibrio de manera diferente a la de otras áreas de la economía. Por ejemplo, en un modelo de equilibrio general, un equilibrio es un conjunto de precios que resultan de la conducta óptima del individuo en la economía. En la teoría de juegos, ese conjunto de precios sería el **resultado de equilibrio,** pero el equilibrio propiamente dicho sería el perfil de estrategia —las reglas individuales para comprar y vender— que generó el resultado.

[1] Observe que tuve el cuidado de cubrir todas las contingencias posibles al describir estas estrategias. Por ejemplo, cada una especifica lo que hace Arabia Saudita en 1989 si ambos países eligen *Alta* en 1988, aunque Arabia Saudita no tenga intención de elegir *Alta* en 1989.

Para encontrar el equilibrio no basta especificar los jugadores, las estrategias y los pagos, porque el modelador también debe decidir qué significa "la mejor estrategia". Lo hace definiendo un concepto de equilibrio.

Un **concepto de equilibrio** *o* **concepto de solución** *F:* {$S_1,...,$ S_n, $\pi_1,...,$ π_n} → *s* es una regla que define un equilibrio basada en los perfiles de estrategia posibles y en las funciones de pago.*

Por lo general, sólo se aceptan pocos conceptos de equilibrio. Las secciones restantes de este capítulo se dedican a encontrar un equilibrio utilizando los dos conceptos más conocidos: la estrategia dominante y el equilibrio de Nash.

Con frecuencia, las personas se refieren descuidadamente al "equilibrio" cuando lo que quieren decir es "resultado de equilibrio", y "estrategia" cuando se refieren a la "acción". La diferencia no es muy importante en la mayoría de los juegos que se presentarán en este capítulo, pero es fundamental para pensar como un teórico de juegos. Considérese la decisión de Alemania respecto a remilitarizar o no la zona al oeste del Rin en 1936. Francia adoptó la estrategia: *No combatir,* y Alemania respondió militarizando, lo que condujo a la segunda Guerra Mundial pocos años después. Si Francia hubiera adoptado la estrategia: *No combatir a menos que Alemania militarice; si lo hace, combatir,* la acción habría seguido siendo que Francia permaneciera sin combatir, pero Alemania no habría militarizado la ribera occidental del Rin. Quizá porque pensó de esta manera, John von Neumann se convirtió en un inflexible "halcón" durante la Guerra Fría (como lo describe MacRae en su excelente biografía de 1992). La diferencia entre acciones y estrategias, resultados y equilibrios, es una de las ideas más difíciles de enseñar en la teoría de juegos, aunque sea fácil de enunciar.

Unicidad

Los conceptos de solución aceptados no garantizan la unicidad, y la falta de un equilibrio único es un problema importante en la teoría de juegos. A menudo, el concepto ordinario de solución nos hace creer que los jugadores elegirán uno de los dos perfiles de estrategia *A* o *B*, no *C* o *D*, pero no podemos decir si es más probable que se trate de *A* o de *B*. A veces tenemos el problema contrario y el juego carece de equilibrio. Esto significa que el modelador no ve una buena razón por la cual un perfil de estrategia es más probable que el otro, o significa que algún jugador desea elegir un valor infinito para una de sus acciones.

Un modelo sin ningún equilibrio o con equilibrios múltiples ha sido especificado insuficientemente. El modelador no ha podido proporcionar una predicción completa y precisa de lo que ocurrirá. Una opción es admitir que la teoría está incompleta, lo cual no es vergonzoso; aceptar que la teoría no está completa, como el teorema Folk de la sección 5.2, es un resultado negativo valioso. Otra opción es renovar el esfuerzo cambiando la descripción del juego o el concepto de solución. Es preferible que se cambie la descripción, ya que los economistas estudian las reglas del juego para encontrar las diferencias entre los modelos, y no buscan el concepto de solución. De hecho, si una parte importante del juego está oculta bajo la definición de equilibrio, es probable que el lector se sienta engañado y acuse al modelador de deshonestidad intelectual.

1.2. LAS ESTRATEGIAS DOMINANTES: EL DILEMA DEL PRISIONERO

Al discutir los conceptos de equilibrio es útil tener una notación abreviada para "todas las estrategias de los otros jugadores".

Para cualquier vector $y = (y_1, ..., y_n)$, represente por y_{-i} el vector $(y_1, ..., y_{i-1}, y_{i+1}, ..., y_n)$, que es la porción de y no asociada con el jugador i.

Utilizando esta notación, s_{-Smith}, por ejemplo, es el perfil de las estrategias de cada jugador, excepto del jugador llamado *Smith*. Ese perfil es de gran interés para Smith, porque lo aprovecha para elegir su propia estrategia, y la nueva notación ayuda a definir su mejor respuesta.

*La **mejor respuesta** o **mejor contestación** del jugador i a las estrategias s_{-i} elegidas por los otros jugadores es la estrategia s_i^* que le rinde la mayor ganancia, esto es,*

$$\pi_i(s_i^*, s_{-i}) \geq \pi_i(s_i', s_{-i}) \; \forall s_i' \neq s_i^*. \tag{3}$$

La mejor respuesta es fuertemente la mejor si ninguna otra estrategia es de igual forma buena, y débilmente mejor en el caso contrario.

El primer concepto importante de equilibrio es el equilibrio de la estrategia dominante,

*La estrategia s_i^* es una **estrategia dominante** si es estrictamente la mejor respuesta de un jugador a cualesquiera estrategias que hayan podido elegir los otros jugadores, en el sentido de que cualesquiera que sean las estrategias que elijan, el pago de él es más alto con s_i^*. Matemáticamente,*

$$\pi_i(s_i^*, s_{-i}) > \pi_i(s_i', s_{-i}) \; \forall s_{-i}, \forall s_i', \neq s_i^*. \tag{4}$$

*Sus estrategias inferiores son **estrategias dominadas.***

*Una **estrategia de equilibrio dominante** es un perfil de estrategia que consiste en las estrategias dominantes de cada uno de los jugadores.*

La estrategia dominante de un jugador es su respuesta estrictamente mejor incluso a las acciones muy irracionales de los otros jugadores. La mayoría de los juegos no tienen estrategias dominantes, y los jugadores deben adivinar las acciones de los otros para decidir sus propias estrategias.

El Modelo OPEP I incorporaba una considerable complejidad en las reglas del juego para ejemplificar elementos como los conjuntos de información y la secuencia temporal de las acciones. Para ejemplificar los conceptos de equilibrio usamos juegos más sencillos, como el Dilema del Prisionero. En éste, dos prisioneros, los señores Hilera y Columna, son interrogados por separado. Si ambos confiesan, a cada uno se le sentencia a ocho años de prisión; si ambos niegan su participación, a cada uno se le sentencia a un año.[2] Si sólo uno confiesa, se le libera, pero al otro se le sentencia a 10 años. El Dilema del Prisionero es un ejemplo de un **juego de 2-por-2**, porque cada uno de los dos jugadores, Hilera y Columna, tiene dos posibles opciones en su conjunto de acciones: *confesar* y *negar*. El cuadro 1.1 presenta los pagos.[3]

CUADRO 1.1. *El Dilema del Prisionero*

Columna

		Negar		*Confesar*
	Negar	$-1, -1$	$\rightarrow$	$-10, 0$
Hilera		$\downarrow$		$\downarrow$
	Confesar	$0, -10$	$\rightarrow$	$\mathbf{-8, -8}$

Pagos a: (Hilera, Columna)

Cada jugador tiene una estrategia dominante. Consideremos a Hilera. Hilera no sabe qué acción elige Columna, pero si Columna elige *Negar*, Hilera se enfrenta, si *Niega*, a un pago de –1 y por *Confesar*, a un pago de 0; mientras que si Columna elige *Confesar*, Hilera se enfrenta, por *Negar*, a un pago de –10, y por *Confesar*, a un pago de –8. En cada caso, a Hilera le va mejor si *confiesa*. Como el juego es simétrico, los incentivos de Columna son los mismos. La estrategia de equilibrio dominante es *(Confesar, Confesar)*, y los pagos de equilibrio son (–8, –8), que es peor para los dos jugadores que (–1, –1). De hecho, 16 es el mayor número posible del total combinado de años en prisión.

El resultado es aún más fuerte de lo que parece, porque es "fuerte" con cambios considerables en el modelo. Como el equilibrio es una estrategia de equilibrio dominante, la estructura de información del juego es irrelevante. Si a Columna se le permite conocer la jugada de Hilera antes de hacer la suya, el equilibrio no cambia. Hilera sigue eligiendo *Confesar*, pues sabe que Columna seguramente elegirá *Confesar* después.

El Dilema del Prisionero les parece enfadoso e irreal a muchas personas que no lo habían encontrado nunca antes (aunque algunos fiscales ami-

---

[2] Otra forma de narrar la historia es decir que, si ambos niegan, entonces, con probabilidad 0.1, se les condena de todas maneras y deben cumplir una sentencia de 10 años, para un pago esperado de (–1, –1).

[3] Las flechas indican las preferencias de un jugador por las acciones, como se explicará en la sección 1.4.

gos míos me aseguran que es un instrumento usual en el combate al crimen). Si el resultado no le parece a usted correcto, debe comprender que a menudo la principal utilidad de un modelo es la de producir insatisfacción. Ésta es una señal de que su modelo no es lo que usted cree que es —que omitió algo esencial para el resultado que usted esperaba y que no obtuvo—. O su pensamiento original o su modelo está equivocado. El descubrimiento de esos errores es un beneficio real, aunque doloroso, de la elaboración de modelos. Rehusarse a aceptar conclusiones sorprendentes es negar la lógica.

El Dilema del Prisionero surge en muchas situaciones diferentes, incluyendo la fijación de precios en oligopolio, las licitaciones en subastas, los esfuerzos de los vendedores, la negociación política y las carreras armamentistas. Dondequiera que observe a individuos en un conflicto que los perjudica a todos, antes que nada debe pensar en el Dilema del Prisionero.

Los juegos cooperativos y los no cooperativos

¿Qué diferencia habría si los dos prisioneros pudieran conversar entre sí antes de tomar sus decisiones? Depende del alcance de sus promesas. Si las promesas no comprometen, aunque los dos prisioneros podrían estar de acuerdo en *negar*, de cualquier modo *confesarían* cuando llegara el momento de elegir acciones.

*Un **juego cooperativo** es un juego en que los jugadores pueden hacer compromisos obligatorios, a diferencia de un **juego no cooperativo**, en el que no pueden hacerlos.*

Esta definición establece la diferencia usual entre las dos teorías de juegos, pero la diferencia real estriba en el enfoque tomado al modelar. Ambas teorías empiezan con las reglas del juego, pero difieren en las clases de conceptos de solución que emplean. La teoría de juegos cooperativos es axiomática y continuamente recurre a la optimización de Pareto, a lo justo, a la equidad. La teoría de juegos no cooperativos posee características económicas y sus conceptos de solución se basan en el hecho de que los jugadores maximicen sus propias funciones de utilidad, sujetos a restricciones específicas. Excepto por la sección 11.2 del capítulo sobre la negociación, este libro se ocupa exclusivamente de juegos no cooperativos.

En la economía aplicada, la utilización más frecuente de los juegos cooperativos es para construir modelos de negociación. El Dilema del Prisionero es un juego no cooperativo, pero puede ser cooperativo si se le modela permitiendo que los dos jugadores no sólo se comuniquen, sino que también hagan promesas que deben cumplir. Los juegos cooperativos a menudo permiten a los jugadores dividir las ganancias obtenidas por la cooperación mediante **pagos-laterales** —transferencias entre ellos que cambian los pagos prescritos—. Por lo general, la teoría de juegos cooperativos incluye compromisos y pagos laterales mediante el concepto de solución, que puede ser muy complejo, mientras que la teoría de juegos no cooperativos los incluye añadiendo acciones. La distinción entre los juegos cooperativos y los no cooperativos *no* se encuentra en la presencia o ausencia del conflicto, como puede verse en los ejemplos siguientes:

Un juego cooperativo sin conflicto: los integrantes de una fuerza de trabajo eligen cuál de varias tareas igualmente difíciles harán para coordinarse mejor entre sí.

Un juego cooperativo con conflicto: la negociación sobre el precio entre un monopolista y un monopsonista.

Un juego no cooperativo con conflicto: el Dilema del Prisionero.

Un juego no cooperativo sin conflicto: dos compañías establecen la norma de un producto sin comunicarse entre sí.

1.3. DOMINACIÓN ITERATIVA: LA BATALLA DEL MAR DE BISMARCK

Muy pocos juegos tienen equilibrio con una estrategia dominante, pero a veces el dominio puede ser útil aun cuando no da soluciones tan claras como las del Dilema del Prisionero. El juego de la Batalla del Mar de Bismarck se ubica en el Pacífico sur en 1943. El contraalmirante Kimura ha recibido órdenes de transportar tropas japonesas a través del mar de Bismarck a la Nueva Guinea, y el almirante Kenney desea bombardear los transportes de tropas. Kimura debe elegir entre una ruta septentrional más corta o una ruta meridional más larga, y Kenney debe decidir a dónde enviar sus aviones para que localicen a los japoneses. Si Kenney envía sus aviones a la ruta equivocada, puede hacerlos regresar, pero el número de días para bombardear se reduce.

Los jugadores son Kenney y Kimura, y cada uno tiene el mismo conjunto de acciones {*Norte, Sur*}, pero sus pagos, que se dan en el cuadro 1.2, nunca son iguales. Kimura pierde exactamente lo que gana Kenney. Debido a esta singularidad, es posible representar los pagos usando sólo cuatro números, en vez de ocho, pero presentamos los ocho pagos en el cuadro 1.2, pues ello le ahorra tiempo al lector.

CUADRO 1.2. *La Batalla del Mar de Bismarck*

		Kimura	
		Norte	*Sur*
Kenney	*Norte*	**2, –2** ↔	2, –2
		↑	↓
	Sur	1, –1 ←	3, –3

Pagos a: *(Kenney, Kimura)*

En sentido estricto, ninguno de los jugadores tiene una estrategia dominante. Kenney elegirá *Norte* si piensa que Kimura elegirá *Norte*, pero elegirá *Sur* si piensa que Kimura elegirá *Sur*. Kimura elegirá *Norte* si piensa que Kenney elegirá *Sur*, y le serán indiferentes las acciones si piensa que Kenney elegirá *Norte*. Esto es lo que las flechas muestran, y lo que mostraban en el cuadro 1.1 para el Dilema del Prisionero.

Pero todavía podemos encontrar un posible equilibrio, usando el concepto del dominio débil.

La estrategia $s_i^{\prime}$ es **dominada débilmente** *si existe alguna otra estrategia $s_i^{\prime\prime}$ para el jugador i que posiblemente es mejor y nunca peor, que da un mayor pago en algún perfil de estrategia y que nunca da un pago menor. Matemáticamente, $s_i^{\prime}$ está dominada débilmente si existe una $s_i^{\prime\prime}$ tal que*

$$\pi_i(s_i^{\prime\prime}, s_{-i}) \geq \pi_i (s_i^{\prime}, s_{-i}) \ \forall s_{-i}, \text{ y}$$

$$\pi_i(s_i^{\prime\prime}, s_{-i}) > \pi_i (s_i^{\prime}, s_{-i}) \text{ para algunas } s_{-i}. \tag{5}$$

Se puede definir una **estrategia de equilibrio dominante débil** como el perfil de estrategia que se encuentra eliminando todas las estrategias débilmente dominadas de cada jugador. Sin embargo, eliminar las estrategias débilmente dominadas no ayuda mucho en la Batalla del Mar de Bismarck. La estrategia *Sur* de Kimura está dominada débilmente por la estrategia *Norte* porque su pago por *Norte* nunca es menor que su pago por *Sur*, y es mayor si Kenney elige *Sur*. No obstante, para Kenney ninguna de las estrategias es dominada, aunque sea débilmente. Por tanto, para definir el equilibrio, el modelador debe dar un paso más hacia el equilibrio dominante iterativo.

Un **equilibrio dominante iterativo** *es un perfil de estrategia que se encuentra eliminando una estrategia dominada débilmente del conjunto de estrategia de uno de los jugadores, calculando de nuevo cuáles de las restantes estrategias están dominadas débilmente, eliminando una de ellas y continuando el proceso hasta que sólo queda una estrategia para cada jugador.*

Si se aplica a la Batalla del Mar de Bismarck, este concepto de equilibrio implica que Kenney decide que Kimura elegirá *Norte* porque es dominante débilmente, de modo que Kenney elimina [Kimura elige *Sur*] de sus consideraciones. Al eliminar una columna del cuadro 1.2, Kenney tiene una estrategia fuertemente dominante: elige *Norte*, que le da pagos en rigor mayores que los de *Sur*. El perfil de estrategia *(Norte, Norte)* es un equilibrio dominante iterativamente, y a pesar de todos los adjetivos calificativos parece una buena predicción. Y de hecho *(Norte, Norte)* fue el resultado en 1943.

Es interesante pensar en modificar el orden del juego o la estructura de información en la Batalla del Mar de Bismarck. Si Kenney mueve primero, no simultáneamente con Kimura, *(Norte, Norte)* seguirá siendo un equilibrio, pero *(Norte, Sur)* también se convertirá en un equilibrio. Los pagos serán los mismos para ambos equilibrios; sin embargo, los resultados serán diferentes.

Si Kimura mueve primero, el único equilibrio será *(Norte, Norte)*. La importancia de que un jugador mueva primero no es el tiempo literal de los movimientos, sino el hecho de darle más información al otro jugador antes de hacer su jugada. Si Kenney ha descifrado la clave secreta japonesa y conoce el plan de Kimura, ya no importa que los dos jugadores muevan simultáneamente; el juego se modela mejor como un juego en secuencia. Ya sea que literalmente Kimura mueva primero o que su código secreto haya sido descifrado, el conjunto de información de Kimura se convierte en [Kimura se dirigió al *Norte*] o [Kimura se dirigió al *Sur*] después de la decisión de Kimura, de modo que la estrategia de equilibrio de Kenney se especifica como *(Norte* si Kimura fue al *Norte, Sur* si Kimura fue al *Sur)*.

Los teóricos del juego suelen diferir en su terminología y, en particular, la terminología que se aplica a la idea de eliminar las estrategias dominadas es diversa. El concepto de equilibrio utilizado en la Batalla del Mar de Bismarck puede llamarse **equilibrio dominante iterativo** o **estrategia de equilibrio dominante iterativa,** o podría decirse que el juego **se soluciona mediante el dominio,** que puede ser **solucionado mediante la dominación iterativa,** o que el perfil de estrategia de equilibrio **no está dominado serialmente,** y cada una de estas frases puede significar la eliminación de estrategias estrictamente dominadas o la eliminación de estrategias débilmente dominadas.

La diferencia significativa se halla entre el dominio fuerte y el débil. Todos están de acuerdo en que ningún jugador racional utilizará una estrategia estrictamente dominada, pero es difícil argumentar contra las estrategias dominadas débilmente. En los modelos económicos, a las empresas y a los individuos con frecuencia les es indiferente su conducta en el equilibrio. En los modelos estándar de la competencia perfecta, las empresas no tienen ganancias, pero es crucial que algunas empresas estén activas en el mercado y que otras se mantengan afuera y no produzcan. Si un monopolista sabe que el cliente Smith está dispuesto a pagar hasta 10 dólares por un artículo, el monopolista le cobrará exactamente 10 dólares a Smith en equilibrio, lo que hace que a Smith le sea indiferente comprar o no comprar; no obstante, no hay equilibrio a menos que Smith compre. Por tanto, no es práctico descartar los equilibrios en que a un jugador le son indiferentes sus acciones. Más adelante se deberá recordar esto cuando, en la sección 4.3, tratemos el problema similar del "conjunto-abierto".

Otra dificultad es el equilibrio múltiple. La estrategia de equilibrio dominante es única, si es que existe. Cada jugador tiene cuando mucho una estrategia cuyo pago en cualquier perfil de estrategia es estrictamente mayor que el pago por cualquier otra estrategia, de modo que sólo se puede formar un perfil de estrategia a partir de estrategias dominantes. Un equilibrio dominante iterativo puede no ser único, porque el orden en que se eliminan las estrategias sí es significativo para la solución final. El juego del curso iterativo del cuadro 1.3 muestra esto. Los perfiles de estrategia (r_1, c_1) y (r_1, c_3) son equilibrios dominantes iterativos, porque cada uno puede encontrarse mediante una eliminación iterativa. El orden de la eliminación puede ser (r_3, c_3, c_2, r_2) o (c_2, r_2, c_1, r_3).

CUADRO 1.3. *El juego del curso iterativo*

		Columna		
		c_1	c_2	c_3
	r_1	**2,12**	1,10	**1,12**
Hilera	r_2	0,12	0,10	0,11
	r_3	**0,12**	0,10	0,13

Pagos a: (Hilera, Columna)

A pesar de estos problemas, la eliminación de las estrategias débilmente dominadas es un instrumento útil, y es parte de muchos conceptos de equilibrio más complicados, como el de la perfección del subjuego de la sección 4.1.

La Batalla del Mar de Bismarck es especial porque los pagos de los jugadores siempre suman cero. Este rasgo es lo suficientemente importante, como para recibir un nombre.

*Un **juego de suma cero** es un juego en que la suma de los pagos de todos los jugadores es cero, cualquiera que sea la estrategia que cada uno elige. Un juego que no es de suma cero es de **suma variable.***

En un juego de suma cero, lo que gana un jugador lo pierde el otro. La Batalla del Mar de Bismarck es un juego de suma cero, no así el Dilema del Prisionero y los Modelos OPEP I y OPEP II, y no hay forma de que los pagos de esos juegos puedan modificarse para ser de suma cero sin cambiar el carácter esencial de los juegos. Aunque los juegos de suma cero han atraído a los teóricos de los juegos durante muchos años, son raros en economía. Uno de los pocos ejemplos es el juego de negociación entre dos jugadores que se dividen un excedente, pero incluso hoy éste es modelado como un juego de suma variable en que el excedente se reduce cuando los jugadores toman más tiempo para decidir cómo dividirlo. En realidad, aun una simple partición de propiedad puede resultar en una pérdida (sólo piense en lo mucho que reciben los abogados cuando una pareja que se está divorciando negocia sobre la división de sus propiedades).

Aunque los juegos de 2-por-2 en este capítulo parezcan diversiones, son lo suficientemente sencillos para utilizarlos en el modelado de situaciones económicas. Por ejemplo, la Batalla del Mar de Bismarck puede convertirse en un juego de estrategia empresarial. Dos empresas, la Compañía Kenney y Kimura, S. A. procuran aumentar al máximo su participación en un mercado de tamaño constante eligiendo entre dos diseños del producto,

Norte y *Sur*. Kenney tiene una ventaja de mercadeo y quisiera competir abierta y directamente; Kimura preferiría hacer su propio nicho de actividad. El equilibrio es *(Norte, Norte)*.

1.4. El equilibrio de Nash: los Cerdos Encajonados, la Batalla de los Sexos y la Coordinación Jerarquizada

Para la gran mayoría de los juegos, que carecen incluso de equilibrios dominantes iterativos, los modeladores utilizan el equilibrio de Nash, el cual es el concepto de equilibrio más importante y el que se encuentra con más frecuencia. Para presentar el equilibrio de Nash tomaremos el juego de los Cerdos Encajonados. Se ponen dos cerdos en un cajón con un tablero especial en un extremo y un repartidor de alimento en el otro. Cuando uno de los cerdos presiona el tablero, con un costo de utilidad de dos unidades, se proporcionan 10 unidades de alimento. Un cerdo es dominante (supongamos que es más grande), y si llega al repartidor primero, el otro cerdo sólo obtendrá sus sobras, que valen una unidad. En cambio, si el cerdo pequeño llega primero, puede comer cuatro unidades, e incluso si llegan al mismo tiempo, el cerdo pequeño obtiene tres unidades. El cuadro 1.4 resume los pagos por las estrategias *Presionar* el tablero y *Esperar* en el repartidor.

CUADRO 1.4. *Los Cerdos Encajonados*

El cerdo pequeño

		Presionar	*Esperar*
	Presionar	5, 1 →	**4**, **4**
El cerdo grande		↓	↑
	Esperar	**9**, −1 →	0, 0

Pagos a: (cerdo grande, cerdo pequeño)

Los Cerdos Encajonados no tienen ninguna estrategia de equilibrio dominante, porque lo que elija el cerdo grande dependerá de lo que crea que elegirá el cerdo pequeño. Si cree que el cerdo pequeño presionará el tablero, el cerdo grande esperará en el repartidor de alimentos; pero si cree que el cerdo pequeño esperará, el cerdo grande presionará. Existe un equilibrio dominante iterativo, *(Presionar, Esperar)*, pero utilizaremos un razonamiento diferente para justificar el resultado: el equilibrio de Nash.

El equilibrio de Nash es un concepto de equilibrio estándar en economía. Obviamente, es menos correcto que el equilibrio de la estrategia dominante, pero puede aplicarse con mayor frecuencia. El equilibrio de Nash tiene tan amplia aceptación que el lector puede suponer que si un modelo no especifica cuál concepto de equilibrio está usando, se tratará del equilibrio de Nash o de algún refinamiento del mismo.

Un perfil de estrategia s* es un **equilibrio de Nash** *si ningún jugador tiene un incentivo para desviarse de su estrategia, siempre que los demás jugadores no se desvíen de la de ellos. Formalmente,*

$$\forall i \; \pi_i(s^*_i, s^*_{-i}) \geq \pi_i(s'_i, s^*_{-i}) \; \forall s'_i. \tag{6}$$

El perfil de estrategia *(Presionar, Esperar)* es un equilibrio de Nash. La forma de conocer el equilibrio de Nash es proponer un perfil de estrategia y probar si la estrategia de cada jugador es una mejor respuesta a las estrategias de los demás. Si el cerdo grande elige *Presionar*, el cerdo pequeño, que se enfrenta a un pago de 1 si él presiona y de 4 por esperar, está dispuesto a esperar. Si el cerdo pequeño elige *Esperar*, el cerdo grande, que puede elegir entre un pago de 4 por presionar y de 0 por esperar, está dispuesto a presionar. Esto confirma que *(Presionar, Esperar)* es un equilibrio de Nash, y de hecho es el único equilibrio de Nash.[4]

Es útil dibujar flechas en los cuadros cuando se trata de encontrar el equilibrio, ya que el número de cálculos es lo suficientemente grande para absorber no pocos RAM mentales. Otra pista para la solución, que se muestra en el caso de los Cerdos Encajonados, es la de encerrar en un círculo a los pagos que dominan a otros pagos (o encerrarlos en un cuadrado, como en particular es pertinente en este caso). Las flechas dobles o los círculos punteados indican pagos débilmente dominantes. Cualquier perfil de pago en que cualquier pago esté encerrado en un círculo o al que apuntan flechas desde todas las direcciones, es un equilibrio de Nash. Prefiero usar las flechas en los juegos de 2-por-2, pero los círculos son mejores para los juegos grandes, ya que las flechas confunden cuando los pagos no se alinean por orden de magnitud en el cuadro (véase el cuadro 2.2 en el siguiente capítulo).

En este juego, los cerdos tienen que ser más listos que los jugadores en el Dilema del Prisionero. Tienen que comprender que el único conjunto de estrategias apoyado por opiniones autoconsistentes es *(Presionar, Esperar)*. La definición del equilibrio de Nash carece de las " $\forall s_{-i}$ " de un equilibrio de estrategia dominante, de modo que una estrategia de Nash sólo necesita ser una mejor respuesta a otras estrategias de Nash, no a todas las estrategias posibles. Y, aunque se hable de "mejores respuestas", en realidad los movimientos son simultáneos, de modo que los jugadores prevén los movimientos de los demás. Si el juego se repitiera o hubiera comunicación entre los jugadores, el equilibrio de Nash sería especialmente atractivo, porque es todavía más necesario que las opiniones sean autoconsistentes.

Al igual que un equilibrio de estrategia dominante, un equilibrio de Nash puede ser débil o fuerte. La definición anterior corresponde a un equilibrio de Nash débil. Para definir un equilibrio de Nash fuerte, se requiere estrictamente la desigualdad; esto es, se requiere que a ningún jugador le sea indiferente elegir entre su estrategia de equilibrio y alguna otra estrategia.

---

[4] Este juego también tiene su análogo económico. Si Cerdogrande, S. A. introduce las barras de granola a un considerable costo de mercadeo para darlo a conocer entre el público, entonces Cerdopequeño Limitada puede imitarlo lucrativamente, sin arruinar las ventas de Cerdogrande por completo. Sin embargo, si Cerdopequeño las introduce con el mismo costo, Cerdogrande abarcaría el mercado si lo imita.

Todo equilibrio de estrategia dominante es un equilibrio de Nash, pero no todo equilibrio de Nash es un equilibrio de estrategia dominante. Si una estrategia es dominante, es una mejor respuesta a *cualesquiera* estrategias que elijan los otros jugadores, incluyendo sus estrategias de equilibrio. Si una estrategia es parte de un equilibrio de Nash, sólo necesita ser una mejor respuesta a las estrategias de *equilibrio* de los otros jugadores.

El Dilema del Modelador del cuadro 1.5 ilustra esta característica del equilibrio de Nash. La situación que se modela es la misma que el Dilema del Prisionero, con una importante excepción: aunque la policía tiene suficiente evidencia para arrestar a los sospechosos como la "causa probable" del crimen, no tendrá suficiente evidencia para condenarlos, aunque fuera por un delito menor si ninguno de los prisioneros confiesa. El perfil de pago noroeste se convierte en (0, 0) en vez de (–1, –1).

CUADRO 1.5. *El Dilema del Modelador*

		Columna		
		Negar		Confesar
	Negar	0, 0	↔	–10, 0
Hilera		↕		↓
	Confesar	0, –10	→	-8, -8

Pagos a: (Hilera, Columna)

El Dilema del Modelador no tiene una estrategia de equilibrio dominante. Sí tiene una estrategia de equilibrio dominante débil, porque *Confesar* sigue siendo una estrategia dominante débil para cada jugador. Además, utilizando esto, puede verse que *(Confesar, Confesar)* es un equilibrio dominante iterativo, y que también es un fuerte equilibrio de Nash. Así, la argumentación para que *(Confesar, Confesar)* siga siendo el resultado de equilibrio parece muy fuerte.

No obstante, hay otro equilibrio de Nash en el Dilema del Modelador: *(Negar, Negar)*, que es un equilibrio de Nash débil. Este equilibrio es débil y el otro equilibrio de Nash es fuerte, pero *(Negar, Negar)* tiene la ventaja de que su resultado es superior conforme a las ideas de Pareto: (0, 0) es uniformemente mayor que (–8, –8). Además, si el modelador está equivocado respecto al orden de juego, y en realidad el juego es secuencial *(Negar, Negar)* es mucho más obligatorio. Esto dificulta saber qué conducta puede predecirse.

El Dilema del Modelador ejemplifica un problema común para quienes elaboran modelos: qué predecir cuando existen dos equilibrios de Nash. El modelador puede añadir más detalles a las reglas del juego, o puede utilizar un **refinamiento del equilibrio,** añadiendo condiciones al concepto de equilibrio básico hasta que un perfil de estrategia satisfaga el concepto de equilibrio refinado. No hay una manera única de refinar un equilibrio de Nash.

El modelador puede insistir en un equilibrio fuerte, descartar estrategias dominadas débilmente o utilizar el predominio iterativo. Todos éstos conducen a *(Confesar, Confesar)* en el Dilema del Modelador. O puede descartar los equilibrios de Nash, que son dominados conforme a Pareto por otros equilibrios de Nash y terminar obteniendo *(Negar, Negar)*. Ninguno de estos dos procedimientos es del todo satisfactorio.

La Batalla de los Sexos

El tercer juego que utilizaremos para ejemplificar el equilibrio de Nash es la Batalla de los Sexos, un conflicto entre un hombre que quiere ir a una pelea de campeonato y una mujer que quiere ir a un ballet. Aunque son egoístas, están muy enamorados y, si fuera necesario, sacrificarían sus preferencias para estar juntos. En forma menos romántica, sus pagos se presentan en el cuadro 1.6.

CUADRO 1.6. *La Batalla de los Sexos*[5]

		Mujer		
		Pelea de campeonato		*Ballet*
	Pelea de campeonato	**2,1**	←	0,0
Hombre		↑		↓
	Ballet	0,0	→	**1,2**

Pagos a: (Hombre, Mujer)

La Batalla de los Sexos no tiene un equilibrio dominante iterativo. Tiene dos equilibrios de Nash, uno de los cuales es el perfil de estrategia *(Pelea de campeonato, Pelea de campeonato)*. Como el hombre elige *Pelea de campeonato*, también la elige la mujer; como la mujer elige *Pelea de campeonato*, también la elige el hombre. Siguiendo esta línea de razonamiento, el perfil de estrategia *(Ballet, Ballet)* es otro equilibrio de Nash.

¿Cómo saben los jugadores qué equilibrio de Nash elegir? Ir a la pelea de campeonato y al ballet son estrategias de Nash, pero para diferentes equilibrios. El equilibrio de Nash supone opiniones correctas y consistentes. Si no platican de antemano, el hombre puede ir al ballet y la mujer a la pelea, equivocándose con respecto a lo que piensa el otro. Pero aunque los jugadores no se comuniquen, la repetición del juego a veces justifica el equilibrio de Nash. Si la pareja no se habla, pero repite el juego noche tras noche, puede suponerse que eventualmente se acomodarán a uno u otro equilibrio de Nash.

Cada uno de los equilibrios de Nash en la Batalla de los Sexos es efi-

---

[5] Muchos libros de la teoría de juegos han presentado versiones censuradas de este juego, posiblemente buscando la corrección política. Éste es el juego original, sin censura alguna.

ciente desde el punto de vista de Pareto; ningún otro perfil de estrategia aumenta el pago de un jugador sin disminuir el del otro. En muchos juegos el equilibrio de Nash no es eficiente de acuerdo con Pareto: *(Confesar, Confesar)*, por ejemplo, es el único equilibrio de Nash del Dilema del Prisionero, aunque sus pagos de (−8, −8) son inferiores desde el punto de vista de Pareto al de (−1, −1) generado por *(Negar, Negar)*.

En la Batalla de los Sexos importa quién mueve primero, a diferencia del Dilema del Prisionero. Si el hombre puede comprar con anticipación los boletos para la pelea de campeonato, su compromiso induciría a la mujer a ir a la pelea. En muchos juegos, pero no en todos, el jugador que mueve primero (lo que es equivalente a un compromiso) tiene la **ventaja del que mueve primero.**

La Batalla de los Sexos tiene muchas aplicaciones económicas. Digamos, es la elección de una norma general para una industria cuando dos empresas tienen preferencias diferentes, pero ambas desean una norma común para alentar a los consumidores a comprar el producto. Una segunda es la elección de las palabras en un contrato cuando dos empresas desean formalizar un acuerdo de ventas aunque prefieren diferentes términos.

Juegos de Coordinación

A veces es posible utilizar la magnitud de los pagos para elegir entre equilibrios de Nash. En el juego que sigue, Smith y Jones tratan de decidir si diseñan las computadoras que venden, de tal manera que utilicen disquetes grandes o pequeños. Ambos jugadores venderán más computadoras si sus sistemas de disquetes son compatibles. En el cuadro 1.7 se presentan los pagos.

CUADRO 1.7. *Coordinación Jerarquizada*

		Jones		
		Grande		*Pequeño*
Smith	*Grande*	**2,**　**2**	←	−1,　−1
		↑		↓
	Pequeño	−1,　−1	→	**1,**　**1**

Pagos a: (Smith, Jones)

Los perfiles de estrategia *(Grande, Grande)* y *(Pequeño, Pequeño)* son equilibrios de Nash, pero *(Grande, Grande)* domina a *(Pequeño, Pequeño)* de acuerdo con Pareto. Los dos jugadores prefieren *(Grande, Grande)* y la mayoría de los modeladores utilizarán el equilibrio eficiente de Pareto para predecir el resultado real. Podemos imaginar que surge de una comunicación previa al juego entre Smith y Jones, la cual tiene lugar fuera de la especificación del modelo; pero lo interesante es lo que ocurre si la comunicación es imposible. ¿Sigue siendo el de mayores posibilidades el equilibrio eficiente de Pareto? La pregunta es en verdad más pertinente a la psicología que a la economía.

La coordinación jerarquizada es uno de entre la numerosa clase de juegos a los que se llama **juegos de coordinación,** los cuales comparten el rasgo de que los jugadores necesitan coordinarse en uno de los equilibrios de Nash múltiples. La coordinación jerarquizada posee la característica adicional de que los equilibrios pueden jerarquizarse de acuerdo con Pareto. El cuadro 1.8 muestra otro juego de coordinación, la Coordinación Peligrosa, la cual tiene los mismos equilibrios que la coordinación jerarquizada, pero difiere en los pagos que no corresponden al equilibrio. Si se hiciera un experimento en que los estudiantes jugaran uno contra el otro, no me sorprendería que fuera *(Grande, Grande)*, el equilibrio dominante de Pareto, el que se jugara. Esto es cierto, aunque *(Pequeño, Pequeño)* sigue siendo un equilibrio de Nash; si Smith piensa que Jones elegirá *Pequeño*, estará dispuesto a elegir *Pequeño*. El problema es que si se violan los supuestos del juego, y Smith no puede confiar en que Jones actúe racionalmente, sin confusión, y que esté bien informado sobre los pagos del juego, entonces Smith estará renuente a elegir *Pequeño*, porque si Jones elige *Grande* su pago será de –1000. Las personas cometen errores y, con una diferencia tan extrema en los pagos, incluso una probabilidad pequeña de error es importante, de manera que *(Pequeño, Pequeño)* será una mala predicción.

CUADRO 1.8. *Coordinación Peligrosa*

		Jones		
		Grande		*Pequeño*
	Grande	**1, 1**	←	–1, –1
Smith		↑		↓
	Pequeño	–1000,–1	→	**2, 2**

Pagos a: (Smith, Jones)

Juegos como la Coordinación Peligrosa son de los principales intereses de un libro de John Harsanyi y Reinhard Selten (1988), dos de los gigantes en el campo de la teoría de juegos, pero mi punto de vista es diferente del de ellos. No considero que el hecho de que uno de los equilibrios de Nash de la Coordinación Peligrosa sea una mala predicción y constituya un fuerte golpe al concepto del equilibrio de Nash. La mala predicción se basa en dos elementos: el uso del concepto del equilibrio de Nash y el uso del juego de la Coordinación Peligrosa. Si Jones está confundido acerca de los pagos del juego, lo que se está jugando no es una Coordinación Peligrosa, de modo que no es sorprendente que resulten malas predicciones. Las reglas del juego deben describir las probabilidades de que los jugadores se confundan, así como los pagos si toman determinadas acciones. Si la confusión es una característica importante de la situación, el juego de 2-por-2 del cuadro 1.8 es el modelo equivocado, y es más adecuado un juego más complicado de información incompleta de la clase descrita en el capítulo 2. Nuevamente, como en el Dilema del Prisionero, lo primero que debe pensar el modelador al encontrar que el modelo predice un resultado raro no debe ser que la "teoría de juegos es pura faramalla", sino con más modestia: "quizá no estoy describiendo la situación correctamente" (o, incluso, "quizá no debo confiar en el sentido común para saber lo que va a pasar").

1.5. PUNTOS FOCALES

El libro de Thomas Schelling, *The Strategy of Conflict*, es un clásico de la teoría de juegos, aunque no tiene ninguna ecuación ni letras griegas. A pesar de habérsele publicado hace unos treinta años, su espíritu es sorprendentemente moderno. Schelling no es un matemático, sino un estratega; examina cuestiones como las amenazas, los compromisos, los rehenes y la delegación, que analizaremos de una manera más formal en el resto de este libro. Quizá es mejor conocido por sus juegos de coordinación. Tome un momento para decidir una estrategia en cada uno de los siguientes juegos, adaptados de los de Schelling, y en los que gana si da la misma respuesta que las de tantos otros jugadores como sea posible.

1) Elija cara o cruz (águila o sol).
2) Elija cruz o cara (sol o águila).
3) Encierre en un círculo uno de los siguientes números: 7, 100, 13, 261, 99, 666.
4) Usted debe encontrarse con alguien en la ciudad de Nueva York. ¿Dónde? ¿Cuándo?
5) Usted debe dividir un pastel y no obtendrá nada si sus partes suman más del 100 por ciento.
6) Encierre en un círculo uno de los siguientes números: 14, 15, 16, 17, 18, 100.

Cada uno de los juegos anteriores tiene muchos equilibrios de Nash: si yo creo que elegirá 666 y que usted cree que yo elegiré 666, ambos lo elegimos. Pero en mayor o menor medida ellos también tienen equilibrios de Nash que parecen más probables. Algunos de los perfiles de estrategia son **puntos focales:** los equilibrios de Nash que por razones psicológicas atraen particularmente. No es fácil formalizar lo que convierte a un perfil de estrategia en un punto focal, y depende del contexto. En el ejemplo 3, Schelling encontró que el 7 es la estrategia más común, pero en un grupo de satánicos el 666 puede ser el punto focal. En juegos repetidos, a menudo los puntos focales son proporcionados por la historia. Si dividimos un pastel en una ocasión, es probable que estemos de acuerdo en 50:50. Pero si el año pasado dividimos un pastel con una relación 60:40, ésta proporciona el punto focal de este año.

La **frontera** es una clase especial de punto focal. Si el jugador Rusia elige la acción de colocar tropas en cualquier lugar de una franja que va de 5 cm a 160 km de la frontera con China, el jugador China no reacciona. Si elige poner tropas dentro de una franja que va de 5 cm a 160 km *más allá* de su frontera, China declara la guerra. Hay una discontinuidad arbitraria de la conducta en la frontera. Otro ejemplo, muy impresionante por su arbitrariedad, es el grito de guerra: "¡Cincuenta y cuatro cuarenta o pelea!", una referencia al paralelo geográfico que se pretendía como límite entre los Estados Unidos y Canadá por los chauvinistas estadunidenses en la disputa por Oregon entre el Reino Unido y los Estados Unidos en la década de 1840.[6]

Una vez que se establece la frontera, adquiere importancia adicional porque la conducta con respecto a la frontera da información. El que Rusia cruce la frontera le dice a China que Rusia pretende hacer una incursión más profunda dentro de China. Las fronteras deben de ser claras y bien conocidas si no se quiere violarlas, y una gran parte de la jurisprudencia y de la diplomacia se dedica a aclararlas. Las fronteras también pueden surgir en los negocios: dos compañías que lanzan un producto perjudicial para la salud pueden acordar no mencionar ese aspecto en su publicidad, pero una regla que establece una frontera como: "Si quiere, puede mencionar que no es aconsejable para la salud, pero no le dé mucha importancia", no funcionará.

La **mediación** y la **comunicación** son importantes en ausencia de un punto focal claro. Si los jugadores pueden comunicarse, pueden decirse qué acciones tomarán. A veces, como en la Coordinación Jerarquizada, un mediador puede ayudar sugiriendo un equilibrio a todos los jugadores. Éstos no tienen razón para rechazar la sugerencia y pueden utilizar al mediador, aunque sus servicios sean muy caros. En casos como éste la mediación es tan efectiva como el arbitraje, en el que una parte externa impone una solución.

Una desventaja de los puntos focales es que conducen a la inflexibilidad. Supóngase que se elige el equilibrio superior de Pareto *(Pequeño, Pequeño)* como punto focal en una Coordinación Jerarquizada, y que el juego se repite durante un largo intervalo de tiempo. Los números en la matriz de pagos podrían cambiar lentamente hasta que *(Pequeño, Pequeño)* y *(Grande, Grande)* tengan ambos pagos de 1.5, y *(Grande, Grande)* empiece a dominar. ¿Cuándo, si es que ocurre, empezará a cambiar el equilibrio?

En la Coordinación Jerarquizada, esperaríamos que después de un tiempo una de las empresas empezara a cambiar y la otra la imitara. Si hubiera comunicación, el punto de cambio sería en el pago de 1.5. Pero, ¿qué ocurre si la primera empresa que cambia tiene un castigo mayor? Ése es el problema de la fijación de precios en un oligopolio. Si los costos aumentan, también debe aumentar el precio del monopolio, pero la empresa que aumenta primero el precio sufre una pérdida de su porcentaje del mercado.

NOTAS

N1.1. *Definiciones básicas*

• La descripción estándar ayuda tanto al modelador como a sus lectores. Para el primero, los nombres son útiles porque le ayudan a asegurarse de que los detalles im-

---

[6] La amenaza no era creíble: hoy ese paralelo queda muy adentro en la Columbia Británica.

portantes de un juego hayan sido completamente especificados. Para los lectores, hacen que sea más fácil entender el juego, en especial si, como sucede con la mayoría de los documentos técnicos, primero se hojea el escrito para ver si vale la pena leerlo. Cuanto menos claro sea el estilo del autor, más estrechamente debe apegarse a los nombres usuales, lo que significa que, de hecho, la mayoría de nosotros tenemos que apegarnos muy estrechamente a ellos.

Piense en el acto de escribir un artículo como un juego entre el autor y el lector, más que como un proceso de producción por un solo jugador. El autor, porque sabe que tiene valiosa información, pero medios de comunicación imperfectos, trata de transmitir información al lector. Éste no sabe si la información vale la pena y debe decidir si lee el artículo con el suficiente detalle para saberlo. ¿Cuáles son los equilibrios posibles?

- En el Modelo OPEP I, la notación "$Q_{S,8} = A$" fue utilizada para indicar que "la producción de petróleo de Arabia Saudita en 1988 fue alta". Un modelo equivalente lógicamente utiliza la notación "$X_{1,1} = 2$" para indicar "La producción de petróleo del país 1 en el periodo 1 es 2". ¿Hay alguna diferencia por usar una u otra de estas notaciones?
- El término "perfil de estrategia" no está completamente establecido. La primera edición de este libro utilizó "combinación de estrategia", más descriptivo, que tiene menos apariencia de ser parte del lenguaje de los negocios; pero desde entonces la tendencia ha sido la de usar "perfil de estrategia".
- El término "Regla de Plata" para la clase de estrategia llamada "golpe por golpe" parece que se originó con J. Hirshleifer (1982).

N1.2. *Las estrategias dominantes: el Dilema del Prisionero*

- El Dilema del Prisionero fue llamado así por Albert Tucker en un artículo inédito, aunque ya era bien conocida la matriz particular de 2-por-2, descubierta por Dresher y Flood. Se le pidió a Tucker que diera una conferencia sobre la teoría de juegos en el Departamento de Psicología de Stanford, y él inventó una historia que correspondía a la matriz. Straffin (1980) narra esta anécdota.
- En el Dilema del Prisionero suele usarse la notación *coopere* y *deserte* para los movimientos. Ésta es una mala notación porque es fácil confundirla con juegos *cooperativos* y con *desviaciones*. También se le llama frecuentemente el Dilema del Prisionero. Ya sea desde el punto de vista del individuo o del grupo, los prisioneros tienen un problema.
- Herodoto (Herodoto, 1947) describe uno de los primeros ejemplos del razonamiento del Dilema del Prisionero en la conspiración de Darío contra el emperador persa. Un grupo de nobles se reúne y decide derrocar al emperador; después se propuso suspender la reunión y continuar en otra ocasión. Entonces Darío se levantó y dijo que si suspendían la reunión estaba seguro de que uno de ellos iría directamente al emperador y revelaría la conspiración, porque si nadie más lo hacía, él lo haría. Darío también sugirió una solución: que fueran de inmediato al palacio y mataran al emperador.
  La conspiración también ejemplifica una salida de los juegos coordinados. Después de matar al emperador, los nobles deseaban seleccionar a uno de ellos como el nuevo emperador. En vez de pelear, acordaron ir a cierto cerro al amanecer y aquél cuyo caballo relinchara primero se convertiría en emperador. Herodoto también relata cómo el caballerango de Darío manipuló esa propuesta aleatoria para hacer que se convirtiera en el nuevo emperador.
- A los filósofos les intriga el Dilema del Prisionero: véase Campbell y Sowden (1985), una antología de artículos sobre el Dilema del Prisionero y su relacionada Paradoja de Newcombe. La teoría de juegos se ha aplicado aun a la teología: si uno de los jugadores es omnisciente u omnipotente, ¿qué clase de equilibrio puede esperarse? (véase Brams, 1983).
- Si consideramos sólo el ordenamiento ordinal de los pagos en los juegos de 2-por-2, hay 78 juegos distintos en que cada jugador tiene un orden de preferencias estricto para los cuatro resultados (que se enumeran y describen en Rapoport y Guyer, 1966), y 726 juegos distintos (Guyer y Hamburger, 1968) si permitimos empates en los pagos.
- El Dilema del Prisionero no siempre se define de la misma manera. Si consideramos sólo los pagos ordinales, el juego en el cuadro 1.9 es un Dilema del Prisionero si

T (tentación) > R (rebelión) > P (castigo) > I (ingenuo), donde los términos entre parén-tesis son mnemotécnicos.[7] Si se repite el juego, los valores cardinales de los pagos pueden ser importantes. Debe añadirse el requisito de que $2R > T + S > 2P$, si se quiere que el juego sea un Dilema del Prisionero estándar, en el que *(Niegue, Niegue)* y *(Con-fiese, Confiese)* son el mejor y el peor resultados posibles en términos de la suma de los pagos. La sección 5.3 presentará un juego asimétrico llamado el Dilema del Prisionero de un Solo Lado que tiene propiedades similares al Dilema del Prisionero estándar, pero que no se ajusta a esta definición.

A veces el juego en que $2R < T + S$ también se considera un Dilema del Prisionero, pero en él la suma de los pagos a los jugadores se maximiza cuando uno confiesa y el otro niega. Si el juego se repitiera, o si los prisioneros pudieran utilizar equilibrios correlacionados, como se define en la sección 3.3, preferirían tomar turnos para que se confiese contra ellos, lo que haría que el juego fuera coordinado similar a la Batalla de los Sexos. David Shimko ha sugerido para este último el nombre de Batalla de los Prisioneros.

CUADRO 1.9. *El dilema general de los prisioneros*

		Columna		
		Niegue		Confiese
Hilera	Niegue	R, R $\downarrow$	$\rightarrow$	S, T $\downarrow$
	Confiese	T, S	$\rightarrow$	**P, P**

Pagos a: (Hilera, Columna)

- Muchos economistas se muestran renuentes a utilizar el concepto de la utilidad cardi-nal, e incluso más reacios a comparar la utilidad entre diversos individuos (véase Coo-ter y Rappoport, 1984). La teoría de juegos no cooperativos nunca requiere compara-ciones interpersonales de la utilidad, y en el Dilema del Prisionero sólo se necesita la utilidad ordinal para encontrar el equilibrio. Mientras se conserve el ordenamiento por jerarquías de los pagos en los diferentes resultados, los pagos pueden modificarse sin cambiar el equilibrio. En general, los equilibrios de Nash de estrategia dominante y de estrategia pura dependen sólo de la jerarquización ordinal de los pagos, pero los equi-librios de estrategia mixta dependen de los valores cardinales. Véase la sección 3.2, y compare los juegos del Gallina (sección 3.2) y del Halcón-Paloma (sección 4.6).

N1.3. *Dominación iterativa: la Batalla del Mar de Bismarck*

- La Batalla del Mar de Bismarck puede encontrarse en Haywood (1954).
- La forma 2-por-2 con sólo cuatro entradas que puede utilizarse para la Batalla del Mar de Bismarck y otros juegos de suma cero es un **juego de matriz**, mientras que el cuadro equivalente con ocho entradas es un **juego bimatricial.** Los juegos pueden pre-sentarse como juegos bimatriciales, aunque tengan más de dos movimientos, siempre que el número de éstos sea finito.
- Si un juego es de suma cero, las utilidades de los jugadores pueden representarse de tal manera que sumen cero en cualquier resultado. Como las funciones de utilidad son, en cierta medida, arbitrarias, la suma también puede ser representada por una variable, aunque el juego sea de suma cero. A menudo los modeladores se referirán a un juego como de suma cero, aunque los pagos no sumen cero, siempre que éstos sumen una cantidad constante. La diferencia es una normalización trivial.
- Si el resultado X **domina fuertemente en el sentido de Pareto** al resultado Y, enton-ces todos los jugadores tienen una mayor utilidad bajo el resultado X. Si el resultado X **domina débilmente en el sentido de Pareto** al resultado Y, algún jugador tiene una

[7] Ésta es la notación estándar; véase Rapoport, Guyer y Gordon, 1976, p. 400.

mayor utilidad bajo X y ningún jugador tiene una menor utilidad. Un juego de suma cero no tiene resultados en el que incluso un resultado débil en el sentido de Pareto domine a otros resultados. Todos sus equilibrios son eficientes de conformidad con Pareto, porque ningún jugador gana sin que otro pierda.

A menudo se dice que el perfil de estrategia x "domina en el sentido de Pareto" al perfil de estrategia y. Si se toma literalmente, esto carece de sentido, ya que las estrategias no tienen necesariamente un ordenamiento —se puede definir que *Niegue* es mayor que *Confiese*, pero sería arbitrario—. Más bien, ese enunciado es una forma breve de la afirmación de que "el perfil de pago que resulta del perfil de estrategia x domina en el sentido de Pareto al perfil de pagos que resulta del perfil de estrategia y".

N1.4. *El equilibrio de Nash: los Cerdos Encajonados, la Batalla de los Sexos y la Coordinación Jerarquizada*

- Inventé los pagos para los Cerdos Encajonados a partir de las descripciones de uno de los experimentos que presentan Baldwin y Meese (1979). Ellos *no* lo consideran un experimento en la teoría de juegos, y describen los resultados en términos de "refuerzo". La Batalla de los Sexos se tomó de la página 90 de la obra de Luce y Raiffa (1957).
- Algunas personas prefieren el nombre "punto de equilibrio" y no "equilibrio de Nash", pero este último es conveniente, pues el nombre es "Nash" y no "Mazurkiewicz".
- Bernheim (1984a) y Pearce (1984) usan la idea de creencias mutuamente consistentes para llegar a un concepto de equilibrio diferente del de Nash. Definen una **estrategia racionalizable** como aquella estrategia que es la mejor respuesta a algún conjunto de creencias racionales en que un jugador cree que el otro jugador eligió sus mejores respuestas. La diferencia con Nash es que no es necesario que todos los jugadores piensen lo mismo con respecto a las estrategias que se elegirán, ni que sus opiniones sean consistentes.

  La idea es interesante en el contexto de los juegos de Bertrand (véase la sección 13.2). El equilibrio de Nash en el juego de Bertrand es dominado débilmente —eligiendo cualquier otro precio por encima del costo marginal, el cual rinde la misma utilidad de cero que rinde el equilibrio—. La racionalización excluye esto.
- J. Hirshleifer usa el nombre la Trampa Amorosa para un juego que esencialmente es igual a la Coordinación Jerarquizada; también se le ha conocido como el Juego del Seguro.
- Un problema de coordinación frecuentemente citado es el del teclado de máquinas de escribir QWERTY, desarrollado en la década de 1870 cuando los mecanógrafos tenían que teclear con lentitud para evitar atascar las teclas. QWERTY se convirtió en la norma, aunque en los años cuarenta un estudio de la Marina de los Estados Unidos encontró que la mayor velocidad posible con el teclado Dvorak amortizaría el costo de capacitar a los mecanógrafos de tiempo completo en diez días (David, 1985). Con esta historia es difícil explicar la razón por la que las grandes compañías no han capacitado a sus mecanógrafas, y Liebowitz y Margolis (1990) argumentan que los economistas han aceptado demasiado rápido las afirmaciones de que esto es una ineficiencia en la coordinación. Quizá el deletreo de la lengua inglesa sea un mejor ejemplo.
- El cuento de O. Henry, "El regalo de los magos", trata de un juego de coordinación notable porque se elimina la comunicación. Un hombre vende su reloj para comprarle a su esposa peines para la Navidad, mientras que ella vende su cabello para comprarle un reloj de bolsillo. La comunicación arruinaría la sorpresa, lo que sería un resultado peor que la falta de coordinación.
- La macroeconomía contiene más teoría de juegos de lo que aparenta. El concepto macroeconómico de *las expectativas racionales* enfrenta el mismo problema de equilibrios múltiples y de consistencia de las expectativas que enfrenta el equilibrio de Nash. Hoy, la teoría de juegos se utiliza explícitamente en la macroeconomía: véase el libro de Canzoneri y Henderson, 1991.
- Las obras sobre el marco normal comprenden las de M. Katz y Shapiro (1985) y Farrell y Saloner (1985).

- La sección 3.3 retorna a los problemas de coordinación para discutir los conceptos de "estrategias correlacionadas" y de "plática barata".
- El juego de la Coordinación Peligrosa es en esencia el mismo que el Juego del Seguro de Sen (1967).

N1.5. *Puntos focales*

- Además de su libro de 1960, Schelling ha escrito libros sobre diplomacia (1966) y las curiosidades de la agregación (1978). Ahora los científicos políticos estudian los mismos problemas más técnicamente; véase Brams y Kilgour (1988), y Ordeshook (1986). Riker (1986) y el libro de 1982 de Muzzio, *Watergate Games,* son ejemplos muy interesantes de la forma en que se puede utilizar la teoría de juegos para analizar episodios históricos particulares.
- En el capítulo 12 de su *Teoría general,* Keynes sugiere que el mercado de valores es un juego con equilibrios múltiples, como un concurso en que un periódico publica las caras de 20 muchachas, y los competidores mandan el nombre de la que creen que la mayoría de las personas seleccionará como la más bonita. Cuando el punto focal cambia, el resultado son grandes cambios en las predicciones acerca de la belleza y el valor.
- Puntos focales como las medidas y pesos estándar pueden contribuir a la riqueza de una economía. Véase Kindleberger (1983) para una intrigante discusión sobre los estándares o normas históricos.
- Observe que lo que llamamos fronteras tiene una base arbitraria. Si los chinos no pueden defenderse tan fácilmente una vez que los rusos cruzan la frontera en el río Amur, tienen una razón clara para combatir allí.
- Crawford y Haller (1990) han observado con cuidado la focalidad en los juegos de coordinación repetidos, preguntándose qué equilibrios son diferentes objetivamente de otros equilibrios, y tratando de encontrar cómo puede un jugador aprender mediante la repetición qué equilibrio jugarán los otros jugadores. Si en la primera repetición los jugadores eligen estrategias que son Nash con respecto a cada una de las otras, parece que es focal para ellos continuar jugando esas estrategias; pero, ¿qué pasa si inician con desacuerdos? Véase su artículo.

PROBLEMAS

1.1: *Juegos de 2-por-2*

Encuentre ejemplos de juegos de 2-por-2 con las siguientes propiedades:

1.1a) Sin equilibrio de Nash (puede ignorar las estrategias mixtas).

1.1b) Sin ninguan combinación de estrategia débilmente dominante en el sentido de Pareto.

1.1c) Por lo menos dos equilibrios de Nash, incluyendo un equilibrio que domina, en el sentido de Pareto, a todos los demás perfiles de estrategia.

1.1d) Por lo menos tres equilibrios de Nash.

1.2: *Dominio de Nash e iterativo*

1.2a) Demuestre que todo equilibrio dominante iterativo s^* es un equilibrio de Nash.

1.2b) Demuestre mediante un ejemplo contrario que no todo equilibrio de Nash puede ser generado por el dominio iterativo.

1.2c) ¿Excluye todo equilibrio dominante iterativo a las estrategias dominadas débilmente?

1.3: *Caracortada y Timmy*

Los jugadores Timmy y Caracortada se ven atrapados en un juego similar al Dilema del Prisionero, excepto que Caracortada ya tiene antecedentes criminales, de modo que siempre lo sentenciarán a una condena por lo menos cinco años mayor que la que le den a Timmy, sin importar quién confiesa y quién niega. Construya una matriz de resultados (con Caracortada como Hilera) y encuentre el equilibrio de Nash para este juego. (Nota: hay por lo menos dos juegos que se ajustan razonablemente a esta historia.)

1.4: *Dominio de tipo Pareto*[8]

1.4a) Si una combinación de estrategia *s** es un equilibrio de estrategia dominante, ¿significa esto que una estrategia domina débilmente de acuerdo con Pareto a las demás combinaciones de estrategia?

1.4b) Si una combinación de estrategia *s* domina fuertemente a todas las demás combinaciones de estrategia, ¿significa que es un equilibrio de estrategia dominante?

1.4c) Si un equilibrio domina débilmente, de acuerdo con Pareto, todas las demás combinaciones de estrategia, ¿debe ser un equilibrio de Nash?

1.5: *Descoordinación*

Suponga que un hombre y una mujer, por separado, eligen si van a ir a una pelea de campeonato o al ballet. El hombre prefiere ir a la pelea de campeonato y la mujer al ballet. Sin embargo, lo más importante es que el hombre quiere estar presente en el mismo acto al que irá la mujer, y ella quiere evitarlo.

1.5a) Construya una matriz de juego para ejemplificar este juego, y elija los números para que correspondan a las preferencias descritas verbalmente.

1.5b) Si la mujer mueve primero, ¿qué ocurrirá?

1.5c) ¿Hay en el juego una ventaja para el que mueve primero?

1.5d) Demuestre que no hay un equilibrio de Nash si los jugadores mueven simultáneamente.

---

[8] Esta pregunta se basa en notas de Jong-shin Wei.

1.6: *Elabore las matrices de resultados*

Puede ser sorprendentemente difícil ver un juego si se utiliza una nueva notación. En este ejercicio, vuelva a escribir la matriz de resultado en una forma diferente a la del texto principal. En cada caso lea la descripción del juego y elabore la matriz de resultado, como se instruye. Aprenderá más si lo hace a partir de la descripción, sin mirar la matriz de resultado convencional.

1.6a) La Batalla de los Sexos (cuadro 1.6). Escriba *(Pelea de campeonato, Pelea de campeonato)* en la esquina noroeste, pero haga que la mujer sea el jugador de la hilera.

1.6b) El Dilema del Prisionero (cuadro 1.1). Escriba *(Confesar, Confesar)* en la esquina noroeste.

1.6c) Batalla de los Sexos (cuadro 1.6). Haga que el hombre sea el jugador de la hilera, pero escriba *(Ballet, Pelea de campeonato)* en la esquina noroeste.

2. INFORMACIÓN

2.1. Formas estratégica y extensiva de un juego

Si la mitad del pensamiento estratégico consiste en predecir lo que hará el otro jugador, la otra mitad consiste en adivinar lo que sabe. La mayoría de los juegos del capítulo 1 supusieron que las jugadas eran simultáneas, de modo que los jugadores no tenían oportunidad de conocer la información privada del otro observándose mutuamente. La información adquiere relevancia tan pronto como los jugadores mueven en secuencia. De hecho, la diferencia importante entre juegos con movimientos simultáneos y juegos con movimientos en secuencia es que en estos últimos el segundo jugador recibe información sobre cómo jugó el primer jugador antes de tener que tomar su propia decisión.

La sección 2.1 muestra la manera de usar las formas estratégica y extensiva para describir juegos con movimientos en secuencia. La sección 2.2 presenta la manera en que la forma extensiva, o árbol de juego, puede utilizarse para describir la información disponible para un jugador en cada punto del juego. La sección 2.3 clasifica los juegos con base en la estructura de la información. La sección 2.4 muestra cómo pueden elaborarse de otra manera los juegos con información incompleta, de modo que se les pueda analizar mediante la transformación de Harsanyi, y deriva la **Regla de Bayes** para combinar las ideas previas de un jugador con la información que adquiere en el curso del juego.

La forma estratégica y la matriz de resultado

La presentación de los juegos con movimientos en secuencia requiere más cuidado que los juegos de un solo movimiento. En la sección 1.4 empleamos la forma 2-por-2, que se muestra en el cuadro 2.1 para el juego de la Coordinación Jerarquizada.

Como las estrategias son las mismas que las acciones en la Coordinación Jerarquizada y los resultados son sencillos, la forma 2-por-2 del cuadro 2.1 logra dos cosas: relaciona los perfiles de estrategia con los pagos, y los perfiles de acción con los resultados. A estos dos mapas se les llama la forma estratégica y la matriz de resultados, y en juegos más complicados son distintas una de la otra. La forma estratégica muestra los pagos que resultan de cada perfil de estrategia, mientras que la matriz de resultados muestra los resultados que se obtienen de cada perfil de acción posible. Las definiciones que siguen usan n para representar el número de jugadores, k el número de variables en el vector de resultados, p el número de perfiles de estrategia, y q el número de perfiles de acción.

La **forma estratégica** *(o* **forma normal)** *consiste en:*
1) *Todos los perfiles de estrategia posibles* s^1, s^2,..., s^p.
2) *Las funciones de pago que ubican a* s^i *en el vector-n de pago* π^i, *(i* = 1, 2,..., p).

La **matriz de resultado** *consiste en:*
1) *Todos los perfiles de acción posibles* a^1, a^2, ..., a^q.
2) *Las funciones de resultado que ubican a* a^i *en el resultado vector-k* z^i, *(i* = 1, 2,..., q).

CUADRO 2.1. *Coordinación Jerarquizada*

		Jones		
		Grande		*Pequeño*
	Grande	**2, 2**	←	−1, −1
Smith		↑		↓
	Pequeño	−1, −1	→	**1, 1**

Pagos a: (Smith, Jones)

Considere el siguiente juego basado en la Coordinación Jerarquizada, al que llamaremos Siga al Líder I, o "lo que hace el primero, hace el que sigue" I, ya que crearemos variantes del juego. La diferencia con la Coordinación Jerarquizada es que Smith mueve primero, comprometiéndose a cierto tamaño del disquete, sin importar qué tamaño elegirá Jones. El nuevo juego tiene una matriz de resultados idéntica a la de la Coordinación Jerarquizada, pero su forma estratégica es diferente, porque las estrategias de Jones ya no consisten en una sola acción. El conjunto de estrategia de Jones tiene cuatro elementos:

$$\left\{ \begin{array}{l} \text{(Si Smith elige } \textit{Grande}, \text{ elija } \textit{Grande;} \text{ si Smith elige } \textit{Pequeño}, \text{ elija} \\ \textit{Grande)} \\ \text{(Si Smith elige } \textit{Grande}, \text{ elija } \textit{Grande;} \text{ si Smith elige } \textit{Pequeño}, \text{ elija} \\ \textit{Pequeño)} \\ \text{(Si Smith elige } \textit{Grande}, \text{ elija } \textit{Pequeño;} \text{ si Smith elige } \textit{Pequeño}, \text{ elija} \\ \textit{Grande)} \\ \text{(Si Smith elige } \textit{Grande}, \text{ elija } \textit{Pequeño;} \text{ si Smith elige } \textit{Pequeño}, \text{ elija} \\ \textit{Pequeño)} \end{array} \right.$$

lo que abreviaremos como:

$$\left\{ \begin{array}{l} (G|G, \ G|P) \\ (G|G, \ P|P) \\ (P|G, \ G|P) \\ (P|G, \ P|P) \end{array} \right\}$$

Siga al Líder I muestra la forma en que un poco de complejidad adicional puede hacer a la forma estratégica demasiado oscura para ser útil,

La forma estratégica se muestra en el cuadro 2.2, con los equilibrios en negritas y denominados entre paréntesis E_1, E_2, y E_3.

CUADRO 2.2. *Siga al Líder*

		Jones			
		G|G, G|P	G|G, P|P	P|G, G|P	P|G, P|P
Smith	*Grande*	**2**, **2** ,(E_1)	**2**, **2** ,(E_2)	**-1**, −1	−1, −1
	Pequeño	−1, −1	1, **1**	**-1** , −1	**1**, **1**(E_3)

Pagos a: *(Smith, Jones)*

Equilibrio	Estrategias	Resultado
E_1	{Grande, (G|G) (G|P)}	Ambos eligen *Grande*
E_2	{Grande, (G|G), (P|P)}	Ambos eligen *Grande*
E_3	{Pequeño, (P|G), (P|P)}	Ambos eligen *Pequeño*

Considere por qué E_1, E_2 y E_3 son equilibrios de Nash. En el equilibrio E_1, Jones responderá *Grande* sin importar lo que elija Smith, de modo que Smith elige alegremente *Grande*. Sería irracional que Jones eligiera *Grande* si Smith elige *Pequeño* primero, pero eso nunca ocurre en equilibrio. En el equilibrio E_2, Jones elegirá lo que elija Smith, de modo que Smith elige *Grande* para hacer que el pago sea 2, en vez de 1. En el equilibrio E_3, Smith elige *Pequeño* porque sabe que Jones responderá *Pequeño* sin importar lo que él haga, y Jones está dispuesto a responder con *Pequeño* porque Smith elige *Pequeño* en equilibrio. Los equilibrios E_1 y E_3 no son del todo sensibles, pero, excepto por unas breves palabras en el contexto del árbol del juego, dejaremos para el capítulo 4 la discusión sobre la forma de redefinir el concepto de equilibrio para excluirlos.

La forma extensiva y el árbol del juego

Otras dos maneras de describir un juego son la forma extensiva y el árbol del juego. Primero es necesario definir sus elementos constitutivos. A medida que lea las definiciones podría desear consultar la gráfica 2.1 como ejemplo.

*Un **nodo** es un punto en el juego en el que algún jugador o la Naturaleza toma una acción, o en el que termina el juego.*

*Un **sucesor** del nodo X es un nodo que puede ocurrir posteriormente en el juego si ya se ha pasado por X.*

*Un **predecesor** del nodo X es un nodo al que se debe llegar antes de que se pueda alcanzar X.*

Un **nodo inicial** *es un nodo sin predecesores.*

Un **nodo final** *o* **punto final** *es un nodo sin sucesores.*

Una **rama** *es una acción en un conjunto de acciones de un jugador en un nodo particular.*

Un **curso** *es una secuencia de nodos y ramas que conducen del nodo inicial al nodo final.*

Estos conceptos pueden usarse para definir la forma extensiva y el árbol del juego.

GRÁFICA 2.1. *Siga al Líder i, en su forma extensiva*

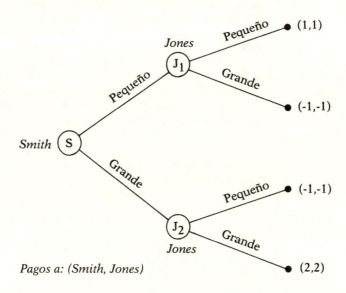

Pagos a: (Smith, Jones)

La **forma extensiva** es una descripción de un juego que consiste en:

1) *Una configuración de nodos y de ramas que prosigue sin ningún anillo cerrado (o circuito cerrado) desde un nodo inicial hasta sus nodos finales.*
2) *Una indicación de cuáles nodos pertenecen a cada jugador.*
3) *Las probabilidades de que la Naturaleza elija alguna de sus diferentes ramas en sus nodos.*
4) *Los conjuntos de información en que se dividen los nodos de cada uno de los jugadores.*
5) *Los pagos para cada jugador en cada nodo final.*

*El **árbol del juego** es lo mismo que la forma extensiva, excepto que se remplaza el punto 5 por:*
5') Los resultados en cada nodo final.

El "árbol del juego" es un término menos preciso que la "forma extensiva". Si se define el resultado como el perfil de pago, la forma extensiva es la misma que el árbol del juego.

La forma extensiva o Siga al Líder I se muestra en la gráfica 2.1. Podemos ver por qué los equilibrios E_1 y E_3 del cuadro 2.2 no son satisfactorios aunque son equilibrios de Nash. Si el juego llegara a los nodos J_1 o J_2, Jones tendría las acciones dominantes, *Pequeño* en J_1 y *Grande* en J_2, pero E_1 y E_3 especifican otras acciones en esos nodos. En la sección 4.2 retornaremos a este juego y mostraremos de qué manera puede redefinirse el concepto de Nash para hacer que E_2 sea el único equilibrio.

En la gráfica 2.2, donde se ve la forma extensiva para la Coordinación Jerarquizada, se añaden líneas punteadas para la explicación de Siga al Líder I. Cada jugador toma una sola decisión de entre dos acciones. Los movimientos son simultáneos, lo que se muestra dejando que Smith mueva primero, pero sin que Jones sepa cuál fue su movimiento. Las líneas punteadas ilustran que el conocimiento de Jones sigue siendo el mismo después de que Smith mueve. Todo lo que sabe Jones es que el juego ha llegado a algún nodo dentro del conjunto de información definido por la línea punteada, pero no sabe exactamente cuál es el nodo al que se ha llegado.

GRÁFICA 2.2. *El juego de la Coordinación*
Jerarquizada en su forma extensiva

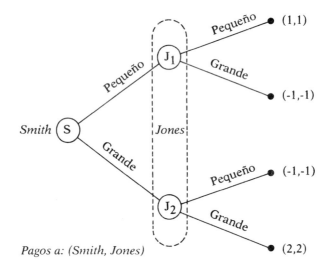

Pagos a: (Smith, Jones)

La línea de tiempo

La **línea de tiempo,** una línea que muestra el orden de los eventos, se ha popularizado en años recientes como una ayuda para describir los juegos. Las líneas de tiempo son particularmente útiles en juegos con estrategias continuas, arribo de información exógena y periodos múltiples, juegos que se usan con frecuencia en las obras de contabilidad y finanzas. Una línea de tiempo característica es la que se muestra en la gráfica 2.3a, donde se presenta un juego que será descrito en la sección 10.5.

La línea de tiempo nos da el orden de las acciones y los eventos, no necesariamente el paso del tiempo. Ciertos eventos ocurren en un instante, otros en un intervalo. En la gráfica 2.3, los eventos 2 y 3 ocurren inmediatamente después del evento 1, pero los eventos 4 y 5 podrían ocurrir 10 años después. A veces nos referimos a la secuencia en que se toman las decisiones, como el **tiempo de decisión,** y al intervalo en el que se realizan las acciones físicas como el **tiempo real.** Una diferencia importante es que los jugadores le dan mayor valor a los pagos que se reciben antes en el tiempo real debido a la preferencia temporal, algo que estudiaremos con más detalle en la sección 4.5.

GRÁFICA 2.3. *La línea de tiempo para el juego de los Valores Subvaluados: a) una buena línea de tiempo; b) una mala línea de tiempo*

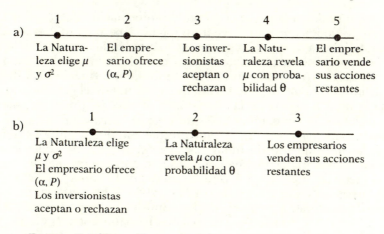

FUENTE: Grinblatt y Hwang (1989)

Un hábito común y malo de modelado es el de limitar la utilización de las fechas en la línea de tiempo sólo a la separación de los eventos en el tiempo real. Los eventos 1 y 2 en la gráfica 2.3a no están separados por tiempo real: tan pronto como el empresario se entera del valor del proyecto, ofrece vender sus acciones. El modelador podría equivocadamente presentar su modelo mediante una gráfica como la 2.3b en que ambos eventos ocurren en la fecha 1. La gráfica 2.3b está mal elaborada porque los lectores podrían tener dudas acerca de cuáles eventos ocurren primero o si ocurren simultáneamente. En más de un seminario habría podido evitarse una discusión acalorada y confusa de más de 20 minutos, si se hubieran dedicado 10 segundos a delinear el orden de los eventos.

2.2. CONJUNTOS DE INFORMACIÓN

Con frecuencia, la estructura de información de un juego, al igual que el orden de sus movimientos, no es clara en la forma estratégica. Durante el escándalo de Watergate, el senador Baker se hizo famoso por su pregunta: "¿Qué tanto sabía el presidente, y cuándo lo supo?" En los juegos, al igual que en los escándalos, éstas son preguntas muy importantes. Sin embargo, para que sean precisas se requieren definiciones técnicas, de modo que uno pueda describir qué es lo que sabe cada quien, y cuándo. Esto se logra usando el "conjunto de información" —el conjunto de nodos que un jugador cree que han sido alcanzados en el juego— como la unidad básica de conocimiento.

*El **conjunto de información** ω_i del jugador i en un punto particular del juego es el conjunto de diferentes nodos en el árbol del juego que él sabe que podrían ser el nodo real, pero que no puede diferenciar mediante la observación directa.*

Tal como se define aquí, el conjunto de información del jugador i es un conjunto de nodos que pertenece a un jugador, pero en diferentes cursos. Esto capta la idea de que el jugador i sabe a quién le corresponde el turno de mover, pero no la ubicación exacta que el juego ha alcanzado en el árbol del juego. Históricamente, el conjunto de información del jugador i se ha definido para incluir sólo los nodos en que mueve el jugador i, lo que es adecuado para la teoría de las decisiones de una sola persona, pero que deja sin definir el conocimiento de un jugador para casi cualquier juego con dos o más jugadores. La definición más amplia permite la comparación de la información de todos los jugadores (que, de acuerdo con la definición más antigua, es una comparación entre manzanas y naranjas).

En el juego de la gráfica 2.4, Smith mueve en el nodo S_1 en 1984 y Jones mueve en los nodos J_1, J_2, J_3 y J_4 en 1985 o 1986. Smith sabe su propio movimiento, pero Jones sólo puede decir si Smith ha elegido los movimientos que conducen a J_1, J_2 u "otros"; no puede distinguir entre J_3 y J_4. Si Smith ha elegido el movimiento que conduce a J_3, su propio conjunto de información es simplemente $\{J_3\}$, pero el conjunto de información de Jones es $\{J_3, J_4\}$.

Una manera de mostrar los conjuntos de información en un diagrama es la de dibujar líneas discontinuas en torno a los nodos (o entre ellos) que están en el mismo conjunto de información. Los diagramas resultantes pueden ser confusos, por lo que con frecuencia es más conveniente dibujar simplemente líneas discontinuas en torno a los conjuntos de información del jugador que mueve en ese nodo. Las líneas discontinuas de la gráfica 2.4 muestran que J_3 y J_4 están en el mismo conjunto de información para Jones, incluso aunque estén en diferentes conjuntos de información para Smith. Un sinónimo significativo de conjunto de información, que se basa en la apariencia de estos diagramas, es el de **nube;** se puede decir que los nodos J_3 y J_4 están en la misma nube, de modo que aunque Jones puede decir que el juego ha llegado a esa nube, no puede mirar a través de la niebla para decir cuál es exactamente el nodo al que se ha llegado.

Un nodo no puede pertenecer a dos conjuntos de información diferentes de un solo jugador. Si el nodo J_3 pertenece a los conjuntos de información $\{J_2, J_3\}$ y $\{J_3, J_4\}$ (lo que no ocurre en la gráfica 2.4), entonces, de llegar el juego a J_3, Jones no sabrá si estaba en un nodo en $\{J_2, J_3\}$ o en un nodo en $\{J_3, J_4\}$ —lo que implicaría que en realidad son parte del mismo conjunto de información—.

GRÁFICA 2.4. *Conjuntos de información y particiones de la información*

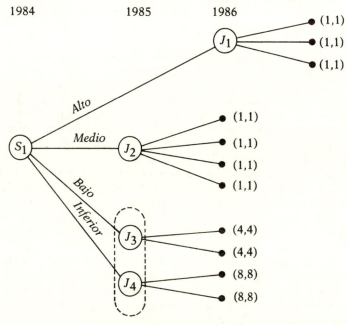

Si los nodos en uno de los conjuntos de información de Jones son nodos en los que mueve, su conjunto de acción debe ser el mismo en cada nodo, porque conoce su propio conjunto de acción (aunque sus acciones podrían diferir posteriormente en el juego, dependiendo de si avanza de J_3 o de J_4). Jones tiene los mismos conjuntos de acción en los nodos J_3 y J_4, porque si tuviera alguna acción diferente disponible en J_3 sabría que estaba allí y su conjunto de información se reduciría a sólo $\{J_3\}$. Por esa razón, los nodos J_1 y J_2 no pueden incluirse en el mismo conjunto de información; Jones debe saber si tiene tres o cuatro movimientos en su conjunto de acción. También se requiere que los nodos finales estén en diferentes conjuntos de información para un jugador, si le producen diferentes pagos.

Con estas excepciones, no incluimos en la estructura de información del juego ninguna información adquirida por las deducciones racionales de un jugador. Por ejemplo, en la gráfica 2.4 parece claro que Smith elegirá *Inferior* porque ésa es una estrategia dominante —su pago es de 8, en vez de 4 que obtendría con *Bajo*, sin importar lo que haga Jones—. Jones debe ser capaz de deducir esto, pero, aunque ésta sea una deducción indudable, sigue siendo una deducción, no una observación, de modo que el árbol del juego no dividirá a J_3 y J_4 en conjuntos de información separados.

Los conjuntos de información también muestran el efecto de movimientos no observados de la Naturaleza. En la gráfica 2.4, si el movimiento inicial lo dio la Naturaleza y no Smith, los conjuntos de información de Jones se mostrarían de la misma manera.

La **partición de información** *del jugador i es una colección tal de sus conjuntos de información que:*

1) Cada ruta está representada por un nodo en un solo conjunto de información en la partición, y
2) Los predecesores de todos los nodos en un solo conjunto de información están en un conjunto de información.

La partición de información representa las diferentes particiones que el jugador sabe que podrá distinguir en una determinada etapa del juego, dividiendo así el conjunto de todos los nodos posibles en los subconjuntos, a los que se llama conjuntos de información. Una de las particiones de la información de Smith es $(\{J_1\}, \{J_2\}, \{J_3\}, \{J_4\})$. La definición evita que el conjunto de información $\{S_1\}$ esté en esa partición, porque el curso que pasa por S_1 y J_1 estaría representado por dos nodos. En cambio $\{S_1\}$ es por sí sola una partición de información separada. La partición de información se refiere a una etapa del juego, no al tiempo cronológico. La partición de información $(\{J_1\}, \{J_2\}, \{J_3, J_4\})$ incluye nodos en 1985 y 1986, pero todos son sucesores inmediatos del nodo S_1.

Jones tiene la partición de información $(\{J_1\}, \{J_2\}, \{J_3, J_4\})$. Hay dos maneras de ver que esta información es peor que la de Smith. Primero, está el hecho de que uno de sus *conjuntos* de información, $\{J_3, J_4\}$, contiene *más* elementos que los de Smith; segundo, que una de sus *particiones* de información, $(\{J_1\}, \{J_2\}, \{J_3, J_4\})$, tiene *menos* elementos.

El cuadro 2.3 muestra varias particiones de información diferentes para este juego. La partición I es la partición de Smith y la partición II es la de Jones. Decimos que la partición II es **más burda** o **basta** y que la partición I es **más fina**. Una combinación de dos o más conjuntos de información, que reduce el número de conjuntos de información y aumenta el número de nodos en uno o más de ellos, es un **aumento de la bastedad**. La división de uno o más de los conjuntos de información en una partición, que aumenta el número de los conjuntos de información y reduce el número de nodos en uno o más de ellos, es un **refinamiento**. Así, la partición II es un aumento de la bastedad de la partición I, y la partición I es un refinamiento de la partición II. El refinamiento final estriba en que cada conjunto de información tenga **un solo miembro,** un solo nodo, como en el caso de la partición ɪ. Al igual que en el bridge, tener una sola carta de un palo puede ayudar o perjudicar a un jugador. La mayor bastedad es que un jugador no pueda distinguir entre ninguno de los nodos, lo que ocurre en la partición ɪɪɪ del cuadro 2.3.[1]

Una partición de información más fina es la definición formal de "mejor información". Sin embargo, no todas las particiones de información son refinamientos o bastedades una de la otra, de modo que no todas las particiones pueden jerarquizarse según la calidad de su información. En particular, el mero hecho de que una partición de información tenga más conjuntos de información, no significa que es un refinamiento de otra partición de información. Considere las particiones ɪɪ y ɪᴠ en el cuadro 2.3. La partición ɪɪ separa los nodos en tres conjuntos de información, en tanto que la partición ɪᴠ los separa en sólo dos conjuntos de información. Sin embargo, la partición ɪᴠ no es una partición ɪɪ más basta, porque no puede llegarse a ella combinando conjuntos de información de la partición ɪɪ, y no puede decirse que un jugador con la partición ɪᴠ tiene peor información. Si el nodo al que se llega es J_1, la partición ɪɪ da información más precisa, pero si el nodo al que se llega es J_4, la partición ɪᴠ proporciona información más precisa.

CUADRO 2.3. *Particiones de información*

| | Particiones | | | |
	I	II	III	IV
Nodos	J_1	$\{J_1\}$	$\{J_1\}$	$\begin{bmatrix} J_1 \\ J_2 \\ J_3 \\ J_4 \end{bmatrix}$	$\begin{bmatrix} J_1 \\ J_2 \\ J_3 \end{bmatrix}$
	J_2	$\{J_2\}$	$\{J_2\}$		
	J_3	$\{J_3\}$	$\begin{Bmatrix} J_3 \\ J_4 \end{Bmatrix}$		$\{J_4\}$
	J_4	$\{J_4\}$			

La calidad de la información se define independientemente de su utilidad para el jugador: es posible que la información de un jugador mejore y que en consecuencia su pago de equilibrio disminuya. La teoría de juegos tiene muchos modelos paradójicos en los que un jugador prefiere contar con peor información, lo que no es resultado de un optimismo infundado, escapismo o beatífica ignorancia, sino de un frío razonamiento. La información basta puede tener varias ventajas. Le puede permitir a un jugador participar en un negocio porque los otros jugadores no temen que él tenga información superior. Le puede dar a un jugador una posición estratégica más fuerte porque por lo común se halla en una posición fuerte, y estará mejor si no sabe que en una determinada ejecución del juego su posición es débil. O, como en la economía más tradicional de la incertidumbre, la mala información puede permitirle a los jugadores asegurarse entre sí.

[1] Obsérvese, sin embargo, que las particiones ɪɪɪ y ɪᴠ en realidad no se permiten en este juego, porque Jones podría deducir el nodo a partir de las acciones que le están disponibles, como se explicó antes.

La discusión de los dos primeros puntos se dejará para capítulos posteriores (modelos de obstaculización de la entrada en la sección 6.3 y de los mercados de automóviles usados en el capítulo 9). No obstante, es mejor discutir aquí el tema del seguro como un ejemplo que muestra que, incluso cuando la información es simétrica y la conducta no es estratégica, puede persistir que la mejor información, en el sentido de una partición de información más fina, en realidad reduce la utilidad de todos los jugadores en un juego —una situación peor en el sentido de Pareto—.

Para ilustrar lo anterior, suponga que Smith y Jones, ambos adversos al riesgo, trabajan para el mismo patrón y saben que uno de ellos será despedido aleatoriamente al final del año y el otro será ascendido. El que sea despedido terminará con una riqueza de 0 y el que no sea despedido terminará con una riqueza de 100. Smith y Jones estarán de acuerdo en asegurarse entre sí compartiendo su riqueza; es decir, estarán de acuerdo en que quien sea ascendido pagará 50 al que sea despedido. Si alguien les ofrece informarles, antes de que hagan su acuerdo, quién será despedido, deberían taparse los oídos y negarse a escucharlo. Este refinamiento de su información empeoraría la situación de ambos, porque arruinaría su acuerdo de seguro. Una vez que sepan quién será ascendido, ya no acordarán compartir su riqueza. La mejor información reduciría la utilidad esperada de ambos jugadores.

Conocimiento común

Hemos supuesto implícitamente que los jugadores saben cómo es el árbol del juego. De hecho, hemos supuesto que los jugadores saben que los otros jugadores conocen cómo es el árbol del juego. El término "conocimiento común" se utiliza para evitar la repetición infinita a que conduce esto.

La información es de **conocimiento común** *si es conocida por todos los jugadores, si cada jugador sabe que todos los jugadores la conocen, si cada jugador sabe que todos los jugadores saben que todos los jugadores la conocen, y así sucesivamente, ad infinitum.*

Debido a esta recursión (cuya importancia se verá en la sección 6.3), el supuesto del conocimiento común es más fuerte que el supuesto de que los jugadores piensan lo mismo sobre el punto en que se encuentran en el árbol del juego. J. Hirshleifer y Riley (1992, p. 169) emplean el término **creencias concordantes** para describir una situación en la cual los jugadores comparten la misma idea acerca de las probabilidades de que la Naturaleza ha elegido diferentes estados del mundo, pero en la cual no necesariamente saben que comparten las mismas ideas. (Brandenburger, 1992, usa el término **conocimiento mutuo** para lo mismo.)

Por claridad, los modelos se elaboran de tal manera que las particiones de información son de conocimiento común. Cada jugador sabe qué tan precisa es la información de los demás jugadores, sin importar su ignorancia respecto a cuál es el nodo del juego al que se ha llegado. Modelando así, las particiones de la información son independientes del concepto de equilibrio. Hacer que las particiones de información sean de conocimiento común es importante para modelar con claridad y limita menos de lo que se piensa las clases de juego que pueden modelarse. Esto se ejemplificará en la sección 2.4, cuando se imponga el supuesto a una situación en que un jugador ni siquiera sabe cuál de tres juegos está jugando.

2.3 Información perfecta, cierta, simétrica y completa

Dividimos la estructura de información de un juego en cuatro categorías diferentes, de modo que un juego en particular puede tener una información perfecta, completa, cierta y simétrica. Las categorías se resumen en el cuadro 2.4.

La primera categoría divide los juegos en aquéllos con información perfecta y aquéllos con información imperfecta.

En un juego de **información perfecta** *cada conjunto de información sólo tiene un elemento. Si no es así, el juego es de* **información imperfecta.**

Cuadro 2.4. *Categorías de información*

Categoría de información	Significado
Perfecta	Cada conjunto de información tiene un solo elemento
Cierta	La Naturaleza no mueve después de que haya movido cualquier jugador
Simétrica	Ningún jugador tiene información diferente de la de otro jugador cuando mueve, o en los nodos finales
Completa	La Naturaleza no mueve primero, o su movimiento inicial es observado por todos los jugadores

Los más exigentes requisitos de información se satisfacen con un juego de información perfecta, porque en ese juego cada jugador siempre sabe exactamente dónde está en el árbol del juego. No hay movimientos simultáneos y todos los jugadores observan los movimientos de la Naturaleza. La Coordinación Jerarquizada es un juego de información imperfecta a causa de sus movimientos simultáneos, pero Siga al Líder I es un juego de información perfecta. Cualquier juego con información incompleta o asimétrica también es un juego de información imperfecta.

Un juego de **certidumbre** *es aquel en que la Naturaleza no mueve después de que algún jugador ha movido. Si no es así, se trata de un juego de* **incertidumbre.**

En un juego de incertidumbre, los movimientos de la Naturaleza pueden o no ser revelados inmediatamente a los jugadores. Un juego de certidumbre puede ser un juego de información perfecta si no hay movimientos simultáneos. El concepto de "juego de incertidumbre" es nuevo en este libro, pero dudo que sorprenda a alguien. La única argucia en la definición es que permite un movimiento inicial de la Naturaleza en un juego de certidumbre, porque en un juego de información incompleta la Naturaleza mueve primero para seleccionar el "tipo" de un jugador. La mayoría de los modeladores no consideran que esta situación sea incierta.

Ya hemos hablado de la información en la Coordinación Jerarquizada, un juego de información imperfecta, completa y simétrica con certidumbre. El Dilema del Prisionero tiene las mismas categorías. Siga al Líder I, que no tiene movimientos simultáneos, es un juego con información perfecta, completa y simétrica con certidumbre.

Podemos modificar fácilmente a Siga al Líder I para añadir incertidumbre, creando el juego Siga al Líder II (gráfica 2.5). Imagine que si ambos jugadores eligen *Grande* para sus disquetes el mercado les da cero ganancias o ganancias muy elevadas, según la demanda; pero la demanda no afectará los pagos en cualquier otro perfil de estrategia. Puede cuantificarse esto diciendo que, si se elige *(Grande, Grande)*, los pagos son (10,10) con probabilidad 0.2, y (0, 0) con probabilidad 0.8, como se muestra en la gráfica 2.5.

Cuando los jugadores se enfrentan a la incertidumbre, es necesario especificar cómo evalúan sus pagos inciertos futuros. La forma obvia de modelar su conducta es la de expresar que los jugadores procuran aumentar al máximo los valores esperados de sus utilidades. Los jugadores que se conducen de esta manera tienen **funciones de utilidad Von Neumann-Morgenstern,** nombre elegido para recordar a von Neumann y Morgenstern, que en 1944 desarrollaron una justificación rigurosa de esa conducta.

Al maximizar sus utilidades esperadas, los jugadores se conducirán exactamente igual que en Siga al Líder I. A menudo es posible convertir un juego de incertidumbre en uno de certidumbre sin cambiar el equilibrio, eliminando los movimientos de la Naturaleza y cambiando los pagos a sus valores esperados con base en las probabilidades de los movimientos de la Naturaleza. En tal caso, eliminaríamos los movimientos de la Naturaleza y remplazaríamos los pagos 10 y 0 con el pago único 2 (= 0.2[10] + 0.8[0]). Sin embargo, no puede hacerse esto si las acciones disponibles para un jugador dependen de los movimientos de la Naturaleza, o si la información sobre los movimientos de la Naturaleza es asimétrica.

Los jugadores de la gráfica 2.5 pueden tener aversión al riesgo o ser neutrales a él. La aversión al riesgo está implícita en los pagos, ya que se expresan en unidades de utilidad, no en dólares. Además, los jugadores pueden relacionar el dinero con la utilidad de diferentes maneras (sus diagramas de utilidad-dinero diferirán). Puede ser que (0, 0) represente ($0, $5 000) (10, 10) represente ($100 000, $100 000) y que (2, 2), la utilidad esperada, sea equivalente a ($3 000, $7 000) sin riesgo.

En un juego con **información simétrica,** *el conjunto de información de un jugador en:*

1) cualquier nodo en que elige una acción,

   o

2) un nodo final

contiene por lo menos los mismos elementos que los conjuntos de información de los demás jugadores. De otra manera se trata de un juego de **información asimétrica.**

GRÁFICA 2.5. *Siga al Líder II*

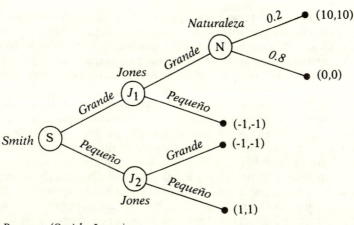

Pagos a: (Smith, Jones)

En un juego de información asimétrica, los conjuntos de información de
los jugadores difieren en forma relevante para su conducta, o difieren al final del juego. Esos juegos tienen información imperfecta, pues conjuntos
de información que difieren entre los jugadores no pueden ser de un solo
elemento. El concepto de "información asimétrica", que se usa por primera vez en este libro, persigue captar un significado vago muy común hoy en
día. La esencia de la información asimétrica es que algún jugador posee
información privada útil: una partición de información diferente, que no
es peor que la de cualquiera de los otros jugadores.

Un juego de información simétrica puede tener movimientos de la Naturaleza o movimientos simultáneos, pero ningún jugador tiene una ventaja
de información. El punto en que puede diferir la información es cuando el
jugador que *no* mueve, tiene información superior porque sabe cuál *fue* su
propio movimiento; por ejemplo, si los dos jugadores mueven simultáneamente. Esa información no ayuda al jugador que la conoce, pues por definición no puede afectar su movimiento.

Un juego tiene información asimétrica si los conjuntos de información
difieren al final del juego, porque convencionalmente pensamos como si en
esos juegos la información difiriera, aunque ningún jugador toma acciones
después de los nodos finales. El modelo del "principal y el agente" (o del

jefe y el empleado) del capítulo 7 es un ejemplo. El principal mueve primero, luego el agente y finalmente la Naturaleza. El agente observa el movimiento del agente, pero el principal no, aunque podría deducirlo. Éste
sería un juego de información simétrica, de no ser porque la información
permanece diferente en los nodos finales.

En un juego de **información incompleta,** *la Naturaleza mueve primero y
por lo menos uno de los jugadores no la observa. Si no es así, el juego es de*
información completa.

Un juego con información incompleta sólo tiene información imperfecta, porque el conjunto de información de algún jugador incluye más de un
nodo. Dos clases de juegos tienen información completa pero imperfecta:
juegos con movimientos simultáneos y juegos en que hacia el final la Naturaleza hace movimientos que no se revelan inmediatamente a todos los
jugadores.

Muchos juegos de información incompleta son juegos de información
asimétrica, pero los dos conceptos no son equivalentes. Si no hay ningún
movimiento inicial de la Naturaleza, pero Smith hace un movimiento que
Jones no observa, y si Smith hace un movimiento posterior en el juego, el
juego tiene información asimétrica, pero incompleta. Los juegos principal-
agente del capítulo 7 también son ilustrativos: el agente sabe lo mucho que
ha trabajado, pero el principal nunca se entera, ni siquiera en los nodos
finales. Un juego también puede tener información incompleta pero simétrica: déjese que la Naturaleza, sin que la observe ninguno de los jugadores, mueva primero y elija que los pagos para *(Confesar, Confesar)* en el
Dilema del Prisionero sean (–6, –6) o (–100, –100).

Un ejemplo más interesante de información incompleta pero simétrica
es el que proporcionan Harris y Holmstrom (1982). En él, la Naturaleza
asigna diferentes habilidades a los trabajadores, pero cuando los trabajadores son jóvenes ni ellos mismos ni quien los emplea saben cuáles son.
A medida que pasa el tiempo esas habilidades son de conocimiento común;
si los trabajadores muestran aversión al riesgo y los patrones son neutrales
al mismo, el modelo indica que los salarios de equilibrio permanecerán
constantes o aumentarán en el transcurso del tiempo.

Ejemplos de clasificación de información en el póquer

En el juego del póquer, los jugadores hacen apuestas acerca de quién tendrá la mejor combinación de naipes al final, después de que previamente
se ha establecido una jerarquización de las varias combinaciones. ¿Cómo se
clasificarían las siguientes reglas de conducta antes de hacer las apuestas?
(Las respuestas se encuentran en la nota N2.3.)

1) Todas las cartas se reparten con la cara hacia arriba.
2) Todas las cartas se reparten con la cara hacia abajo y ningún jugador
   puede ver ni siquiera sus propias cartas antes de hacer su apuesta.

3) Todas las cartas se reparten con la cara hacia abajo y cada jugador sólo puede ver sus propias cartas.
4) Todas las cartas se reparten con la cara hacia arriba, pero cada jugador recoge su propia mano y en secreto descarta una.
5) Todas las cartas se reparten con la cara hacia arriba, los jugadores hacen sus apuestas y luego cada jugador recibe una carta adicional destapada.
6) Todas las cartas se reparten con la cara hacia abajo, pero luego cada jugador las recoge sin mirarlas y las mantiene sobre su frente de modo que todos los *otros* jugadores puedan verlas (póquer indio).

2.4 LA TRANSFORMACIÓN DE HARSANYI Y LOS JUEGOS BAYESIANOS

La transformación de Harsanyi: Siga al Líder III

En las obras sobre el tema se emplea el término "información incompleta" en dos sentidos muy diferentes, por lo general sin una definición explícita. La definición en la sección 2.3 es la que los economistas *usan* comúnmente, pero si se les pide que *definan* el término, podrían responder con la siguiente definición, más antigua:

La definición antigua

En un juego de **información completa,** *todos los jugadores conocen las reglas del juego. De lo contrario, se trata de un juego de* **información incompleta.**

La definición antigua carece de sentido, ya que el propio juego está mal definido si no especifica exactamente cuáles son los conjuntos de información de los jugadores. Hasta 1967, los teóricos del juego hablaban de juegos con información incompleta sólo para indicar que no se les podía analizar. Entonces Harsanyi observó que cualquier juego con información incompleta, según la definición antigua podía remodelarse como un juego de información completa pero imperfecta sin cambiar sus aspectos esenciales, siempre que se añadiera simplemente un movimiento inicial en que la Naturaleza elige entre diferentes conjuntos de reglas. En el juego transformado, todos los jugadores conocen las nuevas reglas modificadas e incluso que la Naturaleza ha hecho un movimiento inicial que ellos no han observado. La sugerencia de Harsanyi le resta importancia a la definición de la información incompleta; en cambio, se empezó a utilizar el término para referirse al juego transformado. Con la definición antigua, un juego de información incompleta era transformado en un juego de información completa. Bajo la nueva definición, el juego original está mal definido y la versión transformada es un juego de información incompleta.

Siga al Líder III ejemplifica la transformación de Harsanyi. Suponga que Jones no conoce los pagos del juego con precisión. Sólo tiene alguna idea de ellos, y representamos lo que cree con una distribución de probabilidad subjetiva. Él le da 70% de probabilidades al juego (a) en la gráfica 2.6 (que es el mismo que Siga al Líder I), una probabilidad de 10% al juego (b) y una de 20% al juego (c). En realidad, el juego tiene un conjunto particular de pagos y Smith sabe cuáles son. Éste es un juego de información incompleta (Jones no sabe cuáles son los pagos), información asimétrica (cuando Smith mueve, Smith sabe algo que Jones no sabe) y certidumbre (la Naturaleza no mueve después de que los jugadores lo hacen).

El juego no puede analizarse como se muestra en la gráfica 2.6. La manera natural de enfocar ese juego es usar la transformación de Harsanyi. Es posible remodelar el juego para que se vea como en la gráfica 2.7, en que la Naturaleza hace el primer movimiento y elige los pagos del juego (A), (B) o (C), de acuerdo con las probabilidades subjetivas de Jones. Smith observa el movimiento de la Naturaleza, que pasa inadvertido para Jones. La gráfica 2.7 muestra el mismo juego que la gráfica 2.6, pero ahora podemos analizarla. Tanto Smith como Jones conocen las reglas del juego, y la diferencia entre ellos es que Smith ha observado el movimiento de la Naturaleza. Que esta última mueva realmente con las probabilidades indicadas o que Jones sólo las imagine carece de importancia, en tanto que las ideas o fantasías iniciales de Jones sean de conocimiento común.

A menudo, al principio de un juego la Naturaleza elige el conjunto de estrategia, la partición de información y la función de pago de uno de los jugadores. Decimos que el jugador puede ser cualquiera de varios "tipos", término que volveremos a tratar en capítulos posteriores. Cuando la Naturaleza mueve, en especial si afecta a los conjuntos de estrategia y de pagos de ambos jugadores, se dice frecuentemente que ha elegido un "estado del mundo" particular. En la gráfica 2.7 la Naturaleza elige que el estado del mundo sea (A), (B), o (C).

El **tipo** *de un jugador es el conjunto de estrategia, la partición de información y la función de pago que la Naturaleza elige para él al principio de un juego de información incompleta.*

Un **estado del mundo** *es un movimiento de la Naturaleza.*

Como ya se dijo, una buena práctica de modelado es suponer que la estructura del juego es de conocimiento común, de tal manera que aunque la elección del tipo de Smith por la Naturaleza puede representar simplemente las opiniones de Jones acerca del tipo posible de Smith, éste sabe cuáles son las opiniones posibles de Jones y este último sabe que sólo son opiniones. Los jugadores pueden tener ideas diferentes, pero esto se modela como el efecto de que observaron diferentes movimientos de la Naturaleza. Todos los jugadores empiezan el juego con las mismas opiniones acerca de las probabilidades de los movimientos que hará la Naturaleza —los mismos *a priori*, para utilizar un término que introduciremos más adelante—. A este supuesto de modelado se le conoce como la **doctrina de Harsanyi.** Si el modelador la sigue, su modelo nunca podrá llegar a una situación en que los dos jugadores poseen exactamente la misma informa-

GRÁFICA 2.6. *Siga al Líder III: el juego original*

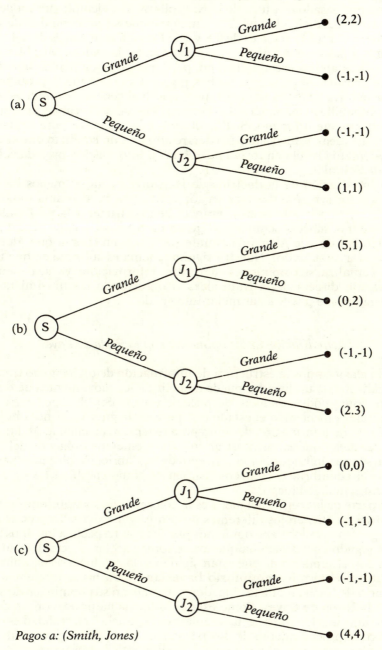

Pagos a: (Smith, Jones)

ción, pero no están de acuerdo con respecto a la probabilidad de algún movimiento pasado o futuro de la Naturaleza. Por ejemplo, un modelo no puede empezar diciendo que Alemania cree que su probabilidad de ganar una guerra contra Francia es de 0.8 y que Francia cree que es de 0.4, por lo que ambos países están dispuestos a emprender la guerra. Más bien, debe suponer que ambos creen lo mismo, pero que divergen debido a su información privada. Al principio, ambos jugadores creen que la probabilidad de una victoria alemana es de 0.4, pero que si el general Schmidt es un genio la probabilidad aumenta a 0.8; después, Alemania descubre que Schmidt es efectivamente un genio. Si Francia toma la iniciativa para declarar la guerra, sus ideas equivocadas pueden resultar en un conflicto que se evitaría si Alemania revela en forma fidedigna su información privada sobre el genio de Schmidt.

Una implicación de la doctrina de Harsanyi es que al menos los jugadores son ligeramente flexibles en sus opiniones. Si Alemania indica que está dispuesta a ir a la guerra, Francia debe considerar la posibilidad de que Alemania haya descubierto el genio de Schmidt y debe actualizar la probabilidad de que Alemania triunfe (teniendo en cuenta que Alemania podría estar simulando). Nuestro siguiente tema es la forma en que un jugador actualiza sus opiniones al recibir información, ya sea mediante observación directa de la Naturaleza u observando los movimientos de otro jugador que puede estar mejor informado.

Actualización de las opiniones con la Regla de Bayes

Cuando clasificamos la estructura de información de un juego no tratamos de decidir lo que un jugador puede deducir de los movimientos de otro. El jugador Jones podría deducir, después de ver que Smith elige *Grande,* que la Naturaleza ha elegido el estado (A), pero en la gráfica 2.7 no dibujamos el conjunto de información de Jones para tener esto en cuenta. Al dibujar el árbol del juego queremos mostrar sólo los elementos exógenos del juego, sin que se vean influidos por el concepto de equilibrio. No obstante, para encontrar el equilibrio sí es necesario pensar cómo cambian las opiniones en el transcurso del juego.

Una parte de las reglas del juego es la colección de las **opiniones previas** o **a priori** que tienen los diferentes jugadores y que actualizan en el curso del juego. Un jugador tiene opiniones previas con respecto a los tipos de los demás jugadores y a medida que los ve tomar acciones actualiza sus opiniones con el supuesto de que están siguiendo la conducta de equilibrio.

Se utiliza el término **equilibrio bayesiano** para hacer referencia a un equilibrio de Nash en que los jugadores actualizan sus opiniones de acuerdo con la Regla de Bayes. Como ésta es la forma natural y común de manejar la información imperfecta, el adjetivo "bayesiano" en realidad es opcional. Pero el procedimiento de dos pasos para comprobar un equilibrio de Nash se ha convertido ahora en un procedimiento de tres pasos:

1) Proponga un perfil de estrategia.

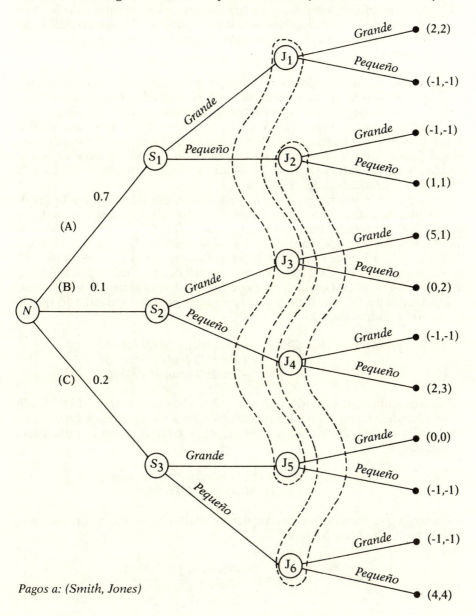

GRÁFICA 2.7. *Siga al Líder* III: *después de la transformación de Harsanyi*

2) Observe qué opiniones genera el perfil de estrategia cuando los jugadores actualizan sus opiniones en respuesta a los movimientos del otro.

3) Compruebe que, dadas esas opiniones aunadas a las estrategias de los otros jugadores, cada jugador está eligiendo la mejor respuesta para sí mismo.

Las reglas del juego especifican las opiniones iniciales de cada jugador y la Regla de Bayes es la forma racional de actualizar tales opiniones. Suponga, por ejemplo, que Jones empieza con una opinión previa particular, *Prob(Naturaleza elige (A))*. En Siga al Líder III, esto es igual a 0.7. Después observa el movimiento de Smith —quizá *Grande*—. Ver que Smith eligió *Grande* puede hacer que Jones pase a su opinión **posterior** actualizada, *Prob(Naturaleza eligió (A)) | Smith eligió Grande)*, donde el símbolo "|" indica "condicional de" o "si".

La Regla de Bayes muestra cómo revisar una opinión previa a la luz de nueva información, como el movimiento de Smith. Usa dos piezas de información, la probabilidad de ver que Smith elige *Grande* si la Naturaleza ha elegido el estado del mundo (A), *Prob(Grande | (A))*, y la probabilidad de ver que Smith elige *Grande* si la Naturaleza no ha elegido el estado (A), *Prob(Grande | (B) o (C)*. A partir de esos números, Smith puede calcular *Prob(Smith elige Grande)*, la **probabilidad marginal** de ver *Grande* como resultado de uno u otro de los estados posibles del mundo que la Naturaleza podría elegir.

$$Prob(Smith\ elige\ Grande) = Prob(Grande|A)Prob(A)$$
$$+ Prob(Grande|B)Prob(B) \qquad (1)$$
$$+ Prob(Grande|C)Prob(C).$$

Para descubrir su opinión posterior, *Prob(Naturaleza eligió (A)) | Smith eligió Grande)*, Jones utiliza las probabilidades y sus opiniones previas. La probabilidad conjunta de ver que Smith elige *Grande* y que la Naturaleza ha elegido (A) es:

$$Prob(Grande,\ A) = Prob(A|Grande)Prob(Grande) \qquad (2)$$
$$= Prob(Grande\,|\,A)Prob(A).$$

Como lo que Jones trata de calcular es *Prob(A | Grande)*, rescribamos la última parte de (2) como sigue:

$$Prob(A\,|\,Grande) = \frac{Prob(Grande\,|\,A)Prob(A)}{Prob(Grande)}. \qquad (3)$$

Jones necesita calcular su nueva opinión —posterior— utilizando *Prob(Grande)*, que calcula a partir de su conocimiento original usando la ecuación (1). Si se sustituye la expresión *Prob(Grande)* en la ecuación (3), por su equivalente de la ecuación (1), se obtiene el resultado final, una versión de la Regla de Bayes:

$Prob(A \mid Grande) =$

$$\frac{Prob(Grande \mid A)Prob(A)}{Prob(Grande \mid A)Prob(A) + Prob(Grande \mid B)Prob(B) + Prob(Grande \mid C)Prob(C)} \quad (4)$$

Más generalmente, para el movimiento x de la Naturaleza y los datos observados,

$$Prob(x \mid datos) = \frac{Prob(datos \mid x)Prob(x)}{Prob(datos)}. \quad (5)$$

La ecuación (6) es una forma verbal de la Regla de Bayes, que es útil para recordar la terminología, resumida en el cuadro 2.5.

$(Opinión\ posterior\ al\ movimiento\ de\ la\ Naturaleza) = \quad (6)$
$(Probabilidad\ del\ movimiento\ del\ jugador) \cdot (opinión\ previa\ al\ movimiento$
$de\ la\ naturaleza)$

$(Probabilidad\ marginal\ del\ movimiento\ del\ jugador)$

La Regla de Bayes no es puramente mecánica, más bien es la única forma de actualizar ideas u opiniones de modo racional. Vale la pena entender la derivación porque es difícil memorizar la Regla de Bayes, y en cambio es fácil volverla a derivar.

CUADRO 2.5. *Terminología bayesiana*

Nombre	Significado
Probabilidad	$Prob(datos \mid evento)$
Probabilidad marginal	$Prob(datos)$
Probabilidad condicional	$Prob($datos $X \mid$ datos $Y, evento)$
Opinión previa	$Prob(evento)$
Opinión posterior	$Prob(evento \mid datos)$

Actualización de las opiniones en Siga al Líder III

Retornemos ahora a los números en Siga al Líder III para usar la regla de actualización de las opiniones que se acaba de derivar. Jones cree *a priori* que la probabilidad del evento [la Naturaleza elige el estado (A)] es de 0.7 y necesita actualizar esa opinión cuando observa el dato [Smith elige *Grande*]. Su opinión previa es $Prob(A) = 0.7$ y queremos calcular $Prob(A \mid Grande)$.

Para usar la Regla de Bayes de la ecuación (4), se requieren los valores de $Prob(Grande \mid A)$, $Prob(Grande \mid B)$ y $Prob(Grande \mid C)$. Estos valores dependen de lo que Smith hace en equilibrio, de modo que lo que Jones cree no puede ser calculado independientemente del equilibrio. Ésta es la razón del procedimiento de tres pasos sugerido antes, porque el modelador debe proponer un equilibrio y luego usarlo para calcular las opiniones. Después, debe comprobar que las estrategias de equilibrio sean realmente las mejores respuestas, en vista de las opiniones que generan.

Una buena opción para el equilibrio en Siga al Líder III es que Smith elija *Grande* si el estado es (A) o (B) y *Pequeño* si es (C), y que Jones responda a *Grande* con *Grande* y a *Pequeño* con *Pequeño*. Esto puede abreviarse de la siguiente manera: *(G|A, G|B, P|C; G|G, P|P)*. Ahora comprobemos que es un equilibrio, empezando con el cálculo de *Prob(A|Grande)*.

Si Jones observa *Grande*, puede eliminar el estado (C), pero no sabe si se trata del estado (A) o el (B). La Regla de Bayes le dice que la probabilidad posterior del estado (A) es:

$$Prob(A \mid Grande) = \frac{(1)(0.7)}{(1)(0.7) + (1)(0.1) + (0)(0.2)} = 0.875 \qquad (7)$$

Entonces, la probabilidad posterior del estado (B) debe de ser $1 - 0.875 = 0.125$, que también puede calcularse con la Regla de Bayes como sigue:

$$Prob(B \mid Grande) = \frac{(1)(0.1)}{(1)(0.7) + (1)(0.1) + (0)(0.2)} = 0.125. \qquad (8)$$

La gráfica 2.8 muestra una intuición gráfica para la Regla de Bayes. La primera línea muestra la probabilidad total, 1, que es la suma de las probabilidades *a priori* de los estados (A), (B) y (C). La segunda línea muestra las probabilidades, que suman 0.8, que quedan después de que se observa *Grande* y se elimina el estado (C). La tercera línea muestra que el estado (A) representa una cantidad 0.7 de esa probabilidad, una fracción de 0.875. La cuarta línea muestra que el estado (B) representa una cantidad 0.1 de esa probabilidad, una fracción de 0.125.

Jones debe usar la estrategia de Smith en el equilibrio propuesto para encontrar los números de *Prob(Grande|A)*, *Prob(Grande|B)* y *Prob(Grande|C)*. Como siempre ocurre en el equilibrio de Nash, el modelador supone que los jugadores saben qué estrategias de equilibrio se están jugando, aunque no saben cuáles son las acciones particulares que se eligen.

En vista de que Jones cree que el estado es (A) con probabilidad 0.875 y el estado (B) con probabilidad 0.125, su mejor respuesta es *Grande*, aunque sabe que si el estado en realidad fuera (B) la mejor respuesta sería *Pequeño*. Ya que observa *Grande*, el pago esperado de Jones por *Pequeño* es -0.625 (= 0.875[-1] + 0.125[2]), pero por *Grande* es 1.875 (= 0.875[2] + 0.125[1]). Así, el perfil de estrategia *(G|A, G|B, P|C; G|G, P|P)* es un equilibrio bayesiano perfecto.

Se puede hacer un cálculo similar para *Prob(A|Pequeño)*. Si usamos la Regla de Bayes, la ecuación (4) se convierte en

$$Prob(A|Peque\tilde{n}o) = \frac{(0)(0.7)}{(0)(0.7) + (0)(0.1) + (1)(0.2)} = 0. \tag{9}$$

Como cree que el estado es (C), la mejor respuesta de Jones a *Pequeño* es *Pequeño*, lo que concuerda con el equilibrio que hemos propuesto.

GRÁFICA 2.8. *La Regla de Bayes*

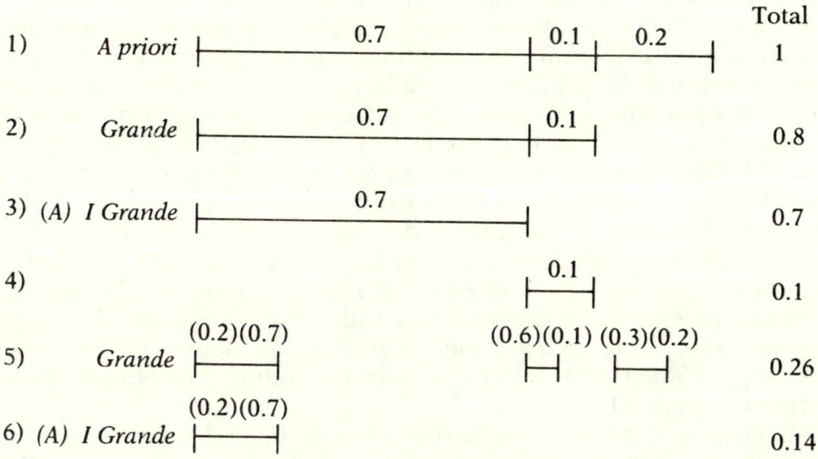

Los cálculos son relativamente sencillos porque Smith utiliza una estrategia no aleatoria en equilibrio, de modo que, por ejemplo, *Prob(Pequeño|A)* = 0 en la ecuación (9). Considere ahora lo que ocurre si Smith utiliza la estrategia aleatoria de elegir *Grande* con probabilidad 0.2 en el estado (A), 0.6 en el estado (B) y 0.3 en el estado (C) (en la sección 3.1 analizaremos esas estrategias "mixtas"). El equivalente de la ecuación (7) es:

$$Prob(A \mid Grande) = \frac{(0.2)(0.7)}{(0.2)(0.7) + (0.6)(0.1) + (0.3)(0.2)} = 0.54 \text{ (redondeado) (10)}$$

Si ve *Grande*, la mejor suposición de Jones sigue siendo que la Naturaleza eligió el estado (A), aunque en el estado (A) Smith tiene la menor probabilidad de elegir *Grande*, pero la probabilidad subjetiva posterior de Jones, *Pr(A|Grande)*, se ha reducido a 0.54 de su previa *Pr(A)* = 0.7.

Las últimas dos líneas de la gráfica 2.8 ejemplifican este caso. La penúltima línea muestra la probabilidad total de *Grande*, la cual se integra por las probabilidades en los tres estados y suma 0.26 (= 0.14 + 0.06 + 0.06). La última línea muestra el componente de esa probabilidad que surge del estado (A), que es la cantidad 0.14 y la fracción 0.54 (redondeada).

Regresión a la media

La regresión a la media es una antigua idea estadística que tiene una interpretación bayesiana. Suponga que el desempeño de cada estudiante en una prueba es resultado en parte de su capacidad y en parte del error aleatorio por su estado de ánimo el día de la prueba. El profesor desconoce la capacidad del estudiante individual, pero sabe que el estudiante promedio obtendrá 70 de un máximo de 100. Si un estudiante obtiene 40, ¿cuál debe ser la estimación que haga el profesor de su capacidad?

No debe ser 40. Una calificación 30 puntos menor que la promedio puede deberse a: *1)* que la capacidad del estudiante es menor que la promedio, o *2)* que el estudiante estaba de mal humor el día de la prueba. El profesor sólo debe estimar 40 si el estado de ánimo carece en absoluto de importancia. Lo más probable es que tanto la capacidad como la suerte tengan cierto grado de importancia; por eso, lo mejor que puede suponer el profesor es que la capacidad del estudiante está por debajo del promedio, pero también que tuvo mala suerte. La mejor estimación se encuentra entre 40 y 70, y refleja la influencia de la capacidad y de la suerte. Se puede esperar que, de los estudiantes que obtienen 40 en la prueba, más de la mitad obtenga una calificación superior a 40 en la siguiente. Como las calificaciones de los estudiantes con mal desempeño tienden hacia la media de 70, a este fenómeno se le llama "la regresión a la media". De manera similar, los estudiantes que obtienen 90 en la primera prueba tenderán a obtener una calificación inferior en la segunda.

Esto es una "regresión a la media" ("hacia" la media sería más exacto), no una "regresión más allá de la media". Una calificación baja sí indica poca capacidad, en promedio, de modo que la calificación que se predice para la siguiente prueba se mantiene por debajo del promedio. La regresión a la media simplemente reconoce que tanto la capacidad como la suerte influyen en la calificación.

En términos bayesianos, el profesor en este ejemplo tiene una media previa de 70 y trata de hacer una estimación posterior utilizando la previa y un dato: la calificación en la primera prueba. Para distribuciones típicas, la media posterior se encuentra entre la media previa y el punto del dato, de modo que la media posterior está entre 40 y 70.

En el contexto de los negocios, puede usarse la regresión a la media para explicar el conservadurismo de los empresarios. A veces se afirma que las empresas no aprovechan oportunidades rentables de inversión por un excesivo temor al riesgo. Suponga que la empresa es neutral al riesgo, porque el riesgo asociado con su proyecto y la incertidumbre sobre su valor no son sistemáticos —esto es, son riesgos que una compañía con muchos accionistas puede distribuir de tal manera que el riesgo de cada accionista no sea relevante—. Suponga que la empresa no gastará 100 000 dólares en una inversión con un valor presente de 105 000. Esto se explica fácilmente si los 105 000 dólares son una estimación y los 100 000 se tienen en efectivo. Si el valor promedio de un nuevo proyecto de esta clase es menor de 100 000 dólares —como probablemente sea el caso, ya que es difícil encontrar proyectos rentables—, la mejor estimación del valor estará entre el valor medido de 105 000 y el valor promedio, a menos que el funcionario de la empresa que estimó la cifra de 105 000 ya haya reajustado tal estimación. La regresión de los 105 000 dólares a la media puede llevarlos más allá de los 100 000. De otra manera, si la media previa es, digamos, 80 000 dólares y el punto del dato es 105 000, la media posterior puede ser menor de 100 000.

Es importante tener presente que la regresión a la media es una alternativa a la conducta estratégica al explicar fenómenos extraños. Cuando se analizan las calificaciones de las pruebas, se podría tratar de explicar el aumento de calificaciones de los malos estudiantes por cambios en el nivel de su esfuerzo en un intento de pasar la materia con el mínimo de trabajo. Al analizar las decisiones de las empresas, se podría tratar de explicar la razón por la que se rechazan proyectos aparentemente rentables haciendo referencia al disgusto de los gerentes con las innovaciones, las cuales pueden exigirles un mayor trabajo. Tales explicaciones pueden ser válidas, pero los modelos que se basan en la actualización o regresión bayesiana a la media podrían explicar igualmente bien la situación y con menos supuestos difíciles de verificar acerca de las funciones de utilidad de los individuos de que se trata.

2.5. EJEMPLO: EL JUEGO DEL ACUERDO DE PNG

El modelo de Png (véase su artículo, 1983) de un acuerdo extrajudicial es el ejemplo de un juego con una forma extensa muy complicada.[2] El demandante alega que el acusado fue negligente al proporcionar equipo de seguridad en una fábrica de químicos, acusación que tiene una probabilidad q de ser cierta. El demandante presenta una demanda judicial, pero el caso no se decide inmediatamente. Mientras tanto, el acusado y el demandante pueden llegar a un acuerdo extrajudicial.

¿Cuáles son los movimientos en este juego? En realidad hay dos juegos: uno en que el acusado es culpable de los daños y otro en que es inocente. Por tanto, empezamos el árbol del juego con un movimiento de la Naturaleza, que hará que el acusado sea culpable o inocente. En el nodo siguiente, el demandante toma una acción: *Demandar* o *Quejarse*. Si decide *Quejarse,* el juego termina con pagos de cero para ambos jugadores. Si decide *Demandar,* se pasa al siguiente nodo. El acusado entonces puede optar por *Resistir* u *Ofrecer* un acuerdo. Si el acusado elige *Ofrecer,* el demandante puede elegir *Acordar* o *Rehusar;* si el acusado elige *Resistir,* el demandante puede *Enjuiciar* el caso o *Desistir.*

Las curvas de líneas discontinuas en la gráfica 2.9 contienen los conjuntos de información del demandante. Su partición de información es bastante burda o basta —debe tomar decisiones sin saber exactamente a qué nodo ha llegado el juego—. Quizá el acusado es culpable, quizá no. El demandante puede emprender tres acciones, y hay tres óvalos de líneas discontinuas para mostrar que su información es poco precisa.

---

[2] "Png", por cierto, se pronuncia tal como está deletreado.

Se supone que la cantidad para llegar a un acuerdo, *S*, y los gastos en honorarios de los abogados son exógenos. Excepto en los juegos infinitamente largos sin nodos finales que se presentarán en el capítulo 5, una forma extensiva debe incorporar todos los costos y beneficios en los pagos en los nodos finales, incluso si en el camino se incurre en costos. Si el tribunal exigiera el pago de 100 dólares para presentar una demanda (que no es así en este juego, aunque se exigirá una cuota en el juego similar de las Demandas Legales Triviales de la sección 4.3), se restaría de los pagos del demandante en cada nodo final, salvo en los que resulten si elige *Quejarse*. Esa consolidación facilita el análisis del juego y no afectará las estrategias de equilibrio, a menos que los pagos durante el proceso revelen información, caso en el que importa la información, no el hecho de que los pagos cambien.

Suponemos que si el asunto se lleva a la Corte se hace justicia. Además de sus honorarios legales *A*, el acusado paga *W* en daños sólo si es culpable. También suponemos que los jugadores son neutrales al riesgo, de modo que únicamente se interesan en los dólares que esperan recibir, no en la variación. Sin este supuesto, tendríamos que traducir los pagos de dólares a utilidad, pero el árbol del juego no se afectaría.

Éste es un juego de información cierta, asimétrica, imperfecta e incompleta. Hemos supuesto que el acusado sabe si es culpable, pero podemos modificar el juego suponiendo que no está más seguro que el demandante de que la evidencia es suficiente para condenarlo. El juego se convertiría en uno de información simétrica y se podría simplificar razonablemente la forma extensiva eliminando el movimiento inicial de la Naturaleza y haciendo que los pagos sean iguales a los valores esperados. No podemos hacer esta simplificación en el juego original, pues que el acusado, y sólo él, sepa que es culpable, afecta fuertemente la conducta de ambos jugadores.

Aunque la forma extensiva es el modo natural de describir el juego, podemos omitirla y asociar las estrategias con los pagos empleando la forma estratégica. Ésta difiere un poco de las formas estratégicas de 2-por-2, ya que el acusado obtiene un pago diferente, según sea o no realmente culpable. Necesitamos tres entradas para cada par de estrategias, una para el demandante, una para el acusado culpable y otra para el acusado inocente. En juegos complicados como éste, la distinción entre acción y estrategia es importante. Una acción típica es *Acordar*. Una estrategia típica es *(Demandar; Acordar* [si se ofrece], *Enjuiciar* [si el acusado resiste]). Las estrategias se muestran en el cuadro 2.6.

Si utilizamos la dominación podemos excluir una de las estrategias del demandante inmediatamente —*Quejarse*—, que es dominada por *(Demandar, Acordar, Desistir)*.

Que un perfil de equilibrio sea un equilibrio de Nash dependerá de los parámetros del modelo —en este caso, *S, W, D, A* y *q*, que son el monto del acuerdo, de los daños, los costos del juicio para el demandante, para el acusado y la probabilidad de que el acusado sea culpable. Según sean los valores de los parámetros, son posibles tres resultados: acuerdo (si el monto del acuerdo es bajo), juicio (si los daños esperados son altos y los costos para el demandante por el juicio son bajos) y el desistimiento por parte del

GRÁFICA 2.9. *El árbol del juego para el juego del Acuerdo de Png*

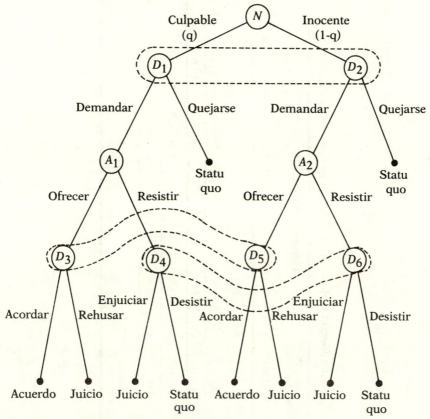

Jugadores: Demandante, Acusado

demandante (si los daños esperados menos los costos por el juicio son negativos). Para algunos valores de los parámetros hay equilibrios de Nash múltiples.

Considere los valores de los parámetros $S = 0.15$, $A = 0.2$, $W = 1$, $q = 0.13$ y $D = 0.1$. El cuadro 2.7 muestra la forma estratégica en este caso. Los dos equilibrios de Nash indicados en negritas son débiles, y los resultados de juicio o de acuerdo son posibles en equilibrio. Sólo seguiremos el proceso que lleva al resultado de acuerdo.

Considere el perfil de estrategia [(*Demandar, Acordar, Enjuiciar*), (*Ofrecer, Ofrecer*)]. El demandante presenta su demanda, el acusado ofrece un acuerdo (sea o no culpable) y el demandante acepta llegar a un acuerdo. Ambos jugadores saben que si el acusado no ofrece el acuerdo el demandante irá al tribunal y enjuiciará. Tal conducta **fuera del equilibrio** está especificada por el equilibrio, porque la amenaza del juicio es lo que induce al acusado a negociar, aunque los juicios nunca ocurren en equilibrio. Este perfil de estrategia es un equilibrio de Nash porque, en caso de que el

CUADRO 2.6. *La forma estratégica del Juego del Acuerdo de Png: los parámetros generales*

Estrategia del acusado

		(Ofrecer, Ofrecer)	(Resistir, Resistir)	(Ofrecer, Resistir)	(Resistir, Ofrecer)
	Quejarse	0 $(0,0)$	0 $(0,0)$	0 $(0,0)$	0 $(0,0)$
	(Demandar, Acordar, Enjuiciar)	S $(-S,-S)$	$qW-D$ $(-W-A,-A)$	$qS-(1-q)D$ $(-S,-A)$	$q(W-D)+(1-q)S$ $(-W-A,-S)$
Estrategia del	*(Demandar, Rehusar, Enjuiciar)*	$qW-D$ $(-W-A,-A)$	$qW-D$ $(-W-A,-A)$	$qW-D$ $(-W-A,-A)$	$qW-D$ $(-W-A,-A)$
demandante	*(Demandar, Rehusar, Desistir)*	$qW-D$ $(-W-A,-A)$	0 $(0,0)$	$qW-D$ $(-W-A,0)$	$-(1-q)D$ $(0,-A)$
	(Demandar, Acordar, Desistir)	S $(-S,-S)$	0 $(0,0)$	qS $(-S,0)$	$(1-q)S$ $(0,-S)$

Pagos a: *Demandante (Acusado culpable, Acusado inocente)*

CUADRO 2.7. *La forma estratégica del Juego del Acuerdo de Png: los parámetros particulares*

Estrategia del acusado

	(Ofrecer, Ofrecer)		(Resistir, Resistir)		(Ofrecer, Resistir)		(Resistir, Ofrecer)	
Quejarse	0	(0,0)	0	(0,0)	0	(0,0)	0	(0,0)
(Demandar, Acordar, Enjuiciar)	0.15	(0.15, −0.15)	0.03	(−1.2, −0.2)	−0.0675	(−0.15, −0.2)	0.2475	(−1.2, −0.15)
(Demandar, Rehusar, Enjuiciar)	0.03	(−1.2, −0.2)	0.03	(−1.2, −0.2)	0.03	(−1.2, −0.2)	0.03	(−1.2, −0.2)
(Demandar, Rehusar, Desistir)	0.03	(−1.2, −0.2)	0	(0,0)	0.117	(−1.2, 0)	−0.187	(0, −0.2)
(Demandar, Acordar, Desistir)	0.15	(−0.15, −0.15)	0	(0,0)	0.0195	(−0.15, 0)	0.1305	(0, −0.15)

Estrategia del demandante

Pagos a: Demandante (Acusado culpable, Acusado inocente)

demandante elija *(Demandar, Acordar, Enjuiciar)*, lo que más conviene al acusado es *(Ofrecer, Ofrecer)*, conformándose con un pago de –0.15 sea culpable o inocente; y, en caso de que el acusado elija *(Ofrecer, Ofrecer)*, lo más que puede obtener el demandante es un pago de 0.15 de *(Demandar, Acordar, Enjuiciar)*.

Una observación final sobre el juego del Acuerdo de Png: el juego ejemplifica la doctrina de Harsanyi en acción, porque aunque el demandante y el acusado difieran en su opinión sobre la probabilidad de que el demandante ganará, también difieren porque el acusado tiene información diferente, no porque el modelador les asigne diferentes opiniones al principio del juego. Esto parece complicado comparado con el enfoque común de este problema, en el que simplemente observamos que los litigantes potenciales tienen diferentes opiniones e irán a juicio si ambos creen que pueden ganar. Sin embargo, es muy difícil que la historia diaria sea congruente, porque si las diferentes opiniones son de conocimiento común ambos jugadores saben que uno de ellos está equivocado, y cada uno tiene que creer que está en lo correcto. Esto puede quedar muy bien como una "forma reducida", en la cual sencillamente se intenta describir lo que ocurre sin ninguna explicación detallada. Después de todo, incluso en el juego del Acuerdo de Png, si ocurre un juicio es porque los jugadores ven las cosas de diferentes maneras, de modo que se puede eliminar la primera parte del árbol del juego. Pero al mismo tiempo puede violarse la doctrina de Harsanyi: no es posible analizar la forma en que los jugadores reaccionan a sus respectivas jugadas si el modelador simplemente les asigna opiniones inflexibles. En el juego del Acuerdo de Png, bajo ciertos parámetros puede rechazarse un acuerdo y ocurrir un juicio porque el demandante pondera la posibilidad de que el acusado sepa que va a ganar con la posibilidad de que sólo esté simulando, y algunas veces decide arriesgarse a un juicio. Sin la doctrina Harsanyi es muy difícil evaluar esa explicación de que ocurran juicios.

NOTAS

N2.1. *Las formas estratégica y extensiva de un juego*

- Shubik usa el término "matriz de resultado" en su obra de 1982 (p. 70), pero allí nunca lo define formalmente.
- A veces se define el término "nodo" de tal forma que incluye sólo los puntos en que un jugador o la Naturaleza toman una decisión, lo que excluye los puntos finales.

N2.2. *Conjuntos de información*

- Si usted desea describir una situación en que un jugador no sabe si el juego ha llegado al nodo A_1 o A_2 y tiene diferentes conjuntos de acción en los dos nodos, restructure el juego. Si quiere expresar que tiene el conjunto de acción *(X, Y, Z)* en A_1 y *(X, Y)* en A_2, primero añada la acción Z al conjunto de información en A_2. Luego especifique que en

A_2, la acción Z simplemente conduce a un nuevo nodo A_3 en el que la elección es entre X y Y.

- El término "conocimiento común" se debe a Lewis (1969). Las discusiones recientes del tema incluyen las de Brandenburger (1992) y de Geanakoplos (1992). Para definiciones rigurosas, pero no intuitivas, del conocimiento común, véase Aumann (1976) y Milgrom (1981a). De acuerdo con Milgrom, suponga que (Ω, p) es un espacio de probabilidad, suponga que P y Q son particiones de Ω que representan la información de dos agentes, y suponga que R es el aumento de la bastedad más fina común de P y Q. Suponga que ω es un evento (una partida de información) y $R(\omega)$ sea el elemento de R que contiene a ω.

  *Un evento A es de **conocimiento común** en ω si $R(\omega) \subset A$.*

N2.3. *Información perfecta, cierta, simétrica y completa*

- Tirole (1988, p. 431) y más precisamente Fudenberg y Tirole (1991a, p. 82) han definido juegos de información *casi perfecta*. Utilizan este término para referirse a juegos repetidos de movimientos simultáneos (de la clase que se estudia más adelante en el capítulo 5), donde en cada repetición todos los jugadores saben los resultados de todos los movimientos, incluyendo los de la Naturaleza, en las repeticiones previas. Es una lástima que utilizaran un término tan general para describir una clase de juegos tan limitada; bien se la pudo ampliar para que abarcara todos los juegos con información perfecta, excepto los de movimientos simultáneos.
- **Clasificaciones del póquer.** *1)* Perfecto, cierto. *2)* Incompleto, simétrico, cierto. *3)* Incompleto, asimétrico, cierto. *4)* Completo, asimétrico, cierto. *5)* Perfecto, incierto. *6)* Incompleto, asimétrico, cierto.
- Para una explicación de la utilidad von Neumann-Morgenstern, véase Varian (1992) o Kreps (1990a). La utilidad esperada y la actualización bayesiana son los dos fundamentos de la teoría de los juegos estándar, en parte porque parecen ajustarse a la realidad y en parte porque es muy sencillo usarlos. Sin embargo, a veces no explican bien la conducta de las personas y existen muchas obras en que *a)* se indican anomalías y *b)* se sugieren opciones. Hasta ahora ninguna alternativa ha demostrado resultar en mejoras suficientemente importantes para justificar la sustitución de las técnicas usuales, en vista del intercambio entre una descripción más real y la complejidad que se añade al modelo. La respuesta común es admitir e ignorar las anomalías en los trabajos teóricos y no presionar demasiado a los modelos teóricos en situaciones en que es probable que las anomalías representen una diferencia significativa. Para un tratamiento más detallado de las anomalías, véase el volumen compilado por Kahneman, Slovic y Tversky (1982). Acerca de las opciones a la utilidad esperada, véase Machina (1982). Para una información general sobre el tema, véase el libro de Thaler (1992).
- Se permiten estrategias mixtas (sección 3.1) en un juego de información perfecta porque son un aspecto del equilibrio del juego, no de su estructura exógena.
- Aunque la palabra "perfecto" aparece en "información perfecta" (sección 2.3) y "equilibrio perfecto" (sección 4.1), los conceptos no están relacionados entre sí.
- Un movimiento de la Naturaleza no observado en un juego de información simétrica puede representarse de tres maneras: *1)* como el último movimiento del juego, *2)* como el primer movimiento del juego o *3)* remplazando los pagos con los pagos esperados sin usar ningún movimiento explícito de la Naturaleza.

N2.4. *La transformación de Harsanyi y los juegos bayesianos*

- Mertens y Zamir (1985) estudian los fundamentos matemáticos de la transformación de Harsanyi. La transformación requiere que la forma extensiva sea de conocimiento común, lo que hace surgir problemas sutiles de recursión.
- Un jugador siempre tiene alguna idea de cuáles son los pagos, de modo que siempre le

podemos asignar una probabilidad subjetiva para cada pago posible. ¿Qué ocurriría si no tuviera ninguna idea? Esta pregunta carece de sentido porque las personas siempre tienen alguna idea; cuando comentan que no es así, por lo general quieren decir que sus probabilidades previas son bajas, pero positivas para muchas posibilidades. Usted, por ejemplo, tiene tan poca idea como yo del número de tazas de café que he tomado en mi vida, pero aceptará que es un número positivo menor de 3 000 000 y puede hacer una estimación mucho más precisa que ésa. Savage (1954) es una referencia clásica para el tema de la probabilidad subjetiva.

- Si dos jugadores tienen opiniones previas comunes y sus particiones de información son finitas, pero cada uno tiene información privada, la comunicación iterativa entre ellos llevará a la adopción de una opinión posterior común. Ésta no siempre es la opinión posterior a la que llegarían si compartieran directamente su información, pero en la mayoría de casos sí lo es (Geanakoplos y Polemarchakis, 1982).

- Para el análisis formal de la regresión a la media y del conservadurismo en los negocios, véase Rasmusen (1992b). Éste también puede explicar por qué, aun después de descontar los ingresos más alejados en el futuro, las empresas favorecen proyectos que ofrecen una rápida recuperación de la inversión, si las previsiones de ingresos más lejanos en el futuro son menos exactas.

PROBLEMAS

2.1: *El problema de Monty Hall*

Usted es un concursante en el programa de televisión "Hagamos un trato". Usted está parado enfrente de tres cortinas rotuladas *A*, *B* y *C*. Detrás de dos de ellas hay tostadores de pan y detrás de la tercera un automóvil Mazda Miata. Usted elige *A* y el conductor del programa le dice, levantando la cortina *B* para mostrar un tostador: "Tuvo suerte al no elegir *B*, pero antes de que le muestre lo que está detrás de las otras dos cortinas, ¿quisiera cambiar de la cortina *A* a la *C*?" ¿Debe usted cambiar su decisión? ¿Cuál es la probabilidad exacta de que la cortina *C* oculte al Miata?

2.2: *El apetito de Elmer*

La señora Jones ha preparado un pastel de manzana para su hijo Elmer y quiere averiguar si el pastel sabía "divino" o simplemente "bien". Su pastel resulta divino una tercera parte de las veces. Elmer puede ser voraz o sólo estar hambriento, y comerá 2, 3 o 4 pedazos del pastel. La señora Jones sabe que Elmer es voraz la mitad del tiempo (pero no sabe en qué mitad). Entonces, si el pastel sabe divino cuando Elmer está hambriento, las probabilidades de los tres niveles de consumo son (0, 0.6, 0.4), pero si está en su fase de voracidad las probabilidades son (0, 0, 1). Si el pastel sólo sabe bien, entonces las probabilidades son (0.2, 0.4, 0.4) si él tiene hambre y (0.1, 0.3, 0.6) si está en su fase voraz.

Elmer es un muchacho sensible, pero inútil. Siempre dirá que el pastel sabe "divino" y que no tiene hambre, sin tomar en cuenta lo que sienta interiormente.

2.2a) ¿Cuál es la probabilidad de que se coma los cuatro pedazos de pastel?

2.2b) Si la señora Jones ve que Elmer se come los cuatro pedazos de pastel, ¿cuál es la probabilidad de que esté en su fase voraz y de que el pastel simplemente sepa "bien"?

2.2c) Si la señora Jones ve que Elmer se come los cuatro pedazos de pastel, ¿cuál es la probabilidad de que el pastel le haya quedado "divino"?

2.3: *Las pruebas de cáncer*

Imagine usted que se le estudia a fin de detectar si tiene cáncer, y para ello se utiliza una prueba cuyo grado de exactitud es de 98%. Si usted realmente tiene cáncer, la prueba resultará positiva (lo que indica la presencia de cáncer) 98% de las veces. Si no tiene cáncer, el resultado será negativo 98% de las veces. Usted ha escuchado que una persona de cada 20 de la población total tiene cáncer. Ahora su doctor le dice que la prueba resultó positiva, pero que no debe preocuparse porque sus últimos 19 pacientes murieron. ¿Qué tan preocupado debe estar usted? ¿Cuál es la probabilidad de que tenga cáncer?

2.4: *El problema del acorazado*

El Pentágono tiene la opción de construir un acorazado o dos cruceros. Un acorazado cuesta igual que dos cruceros, pero un crucero basta para realizar la misión de la Armada —si el crucero sobrevive lo suficiente para acercarse al blanco—. El acorazado tiene la probabilidad p de realizar su misión, mientras que el crucero sólo tiene la probabilidad $p/2$. Cualquiera que sea el resultado, la guerra termina y todo barco que haya sobrevivido es desguazado. ¿Qué opción es superior?[3]

2.5: *Empresas conjuntas*

Software Inc. y Hardware Inc. han formado una empresa conjunta. Cada una puede hacer un esfuerzo intenso o débil, lo que equivale a costos de 20 y de 0. Hardware mueve primero, pero Software no puede observar su esfuerzo. Los ingresos se dividen por igual al final y las dos empresas son neutrales al riesgo. Si ambas se esfuerzan débilmente, los ingresos totales son 100. Si las partes son defectuosas, el ingreso total es 100; por el contrario, si ambas se esfuerzan intensamente, el ingreso es de 200, pero si sólo un jugador lo hace así, el ingreso es de 100 con una probabilidad de 0.9 y de 200 con una probabilidad de 0.1. Antes de que empiecen, ambos jugadores creen que la probabilidad de que haya partes defectuosas es de 0.7. Hardware descubre, por observación, la verdad acerca de las partes antes de elegir su esfuerzo, pero no sucede lo mismo con Software.

---

[3] Este ejemplo está adaptado de uno de McMillan (1992).

2.5a) Dibuje la forma extensiva y trace líneas discontinuas en torno a los conjuntos de información de Software en cada uno de los nodos en que mueve.

2.5b) ¿Cuál es el equilibrio de Nash?

2.5c) ¿Qué cree Software, en equilibrio, respecto a la probabilidad de que Hardware elija un esfuerzo débil?

2.5d) Si Software observa que el ingreso es de 100, ¿qué probabilidad le asigna a las partes defectuosas si él realizó un esfuerzo alto y cree que Hardware eligió un esfuerzo bajo?

2.6. *La sequía en California*

California padece una sequía y las reservas de agua están bajando. La probabilidad de que llueva en 1991 es de 1/2, pero hay una probabilidad de 1 de que habrá lluvias intensas en 1992. El estado utiliza un sistema de racionamiento en vez de recurrir a los precios, y debe decidir cuánta agua consumir en 1990 y cuánta ahorrar hasta 1991. Cada californiano tiene una función de utilidad $U = \log(w_{90}) + \log(w_{91})$. Demuestre que el estado debe asignar el doble de agua a 1990 que a 1991.[4]

---

[4] Adaptado de McMillan (1992).

3. ESTRATEGIAS MIXTAS Y CONTINUAS

3.1. ESTRATEGIAS MIXTAS: EL JUEGO DE LA SEGURIDAD SOCIAL

Los juegos que hemos visto hasta ahora han sido sencillos por lo menos en un aspecto: el número de movimientos en el conjunto de acción ha sido finito. En este capítulo permitimos una serie continua —o un continuo— de movimientos, como cuando un jugador elige un precio entre 10 y 20 o compra una probabilidad entre 0 y 1. El capítulo 3 empieza mostrando cómo descubrir equilibrios de estrategias mixtas para un juego que no tiene un equilibrio de estrategia pura. En la sección 3.2 se encuentran los equilibrios de estrategias mixtas mediante el método de igualación de pagos y se aplican las estrategias mixtas a un juego dinámico, la Guerra de Desgaste. La sección 3.3 presenta una visión más general de los equilibrios de estrategias mixtas y distingue entre estrategias mixtas y acciones aleatorias en juegos de auditorías. La sección 3.3 abre con el análisis de espacios de acción continua, lo cual prosigue en la sección 3.4 en el modelo de duopolio de Cournot, donde la discusión se concentra en el ejemplo de dos empresas que eligen su producción en un continuo entre cero e infinito. Estas secciones introducen otras ideas que se desarrollarán en capítulos posteriores —juegos dinámicos en el capítulo 4, auditorías y agencias en los capítulos 7 y 8, y el oligopolio de Cournot en el capítulo 13—.

Recurrimos al concepto del equilibrio de Nash para proporcionar predicciones de resultados sin estrategias dominantes, pero algunos juegos carecen incluso de un equilibrio de Nash. Con frecuencia es provechoso y se ajusta a la realidad expandir el espacio de estrategia para que comprenda estrategias aleatorias, situación en la que casi siempre existe un equilibrio de Nash. A dichas estrategias aleatorias se les llama "estrategias mixtas".

Una **estrategia pura** *presenta el mapa de cada uno de los conjuntos de información posibles de cada jugador con respecto a una acción.* $s_i : \omega_i^{\hat{}} \to a_i$.

Una **estrategia mixta** *presenta el mapa de cada uno de los conjuntos de información posibles de un jugador con respecto a una distribución de probabilidad de las acciones.*

$$s_i : \omega_i \to m(a_i), \text{ donde } m \geq 0, \int_{A_i} m(a_i)da_i = 1.$$

Una **estrategia completamente mixta** *da probabilidades positivas en cada acción, de modo que* $m > 0$.

A la versión de un juego ampliado para permitir estrategias mixtas se le llama la **extensión mixta** *del juego.*

Una estrategia pura constituye una regla que le dice al jugador qué acción elegir, en tanto que una estrategia mixta constituye una regla que le dice qué dado tirar para elegir una acción. Si un jugador sigue una estrategia mixta, puede elegir cualquiera de varias acciones diferentes en una determinada situación, imprevisibilidad que puede serle provechosa. Las estrategias mixtas ocurren con frecuencia en el mundo real. Por ejemplo, en los juegos de futbol americano el equipo a la ofensiva debe decidir si pasa o corre. Pasar generalmente significa más yardas, pero lo más importante es elegir una acción que no espere el otro equipo. Los equipos deciden correr parte del tiempo y pasar otra parte del tiempo, de tal manera que parezca aleatorio al observador, pero racional a los teóricos del juego.

El juego del Seguro Social

El juego del Seguro Social modela un gobierno que quiere ayudar a un pobre si busca trabajo, pero no en caso contrario, y a un pobre que busca trabajo sólo si no puede depender de la ayuda del gobierno. Éste es un problema bien conocido de la política pública al que Tullock llamó el Dilema del Samaritano (1983, p. 59) y que lo atribuye a James Buchanan. El mismo problema surge a nivel privado cuando los padres deciden qué tanto ayudar a un hijo perezoso.

El cuadro 3.1 muestra los pagos que representan la situación. Ninguno de los jugadores tiene una estrategia dominante, y con un poco de reflexión podemos ver que tampoco existe ningún equilibrio de Nash en las estrategias puras.

CUADRO 3.1. *El juego del Seguro Social*

		Pobre	
		Trabajo (γ_ω)	*Ociosidad* ($1 - \gamma_\omega$)
	Ayuda (θ_a)	3,2 $\rightarrow$	−1,3
Gobierno		$\uparrow$	$\downarrow$
	Ninguna ayuda ($1 - \theta_a$)	−1,1 $\leftarrow$	0,0

Pagos a: (Gobierno, Pobre)

Cada perfil de estrategia se debe examinar por turno para comprobar si hay equilibrios de Nash.

1) El perfil de estrategia *(Ayuda, Trabajo)* no es un equilibrio de Nash, porque el pobre responderá con *Ocio* si el gobierno elige *Ayuda*.
2) *(Ayuda, Ocio)* no es un equilibrio de Nash, porque el gobierno cambiaría a *Ninguna ayuda*.
3) *(Ninguna ayuda, Ocio)* no es un equilibrio de Nash, porque el pobre cambiaría a *Trabajo*.

4) (Ninguna ayuda, Trabajo) no es un equilibrio de Nash, porque el gobierno cambiaría a *Ayuda*, lo que nos retorna al punto *1)*.

El juego del Seguro Social sí tiene un equilibrio de Nash de estrategia mixta, y podemos calcularlo. Los pagos de los jugadores son los valores esperados de los pagos del cuadro 3.1. Si el gobierno juega *Ayuda* con la probabilidad θ_a, y el pobre juega *Trabajo* con la probabilidad γ_w, el pago esperado del gobierno es:

$$
\begin{aligned}
\pi_{gobierno} &= \theta_a \left[3\gamma_w + (-1)(1 - \gamma_w) \right] + (1 - \theta_a)[-1\gamma_w + 0(1 - \gamma_w)] \\
&= \theta_a \left[3\gamma_w - 1 + \gamma_w \right] - \gamma_w + \theta_a \gamma_w \\
&= \theta_a \left[5\gamma_w - 1 \right] - \gamma_w.
\end{aligned}
\tag{1}
$$

Si sólo se permiten estrategias puras, θ_a es igual a cero o a uno, pero en la extensión mixta del juego la acción del gobierno de θ_a está en un continuo de cero a uno, donde las estrategias puras son los valores extremos. Siguiendo el procedimiento usual para resolver un problema de maximización, es posible diferenciar las funciones de reacción con respecto a la variable elegida para obtener la condición de primer orden:

$$
0 = \frac{d\pi_{gobierno}}{d\theta_a} = 5\,\gamma_w - 1
\tag{2}
$$

$$
\Rightarrow \gamma_w = 0.2.
$$

En el equilibrio de estrategia mixta, el pobre selecciona *Trabajo* el 20% del tiempo. La manera en que obtuvimos esa cifra puede parecer extraña: para obtener la estrategia del pobre diferenciamos el pago del gobierno. Entender por qué lo hicimos así requiere varios pasos:

1) Afirmo que existe una estrategia mixta óptima para el gobierno.
2) Si el pobre selecciona *Trabajo* más de 20% del tiempo, el gobierno siempre selecciona *Ayuda*. Si el pobre selecciona *Trabajo* menos de 20% del tiempo, el gobierno nunca selecciona *Ayuda*.
3) Para que una estrategia mixta sea óptima para el gobierno, el pobre debe seleccionar *Trabajo* con una probabilidad exacta de 20 por ciento.

Para obtener la probabilidad de que el gobierno elija *Ayuda*, debemos recurrir a la función de pago del pobre, que es:

$$
\begin{aligned}
\pi_{pobre} &= \theta_a(2\gamma_w + 3[1 - \gamma_w]) + (1 - \theta_a)(1\gamma_w + 0[1 - \gamma_w]), \\
&= 2\theta_a\gamma_w + 3\theta_a - 3\theta_a\gamma_w + \gamma_w - \theta_a\gamma_w, \\
&= -\gamma_w(2\theta_a - 1) + 3\theta_a.
\end{aligned}
\tag{3}
$$

La condición de primer orden es:

$$\frac{d\pi_{pobre}}{d\gamma_w} = -(2\theta_a - 1) = 0,$$
$$\Rightarrow \theta_a = 1/2. \tag{4}$$

Si el pobre selecciona *Trabajo* con una probabilidad de 0.2, al gobierno le es indiferente elegir *Ayuda* con una probabilidad de 100%, 0%, o cualquier porcentaje intermedio. No obstante, si las estrategias persiguen formar un equilibrio de Nash, el gobierno debe elegir $\theta_a = 0.5$. En el equilibrio de Nash de estrategia mixta, el gobierno elige *Ayuda* con probabilidad 0.5 y el pobre selecciona *Trabajo* con probabilidad 0.2. El resultado de equilibrio puede ser cualquiera de los cuatro asientos en la matriz de resultados. Los asientos que tienen la mayor probabilidad de ocurrir son *(Ninguna ayuda, Ocio)* y *(Ayuda, Ocio)*, cada uno con probabilidad de 0.4 (= 0.5[1 − 0.2]).

Interpretación de las estrategias mixtas

Las estrategias mixtas no son tan intuitivas como las estrategias puras; muchos modeladores prefieren limitarse a los equilibrios de estrategias puras en juegos que los contienen. Una objeción a las estrategias mixtas es que en la vida real las personas no emprenden acciones aleatorias. Ésta no es una objeción decisiva, porque todo lo que un modelo con estrategias mixtas requiere para ser una buena descripción del mundo es que las acciones parezcan aleatorias a quienes las observan, aun cuando el jugador siempre ha estado seguro de la acción que va a emprender. Sin embargo, incluso las acciones explícitamente aleatorias no son raras; las autoridades de tributación en los Estados Unidos seleccionan de manera aleatoria las declaraciones fiscales que someterán a auditoría, y las compañías de teléfonos supervisan aleatoriamente las conversaciones de sus operadores para saber si son corteses.

Una objeción más problemática es que un jugador que selecciona una estrategia mixta siempre será indiferente entre dos estrategias puras. En el juego del Seguro Social, al pobre le es indiferente escoger entre sus dos estrategias puras y todo un continuo de estrategias mixtas, dada la estrategia mixta del gobierno. Si el pobre decidiera no seguir la estrategia mixta particular, $\gamma_w = 0.2$, el equilibrio se derrumbaría porque el gobierno respondería cambiando su estrategia. Incluso una pequeña desviación en la probabilidad seleccionada por el pobre, una desviación que no modifica su pago si el gobierno no responde, destruye completamente el equilibrio porque el gobierno responde. Un equilibrio de Nash de estrategia mixta es débil en el mismo sentido en que lo es el equilibrio *(Norte, Norte)* en la Batalla del Mar de Bismarck: para conservar el equilibrio, un jugador al que le sean indiferentes las estrategias debe elegir una estrategia particular del conjunto de estrategias.

Una manera de reinterpretar el juego del Seguro Social es la de imaginar que en vez de un solo pobre hay muchos, con gustos y funciones de pago idénticos, a los que el gobierno debe tratar igual. En el equilibrio de estrategia mixta, cada uno de los pobres elige *Trabajo* con probabilidad 0.2, tal como sucede en el juego de un solo pobre. Pero el juego con muchos pobres tiene un equilibrio de estrategia pura: 20% de los pobres eligen la estrategia pura *Trabajo* y el restante 80% la estrategia pura *Ocio*. Persiste el problema de cómo un pobre individual, al que le son indiferentes las estrategias puras, elige una u otra, pero es fácil imaginar que las características individuales externas al modelo pueden determinar qué acciones eligen determinados pobres.

El número de jugadores que se necesita para que las estrategias mixtas puedan interpretarse como estrategias puras depende de la probabilidad de equilibrio χ_v ya que no es posible hablar de una fracción de un jugador. El número de pobres debe ser un múltiplo de 5 en el juego del Seguro Social, si se ha de utilizar esta interpretación, ya que el equilibrio mezclando la probabilidad es un múltiplo de 1/5. Para que la interpretación se pueda aplicar sin importar cómo variamos los parámetros de un modelo necesitamos un *continuum* (o continuo) de jugadores.

Otra interpretación de las estrategias mixtas, que funciona aun en el juego de un solo pobre, supone que el pobre se saca al azar de entre una población de pobres y que el gobierno desconoce sus características. El gobierno sólo sabe que hay dos tipos de pobres, en las proporciones (0.2, 0.8): los que eligen *Trabajo* si el gobierno elige $\theta_a = 0.5$ y los que eligen *Ocio*. Un pobre elegido al azar de entre la población puede ser de cualquiera de esos dos tipos. Harsanyi (1973) ofrece una interpretación detallada de esta situación.

Existencia del equilibrio

A veces el modelador no puede descubrir con facilidad un determinado equilibrio, pero es capaz de indicar qué características debe tener un equilibrio si es que existe, y le gustaría demostrar que en realidad existe. Uno de los puntos fuertes de los equilibrios de Nash es que existen, en estrategias mixtas si no es que en puras, prácticamente en todo juego que uno pueda encontrar.

Una característica de juego que favorece la existencia de un equilibrio de Nash es la continuidad de los pagos en las estrategias. Un pago es continuo en la estrategia de un jugador si un pequeño cambio en su estrategia causa un cambio pequeño o de cero en los pagos. Con la continuidad, las estrategias de los jugadores pueden ajustarse más finamente y aproximarse a ser las mejores respuestas unas de otras. En el juego del Seguro Social, los pagos son discontinuos en las estrategias puras, así que no es posible ningún compromiso entre los jugadores y no existe ningún equilibrio de estrategia pura. Una vez que se incorporan estrategias mixtas, los pagos son continuos en la probabilidad mixta, de modo que existe un equilibrio.

Un segundo rasgo que favorece la existencia de un equilibrio es un conjunto de estrategia cerrado y limitado. Suponga que en un juego del mercado de valores Smith puede pedir prestado dinero y comprar tantas acciones como desee, de modo que su conjunto de estrategia, la cantidad de acciones que puede comprar, es [0, ∞], un conjunto que no tiene límite superior (suponemos que puede comprar fracciones de acciones, pero que no puede vender anticipadamente, sin tener las acciones). Si Smith sabe que el precio de hoy es menor de lo que será mañana, querrá comprar un número infinito de acciones, lo cual no es un equilibrio de compra. Si la cantidad que compra está restringida a ser rigurosamente menos de 1 000, entonces el conjunto de estrategia está limitado (por 1 000), pero no está cerrado (porque 1 000 no está incluido), y no existe un equilibrio de compra, ya que desea comprar 999.999... acciones. Un conjunto abierto como $\{x : 0 \leq x < 1\,000\}$ no tiene un máximo, porque no hay ningún número real cercano a 1 000. Por otra parte, si el conjunto de estrategia es cerrado y limitado, su mínimo y máximo están bien definidos. Si Smith puede comprar hasta 1 000 acciones, pero no más, esas 1 000 acciones son su equilibrio de compra. A veces, como en el juego de Cournot —que se comenta más adelante en este capítulo—, la falta de límites de los conjuntos de estrategia no importa porque el óptimo es una solución interior, pero en otros juegos utilizar conjuntos cerrados en vez de conjuntos abiertos es una buena práctica de modelado.

3.2. El Gallina (cobarde), la Guerra de Desgaste y las estrategias correlacionadas

El Gallina y el método de igualación de pagos

El siguiente juego ejemplifica la razón por la que podríamos decidir que un equilibrio de estrategia mixta es mejor aun cuando también existan equilibrios de estrategias puras. En el juego del Gallina, los jugadores son dos adolescentes californianos de Malibú, Smith y Jones. Smith conduce hacia el sur en un viejo automóvil acondicionado para carreras por en medio de la Ruta I y Jones se dirige al norte. Al ser inminente el choque, cada uno decide *Continuar* en medio o *Virar* hacia un lado. Si sólo un jugador *Vira*, pierde prestigio, pero si ninguno elige *Virar* ambos perecen, lo que es un pago inferior. Si sólo un jugador *Continúa* se cubre de gloria, pero si ambos *Viran*, los dos pierden prestigio. (Supondremos que por convención *Virar* significa *Virar* a la derecha; si uno virara a la izquierda y el otro a la derecha, ambos serían "gallinas" y además morirían.) El cuadro 3.2 asigna los números a estos cuatro resultados.

CUADRO 3.2. *El Gallina*

		Jones		
		Continuar (θ)		*Virar* $(1 - \theta)$
Smith	*Continuar* (θ)	−3, −3	→	**2,0**
		↓		↑
	Virar $(1 - \theta)$	**0, 2**	←	**1,1**

Pagos a: (Smith, Jones)

El juego del Gallina tiene dos equilibrios de Nash de estrategia pura *(Virar, Continuar)* y *(Continuar, Virar)*, pero ostentan el defecto de la asimetría. ¿Cómo saben los jugadores cuál equilibrio se jugará? Aunque platiquen antes de que empiece el juego, no está claro que puedan llegar a un resultado asimétrico. Encontramos el mismo dilema al elegir un equilibrio para la Batalla de los Sexos. Como en ese juego, la mejor predicción en Gallina es quizá el equilibrio de estrategia mixta, porque su simetría lo convierte en una especie de punto focal y no requiere ninguna diferencia entre los jugadores.

El método de **igualación de pagos** utilizado aquí a fin de calcular las probabilidades mixtas para Gallina estará basado en la lógica que se siguió en la sección 3.1, pero no usa el método de cálculo de maximización. En el equilibrio de estrategia mixta, a Smith debe serle indiferente *Virar* o *Continuar*. Además, Gallina, a diferencia del juego del Seguro Social, es simétrico, de modo que podemos suponer que en equilibrio cada jugador elegirá la misma probabilidad mixta. Si éste es el caso, como los pagos por cada una de las estrategias puras de Jones deben ser iguales en un equilibrio de estrategia mixta, es cierto que:

$$\pi_{Jones}(Virar) = (\theta_{Smith}) \cdot (0) + (1 - \theta_{Smith}) \cdot (1)$$
$$= (\theta_{Smith}) \cdot (-3) + (1 - \theta_{Smith}) \cdot (2) = \pi_{Jones}(Continuar) \quad (5)$$

Por la ecuación (5) podemos concluir que $1 - \theta_{Smith} = 2 - 5\theta_{Smith}$, de modo que $\theta_{Smith} = 0.25$. En el equilibrio simétrico, ambos jugadores eligen la misma probabilidad, de modo que podemos remplazar a θ_{Smith} simplemente con θ. Respecto a la pregunta que más interesa a sus madres, la probabilidad de que sobrevivan ambos adolescentes es de $1 - (\theta \cdot \theta)$ = 0.9375.

El método de igualación de pagos es más fácil de usar que el método de cálculo si el modelador está seguro de cuáles estrategias serán mixtas, y también se puede usar en juegos asimétricos. En el juego del Seguro Social empezaría con $V_g(Ayuda) = V_g(Ninguna\ ayuda)$ y $V_p(Ocio) = V_p(Trabajo)$, lo que proporciona dos ecuaciones para las dos incógnitas θ_a y χ_w las cuales, cuando se resuelven, dan las mismas probabilidades mixtas que se encontraron antes para ese juego. La razón por la que los métodos de igualación de pagos y de cálculo de maximización llegan al mismo resultado es porque el pago esperado es lineal en los pagos posibles, así que diferenciar el pago esperado hace iguales a los pagos posibles. La única diferencia con el caso del juego simétrico es que dos ecuaciones se resuelven para dos diferentes probabilidades mixtas en vez de una sola ecuación para la única probabilidad mixta que ambos jugadores usan.

Es interesante ver lo que ocurre si el pago de –3 en la esquina noroeste del cuadro 3.2 se generaliza a x. Entonces, resolver el análogo de la ecuación (5) da:

$$\theta = \frac{1}{1 - x} . \quad (6)$$

Si $x = -3$, esto da $\theta = 0.25$, tal como se calculó, y si $x = -9$, da $\theta = 0.10$. Esto tiene sentido; aumentar la pérdida por los choques reduce la probabilidad de equilibrio de continuar por enmedio de la carretera. Pero, ¿qué ocurre si $x = 0.5$? Entonces la probabilidad de equilibrio de continuar parece ser $\theta = 2$, lo que es imposible; las probabilidades están limitadas por cero y por uno.

Cuando se calcula que una probabilidad mixta es mayor que uno o menor que cero, la implicación es que el modelador ha cometido un error aritmético o, como en este caso, que se ha equivocado al pensar que el juego tiene un equilibrio de estrategia mixta. Si $x = 0.5$, todavía podemos tratar de resolverlo para las probabilidades mixtas; pero, de hecho, el único equilibrio se encuentra en las estrategias puras —(*Continuar, Continuar*) (el juego se ha convertido en un Dilema del Prisionero)—. Lo absurdo de las probabilidades mayores que uno o menores que cero es una valiosa ayuda para el modelador falible, porque esos resultados muestran que se ha equivocado respecto a la naturaleza del equilibrio —es puro, no mixto—. O, si el modelador no está seguro de que el equilibrio sea mixto o no, puede utilizar este enfoque para demostrar que el equilibrio no se encuentra en las estrategias mixtas.

La Guerra de Desgaste

La Guerra de Desgaste es un juego parecido al del Gallina, pero prolongado en el tiempo; ambos jugadores empiezan con *Continuar* y el juego termina con el primero que elige *Virar*. Hasta que el juego termina ambos obtienen una cantidad negativa por periodo; si uno sale gana 0, y el otro jugador gana una recompensa por haber durado más.

Estudiaremos la Guerra de Desgaste en un tiempo discreto. Continuaremos con Smith y Jones, que han logrado llegar a la madurez y ahora juegan con juguetes más caros: controlan dos empresas en una industria que es un monopolio natural, con una demanda suficientemente fuerte para que una empresa opere con ganancias, pero no las dos. Las acciones posibles son *Salir* o *Continuar*. En cada periodo en que ambos continúan, cada uno gana -1. Si sale una empresa, sus pérdidas cesan y la otra empresa obtiene el valor de la ganancia del monopolio del mercado, que pondremos igual a 3. Estableceremos que la tasa de descuento es igual a $r > 0$, aunque esto no es esencial para el modelo, incluso si la posible duración del juego es infinita (se tratarán con detalle las tasas de descuento en la sección 4.3).

La Guerra de Desgaste tiene un continuo de equilibrios de Nash. Un equilibrio sencillo es que Smith elija (*Continuar*, sin importar lo que haga Jones) y que Jones elija (*Salir* inmediatamente), que son las mejores respuestas respectivas. Pero buscaremos la solución de un equilibrio simétrico en el que cada jugador elige la misma estrategia mixta: una probabilidad constante θ de que el jugador elija *Salir*, dado que el otro jugador todavía no lo ha hecho.

Podemos calcular θ como sigue, adoptando la perspectiva de Smith. Represente el valor descontado esperado de los pagos a Smith por $V_{permanecer}$

si se queda y V_{salir} si sale inmediatamente. Estos dos pagos de estrategia pura deben ser iguales en un equilibrio de estrategia mixta (que fue la base para el método de igualación de pagos). Si Smith sale, obtiene $V_{salir} = 0$. Si Smith permanece, su pago depende de lo que haga Jones. Si Jones también se queda, lo que tiene una probabilidad $(1 - \theta)$, Smith obtiene -1 y no varía su valor esperado para el siguiente periodo, que se descuenta usando r. Si Jones sale inmediatamente, lo que tiene una probabilidad θ, Smith recibe un pago de 3. En símbolos,

$$V_{permanecer} = \theta \cdot (3) + (1 - \theta) \left(-1 + \left[\frac{V_{permanecer}}{1 + r} \right] \right), \tag{7}$$

que después de una pequeña manipulación se convierte en:

$$V_{permanecer} = \left(\frac{1 + r}{r + \theta} \right) (4\theta - 1). \tag{8}$$

Una vez que igualamos $V_{permanecer}$ con V_{salir}, que es igual a cero, la ecuación (8) nos dice que $\theta = 0.25$ en equilibrio, y que éste es independiente de la tasa de descuento r.

Retornando de la aritmética a las ideas, ¿por qué Smith se *Sale* inmediatamente con probabilidad positiva, dado que Jones saldrá primero si Smith aguanta lo suficiente? La razón es que Jones puede elegir *Continuar* durante largo tiempo y que ambos jugadores ganarían -1 para cada periodo hasta que saliera Jones. La probabilidad mixta de equilibrio se calcula de tal manera que sea probable que ambos permanezcan bastante tiempo para que sus pérdidas absorban las ganancias obtenidas por ser el sobreviviente. Éste es el ejemplo de una pérdida de un seguro social que "busca rentas". Como han indicado Posner (1975) y Tullock (1967), los costos reales de adquirir rentas pueden ser mucho mayores que las pérdidas de segundo orden de la triangulación por distorsiones en la asignación, y la Guerra de Desgaste muestra que la gran pérdida por un monopolio natural podría no ser el menor comercio que resulta de los precios más elevados, sino el costo de la batalla para apoderarse del monopolio.

En las guerras de desgaste la recompensa es para el jugador que no elige el movimiento que termina el juego, y se paga un costo por cada periodo en que los jugadores rehusan terminarla. También existen otros **juegos del momento oportuno.** Lo contrario de una Guerra de Desgaste es un **juego del primero que sale,** en el cual la recompensa es para el jugador que elige primero la jugada que terminará el juego, y en el cual se paga un costo si ambos jugadores eligen ese mismo movimiento, aunque no hay ningún costo en los periodos en que ningún jugador la elige. El juego de **Agarre el Dólar** es un ejemplo. Se coloca un dólar en una mesa entre Smith y Jones, y cada uno debe decidir si lo agarra o no. Si ambos tratan de agarrarlo, a cada uno se le multa con un dólar. Este juego puede estructurarse como un juego de un solo periodo, un juego de T periodos o un juego con un número infinito de periodos, pero el juego definitivamente termina cuando alguien agarra el dólar. El cuadro 3.3 muestra los pagos.

CUADRO 3.3. *Agarre el Dólar*

		Jones		
		Agarre		*No agarre*
	Agarre	−1, −1	→	**1,0**
Smith		↓		↑
	No agarre	**0,1**	←	0,0

Pagos a: *(Smith, Jones)*

A semejanza de la Guerra de Desgaste, Agarre el Dólar tiene equilibrios asimétricos en estrategias puras y un equilibrio simétrico en estrategias mixtas. En la versión con un número infinito de periodos, la probabilidad de equilibrio de agarrar el dólar es de 0.5 por periodo en el equilibrio simétrico.

Otra clase de juegos del momento oportuno son los duelos, en los cuales las acciones son sucesos discretos que los jugadores localizan en determinados puntos de una línea continua. Dos jugadores con pistolas se aproximan uno al otro y deben decidir en qué momento dispararán. En un **duelo ruidoso,** si un jugador dispara y falla, el otro jugador se da cuenta del fallo y puede matar al primero cuando quiera. Existe un equilibrio en estrategias puras para el duelo ruidoso. En un **duelo silencioso,** un jugador no sabe cuándo ha disparado el otro, y el equilibrio está en las estrategias mixtas. Karlin (1959) ofrece detalles sobre los juegos de duelos, y el capítulo 4 de Fudenberg y Tirole (1991a) tiene una excelente discusión de los juegos del momento oportuno en general.

Estrategias correlacionadas

Un ejemplo de una guerra de desgaste es el establecimiento de un mercado para un nuevo valor, que puede ser un monopolio natural por razones que se explicarán en la sección 8.5. Ciertas bolsas de valores han evitado el destructivo equilibrio simétrico utilizando loterías para determinar cuál de ellas comerciará las opciones de acciones incorporadas por primera vez en las listas, bajo un sistema similar a la manera en que se reclutan jugadores en el futbol americano.[1] Para no desperdiciar recursos peleando entre sí, esas bolsas de valores hacen de la lotería un instrumento coordinador, aunque no sea un acuerdo que comprometa obligatoriamente.

Aumann (1974) ha señalado que a menudo es importante que los jugadores puedan utilizar el mismo instrumento aleatorio para sus estrategias mixtas. Si pueden, a las estrategias resultantes las llamamos **estrategias correlacionadas.** Considere el juego del Gallina. El único equilibrio de estrategias mixtas es el simétrico, en que cada jugador elige *Continuar* con pro-

---

[1] "Big Board empezará la compraventa de opciones sobre 4 de las acciones que aparecen en su lista", en *Wall Street Journal,* 4 de octubre de 1985, p. 15.

babilidad de 0.25 y el pago esperado es 0.75. Un equilibrio correlacionado sería que los dos jugadores arrojaran una moneda y que Smith eligiera *Continuar* si sale cara y que Jones eligiera *Continuar* en caso contrario. La estrategia de cada jugador es la mejor respuesta a la del otro, la probabilidad de que cada uno elija *Continuar* es de 0.5 y el pago esperado de cada uno es 1.0, que es mejor que el 0.75 que se obtiene sin las estrategias correlacionadas.

Por lo común, el instrumento aleatorio no se modela explícitamente cuando un modelo se refiere a un equilibrio correlacionado. En caso contrario, a la incertidumbre sobre las variables que no afectan las preferencias, las asignaciones o la producción se le llama **incertidumbre extrínseca.** La incertidumbre extrínseca es la fuerza que se encuentra detrás de los **modelos de las manchas solares,** a los que se llama así porque la aparición aleatoria de manchas solares puede causar cambios macroeconómicos mediante los equilibrios correlacionados (Maskin y Tirole, 1987) o las apuestas que hacen entre sí los jugadores (Cass y Shell, 1983).

Una manera de modelar estrategias correlacionadas es la de especificar un movimiento en el que la Naturaleza le da a cada jugador la habilidad de comprometerse primero a una acción como *Continuar* con probabilidad igual. A menudo esto se ajusta a la realidad, porque equivale a una probabilidad cero de que ambos jugadores entren a la industria exactamente al mismo tiempo, sin que nadie sepa de antemano quién será el afortunado iniciador. Ninguna de las dos empresas tiene una ventaja *a priori*, pero el resultado es eficiente.

La interpretación de poblaciones de las estrategias mixtas no puede usarse en las estrategias correlacionadas. En las estrategias mixtas comunes, las probabilidades de las combinaciones son estadísticamente independientes, mientras que en las estrategias correlacionadas no. En Gallina, la estrategia mixta usual puede interpretarse como poblaciones de Smith y Jones, y cada población consiste en una cierta proporción de los que siempre virarán (viradores puros) y de los que siempre mantendrán el curso. El equilibrio correlacionado no tiene esa interpretación.

Otro instrumento coordinador, útil en juegos que —como la Batalla de los Sexos— presentan un problema de coordinación, es la **plática barata** (Crawford y Sobel, 1982; Farrell, 1987). La plática barata se refiere a la comunicación sin costo antes de que empiece el juego propiamente dicho. En la Coordinación Jerarquizada, la plática barata permite a los jugadores convertir el resultado deseado en un punto focal de manera instantánea. En Gallina, la plática barata es inútil, porque lo dominante para cada jugador es anunciar que elegirá *Continuar;* pero en la Batalla de los Sexos se combinan la coordinación y el conflicto. Sin comunicación, el único equilibrio simétrico se encuentra en las estrategias mixtas. Si ambos jugadores saben que hacer anuncios incongruentes conducirá al ineficiente resultado de estrategia mixta, estarán dispuestos a combinar sus anuncios de si irán al ballet o a la pelea de campeonato. Si hay varios periodos de anuncio antes de la decisión final, su oportunidad de llegar a un acuerdo es alta. Por tanto, la comunicación puede ayudar a reducir la ineficiencia incluso si los dos jugadores están en conflicto.

3.3. Estrategias mixtas con parámetros generales y N jugadores: el juego del Deber Cívico

Una vez estudiados brevemente algunos juegos específicos con equilibrios de estrategias mixtas, apliquemos el método al juego general del cuadro 3.4.

Cuadro 3.4. *Juego general de 2-por-2*

		Columna	
		Izquierda (θ)	*Derecha* ($1 - \theta$)
	Arriba (γ)	a,w	b,x
Hilera			
	Abajo ($1 - \gamma$)	c,y	d,z

Pagos a: (Hilera, Columna)

Para encontrar el equilibrio del juego, iguale los pagos de las estrategias puras. Para Hilera esto da

$$\pi_{Hilera} \,(Arriba) = \theta a + (1 - \theta)b \tag{9}$$

e

$$\pi_{Hilera} \,(Abajo) = \theta c + (1 - \theta)d. \tag{10}$$

Igualando (9) y (10) da

$$\theta \,(a + d - b - c) + b - d = 0, \tag{11}$$

lo que resulta en

$$\theta^* = \frac{d - b}{(d - b) + (a - c)}. \tag{12}$$

De manera similar, igualar los pagos para Columna da

$$\pi_{Columna} \,(Izquierda) = \gamma w + (1 - \gamma) \, y = \pi_{Columna} \,(Derecha)$$
$$= \gamma x + (1 - \gamma)z, \tag{13}$$

lo que resulta en

$$\gamma^* = \frac{z - y}{(z - y) + (w - x)}. \tag{14}$$

El equilibrio representado por (12) y (14) ejemplifica varios rasgos de las estrategias mixtas.

Primero, es posible, pero erróneo, seguir el método de igualación de pagos para encontrar una estrategia mixta aun cuando en realidad no existe ningún equilibrio de estrategia mixta. Por ejemplo, suponga que *Up* es una estrategia fuertemente dominante para Hilera, de modo que $c > a$ y $d > b$. Hilera no desea mezclar, así que el equilibrio no se encuentra en las estrategias mixtas. La ecuación (14) nos haría equivocarnos, aunque se requeriría ser un poco tonto para persistir en la equivocación por mucho tiempo, ya que implica que $\theta^* > 1$ en este caso.

Segundo, las características exactas del equilibrio en las estrategias mixtas depende mucho de los valores cardinales de los pagos, no sólo de sus valores ordinales, como ocurre con los equilibrios de estrategias puras en otros juegos de 2-por-2. Las jerarquías ordinales son todo lo que se necesita para saber que existe un equilibrio en las estrategias mixtas, pero se necesitan los valores cardinales para conocer las probabilidades mixtas exactas. Si el pago a Columna por *(Confesar, Confesar)* se cambia ligeramente en el Dilema del Prisionero, no habrá ninguna diferencia para el equilibrio. Si el pago de z a Columna por *(Abajo, Derecha)* se aumenta ligeramente en el Juego General de 2-por-2, la ecuación (14) nos dice que la probabilidad de la mezcla γ^* también cambiará.

Tercero, los pagos pueden cambiarse mediante transformaciones afines sin cambiar el juego sustancialmente, aunque los pagos cardinales sí tienen importancia (es decir, que las transformaciones monotónicas, pero no las afines, hacen una diferencia). Supongamos que cada pago π en el cuadro 3.4 se convierte en $\alpha + \beta\pi$. Entonces, la ecuación (14) se convierte en:

$$\gamma^* = \frac{\alpha + \beta z - \alpha - \beta y}{(\alpha + \beta z - \alpha - \beta y) + (\alpha + \beta w - \alpha - \beta x)}$$
$$= \frac{z - y}{(z - y) + (w - x)}. \tag{15}$$

La transformación afín no ha cambiado la estrategia de equilibrio.

Cuarto, como se dijo antes en relación con el juego del Seguro Social, la probabilidad mixta de cada jugador depende sólo de los parámetros de pago del otro jugador. La estrategia γ^* de Hilera en la ecuación (14) depende de los parámetros w, x, y y z, que son los parámetros de pago para Columna y que no tienen relevancia directa para Hilera.

Categorías de juegos con estrategias mixtas

El cuadro 3.5 utiliza los jugadores y acciones del cuadro 3.4 para representar tres categorías principales de los juegos de 2-por-2 en que son importantes las estrategias mixtas. Algunos juegos no pertenecen a ninguna de esas categorías —los que tienen pagos de empate, como el juego del Queso

Suizo, en el cual los ocho pagos son iguales a cero—, pero los tres juegos en el cuadro 3.5 abarcan una amplia variedad de fenómenos económicos.

CUADRO 3.5. *Juegos de 2-por-2 con equilibrios de estrategias mixtas*

$a,w \rightarrow b,x$ $\uparrow \qquad \downarrow$ $c,y \leftarrow d,z$	$a,w \leftarrow b,x$ $\downarrow \qquad \uparrow$ $c,y \rightarrow d,z$	$\mathbf{a,w} \leftarrow b,x$ $\uparrow \qquad \downarrow$ $c,y \rightarrow \mathbf{d,z}$	$a,w \rightarrow \mathbf{b,x}$ $\downarrow \qquad \uparrow$ $\mathbf{c,y} \leftarrow d,z$
Juegos de descoordinación		Juegos de coordinación	Juegos de contribución

Los **juegos de descoordinación** tienen un solo equilibrio en estrategias mixtas. Los pagos son tales que *a) a > c, d > b, x > w* y *y > z*, o *b) c > a, b > d, w > x* y *z > y*. El juego del Seguro Social es un juego de descoordinación, como lo es el juego de la Auditoría I de la siguiente sección y el de Emparejar Centavos en el problema 3.3.

Los **juegos de coordinación** tienen tres equilibrios: dos equilibrios simétricos en estrategias puras y un equilibrio simétrico en estrategias mixtas. Los pagos son tales que *a > c, d > b, w > x*, y *z > y*. La Coordinación Jerarquizada y la Batalla de los Sexos son dos variedades de los juegos de coordinación en que los jugadores tienen los mismos y opuestos rangos de los equilibrios de estrategias puras.

Los **juegos de contribución** tienen tres equilibrios: dos equilibrios asimétricos en estrategias puras y un equilibrio simétrico en estrategias mixtas. Los pagos son tales que *c > a, b > d, x > w* y *y > z*. Además, debe ser cierto que *c < b* y *y > x*.

He inventado el nombre "juego de contribución" por esta ocasión, ya que el tipo de juego descrito por ese término se utiliza frecuentemente para modelar una situación en que cada uno de dos jugadores tiene una elección de emprender alguna acción que contribuya al bien público, aunque cada uno desearía que el otro cubriera el costo. La diferencia con el Dilema del Prisionero es que cada jugador en un juego de contribución, de ser necesario, está dispuesto a cubrir el costo por sí solo.

Los juegos de contribución parecen muy diferentes de la Batalla de los Sexos, pero en esencia son lo mismo. Ambos tienen dos equilibrios de estrategias puras a los que los dos jugadores les dan rangos contrarios. En términos matemáticos, carece de importancia el hecho de que los juegos de contribución tengan el equilibrio en las esquinas suroeste y noreste de la matriz de resultados, mientras que los juegos de coordinación los tienen en la noroeste y la sureste; la ubicación de los equilibrios puede cambiarse sencillamente modificando el orden de las estrategias de Hilera. No obstante, contemplamos de otra manera las situaciones reales, dependiendo de que los jugadores elijan las mismas o diferentes acciones en el equilibrio.

Veamos ahora un juego de contribución particular para mostrar cómo se pueden extender los juegos de dos jugadores a juegos de varios jugadores. Un ejemplo notorio en la psicología social es el asesinato de Kitty

Genovese, que fue muerta en la ciudad de Nueva York mientras 38 vecinos observaban sin llamar a la policía. Aun para un economista tan "endurecido" como yo es difícil llamar a esto un "juego", pero la teoría de juegos explica lo que ocurrió. Utilicemos una si·uación un poco menos aterradora para nuestro modelo. En el juego del Deber Cívico del cuadro 3.6, Smith y Jones observan en el momento que se comete un asalto. Cada uno desea que alguien llame a la policía y detenga el asalto, porque si el asalto se interrumpe añade 10 a su pago, pero ninguno quiere hacer la llamada porque el esfuerzo le resta 3. Si a Smith se le asegura que Jones llamará, Smith ignorará el asalto. El cuadro 3.6 muestra los pagos.

CUADRO 3.6. *El juego del Deber Cívico*

		Jones		
		Ignorar (γ)		*Telefonear* $(1 - \gamma)$
	Ignorar (γ)	0, 0	$\rightarrow$	**10,7**
Smith		$\downarrow$		$\uparrow$
	Telefonear $(1 - \gamma)$	**7, 10**	$\leftarrow$	7.7

Pagos a: (Smith, Jones)

El juego del Deber Cívico tiene dos equilibrios asimétricos de estrategias puras y un equilibrio simétrico de estrategia mixta. Al resolver para obtener el equilibrio de estrategia mixta, pasemos de los dos jugadores a N jugadores. En la versión del juego con N jugadores, el pago para Smith es de cero si nadie llama, de 7 si él llama y de 10 si uno o más de los otros $N - 1$ jugadores llama. Este juego también tiene un equilibrio asimétrico de estrategia pura y uno asimétrico de estrategia mixta. Si todos los jugadores usan la misma probabilidad γ de *Ignorar*, la probabilidad de que los otros $N - 1$ jugadores además de Smith elijan *Ignorar* es γ^{N-1}, de modo que la probabilidad de que uno o más de ellos elija *Telefonear* es $1 - \gamma^{N-1}$. Así, la igualación de pagos de la estrategia pura de Smith mediante el método de calcular el equilibrio igualando los pagos nos da:

$$\pi_{Smith} \ (Telefonear) = 7 = \pi_{Smith} \ (Ignorar) = \gamma^{N-1} \ (0) + (1 - \gamma^{N-1})(10). \quad (16)$$

La ecuación (16) nos dice que

$$\gamma^{N-1} = 0.3 \quad (17)$$

y

$$\gamma^* = 0.3^{\frac{1}{N-1}} \quad (18)$$

Si $N = 2$, Smith elige *Ignorar* con probabilidad de 0.30 y la probabilidad de que ningún jugador llame a la policía es $\gamma^{*2} = 0.09$. A medida que aumenta N, el pago esperado de Smith permanece constante en 7, pues su pago esperado siempre es igual a su pago por la estrategia pura de *Telefo-*

near. Sin embargo, la probabilidad γ^* de *Ignorar* aumenta al hacerlo N. Cuando hay más jugadores, cada uno de ellos confía más en que algún otro llamará. La probabilidad de que nadie llame es γ^{*N}. La ecuación (17) muestra que $\gamma^{N-1} = 0.3$, por lo que $\gamma^{*N} = 0.3 \, \gamma^*$, que aumenta en N. Cuando hay 38 jugadores, la probabilidad de que nadie llame a la policía es aproximadamente de 0.29, porque γ^*es más o menos 0.97. Cuantas más personas vean un crimen, tanto menos probable es que avisen de él.

Como en el Dilema del Prisionero, el desilusionante resultado del juego del Deber Cívico sugiere un papel para la política activa. El resultado de la estrategia mixta claramente es malo. El pago esperado por jugador sigue siendo igual a 7 si hay un solo jugador o 38, mientras que si en el equilibrio al que se llegara en el juego un jugador, y sólo uno, llamara a la policía, el pago promedio aumentaría de 7 con un solo jugador a 9.9 con 38 jugadores (= [1(7) + 37(10)]/38). Una situación como ésta requiere algo que haga del equilibrio de la estrategia pura un punto focal. El problema es la responsabilidad dividida. Una persona debe ser responsable de llamar a la policía, ya sea por tradición (por ejemplo, la persona de más edad en la manzana siempre es la que llama a la policía) o porque es la que dirige (por ejemplo, Smith le grita a Jones: "¡Llama a la policía!").

3.4. Aleatoriedad *versus* mezcla: el juego de la Auditoría

Los siguientes tres juegos ejemplificarán la diferencia entre estrategias mixtas y acciones aleatorias, una distinción sutil pero importante. En los tres juegos, el Departamento de Ingresos Fiscales Internos debe decidir si hará auditorías a cierta clase de declaraciones fiscales sospechosas para descubrir si son exactas o no. La meta del DIFI es prevenir o descubrir las trampas con el menor costo posible. El sospechoso está dispuesto a hacer trampa sólo si no va a ser descubierto. Supongamos que el beneficio de prevenir o descubrir una falsa declaración es 4, el costo de la auditoría es C, y $C < 4$, el costo de obedecer la ley para los sospechosos es de 1, y el costo de ser descubierto es la multa $F > 1$.

Incluso con toda esta información hay varias maneras de modelar la situación. El cuadro 3.7 muestra una de ellas: como un juego de 2-por-2 de movimientos simultáneos.

CUADRO 3.7. *El juego de la Auditoría I*

		Sospechosos		
		Hacer trampa (θ)		*Obedecer* ($1 - \theta$)
	Auditoría (γ)	$4 - C, -F$	$\rightarrow$	$4 - C, -1$
DIFI		$\uparrow$		$\downarrow$
	Confianza ($1 - \gamma$)	$0,0$	$\leftarrow$	$4, -1$

Pagos a: (DIFI, Sospechosos)

El juego de la Auditoría I es un juego de descoordinación que sólo tiene un equilibrio de estrategia mixta. Las ecuaciones (12) y (14) o el método de igulación de pagos nos dicen que:

$$Probabilidad\ (Trampa) = \theta^* = \frac{4 - (4 - C)}{(4 - (4 - C)) + ((4 - C) - 0)} = \frac{C}{4} \qquad (19)$$

y

$$Probabilidad\ (Auditoría) = \gamma^* = \frac{-1 - 0}{(-1 - 0) + (-F - -1)} = \frac{1}{F}. \qquad (20)$$

Si se usan (19) y (20), los pagos son

$$\pi_{\text{DIFI}} = \pi_{\text{DIFI}}\ (Confianza) = \theta^*(0) + (1 - \theta^*)\ (4) = 4 - C \qquad (21)$$

y

$$\pi_{sospechoso} = \pi_{sospechoso}\ (Trampa) = \gamma^*\ (-F) + (1 - \gamma^*)(0) = -1. \qquad (22)$$

Una segunda manera de modelar la situación es como un juego de secuencia. A éste le llamaremos el juego de la Auditoría II. El juego simultáneo supone implícitamente que ambos jugadores eligen sus acciones sin saber lo que ha decidido el otro jugador. En el juego de secuencia, primero el DIFI elige la política del gobierno y el sospechoso reacciona a ella. El equilibrio en el juego de la Auditoría II está en las estrategias puras, una característica general de los juegos secuenciales con información perfecta. En equilibrio, el DIFI elige *Auditoría*, anticipando que el sospechoso elegirá *Obedecer*. Los pagos son 4 – C para el DIFI y –1 para los sospechosos, lo mismo para ambos jugadores que en el juego de la Auditoría I, aunque ahora hay más auditoría y menos trampas y pagos de multas.

Podemos avanzar un poco más. Suponga que el DIFI no tiene que adoptar una política de hacer auditorías a, o de confiar en, todos los sospechosos, sino que puede hacer auditorías a una muestra aleatoria. Ésta no es necesariamente una estrategia mixta. En el juego de la Auditoría I, la estrategia de equilibrio era hacer auditorías a todos los sospechosos con probabilidad $1/F$ y de no ser así a ninguno de ellos. Esto no es lo mismo que el que el DIFI anuncie anticipadamente que hará auditorías a una muestra aleatoria del $1/F$ de los sospechosos. Para el juego de la Auditoría III, suponga que el DIFI mueve primero, pero haga que su jugada consista en la elección de la proporción α de declaraciones fiscales que deberán ser sometidas a auditorías.

Sabemos que el DIFI desea prevenir que los sospechosos hagan trampa, pues estaría dispuesto a elegir $\alpha = 1$ y a replicar el resultado en el juego de la Auditoría II si fuera necesario. Elige α de manera que:

$$\pi_{sospechoso} \, (Obedece) \geq \pi_{sospechoso} \, (Trampa), \tag{23}$$

esto es,

$$-1 \geq \alpha \, (-F) + (1 - \alpha) \, (0). \tag{24}$$

Por tanto, en equilibrio el DIFI elige $\alpha = 1/F$ y los sospechosos responden con *Obedecer*. El pago del DIFI es de $4 - \alpha C$, que es mejor que los $4 - C$ en los otros dos juegos, y el pago de los sospechosos es de -1, exactamente igual que antes.

El equilibrio del juego de la Auditoría III está en las estrategias puras, aunque la acción del DIFI es aleatoria. Es diferente del juego de la Auditoría I porque el DIFI debe seguir adelante con la costosa auditoría incluso si el sospechoso elige *Obedecer*. El juego de la Auditoría III también es diferente en otro aspecto: su conjunto de acciones es continuo. En el juego de la Auditoría I y en el de la Auditoría II, el conjunto de acciones es [*Auditoría, Confianza*], aunque el conjunto de estrategia se convierte en $\gamma \in [0, 1]$ una vez que se permiten estrategias mixtas. En el juego de la Auditoría III, el conjunto de acción es $\alpha \in [0, 1]$, y el conjunto de estrategia permitirá la mezcla de cualquiera de los elementos en el conjunto de acción, aunque las estrategias mixtas carecen de sentido para el DIFI porque el juego es de secuencia.

Los juegos con estrategias mixtas son como juegos con estrategias continuas, pues se saca una probabilidad de un continuo entre cero y uno. El juego de la Auditoría III deja esto muy en claro, ya que es un juego con una estrategia obtenida de un intervalo continuo entre cero y uno. Ejemplifica una diferencia entre las estrategias mixtas y las continuas, pues la interpretación de la probabilidad de la auditoría en el juego de la Auditoría III era una elección irreversible, mientras que una estrategia mixta es el resultado de la indiferencia de un jugador entre dos estrategias puras. La sección siguiente mostrará otra diferencia entre las estrategias mixtas y las estrategias continuas: aunque los pagos son lineales en la probabilidad de estrategia mixta, como es evidente por las ecuaciones de pagos (9) y (10), pueden, por lo general, no ser lineales en las estrategias continuas.

3.5. Estrategias continuas: el juego de Cournot

Con excepción del juego de la Auditoría III, las acciones en los juegos que se han presentado hasta ahora en este libro han sido discretas: *Ayuda* o *Ninguna ayuda, Confesar* o *Negar*. Frecuentemente, cuando las estrategias son discretas y los movimientos son simultáneos, no existe ningún equilibrio de estrategia pura. La única clase de compromiso posible en el juego del Seguro Social, por ejemplo, es elegir a veces *Ayuda* y otras veces *Ninguna ayuda*, una estrategia mixta. Si una acción posible fuera *Un poco de ayuda*, quizá habría un equilibrio de estrategia pura. El juego de movimientos simultáneos que discutimos a continuación, el juego de Cournot, tiene un espacio de estrategia continuo incluso sin hacer mezclas.

Al presentar este juego será útil una nueva notación. Si un juego tiene un conjunto de estrategia continuo, no siempre es fácil representar la forma estratégica y la matriz de resultados como cuadros, o la forma extensiva como un árbol. Los cuadros requerirían un *continuum* de hileras y columnas, y el árbol un *continuum* de ramas. En el resto del libro se utilizará un nuevo formato para describir en los juegos a los jugadores, las acciones y los pagos. El nuevo formato será similar a la manera en que las reglas del Modelo OPEP II fueron presentadas en las sección 1.1. El juego de Cournot modela un duopolio en el que dos empresas eligen niveles de producción en competencia entre sí.

El juego de Cournot

Los jugadores
Las empresas Apex y Brydox.

El orden del juego
Apex y Brydox eligen simultáneamente las cantidades q_a y q_b del conjunto $[0, \infty]$.

Los pagos
Los costos de producción son iguales a cero. La demanda es una función de la cantidad total que se vende, $Q = q_a + q_b$.

$$P(Q) = 120 - q_a - q_b. \tag{25}$$

Los pagos son ganancias, que son determinadas a partir del precio fijado por una empresa multiplicado por la cantidad, es decir,

$$\pi_{Apex} = 120q_a - q_a^2 - q_a q_b$$
$$\pi_{Brydox} = 120q_b - q_a q_b - q_b^2. \tag{26}$$

El primer formato le asigna un título al juego, después presenta la lista de jugadores, la clasificación de la información, el orden del juego (además de establecer lo que observa cada quien) y las funciones de pago. En sentido estricto, hacer la lista de jugadores y de la clasificación de la información es redundante, ya que se les puede deducir del orden del juego, pero es útil para que el lector sepa qué clase de modelo debe esperar. El formato incluye muy pocas explicaciones; éstas se postergan para que no oscurezcan la descripción. Este formato exacto no es lo normal en las obras sobre el tema, pero todo artículo que se respete empieza su sección técnica especificando la misma información, aunque sea de una manera menos estructurada, y al novato se le aconseja firmemente que utilice toda la estructura que pueda.

Cournot (1838) observó que este juego tiene un equilibrio único cuando las curvas de la demanda son lineales. Si el juego fuera cooperativo (véase la sección 1.2), las empresas terminarían produciendo en algún punto de la línea de 45° en la gráfica 3.1, donde la producción total es la producción de monopolio y hace máxima la suma de los pagos. Más específicamente, la producción de monopolio maximiza $PQ = (120 - Q)Q$ con respecto a la producción total de Q, lo que resulta en la condición de primer orden:

$$120 - 2Q = 0, \tag{27}$$

y lo que a su vez implica una producción total de 60 y un precio de 60. Decidir qué tanto de la producción de 60 debe ser realizado por cada empresa —donde la producción de la empresa debe estar localizada en la línea de 45°— sería un juego cooperativo de suma cero, un ejemplo de negociación. Pero como el juego de Cournot no es cooperativo, los perfiles de estrategia tales que $q_a + q_b = 60$ no son necesariamente equilibrios, a pesar de ser óptimos de Pareto.[2]

GRÁFICA 3.1. *Curvas de reacción en el juego de Cournot*

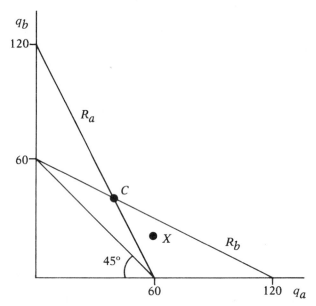

Para encontrar el equilibrio de Nash necesitamos referirnos a las **funciones de la mejor respuesta** para los dos jugadores. Si Brydox produce 0, Apex hará la producción del monopolio, esto es, 60. Si Brydox produce $q_b = 120$ o más, el precio del mercado bajará a cero y Apex elegirá producir

[2] El óptimo de Pareto se define desde el punto de vista de los jugadores. Cuando la producción total es 60, ninguno de ellos puede estar mejor sin perjudicar al otro. Si se añadieran al juego los consumidores y se permitieran pagos laterales de los consumidores a las empresas, la producción de monopolio de 60 sería ineficiente.

cero. La función de la mejor respuesta se encuentra maximizando el pago de Apex, lo que se presenta en la ecuación (26), con respecto a su estrategia, q_a. Esto genera la condición de primer orden $120 - 2q_a - q_b = 0$, o

$$q_a = 60 - q_b/2. \tag{28}$$

Otro nombre para la función de la mejor respuesta, que generalmente se usa en el contexto del juego de Cournot, es el de **función de reacción.** Ambos nombres son poco precisos, ya que los jugadores mueven simultáneamente, sin ninguna oportunidad de replicar o reaccionar, pero son útiles para imaginar lo que haría un jugador si las reglas del juego le permitieran ser el segundo en mover. A las funciones de reacción de las dos empresas se les denomina R_a y R_b en la gráfica 3.1. En el punto C, donde se cruzan, está el **equilibrio Cournot-Nash,** que es simplemente el equilibrio de Nash cuando las estrategias consisten en cantidades. Algebraicamente se le encuentra resolviendo las dos funciones de reacción para q_a y q_b, lo que genera el equilibrio único ($q_a = 40$, $q_b = 40$). Por coincidencia, el precio de equilibrio también es 40.

En el juego de Cournot, el equilibrio de Nash tiene la propiedad particularmente agradable de la **estabilidad:** podemos imaginar cómo podrían llegar los jugadores al equilibrio a partir de algún otro perfil de estrategia. Si el perfil de estrategia inicial es el punto X en la gráfica 3.1, por ejemplo, la mejor respuesta de Apex es disminuir q_a y la de Brydox es la de aumentar q_b, que lleva al perfil más cerca del equilibrio. Pero esto es especial en el juego de Cournot, y los equilibrios de Nash no siempre son estables de esa manera.

Puede ser que aún no estemos satisfechos con el equilibrio de Cournot. Un problema es el supuesto implícito en el equilibrio de Nash de que Apex cree que si cambia q_a, Brydox no responderá cambiando q_b, supuesto que puede ponerse en duda. Otra objeción es que se especifica que los conjuntos de estrategia son cantidades. Si las estrategias son precios, en vez de cantidades, el equilibrio de Nash es muy diferente. Ambas objeciones se discuten en el capítulo 13. El modelo de Cournot también se presenta en el problema 4.1, el cual pregunta lo que sucede cuando los costos de una empresa son positivos y la información es incompleta.

El equilibrio de Stackelberg

Hay muchas maneras de modelar el duopolio, pero si bien postergaremos la discusión de la mayoría de ellas hasta el capítulo 13, haremos una excepción con el equilibrio de Stackelberg. Éste difiere del de Cournot en que una empresa puede elegir primero su cantidad. Si Apex mueve primero, ¿qué producción elegirá? Apex sabe cómo reaccionará Brydox a su elección, así que elige el punto sobre la curva de reacción de Brydox en que la ganancia de Apex es máxima.

En un juego de dos jugadores, el que mueve primero es el **líder de Stackelberg** y el otro jugador es el **seguidor de Stackelberg.** La característica de un equilibrio de Stackelberg es que uno de los jugadores se compromete primero. En la gráfica 3.2, Apex mueve primero intertemporalmente. Si los movimientos fueran simultáneos, pero Apex se pudiera comprometer con cierta estrategia, se llegaría al mismo equilibrio siempre que Brydox no se pudiera comprometer. Algebraicamente, como Apex prevé que la producción de Brydox será $q_b = 60 - q_a/2$ por la ecuación análoga (28), Apex puede sustituir esto en su función de pago en (26), obteniendo

$$\pi_a = 120q_a - q_a^2 - q_a (60 - q_a/2). \tag{29}$$

Si se maximiza con respecto a q_a se obtiene la condición de primer orden:

$$120 - 2q_a - 60 + q_a = 0, \tag{30}$$

que genera $q_a = 60$. Una vez que Apex elige esta producción, Brydox escoge que su producción sea $q_b = 30$. (Que Brydox elija exactamente la mitad de la producción del monopolio es pura coincidencia.) El precio del mercado es de 30 para ambas empresas, de modo que Apex se ha beneficiado de su estatus como un líder de Stackelberg.

GRÁFICA 3.2. *El equilibrio de Stackelberg*

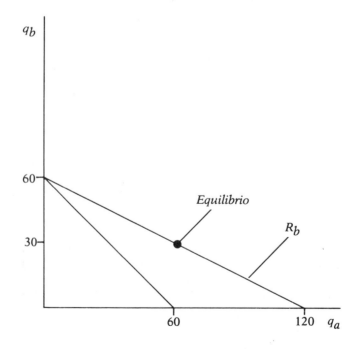

Notas

N3.1. *Estrategias mixtas: el juego del Seguro Social*

- Para una referencia muy antigua de las estrategias mixtas, véase Waldegrave (1713).
- El número de enero de 1992 de *Rationality and Society* trata de los ataques y defensas del uso de la teoría de juegos en las ciencias sociales, con una discusión muy amplia de las estrategias mixtas y de los equilibrios múltiples. Entre los colaboradores están Harsanyi, Myerson, Rapaport, Tullock y Wildavsky. El número de la primavera de 1)89 del RAND *Journal of Economics* contiene un intercambio de opiniones entre Franklin Fisher y Carl Shapiro acerca de la utilización de la teoría de juegos. Para un ataque de la aplicación de la teoría de juegos a la organización industrial, véase Peltzman (1991).
- En este libro siempre se supondrá que los jugadores recuerdan sus movimientos previos. Sin este supuesto de **recuerdo perfecto**, la definición del texto no es la correspondiente a una estrategia mixta, sino a una **estrategia de conducta**. Tal como se la define de manera histórica, un jugador sigue una estrategia mixta cuando elige aleatoriamente entre estrategias puras en el nodo inicial, pero a partir de entonces juega una estrategia pura. De acuerdo con esa definición, el modelador sólo puede hablar de elecciones aleatorias exclusivamente en el nodo inicial. Kuhn (1953) demostró que la definición de estrategia mixta que se da en el texto es equivalente a la definición original si el juego tiene **recuerdo perfecto**. Como todos los juegos importantes tienen recuerdo perfecto y la nueva definición de estrategia mixta se adapta mejor al espíritu moderno de racionalidad secuencial, he abandonado la definición antigua.

  El ejemplo clásico de un juego sin recuerdo perfecto es el **bridge,** en el que los cuatro jugadores del juego real pueden modelarse adecuadamente como dos jugadores que olvidan cuál es la mitad de sus cartas en el momento de hacer su apuesta. Un ejemplo más útil es un juego que ha sido simplificado limitando a los jugadores a las estrategias de Markov (véase la sección 5.4); pero por lo común el modelador conforma ese juego con recuerdo perfecto y luego elimina la posibilidad de equilibrios que no sean los de Markov, después de demostrar que las estrategias de Markov forman un equilibrio para el juego general.
- Para más ejemplos de cómo calcular equilibrios de estrategias mixtas, véanse las secciones 4.6, 5.2, 11.5, 13.2 y 14.2. El modelo en la sección 14.1 de una competencia de patentes muestra cómo calcular una distribución de estrategia mixta continua, dada la probabilidad de que se juegue cada estrategia pura que se encuentra en un *continuum*.
- *No* es cierto que cuando existen dos equilibrios de estrategia pura un jugador estará igual de dispuesto a utilizar una estrategia que mezcle las dos, incluso cuando el otro jugador utiliza una estrategia pura. Por ejemplo, en la Batalla de los Sexos, si el hombre sabe que la mujer irá al ballet, no le será indiferente ir al ballet o a la pelea de campeonato.
- Un *continuum* de jugadores es útil no sólo porque así el modelador no debe preocuparse por posibles fracciones de jugadores, sino también porque puede utilizar más instrumentos de modelado del cálculo —considerando las integrales de las cantidades demandadas por los diferentes consumidores, por ejemplo, en vez de la suma—. Pero utilizar un *continuum* también es más difícil matemáticamente: véase Aumann (1964a, 1964b).

El Gallina, la Guerra de Desgaste y las estrategias correlacionadas

- Los escritos sobre la Guerra de Desgaste comprenden los de Fudenberg y Tirole (1986b), Ghemawat y Nalebuff (1985), Maynard Smith (1974), Nalebuff y Riley (1985) y Riley (1980).
- El juego del Gallina que se trata en el texto es más sencillo que el juego presentado en la película *Rebelde sin causa*, en que los jugadores se dirigen en sus automóviles a toda

velocidad hacia un precipicio y el ganador es el jugador que salta al último de su carro. El espacio de estrategia pura en el juego de la película es continuo y los pagos son discontinuos al borde del precipicio, lo que hace que sea más difícil analizar técnicamente el juego. (Adelantándonos a la sección 4.1, recuerde la importancia de que a alguien le "tiemble la mano" en la película.)

- Surgen dificultades técnicas en algunos modelos con un *continuum* de acciones y estrategias mixtas. En el juego del Seguro Social, el gobierno elige un solo número, una probabilidad, en el *continuum* de cero a uno. Si permitimos que el gobierno haga una mezcla en un *continuum* de niveles de ayuda, elegiría una función, una densidad de probabilidad, en el *continuum*. El juego original tiene un número finito de elementos en su conjunto de estrategia, de modo que su extensión mixta sigue teniendo un espacio de estrategia en $\mathbf{R}^n$. Pero, con un conjunto de estrategia continuo extendido por un conjunto de estrategias mixtas para cada estrategia pura, la matemática se hace más complicada. Puede permitirse un número finito de estrategias mixtas sin mucho problema, pero por lo común eso no es satisfactorio.

Los juegos con tiempo continuo frecuentemente se enfrentan a este problema. A veces puede evitarse mediante un modelado ingenioso, como en la Guerra de Desgaste de tiempo continuo e información asimétrica de Fudenberg y Tirole. Especifican como estrategias la duración del tiempo en que las empresas procederán a *Continuar* dadas sus ideas acerca del tipo del otro jugador, caso en el que se trata de un equilibrio de estrategia pura.

N3.3. *Aleatoriedad* versus *mezcla: el juego de la Auditoría*

- El juego de la Auditoría I es similar a un juego llamado el juego de la Policía. Debe tenerse cuidado, en esos juegos, de no usar juegos de movimientos simultáneos cuando un juego en secuencia es el adecuado. Además, los espacios discretos de estrategia pueden ser desorientadores. Por lo general, el análisis económico supone que los costos aumentan convexamente al aumentar la cantidad de una actividad y que los beneficios aumentan cóncavamente. Modelar una situación con un juego 2-por-2 requiere sólo dos niveles de actividad, de modo que la concavidad o la convexidad desaparecen en la simplificación. Si las verdaderas funciones son lineales, como en los costos de auditoría que aumentan linealmente con la probabilidad de la auditoría, ésta no es una gran pérdida. Si los costos verdaderos aumentan convexamente, como cuando se aumentan las horas en que un policía debe permanecer de guardia en la calle diariamente, entonces un modelo de 2-por-2 puede ser desorientador. Hay que tener especial cuidado de no presionar demasiado la idea de una estrategia mixta si existe un equilibrio de estrategia pura cuando se permiten estrategias intermedias. Véase Tsebelis (1989) y la crítica que le hacen J. Hirshleifer y Rasmusen (1992).
- D. Diamond (1984) muestra las implicaciones de mantenerse informado de los costos para la estructura de los mercados financieros. Un costo fijo por mantenerse informado de las inversiones motiva la creación de un intermediario financiero para evitar que se repita el mismo esfuerzo en el caso de varios inversionistas.
- Baron y Besanko (1984) estudian la auditoría en el contexto de una agencia de gobierno que puede, con algún costo, recopilar información acerca de los verdaderos costos de producción de una empresa regulada.
- Mookherjee y Png (1989) y Border y Sobel (1987) han estudiado las auditorías aleatorias en el contexto de los impuestos. Encuentran que, si a un contribuyente se le hace una auditoría, se le debe compensar por la molestia causada de resultar que estaba diciendo la verdad. Bajo el contrato óptimo, el contribuyente honrado debe estar feliz al saber que se le hará una auditoría. La razón es que la recompensa a la honradez aumenta el diferencial entre el pago del agente cuando dice la verdad, en comparación con los casos en que miente.
- La acción del gobierno influirá mucho en qué información está disponible, así como en qué puede contratarse. En 1988, por ejemplo, los Estados Unidos aprobaron una ley que limitaba considerablemente el empleo de detectores de mentiras para las pruebas o la

supervisión. Antes de esa restricción, se había sometido a cerca de dos millones de trabajadores a esa prueba. ("La ley que limita el uso de detectores de mentiras parece tener un efecto muy amplio", *Wall Street Journal*, 1º de julio de 1988, p. 13.)

N3.4. *Estrategias continuas: el juego de Cournot*

- Una clase interesante de juegos sencillos con pagos continuos son los **juegos del Coronel Blotto** (Tukey, 1949). En estos juegos, dos comandantes militares asignan sus fuerzas a m campos de batalla diferentes, y un campo de batalla contribuye más al pago del comandante que tiene más fuerzas allí. Una característica es que el pago del jugador i aumenta con el valor de la acción particular del jugador i en relación con la del jugador j, y las acciones de i están sujetas a una limitación presupuestal. Excepto por la limitación del presupuesto, esto es parecido al Torneo presentado en la sección 8.5.
- Se ha realizado un trabajo considerable para caracterizar al modelo de Cournot. Un artículo reciente es el de Gaudet y Salant (1991) sobre las condiciones que aseguran un equilibrio único.
- Los **juegos diferenciales** se juegan en tiempo continuo. La acción es una función que describe el valor de la variable de un estado en cada instante, de modo que la estrategia hace un mapa de la historia pasada del juego con respecto a esa función. Los juegos diferenciales se resuelven utilizando la optimización dinámica. En Bagchi (1984) se tiene un libro que discute este tema.
- Fudenberg y Levine (1986) muestran las circunstancias en que los equilibrios de los juegos con espacios infinitos de estrategia pueden encontrarse como los límites de equilibrios de juegos con espacios finitos de estrategia.
- La "estabilidad" es una palabra usada de maneras diferentes en la teoría de juegos y en la economía. El significado natural de un equilibrio estable es que tiene una dinámica que hace que el sistema retorne a ese punto después de haber sido perturbado ligeramente, y la discusión de la estabilidad del equilibrio de Cournot fue en ese sentido. Las formas en que utilizan el término von Neumann y Morgenstern (1944) y Kohlberg y Mertens (1986) son totalmente diferentes.
- El término "equilibrio de Stackelberg" no se define claramente en las obras sobre el tema. A veces se le utiliza para indicar equilibrios en que los jugadores toman acciones en un orden determinado; pero como eso es justo el equilibrio perfecto (véase sección 4.1) de una forma extensiva bien especificada, prefiero reservar el término para el equilibrio de Nash del juego de la cantidad del duopolio en que un jugador mueve primero, que es el contexto de Stackelberg (1934).

  Una definición alternativa es que un equilibrio de Stackelberg es un perfil de estrategia en que los jugadores seleccionan estrategias en un orden determinado y en el que la estrategia de cada jugador es una mejor respuesta a las estrategias fijas de los jugadores que le precedieron y a las estrategias que elegirán los jugadores que le siguen; es decir, una situación en que los jugadores se comprometen previamente a estrategias en un orden determinado. Por lo general, tal equilibrio no será ni de Nash ni perfecto.
- Stackelberg (1934) sugiere que a veces los jugadores están confundidos respecto a cuál de ellos es el líder y cuál el seguidor, lo que ocasiona el resultado de desequilibrio conocido como la **Guerra de Stackelberg**.
- Con costos y demanda lineales, la producción total es mayor en el equilibrio de Stackelberg que en el de Cournot. La pendiente de la curva de reacción es menor de uno, de tal modo que la producción de Apex se expande más de lo que se contrae la de Brydox. Como la producción total es mayor, el precio es menor que en el equilibrio de Cournot.
- Una aplicación útil del equilibrio de Stackelberg es cuando se trata de una industria con una empresa dominante y un **margen competitivo** de pequeñas empresas que venden a su capacidad total si el precio excede su costo marginal. Estas empresas pequeñas actúan como líderes de Stackelberg (no como seguidores), ya que cada una es lo suficientemente pequeña como para ignorar su efecto en la conducta de la empresa dominante. El mercado del petróleo puede modelarse de esta manera con la OPEP como la empresa dominante y productores como el Reino Unido en el margen.

Problemas

3.1: *Primarias presidenciales*

Smith y Jones están disputando la nominación demócrata para la presidencia de los Estados Unidos. Cuantos más meses pasen en esa disputa, más dinero gastan, porque un candidato debe gastar un millón de dólares por mes para continuar en la contienda electoral. Si uno de ellos se retira, el otro gana la nominación, que vale 11 millones de dólares. La tasa de descuento es de r por mes. Para simplificar el problema, puede suponer que esta contienda seguiría indefinidamente si ninguno se retira. Haga que θ indique la probabilidad de que un jugador individual se retirará cada mes en el equilibrio de estrategia mixta.

3.1a) En el equilibrio de estrategia mixta, ¿cuál es la probabilidad θ cada mes de que Smith se retirará? ¿Qué ocurre si r cambia de 0.1 a 0.15?

3.1b) ¿Cuáles son los dos equilibrios de estrategia pura?

3.1c) Si el juego sólo dura un periodo y los republicanos ganan la elección general (para un pago de cero a los demócratas), en el caso en que los dos demócratas se nieguen a retirarse, ¿cuál es la probabilidad γ con que cada candidato se retira en un equilibrio simétrico?

3.2: *Huyendo de la Gestapo*

Dos hombres neutrales al riesgo, Schmidt y Braun, caminan por una calle en la Alemania nazi cuando ven acercárseles a un solo agente de la Gestapo para inspeccionar sus documentos. Sólo Braun los tiene (lo que desconoce el agente de la Gestapo, por supuesto). El agente de la Gestapo atrapará a ambos si los dos o ninguno de ellos corre hacia el norte, pero si sólo uno corre, él deberá elegir a cuál detener —al que sigue caminando o al que corre—. El castigo por salir de su casa sin sus documentos es de 24 meses en prisión. El castigo por huir de un agente del Estado es de 24 meses en prisión, que se añaden a cualquier sentencia por otros cargos, pero los casos en que se encuentra culpable a alguien por este delito son sólo el 25 por ciento. Los dos amigos quieren maximizar su bienestar conjunto, en tanto que el hombre de la Gestapo desea minimizarlo. Braun mueve primero, luego Schmidt y finalmente el agente de la Gestapo.

3.2a) ¿Cuál es la matriz de resultado para los resultados que se pueden observar en equilibrio? (Use θ para la probabilidad de que el hombre de la Gestapo siga al que corre y γ para la probabilidad de que Braun corra.)

3.2b) ¿Cuál es la probabilidad de que el agente de la Gestapo persiga al que corre (represéntela por θ^*)?

3.2c) ¿Cuál es la probabilidad de que Braun corra (represéntela por γ^*)?

3.2d) En vista de que Schmidt y Braun comparten los mismos objetivos, ¿se trata en este caso de un juego cooperativo?

3.3: *El equilibrio único en el juego de Emparejar Centavos*

En el juego de Emparejar Centavos, Smith y Jones muestran cada uno un centavo con la cara o la cruz hacia arriba. Si muestran el mismo lado del centavo, Smith gana ambos centavos; si no es así, Jones los obtiene.

3.3a) Dibuje la matriz de resultado para el juego de Emparejar Centavos.

3.3b) Demuestre que no hay ningún equilibrio de Nash en las estrategias puras.

3.3c) Encuentre el equilibrio de estrategia mixta, y represente la probabilidad de que Smith obtenga cara por γ y la de Jones por θ.

3.3d) Demuestre que sólo hay un equilibrio en la estrategia mixta.

3.4: *Estrategias mixtas en la Batalla de los Sexos*

Consulte la Batalla de los Sexos y la Coordinación Jerarquizada en la sección 1.4. Represente las probabilidades de que el hombre y la mujer elijan *Pelea de campeonato* por γ y θ.

3.4a) Encuentre una expresión para el pago esperado por el hombre.

3.4b) Encuentre la condición de primer orden para la elección de estrategia del hombre.

3.4c) ¿Cuáles son los valores de equilibrio de γ y θ, y los pagos esperados?

3.4d) Encuentre el resultado más probable y su probabilidad.

3.4e) ¿Cuál es el pago de equilibrio en el equilibrio de estrategia mixta para la Coordinación Jerarquizada?

3.4f) ¿Por qué el equilibrio de estrategia mixta es un mejor punto focal en la Batalla de los Sexos que en la Coordinación Jerarquizada?

3.5: *Una paradoja en la votación*

Adán, Carlos y Vladimiro son los únicos tres votantes en Podunk. Sólo Adán tiene propiedades. En la boleta electoral hay la propuesta de crear un impuesto de 120 dólares que se cobrará a los propietarios y distribuir lo que se obtenga por igual entre los ciudadanos que no tienen propiedades. A cada ciudadano le desagrada tener que ir al lugar de la casilla electoral y votar (aunque las filas sean cortas), y pagará 20 dólares para no tener que ir a votar. Todos deben decidir si van a votar antes de ir a trabajar. La propuesta no es aceptada si hay un empate. Suponga que en equilibrio la probabilidad de que Adán vote es de θ, y la de que voten Carlos y Vladimiro es igual, γ, pero que deciden votar independientemente uno del otro.

3.5a) ¿Cuál es la probabilidad de que la propuesta será aprobada, como una función de θ y γ?

3.5b) ¿Cuáles son las dos probabilidades de equilibrio, γ_1 y γ_2, con las que puede votar Carlos? ¿Por qué, intuitivamente, hay dos equilibrios simétricos?

3.5c) ¿Cuál es la probabilidad θ de que Adán votará en cada uno de los dos equilibrios simétricos?

3.5d) ¿Cuál es la probabilidad de que la propuesta sea aprobada?

3.6: *Alba y Roma: información asimétrica con estrategias mixtas*

Un romano, Horacio, que no está herido, combate contra los tres hermanos Curiacios, cada uno de los cuales está herido. Si Horacio continúa peleando, la probabilidad de que gane es de 0.1, y los pagos son (10, –10) para (Horacio, Curiacios) si gana, y (–10, 10) si pierde. Hay la probabilidad $\gamma = 0.5$, de que Horacio sea presa del pánico y huya. Si huye y los Curiacios no lo persiguen, los pagos son (–20, 10). Si huye y los hermanos Curiacios lo persiguen y lo matan, los pagos son (–21, 20). Sin embargo, si no huye presa del pánico, pero de todos modos sale corriendo y los Curiacios lo persiguen, es capaz de matar al hermano más veloz primero y acabar después con los otros dos, para pagos de (10, –10). En realidad Horacio no fue presa del pánico.

3.6a) ¿Con qué probabilidad a θ lo perseguirán los Curiacios si Horacio se aleja corriendo?

3.6b) ¿Cuál es la probabilidad γ de que Horacio se aleje corriendo?

3.6c) ¿Cómo se verán afectadas θ y γ si los Curiacios equivocadamente creyeran que la probabilidad de que Horacio sea presa del pánico es de 1? ¿Qué pasaría si creyeran que era 0.9?

4. JUEGOS DINÁMICOS
CON INFORMACIÓN SIMÉTRICA

4.1. LA PERFECCIÓN DE LOS SUBJUEGOS

En este capítulo utilizaremos mucho la forma extensiva del juego para estudiar los juegos con movimientos en secuencia. Empezamos en la sección 4.1 con un refinamiento del concepto del equilibrio de Nash llamado perfección, que incorpora implicaciones sensatas del orden de los movimientos. Se ejemplifica la perfección en la sección 4.2 con un juego en que se obstaculiza la entrada. La sección 4.3 desarrolla la idea de la perfección mediante el ejemplo de las demandas legales triviales por daños, procesos que carecen de mérito y que se presentan con la esperanza de obtener un arreglo fuera del tribunal. Las demandas triviales por perjuicios o daños muestran la importancia de que una amenaza se haga de manera creíble y cómo el incurrir en costos al principio o tener ciertos pagos no monetarios puede beneficiar a un jugador. También se utilizará el ejemplo para tratar el problema del conjunto abierto de un equilibrio débil en juegos con espacios continuos de estrategia, en los cuales un jugador que ofrece un contrato elige sus términos para hacer que al otro jugador le sea indiferente aceptarlo o rechazarlo. El último tema de la perfección será la renegociación: la idea de que cuando hay equilibrios múltiples perfectos los jugadores se coordinarán en los equilibrios que son el óptimo de Pareto en los subjuegos, pero no en el juego total. La sección 4.5 se ocupa del tema completamente diferente del descuento de los pagos en el tiempo y la sección 4.6 es una visión del enfoque biológico de la teoría de juegos.

El equilibrio perfecto de Siga al Líder I

La perfección de los subjuegos es un concepto de equilibrio basado en el ordenamiento de los movimientos y en la distinción entre un sendero de equilibrio y un equilibrio. El **sendero de equilibrio** es el curso en el árbol del juego que se sigue en equilibrio, pero el equilibrio propiamente dicho es un perfil de estrategia que incluye las respuestas de los jugadores a las desviaciones de otros jugadores del sendero de equilibrio. Estas respuestas fuera del equilibrio son cruciales para las decisiones sobre el sendero de equilibrio. Por ejemplo, una amenaza es una promesa de realizar cierta acción si otro jugador se desvía de sus acciones de equilibrio, y ejerce influencia aunque nunca se la lleve a cabo.

Lo mejor es dar un ejemplo para presentar la perfección. En la sección 2.1 se reveló una falla del equilibrio de Nash en el juego Siga al Líder I, que tiene tres equilibrios de Nash de estrategia pura de los cuales sólo uno es razonable. Los jugadores son Smith y Jones, que eligen los tamaños de los disquetes. Sus pagos respectivos son mayores si eligen el mismo tamaño y serán los más grandes posibles si eligen *Grande*. Smith mueve primero, así que su conjunto de estrategia es *(Pequeño, Grande)*. La estrategia de Jones es más complicada, porque debe especificar una acción para cada conjunto de información, y el conjunto de información de Jones depende de lo que elija Smith. Un elemento característico del conjunto de estrategia de Jones es *(Grande, Pequeño)*, que especifica que elige *Grande* si Smith elige *Grande*, y *Pequeño* si Smith elige *Pequeño*. A partir de esta forma estratégica encontramos los siguientes tres equilibrios de Nash.

Equilibrio	Estrategias	Resultados
E_1	[*Grande*, *(Grande, Grande)*]	Ambos eligen *Grande*
E_2	[*Grande*, *(Grande, Pequeño)*]	Ambos eligen *Grande*
E_3	[*Pequeño*, *(Pequeño, Pequeño)*]	Ambos eligen *Pequeño*

Sólo el equilibrio E_2 es razonable, porque el orden de los movimientos debe importar para las decisiones de los jugadores. El problema con la forma estratégica, y por tanto con el equilibrio de Nash simple, es que hace caso omiso de quién mueve primero. Smith mueve primero y parece razonable que a Jones se le permita —de hecho se le debe exigir— que modifique su estrategia después de que Smith mueve.

Considere la estrategia *(Pequeño, Pequeño)* de Jones en el equilibrio E_3. Si Smith se desvía del equilibrio eligiendo *Grande*, sería poco razonable que Jones se aferrara a la respuesta *Pequeño*. En cambio, él también debería escoger *Grande*. Pero si Smith espera la respuesta *Grande*, habría elegido *Grande* en primer lugar y E_3 no sería un equilibrio. Una argumentación similar muestra que sería irracional que Jones eligiera *(Grande, Grande)*, lo cual nos deja a E_2 como el único equilibrio.

Decimos que los equilibrios E_1 y E_3 son equilibrios de Nash, pero no equilibrios de Nash "perfectos". Un perfil de estrategia es un equilibrio perfecto si es un equilibrio en todos los cursos posibles, si incluye no sólo al sendero de equilibrio sino también a todos los otros cursos, los cuales se ramifican en diferentes "subjuegos".

*Un **subjuego** es un juego que consiste en un nodo singular en toda partición de información de los jugadores, en los nodos que siguen a ese nodo, y en los pagos en los nodos asociados finales.*[1]

*Un perfil de estrategia es un **equilibrio de Nash perfecto de un subjuego** si: a) es un equilibrio de Nash para todo el juego y b) sus reglas de acción importantes son un equilibrio de Nash para cada subjuego.*

La forma extensiva de Siga al Líder I en la gráfica 4.1 (una repetición de la gráfica 2.1) tiene tres subjuegos: *1)* todo el juego, *2)* el subjuego que

---

[1] Técnicamente, éste es *propiamente dicho* un subjuego debido al condicionante de la información, pero ningún economista bien nacido utilizaría alguna otra clase de subjuego.

empieza en el nodo J_1 y 3) el subjuego que empieza en el nodo J_2. El perfil de estrategia E_1 no es un equilibrio perfecto de un subjuego porque sólo es un equilibrio de Nash en los subjuegos 1) y 3), no en el subjuego 2). El perfil de estrategia E_3 no es un equilibrio perfecto de un subjuego, porque sólo es Nash en los subjuegos 1) y 2), no en el subjuego 3). Pero el perfil de estrategia E_2 es Nash en los tres subjuegos.

GRÁFICA 4.1. *Siga al Líder I*

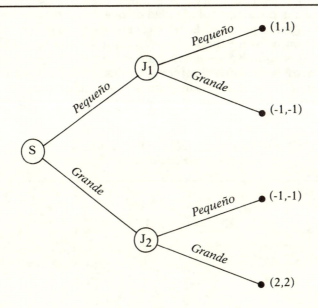

El término **racionalidad secuencial** se utiliza con frecuencia para dar la idea de que un jugador debe aumentar al máximo los pagos que recibe en cada punto en el juego volviendo a optimizar sus decisiones en cada punto y teniendo en cuenta que, a su vez, deberá volver a optimizarlas en el futuro. Ésta es una combinación de las ideas económicas por las que se ignoran los costos "hundidos"* y las expectativas racionales. Actualmente la racionalidad secuencial es un criterio tan común para el equilibrio, que a menudo mencionaré al "equilibrio" sin el calificativo para referirme a un equilibrio que satisface la racionalidad secuencial en el sentido de ser

---

* En el *Diccionario de economía* de Graham Bannock, R. E. Baxter y Ray Rees, se traduce *sinking costs* como costos hundidos, y se les define como costos que resultan de decisiones anteriores y que ya no es posible evitar, por lo que es irrelevante considerarlos para cursos alternativos de acción. En el *Terminological Dictionary English-Spanish*, de Lluis y Lluis, *sunk costs* se traduce como costos pasados. En la traducción que se propone en el *Glosario del Banco Mundial: English-Spanish*, se le traduce como "costo no recurrente de capital". En la teoría de juegos se trata de un costo en que ya se incurrió o que es inevitable debido a decisiones anteriores; por esto seguimos aquí a Bannock *et al.* [T.]

"equilibrio perfecto de un subjuego" o, en un juego de información asimétrica, "un equilibrio bayesiano perfecto".

Una razón de que la perfección (por lo general se omite la palabra "subjuego") sea un buen concepto de equilibrio es que representa la idea de la racionalidad secuencial. Otra razón es que un equilibrio de Nash débil no es firme ante pequeños cambios en el juego. Mientras esté seguro de que Smith no elegirá *Grande*, a Jones le son indiferentes las respuestas que nunca se utilizarán *(Pequeño si Grande)* y *(Grande si Grande)*. Los tres equilibrios E_1, E_2 y E_3 son equilibrios de Nash débiles a causa de esto. Pero, si incluso existe una pequeña probabilidad de que Smith elegirá *Grande* —quizá por error—, Jones preferirá la respuesta *(Grande si Grande)*, y los equilibrios E_1 y E_3 ya no son válidos. La perfección es una forma de eliminar algunos de estos equilibrios débiles menos firmes. A la pequeña probabilidad de un error se le llama **temblor**, y la sección 6.1 tratará nuevamente de este enfoque de la **mano temblorosa** como una forma de ampliar el concepto de la perfección para que comprenda los juegos de información asimétrica.

GRÁFICA 4.2. *El juego del Temblor: la mano temblorosa*
versus *la perfección del subjuego*

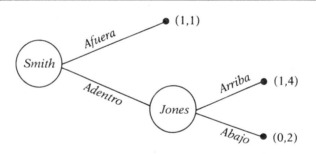

No obstante, por el momento el lector debe observar que el enfoque del temblor es distinto de la racionalidad secuencial. Considere el juego del Temblor en la gráfica 4.2, el cual tiene tres equilibrios de Nash, todos débiles: *(Afuera, Abajo)*, *(Afuera, Arriba)* y *(Adentro, Arriba)*. Sólo *(Afuera, Arriba)* y *(Adentro, Arriba)* son perfectos en el subjuego, porque aun cuando *Abajo* es débilmente la mejor respuesta de Jones a la decisión *Afuera* de Smith, es inferior si Smith elige *Adentro*. En el subjuego que empieza con el movimiento de Jones, el único equilibrio perfecto en el subjuego es que Jones elija *Arriba*. Sin embargo, la posibilidad de temblores elimina *(Adentro, Arriba)* como un equilibrio. Si Jones tiene aunque sea una posibilidad infinitesimal de temblar y de elegir *Abajo*, Smith elegirá *Afuera* en vez de *Adentro*. Además, Jones elegirá *Arriba*, no *Abajo*, porque si Smith tiembla y elige *Adentro*, Jones prefiere *Arriba* en vez de *Abajo*. Esto deja sólo a *(Afuera, Arriba)* como un equilibrio, a pesar de que es dominada débilmente en el sentido de Pareto por *(Adentro, Arriba)*.

4.2. Un ejemplo de perfección: Obstaculización de la Entrada I

Ahora nos ocuparemos de un juego en el que la perfección desempeña un papel tan importante como en Siga al Líder I, pero en el que los jugadores están en conflicto. Una antigua duda en la organización industrial es la de saber si un monopolista que ya domina un sector puede mantener su posición mediante la amenaza de iniciar una guerra de precios contra cualquier empresa nueva que ingrese al mercado. Esta idea fue atacada fuertemente por los economistas de la Escuela de Chicago, entre ellos McGee (1958), sobre la base de que una guerra de precios perjudicaría al monopolista más que una colusión con el recién ingresado. La teoría de juegos puede plantear este razonamiento muy claramente. Consideremos un solo episodio de un posible ingreso y de una guerra de precios, que nadie espera que se repetirá. Supondremos que, aunque el monopolista que ya domina el mercado elige coludirse con el de ingreso reciente, es bastante difícil sostener un duopolio, por lo que los ingresos provenientes del mercado disminuyen de manera notable.

Obstaculización de la Entrada I

Jugadores
Dos empresas, la de ingreso reciente y la que domina el mercado.

Orden del Juego
1) La empresa nueva decide *Ingresar o Permanecer afuera.*
2) Si la nueva empresa ingresa, el monopolista puede *Coludirse* con ella o *Pelear* bajando los precios drásticamente.

Pagos
Las ganancias del mercado son de 300 al precio de monopolio y de 0 al precio de contienda. Los costos por ingresar son de 10. La competencia del duopolio reduce los ingresos por el mercado a 100, que se dividen por igual.

Los conjuntos de estrategia se pueden descubrir mediante el orden de juego. Son [*Ingresar, Permanecer afuera*] para la nueva empresa y [*Coludirse* si ocurre el ingreso, *Pelear* si ocurre el ingreso] para el monopolista. El juego tiene dos equilibrios de Nash indicados en cursivas en el cuadro 4.1, *(Ingresar, Coludirse)* y *(Permanecer afuera, Pelear)*. El equilibrio *(Permanecer afuera, Pelear)* es débil, porque el monopolista igualmente elegiría *Coludirse* en vista de que la nueva empresa se queda afuera.

CUADRO 4.1. *Obstaculización de la Entrada I*

		Monopolista		
		Coludirse		Pelear
	Ingresar	**40,50**	←	−10,0
Nueva empresa		↑		↓
	Permanecer afuera	0, 300	↔	**0, 300**

Pagos a: (Nueva empresa, Monopolista)

Se ha perdido una parte de la información al condensar la forma extensiva, la gráfica 4.3, a la forma estratégica, cuadro 4.1, es decir, el hecho de que la nueva empresa mueve primero. Una vez que ésta ha elegido *Ingresar*, la mejor respuesta del monopolista es la de *Coludirse*. La amenaza de una pelea no es creíble y sólo debe emplearse si el monopolista se compromete a pelear siempre, en cuyo caso nunca tendrá que pelear, porque la nueva empresa elegirá permanecer afuera. El equilibrio *(Permanecer afuera, Pelear)* es de Nash, pero no es perfecto como subjuego porque, si el juego empieza después de que la nueva empresa ya ingresó, la mejor respuesta del monopolista es *Coludirse*. Esto no demuestra que la colusión sea inevitable en el duopolio, pero es el equilibrio para Obstaculización de la Entrada I.

GRÁFICA 4.3. *Obstaculización de la Entrada I*

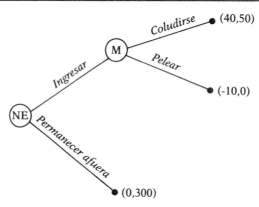

Pagos a: (Nueva empresa, Monopolista)

Aquí puede usarse la interpretación de la mano temblorosa del equilibrio perfecto. Mientras sea seguro que la nueva empresa no ingresará, al monopolista le es indiferente *Pelear* o *Coludirse;* pero si hubiera una pequeña probabilidad de ingreso —quizá debida a un lapso de sentido común de la nueva empresa—, el monopolista preferiría *Coludirse* y se rompería el equilibrio de Nash.

La perfección elimina las amenazas que no son creíbles. La Obstaculización de la Entrada I es un buen ejemplo porque, si se añadiera un movimiento de comunicación al árbol del juego, el monopolista podría decirle a la nueva empresa que a su ingreso seguiría una contienda, pero la nueva empresa ignoraría tal amenaza por no ser creíble. Sin embargo, si existiera algún medio para que el monopolista se comprometiera a combatir siempre a los que ingresan, la amenaza sería creíble. A continuación se estudiará el contexto de las demandas legales triviales por perjuicios, en el cual podría ser posible ese compromiso previo.

¿Debe el modelador usar alguna vez los equilibrios no perfectos?

Un juego en que el modelador se compromete a seguir una estrategia se puede modelar de dos maneras:

1) Como un juego en que los equilibrios no perfectos son aceptables, o
2) Cambiando el juego para remplazar la acción *Haga x* con *Comprométase a hacer x* en uno de los primeros nodos.

Un ejemplo de *2)* en Obstaculización de la Entrada I es el de reformular el juego de tal modo que el monopolista mueva primero y decida anticipadamente si elegirá *Pelear* antes de que mueva la nueva empresa. El enfoque *2)* es mejor que el *1)* porque si el modelador quiere dejar que los jugadores se comprometan a algunas acciones, pero no a otras, puede hacerlo especificando cuidadosamente el orden del juego. Permitir que los equilibrios no sean perfectos prohíbe esa discriminación y multiplica el número de equilibrios. De hecho, el problema con la perfección del subjuego no es ser demasiado restrictiva, sino permitir que muchos perfiles de estrategia sean equilibrios en los juegos de información asimétrica. Un subjuego debe empezar en un solo nodo y no desarrollarse a través del conjunto de información de cualquier jugador, así que con frecuencia el único subjuego será el juego total y la perfección del subjuego no restringe de ninguna manera al equilibrio. La sección 6.1 trata del equilibrio bayesiano perfecto y de otras formas de ampliar el concepto de la perfección a juegos de información asimétrica.

4.3. Las amenazas creíbles, los costos hundidos y el problema del conjunto abierto en el juego de las Demandas Legales Triviales

De manera similar a los conceptos relacionados de los costos hundidos y de las expectativas racionales, la racionalidad secuencial es una idea sencilla con un poder tremendo. Esta sección mostrará tal poder en un juego simple que modela las demandas legales triviales. Ya hemos visto una aplicación de la teoría de juegos a casos legales: el modelo Png (1983) de la sección 2.5. En cierta forma, la ley se adapta particularmente al análisis en que se utiliza la teoría de juegos, porque el proceso legal se ocupa de conflictos y proporciona reglas definidas para regularlos. ¿En qué otro campo puede escribirse un artículo titulado "Un análisis económico de la regla 68"? (Miller, 1986, la discusión de una regla federal de procedimiento que puede castigar a un litigante si rehúsa aceptar una oferta de acuerdo.) El desarrollo de esa área puede verse al comparar el panorama general en la reseña bibliográfica de la primera edición de este libro escrita por Ayres (1990) con el libro de Baird, Gertner y Picker (en prensa). En la jurisprudencia, incluso con más claridad que en los negocios, uno de los principales objetivos es evitar los resultados ineficientes restructurando las reglas, y las demandas legales por perjuicios son ineficiencias que un buen político espera eliminar.

Las demandas legales triviales por daños tienen pocas probabilidades de éxito; su única finalidad posible parece ser la esperanza de llegar a un acuerdo afuera de los tribunales. Por lo común, en el contexto de la obstaculización de la Entrada, las personas piensan que un gran tamaño es una ventaja y que el gran monopolista amenazará al pequeño recién llegado, pero en el contexto de las demandas legales triviales, las personas suelen pensar que el gran tamaño es una desventaja y que el individuo o empresa rico es vulnerable a los procesos judiciales que se inician para extorsionarlo. Las Demandas Legales Triviales I modela los aspectos esenciales de la situación: presentar una demanda judicial es caro y tiene poca esperanza de éxito; pero, ya que defenderse judicialmente también es caro, el acusado puede pagar una cantidad generosa para llegar a un arreglo fuera de los tribunales. El modelo es similar en muchos aspectos al juego del Acuerdo de Png del capítulo 2, pero aquí el modelo será de información simétrica y se hará explícito el requisito de la racionalidad secuencial que estaba implícito en la discusión del capítulo 2.

Demandas Legales Triviales I: extorsión simple

Jugadores
Un demandante y un acusado.

Orden del juego
1) El demandante decide si procederá judicialmente contra el acusado, con un costo de c.
2) El demandante presenta una oferta de acuerdo, "tómelo o déjelo", de $s > 0$.
3) El acusado acepta o rechaza la oferta de un acuerdo.
4) Si el acusado rechaza la oferta, el demandante decide si desiste o procede a enjuiciar a un costo de p para él y a un costo de d para el acusado.
5) Si el asunto llega a los tribunales, el demandante gana la cantidad x con la probabilidad γ, y si no es así no gana nada.

Pagos
La gráfica 4.4 muestra los pagos. Sea $\gamma x < p$, de modo que las ganancias esperadas del demandante son menores que su costo marginal por ir a juicio.

GRÁFICA 4.4. *La forma extensiva del juego*
de las Demandas Legales Triviales

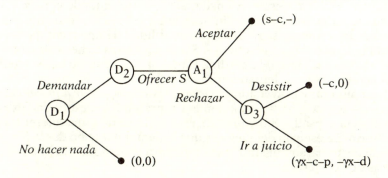

El equilibrio perfecto es:

Demandante: *No hacer nada, Ofrecer s, Desistir*
Acusado: *Rechazar*
Resultado: El demandante no va a juicio.

La oferta de acuerdo de equilibrio s puede ser cualquier cantidad positiva. Observe que el equilibrio especifica las acciones en los cuatro nodos del juego, aunque sólo se llega al primero en equilibrio.

Para encontrar un equilibrio perfecto, el modelador empieza al final del árbol del juego, siguiendo el consejo de Dixit y Nalebuff (1991, p. 34) en el sentido de "Ver hacia adelante y razonar hacia atrás". En el nodo D_3, el demandante elige *Desistir*, ya que se supone que $\gamma x - c - p < - c$. Esto se debe a que sólo se procede ante los tribunales con la esperanza de llegar a un acuerdo, no de ganar el juicio. En el nodo A_1, el acusado, previendo que el demandante desistirá, rechaza la oferta de cualquier acuerdo positivo. Esto hace que la oferta del demandante en D_2 sea irrelevante, y, previendo un pago de $-c$ por elegir *Demandar* en D_1, el demandante elige *No hacer nada*.

Así, si se presentan demandas legales triviales, debe ser por una razón diferente de la obvia, la esperanza del demandante de obtener una oferta para llegar a un acuerdo por parte del acusado, que quiere evitar los costos del juicio. Esto es una falacia, porque el propio demandante tiene que cubrir costos del juicio y, por tanto, no puede hacer la amenaza en forma creíble. Sigue siendo una falacia aunque los costos legales del acusado fueran mucho más altos que los del demandante *(d* es mucho más grande que *p)*, porque el tamaño relativo de los costos no es parte del argumento.

Uno podría preguntarse de qué manera la aversión al riesgo afecta esta conclusión. ¿No puede ser que el acusado prefiera el acuerdo porque tiene una mayor aversión al riesgo que el demandante? Ésta es una buena pregunta, pero Demandas Legales Triviales i puede adaptarse con muy pocos cambios a jugadores con aversión al riesgo. El riesgo aparecería en la etapa del juicio en los tribunales como un movimiento final de la Naturaleza para decidir quién gana. En Demandas Legales Triviales I, γx representa el valor esperado de la recompensa. Si tanto el acusado como el demandante muestran aversión al riesgo, γx puede seguir representando el pago espera-do por la recompensa —sólo se interpretan x y 0 respectivamente como la utilidad de la recompensa monetaria y la utilidad de una recompensa de 0, y no como cantidades en efectivo—. Si los jugadores tienen diferentes gra-dos de aversión al riesgo, la pérdida esperada del acusado no es igual a la ganancia que espera el demandante, y se deben ajustar los pagos. Si el acu-sado tiene una mayor aversión al riesgo, los pagos por *Ir a juicio* cambia-rían a $(-c - p + \gamma x, -\gamma x - y - d)$, donde y representa la desutilidad extra del riesgo para el acusado. Sin embargo, esto no hace ninguna diferencia para el equilibrio. La esencia del juego es que el demandante no desea ir a juicio debido al costo para él mismo; y el costo para el acusado, incluido el costo del riesgo, es irrelevante.

Por tanto, llegar a un juicio en las demandas legales triviales debe ser a causa de una razón más complicada. En el capítulo 2 vimos una razón para que en el litigio se llegue al juicio en el juego del Acuerdo de Png: la información incompleta. Ésta es quizá la explicación más importante y ha sido muy estudiada, como puede verse, por las investigaciones de Cooter y Rubinfeld (1989) y Kennan y R. Wilson (1993). En esta sección, no obstante, nos limitaremos a las explicaciones en que la probabilidad de que un juicio tenga éxito son de conocimiento común. Aun así, las amenazas costosas pueden ser creíbles debido a los costos hundidos estratégicos (Demandas Legales Triviales II) o debido a los pagos no monetarios que se obtienen por ir a juicio (Demandas Legales Triviales III).

Demandas Legales Triviales II: la utilización estratégica de los costos hundidos[2]

Modifiquemos ahora el juego de tal manera que el demandante pueda pagar a su abogado la cantidad p por adelantado, sin ningún rembolso en caso de llegar a un acuerdo. Esta incapacidad de obtener un rembolso en realidad ayuda al demandante al cambiar los pagos del juego, de modo que su pago por *Desistir* es $-c - p$, en comparación con $-c - p + \gamma x$ de *Ir a juicio*. Una vez que ha "hundido" los costos legales, irá a juicio si $\gamma x > 0$, esto es, si tiene alguna oportunidad de éxito.

Esto significa, a su vez, que el demandante sólo preferirá un acuerdo y no el juicio si $s > \gamma x$. El acusado preferirá llegar a un acuerdo más que ir a jui-cio si $s < \gamma x + d$, así que hay un **espacio de acuerdo** positivo de $[\gamma x, \gamma x + d]$ dentro del cual ambos jugadores están dispuestos a llegar a un acuerdo. La suma exacta del acuerdo dependerá del poder de negociación de las partes, lo que se estudiará en el capítulo 11. Aquí, dejar que el demandante haga una oferta de "tómelo o déjelo" significa que $s = \gamma x + d$ en equilibrio, y si $\gamma x + d > p + c$, se presentará la demanda legal trivial a pesar de que $\gamma x < p + c$.

---

[2] Este modelo se basa en Rosenberg y Shavell (1985).

De este modo, el demandante va a juicio sólo porque puede hacer que se gaste d, el monto de los costos legales del acusado.

Aunque el demandante ahora puede forzar un acuerdo, lo hace con algún costo para sí mismo, por lo que un equilibrio con demandas legales triviales requerirá que:

$$-c - p + \gamma x + d \geq 0. \tag{1}$$

Si la desigualdad (1) es falsa, aunque el demandante puede forzar el acuerdo máximo posible de $s = \gamma x + d$, no lo hará porque tendría que pagar $c + p$ antes de llegar a la etapa del acuerdo. Esto implica que no se presentará una demanda completamente trivial (con $\gamma = 0$), a menos que el acusado tenga costos legales más altos que los del demandante ($d > p$). No obstante, si se satisface la desigualdad (1), el siguiente perfil de estrategia es un equilibrio perfecto:

Demandante: *Demandar, Ofrecer $s = \gamma x + d$, Ir a juicio*
Acusado: *Aceptar $s \leq \gamma x + d$*
Resultado: El demandante presenta una demanda y ofrece un acuerdo que el acusado acepta.

Una respuesta que contrarrestara la trama del demandante sería que el acusado también "hundiera" sus costos, pagando d antes de empezar las negociaciones para llegar a un acuerdo, o aun antes de que el demandante decida presentar la demanda en el juzgado. Quizá ésta es una de las razones por las que las grandes empresas emplean asesores legales —a los que se les paga un salario independientemente de las horas que trabajen—, así como abogados consultores —a los que se les paga por hora—. Si hacen esto, las demandas legales triviales producen una pérdida social —el tiempo desperdiciado de los abogados, d— aunque nunca lleguen a juicio, igual que las naciones agresoras causan una pérdida social en la forma de gastos militares mundiales, aunque nunca empiecen una guerra.[3]

Sin embargo, el acusado que trata de "hundir" su costo d enfrenta dos problemas. Primero, a pesar de que se ahorra γx si evita que el demandante vaya a juicio, debe pagar íntegra la cantidad d. Esto vale la pena si en el demandante se concentra todo el poder de negociación, como en Demandas Legales Triviales II; pero puede no ser así si s está en la zona media del espacio de acuerdo porque el demandante no fue capaz de hacer una oferta de "tómelo o déjelo". Si 'as negociaciones para el acuerdo dan por resultado que s quede exactamente en medio del espacio de acuerdo, de modo que

---

[3] El pago por adelantado a los abogados, que no es rembolsable, ha sido tradicionalmente aceptado; sin embargo, la corte de Nueva York lo consideró poco ético, pues los jueces pensaron que tales arreglos restringían de manera injusta la facultad de los clientes de poder despedir a sus abogados. Esto es un ejemplo de cómo la ignorancia de la teoría de juegos puede ocasionar confusión en las reglas del mercado. Véase "El pago no rembolsable de los abogados, a quienes se les paga por adelantado, son reglas no éticas de la corte", en *Wall Street Journal*, enero 29, 1993, p. B3, citado en *El caso de Edward M. Cooperman, apela a la División de la Corte Suprema, Segundo Departamento Judicial, Brooklin, 90-00429*.

$s = \gamma x + d/2$, podría no valer la pena que el acusado "hundiera" d para evitar una demanda que negociará por $\gamma x + d/2$.

Segundo, hay una asimetría en el litigio: el demandante puede elegir si va a juicio o no. Como el demandante tiene la iniciativa, puede "hundir" p y hacer una oferta de acuerdo antes de que el acusado tenga oportunidad de "hundir" d. La única manera de que el acusado evite esto es pagar d con suficiente anticipación, en cuyo caso el gasto será un desperdicio si no se llega a juicio. Lo que más querría el acusado sería comprar un seguro legal que, por una pequeña prima, pagara los costos de su defensa en posibles demandas futuras. No obstante, como se verá en los capítulos 7 y 9, los seguros de cualquier clase enfrentan problemas que surgen por la información asimétrica. En este contexto hay un problema de "riesgo moral", porque una vez que el acusado se ha asegurado tiene menos incentivos para evitar causar un daño al demandante y originar un juicio legal.

El problema del conjunto abierto en Demandas Legales Triviales II

Demandas Legales Triviales II ejemplifica un punto técnico que surge en un gran número de juegos con espacios continuos de estrategia y causa desconcierto entre los novatos de la teoría de juegos. El equilibrio en Demandas Legales Triviales II es sólo un equilibrio de Nash débil. El demandante propone $s = \gamma x + d$; el acusado tiene el mismo pago si acepta o rechaza, pero en equilibrio el acusado acepta la oferta con la probabilidad de 1, sin importar su indiferencia. Esto parece arbitrario, incluso ridículo. ¿No debería el demandante proponer un acuerdo por una suma ligeramente menor a fin de dar al acusado un fuerte incentivo para aceptarlo y evitar el riesgo de tener que ir a juicio? Si los parámetros son tales que $s = \gamma x + d = 60$, por ejemplo, ¿por qué el demandante se arriesga, aferrándose a 60, a ser rechazado y recibir muy probablemente 0 en el juicio, cuando puede pedir 59 y dar al acusado un fuerte incentivo para aceptar?

Una respuesta es que no existe otro equilibrio además de $s = 60$. Ofrecer acordar a cambio de 59 no puede ser parte de un equilibrio, porque está dominado por la oferta de 59.9; ofrecer 59.9 está dominado por la oferta de 59.99, y así sucesivamente. A esto se le conoce como el **problema del conjunto abierto,** porque el conjunto que el acusado desea fuertemente aceptar es abierto y no tiene un máximo —su límite es 60, pero un conjunto debe estar limitado y cerrado para garantizar que existe un máximo—.

Una segunda respuesta es que, con los supuestos de racionalidad y del equilibrio de Nash, la premisa de la objeción es falsa porque el demandante no corre ningún riesgo al ofrecer $s = 60$. Es fundamental para el equilibrio de Nash que cada jugador crea que los demás seguirán la conducta de equilibrio. Así, si el perfil de estrategia de equilibrio dice que el acusado aceptará $s = \leq 60$, el demandante puede ofrecer acordar en 60 y creer que será aceptado. En realidad, esto equivale a decir únicamente que un equilibrio de Nash débil sigue siendo un equilibrio de Nash, punto en el que se hizo hincapié en el capítulo 3 al tratar acerca de las estrategias mixtas.

Una tercera respuesta es que el problema se deriva de utilizar un modelo con espacio de estrategia continua, y que desaparece si el espacio de estrategia se hace discreto. Suponga que s sólo puede tomar valores que sean múltiplos de 0.01, de modo que puede ser 59.0, 59.01, 59.02 y así sucesivamente, pero no 59.001 o 59.002. La parte del acuerdo del juego ahora tendrá dos equilibrios perfectos. En el equilibrio fuerte E1, $s = 59.99$ y el acusado acepta cualquier oferta $s < 60$. En el equilibrio débil E2, $s = 60$ y el acusado acepta cualquier oferta en que $s \leq 60$. La diferencia es trivial, por lo que el espacio discreto de estrategia ha complicado más el modelo sin ofrecer ningún conocimiento adicional.[4]

Es posible especificar un juego de negociación más complicado para evitar el problema de cómo se determina de manera exacta un acuerdo. Aquí sólo podemos decir que el demandante no propone el acuerdo, sino que simplemente surge a la mitad del espacio de acuerdo, de manera que $s = \gamma x + d/2$. Esto parece bastante razonable y añade realismo al modelo, pero al costo de una poca más de complejidad. Evita el problema del conjunto abierto, pero sin ser más claro acerca de cómo se determina s. A esta clase de modelado le llamo la **caja negra**, porque es como si en algún punto en el juego variables con ciertos valores entran en una caja negra y salen por el otro lado con valores determinados por un proceso exógeno. La caja negra es aceptable en tanto no afecte ni oscurezca lo que se busca con el modelo. Las Demandas Legales Triviales III ejemplificarán este método.

Sin embargo, es fundamental tener en mente que los juegos son modelos, no la realidad. Su propósito es eliminar los detalles sin importancia que existen en una situación real y simplificarla a sus detalles básicos. Como el modelo procura responder a una pregunta, debe concentrarse en lo que responde a esa cuestión. Aquí la pregunta es: ¿por qué se pueden presentar demandas triviales?, de modo que es adecuado excluir los detalles de la negociación si carecen de importancia para la respuesta. Que el demandante ofrezca 59.99 o 60, y que una persona racional acepte una oferta con probabilidad de 0.99 o 1.00, son detalles sin importancia; se debe usar el enfoque más sencillo. Si el modelador en verdad cree que éstos son asuntos importantes, se pueden modelar, pero en este contexto resultan irrelevantes.

Creo que una fuente de preocupación acerca del problema del conjunto abierto es que quizá los pagos no son muy reales porque los jugadores deben obtener utilidad al perjudicar a los jugadores "ventajistas". Si el demandante ofrece acordar en 60, quedándose él con todo el ahorro obtenido por no ir a juicio, la experiencia diaria nos dice que el acusado lo rechazará indignado. Guth *et al.* (1982) han encontrado que las personas rechazan ofertas de negociación que consideran injustas, como podría esperarse. Si la indignación es en verdad importante, se la puede incorporar explícitamente en los pagos; de ser así, nos hallamos de nuevo ante el problema del conjunto abierto. La indignación no tiene límites, aunque la gente diga lo

---

[4] Un buen ejemplo de las ideas de valores monetarios discretos y de la racionalidad secuencial se encuentra en la historia de Robert Louis Stevenson, "El diablillo de la botella" (Stevenson, 1987). El diablillo concede deseos al dueño de la botella, pero se apoderará de su alma si muere siendo propietario de ella. Aunque la botella no se puede regalar, sí se puede vender, pero sólo a un precio menor del que se pagó por ella.

contrario. Suponga que aceptar una oferta de acuerdo que beneficia al demandante más que al acusado da una desutilidad de x a este último debido a su indignación por el trato injusto. El demandante ofrecerá entonces llegar a un acuerdo por exactamente $60 - x$, de modo que el equilibrio sigue siendo débil y el acusado continúa indiferente a aceptar o rechazar la oferta. Persiste el problema del conjunto abierto, incluso después de añadir emociones reales al modelo.

He dedicado mucho tiempo al problema del conjunto abierto no porque sea importante, sino porque surge con gran frecuencia y es un punto difícil para las personas no familiarizadas con el modelado de juegos. No es un problema que preocupe a los modeladores experimentados, a diferencia de otros temas básicos que ya hemos abordado —por ejemplo, la forma en que un equilibrio de Nash llega a ser de conocimiento común entre los jugadores—, pero es importante entender por qué no es importante.

Demandas Legales Triviales III: emociones maliciosas

Una de las principales ideas equivocadas acerca de la teoría de juegos, así como de la economía en general, es aquella que hace caso omiso de las motivaciones no racionales y de las no monetarias. La teoría de juegos sí considera que las motivaciones básicas de los jugadores son exógenas al modelo, pero a la vez cruciales para el resultado y con frecuencia no son monetarias, aunque los pagos siempre se dan en valores numéricos. La teoría de los juegos no califica de irracional a quien prefiere el ocio al dinero o a quien está motivado por el deseo de convertirse en dictador del mundo. Es necesario ponderar con cuidado las emociones de los jugadores para determinar exactamente la forma en que las acciones y los resultados afectan a las utilidades del jugador.

A menudo, las emociones son importantes en los juicios legales y los profesores de jurisprudencia les dicen a sus alumnos que cuando los casos que estudian parecen implicar disputas muy triviales para que valga la pena llevarlas a juicio, pueden adivinar que las verdaderas razones son emotivas. Las emociones pueden manifestarse de maneras distintas. Al demandante simplemente le podría gustar ir a juicio, lo que puede expresarse como un valor de $p < 0$. Quizá esto sea cierto en muchos casos penales, porque a los fiscales les agrada aparecer en los periódicos, acreditarse ante el público por llevar a juicio ciertos tipos de delitos. Los juicios de Rodney King en 1992 y 1993 fueron de esta clase; sin importar los méritos de la acusación contra los policías que golpearon a Rodney King, los fiscales necesitaban ir a juicio para satisfacer la indignación pública, y cuando los fiscales del Estado fracasaron en el primer juicio, el gobierno federal aceptó gustosamente el costo de llevar a cabo el segundo. Otra motivación es que el demandante puede obtener utilidad por ganar el caso, independientemente de las recompensas monetarias, porque quiere una declaración pública de que él está en lo correcto. Con frecuencia ésta es la motivación de muchos juicios por calumnias, o la de un acusado penal que desea limpiar su nombre.

Una motivación emocional diferente para ir a juicio es el deseo de perjudicar al acusado (motivación que llamaremos "malicia", aunque también podría llamarse "enojo justificado", nombre igualmente inexacto). En tal caso, d entra como un argumento positivo en la función de utilidad del demandante. Construiremos un modelo de esta clase, las Demandas Legales Triviales III, y supondremos que $\gamma = 0.1$, $c = 3$, $p = 14$, $d = 50$ y $x = 100$, y que el demandante recibe una utilidad adicional de 0.1 multiplicada por la desutilidad del acusado. Adoptaremos también la técnica de la caja negra que mencionamos antes y supondremos que el acuerdo s está en la mitad del espacio de acuerdo. Los pagos, condicionados a que se llegue al juicio, son:

$$\pi_{demandante} \ (el \ acusado \ acepta) = s - c + 0.1s = 1.1s - 3 \qquad (2)$$

y

$$\pi_{demandante} \ (ir \ a \ juicio) = \gamma x - c - p + 0.1 \ (d + \gamma x) \qquad (3)$$
$$= 10 - 3 - 14 + 6 = -1.$$

Ahora bien, si empezamos de atrás hacia adelante de acuerdo con la racionalidad secuencial, observe que, como el pago del demandante por *Desistir* es –3, irá a juicio si el acusado rechaza la oferta de acuerdo. El pago general por presentar una demanda que eventualmente llegará a un juicio sigue siendo –1, que es peor que un pago de 0 por no presentar la demanda en primer lugar, pero si s es lo suficientemente alta, el pago por presentar la demanda y llegar a un acuerdo es todavía más alto. Si s es mayor que 1.82 (= [–1 + 3]/1.1, redondeado), el demandante prefiere el acuerdo y no el juicio, y si s es mayor que aproximadamente 2.73 (= [0 + 3]/1.1, redondeado), prefiere el acuerdo en vez de no llegar de ninguna manera al juicio.

Al determinar el espacio de acuerdo, el pago que importa es el pago incrementado esperado en vista de que la demanda se presentó. El demandante preferirá llegar a un acuerdo en el caso de cualquier s 1.82, y el demandante acordará en cualquier $s < \gamma x + d = 60$, como antes. El espacio de acuerdo es [1.82, 60], y $s = 30.91$. La oferta de acuerdo ya no es la elección maximizadora de un jugador; por tanto, se mueve hacia el resultado en la descripción del equilibrio que sigue:

Demandante: *Demandar, Ir a juicio*
Acusado: *Aceptar cualquier $s \leq 60$*
Resultado: El demandante presenta su demanda y ofrece $s = 30.91$, y el acusado acepta el acuerdo.

En este caso es importante la perfección porque al acusado le gustaría amenazar con no aceptar nunca un acuerdo y ser creído. El demandante no presentará la demanda dado su pago esperado de –1 si presenta una demanda que va a juicio, de modo que una amenaza creíble sería efectiva. Pero tal amenaza no es creíble. Una vez que el demandante presenta su demanda, el único equilibrio de Nash en el subjuego restante es que el acusado acepte su oferta de acuerdo. Esto es interesante porque el demandante, a pesar de su deseo de ir a juicio, termina por llegar a un acuerdo fuera del juicio. Cuando la información es simétrica, como lo es aquí, hay una tendencia a que el equilibrio sea eficiente. Aunque el demandante desea perjudicar al acusado, también quiere mantener bajos sus gastos. Por tanto, está dispuesto a perjudicar menos al acusado si eso le permite ahorrar en sus propios costos legales.

Un punto final antes de dejar estos modelos es que mucho del valor de modelar proviene simplemente del establecimiento de las reglas de un juego, lo que ayuda a mostrar qué es importante en una situación. Un problema que surge al establecer un modelo de demandas legales triviales es determinar qué es realmente una demanda legal trivial. En el juego de las Demandas Legales Triviales se le ha definido como una demanda por daños esperados que no cubren los costos del demandante por ir a juicio. Pero la necesidad de formular una definición trae a la mente otro problema al que podríamos llamar el problema de las demandas legales triviales: el demandante presenta demandas que sabe que no puede ganar, a menos que el tribunal cometa un error. Como el tribunal puede cometer un error con una alta probabilidad, los juegos anteriores no serían modelos adecuados —γ sería alta y el problema no es que la ganancia esperada del demandante al ir a juicio sea baja, sino el hecho de que es alta—. Éste también es un problema importante, pero al construir un modelo se ve que es un problema diferente.

4.4. RECOORDINACIÓN HACIA LOS EQUILIBRIOS DOMINANTES DE PARETO EN LOS SUBJUEGOS: LA PERFECCIÓN DE PARETO

Un refinamiento sencillo del equilibrio que se mencionó en el capítulo 1 es el de no admitir ningún perfil de equilibrio que sea dominante en el sentido de Pareto por los equilibrios de Nash. Así, en el juego de la Coordinación Jerarquizada el equilibrio de Nash inferior sería desechado como un equilibrio aceptable. La idea detrás de esto es que, de alguna forma no modelada, los jugadores discuten su situación y se coordinan para evitar los equilibrios malos. Como sólo se discuten los equilibrios de Nash, los acuerdos de los jugadores se ponen en ejecución por sí mismos, lo que es una sugerencia más limitada que el enfoque de la teoría del juego cooperativo, según la cual los jugadores hacen acuerdos obligatorios.

La idea de la coordinación puede llevarse más lejos de dos maneras diferentes. Una es la de pensar en coaliciones de jugadores que se coordinan en equilibrios favorables, de modo que dos jugadores pueden coordinarse en un equilibrio, aunque a un tercero no le guste. Bernheim, Peleg y Whinston (1987) y Bernheim y Whinston (1987) definen un perfil de estrategia de Nash como un **equilibrio de Nash a prueba de coaliciones** si ninguna coalición de jugadores puede llegar a un acuerdo que obligue por sí solo a desviarse de él. Llevaron la idea más allá subordinándola a la de la racionalidad secuencial. La forma natural de hacer esto es requerir que ninguna coalición se desvíe en los subjuegos futuros, un concepto al que se llama de varias maneras, entre ellas la **prueba de la renegociación,** la **recoordinación** (por ejemplo, Laffont y Tirole, 1993, p. 460) y la **perfección de Pareto** (por ejemplo, Fudenberg y Tirole, l991a, p. 175). La idea ha sido muy utilizada en el análisis de los juegos repetidos infinitamente, que en particular están sujetos al problema de los equilibrios múltiples; el artículo de Abreu, Pearce y Stachetti (1986) es un ejemplo de los escritos sobre este tema. Cualquiera que sea el nombre que se use, la idea es distinta del problema de la renegociación en los modelos del agente-principal que se estudiará en el capítulo 8, el cual implica rescribir los contratos obligatorios previos para hacer nuevos contratos obligatorios.

La mejor forma de demostrar la idea de la perfección de Pareto es mediante un ejemplo: el Acertijo de la Perfección de Pareto, cuya forma extensiva se muestra en la gráfica 4.5. En este juego Smith elige *Adentro* o la *Opción afuera 1*, que rinde pagos de 10 a cada jugador. Entonces Jones elige la *Opción afuera 2*, que rinde 20 a cada jugador, o inicia ya sea un juego de coordinación o un Dilema del Prisionero. En vez de dibujar los subjuegos totales en su forma extensiva, en la gráfica 4.5 se inserta la matriz de pagos para los subjuegos.

El Acertijo de la Perfección de Pareto ilustra la complicada interrelación entre la perfección y el dominio de Pareto. El perfil de estrategia dominante (Pareto) es *(Adentro, Dilema del Prisionero\Adentro, cualesquiera acciones en ι! subjuego de la Coordinación, acciones que rinden [50, 50] en el subjuego ωel Dilema del Prisionero).* Nadie espera que este perfil de estrategia sea un equilibrio, ya que ni es perfecto ni es un equilibrio de Nash. La perfección nos dice que si se llega al subjuego del Dilema del Prisionero los pagos serán (0, 0), y si se llega al subjuego de la Coordinación serán (1, 1) o (2, 30). En vista de ello, los equilibrios perfectos del Acertijo de la Perfección de Pareto son:

E1: *(Adentro, Opción afuera 2\Adentro, las acciones que rinden [1, 1] en el subjuego de la Coordinación, las acciones que rinden [0, 0] en el subjuego del Dilema del Prisionero).* Los pagos son (20, 20).

E2: *(Opción afuera 1, el juego de la Coordinación\Adentro, las acciones que rinden [2, 30] en el subjuego de la Coordinación, las acciones que rinden [0, 0] en el subjuego del Dilema del Prisionero).* Los pagos son (10, 10).

Si se aplica el dominio de Pareto sin la perfección, E1 será el equilibrio, ya que ambos jugadores lo prefieren. No obstante, si los jugadores pueden recoordinarse en cualquier punto y cambiar sus expectativas, entonces, de llegar el juego al subjuego de la Coordinación, los jugadores se recoordinarán en acciones que rinden (2, 30). Así, la perfección de Pareto elimina E1 como un equilibrio. No sólo elimina el perfil de estrategia dominante (en el sentido de Pareto) que rinde (50, 50) como un equilibrio, también elimina el perfil de estrategia perfecto dominante (Pareto) que rinde (20, 20). Por tanto, la perfección de Pareto no es lo mismo que elegir el perfil de estrategia perfecto dominante (Pareto).

GRÁFICA 4.5. *El Acertijo de la Perfección de Pareto*

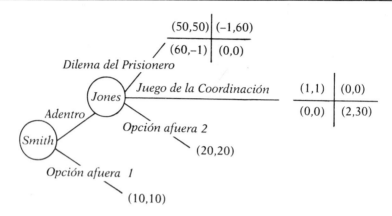

Es difícil decir cuál es el mejor equilibrio en este caso, pues se trata de un juego abstracto y no podemos utilizar detalles del mundo real para refinar el modelo. El enfoque de aplicar un refinamiento del equilibrio tendrá menos probabilidades de dar resultado que usar la intuición que subyace en el refinamiento. En este caso, la intuición consiste en que los jugadores de alguna manera se coordinarán en equilibrios dominantes de Pareto y quizá encuentren que la discusión abierta ayuda. Si hacemos un experimento de estudiantes jugadores que usan el Acertijo de la Perfección de Pareto, yo esperaría llegar a diferentes equilibrios, dependiendo de la clase de comunicación que se permita. Si a los jugadores sólo se les deja hablar antes de que empiece el juego, parece más probable que E1 será el equilibrio, ya que los jugadores pueden ponerse de acuerdo para jugarlo y no tendrán oportunidad para recoordinarse explícitamente más tarde. Si los jugadores pueden hablar en cualquier momento durante el juego, es más plausible E2. Surgen situaciones del mundo real cuando hay muchas tecnologías de comunicación diferentes, de tal manera que no hay una sola respuesta correcta.

4.5. EL DESCUENTO

Las secciones restantes del capítulo 4 dejan a un lado el tema de la perfección y de las amenazas creíbles. Esta sección introduce el importante instrumento de modelado que es el descuento.

Un modelo en que la acción ocurre en tiempo real debe especificar que los gastos y los ingresos se valoren en menos si se hacen posteriormente, es decir, si se les **descuenta.** El descuento se mide por la tasa de descuento o el factor de descuento.

*La **tasa de descuento,** r, es la fracción extra de una unidad de pago necesaria para compensar por retrasar un periodo el momento en que éste se recibe.*

*El **factor de descuento**, δ, es el valor en unidades de pago presentes de una unidad de pago que se recibirá un periodo despues del actual.*

La tasa de descuento es análoga a la tasa de interés, y en algunos modelos esta última determina la tasa de descuento. El factor de descuento representa exactamente la misma idea que la tasa de descuento, y $\delta = 1/(1 + r)$. Los modelos usan r o δ según las conveniencias de la notación. Un descuento de cero equivale a $r = 0$ y $\delta = 1$, así que la notación incluye un descuento de cero como un caso especial.

El incluir o no el descuento en un modelo implica dos aspectos. El primero es saber si la complejidad adicional irá acompañada de un cambio en los resultados o de una demostración sorprendente de que los resultados no cambian. El segundo, un problema más específico, es saber si los eventos del modelo ocurren en tiempo real, de manera que el descuento es adecuado. El juego de la negociación de las Ofertas que se Alternan, de la sección 11.3, se puede interpretar de dos formas. Una, los jugadores hacen todas sus ofertas y contraofertas entre el amanecer y el atardecer de un solo día, de modo que en esencia no ha transcurrido ningún tiempo real. La otra, cada oferta consume una semana de tiempo, de modo que el retraso antes de que se llegue a la negociación es importante para los jugadores. El descuento sólo es adecuado en la segunda interpretación.

El descuento tiene dos fuentes importantes: la preferencia temporal y una probabilidad de que el juego termine, representada por la tasa de la preferencia temporal, ρ, y la probabilidad en cada periodo de que termine el juego, θ. Por lo general se supone que ρ y θ son constantes. Si ambas toman el valor de cero, al jugador no le importa que sus pagos se programen para ahora o para dentro de 10 años. De otra manera, un jugador es indiferente entre $x/(1 + \rho)$ ahora y el pago garantizado de x un periodo después. Con probabilidad $(1 - \theta)$ el juego continúa y se hace el último pago, así que el jugador es indiferente entre $(1 - \theta)x/(1 + \rho)$ ahora y la promesa de que se le pagará x un periodo después, condicionada a que el juego continúe. Por tanto, el factor de descuento es:

$$\delta = \frac{1}{1 + r} = \frac{(1 - \theta)}{(1 + \rho)}. \tag{4}$$

El cuadro 4.2 resume las implicaciones del descuento para el valor de las corrientes de pagos de varias clases. No abordaremos cómo se derivan éstas, pero todas se fundamentan en el hecho básico de que un dólar pagado en el futuro vale actualmente δ dólares. Los modelos de tiempo continuo suelen referirse a las tasas de pago más que a sumas globales, por lo que el factor de descuento no es un concepto muy útil; pero el descuento funciona igual que en tiempos discretos, excepto que los pagos se componen continuamente. Para una explicación detallada, véase un texto de finanzas (por ejemplo, el apéndice A del libro de Copeland y Weston, 1988).

La manera de recordar la fórmula para la anualidad durante un periodo de tiempo es la de usar fórmulas para un pago en cierto momento del futuro y para una perpetuidad. Una corriente de x pagada al final de cada año vale x/r. Un pago de Y al final del periodo T tiene un valor presente de $-Y/(1 + r)^T$. Por tanto, si al principio del periodo T usted debe pagar una perpetuidad de x al final de cada año, el valor presente de ese pago es

$\left(\dfrac{x}{r}\right)\left(\dfrac{1}{1 + r}\right)^T$. También puede verse una corriente de pagos cada año desde

el presente hasta el periodo T, como si fuera lo mismo que poseer una perpetuidad, pero debiendo renunciar a la perpetuidad en el periodo T. Esto deja un valor presente de $\left(\dfrac{x}{r}\right)\left(1 - \left(\dfrac{1}{1 + r}\right)^T\right)$, que es la segunda fór-

mula para una anualidad dada en el cuadro 4.2. La gráfica 4.6 ejemplifica este enfoque de las anualidades y muestra cómo puede utilizarse también para valorar una corriente de ingreso que empieza en el periodo S y termina en el periodo T.

CUADRO 4.2. *Descuento*

	Valor descontado	
Corriente de pagos	*Notación-r* (tasa de descuento)	*Notación-δ* (factor de descuento)
x al final de un periodo	$\dfrac{x}{1 + r}$	δx
x al final de cada periodo en perpetuidad	$\dfrac{x}{r}$	$\dfrac{\delta x}{1 - \delta}$
x al principio de cada periodo en perpetuidad	$x + \dfrac{x}{r}$	$\dfrac{x}{1 - \delta}$
x al final de cada periodo hasta T (primera fórmula)	$\sum_{t=1}^{T} \dfrac{x}{(1 + r)^t}$	$\sum_{t=1}^{T} \delta^t x$
x al final de cada periodo hasta T (segunda fórmula)	$\dfrac{x}{r}\left(1 - \dfrac{1}{(1 + r)^T}\right)$	$\dfrac{\delta x}{1 - \delta}\left(1 - \delta^T\right)$
x en el tiempo t en tiempo continuo	xe^{-rt}	
Corriente de x por periodo hasta el tiempo T en tiempo continuo	$\displaystyle\int_0^T xe^{-rt}dt$	
Corriente de x por periodo en perpetuidad en tiempo continuo	$\dfrac{x}{r}$	

GRÁFICA 4.6. *Descuento*

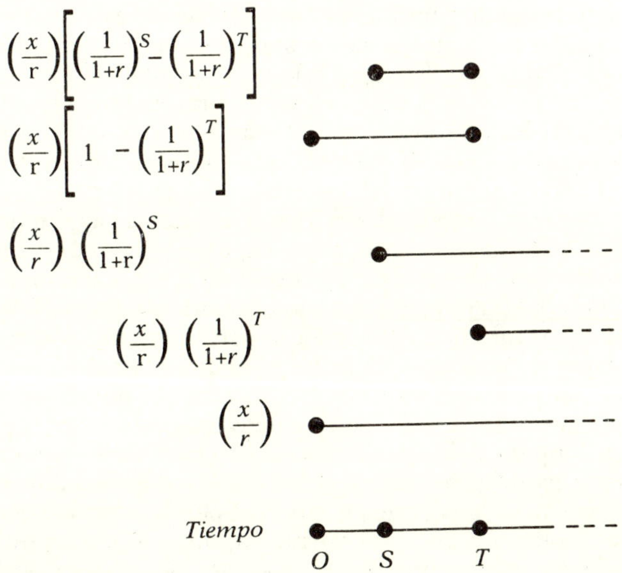

$$\left(\frac{x}{r}\right)\left[\left(\frac{1}{1+r}\right)^S - \left(\frac{1}{1+r}\right)^T\right]$$

$$\left(\frac{x}{r}\right)\left[1 - \left(\frac{1}{1+r}\right)^T\right]$$

$$\left(\frac{x}{r}\right)\left(\frac{1}{1+r}\right)^S$$

$$\left(\frac{x}{r}\right)\left(\frac{1}{1+r}\right)^T$$

$$\left(\frac{x}{r}\right)$$

Tiempo

O S T

El descuento no se incluirá en la mayoría de los juegos dinámicos de este libro, pero es un tema importante en juegos repetidos infinitamente, del cual se tratará más en la sección 5.2.

4.6. El equilibrio evolutivo: Halcón-Paloma

En la mayor parte de este libro hemos utilizado el concepto del equilibrio de Nash, o refinamientos del mismo basados en la información y en la secuencia, pero a menudo esos conceptos son inadecuados en la biología. Los animales piensan en las estrategias de sus oponentes en cada etapa del juego con menos probabilidad que los humanos. Es más probable que sus estrategias estén preprogramadas y que sus conjuntos de estrategia sean más limitados que los de un empresario, aunque tal vez no más que los de los clientes de éste. Además, la conducta evoluciona y cualquier equilibrio debe tener en cuenta la posibilidad de conductas extrañas originadas por la mutación ocasional. Los supuestos de que el equilibrio es de conocimiento común o de que los jugadores no pueden comprometerse previamente a las estrategias no son forzosos. Por tanto, los conceptos del equilibrio de Nash y de la racionalidad secuencial son menos útiles que cuando la teoría de juegos modela jugadores racionales.

En la biología, la teoría de juegos ha adquirido mayor importancia, pero el estilo es diferente que en la economía. El objetivo no es explicar la forma en que los jugadores elegirán sus acciones racionalmente en una situación dada, sino explicar la forma en que evoluciona o persiste la conducta en el transcurso del tiempo bajo choques exógenos. Ambos enfoques terminan por definir que los equilibrios son perfiles de estrategia que en cierto sentido resultan las mejores respuestas, pero a los biólogos les interesa mucho más la estabilidad del equilibrio y cómo interactúan las estrategias en el tiempo. En la sección 3.4 nos referimos brevemente a la estabilidad del equilibrio de Cournot, pero los economistas consideran a la estabilidad un agradable derivado del equilibrio, más que su justificación. Para los biólogos, la estabilidad es el punto del análisis.

Tomemos un juego con jugadores idénticos que participan en competencias entre dos individuos. En este contexto especial es conveniente pensar en un equilibrio como un perfil de estrategia tal que ningún jugador con una nueva estrategia pueda entrar al medio circundante (**invadir**) y recibir un pago esperado más alto que el de los jugadores antiguos. Además, la estrategia de invasión debería continuar funcionando bien aunque juegue contra sí misma con probabilidad finita, o la invasión nunca podría adquirir una importancia significativa. En el modelo más común en biología, todos los jugadores adoptan la misma estrategia en equilibrio, a la cual se llama una **estrategia estable evolutiva.** John Maynard Smith dio origen a esta idea que es algo confusa porque en realidad persigue un concepto de equilibrio, lo que implica un perfil de estrategia, no sólo la estrategia de un jugador. Para juegos con interacciones entre un par y jugadores idénticos se puede usar la estrategia estable evolutiva con el objeto de definir un concepto de equilibrio.

Una estrategia s* es una **estrategia estable evolutiva,** *o* EEE, *si, usando la notación* $\pi(s_i, s_{-i})$ *para los pagos del jugador i cuando su oponente usa la estrategia* s_{-i}, *para cada otra estrategia s'*

$$\pi(s^*, s^*) > \pi(s', s^*) \tag{5}$$

o

$$\pi(s^*, s^*) = \pi(s', s^*) \text{ y } \pi(s^*, s') > \pi(s', s'). \tag{6}$$

Si se mantiene la condición (5), una población de jugadores que usan s^* no podrá ser invadida por un mutante que usa s'. Si se mantiene la condición (6), s' se desempeña bien frente a s^*, pero mal contra sí misma, de modo que, si más de un jugador tratara de usar s' para invadir una población que usa s^*, los invasores fracasarían.

Podemos interpretar la EEE en términos del equilibrio de Nash. La condición (5) dice que s^* es un equilibrio de Nash fuerte (aunque no toda estrategia de Nash fuerte es EEE). La condición (6) dice que, si s^* es sólo una estrategia de Nash débil, la opción débil s' no es la mejor respuesta a sí misma. La EEE es un refinamiento del concepto de Nash, limitado por el requisito de que EEE sea no sólo la mejor respuesta, sino que además: *1)* tenga el mayor pago de cualquier estrategia (lo que elimina los equilibrios con pagos asimétricos) y *2)* sea una mejor respuesta a sí misma. Las motivaciones detrás de los dos conceptos de equilibrio son muy diferentes, pero las similitudes son útiles pues, aunque el modelador prefiera la EEE a Nash, puede empezar con las estrategias de Nash en sus esfuerzos por encontrar una EEE.

Un ejemplo de la EEE: Halcón-Paloma

El ejemplo más conocido de la EEE es el juego del Halcón y la Paloma. Imagine una población de pájaros, cada uno de los cuales puede actuar como un agresivo Halcón o como una pacífica Paloma. Nos concentraremos en dos pájaros elegidos al azar, el Pájaro 1 y el Pájaro 2. Cada pájaro tiene una sola oportunidad de seleccionar su conducta al encontrarse con otro pájaro. Cuando se encuentran dos pájaros está en juego un recurso que vale $V = 2$ ("unidades de ajuste"). Si ambos pelean, el perdedor incurre en un costo de $C = 4$, lo que significa que el pago esperado al encontrarse dos Halcones es -1 ($= 0.5[2] + 0.5[-4]$) para cada uno. Si se encuentran dos Palomas, dividen el recurso para obtener un pago de 1 cada una. Cuando un Halcón se encuentra con una Paloma, ésta huye, para un pago de 0, y deja al Halcón con un pago de 2. El cuadro 4.3 resume esta situación.

CUADRO 4.3. *Halcón-Paloma: notación en economía*

$z^H = 0.6[-1] + 0.4[2] = -0.6 + 0.8 = 0.2$

$z^P = 0.6[0] + 0.4[1] = 0.4$

		Pájaro 2		
		Halcón		*Paloma*
	Halcón	−1, −1	→	**2, 0**
Pájaro 1		↓		↑
	Paloma	**0, 2**	←	1, 1

Pagos a: (Pájaro 1, Pájaro 2)

Con frecuencia estos pagos se muestran en forma diferente en los juegos de biología. Como los dos jugadores son idénticos, se pueden exhibir los pagos en un cuadro que sólo presente los pagos del jugador hilera. Si se aplica esto a Halcón-Paloma, obtenemos el cuadro 4.4.

CUADRO 4.4. *Halcón-Paloma: notación en biología*

		Pájaro 2	
		Halcón	*Paloma*
	Halcón	−1	2
Pájaro 1			
	Paloma	0	1

Pagos a: (Pájaro 1, Pájaro 1)

Halcón-Paloma ahora es Gallina, pero con plumas nuevas. Los dos juegos tienen el mismo ordenamiento cardinal de los pagos, como puede verse comparando el cuadro 4.3 con el cuadro 3.2, y sus equilibrios también son los mismos, excepto por la mezcla de parámetros. Halcón-Paloma no tiene un equilibrio Nash de estrategia pura simétrica, y por tanto tampoco EEE de estrategia pura, ya que en los dos equilibrios Nash asimétricos *Halcón* da un mayor pago que *Paloma*, y las palomas desaparecerían de la población. En la EEE para este juego, ni los halcones ni las palomas se apoderan completamente del ambiente. Si la población consistiera sólo en halcones, una paloma podría invadir y obtener un pago de cero contra un halcón en un solo periodo, en comparación con el –1 que un halcón obtiene contra otro halcón. Si la población consistiera completamente en palomas, un halcón podría invadir y obtener un pago de 2 contra una paloma en un solo periodo, en comparación con el 1 que una paloma obtiene contra otra paloma.

En la EEE de estrategia mixta, la estrategia de equilibrio es ser halcón con probabilidad de 0.5 y paloma con probabilidad de 0.5, lo que puede interpretarse como una población en que 50% son halcones y 50% son palomas. Como en los equilibrios de estrategia mixta del capítulo 3, a los jugadores les son indiferentes sus estrategias. El pago esperado de ser un halcón es de 0.5(2) por encontrar una paloma, más el de 0.5(–1) por encontrar otro halcón, lo que suma 0.5. El pago esperado de ser una paloma es de 0.5(1) por encontrar otra paloma, más el de 0.5(0) por encontrar un halcón, lo que también suma 0.5. Además, el equilibrio es estable en un sentido similar al equilibrio de Cournot. Si 60% de la población fueran halcones, un pájaro estaría mejor siendo paloma. Si "estar mejor" significa ser capaz de reproducirse con más rapidez, el número de palomas aumenta y con el tiempo la proporción retorna al 50 por ciento.

La EEE depende de los conjuntos de estrategia que se asignan a los jugadores. Si dos pájaros basan su conducta en eventos aleatorios observados comúnmente, tales como el hecho de que un pájaro llega al recurso primero, y $V > C$ (como se especificó antes), una estrategia a la que se llama la **estrategia del burgués** es una EEE. Bajo esta estrategia, el pájaro respeta los derechos de propiedad como un buen burgués; se comporta como un halcón si llega primero y como una paloma si llega segundo, y suponemos que el orden de llegada es aleatorio. La estrategia del burgués tiene un pago esperado de 1 si se encuentra con ella misma, y se comporta como un factor de aleatoriedad 50:50 cuando encuentra una estrategia que ignora el orden de llegada, de modo que puede invadir con éxito una población en que predomina la aleatoriedad de 50:50. Pero la estrategia del burgués es una estrategia correlacionada (véase la sección 3.3) y requiere de algo parecido al orden de llegada para decidir cuál de dos jugadores idénticos desempeñará el papel de *Halcón*.

La EEE se adapta bien a juegos en que todos los jugadores son idénticos e interactúan en pares. No se aplica a juegos con jugadores que no son idénticos —lobos que pueden ser astutos o grandes y venados que pueden ser veloces o fuertes—, aunque se pueden construir otros conceptos de equilibrio del mismo tipo. El planteamiento sigue tres pasos, que especifican:

1) las proporciones de la población inicial y las probabilidades de interacciones, *2)* las interacciones entre un par y *3)* la dinámica por la que los jugadores con mayores pagos aumentan su número en la población. Por lo general, los juegos en economía sólo usan el segundo paso, que describe las estrategias y los pagos por una sola interacción.

El tercer paso, la dinámica evolutiva, es particularmente ajeno a la economía. Al especificar la dinámica, el modelador debe precisar una ecuación de diferencia (para un tiempo discreto) o ecuación diferencial (para tiempo continuo) que describe cómo cambian las estrategias empleadas en el curso de las iteraciones, ya sea porque los jugadores tienen un número diferente de descendientes o porque aprenden a cambiar sus estrategias con el tiempo. En los juegos de economía, el proceso de ajuste suele ser degenerativo: los jugadores pasan instantáneamente al equilibrio. En los juegos de biología, el proceso de ajuste es más lento y no se le puede derivar de la teoría. La rapidez con que la población de halcones aumenta en relación con la de palomas depende del metabolismo del pájaro y de la duración de una generación.

Además, la dinámica lenta hace que el punto inicial del juego sea importante, a diferencia del caso en que el ajuste es instantáneo. La gráfica 4.7, tomada de D. Friedman (1991), muestra una manera de representar gráficamente la evolución en un juego con las tres estrategias de *Halcón*, *Paloma* y *Burgués*. Un punto en el triángulo representa la proporción de las tres estrategias en la población. En el punto E_3, por ejemplo, la mitad de los pájaros juega *Halcón*, la mitad juega *Paloma* y ninguno juega *Burgués*, mientras que en E_4 todos los pájaros juegan *Burgués*.

La gráfica 4.7 muestra el resultado de la dinámica basada en una función especificada por Friedman que da la tasa de cambio correspondiente a las proporciones de una estrategia con base en su pago relativo a las otras dos estrategias. Los puntos E_1, E_2, E_3 y E_4 son puntos fijos en el sentido de que las proporciones no cambian sin importar en cuál de esos puntos empieza el juego. Sin embargo, sólo el punto E_4 representa un equilibrio estable evolutivo, y si el juego empieza con una proporción positiva de pájaros que juegan *Burgués*, las proporciones tienden hacia E_4. El juego original de Halcón-Paloma, que excluía la estrategia del burgués, puede verse como la línea HP en la base del triángulo, y E_3 es estable evolutivamente en ese juego restringido.

La gráfica 4.7 también muestra la importancia de la mutación en los juegos de biología. Si la población de pájaros es cien por ciento de palomas, como en E_2, permanece así en ausencia de mutaciones ya que, si no hay halcones para empezar, el hecho de que se reproducen a una tasa más alta que las palomas es irrelevante. No obstante, si un pájaro pudiera mutar para jugar *Halcón* y luego transmitir esa conducta a su descendencia, eventualmente algún pájaro lo haría y la estrategia mutante tendría éxito. La tecnología de las mutaciones puede ser determinante para el equilibrio final. En juegos más complicados que Halcón-Paloma puede ser importante que las mutaciones sean desplazamientos pequeños y accidentales de estrategias similares a las que se juegan actualmente, o que su tamaño sea arbitrario, de modo que puede llegarse a una estrategia superior muy diferente de las que existen.

GRÁFICA 4.7. *Dinámica evolutiva en el juego de Halcón-Paloma-Burgués*

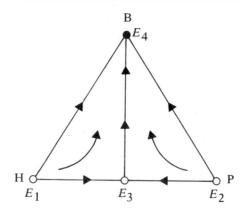

La idea de la mutación es distinta de la idea de la dinámica evolutiva, y es posible usar una sin usar la otra. En los modelos económicos, una mutación correspondería a la aparición de una nueva acción en el conjunto de acción de uno de los jugadores en un juego. Ésta es una forma de modelar la innovación: no como una investigación seguida por descubrimientos estocásticos, sino como un aprendizaje accidental. El modelador podría especificar que la acción descubierta se hace disponible para los jugadores lentamente mediante la dinámica evolutiva, o inmediatamente, como es el estilo usual en la economía. Este estilo de investigación ofrece buenas perspectivas para la economía, pero como las tecnologías de la dinámica y de la mutación son importantes, existe el peligro de sólo multiplicar los modelos sin resultados confiables, a menos que el modelador se limite a un contexto muy restringido y base su tecnología en mediciones empíricas.

NOTAS

N4.1. *La perfección de los subjuegos*

- [El término "perfección" en español se utiliza para traducir los términos *"perfectness"* y *"perfection"* del inglés, pues en ese idioma se consideran sinónimos (N. del T.)]. Selten (1965) propuso el concepto de equilibrio en un artículo escrito en alemán. *"Perfectness"* es usado en Selten (1975) y transmite la impresión de algo completo, lo que es más adecuado al concepto que el calificativo de bueno que implica *"perfection"*. Sin embargo, en inglés *"perfection"* es más común.
- Es discutible que la definición de subjuego deba incluir al juego original. Por ejemplo, Gibbons (1992, p. 122) no lo incluye y generalmente los modeladores tampoco lo incluyen en su discurso.
- La perfección no es la única manera de eliminar los equilibrios de Nash débiles como *(Permanecer afuera, Coludirse)*. En la obstaculización de la Entrada I *(Ingresar, Coludirse)* es el único equilibrio dominante iterativo, porque *Pelear* es dominado débilmente por el monopolista.

- La diferencia entre equilibrios de Nash perfectos y no perfectos es como la distinción entre las trayectorias de **circuitos cerrados** y de **circuitos abiertos** en la programación dinámica. Las trayectorias de curva cerrada (o **retroalimentación**) se pueden revisar después de haber empezado, como las estrategias de equilibrios perfectos, mientras que las trayectorias de curva abierta están totalmente preespecificadas (aunque pueden depender de las variables del estado). En la programación dinámica la distinción no es tan importante, porque las estrategias preespecificadas no cambian la conducta de los otros jugadores. Por ejemplo, ninguna amenaza alterará el efecto de la gravedad de la Luna sobre un cohete.

- Un subjuego puede tener una duración infinita, y los juegos infinitos pueden tener equilibrios no perfectos. El Dilema del Prisionero repetido infinitamente es un ejemplo; en este caso todo subjuego luce exactamente como el juego original, pero empieza en un punto diferente en el tiempo.

- **Racionalidad secuencial en la macroeconomía**. En macroeconomía, el requisito de la **consistencia dinámica** o **consistencia temporal** es similar a la perfección. Estos términos están definidos con menos precisión que la perfección; pero por lo general requieren que las estrategias sólo necesiten ser la mejor respuesta en subjuegos que empiezan en los nodos sobre el curso de equilibrio, y no en todos los subjuegos. Con esta interpretación, la consistencia temporal es una condición menos rígida que la perfección total.

   Por ejemplo, quizá la Reserva Federal quiera inducir a la inflación para estimular la economía; pero ésta sólo es estimulada si no se espera inflación. Si se espera inflación, sus únicos efectos son malos. Como el público sabe que a la Reserva Federal le gustaría despistarlo, no cree en sus declaraciones de que no generará inflación (véase Kydland y Prescott, 1977). De igual manera, al gobierno le gustaría emitir deuda nominal y promete a los prestamistas que mantendrá baja la inflación, pero una vez que emite la deuda, el gobierno tiene un incentivo para "inflar" su valor real hasta que sea de cero. Una razón por la que se estableció como institución independiente a la Junta de la Reserva Federal de los Estados Unidos fue la de reducir este problema.

   El uso de la teoría de juegos ha aumentado rápidamente en la macroeconomía. Para referencias al respecto véase el libro de Canzoneri y Henderson (1991), que se centra en la coordinación internacional y presta atención particular a las estrategias que activan un juego.

- A menudo, la irracionalidad —conducta automática en vez de estratégica— es una ventaja. La Máquina del Apocalipsis en la película *Dr. Strangelove* es un ejemplo. La Unión Soviética decide que no puede ganar una carrera armamentista racional contra los Estados Unidos, que son más ricos, por lo que crea una bomba que automáticamente hace explotar a todo el mundo si alguien detona una bomba nuclear. La película también ejemplifica un detalle crucial sin el cual esa irracionalidad sería peor que inútil: tiene que decir a su adversario que usted posee esa máquina.

   Se dice que el presidente Nixon le platicó a su ayudante H. R. Haldeman que él seguía una versión más complicada de esta estrategia: "La llamo la Teoría del Lunático, Bob. Quiero que los norvietnamitas crean que he llegado al punto en que *haría cualquier cosa* para acabar con la guerra. Dejaremos que les llegue el mensaje de que 'Por Dios, ustedes saben que Nixon está obsesionado con el comunismo. No podemos detenerlo cuando se enoja... y tiene su mano sobre el botón nuclear', y el mismo Ho Chi Minh estará en París a los dos días pidiendo la paz" (Haldeman y DiMona, 1978, p. 83). El modelo de la Pandilla de los Cuatro en la sección 6.4 trata de modelar una situación como ésta.

- El acuerdo de "encerrar" es un ejemplo de una amenaza creíble; al defenderse de un intento hostil por apoderarse de la empresa, puede hacerse que sea obligatorio legalmente cumplir con la amenaza de acabar con la empresa. Véase Macey y McChesney, 1985, p. 33.

N4.3. *Un ejemplo de perfección: Obstaculización de la Entrada* i

- El equilibrio de Stackelberg de un juego de duopolio (sección 3.4) puede considerarse el equilibrio perfecto de un juego de Cournot modificado de tal manera que un jugador mueve primero, juego similar a Obstaculización de la Entrada i. El jugador que mueve primero es el líder de Stackelberg y el que mueve segundo es el seguidor de Stackelberg. El seguidor puede amenazar con producir más, pero no llevará a cabo su amenaza si el líder produce más primero.
- La perfección no es una propiedad del equilibrio muy deseable en los juegos biológicos. La razón de que el orden de los movimientos importe es que la mejor respuesta racional depende del nodo al que ha llegado el juego. En muchos juegos biológicos los jugadores actúan por instinto y la conducta sin pensar no es irreal.
- Reinganum y Stokey (1985) presentan con claridad las implicaciones de la perfección y del compromiso ejemplificadas con el asunto de la extracción de recursos naturales.

N4.6. *Equilibrio evolutivo: Halcón-Paloma*

- Dawkins (1989) ofrece una buena introducción verbal al conflicto evolutivo. Véase también Axelrod y Hamilton (1981) para un artículo breve sobre las aplicaciones biológicas del Dilema del Prisionero; Hines (1987) para un panorama general, y Maynard Smith (1982) para un libro sobre el tema. J. Hirshleifer (1982) compara los enfoques de los economistas y de los biólogos. Entre los economistas, Cornell y Roll (1981) y Riley (1979a) han utilizado la EEE. El texto de Jacquemin (1985) sobre la organización industrial simpatiza con el enfoque evolutivo, y Boyd y Richerson (1985) lo usan para estudiar la transmisión cultural, que tiene importantes diferencias con la transmisión puramente genética. Sugden (1986) ha escrito un libro utilizando la teoría de juegos desde el enfoque biológico para estudiar la teoría social.

PROBLEMAS

4.1: *Obstaculización Repetida de la Entrada*

Considere dos repeticiones sin descuento del juego de la Obstaculización de la Entrada i de la sección 4.2. Suponga que hay una empresa que decide si entra o no secuencialmente en dos mercados dominados por la misma empresa.

4.1a) Dibuje la forma extensiva de este juego.

4.1b) ¿Cuáles son los 16 elementos de los conjuntos de estrategia de la empresa que aspira a ingresar?

4.1c) ¿Cuál es el equilibrio perfecto del subjuego?

4.1d) ¿Cuál es uno de los equilibrios de Nash no perfectos?

4.2: *Estrategias Estables Evolutivas*

Durante su almuerzo, una población de académicos protagoniza el siguiente juego de coordinación acerca de sus dos temas de conversación posibles, el futbol y la economía. Suponga que $N_t(F)$ y $N_t(E)$ es el número de los que hablan de futbol y de economía en el periodo t, y sea θ el porcentaje de los que hablan de futbol, de modo que $\theta = \dfrac{N(Futbol)}{N\,(Futbol) + (Economía)}$

Las regulaciones del gobierno que requieren que se asista al almuerzo y que estipulan los temas de conversación han conservado los valores en $\theta = 0.5$, $N_t(F) = 50\,000$ y $N_t(E) = 50\,000$ hasta la reforma desreguladora de este año. En el futuro, algunas personas pueden decidir ir a almorzar a sus casas o cambiar el tema de su conversación. El cuadro 4.5 muestra los pagos.

CUADRO 4.5. *Estrategias Estables Evolutivas*

		Académico 2	
		Futbol (θ)	Economía ($1 - \theta$)
Académico 1	Futbol (θ)	1, 1	0, 0
	Economía ($1 - \theta$)	0, 0	5, 5

Pagos a: (Académico 1, Académico 2)

4.2a) Hay tres equilibrios de Nash: *(Futbol, Futbol)*, *(Economía, Economía)* y un equilibro de estrategia mixta. ¿Cuáles son las estrategias estables evolutivas?

4.2b) Sea $N_t(s)$ el número de académicos que juegan una estrategia particular en el periodo t, y sea $\pi_t(s)$ el pago. Elabore una ecuación de diferencia de Markov para expresar la dinámica de la población desde un periodo al siguiente: $N_{t+1}(s) = f(N_t(s),\ \pi_t(s))$. Empiece el sistema con una población de académicos de 100 000, en la que la mitad hablan de futbol y la otra mitad de economía. Use la dinámica para completar el cuadro 4.6.

CUADRO 4.6. *Dinámica de conversación*

t	$N_t(F)$	$N_t(E)$	θ	$\pi_t(F)$	$\pi_t(E)$
-1	50 000	50 000	0.5	0.5	2.5
0					
1					
2					

4.2c) Repita la parte b), pero especificando una dinámica que no sea de Markov, en que $N_{t+1}(s) = f(N_t(s),\ \pi_t\,(s),\ \pi_{t-1}(s))$.

4.3. *Plinio y el juicio de los siervos*

(Plinio, 1963, pp. 221-224, Riker, 1986, pp. 78-88). Afranius Dexter murió misteriosamente, quizá por su propia mano, quizá asesinado por sus siervos o quizá sus libertos lo mataron obedeciendo sus órdenes. Los siervos fueron sometidos a juicio por el Senado romano. Suponga que 45% de los senadores favorece dejarlos libres, que 35% los condena al destierro y que 20% prefiere ejecutarlos, y que las jerarquías de las preferencias en los tres grupos son $A > D > E, > D > A > E >$ y $E > D > A >$. También suponga que cada grupo tiene un líder y que vota como un bloque.

4.3a) El procedimiento legal moderno requiere que el tribunal decida acerca de la culpabilidad primero y después asigne una pena si se encuentra culpable al acusado. Dibuje un árbol para representar la secuencia de eventos (no será un árbol de juego, ya que representará las acciones de los grupos de jugadores, no de los individuos). ¿Cuál es el resultado en un equilibrio perfecto?

4.3b) Suponga que el grupo que favorece la declaratoria de libertad se compromete previamente a la forma en que votará en el segundo periodo, si en el primero se decide que los acusados son culpables. ¿Qué harán y qué sucederá? ¿Qué hará el grupo que favorece la ejecución si en el segundo periodo ellos controlan el voto de los que favorecen la declaratoria de libertad?

4.3c) El procedimiento romano normal empezaba con una votación sobre ejecutarlos o no, y después se votaba por las alternativas en un segundo periodo si los que preferían la ejecución no era la mayoría. Dibuje un árbol para representar esto. ¿Qué sucederá en dicho caso?

4.3d) Plinio propuso que los senadores se dividieran en tres grupos, según apoyaran la declaratoria de libertad, el destierro o la ejecución, y que la posición que obtuviera la mayoría de votos ganaría. La propuesta originó una vehemente protesta. ¿Por qué la propuso?

4.3e) Plinio no obtuvo el resultado que esperaba con su propuesta de votación. ¿Por qué no?

4.3f) Suponga qué consideraciones personales hacen que para un senador sea de la mayor importancia demostrar que se compromete con su voto, aunque tenga que sacrificar su preferencia por un resultado particular. De haber una votación para decidir si se usa el procedimiento romano tradicional o el de Plinio, ¿quién votaría a favor de Plinio y qué les sucedería a los siervos?

4.4. *Agarre el Dólar*

El cuadro 4.7 muestra los pagos para el juego de movimientos simultáneos Agarre el Dólar. Se coloca un dólar de plata sobre la mesa entre Smith y Jones. Si uno lo agarra, se queda con el dólar, para un pago de 4 útiles. Si ambos tratan de agarrarlo, ninguno obtiene el dólar y ambos se sentirán frustrados. Si ninguno trata de agarrarlo, cada uno obtendrá algo.

$$E^A: -1(\theta) + 4(1-\theta) : 4(1-\theta) - \theta : 4 - 5\theta$$ $$\quad si \; \theta: 60\%$$
$$E^E: 0(\theta) + (1-\theta) : 1-\theta : 1 - \theta : 6 \qquad E^A: -1$$

Cuadro 4.7. *Agarre el Dólar*

		Jones	
		Agarrar (θ)	Esperar ($1 - \theta$)
Smith	Agarrar (θ)	$-1, -1$	$4, 0$
	Esperar (θ)	$0, 4$	$1, 1$
	Pagos a: (Smith, Jones)		

4.4a) ¿Cuáles son las estrategias estables evolutivas?

4.4b) Suponga que cada jugador en la población es un punto en un *continuun*, y que el número inicial de jugadores es 1, distribuidos por igual entre *Agarrar* y *Esperar*. Represente por $N_t(s)$ al número de jugadores que juegan una estrategia particular en el periodo t y represente el pago por $\pi_t(s)$. Deje que la dinámica de la población sea $N_{t+1}(i) = (2N_t(i)) \left(\dfrac{\pi_t(i)}{\Sigma_j \pi_t(j)} \right)$ Encuentre los asientos que faltan en el cuadro 4.8.

Cuadro 4.8. *Agarre el Dólar: dinámica*

t	$N_t(G)$	$Nt(W)$	$N_t(total)$	θ	$\pi_t(G)$	$\pi_t(w)$
0	0.5	0.5	1	0.5	1.5	0.5
1						
2						

4.4c) Repita la parte *b)*, pero con la dinámica $N_{t+t}(s) =$

$$\left[1 + \frac{\pi_t(s)}{\Sigma_j \pi_t(j)} \right] [2N_t(s)].$$

5. REPUTACIÓN Y JUEGOS REPETIDOS CON INFORMACIÓN SIMÉTRICA

5.1. Juegos repetidos finitamente y la Paradoja de la Cadena de Tiendas

El capítulo 4 mostró cómo refinar el concepto del equilibrio de Nash para encontrar equilibrios sensibles en juegos con movimientos en secuencia en el tiempo, llamados juegos dinámicos. Una clase importante de los juegos dinámicos son los juegos repetidos, en los cuales los jugadores toman la misma decisión repetidamente en el mismo ambiente. La sección 4.6 se aproxima a esto en la discusión de los juegos biológicos, donde un juego sencillo como el de Halcón-Paloma se repitió muchas veces, pero una parte crucial de los juegos biológicos es que la población que juega cambia con el tiempo. De hecho, el equilibrio es una mezcla estable de población. El capítulo 5 tratará de los juegos repetidos en que las reglas del juego no cambian con cada repetición. Todo lo que cambia es la "historia", la cual aumenta al pasar el tiempo, y si el número de repeticiones es finito, cambia además el enfoque del final del juego. También es posible que la estructura de información cambie en el tiempo, ya que los movimientos de los jugadores pueden transmitir información privada, pero este capítulo se limitará a los juegos de información simétrica.

En la sección 5.1 se mostrará la carencia "perversa" de importancia de la repetición en los juegos para la Obstaculización de la Entrada y el Dilema del Prisionero, fenómeno que se conoce como la Paradoja de la Cadena de Tiendas. Ni el descuento, ni las fechas finales probabilísticas, ni las repeticiones infinitas, ni los compromisos previos son formas satisfactorias de escapar de la Paradoja de la Cadena de Tiendas, lo cual se resume en el Teorema Folk de la sección 5.2. En ésta también se tratará de las estrategias que castigan a los jugadores que no cooperan en el juego repetido —estrategias como la pesimista, la del desquite (o venganza) y la de minimax—. En la sección 5.3 se elabora una estructura para modelos de reputación basados en el Dilema del Prisionero, y la sección 5.4 presenta un modelo de reputación particular, el modelo Klein-Leffler de la calidad del producto. La sección 5.5 concluye el capítulo con un modelo de los costos del consumidor por cambiar de producto en el caso de generaciones que en parte son simultáneas, el cual utiliza la idea de las estrategias de Markov para reducir el número de equilibrios.

La Paradoja de la Cadena de Tiendas (Selten, 1978)

Suponga que repetimos Obstaculización de la Entrada I (de la sección 4.2) 20 veces en el contexto de una cadena de tiendas que trata de impedir el ingreso en 20 mercados en los que tiene expendios. Hemos visto que no se impedirá el ingreso en un solo mercado, pero tal vez con 20 mercados el resultado es diferente porque la cadena de tiendas combatirá al primero que intenta entrar para impedir el ingreso en los otros 19 mercados.

El juego repetido es mucho más complejo que el **juego de un solo movimiento**, como se llama a la versión no repetida. La acción de un jugador sigue siendo *Ingresar* o *Permanecer afuera, Pelear* o *Coludirse,* pero su estrategia es una regla potencialmente muy complicada que le dice qué acción elegir, según hayan sido las acciones elegidas por ambos jugadores en los periodos previos. Incluso el Dilema del Prisionero repetido en cinco ocasiones tiene un conjunto de estrategia con más de 2 000 millones de estrategias para cada jugador y el número de perfiles de estrategia es todavía mayor (Sugden, 1986, p. 108).

La forma obvia de resolver el juego es desde el principio, cuando existe la menor historia pasada con la cual condicionar una estrategia, pero no es fácil. Tenemos que seguir a Kierkegaard, quien dijo que "la vida sólo puede entenderse hacia atrás, pero se la debe vivir hacia adelante" (Kierkegaard, 1938, p. 465). Al elegir su primera acción, un jugador ve hacia adelante, hacia sus implicaciones para todos los periodos futuros, así que es más sencillo empezar comprendiendo el final de un juego de varios periodos, donde el futuro es el menor posible.

Considere la situación en que 19 mercados ya han sido invadidos (y quizá la cadena de tiendas combatió, o quizá no hizo nada). En el último mercado, el subjuego en que los dos jugadores se encuentran es idéntico a la Obstaculización de la Entrada I de un solo periodo, de tal manera que la empresa que quiere entrar elegirá *Ingresar* y la cadena de tiendas preferirá *Coludirse,* independientemente de la historia pasada del juego. Después considere el penúltimo mercado. La cadena de tiendas no ganará nada haciéndose una reputación de empresa feroz, porque es de conocimiento común que de todos modos optará por *Coludirse* con el recién ingresado. Por tanto, le es igual *Coludirse* en el mercado 19. Pero podemos decir lo mismo del mercado 18 y, continuando la inducción hacia atrás, de todo mercado, incluyendo el primero. A este resultado se le llama la **Paradoja de la Cadena de Tiendas**.

La inducción hacia atrás asegura que el perfil de estrategia será un equilibrio perfecto del subjuego. Hay otros equilibrios de Nash —*(Pelear siempre, No ingresar nunca),* por ejemplo—, pero debido a la Paradoja de la Cadena de Tiendas no son perfectos.

El Dilema del Prisionero repetido

El Dilema del Prisionero es similar a la Obstaculización de la Entrada I. A los prisioneros les gustaría comprometerse a *Negar,* pero, en ausencia de un compromiso, prefieren *Confesar.* Se puede aplicar la Paradoja de la Cadena de Tiendas para mostrar que la repetición no induce a la conducta cooperativa. Ambos prisioneros saben que en la última repetición confesarán. Después de 18 repeticiones saben que sin importar lo que ocurra en la repetición 19 ambos optarán por *Confesar* en la repetición 20, de modo que les sería igual *Confesar* en la 19 también. Crear una reputación no tiene caso porque en el periodo 20 será irrelevante. Intuitivamente ambos jugadores eligen *Confesar* en cada periodo, el único resultado de equilibrio perfecto.

De hecho, como consecuencia de que el Dilema del Prisionero de un solo movimiento tiene un equilibrio de estrategia dominante, *Confesar* es el único resultado de Nash para el Dilema del Prisionero repetido, no sólo el único resultado perfecto. El argumento del párrafo anterior no mostró que confesar era el único resultado de Nash. Para mostrar la perfección del subjuego se procede del final hacia el principio utilizando subjuegos cada vez más largos. Para mostrar que confesar es el único resultado de Nash no vemos los subjuegos, sino que eliminamos clases sucesivas de estrategias que no pueden ser de Nash. Considere las partes de la estrategia que se aplican al sendero de equilibrio (es decir, las partes directamente importantes para los pagos). Ninguna estrategia que requiere que en el último periodo se opte por *Negar* puede ser una estrategia de Nash, porque la misma estrategia de remplazar a *Negar* por *Confesar* la dominará. Pero si ambos jugadores tienen estrategias que requieren que confiesen en el último periodo, ninguna estrategia que no requiera que confiesen en el penúltimo periodo será una estrategia de Nash, porque un jugador debería desviarse remplazando *Negar* por *Confesar* en el penúltimo periodo. El argumento puede seguirse hacia el inicio hasta el primer periodo, eliminando cualquier clase de estrategias que no requiera confesar en todo el sendero de equilibrio.

La estrategia de confesar siempre no es una estrategia dominante, como lo es en el juego de un solo movimiento, porque no es la mejor respuesta a las varias estrategias subóptimas como *(Negar hasta que el otro jugador confiese, entonces Negar el resto del juego)*. Además, la unicidad sólo está en el sendero de equilibrio. Las estrategias de Nash no perfectas pueden requerir cooperar en los nodos alejados del sendero de equilibrio, ya que esa acción nunca se tendrá que tomar. Si Hilera ha elegido *(Confesar siempre)*, una de las mejores respuestas de Columna es *(Confesar siempre a menos que Hilera haya elegido Negar diez veces; después Negar siempre)*.

5.2. Juegos repetidos infinitamente, castigos minimax y el Teorema Folk

La contradicción entre la Paradoja de la Cadena de Tiendas y lo que muchas personas consideran la conducta del mundo real ha sido resuelta con mucho éxito añadiendo información incompleta al modelo, como puede verse en la sección 6.4. Sin embargo, antes de ver la información incompleta, estudiaremos otras modificaciones. Una idea es la de repetir el Dilema del Prisionero un número infinito de veces en vez de un número finito (después de todo, pocas economías tienen una fecha de terminación conocida). Sin un último periodo, el argumento inductivo no funciona en la Paradoja de la Cadena de Tiendas.

De hecho, podemos encontrar un equilibrio perfecto sencillo para el Dilema del Prisionero repetido infinitamente, en que ambos jugadores cooperan —juego en que ambos jugadores adoptan la estrategia pesimista—.

La estrategia pesimista

1) Empiece eligiendo Negar.
2) Continúe eligiendo Negar a menos que algún jugador elija Confesar, en cuyo caso elija Confesar siempre.

Observe que la estrategia pesimista dice que aunque un jugador es el primero en desviarse y elegir *Confesar*, continúa eligiendo *Confesar* a partir de entonces.

Si Columna utiliza la estrategia pesimista, ésta será débilmente la mejor respuesta de Hilera. Si Hilera coopera, continuará recibiendo el pago alto *(Negar, Negar)* siempre. Si confiesa, recibirá el pago más alto *(Confesar, Negar)* una vez, pero después lo mejor que puede esperar es el pago por *(Confesar, Confesar)*.

Aun en el juego repetido infinitamente la cooperación no es inmediata, y no toda estrategia que castigue la confesión es perfecta. Un ejemplo notable es la estrategia del desquite.

La estrategia del desquite

1) Empiece eligiendo Negar.
2) A partir de entonces, en el periodo n elija la acción que el otro jugador escogió en el periodo (n – 1).

Si Columna usa la estrategia del desquite, Hilera no tiene un incentivo para *Confesar* primero, porque si Hilera coopera continuará recibiendo el pago alto *(Negar, Negar);* pero si confiesa y luego regresa a la estrategia del desquite, los jugadores alternan *(Confesar, Negar)* con *(Negar, Confesar)* por siempre. El pago promedio de Hilera por esta alternación será menor que si se hubiera aferrado a *(Negar, Negar),* y más que compensaría a la ganancia obtenida en una sola ocasión. Pero el desquite no es perfecto en el Dilema del Prisionero repetido infinitamente sin descuento, porque no es racional que Columna castigue el *Confesar* inicial de Hilera. Aferrarse a los castigos por desquite conduce a una alternación miserable de *Confesar* y *Negar*, de modo que Columna más bien hará caso omiso del primer *Confesar* de Hilera. La desviación no es de la acción de *Negar* en el sendero del equilibrio, sino de la regla de acción fuera del equilibrio *Confesar en respuesta a Confesar.* El desquite, a diferencia de la estrategia pesimista, no puede obligar a la cooperación.[1]

Desafortunadamente, aunque la cooperación eterna es un resultado de equilibrio perfecto en un juego infinito al menos bajo una estrategia, igual lo es prácticamente todo lo demás, incluyendo la confesión eterna. La multiplicidad de equilibrios se resume en el Teorema Folk, al que se llama así porque sus orígenes no son bien conocidos.

---

[1] Véase el problema 5.5 para más detalles sobre este punto.

$$1 + 1r + 1r^2 \qquad z \to c \qquad \frac{c}{(1+r)} = c\delta \qquad c: \quad c^t[1+r]$$
$$z+1 = c(1+r) \qquad \qquad c \sim c^t + c^t r$$

C +

r

Teorema 5.1. (El Teorema Folk)

En un juego de n personas repetido infinitamente, que tiene conjuntos de acción finitos en cada repetición, cualquier combinación de acciones observada en cualquier número finito de repeticiones es el único resultado del equilibrio perfecto de algún subjuego dadas las siguientes condiciones:

Condición 1: *La tasa de preferencia temporal es de cero, o positiva y suficientemente pequeña.*

Condición 2: *La probabilidad de que el juego termine en cualquier repetición es de cero, o positiva y suficientemente pequeña.*

y

Condición 3: *El conjunto de perfiles de pago que domina estrictamente en el sentido de Pareto a los perfiles de pago minimax en la extensión mixta del juego de un solo movimiento es de n dimensiones.*

El Teorema Folk nos dice que afirmar que una conducta particular surge en un equilibrio perfecto carece de sentido en un juego repetido infinitamente. Esto se aplica a cualquier juego que satisfaga las condiciones 1 a 3, no sólo al Dilema del Prisionero. Si siempre queda una cantidad infinita de tiempo en el juego, siempre será posible encontrar una forma de hacer que uno de los jugadores desee castigar a algún otro jugador en aras de un futuro mejor, incluso si el castigo también afecta actualmente al que lo impone y no sólo al castigado. Cualquier intervalo de tiempo finito es insignificante comparado con la eternidad, de modo que la amenaza de represalias futuras hace que los jugadores estén dispuestos a llevar a cabo los castigos que se necesitan. A continuación discutiremos las condiciones 1 a 3.

Condición 1: Descuento

El Teorema Folk ayuda a responder la cuestión de si el descuento de los pagos futuros disminuye la influencia del problemático Último Periodo. Por el contrario, con el descuento, a la ganancia actual por confesar se le da mayor ponderación y, en cambio, es menor la ponderación que se le asigna a las ganancias futuras por la cooperación. Si la tasa de descuento es muy alta, el juego casi vuelve a ser de un solo movimiento. Cuando la tasa de interés real es de 1 000%, un pago el siguiente año es poco mejor que un pago dentro de cien años, de modo que el año siguiente prácticamente es irrelevante. Cualquier modelo que se basa en un gran número de repeticiones supone que la tasa de descuento no es muy alta.

A pesar de todo, permitir un poco de descuento es importante para mostrar que no hay discontinuidad con una tasa de descuento de cero. Si nos encontramos con un juego repetido infinitamente sin descuento y con muchos equilibrios, el Teorema Folk nos dice que añadir una tasa de descuen-

$$a = \delta + \delta^2 + \delta^3 + \ldots \qquad \delta(a+1) = \delta + \delta^2 \ldots \qquad a+1 = \frac{1}{1-\delta} \qquad a = \frac{1-(1+\delta)}{1-\delta}$$
$$a+1 = 1 + \delta + \delta^2 + \delta^3 \ldots \qquad (a+1) - \delta(a+1) = 1 \qquad a = \frac{1}{1-\delta} - 1 \qquad a = \frac{\delta}{1-\delta}$$
$$a+1(1-\delta) = 1$$

$S = 1 + \sigma + \sigma^2 + \sigma^3 \ldots$ $/S = 1 + S + S^2 + S^3 \ldots +$ $\sigma(1-S) = 1$

$/S = \sigma + \sigma^2 \ldots$ $S\sigma = S + S^2 + S^3 + S^5 \ldots +$ $\sigma = \dfrac{1}{1-S}$

$S(1-\sigma) = \dfrac{1}{?}$ $\sigma - S\sigma = 1$

$S = \dfrac{1}{1-\sigma}$

to baja no reducirá el número de equilibrios. Esto contrasta con el efecto de cambiar el modelo haciendo que el número de repeticiones sea grande, pero finito, cambio que frecuentemente elimina todos menos uno de los resultados, induciendo a la Paradoja de la Cadena de Tiendas.

Una tasa de descuento de cero apoya muchos equilibrios perfectos, pero si la tasa es suficientemente alta, el único resultado de equilibrio es confesar siempre. Podemos calcular el valor crítico para determinados parámetros. La estrategia pesimista impone el mayor castigo posible a la conducta que se desvía. Si se utilizan los pagos para el Dilema del Prisionero del cuadro 5.2a. de la siguiente sección, el pago de equilibrio por la estrategia pesimista es el pago actual de 5 más el valor del resto del juego, que en el cuadro 4.2 es 5/r. Si Hilera se desvía por confesar, recibirá un pago actual de 10, pero el valor del resto del juego caerá a 0. El valor crítico de la tasa de descuento se encuentra resolviendo la ecuación 5 + 5/r = 10 + 0, lo que resulta en r = 1, para una tasa de descuento de 100% o un factor de descuento de δ = 0.5. A menos que los jugadores sean extremadamente impacientes, el confesar no es una gran tentación.

$$\left[\dfrac{1}{1+\sigma}\right] = \dfrac{r}{r(1+r)}\left(\dfrac{1+r}{1+r}\right).$$

Condición 2: Una probabilidad de que el juego termine

$$\sigma = \dfrac{1-\theta}{1+r}$$

La preferencia temporal es muy directa, pero lo sorprendente es que suponer que el juego termina en cada periodo con la probabilidad θ no hace una diferencia drástica. En realidad, incluso podemos permitir que θ varíe en el tiempo, mientras no se extienda demasiado. Si $\theta > 0$, el juego termina en tiempo finito con una probabilidad de 1; o, para decirlo menos dramáticamente, el número de repeticiones esperadas es finito, pero sigue comportándose como un juego infinito descontado, porque el número esperado de repeticiones futuras siempre es grande, sin importar cuántas repeticiones hayan ocurrido. El juego no tiene un Último Periodo, y sigue siendo cierto que imponer un periodo último, sin influir qué tan alejado esté del número esperado de repeticiones, cambiaría radicalmente los resultados.

$$\sigma = \dfrac{1}{1+r}$$

Me parece interesante que la afirmación *a)* "el juego terminará en alguna fecha incierta antes de *T*" sea diferente de la afirmación *b)* "hay una probabilidad constante de que el juego termine". Bajo *a)*, el juego es como un juego finito porque, a medida que pasa el tiempo, la duración máxima del tiempo que todavía resta se reduce a cero. Bajo *b)*, aunque si el juego terminará en *T* con una alta probabilidad, si en realidad dura hasta *T* el juego se ve exactamente igual que en el tiempo cero. El cuarto verso del himno *Amazing Grace* expresa muy bien esta situación estacionaria (aunque espero que el himno se aplique a un juego en que $\theta = 0$).

$$\sigma = \dfrac{1}{1+r}$$

Cuando hayamos estado ahí diez mil años,
resplandecientes con un brillo similar al sol,
no tendremos menos días para cantar alabanzas al Señor
que cuando empezamos por primera vez.

$$r = \dfrac{1}{1+r}$$

$$\dfrac{c}{1-\sigma} = \dfrac{c}{r}(1+r)$$

$$\dfrac{1+r-r}{1+r} = \dfrac{r}{1+r}$$

$$C + C\sigma + C\sigma^2 + C\sigma^3 = \dfrac{c}{1-\sigma}$$

$$c + b\sigma + b\sigma^1 + b\sigma^3 + \ldots \rightarrow C + b\left[\dfrac{\sigma}{1-\sigma}\right]$$

$$C + b\left[\sigma + \sigma^2 + \sigma^3\right]$$

$$\dfrac{c}{r} + C$$

Condición 3: Dimensionalidad

El "pago minimax" mencionado en el teorema 5.1 es el pago que resulta si todos los demás jugadores eligen estrategias únicamente para castigar al jugador *i*, y éste se protege lo mejor que puede.

*El conjunto de estrategias s^{i*}_{-i} es el conjunto de (n – 1) **estrategias minimax** elegidas por todos los jugadores, excepto i, para mantener el pago de i tan bajo como sea posible, sin importar cómo responda. s^{i*}_{-i} resuelve:*

$$\underset{s_{-i}}{\text{Minimice}} \quad \underset{s_i}{\text{Maximum}} \; \pi_i \, (s_i, s_{-i}). \tag{1}$$

El pago minimax, valor minimax, *o el* **valor de seguridad** *del jugador i es su pago que resulta de la solución de (1).*

La condición de dimensionalidad se necesita sólo para juegos con tres o más jugadores. Se satisface si hay algún perfil de pago para cada jugador en que su pago es mayor que su pago minimax, pero sigue siendo diferente del pago de cualquier otro jugador. La gráfica 5.1 muestra cómo se satisface esta condición para el Dilema del Prisionero de dos personas, el cual se presenta más adelante en el cuadro 5.2a, pero no para el juego de la Coordinación Jerarquizada de dos personas. La condición también se satisface en el caso del Dilema del Prisionero de *n* personas, en que un confesor solitario obtiene un mayor pago que sus compañeros prisioneros cooperativos; pero no en el juego de la Coordinación Jerarquizada de *n* personas, en que todos los jugadores tienen el mismo pago. La condición es necesaria porque el establecimiento de la conducta deseada requiere de cierta forma en que los demás jugadores castiguen al que se desvía, sin castigarse a sí mismos.

GRÁFICA 5.1. *La condición de dimensionalidad*

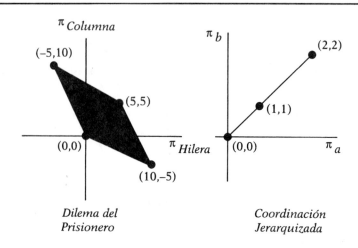

Dilema del
Prisionero

Coordinación
Jerarquizada

Minimax y maximin

Al tratar de las estrategias que obligan a la cooperación, con frecuencia surge el problema de decidir acerca de la severidad máxima de las estrategias de castigo. La idea de una estrategia minimax es útil para esto, porque se la define como la sanción más severa posible si el agresor no coopera en su propio castigo. La estrategia correspondiente para el agresor, que trata de protegerse del castigo, es la estrategia maximin:

La estrategia s_i^* es una **estrategia maximin** *para el jugador i si, dado que los otros jugadores eligen estrategias para hacer que el pago de i sea tan bajo como sea posible, s_i^* le da a i el pago más alto posible. En nuestra notación, s_i^* resuelve:*

$$\underset{s_i}{Maximice} \qquad \underset{s_{-i}}{Minimum}\ \pi_i\,(s_i, s_{-i}). \qquad (2)$$

Las siguientes fórmulas muestran cómo calcular las estrategias minimax y maximin para un juego de dos jugadores con el jugador 1 como *i*.

$$\text{Maximin:} \qquad \underset{s_1}{Maximum} \quad \underset{s_2}{Minimum} \quad \pi_1$$

$$\text{Minimax:} \qquad \underset{s_2}{Minimum} \quad \underset{s_1}{Maximum} \quad \pi_1$$

En el Dilema del Prisionero, las estrategias minimax y maximin son *Confesar*. Aunque el juego del Seguro Social (cuadro 3.1) sólo tiene un equilibrio de Nash de estrategia mixta, si nos limitamos a las estrategias puras, la estrategia maximin del pobre es *Tratar de trabajar*, que por lo menos le garantiza 1, y su estrategia minimax frente al gobierno es el *Ocio*, que le impide al gobierno obtener más de cero.

Con minimax, el jugador 2 sólo es malicioso, pero debe mover primero (al menos para elegir una probabilidad mixta) en su esfuerzo para causar al jugador 1 el máximo dolor. Con maximin, el jugador 1 mueve primero creyendo que el jugador 2 está dispuesto a castigarlo. En los juegos de suma variable, minimax es la elección de los sádicos y maximin la de los paranoicos. En los juegos de suma cero, los jugadores son meros neuróticos: minimax es para los optimistas y maximin para los pesimistas.

No es forzoso que la estrategia maximin sea única; puede encontrársele en estrategias mixtas. Como la conducta maximin también se puede ver como la minimización de la pérdida máxima que podría sufrirse, los teóricos de la decisión se refieren a esa política como el **criterio minimax**, una frase más llamativa (Luce y Raiffa, 1957, p. 279).

Es tentador utilizar las estrategias maximin como la base de un concepto de equilibrio. Un **equilibrio maximin** está formado por una estrategia maximin para cada jugador. Tal estrategia puede parecer razonable porque cada jugador se ha protegido del peor daño posible. Sin embargo, las estrategias maximin tienen muy poca justificación para un jugador racional. Simplemente no son las estrategias óptimas para los jugadores con aversión al riesgo, porque ésta se contempla en los pagos de utilidad. Las opiniones implícitas de los jugadores pueden ser inconsistentes en un equilibrio maximin, y un jugador debe creer que su oponente elegirá la estrategia más dañina en vez de seguir su propio interés, para que la conducta maximin sea racional.

La utilidad de las estrategias minimax y maximin no se encuentra en la predicción directa de las mejores estrategias de los jugadores, sino en el establecimiento de límites a la manera en que sus estrategias afectan sus pagos, como en la condición 3 del teorema 5.1.

Es importante recordar que las estrategias minimax y maximin no siempre son estrategias puras. En el juego del Ejemplo Minimax del cuadro 5.1, Hilera puede garantizarse a sí mismo un pago de cero si elige *Abajo*, por lo que ésta es su estrategia maximin. Sin embargo, Columna no puede reducir el pago de Hilera a cero utilizando una estrategia minimax pura. Si Columna elige *Izquierda*, Hilera puede elegir *En medio* y obtener un pago de 1; si Columna elige *Derecha*, Hilera puede elegir *Arriba* y obtener un pago de 1. Pero Columna puede mantener el pago de Hilera reducido a cero si elige una estrategia minimax mixta de *(Probabilidad 0.5 de Izquierda, Probabilidad 0.5 de Derecha)*. Entonces Hilera respondería *Abajo*, para un pago minimax de 0, ya que *Arriba*, *En medio* o una mezcla de ambos le daría un pago de $-0.5(= 0.5(-2) + 0.5(1))$.[2]

Cuadro 5.1. *El juego del Ejemplo Minimax*[3]

		Columna			
		Izquierda		*Derecha*	
	Arriba	$-2,$	☐2	☐1	-2
Hilera	*En medio*	☐1 ,	-2	$-2,$	☐2
	Abajo	$0,$	☐1	$0,$	☐1

Pagos a: (Hilera, Columna)

En juegos de dos personas de suma cero, las estrategias minimax y maximin son útiles más directamente, porque cuando el jugador 1 reduce el pago del jugador 2 aumenta su propio pago. Castigar al otro jugador equivale a recompensarse a sí mismo. Éste es el origen del célebre **Teorema Minimax** (von Neumann, 1928), que dice que existe un equilibrio minimax en las estrategias puras o mixtas para todo juego de dos personas de suma cero y es idéntico al equilibrio maximin. Por desgracia, los juegos que se presentan mediante aplicaciones casi nunca son juegos de suma cero, de modo que el Teorema Minimax es de práctica limitada.

[2] También pueden calcularse las estrategias maximin y minimax de Columna. La estrategia minimax de Columna es *(Probabilidad 0.5 de Arriba, Probabilidad 0.5 de En medio)*, su estrategia maximin es *(Probabilidad 0.5 de Izquierda, Probabilidad 0.5 de Derecha)*, y su pago minimax es de cero.

[3] El ejemplo se tomó de la página 150 de la obra de Fudenberg y Tirole (1991a).

Compromiso previo

¿Qué ocurre si usamos metaestrategias, abandonando la idea de la perfección mediante permitir que desde el principio los jugadores se comprometan a una estrategia por el resto del juego? Quisiéramos conservar al juego como no cooperativo evitando las promesas obligatorias, pero podemos modelarlo como un juego con elecciones simultáneas de ambos jugadores o con un movimiento de cada uno en secuencia.

Si se eligieran simultáneamente las estrategias de compromiso previo, el resultado de equilibrio del Dilema del Prisionero repetido finitamente requiere siempre confesar, porque permitir el compromiso equivale a permitir que los equilibrios no sean perfectos, en cuyo caso, como se demostró antes, el resultado único de Nash siempre es confesar.

Se logra un resultado diferente si los jugadores se comprometen previamente a estrategias en secuencia. El resultado depende de los valores particulares de los parámetros, pero un posible equilibrio es el siguiente: Hilera mueve primero y elige la estrategia *(Negar* hasta que Columna *Confiese*; después siempre *Confesar)*, y Columna elige *(Negar* hasta el último periodo; luego *Confesar)*. El resultado observado sería que ambos jugadores negaran hasta el último periodo y luego que Hilera negara de nuevo, pero que Columna confesara. Hilera se sometería a esto porque, si elige una estrategia que inicie la confesión antes, Columna elegiría una estrategia por la que también empezaría a confesar antes. El juego tiene una ventaja para el que mueve en segundo lugar.

5.3. Reputación: el Dilema del Prisionero de un solo lado

La segunda parte de este libro analizará los riesgos morales y la selección adversa. En el caso de los riesgos morales, un jugador desea dedicar gran esfuerzo, pero no lo puede hacer creíblemente. En el caso de la selección adversa, un jugador desea demostrar que tiene mucha habilidad, pero no puede hacerlo. En ambos casos, el problema es que los castigos por mentir son insuficientes. La reputación parece ofrecer una solución. Si la relación se repite, quizá un jugador esté dispuesto a ser honesto en los primeros periodos a fin de establecer una reputación de honestidad que le será valiosa posteriormente.

La reputación desempeña un papel similar para hacer creíbles las amenazas de castigo. Por lo general, el castigo le cuesta tanto al que castiga como al castigado, y no es claro por qué el que castiga no se olvida de lo pasado. No obstante, en 1988 la Unión Soviética pagó una vieja deuda de 70 años para disuadir a las autoridades suizas de impedir una nueva emisión conjunta de bonos que los beneficiaría a ambos ("Los soviéticos acceden a pagar la deuda zarista a Suiza", en *Wall Street Journal*, 19 de enero de 1988, p. 60). ¿Por qué los suizos eran tan vengativos con Lenin?

Las preguntas de por qué los jugadores castigan y por qué no hacen trampa en realidad son las mismas que surgen en el Dilema del Prisionero repetido, donde sólo el número infinito de repeticiones permite la cooperación. Éste es el gran problema de la reputación. Puesto que todos saben que un jugador elegirá *Confesar*, realizará muy poco esfuerzo o se abstendrá de pagar la deuda en el último periodo, ¿por qué suponen que se preocupará por crearse una reputación en el presente? ¿Por qué debe ser la conducta pasada un indicio de la conducta futura?

No todos los problemas de reputación son los mismos que los del Dilema del Prisionero, pero sí son muy parecidos. Algunos juegos, como el Duopolio o el Dilema del Prisionero original, son de **dos lados** en el sentido de que cada jugador posee el mismo conjunto de estrategias y de que los pagos son simétricos. Otros, como el juego de la Calidad del Producto (véase más adelante), son lo que podríamos llamar **Dilemas del Prisionero de un solo lado,** que tienen propiedades similares al Dilema del Prisionero, pero que no se ajustan a la definición usual porque son asimétricos. El cuadro 5.2 muestra las formas normales para el Dilema del Prisionero original y para la versión de un solo lado.[4] La diferencia importante es que en el Dilema del Prisionero de un solo lado por lo menos un jugador en realidad prefiere el perfil equivalente a *(Negar, Negar)*, que en el cuadro 5.2b es *(Alta calidad, Comprar)*. Confiesa defensivamente, en vez de ofensiva y defensivamente a la vez. Con frecuencia se puede interpretar el pago

CUADRO 5.2. *Dilemas del Prisionero*

---

a) De dos lados (convencional)

		Columna		
		Negar		*Confesar*
	Negar	5, 5	→	–5, 10
Hilera		↓		↓
	Confesar	10, –5	→	**0, 0**

Pagos a: (Hilera, Columna)

---

b) De un solo lado

		Consumidor (Columna)		
		Comprar		*Boicot*
	Alta calidad	5, 5	←	0, 0
Vendedor (Hilera)		↓		↕
	Baja calidad	10, –5	→	**0, 0**

Pagos a: (Vendedor, Consumidor)

---

[4] Los números exactos son diferentes de los del Dilema del Prisionero del cuadro 1.1, pero los lugares ordinales son los mismos. Números como los del cuadro 5.2 se usan más comúnmente, porque conviene normalizar los pagos *(Confesar, Confesar)* a (0, 0) y hacer positivos a la mayoría de los números en vez de negativos.

(0, 0) como la negativa de un jugador a interactuar con otro; por ejemplo, el automovilista que se niega a comprar carros de Chrysler porque sabe que en una ocasión manipularon los odómetros. El cuadro 5.3 ofrece ejemplos de juegos de un lado y de juegos de dos lados. También pueden clasificarse versiones del Dilema del Prisionero con tres o más jugadores como de dos lados o de un lado, lo cual dependerá de que todos los jugadores, o sólo algunos, encuentren que *Confesar* es una estrategia dominante.

Los equilibrios de Nash y los de dominancia iterativa en el Dilema del Prisionero de un lado siguen siendo *(Confesar, Confesar)*, pero no es un equilibrio de estrategia dominante. Columna no tiene una estrategia dominante, porque si Hilera eligiera *Negar*, Columna también elegiría *Negar* para obtener un pago de 5; pero si Hilera eligiera *Confesar*, Columna elegiría *Confesar*, para un pago de cero. Sin embargo, *Confesar* es débilmente dominante para Hilera, lo que hace de *(Confesar, Confesar)* el equilibrio de la estrategia dominante iterativa. En ambos juegos, a los jugadores les gustaría persuadir al otro de que cooperarán, y los instrumentos que inducen a la cooperación en el juego de un lado por lo general obtendrán el mismo resultado en el juego de dos lados.

CUADRO 5.3. *Juegos repetidos en que la reputación es importante*

Aplicación	Lados	Jugadores	Acciones
Dilemas del Prisionero	Dos lados	Hilera	*Negar/Confesar*
		Columna	*Negar/Confesar*
Duopolio	Dos lados	Empresa	*Precio alto/Precio bajo*
		Empresa	*Precio alto/Precio bajo*
Empleo	Dos lados	Patrón	*Bono/Ningún bono*
		Trabajador	*Trabajar/Faltar*
Calidad del Producto	Un lado	Consumidor	*Comprar/Boicot*
		Vendedor	*Alta calidad/ Baja calidad*
Obstaculización de la Entrada	Un lado	Monopolista	*Precio bajo/Precio alto*
		Nueva Empresa	*Ingresar/Permanecer afuera*
Revelación Financiera	Un lado	Empresa	*Verdad/Mentiras*
		Inversionista	*Invertir/Abstenerse*
Préstamo	Un lado	Prestamista	*Prestar/Rehusar*
		Prestatario	*Pagar/No pagar*

5.4. La Calidad del Producto en un juego repetido infinitamente

El Teorema Folk nos dice que algún equilibrio perfecto en un juego repetido infinitamente —al que a veces se llama un **modelo de horizonte infinito**— puede generar cualquier patrón de conducta observado en un número finito de periodos. Pero como el Teorema Folk no es más que un resultado matemático, las estrategias que generan patrones particulares de conducta pueden ser irracionales. El valor del teorema es el de motivar un estudio cuidadoso de los modelos de horizonte infinito y obligar al modelador a demostrar por qué su equilibrio es mejor que muchos otros. Debe ir más allá de la mera satisfacción del criterio técnico de la perfección y justificar las estrategias sobre otras bases.

En el modelo más sencillo de la Calidad del Producto, un vendedor puede elegir entre producir una costosa alta calidad o una baja calidad con poco costo, y el comprador no puede determinar la calidad antes de comprar. Si el vendedor produjera con alta calidad bajo información simétrica, tenemos un Dilema del Prisionero de un lado, como en el cuadro 5.2b. Ambos jugadores están mejor cuando el vendedor produce una alta calidad y el consumidor compra el producto; pero la estrategia débilmente dominante del vendedor es la de producir con baja calidad, de modo que el comprador no comprará. Éste también es un ejemplo del riesgo moral, tema del capítulo 7.

Una solución potencial es la de repetir el juego, permitiéndole a la empresa elegir la calidad en cada repetición. Sin embargo, si el número de repeticiones es finito, el resultado sigue siendo el mismo debido a la Paradoja de la Cadena de Tiendas. En la última repetición, el subjuego es idéntico al juego de un solo movimiento, de modo que la empresa elige la baja calidad. En la penúltima repetición se anticipa que el resultado del último periodo es independiente de las acciones actuales, de modo que la empresa también elige la baja calidad, y este argumento puede seguirse hasta la primera repetición.

Si el juego se repite un número infinito de tiempos, la Paradoja de la Cadena de Tiendas no puede aplicarse, y el Teorema Folk dice que puede observarse en el equilibrio una amplia gama de resultados. Klein y Leffler (1981) construyeron un posible equilibrio para un modelo de periodos infinitos. Su artículo original, en el tradicional estilo verbal de la Universidad de California en Los Ángeles (UCLA), no proporciona los resultados en términos de la teoría de juegos, pero aquí los reformularemos.[5] En equilibrio, la empresa está dispuesta a elaborar un producto de alta calidad porque lo puede vender a un precio alto durante muchos periodos; pero los consumidores pueden negarse a comprar de nuevo a una empresa que alguna vez produjo con baja calidad. El precio de equilibrio es suficientemente alto para que la empresa no desee sacrificar sus ganancias futuras por una ganancia ocasional si baja la calidad y vende el pro-

---

[5] Ésta es mi formalización, que presenté en Rasmusen (1989b). Dybvig y Spatt hicieron una formalización previa (inédita).

Calidad del Producto

Jugadores

Un número infinito de empresas potenciales y un *continuum* de consumidores

Orden del juego

1) Un número endógeno n de empresas decide ingresar al mercado al costo F.

2) Una empresa que ha ingresado elige que su calidad sea *Alta* o *Baja*, incurriendo en el costo marginal constante c si elige *Alta* y de cero si elige *Baja*. Los consumidores no observan la elección. La empresa también elige un precio p.

3) Los consumidores deciden a qué empresas comprar, si es que le compran a alguna, y las eligen al azar si son indiferentes. La cantidad que compran a cada empresa i está representada por q_i.

4) Todos los consumidores observan la calidad de todos los bienes comprados en ese periodo.

5) El juego retorna a *2)* y se repite.

Pagos

El beneficio para el consumidor de un producto de baja calidad es cero, pero los consumidores están dispuestos a comprar la cantidad $q(p) = \Sigma_{i=1}^{n} q_i$ para un producto que se supone de alta calidad, donde $dq/dp < 0$. Si una empresa se queda fuera del mercado, su pago es cero.

Si una empresa i ingresa, recibe $-F$ inmediatamente. Su pago actual de fin del periodo es $q_i p$ si produce con una *Baja* calidad y $q_i(p - c)$ si produce con una *Alta* calidad. La tasa de descuento es $r \geq 0$.

ducto a un precio alto. Aunque éste es sólo uno de un gran número de equilibrios perfectos del subjuego, la conducta de los consumidores es sencilla y racional: ningún consumidor puede beneficiarse si se desvía del equilibrio.

Es poco realista que la empresa produzca artículos de baja calidad a un costo marginal de cero, pero es sólo un supuesto simplificador. Normalizando a cero el costo de producir con una baja calidad evitamos tener que trabajar con una variable adicional en todo el análisis y no afectamos el resultado.

El Teorema Folk nos dice que en este juego hay una amplia gama de resultados perfectos, incluyendo un gran número de patrones de calidad erráticos como *(Alta, Alta, Baja, Alta, Baja, Baja...)*. Si nos limitamos a los equilibrios de estrategia pura con un resultado estacionario de calidad constante y conducta idéntica por parte de todas las empresas en el mercado, los dos resultados son baja calidad y alta calidad. La baja calidad siempre es un resultado de equilibrio, ya que es un equilibrio del juego de un solo movimiento. Si la tasa de descuento es suficientemente baja, la alta calidad también es un resultado de equilibrio, y éste será el centro de nuestra atención. Considere el siguiente perfil de estrategia:

Empresas. Ingresan $\tilde{n}$ empresas. Cada una produce con una alta calidad y vende al precio $\tilde{p}$. Si en alguna ocasión una empresa se desvía de esto, a partir de entonces su producto será de baja calidad (y vende al mismo precio $\tilde{p}$). Los valores de $\tilde{p}$ y de $\tilde{n}$ están dados por las ecuaciones (4) y (8) que se muestran más adelante.

Compradores. Los compradores empiezan eligiendo al azar entre las empresas que cobran $\tilde{p}$. Después, permanecen leales a su empresa inicial a menos que cambie precio o calidad, en cuyo caso favorecerán aleatoriamente a una empresa que no ha modificado su precio o su calidad.

Este perfil de estrategia es un equilibrio perfecto. Cada empresa está dispuesta a producir con una alta calidad y a abstenerse de bajar los precios porque de otra manera perdería a todos sus clientes. Si se ha desviado, está dispuesta a producir con una baja calidad porque la calidad no tiene importancia, en vista de la ausencia de clientes. Los compradores se alejan de una empresa que ha producido con una baja calidad porque saben que continuará haciéndolo, y se alejan de una empresa que ha bajado sus precios porque saben que producirá con una baja calidad. Sin embargo, para que esta historia funcione, el equilibrio debe satisfacer tres limitaciones que se explicarán detalladamente en la sección 7.3: la compatibilidad de incentivos, la competencia y las condiciones en que se venden todos los saldos en el mercado.

La limitación de la **compatibilidad de incentivos** dice que la empresa individual debe estar dispuesta a producir con una alta calidad. Dada la estrategia de los compradores, si en alguna ocasión la empresa llega a producir con baja calidad, recibe una ganancia extraordinaria por una sola vez, pero pierde sus ganancias futuras. La compensación de las ventajas y desventajas está representada por la limitación (3), la cual se satisface si la tasa de descuento es suficientemente baja.

$$\frac{q_i p}{1 + r} \leq \frac{q_i(p - c)}{r} \quad \text{(compatibilidad de incentivos)} \tag{3}$$

La desigualdad (3) determina un límite inferior para el precio, que debe satisfacer

$$\tilde{p} \geq (1 + r)c \tag{4}$$

La condición (4) se satisfará como una igualdad, porque cualquier empresa que trate de cobrar un precio más alto que la garantía de calidad $\tilde{p}$ perderá a todos sus clientes.

La segunda limitación es que la competencia hace que las ganancias se reduzcan a cero, de modo que a las empresas les es indiferente ingresar o permanecer fuera del mercado.

$$\frac{q_i(p-c)}{r} = F \quad \text{(competencia)} \tag{5}$$

Tratando a (3) como una ecuación y utilizándola para remplazar a p en la ecuación (5) se obtiene:

$$q_i = \frac{F}{c} \tag{6}$$

Ahora ya hemos determinado a p y q_i y sólo queda pendiente n, que se determina por la igualdad de la oferta y la demanda. El mercado no siempre dispone de todos sus saldos en modelos de información asimétrica (véase Stiglitz, 1987), y en este modelo a cada empresa le gustaría vender más que su producción de equilibrio al precio de equilibrio, pero la producción para el mercado debe ser igual que la cantidad demandada por el mismo.

$$nq_i = q(p) \quad \text{(condición de equilibrio en el mercado)} \tag{7}$$

Si se combinan las ecuaciones (3), (6) y (7), se obtiene:

$$\tilde{n} = \frac{cq\,([1+r]c)}{F}\,. \tag{8}$$

Hemos determinado los valores de equilibrio y la única dificultad es el problema de la existencia estándar causado por el requisito de que el número de empresas sea un entero (véase la nota N5.4).

El precio de equilibrio es fijo porque F es exógeno y la demanda no es perfectamente inelástica, lo que tiende a reducir el tamaño de las empresas. Si no hubiera ningún costo por ingresar, pero la demanda se mantuviera elástica, el precio de equilibrio continuaría siendo el único p que satisfizo a la ecuación (3) y la cantidad del mercado estaría determinada por $q(p)$, pero F y q_i serían indeterminados. Si los consumidores creyeran que cualquier empresa que puede producir con una alta calidad pagó un costo exógeno de disipación F, el resultado sería un *continuum* de equilibrios. La mejor respuesta de las empresas sería que $\tilde{n}$ de ellas pagaran F y produjeran con una alta calidad al precio $\tilde{p}$, donde $\tilde{n}$ está determinada por la condición de cero ganancias como una función de F. Klein y Leffler observan esta indeterminación y sugieren que las ganancias podrían ser disipadas por alguna clase de capital específico de una marca. La historia de la industria también podría explicar el número de empresas. Schmalensee (1982) muestra cómo una empresa pionera puede retener una gran parte del mercado porque los consumidores no quieren investigar la calidad de las nuevas marcas.

Esta idea puede ampliarse a los contratos de trabajo y es muy similar al concepto del "salario de eficiencia" de la sección 8.4.

5.5. Los equilibrios de Markov y las generaciones sucesivas en el juego de los Costos de los Clientes por Cambiar de Vendedor

El siguiente modelo demuestra una técnica general de modelado; las **generaciones sucesivas,** diferentes grupos de jugadores que en lo demás son idénticos, entran y salen del juego con "vidas" sucesivas; asimismo, el modelo presenta un nuevo concepto de equilibrio, el "equilibrio de Markov". El ejemplo más conocido de un modelo de generaciones sucesivas es el de consumo-préstamos, original de Samuelson (1958). Los modelos se usan con más frecuencia en la macroeconomía, pero también pueden ser de utilidad en la microeconomía. Klemperer (1987) ha propiciado un considerable interés en los clientes que incurren en costos al pasar de un vendedor a otro. El modelo que se empleará aquí es el de Farrell y C. Shapiro (1988).

Costos de los Clientes por Cambiar de Vendedor
(Farrell y C. Shapiro, 1988)

Jugadores
Las empresas Apex y Brydox y una serie de clientes, a cada uno de los cuales se le llama primero "joven" y luego "viejo".

Orden del juego
1a) Brydox, la empresa que ya está en el mercado, o la principal, elige el precio de la compañía que ya está p_t^i.
1b) Apex, la empresa ingresante inicial, elige el precio de la que ingresa p_t^e.
1c) El viejo elige una empresa.
1d) El joven elige una empresa.
1e) Cualquiera que sea la empresa que haya atraído al joven se convierte en la principal.
1f) El viejo muere y el joven se convierte en viejo.
2a) Retorno a *1a)*, posiblemente con nuevas identidades para la empresa que ingresa y la principal.

Pagos
El factor de descuento es δ. El precio de reserva del cliente es R y el costo por cambiar es c. Los pagos por periodo en el periodo t son, para $j = (i, e)$,

$$\pi_{empresa\,j} = \begin{cases} 0 & \text{si no se atrae ningún cliente} \\ p_t^i & \text{si sólo se atraen a viejos o sólo jóvenes} \\ 2p_t^i & \text{si se atraen tanto viejos como jóvenes} \end{cases}$$

$$\pi_{viejo} = \begin{cases} R - p_t^i & \text{si compra a la empresa principal} \\ R - p_t^e - c & \text{si cambia a la empresa que ingresa} \end{cases}$$

$$\pi_{joven} = \begin{cases} R - p_t^i & \text{si compra a la empresa principal} \\ R - p_t^e & \text{si compra a la empresa que ingresa} \end{cases}$$

Es difícil encontrar todos los equilibrios perfectos de un juego infinito como éste, de modo que seguiremos a Farrell y Shapiro, limitándonos a la tarea mucho más fácil de encontrar un equilibrio de Markov perfecto, que es único.

Una **estrategia de Markov** *es una estrategia que, en cada nodo, elige la acción independientemente de la historia del juego, excepto por la acción previa inmediata (o acciones, si fueron simultáneas).*

Aquí, la estrategia de Markov de una empresa es su precio como una función de ser la empresa principal o ser la que ingresa, y no una función de toda la historia pasada del juego.

Hay dos formas de utilizar las estrategias de Markov: *1)* simplemente buscar los equilibrios que usan las estrategias de Markov y *2)* descartar las estrategias que no son de Markov y buscar luego los equilibrios. Como el primer enfoque no descarta las estrategias que no son de Markov, el equilibrio debe ser tal que ningún jugador desee desviarse utilizando cualquier otra estrategia, sea o no de Markov. Ésta es sólo una forma de eliminar posibles equilibrios múltiples descartando los que no usan estrategias de Markov. La segunda forma es mucho más dudosa porque requiere que los jugadores no usen las estrategias que no son de Markov, aunque sean mejores respuestas. Un **equilibrio de Markov perfecto** usa el primer enfoque: es un equilibrio perfecto que usa sólo estrategias de Markov.

Brydox, la empresa principal inicial, mueve primero y elige un p^i suficientemente bajo para que Apex no se vea tentada a escoger $p^e < p^i - c$ y le "robe" a los viejos. La ganancia de Apex es p^i si elige $p^e = p^i$ y da servicio sólo a jóvenes, y $2(p^i - c)$ si elige $p^e = p^i - c$ y da servicio tanto a viejos como a jóvenes. Brydox elige p^i para hacer que a Apex le sean indiferentes estas opciones, de tal forma que

$$p^i = 2(p^i - c), \tag{9}$$

y

$$p^i = p^e = 2c. \tag{10}$$

En equilibrio, Apex y Brydox se turnan en el lugar principal y cobran el mismo precio

Como el juego dura eternamente y las estrategias de equilibrio son de Markov, podemos usar un artificio de la programación dinámica para calcular los pagos recibidos por ser la empresa que ingresa, en comparación con los obtenidos por ser la principal. El pago de equilibrio de la que ingresa actualmente es el pago inmediato de p^e más el valor descontado por ser la empresa principal en el periodo siguiente:

$$\pi_e^* = p^e + \delta \pi_i^*. \tag{11}$$

De manera similar, el pago a la empresa principal puede enunciarse como el pago inmediato de p^i más el valor descontado por ser la que ingresa en el siguiente periodo:

$$\pi_i^* = p^i + \delta\pi_e^*. \tag{12}$$

Podemos usar la ecuación (10) para sustituir por p^e y p^i, lo que nos dejaría con las ecuaciones (11) y (12) para las dos incógnitas π_i^* y π_e^*, pero hay una forma más fácil de calcular el pago que se recibe si vemos que en equilibrio la empresa principal y la que ingresa venden la misma cantidad al mismo precio, de modo que $\pi_i^* = \pi_e^*$ y la ecuación (12) se convierte en:

$$\pi_i^* = 2c + \delta\pi_i^*. \tag{13}$$

De esto sigue que

$$\pi_i^* = \pi_e^* = \frac{2c}{1-\delta}. \tag{14}$$

Los precios y los pagos totales aumentan con c, el costo por cambiar, porque esto es lo que le da poder de mercado a la empresa principal e impide la competencia ordinaria de la clase de Bertrand que se analizará en la sección 13.2. Los pagos totales aumentan con δ por la razón usual de que los pagos futuros aumentan de valor a medida que δ se acerca a uno.

NOTAS

N5.1. *Juegos repetidos finitamente y la Paradoja de la Cadena de Tiendas*

- La Paradoja de la Cadena de Tiendas no se aplica a todos los juegos tan claramente como a la Obstaculización de la Entrada y al Dilema del Prisionero. Si el juego de un movimiento tiene sólo un equilibrio de Nash, el equilibrio perfecto del juego repetido finitamente es único y tiene ese mismo resultado. Pero si el juego de un solo movimiento tiene equilibrios de Nash múltiples, el equilibrio perfecto del juego repetido finitamente puede tener no sólo los resultados de un solo movimiento, sino también otros. Véase Benoit y Krishna (1985), Harrington (1987) y Moreaux (1985).
- John Heywood es la fuente de Bartlett para el término en inglés *"tit-for-tat"* [que aquí traducimos como "el desquite" (N. del T.)], que proviene del francés *"tant pour tant"*.
- Una expansión ajustada a la realidad del espacio de estrategia de un juego puede eliminar la Paradoja de la Cadena de Tiendas. Por ejemplo, D. Hirshleifer y Rasmusen (1989) muestran que, si en un juego del Dilema del Prisionero repetido finitamente con varias personas se les permite a los jugadores expulsar a los agresores, se puede obligar a la cooperación aunque haya economías de escala en el número de jugadores que cooperan y que no son expulsados.
- La peculiaridad del equilibrio de Nash único para el Dilema del Prisionero repetido fue observada hace mucho por Selten (1978) (véase Luce y Raiffa, 1957, p. 99), pero ahora se usa el término Paradoja de la Cadena de Tiendas para desentrañar juegos de esta clase.
- *Un **equilibrio épsilon** es un perfil de estrategia s* tal que ningún jugador tiene más que un incentivo ε para desviarse de esta estrategia, siempre que los demás jugadores no se desvíen. Formalmente,*

$$\forall i, \ \pi_i \ (s_i^*, \ s_{-i}^*) \geq \pi_i \ (s'_i, \ s_{-i}^*) - \varepsilon, \ \forall s'_i \in S_i.$$
(15)

Radner (1980), ha mostrado que la cooperación puede surgir como un equilibrio ε del Dilema del Prisionero repetido finitamente. Fudenberg y Levine (1986) comparan el equilibrio ε de juegos finitos con los equilibrios de Nash de juegos infinitos. Además del de Nash, otros conceptos pueden usar la idea del equilibrio ε.

• Una forma general de decidir si un resultado matemático es un truco de infinidad es ver si el mismo resultado se obtiene como el límite de resultados para modelos finitos cada vez más largos. Aplicado a juegos, un buen criterio para elegir entre equilibrios de un juego infinito es el de seleccionar uno que sea el límite de los equilibrios para juegos finitos a medida que el número de periodos se hace mayor. Fudenberg y Levine (1966) muestran bajo qué condiciones es posible encontrar los equilibrios de juegos de horizonte infinito mediante este proceso. Para el Dilema del Prisionero *(Confiese siempre)* es el único equilibrio en todos los juegos finitos, así que satisface singularmente el criterio.

• La definición de los pagos en los juegos que duran un número infinito de periodos presenta el problema de que el pago total es infinito para cualquier pago positivo por periodo. Las formas para distinguir una cantidad infinita de otra incluyen las siguientes:

  1) Use un **criterio de alcanzar.** Se prefiere la corriente de pago π en vez de $\tilde{\pi}$ si hay algún tiempo T^* tal que para cada $T \geq T^*$,

$$\sum_{t=1}^{T} \delta^t \pi_t > \sum_{t=1}^{T} \delta^t \tilde{\pi}_t.$$

  2) Especifique que la tasa de descuento es estrictamente positiva y use el valor presente. Como los pagos en periodos distantes cuentan menos, el valor descontado es finito, excepto si los pagos aumentan con más rapidez que la tasa de descuento.

  3) Use el pago promedio por periodo, un método difícil, ya que se necesita tomar alguna clase de límite a medida que el número de periodos promediados se acerca al infinito.

  Cualquiera que sea el enfoque, los teóricos del juego suponen que la función de pago es **aditiva y separable** en el tiempo, lo que significa que el pago total está basado en la suma o promedio, posiblemente descontado, de los pagos de un solo movimiento. A los macroeconomistas les preocupa este supuesto que excluye, por ejemplo, a un jugador cuyo pago es muy bajo si cualquiera de sus pagos de un solo movimiento disminuye por debajo de un cierto nivel de subsistencia. El problema de la separabilidad se presentará de nuevo en la sección 13.5 cuando tratemos del monopolio perdurable.

• Terminar en un tiempo finito con probabilidad de uno significa que el límite de la probabilidad de que el juego haya terminado para la fecha t se acerca a uno a medida que t tiende al infinito; la probabilidad de que la duración del juego sea infinita es de cero. De manera equivalente, la expectativa de la fecha final es finita, lo que no podría ser si hubiera una probabilidad positiva de duración infinita.

N5.2. *Juegos repetidos infinitamente, castigos minimax y el Teorema Folk*

• Las referencias sobre el Teorema Folk incluyen a Aumann (1981), Fudenberg y Maskin (1986), Fudenberg y Tirole (1991a, pp. 152-162) y Rasmusen (1992a). La versión comúnmente más citada del Teorema Folk dice que si se satisfacen las condiciones 1 a 3:

Cualquier perfil de pagos que domine estrictamente en el sentido de Pareto a los perfiles de pago minimax en la extensión mixta de un juego de un solo movimiento con n personas y con conjuntos de acción finitos es el pago promedio en algún equilibrio perfecto del juego repetido infinitamente.

• También puede aplicarse el enfoque evolutivo al Dilema del Prisionero repetido. Boyd y Lorberbaum (1987) muestran que ninguna estrategia pura, incluyendo la del desquite, es estable evolutivamente en una versión de población interactiva del Dilema del

Prisionero. J. Hirshleifer y Martinez-Coll (1988) han encontrado que el desquite no sigue siendo parte de una EEE en un Dilema del Prisionero evolutivo si *1)* el costo de calcular las estrategias más complicadas es mayor, o *2)* a veces *Negar* es observado por el otro jugador como *Confesar.*

- **Las estrategias de gatillo** o *estrategias que disparan los precios* son una clase importante de estrategias para juegos repetidos. Considere al oligopolista que se enfrenta a una demanda incierta (como en Stigler, 1964). No sabe si la baja demanda que observa para su producto se debe a la Naturaleza o a una rebaja de precios por parte de sus colegas oligopolistas. Dos cosas que pueden motivarlo a bajar su propio precio como respuesta son una serie de periodos con demanda baja o un solo periodo con demanda excepcionalmente baja. Encontrar una estrategia disparadora óptima es un problema difícil (véase Porter, 1983a). Por lo general, las estrategias de gatillo no son perfectas en los subjuegos, a menos que se repita el juego infinitamente, en cuyo caso son un subconjunto de estrategias de equilibrio. Estudios recientes han investigado cuidadosamente qué estrategias de gatillo son posibles y óptimas para los jugadores en juegos repetidos infinitamente; véase Abreu, Pearce y Staccheti (1990).

  Los trabajos empíricos acerca de las estrategias disparadoras comprenden el de Porter (1983b), que estudia las guerras de precios entre las compañías ferrocarrileras del siglo XIX, y el de Slade (1987), quien concluyó que las guerras de precios entre los expendios de gasolina en Vancouver empleaban pequeños castigos para las desviaciones pequeñas, en vez de grandes castigos para las grandes desviaciones.

- Blanchard (1979) nos ofrece una nota técnica desde el punto de vista del macroeconomista en relación con la similitud de los juegos infinitos y los juegos con una probabilidad constante de terminar. Allí se trata de las burbujas especulativas.

- En el Dilema del Prisionero repetido, si la fecha de terminación es infinita con probabilidad positiva y sólo un jugador lo sabe, es posible la cooperación mediante un razonamiento similar al del Teorema de la Pandilla de los Cuatro de la sección 6.4.

- Una alternativa a la condición 3 (dimensionalidad) en el Teorema Folk es:

Condición 3': *El juego repetido tiene un "deseable" equilibrio perfecto en el subjuego en que el perfil de estrategia $\bar{s}$ que se juega en cada periodo le da al jugador i un pago que excede a su pago por algún otro equilibrio perfecto "de castigo" en el subjuego, en el que en cada periodo se juega el perfil de estrategia $\underline{s}^i$:*

$$\exists\, \bar{s} : \forall_i,\ \exists \underline{s}^i : \pi_i(\underline{s}^i) < \pi_i(\bar{s}). \tag{16}$$

La condición 3' es útil porque a veces resulta fácil encontrar unos pocos equilibrios perfectos. Para reforzar el patrón de conducta deseado use el equilibrio "deseable" como una zanahoria y el equilibrio "de castigo" como un "garrote" autoritario (véase Rasmusen [1992a]).

- Cualquier equilibrio de Nash del juego de un solo movimiento también es un equilibrio perfecto del juego repetido finita o infinitamente.

N5.3. *Reputación: el Dilema del Prisionero de un solo lado*

- *A un juego que se repite un número infinito de veces sin descuento se le llama* **superjuego**. No hay relación entre los términos "superjuego" y "subjuego".

- Los términos Dilema del Prisionero "de un solo lado" y "de dos lados" son invención mía. Sólo la versión de dos lados es un verdadero Dilema del Prisionero, de acuerdo con la definición de la nota N1.2.

- Hay pocos trabajos empíricos acerca de la reputación. Un valioso esfuerzo es el de Jarrell y Peltzman (1985), quienes encuentran que tener que recoger un producto después de vendido *(recall)* genera costos mucho mayores que los costos directos de las operaciones. Se citan mucho las investigaciones que hizo Macaulay (1963) de las prácticas reales de los negocios, pero se las imita poco. Él observa que la reputación parece ser más importante que los detalles estipulados en los contratos de negocios.

- **Venganza y gratitud.** La mayoría de los modelos han excluido estos sentimientos (sin embargo, véase J. Hirshleifer, 1987), a los cuales se puede modelar de dos maneras:

  1) La utilidad actual de un jugador por *Confesar* o *Negar* depende de lo que el otro jugador haya jugado en el pasado; o

  2) La utilidad actual de un jugador depende de las acciones presentes y de la utilidad actual de los demás jugadores de una forma que cambia con las acciones pasadas del otro jugador.

  La interpretación de ambos enfoques difiere sutilmente. En *1)*, el placer de la venganza se encuentra en la acción de confesar. En *2)*, el placer de la venganza está en la incomodidad del otro jugador. Estos dos enfoques pueden llevar a resultados diferentes, especialmente si los jugadores tienen diferentes funciones de reacción.

N5.4. *La Calidad del Producto en un juego repetido infinitamente*

- Al juego de la Calidad del Producto también se le puede ver como un modelo del agente-principal del riesgo moral (véase el capítulo 7). El vendedor (agente) toma la acción de elegir calidad, acción que no observa el comprador (el principal), pero que afecta el pago de este último, interpretación muy usada en el estudio de las relaciones entre la calidad y los precios que realizó Stiglitz (1987).

  La intuición subyacente en el modelo de Klein y Leffler es similar a la explicación de los salarios altos que presentan Shapiro y Stiglitz (1984) en su modelo del desempleo involuntario (sección 8.4). Los consumidores, que buscan un precio bajo, se dan cuenta de que con un precio tan bajo la empresa no puede resistir la tentación de bajar la calidad para obtener una ganancia en el corto plazo. Se necesita un margen grande de ganancia para que la empresa continúe produciendo con una alta calidad.

- Un artículo relacionado con el de Klein y Leffler (1981) es el de Shapiro (1983), que reconcilia un precio elevado con la entrada libre al requerir que las empresas fijen un precio inferior al costo durante los primeros periodos para crearse una reputación. Por ejemplo, si los consumidores creen que cualquier empresa que cobra un precio alto durante cualquiera de los cinco primeros periodos ha fabricado un producto de baja calidad, pero que cualquier empresa que cobra un precio elevado después de esos periodos ofrece productos de alta calidad, entonces las empresas se conducen de acuerdo con esto y se confirman esas ideas. El hecho de que lo que se cree se confirme a sí mismo no lo hace irracional; sólo significa que mucho de lo que se cree es racional en muchos equilibrios diferentes.

- Existe un equilibrio en el modelo de la Calidad del Producto sólo si el costo de ingreso F es de la magnitud adecuada para hacer de n un número entero en la ecuación (8). Puede usarse cualquier supuesto usual para evitar el problema del número entero: se puede permitir que los vendedores potenciales elijan aleatoriamente ingresar o permanecer afuera; se puede suponer que, por razones históricas, ya han ingresado n empresas; o suponer que las empresas están en un *continuum* y que el costo fijo es de una densidad uniforme en todas las empresas que han ingresado.

N5.5. *Los equilibrios de Markov y las generaciones sucesivas en el juego de los Costos de los Clientes por Cambiar de Vendedor*

- Hemos supuesto que la empresa que ya está en el mercado elige su precio primero, pero la alternación del lugar principal continúa, aunque se haga el supuesto contrario. El supuesto natural es que los precios se eligen simultáneamente, pero debido a la discontinuidad en la función de reacción, ese subjuego no tiene equilibrio en estrategias puras.

5.1: *Generaciones sucesivas*[6]

Hay una larga secuencia de jugadores. Nace un jugador en cada periodo t y vive entre los periodos t y $t + 1$. Así, en cualquier periodo habrá dos jugadores vivos, uno joven y uno viejo. Cada jugador nace con una unidad de chocolate, que no es posible guardar. La utilidad aumenta según el consumo de chocolate, y un jugador es muy infeliz si consume menos de 0.3 unidades de chocolate en un periodo: las funciones de utilidad por periodo son $U(C) = -1$ para $C < 0.3$ y $U(C) = C$ para $C \geq 0.3$, donde C es el consumo. Los jugadores pueden deshacerse de su chocolate; pero, como éste es el único bien, no pueden venderlo. La acción de un jugador es consumir X unidades de chocolate cuando es joven y dar $1 - X$ a algún viejo.

5.1a) Si hay un número finito de generaciones, ¿cuál es el equilibrio de Nash único?

5.1b) Si hay un número infinito de generaciones, ¿cuáles son los dos equilibrios perfectos jerarquizados según Pareto?

5.1c) Si al final de cada periodo (después de que se consume chocolate) hay una probabilidad θ de que los bárbaros invadan y se roben todo el chocolate (lo que deja a las personas civilizadas con pagos de -1 por cualquier X), ¿cuál es el mayor valor de θ que sigue permitiendo un equilibrio con $X = 0.5$?

5.2: *Calidad del Producto con demandas legales*

Modifique el juego de la Calidad del Producto (sección 5.4) suponiendo que, si el vendedor miente con respecto a la calidad de su producto, como consecuencia de una demanda legal debe pagar daños de x por unidad vendida, donde $x \in (0, c)$; el vendedor se hace responsable por x al tiempo de la venta.

5.2a) ¿Cuál es $\tilde{p}$ como función de x, F, c y r? ¿Es $\tilde{p}$ mayor que cuando $x = 0$?

5.2b) ¿Cuál es la producción de equilibrio por empresa? ¿Es mayor que cuando $x = 0$?

5.2c) ¿Cuál es el número de empresas en el equilibrio? ¿Es mayor que cuando $x = 0$?

5.2d) Si, en vez de x por unidad, el vendedor paga X a una empresa legal para que lo defienda con éxito, ¿cuál es la restricción de compatibilidad del incentivo?

---

[6] Véase Samuelson (1958).

5.3: *Juegos repetidos*[7]

Los jugadores Benoit y Krishna repiten el siguiente juego tres veces, con descuento.

CUADRO 5.4. *Un juego Benoit-Krishna*

		Krishna		
		Negar	*Dudar*	*Confesar*
	Negar	10, 10	−1, −12	−1, 15
Benoit	*Dudar*	−12, −1	8, 8	−1, −1
	Confesar	15, −1	8, −1	0, 0

Pagos a: (Benoit, Krishna)

5.3a) ¿Por qué no hay un equilibrio en que los jugadores juegan *Negar* en los tres periodos?

5.3b) Describa un equilibrio perfecto en que ambos jugadores eligen *Negar* en los dos primeros periodos.

5.3c) Adapte su equilibrio al juego que se repite dos veces.

5.3d) Adapte su equilibrio al juego que se repite T veces.

5.3e) ¿Cuál es la mayor tasa de descuento para la que su equilibrio sigue funcionando en un juego de tres periodos?

5.4: *Obstaculización de la Entrada repetido*

Suponga que la Obstaculización de la Entrada I se repite un número infinito de veces con una pequeña tasa de descuento y con pagos que se reciben al principio de cada periodo. En cada periodo, el que quiere ingresar elige *Ingresar* o *Permanecer afuera*, incluso si ya ha ingresado previamente.

5.4a) ¿Cuál es el equilibrio perfecto en que el ingresante entra en cada periodo?

5.4b) ¿Por qué *(Permanecer afuera, Pelear)* no es un equilibrio perfecto?

5.4c) ¿Cuál es un equilibrio perfecto cuando el que desea ingresar nunca entra?

5.4d) ¿Cuál es la tasa de descuento máxima para la que su perfil de estrategia en la parte c) sigue siendo un equilibrio?

5.5: *El Dilema del Prisionero repetido*

Haga que $P = 0$ en el Dilema del Prisionero general del cuadro 1.9 y suponga que $2R > S + T$.

[7] Véase Benoit y Krishna (1985).

5.5a) Muestre que cuando ambos jugadores juegan la estrategia pesimista ésta es un equilibrio perfecto para un juego repetido infinitamente. ¿Cuál es la tasa de descuento máxima para la cual la estrategia pesimista sigue siendo un equilibrio?

5.5b) Muestre que el desquite no es un equilibrio perfecto en el Dilema del Prisionero repetido infinitamente sin descuento.

6. JUEGOS DINÁMICOS
CON INFORMACIÓN ASIMÉTRICA

6.1. EQUILIBRIO BAYESIANO PERFECTO: OBSTACULIZACIÓN DE LA ENTRADA II Y III

La información asimétrica, y en particular la información incompleta, es de enorme importancia en la teoría de juegos. Eso es cierto sobre todo en los juegos dinámicos, ya que cuando los jugadores hacen varios movimientos en secuencia, los primeros de éstos pueden transmitir información privada significativa para las decisiones de los jugadores que mueven después. Revelar y ocultar información son las bases de muchas conductas estratégicas y resultan especialmente útiles para explicar acciones que serían irracionales en un mundo en que no existieran las estrategias.

En el capítulo 4 se mostró que aunque haya información simétrica en un juego dinámico podría ser necesario refinar el equilibrio de Nash usando la perfección del subjuego, si queremos que el modelador haga predicciones sensatas. La información asimétrica requiere de un refinamiento diferente para captar la idea de los costos hundidos y de las amenazas creíbles; la sección 6.1 establece el refinamiento estándar de un equilibrio bayesiano perfecto. La sección 6.2 muestra que incluso éste puede no ser un refinamiento suficiente para garantizar la singularidad y trata de refinamientos adicionales basados en opiniones fuera del equilibrio. En la sección 6.3 se demuestra que la ignorancia de un jugador puede resultar en ventajas para él y se explica la forma en que, aun cuando todos los jugadores saben algo, la falta de conocimiento común afecta al juego. La sección 6.4 introduce información incompleta en el Dilema del Prisionero repetido y presenta la solución de la Pandilla de los Cuatro para la Paradoja de la Cadena de Tiendas del capítulo 5. La sección 6.5 describe el célebre torneo de Axelrod, un enfoque experimental de la misma paradoja.

La perfección del subjuego no es suficiente

En juegos con información asimétrica, seguimos requiriendo que un equilibrio sea perfecto en un subjuego; pero la mera división del árbol del juego sería irrelevante para la decisión de un jugador, porque con información asimétrica no sabe qué rama del juego ha tomado. Smith puede saber que está en uno de dos diferentes nodos, dependiendo de si los costos de producción de Jones son altos o bajos; pero si no sabe el nodo exacto, los "subjuegos" que empiezan en cada nodo no tendrán importancia para sus decisiones. De hecho, ni siquiera son subjuegos tal como los hemos definido, porque pasan a través de los conjuntos de información de Smith. Esto puede observarse en la versión con información asimétrica de la Obstaculización de la Entrada I (sección 4.3), juego en el cual la empresa establecida en el mercado se coludía con la empresa que ingresaba porque le era más caro combatirla que coludirse una vez que ésta ingresaba. Ahora, conformemos el juego de tal manera que algunas de las empresas ingresantes sean *Fuertes* y otras *Débiles*, en el sentido de que es más caro para la empresa que ya está en el mercado elegir *Pelear* contra una empresa recién llegada *Fuerte* que contra una *Débil*. El pago a la empresa establecida por *Pelear | Fuerte* sería 0, como antes, pero su pago por *Pelear | Débil* será X, donde X tomará valores que van de 0 (Obstaculización de la Entrada I) a 300 (Obstaculización de la Entrada IV y V) en las diferentes versiones del juego.

Los modelos de Obstaculización de la Entrada II, III y IV tendrán la forma extensiva que se muestra en la gráfica 6.1. Con 50% de probabilidad, el pago a la empresa establecida por *Pelear* es X en vez de 0, como ocurre en Obstaculización de la Entrada I, pero la empresa establecida no sabe cuál es el pago correcto en la realización particular del juego. Éste se modela como un movimiento inicial de la Naturaleza, que elige si la empresa ingresante será *Fuerte* o *Débil*, sin que lo observe la empresa establecida.

Obstaculización de la Entrada II: pelear nunca es lucrativo

En la Obstaculización de la Entrada II, $X = 1$, así que la información no es muy asimétrica. Es de conocimiento común que la empresa establecida nunca se beneficia por *Pelear*, aunque su pago exacto podría ser de cero, o de uno. Sin embargo, a diferencia de la Obstaculización de la Entrada I, la perfección del subjuego no elimina ninguno de los equilibrios de Nash, porque el único subjuego es el que empieza en el nodo N, que es el juego entero. Un subjuego no puede empezar en los nodos EI_1 o EI_2, porque ninguno de esos nodos es único en las particiones de la información. De este modo, el equilibrio de Nash no plausible *(Permanecer afuera, Pelear)*, escapa de ser eliminado gracias a un tecnicismo.

El concepto de equilibrio necesita refinarse para eliminar el equilibrio no plausible. Se pueden seguir dos planteamientos generales: introducir pequeños "temblores" en el juego o requerir que las estrategias sean las mejores respuestas en vista de las opiniones razonables de los jugadores. El primero nos lleva al equilibrio "perfecto de la mano temblorosa"; el segundo, al equilibrio "bayesiano perfecto" y "secuencial". Los resultados son similares, cualquiera que sea el planteamiento que se siga.

La perfección de la mano temblorosa

La perfección de la mano temblorosa es un concepto de equilibrio que introdujo Selten (1975), de acuerdo con el cual la estrategia que va a ser parte de un equilibrio debe continuar siendo óptima para el jugador, incluso si hay una pequeña posibilidad de que otro jugador elija una acción fuera del equilibrio (es decir, que al otro jugador le "tiemble la mano").

GRÁFICA 6.1. *Obstaculización de la Entrada* II, III *y* IV

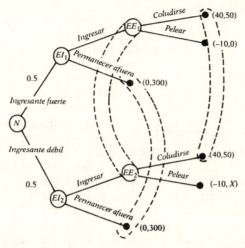

Pagos a: (Empresa ingresante, Empresa establecida)

Para juegos con conjuntos finitos de acción se define la perfección de la mano temblorosa como sigue:

El perfil de estrategia s* es un equilibrio **perfecto de la mano temblorosa** *si para cualquier ε hay un vector de números positivos $\delta_1,..., \delta_n \in [o,1]$ y un vector de estrategias completamente mixtas $\sigma_1,... \sigma_n$ tal que el juego perturbado donde toda estrategia es remplazada por $(1 - \delta_i)s_i + \delta_i\sigma_i$ tiene un equilibrio de Nash en el que toda estrategia está dentro de la distancia ε de s*.*

Todo equilibrio perfecto de la mano temblorosa es absoluto en un subjuego; de hecho, la sección 4.1 justificó la perfección del subjuego utilizando el argumento del temblor. Por desgracia, frecuentemente es difícil decir si un perfil de estrategia es perfecto desde el punto de vista de la mano temblorosa; el concepto no está definido para juegos con espacios continuos de estrategia, porque no es fácil trabajar con mezclas de un *continuum* (véase nota N3.1). Además, el equilibrio depende de qué temblores se eligen y puede ser complicado decidir por qué un temblor debe ser más común que otro.

El equilibrio bayesiano perfecto y el equilibrio secuencial

El segundo enfoque de la información asimétrica, presentado por Kreps y Wilson (1982b) siguiendo a Harsanyi (1967), es el de empezar con las opiniones previas, comunes a todos los jugadores, las cuales especifican las probabilidades con que la Naturaleza elige los tipos de los jugadores al principio del juego. Algunos jugadores observan el movimiento de la Naturaleza y actualizan sus opiniones, mientras que otros sólo las actualizan basados en las deducciones que hacen luego de observar las acciones de los jugadores informados.

Las deducciones usadas para actualizar opiniones se apoyan en las acciones especificadas por el equilibrio. Cuando los jugadores actualizan sus opiniones, suponen que los otros jugadores siguen las estrategias de equilibrio; pero como las propias estrategias dependen de las opiniones, ya no es posible definir un equilibrio basados sólo en las estrategias. En condiciones de información asimétrica, un equilibrio es un perfil de estrategia y un conjunto de opiniones tal que las estrategias son mejores respuestas. A la combinación de opiniones y estrategias Kreps y Wilson la llaman **evaluación.**

Sobre el sendero de equilibrio, todo lo que necesitan los jugadores para actualizar lo que creen son sus opiniones previas y la Regla de Bayes, pero fuera del sendero de equilibrio esto no basta. Suponga que en equilibrio la empresa ingresante siempre entra al mercado. Si por cualquier razón sucede lo imposible y permanece afuera, ¿qué deberá pensar la empresa establecida de la probabilidad de que la empresa ingresante sea débil? La Regla de Bayes no ayuda, porque cuando *Prob(datos)* = 0, que es el caso para datos como *Permanecer afuera*, que nunca se observa en equilibrio, la opinión posterior no puede ser calculada usando la Regla de Bayes. De la sección 2.4 tenemos que:

$$Prob(Débil \mid Permanecer\ afuera) =$$
$$\frac{Prob(Permanecer\ afuera \mid Débil)Prob(Débil)}{Prob(Permanecer\ afuera)} \qquad (1)$$

La opinión posterior *Prob(Débil | Permanecer afuera)* no está definida, porque (1) requiere dividir por cero.

Una forma natural de definir el equilibrio es como un perfil de estrategia que consiste en las mejores respuestas, dado que las opiniones de equilibrio siguen la Regla de Bayes y que las opiniones fuera del equilibrio siguen un patrón específico que no contradice la Regla de Bayes.

Un **equilibrio bayesiano perfecto** *es un perfil de estrategia s y un conjunto de opiniones μ tal que en cada nodo del juego:*
1) *Las estrategias para el resto del juego son de Nash, dadas las opiniones y estrategias de los otros jugadores.*
2) *Las opiniones en cada conjunto de información son racionales, dada la evidencia que se ha presentado hasta ese momento en el juego (lo que significa que se basan, si es posible, en opiniones previas actualizadas por la Regla de Bayes, dadas las acciones observadas de los otros jugadores bajo la hipótesis de que están en equilibrio).*

Kreps y Wilson (1982b) usan esta idea para formar su concepto de equilibrio, el equilibrio secuencial; pero imponen una tercera condición, definida sólo por juegos con estrategias discretas, para limitar las opiniones un poco más:

3) *Las opiniones son el límite de una secuencia de opiniones racionales, esto es, si (μ*, s*) es la evaluación de equilibrio, entonces alguna se-*

cuencia de opiniones racionales y de estrategias completamente mixtas converge a ella:

$(\mu^*, s^*) = \text{Lim}_{n \to \infty} (\mu^n, s^n)$ para alguna secuencia (μ^n, s^n) en $\{\mu, s\}$.

La condición *3)* es muy razonable y aproxima el equilibrio secuencial al equilibrio perfecto de la mano temblorosa; pero aumenta más la dificultad del concepto que su utilidad. Si los jugadores usan la secuencia de estrategias completamente mixtas s^n, entonces toda acción se toma con alguna probabilidad positiva, de modo que la Regla de Bayes puede aplicarse para formar las opiniones μ^n después de cualquier acción observada. La condición *3)* nos dice que la evaluación de equilibrio tiene que ser el límite de algunas de esas secuencias (aunque no de todas). En el resto del libro utilizaremos el equilibrio bayesiano perfecto y no incluiremos la condición *3)*, aun cuando por lo general se le puede satisfacer.

Los equilibrios secuenciales siempre son perfectos en el subjuego (la condición *1)* se ocupa de que sea así. Todo equilibrio perfecto de la mano temblorosa es un equilibrio secuencial, y "casi todo" equilibrio secuencial es un equilibrio perfecto de la mano temblorosa. Todo equilibrio secuencial es bayesiano perfecto; pero no todo equilibrio bayesiano perfecto es secuencial.

De regreso a la Obstaculización de la Entrada II

Equipados con el concepto del equilibrio bayesiano perfecto, podemos encontrar un equilibrio sensato para la Obstaculización de la Entrada II.

Empresa ingresante: *Ingresar | Débil, Ingresar | Fuerte*
Empresa establecida: *Coludirse*
Opiniones: *Prob(Fuerte | Permanecer afuera)* = 0.4

En este equilibrio, la empresa ingresante entra sin importar que sea *Débil* o *Fuerte*. La estrategia de la empresa establecida es *Coludirse*, lo cual no está condicionado por el movimiento de la Naturaleza, ya que no lo observa. Como la que ingresa lo hace independientemente del movimiento de la Naturaleza, debe especificarse una creencia de desequilibrio para la empresa establecida, si observa *Permanecer afuera* y se elige de manera arbitraria que dicha opinión sea que la probabilidad subjetiva para la empresa establecida sobre si la empresa ingresante es *Fuerte*, es de 0.4, dada su observación de que la ingresante se desvió al elegir *Permanecer afuera*. Con este perfil de estrategia y esta creencia de desequilibrio ningún jugador tiene un incentivo para cambiar su estrategia.

No hay ningún equilibrio bayesiano perfecto en el cual la ingresante elige *Permanecer afuera*. *Pelear* es una mala respuesta incluso bajo la opinión más optimista posible de que la ingresante es *Débil* con probabilidad de 1. Observe que el equilibrio bayesiano perfecto no está definido estructuralmente, como la perfección del subjuego, sino más bien en términos de respuestas óptimas. Esto le permite acercarse más a la intuición económica que queremos captar mediante un refinamiento del equilibrio.

Encontrar el equilibrio bayesiano perfecto de un juego, al igual que encontrar el equilibrio de Nash, requiere de inteligencia. Los algoritmos no son útiles. Para encontrar un equilibrio de Nash, el modelador medita sobre su juego, elige un perfil de estrategia posible y comprueba si las estrategias son las mejores respuestas para cada una de las otras estrategias. Para llegar a un equilibrio bayesiano perfecto, observa cuáles acciones nunca se toman en equilibrio y especifica las opiniones que los jugadores usan para interpretar esas acciones. Después comprueba si las estrategias de cada jugador son las mejores respuestas dadas sus opiniones en cada nodo; en particular, revisa si a un jugador le agradaría emprender una acción fuera del equilibrio para que empiecen a operar las opiniones y estrategias fuera del equilibrio de otros jugadores. Este proceso no implica comprobar si las opiniones de un jugador son benéficas para el jugador, porque los jugadores no eligen sus propias opiniones; es el modelador quien especifica exógenamente las opiniones previas y las que quedan fuera del equilibrio.

Uno podría preguntarse por qué se tienen que especificar las opiniones en Obstaculización de la Entrada II. ¿No especifica ya el árbol del juego la probabilidad de que la empresa ingresante sea *Débil*? ¿Qué diferencia hay si la ingresante permanece afuera? Es cierto que la Naturaleza elige cada tipo con probabilidad de 0.5, de modo que si la empresa establecida no tiene otra información que su opinión previa, ésa será su opinión. Pero la acción de la ingresante puede proporcionar información adicional. El concepto del equilibrio bayesiano perfecto deja al modelador libre para especificar cómo conforman los jugadores sus opiniones a partir de esa información adicional, mientras las opiniones no violen la Regla de Bayes. (Una elección de opiniones técnicamente válida del modelador podría, no obstante, ser recibida con sarcasmo, como sucede con cualquier supuesto descabellado.) Aquí, el equilibrio dice que si la ingresante permanece afuera, la empresa establecida cree que es *Fuerte* con probabilidad de 0.4 y *Débil* con probabilidad de 0.6, opiniones arbitrarias, pero que no contradicen la Regla de Bayes.

En la Obstaculización de la Entrada II, las creencias de desequilibrio no importan y no deben importar. Si la ingresante elige *Permanecer afuera*, el juego termina, de modo que las opiniones de la empresa establecida son irrelevantes. El equilibrio bayesiano perfecto sólo se introdujo como una forma de superar un problema técnico. Sin embargo, en la siguiente sección las opiniones precisas fuera del equilibrio serán cruciales para saber qué perfiles de estrategia son equilibrios.

6.2. Refinamiento del equilibrio bayesiano perfecto: el juego de la Admisión al Doctorado

La Obstaculización de la Entrada III: a veces es lucrativo pelear

En la Obstaculización de la Entrada III suponga que $X = 60$, no que $X = 1$. Esto significa que para la empresa establecida es más lucrativo pelear que coludirse si la ingresante es *Débil*. Igual que antes, la empresa ingresante sabe si es *Débil*, pero la ya establecida no lo sabe. La retención de la opinión previa después de observar acciones de desequilibrio, que en este juego es *Prob(Fuerte)* = 0.5, es una manera conveniente de conformar opiniones a las que se llama **conjeturas pasivas**. El siguiente es un equilibrio bayesiano perfecto que usa conjeturas pasivas:

Un equilibrio plausible para la Obstaculización de la Entrada III
Empresa ingresante: *Ingresar | Débil, Ingresar | Fuerte*
Empresa establecida: *Coludirse*
Opiniones: *Prob(Fuerte | Permanecer afuera)* = 0.5

Al elegir si ingresa, la empresa ingresante debe predecir la conducta de la ya establecida. Si la probabilidad de que la ingresante sea *Débil* es de 0.5, el pago esperado para la ya establecida si elige *Pelear* es 30 (= 0.5[0] + 0.5[60]), que es menor que el pago de 50 por *Coludirse*. La empresa establecida se coludirá, por lo que la otra ingresa. La que ingresa puede saber que el pago de la empresa ya establecida en realidad es 60, pero eso es irrelevante para la conducta de esta última.

La creencia de desequilibrio no importa para este primer equilibrio, aunque sí importará en otros equilibrios del mismo juego. Si bien las opiniones en un equilibrio bayesiano perfecto deben seguir la Regla de Bayes, ello establece muy pocas restricciones sobre la forma en que los jugadores interpretan la conducta de desequilibrio. La conducta de desequilibrio es "imposible", así que cuando se presenta no hay una manera obvia en que pueda reaccionar el jugador. Sin embargo, algunas opiniones pueden parecer más razonables que otras, y la Obstaculización de la Entrada III tiene otro equilibrio que requiere de opiniones menos plausibles fuera del sendero de equilibrio.

Un equilibrio no plausible para la Obstaculización de la Entrada III
Empresa ingresante: *Permanecer afuera | Débil, Permanecer afuera | Fuerte*
Empresa establecida: *Pelear*
Opiniones: *Prob(Fuerte | Ingresa)* = 0.1

Éste es un equilibrio porque si la empresa ingresante se desviara e ingresara, la ya establecida calcularía que su pago por pelear es 54 (= 0.1[0] + 0.9[60]), que es mayor que el pago por *Coludirse*, que es de 50. Por tanto, la ingresante permanecería afuera.

Las opiniones en el equilibrio no plausible son diferentes y menos razonables que las del equilibrio plausible. ¿Por qué debe creer la empresa establecida que las ingresantes débiles entrarán equivocadamente con una frecuencia nueve veces mayor que las ingresantes fuertes? Las opiniones no violan la Regla de Bayes, pero no tienen justificación.

La sensatez de las opiniones es importante, porque si la ya establecida usa conjeturas pasivas el equilibrio no plausible se rompe. Con las conjeturas pasivas, la ya establecida deseará cambiar su estrategia a *Coludirse*, porque el pago esperado por *Pelear* sería menor a 50. El equilibrio no plausible es menos fuerte con respecto a las opiniones que el equilibrio plausible y requiere de opiniones más difíciles de justificar.

Aunque resultados dudosos pueden ser equilibrios bayesianos perfectos, el concepto tiene alguna utilidad, ya que elimina otros resultados dudosos. No existe, por ejemplo, un equilibrio en que la ingresante entra sólo si es *Fuerte* y permanece afuera si es *Débil* (al que se llama un "equilibrio separador", porque separa los diferentes tipos de jugadores). Tal equilibrio tendría que ser más o menos como sigue:

Un equilibrio separador conjetural para la Obstaculización de la Entrada III

Empresa ingresante: *Permanecer afuera | Débil, Ingresar | Fuerte*
Empresa establecida: *Coludirse*

No se especifican creencias de desequilibrio para las conjeturas en el equilibrio separador porque no hay conducta de desequilibrio con respecto a la cual especificarlas. Como la empresa establecida puede observar *Permanecer afuera* o *Ingresar* en equilibrio, siempre usará la Regla de Bayes para formar sus opiniones. Creerá que una ingresante que permanece afuera debe ser débil y que la que ingresa debe ser fuerte. Esto se ajusta a la idea que subyace en el equilibrio de Nash de que cada jugador supone que los otros siguen la estrategia de equilibrio y luego decide cómo responder. Aquí la mejor respuesta de la empresa establecida, en vista de sus opiniones, es *Coludirse | Ingresar*, de modo que ésa es la segunda parte del equilibrio propuesto. Pero éste no puede ser un equilibrio, porque la ingresante querría desviarse. Como sabe que el ingreso será seguido por la colusión, incluso una empresa débil ingresará. Así que no puede haber un equilibrio en que la aspirante ingresa sólo cuando es fuerte.

EL JUEGO DE LA ADMISIÓN AL DOCTORADO

Las conjeturas pasivas no siempre pueden ser las opiniones más satisfactorias, como lo muestra el siguiente ejemplo. Suponga que una universidad sabe que 90% de la población odia la economía y no sería feliz en su programa de doctorado, y que 10% adora la economía y tendría un buen desempeño. Pero no puede observar el tipo de solicitante. Si la universidad rechaza una solicitud, su pago es de cero y la del solicitante es de −1 debido al esfuerzo realizado en la solicitud. Si la universidad acepta la solicitud de alguien que odia la economía, los pagos de la universidad y del estudiante son de −10; pero si el solicitante adora la economía los pagos son de +20 para cada jugador. La gráfica 6.2 muestra este juego en su forma extensiva. Se representan las proporciones de la población por un nodo en el que la Naturaleza elige si el estudiante *Odia* o *Adora* la economía.

La Admisión al Doctorado es un juego de señales del tipo que estudiaremos en el capítulo 10. Tiene varios equilibrios bayesianos perfectos que difieren en sus creencias de desequilibrio, pero los equilibrios pueden dividirse en dos categorías distintas, según sea el resultado: el **equilibrio separa-**

dor, en que los que adoran la economía presentan la solicitud y los que la odian se abstienen, y el **equilibrio unificador,** en que ninguno de los dos tipos de estudiantes presenta una solicitud.

Un equilibrio separador para la Admisión al Doctorado

Estudiante: *Solicitar│Adora la economía, No solicitar│Odia la economía*
Universidad: *Admitir*

El equilibrio separador no necesita especificar las creencias de desequilibrios, porque la Regla de Bayes puede aplicarse siempre que las dos acciones posibles, *Solicitar* y *No solicitar,* puedan ocurrir en equilibrio.

Un equilibrio unificador para la Admisión al Doctorado

Estudiante: *No solicitar│Adora la economía, No solicitar│Odia la economía*
Universidad: *Rechazar*
Opiniones: *Prob(Odia la economía│Solicitar) = 0.9 (conjeturas pasivas)*

GRÁFICA 6.2. *Admisión al Doctorado*

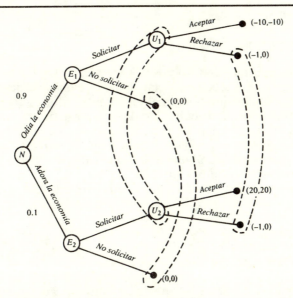

Pagos a: (Estudiante, Universidad)

Las conjeturas pasivas apoyan el equilibrio unificador. Ambos tipos de estudiantes se abstienen de presentar su solicitud porque creen correctamente que serán rechazados y recibirán un pago de –1, y la universidad está dispuesta a rechazar a cualquier estudiante que ilusamente presente su solicitud, porque cree que *Odia la economía* con una probabilidad de 90 por ciento.

Como el concepto del equilibrio bayesiano perfecto no impone ninguna restricción sobre las creencias de desequilibrio, los investigadores, empezando con McLennan (1985), han ideado una variedad de refinamientos exóticos del concepto de equilibrio, de los cuales se presenta una lista en la nota N6.2. Consideremos ahora varias opciones a las conjeturas pasivas que apoyarán el equilibrio unificador en la Admisión al Doctorado.

Conjeturas pasivas

$Prob(Odia\ la\ economía\ |\ Solicita) = 0.9.$

Ésta es la opinión especificada antes; con ella, la conducta de desequilibrio deja a las opiniones sin cambio respecto a las previas. El argumento para las conjeturas pasivas es que la presentación de solicitud del estudiante es un error y que ambos tipos tienen la misma probabilidad de cometer errores, aunque los que *Odian la economía* abundan más en la población. Esto apoya el equilibrio unificador.

El criterio intuitivo

$Prob(Odia\ la\ economía\ |\ Solicita) = 0.$

Bajo el criterio intuitivo de Cho y Kreps (1987), si hay un tipo de jugador informado que no se puede beneficiar de las acciones de desequilibrio sin importar las opiniones que tuviera el jugador no informado, la opinión de este último debe dar una probabilidad de cero a ese tipo. Aquí, el que *Odia la economía* no podría beneficiarse presentando la solicitud bajo cualquier opinión posible de la universidad, de modo que la universidad asigna una probabilidad de cero a que algún solicitante *Odie la economía*. Este argumento no apoyará al equilibrio unificador, porque si la universidad tiene esta opinión querrá admitir a cualquiera que presente una solicitud.

Robustez completa

$Prob(Odia\ la\ economía\ |\ Solicita) = m, 0 \leq m \leq 1.$

En este enfoque, el perfil de estrategia de equilibrio debe consistir en las mejores respuestas, dadas cualesquiera y todas las creencias de desequilibrio. Nuestro equilibrio para la Obstaculización de la Entrada II satisfacía este requisito. La robustez completa descarta un equilibrio unificador en la Admisión al Doctorado, porque una opinión como $m = 0$ hace que sea una mejor respuesta aceptar a los solicitantes, en cuyo caso sólo los que *Adoran la economía* presentarán su solicitud. Un primer paso útil al analizar los equilibrios unificadores conjeturales es comprobar si pueden ser apoyados por opiniones extremas como $m = 0$ y $m = 1$.

Una especificación ad hoc

Prob(Odia la economía | Solicita) = 1.

A veces el modelador puede justificar opiniones por las circunstancias de un juego particular. Aquí, se puede argumentar que cualquier persona suficientemente tonta como para presentar una solicitud sabiendo que la universidad lo rechazará, quizá no tenga el buen gusto de adorar la economía. Esto también apoya al equilibrio unificador.

Un enfoque alternativo al problema de las creencias de desequilibrio es eliminar su origen construyendo un modelo en el que todo resultado es posible en equilibrio porque diferentes tipos de jugadores toman diferentes acciones de equilibrio. En el juego de la Admisión al Doctorado, podemos suponer que hay unos cuantos estudiantes que adoran la economía y a los que también les gusta llenar solicitudes. Esos estudiantes siempre solicitarán en equilibrio, de modo que nunca habrá un equilibrio unificador puro en el que nadie presentará una solicitud, y la Regla de Bayes se puede usar siempre. En equilibrio, la universidad siempre aceptará a quien haya presentado una solicitud, porque presentarla nunca es una conducta de desequilibrio y siempre indica que el solicitante *Adora la economía*. En especial, este enfoque es atractivo si el modelador asume la posibilidad de los temblores literalmente, en vez de usarlos sólo como un instrumento técnico.

Los argumentos para diferentes clases de opiniones también pueden aplicarse a la Obstaculización de la Entrada III, que tiene dos equilibrios unificadores y ningún equilibrio separador. Usamos las conjeturas pasivas en el equilibrio "plausible". El criterio intuitivo no restringirá de ningún modo a las opiniones, porque ambos tipos ingresarían si las opiniones de la empresa establecida fueran tales que la hicieran coludirse, y ambos permanecerían afuera si la hicieran pelear. La robustez completa descartaría como un equilibrio al perfil de estrategia en que la ingresante permanece afuera sin importar su tipo, porque lo óptimo de permanecer afuera dependería de las opiniones; apoyaría el perfil de estrategia en que la ingresante entra y las creencias de desequilibrio carecen de importancia.

6.3. LA IMPORTANCIA DEL CONOCIMIENTO COMÚN: LA OBSTACULIZACIÓN DE LA ENTRADA IV Y V

Para demostrar la importancia del conocimiento común, consideremos dos versiones más del juego de la Obstaculización de la Entrada. En ambas utilizaremos las conjeturas pasivas. En la Obstaculización de la Entrada III, la empresa establecida fue perjudicada por su ignorancia. La Obstaculización de la Entrada IV mostrará la forma en que puede ser beneficiada por su ignorancia y la Obstaculización de la Entrada V tratará de lo que puede ocurrir si la ya establecida tiene la misma información que la ingresante, pero la información no es de conocimiento común.

Obstaculización de la Entrada IV:
su ignorancia beneficia a la empresa establecida

Para construir el juego de la Obstaculización de la Entrada IV, deje que $X = 300$ en la gráfica 6.1, de modo que la pelea es aun más lucrativa que en la Obstaculización de la Entrada III; en todo lo demás el juego es igual: la empresa ingresante conoce su tipo, pero la ya establecida no. El siguiente es el equilibrio bayesiano perfecto único:

Equilibrio para la Obstaculización de la Entrada IV
Empresa ingresante: *Permanecer afuera | Débil, Permanecer afuera | Fuerte*
Empresa establecida: *Pelear*
Opiniones: *Prob(Fuerte | Ingresar)* = 0.5 (conjeturas pasivas)

Este equilibrio puede ser apoyado por otras creencias de desequilibrio, pero no es posible ningún equilibrio en que la ingresante entra. No hay ningún equilibrio unificador en que ambos tipos de ingresantes entren, porque entonces el pago de la ya establecida por *Pelear* sería de 150 (= 0.5[0] + 0.5[300]) que es mayor que el pago de 50 por *Coludirse*. No hay ningún equilibrio separador, porque si al ingresar una aspirante fuerte la ya establecida siempre se coludiera, la aspirante débil se vería tentada a imitarla y también ingresaría.

En la Obstaculización de la Entrada IV, a diferencia de la Obstaculización de la Entrada III, la empresa establecida se beneficia de su propia ignorancia, porque siempre peleará para evitar el ingreso, incluso si el pago fuera (sin saberlo ella) de cero. A la ingresante le gustaría mucho poder comunicar lo caro de pelear, pero la ya establecida no le creería, por lo que nunca ocurre un ingreso.

Obstaculización de la Entrada V:
falta del conocimiento común de la ignorancia

En la Obstaculización de la Entrada V, podría ocurrir que, tanto la empresa ingresante como la ya establecida, conocieran los pagos por *(Ingresar, Pelear)*, pero la ingresante no sabe si la ya establecida los conoce. Ambos jugadores conocen la información, pero no es de conocimiento común.

La gráfica 6.3 muestra esta situación algo complicada. El juego empieza cuando la Naturaleza le asigna un tipo a la ingresante, *Fuerte* o *Débil*, igual que antes. Esto lo observa la ingresante, pero no la ya establecida. A continuación, la Naturaleza mueve nuevamente y, o bien le dice a la ya establecida el tipo de la ingresante o bien permanece en silencio. Esto lo observa la ya establecida, pero no la ingresante. Los cuatro juegos que empiezan en los nodos J_1 a J_4 representan diferentes combinaciones de pagos por *(Ingresar, Pelear)* y del conocimiento de la ya establecida. La ingresante no sabe qué tan bien informada está la ya establecida, de modo que la partición de información de la ingresante es ($\{J_1, J_2\}, \{J_3, J_4\}$).

Equilibrio para la Obstaculización de la Entrada v
Empresa ingresante: *Permanecer afuera | Débil, Permanecer afuera | Fuerte*
Empresa establecida: *Pelear | Naturaleza dijo "Débil", Coludirse | Naturaleza dijo "Fuerte", Pelear | Naturaleza no dijo nada*
Opiniones: *Prob(Fuerte | Ingresa, Naturaleza no dijo nada)* = 0.5 (conjeturas pasivas)

GRÁFICA 6.3. *Obstaculización de la Entrada v*

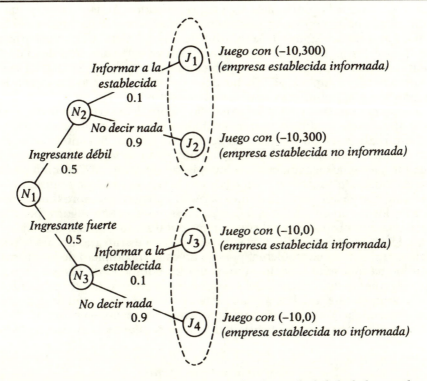

Como la ingresante considera que es alta la probabilidad de que la ya establecida no tenga conocimiento, debería permanecer afuera, porque la ya establecida pelearía por cualquiera de dos razones. Con probabilidad de 0.9, la Naturaleza no ha dicho nada y la ya establecida calcula que su pago esperado por *Pelear* sería de 150, y con probabilidad de 0.05 (= 0.1[0.5]) la Naturaleza le ha dicho a la ya establecida que la empresa ingresante es débil y el pago por *Pelear* es de 300. Incluso si la ingresante es débil y la Naturaleza se lo dice a la ya establecida, la ingresante elegirá *Permanecer afuera*, porque no sabe que la ya establecida lo sabe, y su pago esperado por *Ingresar* sería −7.5 (=[0.9 + 0.05] [−10] + 0.05[40]).

Si fuera del conocimiento común que la empresa ingresante es fuerte, ésta ingresaría y la ya establecida se coludiría. Si ambos jugadores lo saben, pero no es de conocimiento común, la ingresante permanece afuera, aunque la ya establecida se coludiría si ingresara. Ésta es la importancia del conocimiento común.

6.4. Información incompleta en el Dilema del Prisionero repetido: el modelo de la Pandilla de los Cuatro

El capítulo 5 investigó varias formas de navegar entre el Escila de la Paradoja de la Cadena de Tiendas y el Caribdis del Teorema Folk para llegar a una resolución del problema de los juegos repetidos. Al final, resultó que la indiferencia no tiene mucha importancia para el problema, pero en el capítulo 5 se dejó sin examinar la información incompleta. Uno puede imaginar que, si los jugadores no conocieran los tipos de cada uno de ellos, la confusión podría propiciar la cooperación. Investiguemos esto añadiendo información incompleta al Dilema del Prisionero repetido finitamente y encontrando los equilibrios bayesianos perfectos.

Una manera de incorporar información incompleta sería suponer que un gran número de jugadores son irracionales, pero que un determinado jugador no sabe si algún otro es o no del tipo irracional. Si continuamos por este camino, podemos suponer que con una alta probabilidad Hilera es un jugador que sigue ciegamente la estrategia del desquite. Si Columna piensa que está jugando contra un jugador de ese tipo, su estrategia óptima es *Negar* hasta que se aproxime al último periodo (qué tanto se aproxime dependerá de los parámetros) y luego *Confesar*. Si no estuviera seguro, pero hubiera una alta probabilidad de que se enfrentara a un jugador que sigue la estrategia del desquite, Hilera elegiría esa misma estrategia. Un modelo semejante no encara el problema, porque no es lo incompleto de la información lo que mueve al modelo, sino la alta probabilidad de que un jugador use ciegamente la estrategia del desquite. Ésta no es una estrategia racional, y suponer que muchos jugadores la utilizan impide estudiar el problema. Una conclusión más sorprendente es que una pequeña cantidad de información incompleta puede originar una gran diferencia en el resultado.[1]

La Pandilla de los Cuatro

Una de las explicaciones más importantes de la reputación es la de Kreps, Milgrom, Roberts y Wilson (1982), a los que nos referiremos de ahora en adelante como la Pandilla de los Cuatro. En su modelo, unos pocos jugadores son genuinamente incapaces de jugar cualquier estrategia que no sea la del desquite y muchos jugadores simulan ser de ese tipo. Lo atractivo del modelo es que requiere sólo de una pequeña cantidad de información incompleta y una baja probabilidad γ de que Hilera sea un jugador que sigue la estrategia del desquite. No es absurdo suponer que en un mundo en que

---

[1] Evadir el problema no es tan erróneo en el modelado como en la retórica, porque puede indicar, en primer lugar, que se trata de una cuestión tonta. Si los pagos en el Dilema del Prisionero no son los de la mayoría de las personas que uno trata de modelar, la Paradoja de la Cadena de Tiendas es irrelevante.

hay neoricardianos y partidarios de McGovern existan unos pocos jugadores ligeramente irracionales que siguen la estrategia del desquite; en especial, esa conducta es plausible entre los consumidores, que están sometidos a una menor presión evolutiva que las empresas.

Incluso puede ser desorientador calificar de "irracionales" a los jugadores que buscan el desquite —pues tal vez sólo tienen pagos poco comunes— sobre todo porque supondremos que son raros. Los jugadores poco comunes ejercen una influencia directa pequeña, pero importan porque otros jugadores los imitan. Aunque Columna sabe que con una alta probabilidad Hilera sólo simula ser un jugador del desquite, a Columna no le interesa la verdad mientras Hilera siga simulando. La hipocresía no es el único tributo que el vicio le paga a la virtud; puede servir también para evitar la mala conducta.

Teorema 6.1: Teorema de la Pandilla de los Cuatro

Considere un escenario T, *un Dilema del Prisionero repetido, sin descuento, pero con una probabilidad* γ *de que haya un jugador del desquite. En cualquier equilibrio bayesiano perfecto el número de etapas en que cualquiera de los jugadores elige* Confesar *es menor que algún número* M *que depende de* γ *pero no de* T.

El significado del Teorema de la Pandilla de los Cuatro es que, mientras los jugadores recurren a *Confesar* a medida que se acerca el último periodo, el número de periodos durante los cuales eligen *Confesar* es independiente del número total de periodos. Suponga que $M = 2\,500$. Si $T = 2\,500$, podría haber un *Confesar* en cada periodo. Pero si $T = 10\,000$, hay $7\,500$ periodos sin *Confesar*. Para probabilidades razonables del tipo poco usual, el número de periodos de cooperación puede ser mucho mayor. Wilson (inédito) ha elaborado un modelo de Obstaculización de la Entrada en que la empresa establecida combate a las que quieren ingresar (el equivalente de *Negar* arriba) hasta que sólo faltan siete periodos para el final, aunque la probabilidad de que la ingresante sea del tipo poco común es sólo de 0.008.

El Teorema de la Pandilla de los Cuatro caracteriza al resultado de equilibrio más que al equilibrio. Encontrar los equilibrios bayesianos perfectos es difícil y tedioso, pues el modelador debe comprobar todos los subjuegos que no son de equilibrio, así como el sendero de equilibrio. Por lo general, los modeladores se contentan con describir las características importantes de las estrategias de equilibrio y los pagos.[2]

Para tener una idea de la razón por la que el teorema 6.1 es correcto, considere lo que ocurriría en un juego de $10\,001$ periodos con una probabilidad de 0.01 de que Hilera jugara la estrategia pesimista de *Negar* hasta el primer *Confesar*, y a partir de entonces *Confesar* en todos los periodos siguientes. Si los pagos son como se muestra en el cuadro 5.2a, una mejor

---

[2] La sección 14.1 presenta una descripción más detallada de lo que sucede en un modelo de Obstaculización de la Entrada repetido con información incompleta.

respuesta de Columna a un reconocido jugador de la estrategia pesimista es *(Confesar* sólo en el último periodo, a menos que *Hilera* elija *Confesar* primero, en cuyo caso responder con *Confesar)*. Ambos jugadores elegirán *Negar* hasta el último periodo y el pago de Columna será de 50 010 (= (10 000)(5) + 10). Suponga por el momento que, si Hilera no sigue una estrategia pesimista, es muy agresivo y elegirá *Confesar* en todo periodo. Si Columna sigue la estrategia que acabamos de describir, el resultado será *(Confesar, Negar)* en el primer periodo y *(Confesar, Confesar)* posteriormente, para un pago a Columna de –5(= –5 + (10 000)(0)). Si las probabilidades de los dos resultados son 0.01 y 0.99, el pago esperado de Columna por la estrategia descrita es de 495.15. Si en cambio sigue una estrategia de *(Confesar* en todo periodo*)*, su pago esperado es sólo de 0.1 (= 0.01 (10) + 0.99 (0)). Claramente, para Columna es ventajoso arriesgarse a cooperar con Hilera, incluso si la probabilidad de que Hilera siga una estrategia muy agresiva es de 0.99.

Sin embargo, la estrategia agresiva no es la mejor respuesta de Hilera a la estrategia de Columna. Una mejor respuesta es que Hilera elija *Negar* hasta el penúltimo periodo y luego elija *Confesar*. Dado que Columna coopera en los primeros periodos, Hilera también cooperará. Este argumento no ha descrito lo que es en realidad el equilibrio de Nash, ya que la iteración entre Hilera y Columna y viceversa puede continuarse, pero sí muestra la razón por la que Columna elige *Negar* en el primer periodo, que es el apoyo que necesita el argumento: el pago es tan grande si en realidad Hilera es el jugador de la estrategia rigurosa que vale la pena que Columna se arriesgue a un pago bajo por un periodo.

El Teorema de la Pandilla de los Cuatro proporciona una forma de superar la Paradoja de la Cadena de Tiendas, pero crea un problema de equilibrios múltiples de manera muy parecida al juego repetido infinitamente. Una razón es que si la asimetría es de dos lados, de modo que ambos jugadores pueden ser de un tipo poco común, es mucho menos claro qué es lo que ocurre en los juegos de amenaza como la Obstaculización de la Entrada. Además, lo que ocurra dependerá de qué conductas poco usuales tienen una probabilidad positiva, aunque sea pequeña. El teorema 6.2 dice que el modelador puede hacer que los pagos promedio tomen cualquier valor particular al permitir que el juego dure lo suficiente y al elegir cuidadosamente la forma de la irracionalidad.

Teorema 6.2: El Teorema Folk de información incompleta
(Fudenberg y Maskin, 1986, p. 547)

Para cualquier juego repetido de dos personas sin descuento, el modelador puede elegir una forma de irracionalidad tal que para cualquier probabilidad $\varepsilon > 0$ hay algún número finito de repeticiones tal que con probabilidad $(1 - \varepsilon)$ un jugador es racional y los pagos promedio en algún equilibrio secuencial se acercan más que ε a cualesquiera pagos deseados mayores que los pagos minimax.

6.5. El torneo de Axelrod

Otra manera de plantear el Dilema del Prisionero repetido es mediante experimentos, como el torneo en que todos juegan contra todos, descrito por el científico político Robert Axelrod en su libro de 1984. Los competidores presentaron sus estrategias para un Dilema del Prisionero que se repetía 200 veces. Como las estrategias no se podían actualizar durante el juego, los jugadores debían comprometerse previamente, pero las estrategias podían ser tan complicadas como quisieran. Si un jugador quería especificar una estrategia que simulaba la perfección de un subjuego adaptándose a la historia pasada, tal como lo haría un jugador que no se hubiera comprometido, podía hacerlo; pero también podía usar una estrategia no perfecta como la del desquite, o la ligeramente más misericorde de "un desquite por dos agravios". Las estrategias se presentaron como programas de computadora que fueron enfrentados uno al otro y jugados automáticamente. En el primer torneo de Axelrod concursaron 14 programas. Cada programa jugó contra cada uno de los otros programas; el triunfador sería el que obtuviera la mayor suma de pagos en todos los juegos. El ganador fue Anatol Rapoport, que siguió la estrategia del desquite.

El torneo ayuda a mostrar qué estrategias son robustas contra una variedad de otras estrategias en un juego con parámetros dados. Eso es muy diferente de tratar de encontrar un equilibrio de Nash, porque no es de conocimiento común cuál es el equilibrio en un torneo de tal clase. Se puede ver la situación como un juego de información incompleta en que la Naturaleza elige el número y las capacidades cognoscitivas de los jugadores, así como las opiniones previas de cada uno respecto a cada uno de los otros.

Después de que se anunciaron los resultados del primer torneo, Axelrod realizó un segundo torneo añadiendo la probabilidad $\theta = 0.00346$ de que el juego terminaría en cada ronda para evitar la Paradoja de la Cadena de Tiendas. El triunfador entre los 62 participantes fue de nuevo Anatol Rapoport, y de nuevo usó la estrategia del desquite.

Antes de elegir su estrategia para el torneo, Rapoport había escrito todo un libro sobre el Dilema del Prisionero en análisis, experimentos y simulaciones (Rapoport y Chammah, 1965). ¿Por qué eligió una estrategia tan sencilla como la del desquite? Axelrod señala que el desquite tiene tres puntos fuertes:

1) Nunca inicia la *confesión* **(gentileza).**
2) Si alguien confiesa se desquita inmediatamente **(fácil de provocar).**
3) Perdona a quien confiesa si después coopera **(clemencia).**

A pesar de estas ventajas, debe tenerse cuidado al interpretar los resultados del torneo. No se concluye que el desquite es la mejor estrategia o que siempre debe esperarse una conducta cooperativa en juegos repetidos.

Primero, porque el desquite nunca vence a otra estrategia en contiendas uno a uno. Ganó este torneo acumulando puntos mediante la cooperación, pues participó en muchos juegos de puntaje alto y muy pocos de puntaje bajo. En un torneo de eliminatorias, el desquite sería de los primeros eliminados, porque aunque obtiene puntuaciones *altas* nunca obtiene el pago *más alto*.

Segundo, las estrategias de los otros jugadores trascienden para el éxito del desquite. En ninguno de los dos torneos las estrategias que se presentaron eran un equilibrio de Nash. Si un jugador hubiera sabido a qué estrategias se enfrentaba, habría querido revisar sus propias estrategias. Algunas de las estrategias presentadas en el segundo torneo habrían ganado el primero, pero no tuvieron muy buen desempeño porque el entorno había cambiado. Otros programas, diseñados para tratar de averiguar las estrategias de su oposición, desperdiciaron demasiados episodios de *(Confesar, Confesar)* en el proceso de aprendizaje; pero si los juegos hubieran durado mil repeticiones les habría ido mejor.

Tercero, en un juego en que los jugadores ocasionalmente confiesan a causa de los "temblores", a dos jugadores que usan la estrategia del desquite y se enfrentan entre sí les iría muy mal. La estrategia castiga de inmediato al que confiesa y no tiene ninguna disposición de terminar la fase punitiva.

El óptimo depende del ambiente. Cuando la información es completa y los pagos son de conocimiento común, confesar es el único resultado de equilibrio; pero en casi toda situación imaginable la información es ligeramente incompleta, de modo que la cooperación se hace más plausible. La estrategia del desquite es subóptima para cualquier ambiente dado, pero es robusta si se consideran todos los ambientes, y ésa es su ventaja.

Notas

N6.1. *Equilibrio bayesiano perfecto: Obstaculización de la Entrada I y II*

- La sección 4.1 mostró que, incluso en juegos con información perfecta, no todo equilibrio perfecto de un subjuego es perfecto de la mano temblorosa. Sin embargo, en juegos con información perfecta, todo equilibrio perfecto de un subjuego es un equilibrio bayesiano perfecto, ya que no es necesario especificar creencias de desequilibrio.

N6.2. *Refinamiento del equilibrio bayesiano perfecto: el juego de la Admisión al Doctorado*

- Fudenberg y Tirole (1991b) presentan un cuidadoso análisis de los temas implicados en la definición del equilibrio bayesiano perfecto.
- La sección 6.2 se ocupa de formas discutibles de restringir las opiniones, como las conjeturas pasivas o el dominio del equilibrio; pero a veces son útiles restricciones menos controvertidas. En un juego de tres jugadores, considere lo que ocurre cuando Smith y Jones tienen información incompleta sobre Brown, y luego Jones se desvía. ¿Deben Smith y Jones actualizar sus opiniones previas acerca del tipo de Brown? Las conjeturas pasivas parecen mucho más razonables. Si Brown se desvía, ¿pueden las creencias de desequilibrio especificar que Smith y Jones actualzan sus opiniones sobre Brown de diferentes maneras? Esto parece dudoso a la luz de la doctrina Harsanyi de que todos empiezan con las mismas opiniones previas.

- Para una discusión de lo adecuado de los diferentes conceptos de equilibrio en modelos económicos reales, véase Rubinstein (1985b) acerca de la negociación; Shleifer y Vishny (1986) sobre el chantaje monetario, y D. Hirshleifer y Titman (1960) para las ofertas de licitación.
- **Refinamientos exóticos.** Binmore (1990) y Kreps (1990b) tratan de los conceptos de racionalidad y del equilibrio. Varios autores han sugerido conceptos de equilibrio nuevos y mejorados que refinan el equilibrio bayesiano perfecto, entre ellos McClennan (1985), Cho y Kreps (1987) (**criterio intuitivo**), Banks y Sobel (1987) (**divinidad**) y Grossman y Perry (1986) (**equilibrio secuencial perfecto**).

  Dos refinamientos algo diferentes en carácter son la estabilidad y la conveniencia.

  Estabilidad (Kohlberg y Mertens, 1986). Este concepto es axiomático, en vez de basarse en opiniones o temblores. Sus principales requisitos son que exista un equilibrio, que sea perfecto en el subjuego, que los árboles del juego que son esencialmente iguales generen los mismos equilibrios y que la eliminación de las estrategias dominadas no cambie el equilibrio. Dichos requisitos son tan rígidos que para muchos juegos no existe ningún equilibro estable. (El uso del término "estabilidad" no está relacionado con el uso que le dan von Neumann-Morgenstern o el uso del equilibrio de Cournot.)

  El equilibrio conveniente (Myerson, 1978). La conveniencia es diferente de la mayoría de los refinamientos porque se basa en temblores más que en opiniones. La idea es que es menos probable que se presenten los peores "temblores". Considere el concepto de equilibrio perfecto de la mano temblorosa y disponga los temblores de tal manera que, si una estrategia pura s'_i es peor respuesta que la estrategia pura s''_i, la ponderación de la probabilidad que la estrategia mixta del temblor le da a s'_i es menor que ε veces la ponderación de s''_i. Tome el límite a medida que ε tienda a cero y resulta un equilibrio conveniente.
- El **juego del Quiche**[3] **y la Cerveza** (Cho y Kreps, 1987). Para ejemplificar su "criterio intuitivo", Cho y Kreps usan el juego del Quiche y la Cerveza. En este juego, el jugador 1 puede ser débil o fuerte según sea su habilidad en los duelos, pero desea evitar un duelo aunque crea que puede ganar. El jugador 2 desea combatir en un duelo sólo si el jugador 1 es débil, lo que tiene una probabilidad de 0.1. El jugador 2 no sabe el tipo del jugador 1, pero observa lo que éste pide de desayuno. Sabe que los jugadores débiles prefieren quiche de desayuno, en tanto que los fuertes piden cerveza. Los pagos se muestran en la gráfica 6.4.

  La gráfica 6.4 ejemplifica algunas variaciones en la manera de dibujar una forma extensiva. Empieza cuando la Naturaleza elige *Fuerte* o *Débil* en medio del diagrama. Luego el jugador 1 elige si pedirá *quiche* o *cerveza* de desayuno. Los nodos del jugador 2 están conectados por una línea punteada si están en el mismo conjunto de información. El jugador 2 elige *Duelo* o *Evitar el duelo*, y después se reciben los pagos.

  Este juego tiene dos resultados de equilibrio bayesiano perfecto, y los dos son "equilibrios unificadores". En E_1, el jugador 1 pide cerveza para el desayuno, sin importar su tipo, y el jugador 2 evita el duelo. Esto es apoyado por la creencia de desequilibrio de que el jugador 1 que pide quiche es débil con probabilidad mayor de 0.5, en cuyo caso el jugador 2 elegirá el duelo al observar que el 1 pidió quiche. En E_2, el jugador 1 pide quiche para el desayuno, sin importar su tipo, y el jugador 2 evita el duelo. Esto es apoyado por la creencia de desequilibrio de que el jugador 1 que bebe cerveza es débil con probabilidad mayor de 0.5, en cuyo caso el jugador 2 elegirá el duelo al observar que el 1 pide cerveza.

  Las conjeturas pasivas y el criterio intuitivo hacen imposible el equilibrio E_2. De acuerdo con el razonamiento del criterio intuitivo, el jugador 1 puede desviarse sin temor de tener que participar en un duelo si pronuncia el siguiente discurso convincente:

  Estoy tomando cerveza como desayuno, lo que debería convencerlo de que soy fuerte. El único beneficio concebible para mí de tomar cerveza se debe a que soy fuerte. Nunca desearía tomar cerveza como desayuno si fuera débil, pero si soy fuerte y este mensaje es convincente, entonces me beneficia tomar cerveza como desayuno.

[3] Es una especie de pastel de la repostería de la región de Lorena, en Francia, muy cremoso, gratinado con queso y espolvoreado con pedacitos de tocino; en los Estados Unidos es muy popular entre las mujeres [T.].

GRÁFICA 6.4. *El juego del Quiche y la Cerveza*

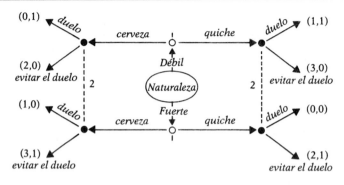

Pagos a: (Jugador 1, Jugador 2)

N6.5. *El torneo de Axelrod*

• En Hofstadter (1983) hay una buena discusión del Dilema del Prisionero y del torneo de Axelrod hecha por un inteligente científico de la computación que llegó al tema sin haber sido afectado por prejuicios o por una educación en economía. Es útil para las clases de economía elemental. El libro de Axelrod (1984) proporciona un análisis más completo.

PROBLEMAS

6.1: *El duopolio de Cournot con información incompleta sobre los costos*

Este problema introduce información incompleta en el modelo de Cournot del capítulo 3 y permite un *continuum* de tipos de jugadores.

6.1a) Modifique el "juego de Cournot" del capítulo 3 especificando que el costo de producción promedio de Apex es de c por unidad, mientras que el de Brydox sigue siendo de cero. ¿Cuáles son las producciones de cada empresa si los costos son de conocimiento común? ¿Cuáles son los valores numéricos si $c = 10$?

6.1b) Haga que el costo de Apex, c, sea igual a c_{max} con probabilidad de θ y 0 con probabilidad de $1 - \theta$, de tal manera que Apex es uno de dos tipos. Brydox no conoce el tipo de Apex. ¿Cuáles son las producciones de cada empresa?

6.1c) Suponga que el costo c de Apex se obtiene de un intervalo $[0, c_{max}]$ usando la distribución uniforme, de modo que hay un *continuum* de tipos. Brydox no conoce el tipo de Apex. ¿Cuáles son las producciones de cada empresa?

6.1d) Las producciones fueron de 40 para cada empresa en el juego de costo cero del capítulo 3. Compruebe sus respuestas en los incisos *b)* y *c)*, viendo lo que ocurre si $c_{max} = 0$.

6.1e) Deje que c_{max} = 20 y θ = 0.5, de tal manera que el costo esperado promedio de Apex es de 10 en los incisos *a)*, *b)* y *c)* de esta nota. ¿Cuáles son las producciones promedio para Apex en cada caso?

6.1f) Modifique el modelo del inciso *b)* de tal manera que c_{max} = 20 y θ = 0.5, pero que de alguna manera *c* = 30. ¿Qué producciones generan sus fórmulas del inciso *b)*? ¿Hay algo que esto pueda modelar sensatamente?

6.2: *Fijación de precios al límite*[4]

Una empresa ya establecida opera en un mercado local de computadoras, que es un monopolio natural en el cual sólo una empresa puede sobrevivir. La empresa que ya está operando puede fijar un precio *Bajo* y pierde 40 de sus ganancias, o *Alto*, caso en el que no pierde nada. Conoce su propio costo de operación *C*, que es de 20 con probabilidad de 0.75, y de 30 con probabilidad de 0.25. Una empresa ingresante potencial conoce estas probabilidades, pero no el costo exacto de la que ya está operando. La ingresante puede entrar a un costo de 100, y su costo de operación de 25 es de conocimiento común. La empresa con mayor costo de operación sale inmediatamente del mercado si tiene un competidor y la que sobrevive obtiene la ganancia de monopolio de 150.

6.2a) Dibuje la forma extensiva para este juego.

6.2b) ¿Por qué no hay un equilibrio perfecto en que la empresa ya establecida elige *Bajo* sólo si sus costos son de 20? (Sin equilibrio separador.)

6.2c) En un equilibrio bayesiano perfecto en que la empresa ya establecida elige un precio *Bajo* independientemente de sus costos (un equilibrio unificador), ¿qué deben especificar las creencias de desequilibrio?

6.2d) ¿Cuáles serían dos equilibrios bayesianos perfectos diferentes para este juego?

6.2e) ¿Cuál es un conjunto de creencias de desequilibrio que no apoyan un equilibrio unificador con un precio *Bajo*?

6.3: *Información simétrica y opiniones previas*

En el juego de la Plática Cara del cuadro 6.1, la Batalla de los Sexos es precedida por un movimiento de comunicación en que el hombre elige *Silencio* o *Hablar*. *Hablar* cuesta 1 unidad de pago y consiste en que el hombre declare que irá a la pelea de campeonato. La declaración sólo es mera verborrea; no lo compromete.

6.3a) Dibuje la forma extensiva para este juego, poniendo primero el movimiento del hombre en el subjuego de los movimientos simultáneos.

[4] Véase Milgrom y Roberts (1982a).

CUADRO 6.1. *Pagos de los subjuegos en el juego de la Plática Cara*

		Mujer	
		Pelea	*Ballet*
Hombre	*Pelea*	3,1	0,0
	Ballet	0,0	1,3

Pagos a: (Hombre, Mujer)

6.3b) ¿Cuáles son los conjuntos de estrategia para el juego? (Empiece con la mujer.)

6.3c) ¿Cuáles son los tres resultados de equilibrio perfecto de estrategia pura en términos de las acciones observadas? (Recuerde: las estrategias no son lo mismo que los resultados.)

6.3d) Describa las estrategias de equilibrio para un equilibrio perfecto en que el hombre elige hablar.

6.3e) La idea de la "inducción hacia adelante" dice que un equilibrio debe seguir siéndolo incluso si se eliminan del juego las estrategias dominadas en ese equilibrio y el procedimiento se hace iterativo. Muestre que este procedimiento excluye SBB (*Silencio, Ballet, Ballet*) como un resultado de equilibrio.[5]

6.4: *Falta de conocimiento común*

Este problema estudia lo que ocurre si se cambian los valores de los parámetros en la Obstaculización de la Entrada V.

6.4a) ¿Por qué *Pr(Fuerte | Ingresa, Naturaleza no dijo nada)* = 0.95 no apoya al equilibrio en la sección 6.3?

6.4b) ¿Por qué el equilibrio de la sección 6.3 no es un equilibrio si 0.7 es la probabilidad de que la Naturaleza informe a la empresa ya establecida?

6.4c) Describa el equilibrio si 0.7 es la probabilidad de que la Naturaleza informe a la empresa ya establecida. ¿Para qué creencias de desequilibrio éste sigue siendo el equilibrio?

---

[5] Véase Van Damme (1989). En realidad, este procedimiento también excluye HPP (*Hablar, Pelea, Pelea*).

SEGUNDA PARTE

INFORMACIÓN ASIMÉTRICA

7. RIESGO MORAL: ACCIONES OCULTAS

Solía ocurrir que la respuesta genérica del economista a alguien con una conducta peculiar que parecía contradecir la teoría básica era: "Debe ser alguna clase de discriminación de precio". Hoy en día tenemos una nueva respuesta: "Debe ser alguna clase de información asimétrica". En un juego de información asimétrica, el jugador Smith sabe algo que el jugador Jones desconoce. Esto cubre una amplia gama de modelos (incluyendo la discriminación de precios actual), de modo que quizá no es sorprendente que tantas situaciones sean comprendidas bajo ese nombre. Dividiremos los juegos de información asimétrica en cinco categorías, las cuales se estudiarán en cuatro capítulos.

1) **Riesgo moral con acciones ocultas** (capítulo 7).
Smith y Jones empiezan con información simétrica y están de acuerdo en un contrato, pero entonces Smith toma una acción que no observa Jones. La información es completa.

2) **Riesgo moral con conocimiento oculto (o información oculta)** (capítulo 8).
Smith y Jones empiezan con información simétrica y están de acuerdo en un contrato. Entonces la Naturaleza hace un movimiento que Smith observa, pero Jones no, y Smith toma una acción que puede ser sencillamente un informe sobre el movimiento de la Naturaleza. La información es completa.

3) **La selección adversa** (capítulo 9).
La Naturaleza empieza el juego eligiendo el tipo de Smith (su pago y estrategias), sin que lo observe Jones. Luego Smith y Jones acuerdan celebrar un contrato. La información es incompleta.

4, 5) **Señalización y escudriñamiento** (capítulo 10).
La Naturaleza empieza el juego eligiendo el tipo de Smith, sin que lo observe Jones. Para demostrar su tipo, Smith toma acciones que Jones puede observar. Si Smith toma la acción antes de que estén de acuerdo en un contrato, hace señales; si las toma después, es observado. La información es incompleta.

La señalización y el escudriñamiento son casos especiales de selección adversa, la cual es en sí misma una situación de conocimiento oculto. La información es completa en cualquiera de las dos clases de riesgo moral e incompleta en la selección adversa, la señalización y el escudriñamiento.

Observe que algunas personas pueden decir que la información *se torna* incompleta en un modelo de riesgo moral con conocimiento oculto, aunque sea completa al principio del juego. No obstante, tal afirmación es contraria a la definición de la información completa del capítulo 2. Las distinciones más importantes que hay que tener en mente son: si los jugadores acuerdan o no celebrar un contrato antes o después de que la información se torne asimétrica y si sus propias acciones son o no de conocimiento común.

Utilizaremos mucho el modelo del "agente-principal" para analizar la información asimétrica. Este término suele aplicarse a los modelos de riesgo moral, ya que los problemas estudiados en el derecho que se ocupa de la delegación de funciones por lo general implican a un empleado que desobedece las órdenes al elegir las acciones equivocadas; pero el paradigma será útil en todos estos contextos. Los dos jugadores son el agente y el principal, que son individuos representativos. El principal contrata al agente para que realice una tarea, y este último adquiere una ventaja informativa acerca de su tipo, sus acciones o el mundo exterior en algún punto del juego. De ordinario se supone que los jugadores pueden hacer un **contrato** que los compromete en algún punto en el juego, lo que equivale a decir que el principal se puede comprometer a pagar al agente una cantidad acordada si observa cierto resultado. En el entorno implícito de esos modelos hay tribunales que castigarán a cualquier jugador que viole el contrato de una manera que pueda demostrarse con información pública.

El **principal** *(o el* **jugador no informado***) es el jugador que tiene la partición de información más basta o burda.*

El **agente** *(o el* **jugador informado***) es el jugador que tiene la partición de información más fina.*

La gráfica 7.1 muestra los árboles de juego para cinco problemas del agente-principal que corresponden a las categorías referidas arriba. En cada modelo, el principal (*P*) ofrece al agente (*A*) un contrato que éste acepta o rechaza. En algunos, la Naturaleza (*N*) hace un movimiento o el agente elige un nivel de esfuerzo, mensaje o señal. Los modelos de riesgo moral (gráficas 7.1a y 7.1b) son juegos de información completa con incertidumbre. El principal ofrece un contrato y, después de que el agente acepta, la Naturaleza añade estática a la tarea que se realiza. En el riesgo moral con acciones ocultas (gráfica 7.1a), el agente mueve antes que la Naturaleza; en el riesgo moral con conocimiento oculto (gráfica 7.1b), el agente mueve después de la Naturaleza y envía un "mensaje" al principal acerca del movimiento de ésta.

Los modelos de selección adversa tienen información incompleta, de modo que la Naturaleza mueve primero y elige el tipo del agente, generalmente sobre la base de su habilidad para desempeñar la tarea. En el modelo más simple, gráfica 7.1c, el agente sólo acepta o rechaza el contrato. En caso de que el agente pueda enviar una "señal" al principal, como en las gráficas 7.1d y 7.1e, el modelo es de señalización si envía la señal antes de que el principal ofrezca un contrato, y si la envía después es un modelo de escudriñamiento. Una "señal" es diferente de un "mensaje" porque no es un enunciado sin costo, sino una acción costosa. Algunos modelos de selección adversa contienen incertidumbre y otros no.

GRÁFICA 7.1. *Categorías de los modelos de información asimétrica*

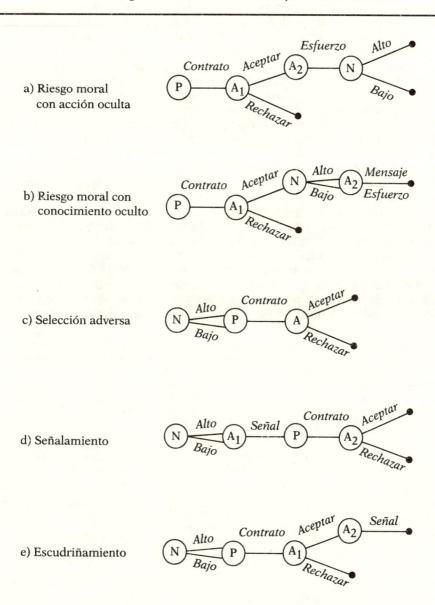

a) Riesgo moral con acción oculta

b) Riesgo moral con conocimiento oculto

c) Selección adversa

d) Señalamiento

e) Escudriñamiento

Un problema que abordaremos en detalle es el de un patrón (el principal) que contrata a un trabajador (el agente). Si el patrón conoce la capacidad del trabajador, pero no su nivel de esfuerzo, el problema es de riesgo moral con acciones ocultas. Si al principio ningún jugador conoce la capacidad del trabajador, pero el trabajador la descubre una vez que empieza a trabajar, el problema es de riesgo moral con conocimiento oculto. Si el trabajador conoce su capacidad desde el principio, pero el patrón no, el problema es de selección adversa. Si, además de que el trabajador conoce su capacidad desde el principio, puede obtener recomendaciones significativas antes de firmar el contrato con el patrón, el problema es de señalización. Si el trabajador obtiene sus recomendaciones en respuesta a una oferta salarial que hace el patrón, el problema es de escudriñamiento.

Las cinco categorías están surgiendo gradualmente de la abundante literatura acerca de los modelos del agente y las definiciones no se han establecido con claridad. En particular, habrá quienes argumenten que lo que he llamado riesgo moral con conocimiento oculto y escudriñamiento es en esencia lo mismo que la selección adversa. Myerson (1991, p. 263), por ejemplo, sugiere que se llame "riesgo moral" al problema de que los jugadores tomen la acción equivocada, y al problema de no comunicar adecuadamente la información, "selección adversa". Muchos economistas no se dan cuenta de que el escudriñamiento y la señalización son diferentes y manejan indistintamente los términos. "Señal" es una palabra tan útil que a menudo se usa para indicar cualquier variable que transmite información. La mayoría de las personas no ha meditado mucho acerca de las definiciones, pero la importancia de las distinciones será evidente a medida que estudiemos las propiedades de los modelos. Para los lectores más sintéticos que analíticos, el cuadro 7.1 puede ser de ayuda a fin de aclarar las categorías.

CUADRO 7.1. *Aplicaciones para el modelo del agente-principal*

	Agente	*Principal*	*Esfuerzo o tipo y señal*
Riesgo moral con acciones ocultas	Asegurado	Compañía de seguros	Cuidado para evitar robos
	Asegurado	Compañía de seguros	Beber y fumar
	Mediero	Dueño de plantación	Esfuerzo agrícola
	Accionistas	Tenedores de bonos	Riesgo de proyectos empresariales
	Propietario	Inquilino	Mantenimiento de la construcción
	Inquilino	Propietario	Mantenimiento de la construcción
	Criminal	Sociedad	Número de atracos
Riesgo moral con conocimiento oculto	Presidente de la compañía	Accionistas	Decisión de investigación
	Banco	Corporación Federal de Aseguramiento de los Depósitos (FDIC)	Seguridad de los préstamos
Selección adversa	Asegurado	Compañía de seguros	Infección por VHI
	Trabajador	Patrón	Capacidad
Señalización y escudriñamiento	Trabajador	Patrón	Capacidad y educación
	Vendedor	Comprador	Durabilidad y garantía
	Emisor de acciones	Inversionista	Valor de las acciones y porcentaje retenido

La sección 7.2 trata de los papeles de la incertidumbre y de la información asimétrica en un modelo de agente-principal de riesgo moral con acciones ocultas, el juego de la Producción. La sección 7.3 muestra cómo se satisfacen algunas limitaciones en el equilibrio. La sección 7.4 reúne varios contratos poco comunes producidos bajo riesgo moral y discute las propiedades de los contratos óptimos mediante el ejemplo del juego de Broadway. La sección 7.5 usa diagramas y el juego del Aseguramiento para enfocar el problema clásico del riesgo moral: la falta de esfuerzo del asegurado para evitar accidentes.

7.2. UN MODELO DEL AGENTE-PRINCIPAL: EL JUEGO DE LA PRODUCCIÓN

En el modelo arquetípico del agente-principal, este último es un gerente y el agente es un trabajador. En esta sección elaboraremos una serie de estos tipos de juegos, el último de los cuales será el modelo estándar del agente-principal.

Represente el valor monetario de la producción por $q(e)$, que aumenta al aumentar el esfuerzo (e). La función de utilidad del agente, $U(e, w)$, disminuye al disminuir el esfuerzo y aumenta al aumentar el salario, w, en tanto que la utilidad del principal, $V(q - w)$, aumenta al aumentar la diferencia entre la producción y el salario.

El juego de la Producción

Jugadores
El principal y el agente.

Orden del juego
1) El principal ofrece al agente un salario w.
2) El agente decide si acepta o rechaza el contrato.
3) Si el agente acepta, realiza el esfuerzo e
4) La producción es igual a $q(e)$, donde $q' > 0$.

Pagos
Si el agente rechaza el contrato, entonces $\pi_{agente} = \bar{U}$ y $\pi_{principal} = 0$.
Si el agente acepta el contrato, entonces $\pi_{agente} = U(e, w)$ y $\pi_{principal} = V(q - w)$.

Un supuesto común a la mayoría de los modelos del agente-principal es que el principal, o el agente, es uno de muchos competidores perfectos. Puede suceder que otros principales compitan para emplear al agente, de manera que la ganancia de equilibrio del principal es igual a cero; o bien, muchos agentes compiten por trabajar para el principal, de modo que la utilidad de equilibrio del agente es igual al mínimo por el que aceptaría el trabajo y que se denomina **utilidad de reserva,** $\bar{U}$. Sin embargo, hay algún nivel de utilidad de reserva incluso si el principal es un monopolista, porque el agente tiene la opción de permanecer desempleado si el salario es demasiado bajo.

Una forma de ver el supuesto de que el principal mueve primero en el juego de la Producción es que muchos agentes compiten para que un principal los contrate. El orden de los movimientos le permite al principal hacer una oferta de "tómelo o déjelo", lo que le da al agente muy poca capacidad de maniobra, como si hubiera tenido que competir con una multitud de otros agentes. Sin embargo, esto es sólo una conveniencia en el modelado, porque la utilidad de reserva del agente, $\bar{U}$ puede establecerse al nivel que un principal tendría que pagar al agente si estuviera compitiendo con otros principales. Incluso, este nivel de $\bar{U}$ se puede calcular, ya que es el nivel en que el pago del principal por la maximización de las ganancias con el contrato óptimo es disminuido hasta la utilidad de reserva del principal en competencia con otros principales. En tal caso la utilidad de reserva del principal es de cero, pero ésta también puede elegirse de manera que se ajuste a la situación que se modela. Como en el juego de las Demandas Triviales de la sección 4.3, el propósito al elegir quién hace la oferta es evitar quedar atrapado en un subjuego de negociación.

Los refinamientos del concepto de equilibrio no serán importantes en este capítulo; el equilibrio de Nash será suficiente para nuestros fines, porque la información es completa y no surgirán los puntos que interesan al equilibrio bayesiano perfecto. Se requerirá de la perfección del subjuego, ya que de otra manera el agente podría comprometerse a rechazar cualquier contrato que no le dé todas las ganancias del intercambio, pero no será lo que impulse los resultados relevantes.

En este capítulo veremos una serie de cinco versiones del juego de la Producción.

El juego de la Producción I: información completa

En la primera versión del juego, todo movimiento es de conocimiento común y el contrato es una función $w(e)$.

Encontrar el equilibrio implica encontrar el mejor contrato posible desde el punto de vista del principal, dado que debe hacer que el contrato sea aceptable para el agente y que prevé la forma en que el agente reaccionará ante los incentivos del contrato. El principal debe decidir qué quiere que haga el agente y cómo darle los incentivos para que lo haga tan barato como sea posible.

Al agente se le debe pagar alguna suma $\tilde{w}(e)$ para que haga el esfuerzo e, donde $\tilde{w}(e)$ se define como la w que resuelve la limitación de la participación

$$U(e, w(e)) = \bar{U} \tag{1}$$

Así, el problema del principal es

$$\underset{e}{Maximice}\ V(q(e) - \tilde{w}(e)).\tag{2}$$

La condición de primer orden para este problema es

$$V'(q(e) - \tilde{w}(e))\ \left(\frac{\partial q}{\partial e} - \frac{\partial \tilde{w}}{\partial e}\right) = 0,\tag{3}$$

que implica que

$$\frac{\partial q}{\partial e} = \frac{\partial \tilde{w}}{\partial e}.\tag{4}$$

Por el teorema de la función implícita (véase la sección 13.4) y la limitación de la participación,

$$\frac{\partial \tilde{w}}{\partial e} = -\left(\frac{\partial U}{\partial e}\ /\ \frac{\partial U}{\partial \tilde{w}}\right)\tag{5}$$

Combinando las ecuaciones (4) y (5) tenemos

$$-\frac{\partial U}{\partial \tilde{w}}\ \frac{\partial q}{\partial e} = -\frac{\partial U}{\partial e}.\tag{6}$$

La ecuación (6) nos dice que, al nivel de esfuerzo óptimo e^*, la utilidad marginal que resultará para el agente si se queda con toda la producción marginal originada por el esfuerzo extra será igual a la desutilidad que para él significa ese esfuerzo. Como es usual, el resultado puede ser eficiente, aunque en realidad el agente no se quede con la producción adicional, pues quién se queda con el producto es un problema de distribución.

La gráfica 7.2 muestra lo anterior gráficamente. El agente tiene curvas de indiferencia de pendiente ascendente en el espacio esfuerzo-salario, ya que, si aumenta el esfuerzo, el salario debe aumentar para mantener igual la utilidad. Las curvas de indiferencia del principal también tienen pendiente ascendente, porque aunque a él no le importa el esfuerzo directamente, sí le importa la producción, que aumenta con el esfuerzo. El principal puede tener aversión al riesgo o ser neutral al mismo; en ambos casos su curva de indiferencia es cóncava en vez de lineal, porque la gráfica 7.2 muestra una tecnología con rendimientos decrecientes respecto al esfuerzo. Si el esfuerzo principia a un mayor nivel, cualquier esfuerzo extra rendirá menos producción adicional, de modo que el salario no puede subir en igual proporción sin reducir las ganancias.

En condiciones de competencia perfecta entre los principales, las ganancias son de cero, así que se elige la utilidad de reserva $\bar{U}$ de tal manera que con el esfuerzo que maximiza las ganancias e^*, $\tilde{w}(e^*) = q(e^*)$, o

$$U(e^*, q(e^*)) = \bar{U}.\tag{7}$$

GRÁFICA 7.2. *El nivel de esfuerzo eficiente en el juego de la Producción I*

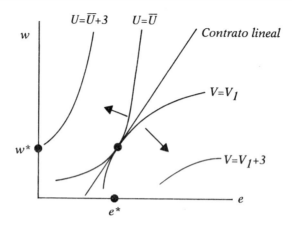

El principal selecciona el punto sobre la curva de indiferencia $U = \bar{U}$ que aumenta al máximo sus ganancias, punto correspondiente al esfuerzo e^* y al salario w^*. Después debe diseñar un contrato que inducirá al agente a elegir este nivel de esfuerzo. Los siguientes tres contratos son igualmente efectivos en condiciones de información completa.

1) El **contrato obligatorio** establece que $w(e^*) = w^*$ y $w(e \neq e^*) = 0$. Éste es en verdad un fuerte incentivo para que el agente elija exactamente $e = e^*$.
2) El **contrato de umbral** establece que $w(e \geq e^*) = w^*$ y $w(e < e^*) = 0$. Esto puede considerarse como un salario "dado" para niveles bajos de esfuerzo, iguales a 0 en este contrato, más un bono si el esfuerzo llega a e^*. Como al agente no le agrada esforzarse, elegirá exactamente $e = e^*$.
3) El **contrato lineal** que se muestra en la gráfica 7.2 establece que $w(e) = \alpha + \beta e$, donde α y β se eligen de tal manera que $w^* = \alpha + \beta e^*$ y la línea de contrato es tangente a la curva de indiferencia $U = \bar{U}$ en e^*. La curva de indiferencia del agente situada más al noroeste es la que toca la línea de contrato en e^*.

Antes de pasar a las versiones del juego con información asimétrica, será útil estudiar otra versión del juego con información completa, en la que el agente, no el principal, propone el contrato. A éste le llamaremos el juego de la Producción II.

El juego de la Producción II: información completa.
El agente mueve primero

En esta versión, todo movimiento es de conocimiento común y el contrato es una función $w(e)$. Sin embargo, ahora el orden del juego es como sigue:

Orden del juego

1) El agente ofrece al principal un contrato $w(e)$.
2) El principal decide si acepta o rechaza el contrato.
3) Si el principal acepta, el agente realiza el esfuerzo e.
4) La producción es igual a $q(e)$, donde $q' > 0$.

En este juego, el agente, no el principal, posee todo el poder de negociación. La limitación de la participación ahora es que el principal debe tener ganancias iguales a cero, de modo que $q(e) - w(e) \geq 0$. El agente aumentará al máximo su propio pago haciendo que el principal obtenga ganancias iguales exactamente a cero, por lo que $w(e) = q(e)$. Si se sustituye $q(e)$ por $w(e)$ a fin de tener en cuenta la limitación de la participación, el problema de maximización para el agente al proponer un nivel de esfuerzo e con un salario $w(e)$ puede, por tanto, escribirse de la siguiente manera

$$\underset{e}{Maximice}\ U(e, q(e)). \tag{8}$$

La condición de primer orden es

$$\frac{\partial U}{\partial e} + \left(\frac{\partial U}{\partial q}\right)\left(\frac{\partial q}{\partial e}\right) = 0. \tag{9}$$

Como $\dfrac{\partial U}{\partial q} = \dfrac{\partial U}{\partial w}$ cuando los salarios son iguales a la producción, la ecuación (9) implica que

$$\frac{\partial U}{\partial w}\frac{\partial q}{\partial e} = -\frac{\partial U}{\partial e} \tag{10}$$

Si se compara esta ecuación con la (6), en la cual el principal tiene el poder de negociación, está claro que e^* es idéntica en el juego de la Producción I y en el juego de la Producción II. No importa quién tenga el poder de negociación: el nivel de esfuerzo eficiente sigue siendo el mismo.

También puede usarse la gráfica 7.2 para ejemplificar este juego. Suponga que $V_1 = 0$. El agente debe elegir un punto sobre la curva de la indiferencia $V_1 = 0$ que maximiza su propia utilidad y luego darse incentivos en el contrato para elegir ese punto. El pago del agente es mayor en el esfuerzo e^*, ya que debe hacer que $V_1 = 0$, y los tres contratos descritos en el juego de la Producción I le proporcionan los incentivos correctos.

El nivel de esfuerzo eficiente es independiente de la parte que tenga el poder de negociación, porque las ganancias por la producción eficiente son independientes de la forma en que se distribuyen, mientras ninguna de las partes tenga un incentivo para abandonar la relación. Ésta es la misma lección que la del Teorema de Coase, el cual dice que bajo condiciones generales las actividades que se realicen serán eficientes e independientes de la distribución de los derechos de propiedad (Coase, 1960). Esa característica del nivel de esfuerzo eficiente significa que el modelador está en libertad de hacer supuestos sobre el poder de negociación que ayudan a centrar la atención en los problemas de información que estudia.

El juego de la Producción III: salario dado o "plano" con certidumbre

En esta versión del juego, el principal puede hacer que el salario no esté condicionado por el esfuerzo ni por la producción. Ello se modela como un principal que no observa el esfuerzo ni la producción, por lo que la información es asimétrica.

Es fácil imaginar un principal que no observa el esfuerzo; pero parece muy extraño que no pueda observar la producción, en especial porque puede deducirla por el valor del pago que recibe. Sin embargo, no es ridículo suponer que no puede basar los salarios en la producción, porque un contrato debe poder hacerse cumplir por intervención de alguna tercera parte, como un tribunal. Los profesores de derecho se quejan de que los economistas hablan de contratos "que no pueden hacerse cumplir" o que no son restrictivos. En la jurisprudencia un contrato se define como un acuerdo que debe cumplirse obligatoriamente; la mayor parte de un curso sobre contratos persigue descubrir qué acuerdos son contratos. Por ejemplo, que un profesor no logra motivar a sus estudiantes podría ser muy claro para su escuela, pero sería muy difícil de probar en un juicio, por lo que su salario no puede basarse en su producción de motivación. Para esas situaciones, el juego de la Producción III es adecuado. La producción no puede **incluirse en el contrato** ni es posible **comprobarla**, lo que conduce al mismo resultado que cuando no puede observársele en un modelo de contratación.

El resultado del juego de la Producción III es simple e ineficiente. Si el salario no es negativo, el agente acepta el trabajo y realiza un esfuerzo igual a cero, por lo que el principal le ofrece un salario de cero.

Si no hay nada con qué condicionar el salario, el problema del agente no se puede resolver diseñando el contrato cuidadosamente. Si se le quiere resolver será por algún otro medio, como la reputación o la repetición del juego, que fueron las soluciones en el capítulo 5. No obstante, lo característico es que haya alguna variable que puede ser objeto de contrato, como la producción con base en la cual al principal le es posible condicionar el salario. Éste es el caso en el juego de la Producción IV.

El juego de la Producción IV: el salario basado en la producción en condiciones de certidumbre

En esta versión, el principal no puede observar el esfuerzo, pero puede observar la producción y especificar que el contrato sea $w(q)$.

Ahora el principal no elige un número w, sino una función $w(q)$. Su problema no es tan directo como en el juego de la Producción I, en el que eligió la función $w(e)$, pero aquí también es posible alcanzar el nivel de esfuerzo eficiente e^* a pesar de que el esfuerzo no sea observable. El principal empieza encontrando el nivel de esfuerzo óptimo e^*, igual que en el juego de la Producción I. Ese esfuerzo rinde el nivel de producción eficiente $q^* = q(e^*)$. Para dar al agente los incentivos adecuados, el contrato debe recompensarlo cuando la producción es q^*. Nuevamente, pueden usarse varios tipos de contrato. Por ejemplo, el contrato restrictivo sería cualquier función de salario tal que $U(e^*, w(q^*)) = \bar{U}$ y $U(e, w(q)) < \bar{U}$ para $e \neq e^*$.

El juego de la Producción IV muestra que la imposibilidad de observar el esfuerzo no es un problema por sí solo si se puede condicionar el contrato a algo observable que se correlacione perfectamente con el esfuerzo. El verdadero problema del agente aparece cuando esa correlación perfecta se rompe, como ocurre en el juego de la Producción V.

El juego de la Producción V: salario basado en la producción en condiciones de incertidumbre

En esta versión, el principal no puede observar el esfuerzo, pero puede observar la producción y especificar que el contrato sea $w(q)$. No obstante, la producción es una función $q(e, \theta)$ que depende del esfuerzo y del estado del mundo $\theta \in \mathbf{R}$, que la Naturaleza elige de acuerdo con la densidad de probabilidad $f(\theta)$ en el nuevo movimiento 5) del juego. El movimiento 5) se hace justo después de que él elige el esfuerzo, de modo que el agente no puede elegir un bajo esfuerzo porque sabe que la Naturaleza compensará por la baja. (Si el agente puede observar el movimiento de la Naturaleza antes que el suyo, el juego se convierte en uno de riesgo moral con conocimiento y acciones ocultos.)

Debido a la incertidumbre acerca del estado del mundo, en el juego de la Producción V no es posible trazar un mapa con las coordenadas del esfuerzo y de la producción observada. Cualquiera de varios niveles diferentes de esfuerzo pudo realizar una determinada producción, de modo que un contrato restrictivo no logrará necesariamente el esfuerzo deseado. A diferencia del juego de la Producción IV, aquí el principal no puede deducir que $e = e^*$ del hecho de que $q = q^*$. Además, aunque el contrato induzca al agente a elegir e^*, si lo hace castigándolo fuertemente cuando $q \neq q^*$, eso le saldrá caro al principal. La utilidad esperada del agente debe mantenerse igual a $\bar{U}$ debido a la limitación de la participación, y si a veces se le paga al agente un salario bajo porque la producción no es igual a q^*, se le debe pagar más cuando la producción sí es igual a q^* para compensarlo. Si el agente tiene aversión al riesgo, esa variabilidad en su salario requiere que su salario esperado sea mayor que el w^* que se encontró antes, ya que se le debe compensar por el riesgo adicional. Hay un intercambio entre los incentivos y el aseguramiento contra el riesgo.

El riesgo moral se convierte en un problema cuando $q(e)$ no es una función de uno-a-uno, porque un solo valor de e podría resultar en cualquiera de un número de valores de q, dependiendo del valor de θ. En este caso, la función de producción no puede invertirse: si conoce q, el principal no puede deducir el valor de e perfectamente sin suponer una conducta de equilibrio de parte del agente.

La combinación del esfuerzo no observable y de la imposibilidad de invertir la función de producción en el juego de la Producción v significa que ningún contrato puede inducir al agente a contribuir con el nivel de esfuerzo eficiente sin incurrir en costos adicionales, que por lo general toman la forma de un riesgo adicional impuesto al agente. Trataremos de encontrar un contrato eficiente en el sentido de aumentar al máximo el bienestar, dadas las limitaciones de la información. Se utilizan los términos "el primer mejor" y "el segundo mejor" para distinguir estas dos clases de óptimo.

El **primer mejor contrato** *logra la misma asignación que el contrato que es óptimo cuando el principal y el agente tienen el mismo conjunto de información y todas las variables pueden ser objeto de contrato.*

El **segundo mejor contrato** *es óptimo en el sentido de Pareto dadas la asimetría de la información y las limitaciones en la redacción de los contratos.*

La diferencia de bienestar entre el mundo del primer mejor y el mundo del segundo mejor es el costo del problema de la agencia.

Los cuatro primeros juegos de la Producción fueron más fáciles porque el principal podía encontrar un primer mejor contrato sin buscar demasiado. Pero definir el espacio de estrategia en un juego como la Producción v es difícil, porque quizá el principal quiera elegir una función muy complicada $w(q)$. Encontrar un contrato óptimo cuando no se puede utilizar un contrato restrictivo se convierte en un problema sin respuestas generales, debido a la tremenda variedad de contratos posibles. El resto del capítulo mostrará la forma en que por lo menos se puede enfocar el problema, aunque no pueda resolverse.

7.3. ENCONTRANDO LOS CONTRATOS ÓPTIMOS: EL PROCEDIMIENTO DE LOS TRES PASOS Y LAS LIMITACIONES DE LA COMPATIBILIDAD DE INCENTIVOS Y DE LA PARTICIPACIÓN

El objetivo del principal en el juego de la Producción v es aumentar al máximo su utilidad, con el conocimiento de que el agente está en libertad de rechazar el contrato y que éste le debe dar al agente un incentivo para elegir el esfuerzo deseado. Estas dos limitaciones surgen en todo problema de riesgo moral y se les nombra **limitación de la participación** y **limitación de la compatibilidad de incentivos**. Matemáticamente el problema del principal es

$$\underset{w(\cdot)}{Maximice}\ EV(q(\tilde{e},\ \theta) - w(q(\tilde{e},\ \theta))) \tag{11}$$

sujeto a

$\tilde{e} = \underset{e}{argmax}\, EU(e,\, w(q(e,\, \theta)))$ (limitación de la compatibilidad
de incentivos)   (11a)

$EU(\tilde{e},\, w(q(\tilde{e},\, \theta))) \geq \bar{U}$ (limitación de la participación)   (11b)

La limitación de la compatibilidad de incentivos tiene en cuenta el hecho de que el agente es el segundo que mueve, de modo que el contrato debe inducirlo a elegir voluntariamente el esfuerzo deseado. La limitación de la participación, a la que también se llama la **utilidad de reserva** o la limitación de la **racionalidad individual,** requiere que el trabajador prefiera el trabajo y no el ocio, la producción en casa u otros trabajos alternativos.

La expresión (11) es la forma en que un economista instintivamente plantea el problema, pero tal planteamiento es lo más lejos que puede llegar con el **enfoque de la condición de primer orden.** La dificultad no sólo consiste en que el que trata de maximizar elige una función de salario en vez de un número, porque la teoría del control o el cálculo de las variaciones puede resolver esos problemas. Más bien se debe a que las limitaciones no son convexas —no excluyen un buen conjunto de puntos en el espacio de las funciones de salario, como lo haría la limitación "$w \geq 4$", y sí excluyen un conjunto muy complicado de posibles funciones de salario—.

Un enfoque diferente, desarrollado por Grossman y Hart (1983) y al que Fudenberg y Tirole (1990) llamaron el **procedimiento de los tres pasos**, es el de concentrarse en los contratos que inducen al agente a elegir una acción particular más que a enfrentar directamente el problema de aumentar al máximo las ganancias. El primer paso es encontrar para cada nivel de esfuerzo posible el conjunto de contratos salariales que inducen al agente a elegir ese nivel de esfuerzo. El segundo paso es encontrar el contrato que apoya dicho nivel de esfuerzo al menor costo para el principal. El tercer paso es elegir el nivel de esfuerzo que aumenta al máximo las ganancias, dada la necesidad de apoyar ese esfuerzo con el costoso contrato salarial del segundo paso.

Para apoyar el nivel de esfuerzo e, el contrato salarial $w(\cdot)$ debe satisfacer la limitación de la compatibilidad de incentivos y la limitación de la participación. Matemáticamente, el problema de encontrar el menor costo $C(\tilde{e})$ de apoyar el nivel de esfuerzo $\tilde{e}$ combina los pasos uno y dos.

$$C(\tilde{e}) = \underset{w(\cdot)}{Minimice}\, Ew(q(\tilde{e}, \theta)) \qquad (12)$$

sujeto a las limitaciones (11a) y (11b).

El paso tres considera el problema del principal para aumentar al máximo el pago que recibe, (11), y lo enuncia como:

$$\underset{\tilde{e}}{Maximice}\, EV(q(\tilde{e},\, \theta) - C(\tilde{e})). \qquad (13)$$

Después de encontrar el contrato que induce cada esfuerzo al menor costo, el principal descubre el esfuerzo óptimo resolviendo el problema (13).

Es más fácil resolver el problema si se divide en partes. Sin embargo, quizá la lección más importante del procedimiento de los tres pasos es la de reforzar los puntos de que el objetivo del contrato es inducir al agente a elegir un nivel de esfuerzo particular y de que la información asimétrica aumenta el costo de las inducciones.

7.4. CONTRATOS ÓPTIMOS: EL JUEGO DE BROADWAY

Relación entre producción y compensación

El siguiente juego, inspirado en la excéntrica película de Mel Brooks, *The Producers*, ejemplifica una peculiaridad de los contratos óptimos: a veces la recompensa del agente no debe aumentar con su producción. Los inversionistas entregan fondos anticipados al productor de una obra de teatro de Broadway que quizá tenga éxito o tal vez fracase. El productor puede elegir hurtar o no hurtar los fondos que se le han entregado anticipadamente, con una ganancia directa para él de 50 si los hurta. Si la obra tiene éxito, el ingreso es de 500 si no los ha hurtado y de 100 si los hurtó. Si la obra es un fracaso, el ingreso es de –100 en ambos casos, porque es inútil hacer gastos adicionales en una obra sin las características necesarias para triunfar.

El juego de Broadway I

Jugadores
El productor y los inversionistas.

Orden del juego
1) Los inversionistas ofrecen un contrato salarial $w(q)$ como una función del ingreso q.
2) El productor acepta o rechaza el contrato.
3) El productor elige *Hurtar* o *No hurtar*.
4) La Naturaleza elige que el estado del mundo sea *Éxito* o *Fracaso* con igual probabilidad. El cuadro 7.2 muestra el ingreso resultante q.

Pagos
El productor tiene aversión al riesgo y los inversionistas son neutrales al riesgo. El pago que recibe el productor es $U(100)$ si rechaza el contrato, donde $U' > 0$ y $U'' < 0$, y el pago de los inversionistas es 0. Expresado de otra manera,

$$\pi_{producator} = \begin{cases} U(w(q) + 50) & \text{si hurta} \\ U(w(q)) & \text{si no hurta} \end{cases}$$

$$\pi_{inversionistas} = q - w(q)$$

CUADRO 7.2. *El juego de Broadway I: ganancias*

		Estado del mundo	
		Fracaso (0.5)	Éxito (0.5)
Esfuerzo	Hurtar	–100	+100
	No hurtar	–100	+500

Otra forma de tabular las producciones, que se aprecia en el cuadro 7.3, es la de escribir las probabilidades de los resultados en las casillas, mostrando el esfuerzo en las hileras y la producción en las columnas.

CUADRO 7.3. *El juego de Broadway I: probabilidades de ganancias*

		Ganancia			
		– 100	+ 100	+ 500	Total
Esfuerzo	Hurtar	0.5	0.5	0	1
	No hurtar	0.5	0	0.5	1

Los inversionistas observarán que q puede ser igual a –100, +100 o +500, de modo que el contrato del productor especificará cuando mucho tres salarios diferentes: $w(-100)$, $w(+100)$ y $w(+500)$. Los pagos esperados del productor por sus dos acciones posibles son

$$\pi\,(No\;hurtar) = 0.5U(w(-100)) + 0.5U\,(w(+500)) \qquad (14)$$

y

$$\pi\,(No\;hurtar) = 0.5U(w(-100) + 50) + 0.5U(w(+100) + 50). \qquad (15)$$

La limitación de la compatibilidad de incentivos es $\pi(No\;hurtar) \geq \pi(Hurtar)$, de modo que

$$0.5U(w(-100)) + 0.5U(w(+500)) \qquad (16)$$
$$\geq 0.5U(w(-100) + 50) + 0.5U(w(+100) + 50),$$

y la limitación de la participación es

$$\pi\,(No\;hurtar) = 0.5U(w(-100)) + 0.5U(w(+500)) \geq U(100). \qquad (17)$$

Los inversionistas desean que se satisfaga la limitación de la participación (17) con un costo en dólares tan bajo como sea posible. Esto significa que quieren imponer al productor tan poco riesgo como sea posible, ya que él requiere de un valor esperado más alto como salario si el riesgo es mayor. Idealmente, $w(-100) = w(+500)$, que da un aseguramiento total. Por lo general, el intercambio con el agente consiste en nivelar más el salario y darle incentivos. Aquí no es necesario ningún intercambio debido a una peculiaridad del problema: existe un resultado que no puede ocurrir a menos que el productor elija la acción indeseable. Ese resultado es $q = +100$ y significa que el siguiente contrato, llamado **contrato forzoso,** proporciona incentivos efectivos y salarios sin riesgos.

$$w(+500) = 100$$
$$w(-100) = 100$$
$$w(+100) = -\infty.$$

Con este contrato, el salario del productor es un 100 libre cuando no hurta, así que se satisface la restricción de la participación. También compromete, porque se satisface como una igualdad; los inversionistas tendrían un mayor pago si se flexibilizara la restricción. Si el productor hurta, se enfrenta a un pago de $-\infty$ con probabilidad de 0.5, por lo que se satisface la limitación de la compatibilidad de incentivos. No obliga, porque se satisface como una desigualdad fuerte y los pagos de equilibrio de los inversionistas no bajan si se aumenta ligeramente la restricción haciendo que las ganancias del productor por hurtar sean un poco mayores. Observe que para los inversionistas el costo del contrato es de 100 en equilibrio, de modo que su pago esperado total es de $0.5(-100) + 0.5(+500) - 100 = 100$, que es mayor que cero y, por tanto, da a los inversionistas suficiente rendimiento para que estén dispuestos a apoyar la obra de teatro.

El contrato forzoso es una aplicación de la **condición estadística suficiente**, que enuncia que para propósitos de incentivar, si la función de utilidad del agente es separable en esfuerzo y dinero, los salarios deben basarse en cualquier evidencia que indique mejor el esfuerzo y sólo incidentalmente en la producción (véase Holmstrom, 1979, y la nota N7.2). En la esencia del procedimiento de tres pasos, lo que el principal quiere es inducir al agente a que elija el esfuerzo adecuado, *No hurtar*, y su dato sobre lo que el agente eligió es la producción. En equilibrio (aunque no fuera de él), el dato $q = +500$ contiene exactamente la misma información que $q = -100$. Ambos llevan a la misma probabilidad posterior de que el agente elija *No hurtar*, de modo que los salarios condicionados en cada dato deberían ser iguales. Es necesario añadir el calificativo "en equilibrio", porque para formar las probabilidades posteriores el principal requiere tener algunas opiniones acerca de la conducta del agente. Si no es así, no puede interpretar a $q = -100$.

Contratos menos rígidos también serán efectivos. Se usarán dos salarios de equilibrio, un salario bajo $\underline{w}$ para una producción de $q = 100$ y un salario alto $\bar{w}$ para cualquier otra producción. Las limitaciones de la participación y de la compatibilidad de incentivos proporcionan dos ecuaciones para resolver esas dos incógnitas. A fin de encontrar el contrato menos rígido posible, el modelador también debe especificar una función para $U(w)$, que no era necesaria para encontrar el primer contrato forzoso, lo cual es interesante. Especifiquemos que

$$U(w) = 100w - 0.1w^2. \tag{18}$$

Una función cuadrática como ésta sólo aumenta si su argumento (en el sentido matemático) no es muy grande, pero como el salario no excederá $w = 1\,000$, es una función de utilidad razonable para este modelo. Si se sustituye (18) en la restricción de la participación (17) y se resuelve para el salario alto que da un aseguramiento total $\overline{w} = w(-100) = w(+500)$ obtenemos $\overline{w} = 100$ y una utilidad de reserva de 9 000. Si sustituimos en la restricción de la compatibilidad de incentivos, (16), obtenemos,

$$9\,000 \geq 0.5U(100 + 50) + 0.5U(\underline{w} + 50). \tag{19}$$

Cuando se resuelve (19) con la ecuación cuadrática, da (con el error por redondeo) $\underline{w} \leq 5.6$. Un salario bajo de $-\infty$ es mucho más severo de lo que se necesita.

Si tanto el productor como los inversionistas tuvieran aversión al riesgo, compartir el riesgo cambiaría la parte del contrato que se aplica en equilibrio. El contrato óptimo hará entonces que $w(-100) < w(+500)$ para que se comparta el riesgo. La utilidad marginal de la riqueza será más baja para el principal cuando la producción sea de +500, así que estará en mejor posición para pagar un dólar extra en salarios en ese estado que cuando la producción sea de -100.

Una de las características extrañas del juego de Broadway I es que el salario es más alto para una producción de -100 que para una de $+100$. Esto ejemplifica la idea de que lo que el principal busca no es recompensar la producción, sino el esfuerzo que se dedica a ella. Si el principal paga más sólo porque la producción es mayor, recompensa a la Naturaleza, no al agente. Por lo común, la gente cree que un mayor pago por una mayor producción es lo "justo", pero el juego de Broadway I muestra que ese punto de vista ético es muy simple. Por lo general, un mayor esfuerzo conduce a una mayor producción, de modo que un mayor pago suele ser un buen incentivo, pero esto no siempre es cierto.

La separación de la recompensa y el resultado tiene aplicaciones muy amplias. Becker (1968) en el derecho penal y Polinsky y Che (1991) en lo relativo a los juicios por daños y perjuicios observan que, si la sociedad desea mantener bajos los costos de seguridad civil y reducir la conducta dañina, el castigo que se aplique no debe ser sencillamente igual al daño. Castigos muy severos que casi nunca se apliquen darían los incentivos adecuados y mantendrían bajos los costos de seguridad, aunque unos pocos trasgresores desafortunados recibirán castigos desproporcionados con respecto al daño que hicieron.

Un título menos llamativo para un contrato forzoso es el de **esquema de apoyo cambiante,** nombrado así porque el contrato depende de que el apoyo a la distribución de la producción sea diferente cuando el esfuerzo es óptimo que cuando el esfuerzo es distinto al óptimo. Para decirlo en forma más sencilla, el conjunto de resultados posibles con el esfuerzo óptimo debe ser diferente del conjunto de resultados posibles con cualquier otro nivel de esfuerzo. Como consecuencia, ciertas producciones mostrarán sin duda que el productor hurtó. Si se establecen castigos muy severos sólo para el caso de esas producciones, se logrará el primer mejor porque un productor que no hurta no tiene nada que temer.

La gráfica 7.3 muestra apoyos que se modifican en un modelo en que la producción no sólo puede tomar tres valores, sino todo un *continuum*. Si el agente prefiere el ocio en vez de trabajar, se hacen posibles ciertas producciones bajas y ciertas producciones altas se vuelven imposibles. En un caso como éste, en que el apoyo a la producción se modifica cuando cambia la conducta, son útiles los contratos forzosos: el salario es − ∞ para las producciones bajas que sólo son posibles cuando no se trabaja. Cuando hay un límite al grado en que puede castigarse al agente, o el apoyo es el mismo en todas las acciones, la amenaza de un contrato forzoso quizá no logre el primer mejor contrato, pero aun así pueden usarse contratos similares. Las condiciones que favorecen esos contratos son:

1) El agente no tiene mucha aversión al riesgo.
2) Hay resultados con una alta probabilidad en caso de un bajo esfuerzo, que tienen poca probabilidad con el esfuerzo óptimo.
3) El agente puede ser castigado severamente.
4) Es creíble que el principal ejecutará el castigo severo.

GRÁFICA 7.3. *Apoyos que se modifican en un modelo del agente*

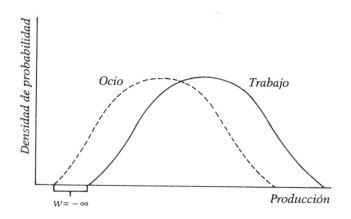

Vender la tienda

Otro primer mejor contrato que a veces se puede usar es el de **vender la tienda**. En este acuerdo, el agente compra toda la producción por una cuota fija que paga al principal y se convierte en el **demandante residual**, ya que conserva todo dólar adicional del producto que produce su esfuerzo extra. Esto equivale a asegurar completamente al principal, ya que su pago se hace independiente de los movimientos del agente y de la Naturaleza.

En el juego de Broadway I, vender la tienda equivale a que el productor pague a los inversionistas 100(= 0.5[–100] + 0.5[+500] – 100) y conserve todas las ganancias para sí mismo. Las desventajas son que *1)* el productor podría no estar en condiciones de pagar a los inversionistas el precio fijo de 100 y *2)* el productor podría tener aversión al riesgo e incurrir en un fuerte costo de utilidad por asumir todo el riesgo. Estas dos desventajas son la razón de que los productores primero que nada acudan a los inversionistas.

Información pública que perjudica al principal y al agente

Es posible modificar el juego de Broadway para mostrar cómo el tener más información pública puede perjudicar a los dos jugadores. Esto también proporcionará un poco de práctica en la utilización de los conjuntos de información. Separemos *Éxito* en dos estados del mundo, *Éxito menor* y *Éxito mayor*, que tienen probabilidades de 0.3 y 0.2, como se aprecia en el cuadro 7.4.

CUADRO 7.4. *El juego de Broadway II: ganancias*

| | | **Estado del mundo** | |
	Fracaso (0.5)	*Éxito menor* (0.3)	*Éxito mayor* (0.2)
Esfuerzo *Hurtar*	–100	–100	+400
No hurtar	–100	+450	+575

Bajo el contrato óptimo,

$$w(-100) = w(+450) = w(+575) > w(+400) + 50. \tag{3}$$

Esto es así porque el productor tiene aversión al riesgo y sólo el dato $q = +400$ es prueba de que el productor hurtó. El contrato óptimo debe hacer dos cosas: desalentar el hurto y pagar al productor un salario tan previsible como sea posible. Para hacerlo previsible, se hace constante el salario a menos que $q = +400$. Para desalentar el hurto, se debe castigar al productor si $q = +400$. Como en el juego de Broadway I, el castigo no tiene que ser infinitamente severo; se puede calcular el castigo efectivo mínimo de la misma manera que en dicho juego. Los inversionistas le pagarán al productor un salario de 100 en equilibrio y su pago esperado será de 100 (= 0.5(–100) + 0.3(450) + 0.2(575) – 100). Así, se puede encontrar un contrato para el juego de Broadway II en que el agente no hurtará.

Pero considere lo que ocurre cuando el conjunto de información es refinado de tal manera que, antes de que el agente tome su acción, él y el principal pueden decir si la obra de teatro será un gran éxito o no. Llamaremos a éste el juego de Broadway III. Con el refinamiento, la partición inicial de información de cada jugador es

([*Fracaso, Éxito menor*], [*Éxito mayor*]),

en vez de la partición basta original

([*Fracaso, Éxito menor, Éxito mayor*]).

Que los conjuntos de información se refinaran hasta que tuvieran un solo elemento sería muy útil para los inversionistas, porque de haber fracaso podrían abstenerse de invertir y determinarían fácilmente si el productor ha hurtado o no. Sin embargo, tal como se presenta, el refinamiento no ayuda a los inversionistas a decidir cuándo financiar la obra de teatro. Si aún pueden contratar al productor e impedirle que hurte a un costo de 100, el pago por invertir en un éxito mayor es de 475 (= 575 – 100). Pero el pago por invertir en una obra de teatro dado el conjunto de información {*Fracaso, Éxito menor*}

sería aproximadamente de 6.25 (= $\left(\dfrac{0.5}{0.5+0.3}\right)$ (–100) + $\left(\dfrac{0.3}{0.5+0.3}\right)$ (450) –100),

que sigue siendo positivo. De modo que la mejor información no ayuda a decidir cuándo invertir.

Aunque el refinamiento no tiene ningún efecto directo sobre la eficiencia de la inversión, arruina los incentivos del productor. Si observa {*Fracaso, Éxito menor*}, está en libertad de hurtar sin temor de la producción +400, que haría que fuera un contrato forzoso. Se abstendría de hurtar si observara {*Éxito mayor*}, pero ningún contrato que no imponga un riesgo a un productor que no hurta puede evitar que hurte si observa {*Fracaso, Éxito menor*}. El que se pueda disponer de un contrato con riesgo que le impida al productor hurtar a un costo menor de 6.25 para el inversionista dependerá de qué tanta aversión al riesgo tenga el productor. Si tiene mucha aversión al riesgo, el costo del incentivo es más de 6.25 y los inversionistas dejarán de invertir en obras que pueden ser éxitos menores. La mejor información reduce el bienestar, porque aumenta la tentación de los productores para comportarse mal.

7.5. DIAGRAMAS DE ESTADO-ESPACIO: JUEGOS DEL ASEGURAMIENTO I Y II

Los modelos del agente-principal que hemos visto en este capítulo se han presentado en términos de ecuaciones algebraicas o de matrices de resultado. Otro enfoque, especialmente provechoso cuando el espacio de estrategia es continuo, es el de utilizar diagramas. El término "riesgo moral" proviene de la industria de los seguros. Suponga que el señor Smith (el agente) considera comprar un seguro contra robos para un carro con un valor de 12. La gráfica 7.4, que ilustra esta situación, es ejemplo de un **diagrama de estado-espacio**, un diagrama cuyos ejes miden los valores de una variable en dos diferentes estados del mundo. Antes de que Smith compre el seguro, su riqueza en dólares es de 0 si ocurre un robo y de 12 si no ocurre, y se representa como su dotación, $\omega = (12, 0)$. El punto (12, 0) indica una riqueza de 12 en un estado y de 0 en el otro, mientras que el punto (6, 6) indica una riqueza de 6 en cada estado.

No es posible señalar las probabilidades de cada estado con sólo mirar el diagrama de estado-espacio. Especifiquemos que si Smith es cuidadoso cuando estaciona su carro, el estado *Robo* ocurre con una probabilidad de 0.5; pero si es descuidado, la probabilidad aumenta a 0.75. Él tiene aversión al riesgo y, si todo lo demás permanece constante, manifiesta una pequeña preferencia (disposición) a ser descuidado, preferencia que sólo vale ε para él. Sin embargo, todo lo demás no permanece constante y elegirá ser cuidadoso si no está asegurado, debido a la fuerte correlación de descuido con descuido.

GRÁFICA 7.4. *El juego del Aseguramiento* I

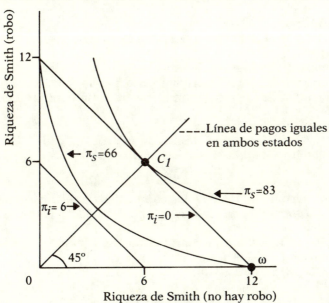

La compañía aseguradora (el principal) es neutral al riesgo, quizá porque es propiedad de accionistas que han diversificado su cartera de valores. Suponemos que no se incurre en ningún costo de transacción al proporcionar el seguro y que el mercado es competitivo, lo cual es un cambio con respecto al juego de la Producción V, donde el principal obtenía todas las ganancias por las operaciones comerciales. Si la compañía de seguros puede exigirle a Smith que sea cuidadoso al dejar estacionado su carro, le ofrece seguro a una prima de 6, con un pago de 12 de ocurrir el robo, lo que le da una asignación de $C_1 = (6, 6)$. Esto satisface la limitación de la competencia porque es el contrato más atractivo que cualquier compañía puede ofrecer sin incurrir en pérdidas. Smith, cuya asignación es de 6 sin importar lo que suceda, está **totalmente asegurado**. En los diagramas de estado-espacio, las asignaciones como C_1 que aseguran totalmente a un jugador se hallan en la línea de 45° que pasa a través del origen y que es la línea donde las asignaciones son iguales en los dos estados.

El juego se describe más adelante en una especificación que incluye dos compañías de seguros con el objeto de simular un mercado competitivo. Para Smith, que tiene aversión al riesgo, debemos distinguir entre *asignaciones* en dólares como (12, 0) y sus *pagos* en utilidad como $0.5U(12) + 0.5U(0)$. Las curvas en la gráfica 7.4 están rotuladas en unidades de utilidad para Smith y en dólares para la compañía de seguros.

El juego del Aseguramiento I: cuidado observable

Jugadores
Smith y dos compañías de seguros.

Orden del juego
1) Smith elige ser *Cuidadoso* o *Descuidado*, lo cual observa la compañía de seguros.
2) La compañía de seguros 1 ofrece un contrato (x, y) en que Smith paga una prima x y recibe la compensación y si hay un robo.
3) La compañía de seguros 2 también ofrece un contrato de la forma (x, y).
4) Smith elige un contrato.
5) La Naturaleza elige si hay un robo, con probabilidad de 0.5 si Smith es *Cuidadoso* y de 0.75 si es *Descuidado*.

Pagos
Smith tiene aversión al riesgo y las compañías de seguros son neutrales al mismo. La compañía de seguros que no elige Smith recibe un pago de cero.

La función de utilidad U de Smith es tal que $U' > 0$ y $U'' < 0$. Si Smith elige el contrato (x, y), los pagos son:
Si Smith elige ser *Cuidadoso*,

$$\pi_{Smith} = 0.5\,U(12 - x) + 0.5U(0 + y - x)$$
$$\pi_{compañía} = 0.5x + 0.5(x - y), \qquad \text{para su asegurador.}$$

Si Smith elige ser *Descuidado*,

$$\pi_{Smith} = 0.25U(12 - x) + 0.75U(0 + y - x) + \varepsilon$$
$$\pi_{compañía} = 0.25x + 0.75(x - y), \qquad \text{para su asegurador.}$$

En el equilibrio del juego del Aseguramiento I, Smith elige ser *Cuidadoso* porque prevé que de lo contrario su seguro será más caro. La gráfica 7.4 es la esquina de una caja de Edgeworth que muestra las curvas de indiferencia de Smith y de su compañía de seguros, dado que el cuidado de Smith reduce la probabilidad de un robo a 0.5. La compañía es neutral al riesgo, de modo que su curva de indiferencia, $\pi_i = 0$, es una línea recta con una pendiente de $-1/1$. Sus pagos son más altos en curvas de indiferencia como $\pi_i = 6$, que están más cerca del origen y que, por tanto, tienen pagos esperados más pequeños para Smith. A la compañía de seguros le es indiferente elegir entre ω y C_1, ya que en ambos las ganancias son de cero. Smith tiene aversión al riesgo, de modo que si es *Cuidadoso* sus curvas de indiferencia se acercan al origen sobre la línea de 45°, donde su riqueza es igual en los dos estados. Para presentar un caso concreto, he tomado los números 66 y 83; he rotulado a su curva de indiferencia original $\pi_s = 66$ y he dibujado la curva de indiferencia preferida $\pi_s = 83$ de tal forma que pase por el contrato de equilibrio C_1. El contrato de equilibrio es C_1, el cual satisface la restricción de la competencia generando la utilidad esperada más alta para Smith que le permite ganancias no negativas a la compañía.

Aseguramiento I es un juego de información simétrica. El juego del Aseguramiento II cambia esa situación. Suponga que:

1) La compañía no puede observar la acción de Smith,
   o que:
2) La comisión estatal de seguros no permite contratos que requieran que Smith sea cuidadoso,
   o que:
3) Es imposible hacer obligatorio un contrato que le exija a Smith ser cuidadoso debido al costo de demostrar el descuido.

En cada caso la acción de Smith es una variable que no puede establecerse por contrato, así que modelamos a los tres de igual forma al hacer que Smith mueva segundo. El nuevo juego es como el de la Producción V, con incertidumbre, inobservabilidad y dos niveles de producción, *Robo* y *No robo*. Puede ocurrir que la compañía de seguros no sea capaz de observar directamente la acción de Smith, pero la estrategia dominante de éste es la de ser *Descuidado*, por lo que la compañía sabe que la probabilidad de un robo es de 0.75. El juego del Aseguramiento II es el mismo que el juego del Aseguramiento I, excepto por lo siguiente.

El juego del Aseguramiento II: cuidado no observable

Orden del juego
1) La compañía de seguros 1 ofrece un contrato de forma (x, y), bajo el cual Smith paga una prima x y recibe la compensación y si hay un robo.
2) La compañía de seguros 2 ofrece un contrato de forma (x, y).
3) Smith elige un contrato.
4) Smith elige ser *Cuidadoso* o *Descuidado*.
5) La Naturaleza elige si hay un robo, con probabilidad de 0.5 si Smith es *Cuidadoso* o de 0.75 si Smith es *Descuidado*.

La estrategia dominante de Smith es ser *Descuidado*, por lo que, a diferencia del juego del Aseguramiento ɪ, la compañía de seguros debe ofrecer un contrato con una prima de 9 y un pago de 12 para prevenir pérdidas, lo cual deja a Smith con una asignación $C_2 = (3, 3)$. Hacer más probable el robo reduce las pendientes de las curvas de indiferencia de ambos jugadores, porque disminuye la utilidad de los puntos al sureste de la línea de 45° y aumenta la utilidad al noroeste. En la gráfica 7.5, la curva de isoganancias de la compañía de seguros oscila de la línea sólida $\pi_i = 0$ a la línea punteada $\tilde{\pi}_i = 0$. Oscila en torno a ω porque ése es el punto en que la ganancia de la compañía es independiente de la probabilidad de que el carro de Smith sea robado, ya que la compañía no lo asegura en el punto ω. La curva de indiferencia de Smith también oscila: de la curva sólida $\pi_s = 66$ a la curva punteada $\tilde{\pi}_s = 66 + \varepsilon$. Oscila en torno a la intersección de la curva $\pi_s = 66$ con la línea de 45°, porque sobre esa línea la probabilidad del robo no afecta el pago que recibe Smith. La diferencia ε aparece porque Smith elige ser *Descuidado*, acción que prefiere ligeramente.

La gráfica 7.5 muestra que no se ofrecerá ningún contrato de seguro de cobertura total. El contrato C_1 es aceptable para Smith, pero no para la compañía de seguros porque tiene ganancias negativas, y el contrato C_2 es aceptable para la compañía de seguros, pero no para Smith, que prefiere ω. A Smith le gustaría comprometerse a ser *Cuidadoso*, pero no puede hacer que crean su compromiso. Si existieran los medios para probar que es sincero, los usaría aunque fueran caros. Podría, por ejemplo, acordar pagar por dejar su carro en estacionamientos, aun cuando dejar su carro en la calle y cerrar con llave sería más barato, si se pudiera comprobar.

Pese a que ningún acuerdo de seguro de cobertura total, como C_1 o C_2, es mutuamente aceptable, pueden manejarse otros contratos. Considere el contrato de seguro parcial C_3 en la gráfica 7.5, el cual tiene una prima de 6 y un pago de 8. Smith preferiría C_3 y no su dotación de $\omega = (12, 0)$, ya sea que elija ser *Descuidado* o *Cuidadoso*. Podemos ver a C_3 de dos maneras:

1) Seguro total excepto por un **deducible** de cuatro. La compañía de seguros paga por todas las pérdidas mayores de cuatro.
2) Aseguramiento con una tasa de **coaseguramiento** de un tercio. La compañía de seguros paga las dos terceras partes de todas las pérdidas.

Las perspectivas parecen brillantes porque Smith elige ser *Cuidadoso* bajo un contrato de seguro parcial como C_3. El riesgo moral es "pequeño" en el sentido de que Smith casi nunca preferirá ser *Descuidado*. Incluso con un deducible reducido, Smith elegirá ser *Cuidadoso* y la probabilidad de robo disminuirá a 0.5, lo que hará posible que la compañía proporcione un seguro mucho más generoso. "Casi" se llega a la solución del seguro total. En realidad, pocas veces se observa un verdadero seguro total, porque los contratos de seguro sólo rembolsan el precio del carro y no se molestan en remplazarlo, lo que basta para hacer que los propietarios no dejen sus carros sin llave.

La gráfica 7.6 ilustra la elección del esfuerzo con seguro parcial. Smith puede elegir entre las curvas de indiferencia punteadas *(Descuidado)* y las

GRÁFICA 7.5. *El juego del Aseguramiento II con seguro total y parcial*

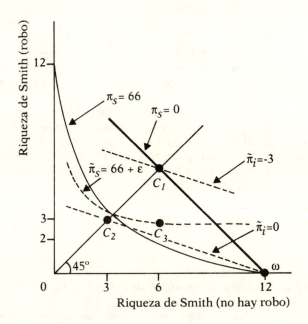

GRÁFICA 7.6. *Más sobre el seguro parcial en el juego del Aseguramiento II*

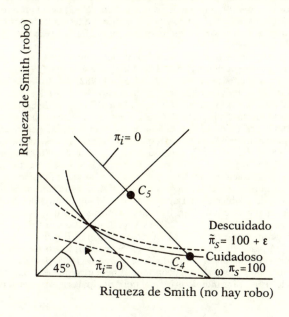

sólidas *(Cuidadoso)*. Al sureste de la línea de 45°, la curva de indiferencia punteada para un nivel de utilidad particular siempre está por encima de la curva de indiferencia de utilidad sólida. Si se le ofrece el contrato C_4, Smith elige ser *Cuidadoso* y permanece sobre la curva de indiferencia sólida, de tal modo que C_4 le rinde una ganancia de cero a la compañía de seguros. De hecho, las compañías de seguros que compiten ofrecerán el contrato C_5 en equilibrio, que es casi un seguro total, pero sólo casi; por eso, Smith elegirá ser *Cuidadoso* para evitar la pequeña cantidad de riesgo que todavía debe afrontar.

Así pues, de manera similar al modelo del agente-principal, hay un intercambio entre el esfuerzo eficiente y la asignación eficiente del riesgo. Aun cuando no se puede alcanzar el ideal del seguro total y del esfuerzo eficiente, existe alguna mejor elección como C_5 en el conjunto de contratos posibles, un contrato de seguro que es el segundo mejor y que reconoce las limitaciones de la información asimétrica.

NOTAS

N7.1. *Categorías de modelos de información asimétrica*

- La separación de la información asimétrica en acciones ocultas y conocimiento oculto fue sugerida por Arrow (1985) y comentada por Hart y Holmstrom (1987). El término "conocimiento oculto" parece haberse popularizado más que "información oculta", que yo usé en la primera edición en inglés de este libro.
- Las reseñas generales de la teoría del agente incluyen la de Baiman (1982) y la de Hart y Holmstrom (1987). El libro de Hess (1983) sobre la organización, trata de algunos de los primeros escritos sobre el tema. Sonnenschein (1983) es un ensayo breve y relativamente no técnico acerca del conocimiento oculto. La teoría de la contratación también tiene una amplia aplicación en las finanzas; véase Harris y Raviv (1992) para un estudio general del tema.
- Los trabajos empíricos sobre los problemas del agente incluyen el de Joskow (1985, 1987) sobre la minería del carbón, el de Masten y Crocker (1985) acerca de los contratos de gas natural, el de Monteverde y Teece (1982) que trata de las partes de automóviles, el de Murphy (1986) acerca de la compensación a los ejecutivos, el de Rasmusen (1988b) sobre la organización mutual en la banca, el de Staten y Umbeck (1982) cuyo tema son los controladores del tráfico aéreo y los pagos por incapacidad, y el de Wolfson (1985) acerca de la reputación de los socios en las perforaciones petroleras.
- Numerosos artículos teóricos no matemáticos tratan de la estructura organizativa a la luz del problema del agente. Véanse Alchian y Demsetz (1972), Fama (1980) y Klein, Crawford y Alchian (1978). Milgrom y Roberts (1992) han escrito un libro sobre la teoría de la organización que describe lo que se ha aprendido sobre el problema del agente-principal a un nivel técnico que los estudiantes de maestría puedan entender.
- Para ejemplos de problemas del agente, véase "Many Companies Now Base Worker's Raises on Their Productivity", en *Wall Street Journal*, 15 de noviembre de 1985, pp.1, 15; "Big Executive Bonuses Now Come with a Catch: Lots of Criticism", en *Wall Street Journal*, 15 de mayo de 1985, p. 33; "Bribery of Retail Buyers is Called Pervasive", en *Wall Street Journal*, 1 de abril de 1985, p. 6; "Some Employers Get Tough on Use of Air-Travel Prizes", en *Wall Street Journal*, 22 de marzo de 1985, p. 27.
- Tenemos muchos "prinsipuls" en economía. Encuentro que este paradigma es útil para recordar deletrear: "El principio principal del principal era el de conservar su principal".

- "Principal" y "agente" son términos legales, y la agencia es un campo importante del derecho. La economía se ha concentrado en problemas muy diferentes de los tratados por los abogados. Los economistas se concentran en el esfuerzo: cómo induce el principal al agente para que haga cosas. Los abogados se concentran en las malversaciones y en las terceras partes: cómo impide el principal que el agente haga lo indebido y quién llevará la carga si falla. Si, por ejemplo, el gerente de una taberna celebra un contrato de abasto contra la orden expresa del propietario, ¿quién debe estar desilusionado, el propietario o el abastecedor, que es la tercera parte?
- *El riesgo moral de dos lados*. El texto describió un riesgo moral de un solo lado. El riesgo moral también puede ser de dos lados, como cuando cada jugador toma acciones que no observa el otro y que afectan los pagos de ambos. Un ejemplo es la negligencia dañina por parte del acusado y del demandante: si un chofer descuidado atropella a un peatón descuidado y llevan el caso al tribunal, éste debe tratar de asignar la culpa y los legisladores deben intentar establecer leyes que hagan que la gente sea cuidadosa. Los propietarios y los inquilinos también enfrentan el riesgo moral doble, como lo implica el cuadro 7.1.
- En inglés, un convencionalismo común entre los modeladores del agente-principal es el de hacer que uno de los jugadores sea de sexo masculino y el otro de sexo femenino, de modo que se pueda usar *his* o *her* para distinguirlos. Creo que esto es distractivo, pues el género es irrelevante para la mayoría de los modelos y añade un detalle más que debe seguir el lector. Si los lectores pensaran naturalmente en un "hombre" cuando ven la palabra "principal", éste no sería un problema —pero no lo hacen así—.

N7.2. *Un modelo del agente-principal: el juego de la Producción*

- En el juego de la Producción III podemos hacer que la utilidad del agente dependa del estado del mundo, así como del esfuerzo y de los salarios. Poco cambia respecto al modelo sencillo.
- El modelo del texto usa "esfuerzo" como una acción que toma el agente, pero el esfuerzo se usa para representar una variedad de acciones del mundo real. En los Estados Unidos se estima el costo de los pequeños hurtos de los empleados en 8 000 millones de dólares al año. Los patrones han ofrecido recompensas para detectarlos; incluso, uno ofreció la opción de un billete de la lotería dos veces por semana durante un año, en lugar de una suma monetaria. Marshall Field, la tienda departamental de Chicago, que ocupa a 14 000 trabajadores, en un año dio 170 recompensas de 500 dólares, atrapando a casi 500 empleados deshonestos. ("Hotlines and Hefty Rewards: Retailers Step Up Efforts to Curb Employee Theft", en *Wall Street Journal*, 17 de septiembre de 1987, p. 37.)

  Para el ejemplo de una variedad de clases de "bajo esfuerzo", véase "Hermann Hospital State, Founded for the Poor, has Benefited the Wealthy, Investigators Allege", en *Wall Street Journal*, 13 de marzo de 1985, p. 4, que describe formas de conductas indebidas, como viajes de placer cubiertos con fondos de la compañía, salarios elevados, contratos de redecoración concedidos a amigas, cheques sin fondo, cohechos en comisiones de bienes raíces e inversión en compañías en las que se tienen intereses. Las empresas no lucrativas, que con frecuencia carecen de principios y principales, son especialmente vulnerables, igual que los gobiernos, por la misma razón.
- El juego de la Producción supone que a los agentes no les agrada el esfuerzo. ¿Corresponde esto a la realidad? La opinión de las personas difiere. Mi padre me platica de su experiencia en la marina cuando a los marineros se les mantenía ocupados ordenándoles que rasparan la pintura que se estaba desprendiendo. Para mi padre era una forma de pasar el tiempo, pero dice que otros marineros dejaban de raspar cuando no se les observaba y preferían quedarse mirando el horizonte. *De gustibus non est disputandum*.[1] Pero incluso si el esfuerzo tiene una utilidad marginal positiva en niveles bajos, tiene una utilidad marginal negativa a niveles suficientemente altos —y quizá, también, al nivel eficiente—. Esto es cierto tanto para los profesores como para los marineros.

---

[1] "En gustos no hay nada escrito."

- Suponga que el principal no observa la variable θ (que puede ser el esfuerzo), pero que observa t y x (que pueden ser la producción y las ganancias). De acuerdo con Holmstrom (1979) y Shavell (1979) tenemos, enunciado en mis palabras:

La condición estadística suficiente. *Si t es una estadística suficiente para θ relativa a x, entonces el contrato óptimo necesita estar basado sólo en t si tanto el principal como el agente tienen funciones de utilidad separables.*
La variable t es una **estadística suficiente** *para θ relativa a x si para todas las t y x,*

$$Prob(\theta|t,x) = Prob(\theta|t). \tag{21}$$

Esto implica, por la Regla de Bayes, que $Prob(t, x \mid \theta) = Prob(x \mid t)Prob(t \mid \theta)$; es decir, x depende de θ sólo porque x depende de t y t depende de θ.

La condición estadística suficiente está estrechamente relacionada con el Teorema de Rao-Blackwell (véase Cox y Hinkley, 1974, p. 258), que dice que la regla de decisión para las decisiones no estratégicas no debería ser aleatoria.

Gjesdal (1982) observa que si las funciones de utilidad no son separables, el teorema no se aplica y los contratos aleatorios podrían ser óptimos. Suponga que hay dos acciones que el agente podría tomar. El principal prefiere la acción X, que reduce la aversión al riesgo del agente, y no la acción Y, que la aumenta. El principal puede ofrecer un contrato salarial aleatorio, de modo que el agente elija la acción X y tenga menos aversión al riesgo. Esta aleatoriedad no es una estrategia mixta. Al principal no le son indiferentes los salarios altos y los bajos; prefiere pagar un salario bajo, pero nosotros le permitimos comprometerse a un salario aleatorio en una etapa temprana del juego.

N7.3. *Las restricciones de la compatibilidad de incentivos, de la participación y de la competencia*

- Se pueden encontrar discusiones sobre el enfoque de la condición de primer orden en Grossman y Hart (1983) y en Hart y Holmstrom (1987).
- El término "restricción de la racionalidad individual" es más común, pero "restricción de la participación" es más comprensible. Como en el modelado moderno toda restricción requiere que los individuos sean racionales, aquel término está particularmente mal elegido.
- **Cuando al agente se le paga más de su salario de reserva.** Si los agentes compiten por trabajar para los principales, su restricción de participación es obligatoria siempre que sólo haya dos posibles resultados o siempre que la función de utilidad de un agente puede separarse en esfuerzo y salarios. De otra manera, podría suceder que el principal escogiera un contrato que le da al agente más utilidad esperada de la que se requiere para evitar que renuncie. La razón es que el principal no sólo desea conservar al agente trabajando, sino también elegir un esfuerzo alto.
- Si la distribución de la producción satisface a la **propiedad monotónica de la tasa de probabilidad** (PMTP), el contrato óptimo especifica un pago más alto para una mayor producción. Represente la densidad de probabilidad de la producción por $f(q|e)$. La PMTP se satisface si

$$\forall e' > e \text{ y } q' > q, \ f(q'|e')f(q|e) - f(q'|e)f(q|e') > 0, \tag{22}$$

o, en otras palabras, cuando $e' > e$, la tasa $f(q|e')/f(q|e)$ aumenta al aumentar q. Alternativamente, f satisface la PMTP si $q' > q$ implica que q' es un mensaje más favorable que q en el sentido de Milgrom (1981b). Menos formalmente, la PMTP se satisface si la tasa de probabilidad de un esfuerzo alto con respecto a un esfuerzo bajo aumenta al incrementar la producción observada. Las distribuciones en el juego de Broadway de la sección 7.4 viola la PMTP, pero las distribuciones normales, exponenciales, de Poisson, uniformes y de la ji cuadrada sí la satisfacen. El dominio estocástico no implica la

PMTP. Si el esfuerzo de 0 resulta en producciones de 10 o 12 con igual probabilidad, y el esfuerzo de 1 resulta en producciones de 11 o 13 también con igual probabilidad, la segunda distribución domina estocásticamente, pero no se satisface la PMTP.
- Es difícil encontrar condiciones generales que le permitan al modelador caracterizar los contratos óptimos. Gran parte de la obra de Grossman y Hart (1983) trata de la más bien oscura condición abarcante o función de la condición de distribución lineal (FCDL), en la cual es válido el enfoque de la condición de primer orden. El estudio general del tema por Hart y Holmstrom (1987) es un intento valioso de explicar la FCDL.

N7.4. *Contratos óptimos: el juego de Broadway*

- Daniel Asquith sugirió la idea que fundamenta el juego de Broadway II.
- Conceder una franquicia es un compromiso entre vender la tienda y pagar un salario dado. Véase Mathewson y Winter (1985), Rubin (1978) y Klein y Saft (1985).
- Una temprana referencia a la idea del contrato forzoso se encuentra en de Mirrlees (1974).
- El juego de Broadway II muestra que una mejor información puede reducir el bienestar al aumentar el incentivo de un jugador para comportarse mal. Esto es distinto de la razón del seguro no estratégico por la cual la información mejorada puede ser dañina. Suponga que Smith asegura a Jones contra la posibilidad de que el granizo pueda arruinar su cosecha de trigo en el próximo año, lo que aumenta la utilidad esperada de Jones y le da una ganancia a Smith. Si alguien descubre una forma de predecir el tiempo antes de que se haya acordado el contrato de seguro, ambos jugadores saldrán perjudicados. El contrato de seguro no se firmará, porque si se sabe que el granizo arruinará la cosecha, Smith no estará de acuerdo en compartir la pérdida, y si se sabe que no habrá granizadas Jones no pagará una prima por el seguro. Es preferible que ambos jugadores no conozcan el resultado anticipadamente.

N7.5. *Diagramas de estado-espacio: los juegos del Aseguramiento I y II*

- La función de utilidad del agente en el juego del Aseguramiento I es **separable** en esfuerzo y dinero; si el esfuerzo se torna de *Cuidadoso* a *Descuidado*, ello no cambia la utilidad marginal de un dólar para un determinado nivel de riqueza. La separabilidad es importante en relación con las pendientes de las curvas de indiferencia sólidas y discontinuas en los diagramas, porque significa que las pendientes difieren en un determinado punto sólo porque las probabilidades de un accidente difieren debido al esfuerzo, no porque el valor del dinero difiera.
- En el texto se utilizan "primas" y "pagos" para describir el seguro. Otra forma de describir el seguro es como la venta de un activo que proporciona diferentes rendimientos en diferentes estados. En el juego del Aseguramiento I, la compañía de seguros vende un documento financiero, C_1, con un rendimiento de (-6, 6) y un valor esperado de 0, por un precio de 0. Aunque Smith tiene aversión al riesgo, desea comprar este documento financiero que conlleva riesgo porque cancela el riesgo de su activo inicial, el automóvil, cuyo rendimiento es de (12, 0).
  En el juego del Aseguramiento II, en el que en equilibrio hay una mayor probabilidad de robo, la compañía de seguros ofrece un documento financiero, C_2, con un rendimiento (-9, 3) y un valor esperado de 0 (= 0.25[-9] + 0.75[3]) si Smith prefiere ser *Descuidado*. El contrato de seguro parcial C_3 es un documento financiero (-6, 2) con un valor esperado de 0 (= 0.25[-6] + 0.75[2]), que cuando se combina con el activo original de Smith lo deja con una asignación [0.75, (6,2)], donde 0.75 es la probabilidad de que ocurra un robo y (6, 2) es su riqueza bajo el contrato.
- Cuando la venta del seguro se monopoliza, el mercado se comporta de diferente manera. No sólo se restringe la cantidad del seguro, sino que los contratos ofrecidos pueden especificar tanto el precio como la cantidad del seguro que un individuo puede comprar.

- Gary Schwartz me hizo la observación de que una de las razones por las que el seguro por accidentes o daños rara vez tiene coaseguro es que cubre disputas legales, en las cuales la necesidad de que la víctima tenga una sola voz hace que sea especialmente útil tener un solo demandante residual. Con el coaseguro, el beneficio por cada dólar adicional concedido se dividirá entre el asegurador y el asegurado, lo que hará al litigio menos eficiente.
- La definición de la optimización no siempre es directa en modelos de información asimétrica. Holmstrom y Myerson (1983) distinguen tres clases de eficiencia, según el momento en que se evalúen los pagos esperados: **ex ante**, antes de que algún jugador tenga información privada; **ínterin**, cuando cada jugador ha recibido información privada, y **ex post**, después de que toda la información se ha hecho de conocimiento común.

PROBLEMAS

7.1: *Soluciones del primer mejor en un modelo del agente-principal*

Suponga que un agente tiene la función de utilidad $U = \sqrt{w} - e$, donde e puede tomar los niveles 0 o 1. Hagamos que el nivel de la utilidad de reserva sea $\bar{U} = 3$. El principal es neutral al riesgo. Represente el salario del agente, condicionado por la producción, como $\underline{w}$ si la producción es de 0 y como $\bar{w}$ si la producción es de 100. El cuadro 7.5 muestra las producciones.

CUADRO 7.5. *Un juego de riesgo moral*

| | Probabilidad de la producción | | |
Esfuerzo	0	100	Total
Bajo (e = 0)	0.3	0.7	1
Alto (e = 1)	0.1	0.9	1

7.1a) ¿Qué esfuerzo elegirá el agente y cuál será su utilidad si es propietario de la empresa?

7.1b) Si los agentes son escasos y los principales compiten por ellos, ¿cuál será el contrato del agente en condiciones de información completa? ¿Cuál será su utilidad?

7.1c) Si los principales son escasos y los agentes compiten por trabajar para ellos, ¿cuál será el contrato en condiciones de información completa? ¿Cuál será la utilidad del agente y la ganancia del principal en esta situación?

7.1d) Suponga que $U = w - e$. Si los principales son el factor escaso y los agentes compiten por trabajar para ellos, ¿cuál será el contrato cuando el principal no puede observar el esfuerzo? (Se permiten salarios negativos.) ¿Cuál será la utilidad del agente y la ganancia del principal en esta situación?

7.2: *El problema del agente-principal*

Suponga que el agente tiene una función de utilidad de $U = \sqrt{w} - e$, donde e puede tener los niveles 0 o 7 y una utilidad de reserva de $\bar{U} = 4$. El principal es neutral al riesgo. Represente el salario del agente, condicionado por la producción, como $\underline{w}$ si la producción es de 0 y $\bar{w}$ si la producción es de 1 000. Sólo el agente observa su esfuerzo. Los principales compiten por los agentes. El cuadro 7.6 muestra la producción.

CUADRO 7.6. *Producción por un esfuerzo alto y uno bajo*

| Esfuerzo | Probabilidad de la producción | | Total |
	0	1 000	
Bajo ($e = 0$)	0.9	0.1	1
Alto ($e = 7$)	0.2	0.8	1

7.2a) ¿Cuáles son las limitaciones de la compatibilidad de incentivos, de la participación y de las ganancias iguales a cero para obtener un esfuerzo alto?

7.2b) ¿Cuál sería la utilidad si los salarios fueran fijos y no dependieran de la utilidad o del esfuerzo?

7.2c) ¿Cuál es el contrato óptimo? ¿Cuál es la utilidad del agente?

7.2d) ¿Cuál sería la utilidad del agente en condiciones de información completa? En condiciones de información asimétrica, ¿cuál es el costo de la agencia (la utilidad perdida) como un porcentaje de la utilidad que recibe el agente?

7.3: *Por qué los empresarios venden su empresa*

Suponga que un agente tiene una función de utilidad $U = \sqrt{w} - e$, en la que e puede tener los niveles 0 o 2.4 y su utilidad de reserva es $\bar{U} = 7$. El principal es neutral al riesgo. Represente el salario del agente, condicionado por la producción, como $w(0)$, $w(49)$, $w(100)$ o $w(225)$. El cuadro 7.7 muestra la producción.

CUADRO 7.7. *Empresarios que venden su empresa*

| Método | Probabilidad de la producción | | | | Total |
	0	49	100	225	
Seguro ($e = 0$)	0.1	0.1	0.8	0	1
Arriesgado ($e = 2.4$)	0	0.5	0	0.5	1

7.3a) ¿Qué esfuerzo elegiría el agente y cuál sería su utilidad si fuera propietario de la empresa?

7.3b) Si los agentes fueran escasos y los principales compitieran por ellos, ¿cuál sería el contrato del agente en condiciones de información completa? ¿Cuál sería la utilidad del agente?

7.3c) Si los principales fueran escasos y los agentes compitieran por trabajar para ellos, ¿cuál sería el contrato en condiciones de información completa? ¿Cuál sería la utilidad del agente y la ganancia del principal en esta situación?

7.3d) Si los agentes fueran el factor escaso y los principales compitieran por ellos, ¿cuál sería el contrato cuando el principal no puede observar el esfuerzo? ¿Cuál sería la utilidad del agente y cuál la ganancia del principal en esta situación?

7.4: *Limitaciones de la bancarrota*

Un principal neutral al riesgo contrata a un agente cuya función de utilidad es $U = w - e$ y su utilidad de reserva es $\bar{U} = 5$. El esfuerzo es de 0 o 10. Hay una limitación de bancarrota: $w \geq 0$. La producción está dada por el cuadro 7.8.

CUADRO 7.8. *Bancarrota*

		Probabilidad de la producción	
Esfuerzo	*0*	*400*	*Total*
Bajo $(e = 0)$	0.5	0.5	1
Alto $(e = 10)$	0.1	0.9	1

7.4a) ¿Qué esfuerzo elegiría el agente y cuál sería su utilidad si él fuera propietario de la empresa?

7.4b) Si los agentes son escasos y los principales compiten por ellos, ¿cuál sería el contrato del agente en condiciones de información completa? ¿Cuál sería su utilidad?

7.4c) Si los principales son escasos y los agentes compiten por trabajar para ellos, ¿cuál será el contrato en condiciones de información completa? ¿Cuál será la utilidad del agente?

7.4d) Si los principales son escasos y los agentes compiten por trabajar para ellos, ¿cuál será el contrato cuando el principal no puede observar el esfuerzo? ¿Cuáles serán los pagos para cada jugador?

7.4e) Suponga que no hay ninguna limitación de bancarrota. Si los principales son el factor escaso y los agentes compiten por trabajar para ellos, ¿cuál será el contrato cuando el principal no puede observar el esfuerzo? ¿Cuáles serán los pagos para el principal y el agente?

7.5: *El esfuerzo del trabajador*

Un trabajador puede ser *Cuidadoso* o *Descuidado*, esfuerzos que generan errores con las probabilidades de 0.25 y de 0.75. Su función de utilidad es $U = 100 - 10/w - x$, donde w es su salario y x toma el valor de 2 si es cuidadoso y de 0 si no lo es. Que se cometa o no un error puede incluirse en el contrato, pero el esfuerzo no puede incluirse. Los patrones neutrales al riesgo compiten por el trabajador, y la producción de éste vale 0 si comete un error y 20 si no lo comete. No es necesario hacer ningún cálculo para ninguna parte de este problema.

7.5a) ¿Se le pagará algo al trabajador si comete un error?

7.5b) ¿Se le pagará más al trabajador si no comete ningún error?

7.5c) ¿Cómo se vería afectado el contrato si los patrones también tuvieran aversión al riesgo?

7.5d) ¿Cómo será el contrato si una tercera categoría, "error pequeño", con una producción de 19, ocurre con una probabilidad de 0.1 después de un esfuerzo *Descuidado* y con una probabilidad de cero después de un esfuerzo *Cuidadoso*?

8. TEMAS ACERCA DEL RIESGO MORAL

8.1. Equilibrio unificador *versus* equilibrio separador y el principio de la revelación

En el capítulo 8 continuaremos con el riesgo moral cuando se tienen en cuenta el conocimiento oculto y una variedad de casos especiales que se aplican a las dos clases de riesgo moral. La sección 8.1 introduce el conocimiento oculto y distingue entre el equilibrio unificador y el equilibrio separador. También discute una simplificación del modelado a la que se llama "principio de la revelación". La sección 8.2 usa diagramas para aplicar el modelo a la selección de una estrategia de ventas. La sección 8.3 retoma el riesgo moral con acciones ocultas y se ocupa del problema de la renegociación de contratos. Después regresamos a los remedios para el riesgo moral en secciones sobre los salarios de eficiencia (sección 8.4), torneos (sección 8.5) y otros remedios (sección 8.6). El capítulo concluye con la sección 8.7, que trata del modelo de equipos de producción conjunta por un grupo de agentes.

La información es completa en los juegos de riesgo moral; pero en el riesgo moral con conocimiento oculto, el agente, no el principal, observa un movimiento de la Naturaleza después de que empieza el juego. Aunque la información es simétrica en el momento de celebrarse el contrato, posteriormente se vuelve asimétrica. Desde el punto de vista del principal, los agentes son idénticos al principio del juego, pero en el curso del mismo desarrollan tipos privados que dependerán de lo que hayan visto. Su preocupación fundamental es ofrecerles los incentivos para revelar sus tipos más tarde, lo que da a los juegos con conocimiento oculto un parecido a los modelos de selección adversa que se estudiarán en el capítulo 9. El agente puede ejercer esfuerzo, pero la posibilidad de incluir el esfuerzo en el contrato es menos importante cuando el principal no sabe qué esfuerzo es adecuado porque ignora el estado del mundo que ha elegido la Naturaleza. La diferencia más sobresaliente en cuanto a análisis técnico entre el riesgo moral con conocimiento oculto y la selección adversa es que, si el juego empieza con información simétrica y sólo se vuelve asimétrico después de que se ha acordado un contrato, éste debe satisfacer una limitación de la participación que tenga en cuenta que el agente aún desconoce cuál será su tipo.

Hay más esperanza de conseguir resultados eficientes en el riesgo moral con conocimiento oculto que en las otras dos clases de juegos con información asimétrica. La ventaja sobre la selección adversa es que la información es simétrica en el momento de celebrar el contrato, de modo que ninguno de los jugadores puede usar información privada para obtener un excedente del otro mediante la elección de términos de contratación ineficientes. La ventaja sobre las acciones ocultas es que la asimetría posterior a la contratación sólo lo es con respecto al conocimiento, que en sí es neutral, en vez de referirse a si el agente realizó o no un esfuerzo alto, que le causa una desutilidad directa.

Para una comparación entre los dos tipos de riesgo moral, modifiquemos el juego de la Producción v de la sección 7.2 para convertirlo en un juego de conocimiento oculto.

El juego de la Producción VI: conocimiento oculto

Jugadores
El principal y el agente.

Orden del juego
1) El principal ofrece al agente un contrato salarial de la forma $w(q, m)$.
2) El agente acepta o rechaza la oferta del principal.
3) La Naturaleza elige el estado del mundo de acuerdo con la distribución de probabilidad $F(\theta)$. El agente observa θ, pero el principal no.
4) Si el agente acepta, ejerce el esfuerzo e y envía un mensaje m, ambos observados por el principal.
5) La producción es $q(e, \theta)$.

Pagos
Si el agente rechaza el contrato, $\pi_{agente} = \overline{U}$ y $\pi_{principal} = 0$.
Si el agente acepta el contrato, $\pi_{agente} = U(e, w, \theta)$ y $\pi_{principal} = V(q - w)$.

Al principal le gustaría conocer θ para poder afirmar qué nivel de esfuerzo es adecuado. En un mundo ideal emplearía a un agente honesto que siempre eligiera $m = \theta$, pero en juegos no cooperativos las palabras tienen poco valor. Dado que lo que dice el agente no vale, el principal debe intentar diseñar un contrato que proporcione incentivos para decir la verdad o tenga en cuenta la mentira. La literatura que trata del **diseño del mecanismo** se ocupa de esto. Nos expone que el principal **pone en práctica un mecanismo** para extraer la información del agente.

Equilibrios unificadores y separadores

En los modelos de acción oculta, el principal trata de construir un contrato que inducirá al agente a tomar la única acción adecuada. En los modelos de conocimiento oculto, el principal trata de hacer atractivas diferentes acciones en diferentes estados del mundo, de modo que la elección del agente dependa del estado oculto.

Si todos los tipos de agentes eligen las mismas estrategias en todos los estados, el equilibrio es unificador. *De no ser así, es* separador.

La distinción entre la unificación y la separación es diferente de la distinción entre los conceptos de equilibrio. Un modelo puede tener múltiples equilibrios de Nash, algunos unificadores y otros separadores. Además, un solo equilibrio —incluso un unificador— puede incluir varios contratos, pero si es unificador, el agente siempre usa la misma estrategia, sin importar el tipo. De ser mixta la estrategia de equilibrio del agente, el equilibrio es unificador si el agente siempre elige la misma estrategia mixta, aunque los mensajes y esfuerzos serán diferentes en las diferentes realizaciones del juego.

Encontramos esos dos términos en la sección 6.2 en el juego de la Admisión al Doctorado. Ningún tipo de estudiante presentaba solicitud en el equilibrio unificador, pero un tipo lo hacía en el equilibrio separador. En un modelo del agente-principal, el principal intenta diseñar el contrato de tal forma que logre la separación, a menos que los incentivos resulten demasiado caros.

No es necesario que un contrato separador lo sea totalmente. Si los agentes que observan $\theta \leq 4$ aceptan el contrato C_1, pero otros agentes aceptan el C_2, el equilibrio es separador, pero no separa todos los tipos. Decimos que un equilibrio es **totalmente revelador** si la elección del contrato por el agente siempre comunica su información privada al principal. Entre los equilibrios unificadores y los totalmente reveladores están los equilibrios **imperfectamente separadores**, a los que también se llama **semiseparadores**, **parcialmente separadores**, **parcialmente reveladores** o equilibrios **parcialmente unificadores**.

El problema del principal, al igual que en el juego de la Producción v, es aumentar al máximo sus ganancias sujeto a:

1) **La compatibilidad de incentivos** (el agente elige el contrato y las acciones deseados).
2) **La participación** (el agente prefiere el contrato y no su utilidad de reserva).

En un modelo con conocimiento oculto, por lo común la restricción de la compatibilidad de incentivos se llama **restricción de la autoselección**, porque induce a los diferentes tipos de agentes a elegir diferentes contratos. Como ocurre con las acciones ocultas, si los principales compiten al ofrecer contratos, se añade una **restricción de la competencia**: el contrato de equilibrio debe ser tan atractivo como sea posible para el agente pues, de lo contrario, otro principal podría atraerlo lucrativamente. Un equilibrio también puede necesitar satisfacer una parte de la restricción de la competencia que no se encuentra en los modelos con acciones ocultas: una **restricción no unificadora** o una **restricción no separadora**. Si uno de los varios principales que compiten desea construir un par de contratos separadores C_1 y C_2, debe hacerlo de tal manera que los agentes no sólo elijan C_1 y C_2 según sea el estado del mundo (para satisfacer la compatibilidad de incentivos), sino que también prefieran (C_1, C_2) en vez de un contrato unificador C_3 (para satisfacer la no unificación).

Desembrollando la verdad cuando el silencio es la única alternativa

Antes de estudiar el contrato de autoselección, veamos un caso especial en que, paradójicamente, el conocimiento oculto no hace ninguna diferencia. El modelo usual del conocimiento oculto no castiga el mentir; ahora bien, consideremos brevemente lo que ocurre si el agente no puede mentir, pero puede quedarse callado o decir verdades a medias. Suponga que la Naturaleza utiliza la distribución uniforme para asignar a la variable θ algún valor en el intervalo [0, 10], y que el pago al agente aumenta al incrementar la estimación que de θ hace el principal. Por lo general suponemos que el agente puede mentir enviando un mensaje m que toma cualquier valor entre [0, 10]; pero supongamos que no puede mentir, aunque está en libertad de ocultar información. Así, si $\theta = 2$, puede enviar el mensaje que no da información $m \geq 0$ (lo que equivale a no enviar ningún mensaje), $m \geq 1$, o $m = 2$, pero no la mentira $m \geq 4$.

Cuando $\theta = 2$, el agente también podría enviar un mensaje que sea exactamente la verdad: "$m = 2$". Si fuera a elegir "$m \geq 1$", por ejemplo, lo primero que quizá pensaría el principal es estimar θ como el valor promedio del intervalo [1, 10], que es 5.5. Pero el principal se daría cuenta de que ningún agente que le diera a θ un valor superior a 5.5 desearía enviar ese mensaje en un equilibrio de Nash. Tal comprensión restringe el intervalo posible a [1, 5.5], que a su vez tiene un promedio de 3.25; pero entonces ningún agente con $\theta > 3.25$ enviaría el mensaje "$m \geq 1$". El principal puede continuar este proceso de **desembrollo** lógico para concluir que $\theta = 1$. Incluso el mensaje "$m \geq 0$" sería peor, porque haría que el principal creyera que $\theta = 0$. En este modelo, "no recibir ninguna noticia es recibir una mala noticia". Por tanto, el agente no enviará el mensaje "$m \geq 1$" y preferirá ser indiferente entre "$m = 2$" y "$m \geq 2$", pues el principal haría la misma deducción a partir de esos dos mensajes.

La revelación perfecta es paradójica, pero ello se debe a que los supuestos que acabamos de describir pocas veces se satisfacen en el mundo real. En particular, la mentira sin castigo y la ignorancia genuina hacen posible que se oculte la información. Entonces, si el vendedor está en libertad de mentir sin castigo, en ausencia de otros incentivos, siempre simulará que su información es extremadamente favorable, de modo que nada de lo que dice transmite información, favorable o desfavorable. Si de veras es ignorante en algunos estados del mundo, su silencio puede significar que no tiene nada que decir o que no tiene nada que desee decir. El argumento desembrollador fracasa porque si envía un mensaje no informativo, los compradores le darán alguna probabilidad a "ninguna noticia" en vez de a "malas noticias". El problema 8.3 que se encuentra al final de este capítulo estudia un poco más el desembrollo.

El principio de la revelación

El principal puede elegir ofrecer un contrato que induzca al agente a mentir en equilibrio, ya que puede tener en cuenta el mentir cuando diseña el contrato, pero eso complica el análisis. Cada estado del mundo posee una sola verdad, pero un *continuum* de mentiras: en términos genéricos, casi todo es falso. El principio de la revelación nos ayuda a simplificar.

El principio de la revelación. *Por cada contrato w (q,m) que conduce a la mentira (esto es, m ≠ θ), hay un contrato ω*(q,m) con el mismo resultado para toda θ pero sin incentivo para que el agente mienta.*

En muchos contratos posibles, enviar mensajes falsos es lucrativo para el agente porque cuando el estado del mundo es a recibe una recompensa de x_1 por informar verdaderamente de a, y $x_2 > x_1$ por informar falsamente que es b. Un contrato que le otorga al agente una recompensa de x_2 sin importar si ha informado a o b llevará a los mismos pagos para cada jugador y no le dará al agente ningún incentivo para mentir. El principio de la revelación observa que siempre se puede encontrar un contrato en que no hay mentiras, si se imita la relación entre los estados del mundo y los pagos en el equilibrio del contrato con mentiras. Esta idea también se puede aplicar a juegos en que ambos jugadores deben enviarse informes uno al otro.

En ejemplos concretos, el principio de la revelación puede parecer obvio. Suponga que estamos preocupados por el efecto que los engaños en las declaraciones de impuestos tienen sobre el clima moral, pero que cualquiera que obtiene más de $70 000 al año puede informar que gana $50 000 y que el gobierno no dispone de los recursos para atraparlo. El principio de la revelación dice que podemos modificar la ley de impuestos de tal forma que el impuesto sea el mismo para el que gane $50 000 que para el que gane $70 000, y se recaudará la misma cantidad de impuestos sin que nadie tenga incentivo para mentir. Si se aplica a la educación moral, el principio nos dice que la madre que decide no castigar a su hija si le informa de sus escapadas, nunca oirá mentiras. Claramente, la utilidad del principio no es tanto la de mejorar los resultados como la de simplificar los contratos. El principal (y el modelador) sólo necesitan observar los contratos que inducen a decir la verdad, de modo que el espacio de estrategia significativo se reduce y podemos añadir una tercera limitación a las restricciones de la compatibilidad de incentivos y de la participación para ayudar a calcular el equilibrio:

3) **Decir la verdad.** El contrato de equilibrio hace que el agente desee elegir $m = \theta$.

El principio de la revelación manifiesta que existe un equilibrio en que se informará la verdad, pero no que es único. Podría ocurrir que el equilibrio es un equilibrio de Nash débil en que el contrato óptimo no le da al agente ningún incentivo para mentir, pero tampoco le da ningún incentivo para decir la verdad. Esto es similar al problema del conjunto abierto que se trató en la sección 4.3; el contrato óptimo puede satisfacer la limitación de la participación del agente, pero lo hace indiferente ante aceptar o rechazar el contrato. Por supuesto, si los agentes derivan la menor utilidad por decir la verdad, decir la verdad se convierte en un equilibrio fuerte; pero si su utilidad por decir la verdad en realidad es significativa, se la debe hacer parte explícita del modelo. De hecho, si la utilidad por decir la verdad es suficientemente fuerte, los problemas de la agencia y los costos asociados con ellos desaparecen. Ésta es una de las razones por las que la moralidad es buena para los negocios.

8.2. UN EJEMPLO DEL RIESGO MORAL CON CONOCIMIENTO OCULTO: EL JUEGO DEL VENDEDOR

El siguiente juego ejemplifica las diferencias entre los equilibrios unificadores y los separadores. El gerente de una compañía le ha dicho a su vendedor que investigue a un cliente potencial, quien es o un comprador *Débil* o un *Bonanza*. Si es *Débil*, el esfuerzo eficiente de ventas es bajo y las ventas deben ser moderadas. Si es un *Bonanza*, el esfuerzo y las ventas deben ser mayores.

El juego del Vendedor

Jugadores
Un gerente y un vendedor.

Orden del juego
1) El gerente ofrece al vendedor un contrato de la forma $w(q, m)$, donde q son las ventas y m es el mensaje.
2) El vendedor decide si acepta o no el contrato.
3) La Naturaleza elige si el cliente es *Bonanza* o es *Débil* con probabilidades de 0.2 y de 0.8. Represente la variable de estado "estatus del cliente" por θ. El vendedor observa el estado, pero el gerente no.
4) Si el vendedor ha aceptado el contrato, elige su nivel de ventas q, que implícitamente mide su esfuerzo.

Pagos
El gerente es neutral al riesgo y el vendedor tiene aversión al mismo. Si el vendedor rechaza el contrato, su pago es $\bar{U} = 8$ y el del gerente es cero. Si acepta el contrato,

$$\pi_{gerente} = q - w$$

$$\pi_{vendedor} = U(q, w, \theta), \text{ donde } \frac{\partial U}{\partial q} < 0, \quad \frac{\partial^2 U}{\partial q^2} < 0, \quad \frac{\partial U}{\partial w} > 0, \quad \frac{\partial^2 U}{\partial w^2} < 0.$$

La gráfica 8.1 muestra las curvas de indiferencia del gerente y del vendedor, rotuladas con valores numéricos para fines de la exposición. Las curvas de indiferencia del gerente son líneas rectas con pendiente de 1 porque actúa en representación de una compañía neutral al riesgo. Si el salario y la cantidad aumentaran en un dólar, las ganancias no cambiarían; las ganancias no dependen directamente de que θ tome el valor de *Débil* o de *Bonanza*.

Las curvas de indiferencia del vendedor también tienen una pendiente positiva porque debe recibir un salario mayor para compensar el esfuerzo adicional que hace aumentar a q. Son convexas porque la utilidad marginal de dólares es decreciente y la desutilidad marginal del esfuerzo es creciente. Como muestra la gráfica 8.1, el vendedor posee dos conjuntos de curvas de indiferencia, continuas para los *Débiles* y punteadas para los *Bonanzas*, pues el esfuerzo que asegura un nivel determinado de ventas depende del estado.

A causa de la restricción de la participación, el gerente debe proporcionar al vendedor un contrato que le dé por lo menos su utilidad de reserva 8, que es la misma en ambos estados. Si el estado verdadero es que el cliente es un *Bonanza*, al gerente le gustaría ofrecer un contrato que deje al vendedor en la curva de indiferencia segmentada $\bar{U}_s = 8$ y el resultado eficiente es (q_2, w_2), el punto donde la curva de indiferencia del vendedor es tangente a una de las curvas de indiferencia del gerente. En dicho punto, si el vendedor vende un dólar adicional, requiere también de un dólar adicional como compensación.

Si fuera de conocimiento común que el cliente es un *Bonanza*, el principal podría elegir w_2 de modo que $U(q_2, w_2, Bonanza) = 8$ y ofrecería el contrato obligatorio

GRÁFICA 8.1. *El juego del Vendedor con curvas para el equilibrio unificador*

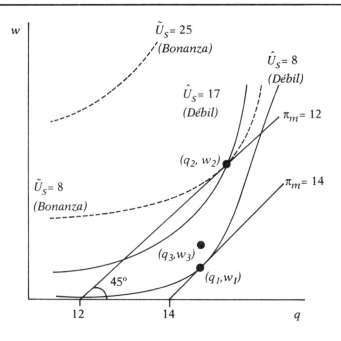

$$w = \begin{cases} 0 & \text{si } q < q_2 \\ w_2 & \text{si } q \geq q_2 \end{cases} \tag{1}$$

El vendedor aceptará el contrato y elegirá $q = q_2$. Pero si en realidad el cliente fuera *Débil*, el vendedor seguiría eligiendo $q = q_2$, un resultado ineficiente que no aumenta al máximo las ganancias. Las ventas elevadas serían ineficientes porque el vendedor estaría dispuesto a renunciar a un dólar de salario para no tener que hacer su último dólar de ventas. Las ganancias no pueden maximizarse porque el vendedor obtiene una utilidad de 17 y habría estado dispuesto a trabajar por menos.

El principio de la revelación dice que al buscar el contrato óptimo necesitamos analizar sólo los contratos que inducen al agente a revelar honestamente con qué clase de cliente trata. Si se requiriera de más esfuerzo para vender cualquier cantidad al *Bonanza*, como se muestra en la gráfica 8.1, el vendedor siempre querría que el gerente creyera que trata con un *Bonanza*, porque así podría obtener el pago adicional necesario para lograr la utilidad de 8 por vender a un *Bonanza*. El único contrato óptimo en que se dice la verdad es el contrato unificador que paga el salario intermedio de w_3 para la cantidad intermedia de q_3, y cero para cualquier otra cantidad, independientemente del mensaje. El contrato unificador es el segundo mejor contrato, un compromiso entre el óptimo para los *Débiles* y el óptimo para los *Bonanzas*. El punto (q_3, w_3) se acerca más a (q_1, w_1) que a (q_2, w_2), porque la probabilidad de un *Débil* es mayor y el contrato debe satisfacer la restricción de participación

$$0.8U(q_3, w_3, \text{Débil}) + 0.2U(q_3, w_3, \text{Bonanza}) \geq 8. \tag{2}$$

La naturaleza del equilibrio depende de la forma de las curvas de indiferencia. Si sus formas son similares a la gráfica 8.2, el equilibrio es separador, no unificador, y existe un primer mejor contrato plenamente revelador.

$$\text{Contrato separador} \begin{cases} \text{El agente anuncia } \textit{Débil}: w = \begin{cases} 0 \text{ si } q < q_1 \\ w_1 \text{ si } q \geq q_1 \end{cases} \\ \\ \text{El agente anuncia } \textit{Bonanza}: w = \begin{cases} 0 \text{ si } q < q_2 \\ w_2 \text{ si } q \geq q_2 \end{cases} \end{cases} \tag{3}$$

De nuevo, sabemos por el principio de la revelación que podemos limitar la atención a los contratos que inducen al vendedor a decir la verdad. Con las curvas de indiferencia de la gráfica 8.2, el contrato *3)* induce al vendedor a decir la verdad y se satisface la limitación de la compatibilidad de incentivos. Si el cliente es un *Bonanza*, pero el vendedor afirma observar un cliente *Débil* y elige q_1, su utilidad es menor de 8 porque el punto (q_1, w_1) se encuentra por debajo de la curva de indiferencia $\tilde{U}_s = 8$. Si el cliente es

Débil y el vendedor afirma observar un *Bonanza*, aunque (q_2, w_2) proporciona al vendedor un mayor salario que (q_1, w_1), el ingreso adicional no vale el esfuerzo marginal, porque (q_2, w_2) está muy por debajo de la curva de indiferencia $\hat{U}_s = 8$.

GRÁFICA 8.2. *Curvas de indiferencia para un equilibrio separador*

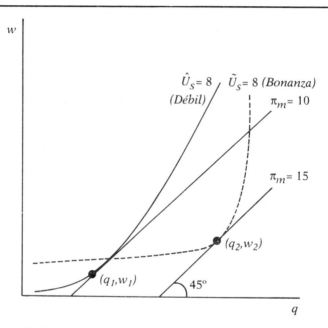

Otra manera de describir un equilibrio separador es decir que éste da al vendedor una elección entre contratos, en vez de decir que le da un solo contrato que especifica diferentes salarios para distintos niveles de producto. El vendedor acepta trabajar con el gerente y después de que descubre el tipo de su cliente elige el contrato (q_1, w_1) o el contrato (q_2, w_2), siendo cada uno un contrato obligatorio, y recibe 0 si tras elegir el contrato (q_i, w_i) produce $q \neq q_i$. En tal interpretación, decimos que el gerente ofrece una **variedad de contratos** y el vendedor selecciona uno de ellos después de conocer su tipo. Ésta es simplemente una forma distinta de describir el mismo equilibrio.

Los contratos de ventas en el mundo real a menudo son complicados, porque es fácil medir el principal componente de la producción y las ventas; en cambio, es difícil medir los factores de la producción de los trabajadores que hacen sus ventas lejos de la supervisión directa. El juego del Vendedor es un problema real. Gonik (1978) describe contratos con conocimiento oculto utilizados por una subsidiaria de IBM en Brasil. A los vendedores primero se les asignaron cuotas. Después ellos anunciaban su propia predicción de ventas como un porcentaje de la cuota y elegían, entre un conjunto de contratos, uno para cada previsión posible. Para dar un ejemplo inventaremos algunos números: si a Smith se le asignara una cuota de 400 y él anunciara un 100%, de vender 400 obtendría $w = 70$, y $w = 80$ de vender 450; pero si él hubiera anunciado 120%, habría obtenido $w = 60$ por 400 y $w = 90$ por 450. El contrato propicia el esfuerzo adicional cuando éste vale las ventas adicionales. Aquí, la intención, como en el caso del juego del Vendedor, es la de recompensar al vendedor no sólo por su mayor esfuerzo, sino por el esfuerzo adecuado.

El juego del Vendedor ejemplifica varias ideas. Puede contar con un equilibrio unificador o separador, lo que dependerá de la función de utilidad del vendedor. El principio de la revelación puede aplicarse para no tener que considerar contratos en que el gerente debe interpretar las mentiras del vendedor. También muestra cómo usar diagramas cuando las funciones algebraicas son muy difíciles de resolver o no están especificadas, problema que no surge en la mayoría de los casos numéricos de dos valores que se presentan en este libro.

8.3. Renegociación de contratos: el juego de la Recuperación

En la teoría de juegos, la renegociación se ve en dos contextos muy distintos. El capítulo 4 estudió la situación en que los jugadores pueden coordinarse en equilibrios del subjuego Pareto superior, los cuales podrían ser Pareto inferior para el juego entero, idea vinculada a la selección entre equilibrios múltiples. En esta sección se aborda un contexto completamente diferente: los dos jugadores han firmado un contrato que deben cumplir; pero, en un juego subsecuente, ambos acuerdan descartar el contrato anterior y escribir uno nuevo usando el primero como punto de partida de sus negociaciones. Aquí, los problemas no tratan de la elección del equilibrio, sino que se refieren a las estrategias que deben permitirse en el juego. Ésa es una cuestión que se presenta frecuentemente en los modelos del agente-principal, y Dewatripont (1989) lo indicó por primera vez en el contexto del conocimiento oculto. En este capítulo se utilizará un modelo con acciones ocultas para ejemplificar la renegociación: un banco desea prestar dinero a un consumidor para que adquiera un automóvil y debe preocuparse por saber si el consumidor trabajará lo suficiente para pagar el préstamo.

El juego de la Recuperación

Jugadores
Un banco y un consumidor.

Orden del juego
1) El banco no puede hacer nada o puede ofrecer al consumidor un préstamo que le permita comprar un automóvil con costo de 11, pero le requiere un rembolso de L o perderá la posesión del automóvil, el cual pasará a poder del banco.

2) El consumidor acepta o rechaza el préstamo.

3) El consumidor elige *Trabajar*, por un ingreso de 15, o *Jugar*, por un ingreso de 8. La desutilidad del trabajo es de 5.

4) El consumidor paga el préstamo o no lo paga.

4a) En una versión del juego, el banquero ofrece un acuerdo por una cantidad S y deja al consumidor la posesión del automóvil.

4b) El consumidor acepta o rechaza el acuerdo S.

5) Si al banco no se le ha pagado L o S, embarga el automóvil.

Pagos
Si el banco no hace ningún préstamo o el consumidor lo rechaza, los pagos de ambos jugadores son de cero. El valor del carro es de 12 para el consumidor y de 7 para el banco, de modo que el pago que recibe el banco si hace un préstamo es

$$\pi_{banco} = \begin{cases} L - 11 & \text{si se paga el préstamo original} \\ S - 11 & \text{si se llega a un acuerdo} \\ 7 - 11 & \text{si el banco embarga el automóvil.} \end{cases}$$

Si el consumidor elige *Trabajar*, su ingreso W es de 15 y la desutilidad del esfuerzo D es de –5. Si elige *Jugar*, entonces $W = 8$ y $D = 0$. Su pago es

$$\pi_{consumidor} = \begin{cases} W + 12 - L - D & \text{si se paga el préstamo original} \\ W + 12 - S - D & \text{si se llega a un acuerdo} \\ W - D & \text{si el banco embarga el automóvil.} \end{cases}$$

Consideraremos dos versiones del juego; ambas permiten el compromiso en el sentido de acuerdos legalmente obligatorios de transferencias de dinero y de riquezas, pero no permiten que el consumidor se comprometa directamente a *Trabajar*. Si el consumidor no paga el préstamo, el banco tiene el derecho legal de recuperar el automóvil, pero no puede mandar a prisión al consumidor por romper su promesa de que elegiría *Trabajar*. En lo que difieren las dos versiones del juego es en la posibilidad de hacer los movimientos de renegociación *4a)* y *4b)*.

El juego de la Recuperación I

La primera versión del juego no permite la renegociación, de modo que se eliminan del juego los movimientos *4a)* y *4b)*. En equilibrio, el banco hará el préstamo a una tasa de $L = 12$, y el consumidor elegirá *Trabajar* y pagar el préstamo. Si hacemos el análisis partiendo del final del juego, de acuerdo con la racionalidad secuencial, el consumidor estará dispuesto a pagar, porque al pagar 12 recibe un automóvil que vale 12.[1] Elegirá *Trabajar* por-

---

[1] Como acostumbramos, podemos modificar un poco el modelo para hacer que el consumidor desee fuertemente pagar el préstamo, sustituyendo por un subjuego de negociación

que entonces puede pagar el préstamo y el pago que recibe será de 10(= 15 + 12 – 12 – 5); pero si elige *Jugar* no podrá pagar el préstamo y el banco recuperará el automóvil, lo que reduce el pago que recibe el consumidor a 8(= 8 – 0). El banco ofrecerá un préstamo a $L = 12$ porque el consumidor lo pagará y es el pago máximo al que accederá el consumidor. El pago de equilibrio que recibe el banco es de 1(= 12 – 11). Éste es un resultado eficiente porque el consumidor compra el carro, al que da un valor mayor que su costo para el vendedor de automóviles, aunque es el banco, en vez del consumidor, el que obtiene el excedente, debido a su poder de negociación sobre las condiciones del préstamo.

El juego de la Recuperación II

La segunda versión del juego sí permite la renegociación, por lo que nuevamente se añaden al juego los movimientos *4a)* y *4b)*. La renegociación se torna dañina porque resulta en un equilibrio en que el banco se niega a conceder el préstamo, lo que reduce los pagos del banco y del consumidor a (0, 10) en vez de (1, 10); se pierden las ganancias por el intercambio.

El equilibrio en el juego de la Recuperación I se rompe porque el consumidor se desviará al elegir *Jugar*; ello derivará en que el banco recupere el automóvil. En el juego de la Recuperación II, el banco aún tiene derecho de hacerlo, para recibir un pago de –4(= 7 – 11). Sin embargo, si el banco elige renegociar y ofrece $S = 8$, el consumidor aceptará el acuerdo, ya que con el cambio logra conservar un carro que vale 12, y los pagos que reciben el banco y el consumidor son de –3(= 8 – 11) y de 12(= 8 + 12 – 8). De ese modo, el banco renegociará y el consumidor habrá aumentado el pago que recibe de 10 a 12 al elegir *Jugar*. No obstante, como el banco anticipará este movimiento desde *1)*, verá que le puede ir mejor si se niega a hacer el préstamo, lo que da pagos de (0, 10). El banco ni siquiera puede resultar sin pérdidas o ganancias si aumenta la tasa de préstamo L. Por ejemplo, si $L = 30$, el consumidor lo aceptará alegremente pues sabe que, si elige *Jugar* y deja de pagar, en última instancia la cantidad que deberá cubrir será sólo de $S = 8$.

La renegociación tiene un efecto paradójico. En el subjuego que empieza con el incumplimiento del consumidor aumenta la eficiencia, porque permite a los jugadores hacer mejoras en el sentido de Pareto superiores a un castigo ineficiente. Sin embargo, en el juego total reduce la eficiencia, porque impide a los jugadores usar el castigo para evitar acciones ineficientes. Esto es cierto en cualquier situación en que el castigo conlleva una pérdida general en vez de ser simplemente una transferencia del castigado al que castiga. Quizá por eso los jueces estadunidenses están menos dispuestos que el público a imponer castigos a los criminales. En el momento en que un criminal llega ante el tribunal, los años adicionales en la cárcel no tienen un efecto benéfico (excepto porque lo incapacitan para seguir cometiendo delitos) y cargan costos reales tanto sobre el criminal como

que divide las ganancias derivadas de la operación entre el banco y el consumidor, en vez de especificar que el banco hará una oferta de "tómelo o déjelo". Véase la sección 4.3.

sobre la sociedad; los jueces no desean dictar sentencias que en cada caso particular son ineficientes.

El problema de la renegociación también se presenta en los modelos del agente-principal debido al riesgo que enfrenta un agente con aversión al mismo cuando el principal es neutral. Los contratos óptimos imponen el riesgo a agentes con aversión, a fin de proporcionar incentivos para un esfuerzo alto o para la autoselección. Si en algún punto en el juego es de conocimiento común que el agente ha elegido su acción o su informe, pero la Naturaleza aún no ha movido, el agente corre un riesgo innecesario. El principal sabe que el agente ya movió, de modo que los dos están dispuestos a recontratar para que el riesgo por el movimiento de la Naturaleza vuelva a recaer sobre el principal. Pero el nuevo contrato futuro hace que el contrato original sea una burla y reduce los incentivos del agente para esforzarse o decir la verdad (véase Fudenberg y Tirole, 1990).

El juego de la Recuperación ilustra otras ideas además de la renegociación. Es un juego de información perfecta, pero se parece a un juego de riesgo moral con acciones ocultas. Ello se debe a que el juego tiene una limitación implícita de bancarrota, así que el contrato no puede castigar lo suficiente al consumidor por una elección ineficiente de esfuerzo. Restringir el espacio de estrategia provoca el mismo efecto que restringir la información disponible para un jugador. Es otro ejemplo de la distinción entre lo que es posible observar y lo que es posible incluir en un contrato —el esfuerzo del consumidor es observable, pero realmente no puede incluirse en el contrato, porque la limitación de la bancarrota impide que se le castigue por su bajo esfuerzo—.

Este juego también pone de relieve la dificultad de decidir lo que significa "poder de negociación", un término muy importante para la opinión que muchas personas tienen de la ley y de la política pública, pero al que definen de manera poco precisa. El capítulo 11 analizará la negociación con detalle a través del paradigma de la división del pastel. La forma natural de pensar en el poder de negociación es la de tratarlo como la habilidad para conseguir una mayor parte del pastel. Aquí, el pastel que se dividirá es el excedente de 1 por la compra que hace el consumidor de un automóvil al costo de 11 y que le dará una utilidad de 12. Las dos versiones del juego de la Recuperación conceden al banco todo el poder de negociación en el sentido de que, siempre que hay un excedente que dividir, el banco obtiene el 100% del mismo. Pero eso no ayuda al banco en el juego de la Recuperación ii, porque el consumidor puede tomar una posición en la que el banco termina por perder la transacción a pesar de su poder de negociación.

8.4. SALARIOS DE EFICIENCIA

Las tres secciones siguientes tratan de los remedios para el riesgo moral que pueden aplicarse a las acciones ocultas o al conocimiento oculto. La mayoría de los ejemplos se referirán a acciones ocultas, pero por lo general el "bajo esfuerzo" puede ser remplazado por "mentir açerca del conocimiento oculto".

Shapiro y Stiglitz (1984) muestran cómo se puede explicar el desempleo involuntario mediante un modelo del agente-principal. Cuando todos los trabajadores se emplean al salario del mercado, un trabajador al que se le ha despedido por descuidado puede encontrar inmediatamente otro trabajo igual de bueno. El despido no funciona y los castigos efectivos como el de "contratos forzosos" están excluidos de los espacios de estrategia de la actividad económica legal. Becker y Stigler (1974) han sugerido que los trabajadores hagan depósitos vinculados a su desempeño, pero si los trabajadores son pobres eso no es práctico. Sin depósitos vinculados al desempeño y sin la posibilidad de "hervir en aceite", el trabajador elige bajo esfuerzo y recibe un salario bajo.

Para inducir al trabajador a no descuidar su trabajo, la empresa puede ofrecer pagarle una prima superior al salario de equilibrio, la que pierde si se le descubre descuidando su trabajo y se le despide. Sin embargo, si una empresa encuentra lucrativo aumentar el salario, lo mismo sucederá con todas las empresas. Se podría pensar que después de haberse igualado los salarios, desaparecerá el incentivo para no holgazanear. Pero, cuando una empresa aumenta el salario, su cantidad de mano de obra disminuye, y cuando todas las empresas aumentan sus salarios, la cantidad de mano de obra en el mercado baja, lo que crea desempleo. Incluso si todas las empresas pagan el mismo salario, un trabajador tiene un incentivo para no desatender su trabajo, porque si fuera despedido quedaría desempleado, y aunque hubiera una oportunidad aleatoria de salir del grupo de desempleados, la tasa de desempleo aumentaría lo suficiente para que los trabajadores no se arriesgaran a holgazanear. El equilibrio no es el primer mejor eficiente, porque aun cuando el ingreso marginal del trabajo sea igual al salario, excede la desutilidad marginal del esfuerzo, pero es eficiente en el sentido de un segundo mejor. Los trabajadores desempleados y hambrientos que se encuentran en las cercanías de las fábricas realizan una valiosa función social (¡pero no se les debe pagar por ella!), pues propician que los que están empleados no desatiendan su trabajo.

La idea de pagar salarios altos para fortalecer la amenaza del despido es antigua e incluso se la puede hallar en *La riqueza de las naciones* (Smith, 1776, p. 207). Lo nuevo en la obra de Shapiro y Stiglitz es la observación de que el desempleo se genera por esos "salarios de eficiencia". Estas empresas se comportan paradójicamente. Pagan a los trabajadores más de lo necesario para atraerlos y rechazan a los de afuera que ofrecen trabajar por menos. ¿Será ésta la explicación de que los buscadores de empleo "sobrecalificados" no logran obtenerlo y en cambio se retiene a los gerentes mediocres? Los patrones no desean contratar a alguien talentoso, porque puede encontrar otro trabajo después de ser despedido por holgazanear; en algunos empleos importa más la confianza que el talento.

Esta discusión debe recordarle el juego de la Calidad del Producto de la sección 5.4. Allí, los compradores también pagaban más que el precio de reserva a fin de dar al vendedor un incentivo para comportarse correctamente, porque mediante la terminación de la relación con él podía castigar a un vendedor que no se comportara de manera correcta. Las características más relevantes de esos modelos son que hay una limitación sobre el grado del castigo contractual por la mala conducta y que la limitación de la participación no es obligatoria en el equilibrio.

8.5. LOS TORNEOS

A los juegos en que el desempeño relativo es trascendente se les llama **torneos**. Éstos son similares a las subastas; la diferencia estriba en que en los torneos las acciones de los perdedores tienen importancia directa. Al igual que las subastas, son especialmente útiles cuando el principal quiere obtener alguna información de los agentes. A un torneo diseñado por un principal se le llama en ocasiones una **competencia de la vara de medir**, porque los agentes proporcionan la medida para sus salarios.

Farrell (inédito) usa un torneo para explicar cómo "el relajamiento del esfuerzo" puede ser la principal fuente de pérdida de bienestar social en el caso de un monopolio, una antigua idea que, por lo general, se apoya en un razonamiento defectuoso. La afirmación más común es que los monopolistas son ineficientes porque, a diferencia de las empresas competitivas, no tienen que aumentar al máximo sus ganancias para sobrevivir. Esto se basa en el dudoso supuesto de que a las empresas les interesa sobrevivir, no sus ganancias. Farrell presenta un argumento más sutil: aunque los accionistas de un monopolio quieren aumentar al máximo las ganancias, los gerentes aumentan al máximo su propia utilidad, y el riesgo moral es grave sin la comparación con el desempeño de otras empresas.

Suponga que la empresa Apex tiene dos posibles técnicas de producción, *Rápida* y *Cuidadosa*. Independientemente de cada técnica, la Naturaleza elige el costo de producción $c = 1$ con probabilidad θ, y $c = 2$ con probabilidad de $1 - \theta$. Entonces el gerente puede decidir elegir una técnica al azar o investigar los costos de ambas técnicas a un costo de utilidad para él mismo de α. Los accionistas pueden observar el costo de producción resultante, pero no si el gerente ha investigado. Si ven que el gerente elige *Rápida* y un costo $c = 2$, no saben si la ha elegido sin investigar o si investigó ambas técnicas y encontró que las dos eran caras. El contrato salarial se basa en lo que los accionistas pueden observar, así que toma la forma (w_1, w_2), donde w_1 es el salario si $c = 1$ y w_2 si $c = 2$. La utilidad del gerente es $\log w$ si no investiga, $\log w - \alpha$ si investiga y la utilidad de reserva $\log w$ si renuncia.

Si los accionistas quieren que el gerente investigue, el contrato debe satisfacer la limitación de la autoselección.

$$U(no\ investigue) \leq U(investigue). \tag{4}$$

Si el gerente investiga, sigue sin encontrar una técnica de bajo costo con probabilidad de $(1 - \theta)^2$, por lo que (4) equivale a

$$\theta \log w_1 + (1 - \theta)\log w_2 \leq [1 - (1 - \theta)^2]\log w_1 + (1 - \theta)^2\log w_2 - \alpha. \tag{5}$$

La limitación de la autoselección es obligatoria, ya que los accionistas desean mantener la compensación del gerente al mínimo. Si convertimos la ecuación (5) en una igualdad y simplificamos, nos da

$$\theta\,(1 - \theta)\,\log\frac{w_1}{w_2} = \alpha. \tag{6}$$

La limitación de la participación, que también es obligatoria, es $U(\bar{w}) = U(investigue)$, o

$$\log\bar{w} = [1 - (1 - \theta)^2]\log w_1 + (1 - \theta)^2\log w_2 - \alpha. \tag{7}$$

Resolviendo las ecuaciones (6) y (7) juntas para w_1 y w_2, tenemos

$$w_1 = \bar{w}e^{\alpha/\theta}$$

$$w_2 = \bar{w}e^{\alpha/(1 - \theta)}. \tag{8}$$

El costo esperado para la empresa es

$$[1 - (1 - \theta)^2]\,\bar{w}e^{\alpha/\theta} + (1 - \theta)^2\,\bar{w}e^{-\alpha/(1 - 0)}. \tag{9}$$

Si los parámetros son $\theta = 0.1$, $\alpha = 1$ y $\bar{w} = 1$, los valores redondeados son $w_1 = 22\,026$ y $w_2 = 0.33$, y el costo esperado es $4\,185$. Es muy posible que los accionistas decidan que no vale la pena hacer que el gerente investigue.

Pero suponga que Apex tiene un competidor, Brydox, en la misma situación. Los accionistas de Apex pueden amenazar con un contrato forzoso a su gerente si Brydox adopta una tecnología de bajo costo y Apex no. Si Brydox hace lo mismo, los dos gerentes están en un Dilema del Prisionero, porque ambos desearían no investigar, pero cada uno investiga por temor de que el otro lo haga. El contrato obligatorio para Apex especifica $w_1 = w_2$ a fin de asegurar totalmente al gerente y hacer un contrato forzoso si Brydox tiene menores costos que Apex. El contrato necesita satisfacer sólo la limitación de la participación de que $\log w - \alpha = \log \bar{w}$, de modo que $w = 2.72$, y para Apex el costo de aprender es únicamente de 2.72, no de $4\,185$. La competencia aumenta la eficiencia, no por la amenaza de que las empresas quiebren, sino por la amenaza de que se despedirá a los gerentes.

8.6. Las instituciones y los problemas de la agencia

Formas de suavizar los problemas de la agencia

Por lo general, cuando los agentes tienen aversión al riesgo no puede lograrse el primer mejor, porque debe hacerse algún intercambio entre proporcionar incentivos al agente y evitar que su compensación varíe mucho en los estados del mundo, o porque no es posible castigarlo lo suficiente. Hemos estudiado diferentes formas de resolver el problema y en este punto es útil presentar una lista. Cada método se ejemplifica mediante la aplicación al problema particular de la compensación del ejecutivo, que es importante empíricamente e interesante tanto porque se aplican contratos con incentivos explícitos como porque no se les usa con más frecuencia (véase Baker, Jensen y Murphy, 1988).

1) **Reputación** (secciones 5.3, 5.4, 6.4 y 15.1).
Se promueve a los gerentes según su esfuerzo o veracidad pasados.

2) **Contratos en que se comparte el riesgo** (secciones 7.3, 7.4 y 7.5).
El ejecutivo recibe no sólo un salario, sino también opciones de compra de las acciones de la empresa. Si reduce el valor de las acciones, bajará el valor de sus opciones.

3) **Contrato forzoso** (sección 7.4).
Si la empresa fuera incapaz de pagar dividendos sólo en caso de que el gerente descuidara su trabajo y no tuviera suerte, la amenaza de despido cuando la empresa no reparte dividendos lo mantendría trabajando duro.

4) **Vender la tienda** (sección 7.4).
Los gerentes compran la empresa con fondos tomados en préstamo de la misma empresa.

5) **Salarios de eficiencia** (sección 8.4).
Para hacer que tema la pérdida de su trabajo, al ejecutivo se le paga un salario superior al que merecería por su habilidad (cf. Rasmusen, 1988b, sobre los bancos de fondos mutuos).

6) **Los torneos** (sección 8.5).
Varios vicepresidentes compiten y el ganador sucede al presidente.

7) **Vigilancia** (sección 3.4).
Los directores contratan a un consultor para evaluar el desempeño del ejecutivo.

8) **Repetición.**
A los gerentes se les paga menos que sus productos marginales la mayor parte de su carrera, pero se les recompensa después con salarios más altos o pensiones generosas si su historial en la empresa ha sido bueno.

9) **Cambios en el tipo del agente.**
Los ejecutivos de más antigüedad estimulan a los más jóvenes elogiando la ambición y el trabajo duro.

Hemos tratado de todas, excepto de las dos últimas soluciones. La repetición permite que el contrato se parezca más al primer mejor si la tasa de descuento es baja (Radner, 1985). En la sección 7.2, el juego de la Producción v no lograba el primer mejor porque la producción dependía tanto del esfuerzo del agente como del ruido aleatorio. Si el juego se repitiera 50 veces eligiendo independientemente al azar una elección del ruido, la aleatoriedad se promediaría y el principal haría una estimación adecuada del esfuerzo del agente. En cierto sentido, decir que después de todo a largo plazo se puede deducir el esfuerzo es evadir la cuestión.

Cambiar el tipo del agente aumentando la utilidad directa por la conducta deseada, o reduciéndola por la indeseada, es una solución a la que los economistas han prestado poca atención, porque se han concentrado en el cambio de la utilidad mediante los cambios en las recompensas monetarias. Akerlof (1983), en uno de los pocos artículos sobre el cambio del tipo, señala que la educación moral de los niños, y no sólo la educación intelectual, afecta su productividad y éxito. Sin embargo, la actitud de los economistas ha sido que, aunque existen agentes virtuosos, las reglas de una organización deben diseñarse teniendo en mente agentes poco virtuosos. Como dijo el pensador chino Han Fei Tzu hace unos 2 000 años:

> Hoy difícilmente se encontraría a diez hombres de integridad y buena fe, y no obstante son centenares los cargos del Estado. Si se les quiere ocupar con hombres de integridad y buena fe, nunca habrá bastantes; si no se ocupan los cargos, aquellos cuya tarea es gobernar verán reducir su número, mientras que el de los hombres desordenados aumentará. Por tanto, lo que hace el gobernante iluminado es unificar las leyes en vez de buscar hombres sabios; establece políticas firmes, en vez de añorar a los hombres de buena fe (Han Fei Tzu, 1964, p. 109, de su capítulo "Las cinco plagas").

El número de hombres realmente íntegros quizá no ha aumentado tan rápido como el tamaño del gobierno, por lo que la observación de Han Fei Tzu sigue siendo válida; pero se debe considerar que los hombres honestos existen y que la honestidad puede ser parte de los modelos racionales. Hay intercambios entre el gasto para propiciar la honestidad y el gasto para otros fines, y puede haber intercambios entre la utilización de segundos mejores contratos diseñados para agentes indiferentes ante decir o no la verdad y la utilización de contratos más sencillos adecuados para agentes honestos.

Las instituciones gubernamentales y los problemas de la agencia

El campo del derecho se presta al análisis mediante los modelos del agente-principal. Desde el siglo XIX Holmes (1881, p. 31) conjeturó que quizá a los marineros en cierta época no se les pagaban sus salarios si el barco se hundía para desalentar que abordaran demasiado pronto los botes salvavidas en vez de intentar salvar el barco. La razón por la que esa regla legal puede ser subóptima no es que sea injusta —podemos suponer que los marineros conocían el riesgo antes de embarcarse—, sino que la compatibilidad de incentivos y el seguro funcionan en direcciones contrarias. Si los marineros tienen más aversión al riesgo que los propietarios de los barcos, y la ventaja pecuniaria no aumenta mucho su esfuerzo durante las tormentas, el propietario debe proporcionarles un seguro a los marineros garantizando su salario independientemente de que el viaje sea o no venturoso.

Otro problema legal es el de saber quién debe cubrir el costo de un accidente: la víctima (por ejemplo, un peatón arrollado por un automóvil) o la persona que lo causó (el conductor). La respuesta del economista depende de quién tiene el más severo riesgo moral. Si el peatón pudo haber evitado el accidente al menor costo, él debe pagar; si no, es el conductor quien debe pagar. Esta idea de **evitar al menor costo** es muy útil en el análisis económico del derecho y es uno de los temas centrales del tratado clásico de Posner sobre derecho y economía (Posner, 1992). El seguro o la transferencia de riqueza también se pueden considerar. Si los peatones tienen más aversión al riesgo, los conductores deberán cubrir el costo y, según ciertas opiniones políticas, si los peatones son más pobres, los conductores deben cubrir el costo. Observe que esto último —la transferencia de riqueza— no es importante en los contratos privados. Por ejemplo, si se le pide a un principal sin ganancias que cubra el costo de los accidentes de trabajo, el salario del agente será menor que si él los pagara.

El derecho penal también está interesado en los intercambios entre incentivos y aseguramiento. Holmes (1881, p. 40) observa y aprueba que el borrador de Macaulay del Código Penal de la India convertía en un delito penal el incumplimiento del contrato para transportar pasajeros. Ello se debía a que los portadores de palanquines eran demasiado pobres para pagar daños por abandonar a sus pasajeros en parajes desolados, de modo que se requería del poder del Estado para imponer castigos más severos que la bancarrota. Sin embargo, en general las reglas legales que realmente se usan parecen divergir más del óptimo en el derecho penal que en el derecho civil. Por ejemplo, si no hay posibilidad de que un hombre inocente sea declarado culpable de fraude, quizá sea una buena política un contrato forzoso para los defraudadores, pero en la mayoría de los países no lo permitirán. Llevando el ejemplo un poco más allá, si por lo común la evidencia de un asesinato es menos convincente que la de un fraude, nuestro análisis puede indicar fácilmente que el castigo por un asesinato debe ser menor, pero tal razonamiento ofende la idea ordinaria de que la severidad del castigo debe ser proporcional al daño por el crimen.

Las instituciones privadas y los problemas de la agencia

Si bien la teoría de la agencia puede utilizarse para explicar y tal vez mejorar la política del gobierno, también ayuda a explicar el desarrollo de muchas instituciones privadas curiosas. Los problemas de la agencia son un obstáculo importante para el desarrollo económico y pueden desentrañar algunas prácticas aparentemente irracionales. Popkin (1979, pp. 66, 73, 157) observa una variedad de éstas. Por ejemplo, en Vietnam, los terratenientes absentistas eran más indulgentes con sus trabajadores que los terratenientes locales pero hacían menos mejoras a la tierra, como sería de esperar en el caso de principales que sufren de desventajas de información, *vis-à-vis* sus agentes. A lo largo de las veredas en los campos, los granjeros plantaban arroz de maduración rápida para que sus familias pudieran obtenerlo antes de la cosecha regular y los trabajadores contratados no se apoderaran de él al ir a los campos. En la Inglaterra del siglo XIII, casi no se sembraban "frijoles"[2] a pesar de sus ventajas nutritivas, porque era muy fácil robarlos. Algunas aldeas intentaron resolver el problema prohibiendo la entrada a los frijolares excepto en ciertas horas que el sacerdote indicaba con el tañido de la campana, de modo que todos podían cuidar y vigilar sus frijoles al mismo tiempo y de manera oficial.

En ambientes menos exóticos, el riesgo moral, además de los beneficios fiscales, es otra razón de que los trabajadores acepten parte de sus salarios en prestaciones. A los profesores se les paga parte de su salario con tiempo en la computadora de la universidad porque eso los induce a investigar más. Tener tiempo en la computadora con un costo marginal igual a cero es una forma de evitar el riesgo moral de que la investigación decaiga, a pesar de ser una fuente de riesgo moral en tiempo de computación desperdiciado. Un ejemplo menos característico, pero más imaginativo, es el del banco de Minnesota que, preocupado por su imagen, dio a cada empleado un crédito de 100 dólares en ciertas tiendas de ropa para mejorar su vestimenta. Por una solución intermedia entre usar uniformes o darles efectivo, el banco esperaría aumentar tanto sus ganancias como la utilidad de sus empleados. ("The $100 Sounds Good, but What do They Wear on the Second Day?" ["Los $100 suenan bien, pero ¿qué se ponen al día siguiente?"], en *Wall Street Journal*, 16 de octubre de 1987, p. 17.)

Los contratos de largo plazo son un motivo importante de riesgo moral, pues hay muchas variables imprevistas que por tanto no pueden incluirse en el contrato. Se ha usado el término **oportunismo** para describir la conducta de agentes que toman ventaja de esas variables no incluibles en el contrato para aumentar el pago que reciben a costa del principal (véase Williamson, 1975, y Tirole, 1986). Smith puede ser capaz de obtener de parte de Jones un mayor pago que se acordó en el contrato, porque cuando un contrato es incompleto, Smith puede amenazar con perjudicar a Jones de alguna manera. A esto se le llama el **potencial de atraco** (Klein, Crawford y Alchian, 1978). Incluso, el potencial de atraco puede hacer que un agente introduzca agentes competidores en el juego, si la competencia no es tan feroz como para reducir las rentas a cero. Michael Granfield me ha informado que en cierta ocasión Fairchild desarrolló la nueva patente de un componente de los sistemas electrónicos de inyección de gasolina que procuró vender a otra empresa, TRW. Ésta le ofreció un precio mucho más alto si Fairchild concedía licencia de su patente a otros productores, pues temía el potencial de atraco si compraba a un solo productor. Así, TRW pudo redactar un contrato en que se impidiera el atraco, pero sabía que era difícil especificar todas las formas en que Fairchild podía perjudicarla, las que comprendían no sólo lentitud en las entregas, mal servicio y baja calidad, sino también pecados de omisión, como el de no tomar previsiones suficientes para evitar que la fábrica parara debido a accidentes o huelgas.

Por los ejemplos referidos debe estar claro que el riesgo moral es un problema común. Ahora que ha pasado el entusiasmo inicial por la investi-

---

[2] El frijol es originario de América. No es seguro saber a qué se llamaba "frijoles" en español o *beans* en inglés antes de la llegada de los europeos al continente americano. Los frijoles procedentes de éste se popularizaron tanto en Europa que se apropiaron del nombre. [T.]

gación del problema del agente-principal, los investigadores empiezan a usar la nueva teoría para estudiar instituciones que antes se dejaban al ámbito académico descriptivo "suave".

8.7. Los equipos

Para concluir este capítulo, desviemos nuestra atención del agente individual a un grupo de agentes. Ya hemos estudiado los torneos, que implican más de un agente, pero un torneo sigue ocurriendo en una situación en que la producción de cada agente es distinta. El torneo es una solución para el problema estándar y el principal siempre puede buscar otras soluciones, como los contratos individuales en que se comparte el riesgo. En esta sección, la existencia de un grupo de agentes deriva en la destrucción de la efectividad de los contratos individuales en que se comparte el riesgo, porque la producción observada es una función conjunta del esfuerzo no observado de muchos agentes. Aunque hay un grupo, un torneo es imposible porque sólo se observa una producción. La situación es muy similar al juego del Deber Civil del capítulo 3: las acciones de un grupo de jugadores dan una producción conjunta, y cada jugador desea que los otros lleven a cabo acciones costosas. Al modelo del equipo se le define como sigue:

*Un **equipo** es un grupo de agentes que eligen independientemente niveles de esfuerzo, los cuales resultan en una sola producción para todo el grupo.*

Estudiaremos los equipos por medio del siguiente juego.

Equipos
(Holmstrom, 1982)

Jugadores
Un principal y n agentes.

Orden del juego
1) El principal ofrece un contrato a cada agente i de la forma $w_i(q)$, donde q es la producción total.
2) Los agentes deciden si aceptan o no el contrato.
3) Los agentes eligen simultáneamente sus niveles de esfuerzo e_i, $(i = 1,..., n)$.
4) La producción es $q(e_1,..., e_n)$.

Pagos
Si algún agente rechaza el contrato, todos los pagos son iguales a cero. Si no es así,

$$\pi_{principal} = q - \sum_{i=1}^{n} w_i;$$

$$\pi_i = w_i - v_i(e_i), \text{ donde } v'_i > 0 \text{ y } v''_i > 0.$$

A pesar de la neutralidad al riesgo de los agentes, en este caso no funciona "vender la tienda", porque el equipo de agentes sigue con el mismo problema que tenía el patrón. El problema del equipo es la cooperación entre los agentes, el principal es secundario.

Represente el vector eficiente de acciones por e^*. Un contrato eficiente es

$$w_i(q) = \begin{cases} b_i & \text{si } q \geq q(e^*) \\ 0 & \text{si } q < q(e^*) \end{cases} \tag{10}$$

donde $\sum_{i=1}^{n} b_i = q(e^*)$ y $b_i > v_i(e_i^*)$.

El contrato (10) da al agente i el salario b_i si todos los agentes eligen el esfuerzo eficiente, y nada si alguno desatiende su trabajo, en cuyo caso el principal se queda con la producción. El modelo de equipos provee de una razón para que haya un principal: él es el demandante residual que se queda con la producción sobre la que se han perdido los derechos. Sin él, es dudoso que los agentes cumplan la amenaza de no tener en cuenta la producción si, digamos, la producción fuera de 99 en vez de la eficiente de 100. Hay un problema de consistencia dinámica. A los agentes les gustaría comprometerse anticipadamente a no tener en cuenta la producción, pero sólo porque nunca tienen que hacerlo en equilibrio. Si el modelador desea eliminar la posibilidad de no tener en cuenta la producción, impone la **restricción del presupuesto equilibrado,** por la que la suma de los salarios debe ser exactamente igual a la producción, ni más ni menos. Pero el presupuesto equilibrado le crea al equipo un problema que se resume en la proposición 8.1.

Proposición 8.1
Si hay una restricción del presupuesto equilibrado, ningún contrato de salarios diferenciados $w_i(q)$ genera un equilibrio de Nash eficiente.

El problema del agente i es

$$\underset{e_i}{\text{Maximice }} w_i(q(e)) - v_i(e_i). \tag{11}$$

Su condición de primer orden es

$$\left(\frac{dw_i}{dq}\right)\left(\frac{dq}{de_i}\right) - \frac{dv_i}{de_i} = 0. \tag{12}$$

Con el presupuesto equilibrado y una función de utilidad lineal, el óptimo de Pareto aumenta al máximo la suma de utilidades (algo que generalmente no es cierto), de modo que el óptimo resuelve

$$\underset{e_1,\ldots,\,e_n}{\text{Maximice }} q(e) - \sum_{i=1}^{n} v_i(e_i). \tag{13}$$

La condición de primer orden es que la contribución marginal en dólares a la producción es igual a la desutilidad marginal del esfuerzo:

$$\frac{dq}{de_i} - \frac{dv_i}{de_i} = 0. \tag{14}$$

La ecuación (14) contradice a la (12), la condición de primer orden del agente, porque dw_i/dq no es igual a 1. Si lo fuera, el agente i sería el demandante residual y recibiría todo el aumento marginal en la producción —pero con el presupuesto equilibrado no todos los agentes pueden hacer eso—. Como cada agente soporta toda la carga de su esfuerzo marginal y sólo una parte de su beneficio, el contrato no logra el primer mejor. Por otro lado, sin presupuesto equilibrado, si el agente descuida un poco su trabajo obtendría todo el beneficio en ocio por hacerlo, pero perdería todo su salario bajo el contrato óptimo.

Discontinuidad en los pagos por un bien público

Por lo común, hay un problema de ventajismo si cada uno de varios jugadores elige un nivel de esfuerzo que aumenta el nivel de algún bien público cuyos beneficios comparten. Sin cooperar, eligen niveles de esfuerzo más bajos que si pudieran hacer promesas obligatorias. Matemáticamente, deje que jugadores idénticos neutrales al riesgo subindexados por i elijan niveles de esfuerzo e_i para producir la cantidad $q(e_1,..., e_n)$ del bien público, donde q es una función continua. El problema del jugador i es

$$\underset{e_i}{Maximice}\; q(e_1,..., e_n) - e_i, \tag{15}$$

que tiene la condición de primer orden

$$\frac{\partial q}{\partial e_i} - 1 = 0, \tag{16}$$

mientras que el primer mejor esfuerzo, más grande, n – vector e^* está caracterizado por

$$\sum_{i=1}^{n} \frac{\partial q}{\partial ei} - 1 = 0. \tag{17}$$

Si la función q es discontinua en e^* (por ejemplo, $q = 0$ si $e_i < e_i^*$ para cualquier i), el perfil de estrategia e^* puede ser un equilibrio de Nash. En el juego de Equipos opera el mismo efecto. Aunque la función de los equipos no es discontinua, el contrato (10) está construido como si lo fuera para obtener los mismos incentivos.

El primer mejor puede lograrse debido a que la discontinuidad en e^* hace de todo jugador el jugador decisivo, marginal: si holgazanea un poco, la producción disminuye en forma drástica y con certidumbre. Cualquiera de las dos siguientes modificaciones restablece el problema del ventajismo e induce a descuidar el trabajo:

1) Deje que q sea una función no sólo del esfuerzo, sino también de un ruido aleatorio —la Naturaleza mueve después de los jugadores—. La incertidumbre hace que la producción esperada sea una función continua del esfuerzo.

2) Deje que los jugadores tengan información incompleta acerca del valor crítico —la Naturaleza mueve antes que los jugadores y elige e^*—. La información incompleta hace que la producción estimada sea una función continua del esfuerzo.

El fenómeno de la discontinuidad es común. Entre los ejemplos, aunque no todos observan el problema, tenemos:

1) Esfuerzo en equipos (Holmstrom, 1982; Rasmusen, 1987).
2) Obstaculización de la Entrada por un oligopolio (Bernheim, 1984b; Waldman, 1987).
3) La producción en oligopolios con estrategias disparadoras (Porter, 1983a).
4) Competencias de patentes (sección 14.1).
5) Oferta de acciones en un intento hostil de comprar una compañía (Grossman y Hart, 1980, sección 13.5).
6) Preferencias por niveles de un bien público.

NOTAS

N8.1. *Equilibrio unificador* versus *equilibrio separador y el principio de la revelación*

- Los libros de Fudenberg y Tirole (1991a), Laffont y Tirole (1993) y Spulber (1989), y el capítulo de Baron en el *Handbook of Industrial Organization* compilado por Schmalensee y Willig proporcionan más información sobre el mecanismo del diseño.
- Levmore (1982) discute los problemas del conocimiento oculto en los juicios por daños, el congelamiento de cuentas y activos de una empresa y los impuestos sobre la propiedad en un artículo en que analiza la ley.
- En el riesgo moral con conocimiento oculto, el contrato debe satisfacer ordinariamente sólo una restricción de la participación, mientras que en los problemas de selección adversa hay una restricción de la participación distinta para cada tipo de agente. Una excepción es cuando hay restricciones en el grado de castigo que se le puede dar a un agente en diferentes estados del mundo. Por ejemplo, de haber restricciones de bancarrota, entonces, si el agente tiene diferentes riquezas en los N estados posibles del mundo, habrá N restricciones para la medida en que puede ser negativo su salario, además de la restricción única de la participación. A éstas se las puede ver como restricciones **interinas** de la participación, ya que representan la idea de que el agente quiere salirse del contrato una vez que observa el estado del mundo en el transcurso del juego.
- Myerson (1979) puso nombre al principio de la revelación, pero sus orígenes se remontan a Gibbard (1973). Referencia adicional es la obra de Dasgupta, Hammond y Mas-

kin (1979). El libro de la teoría de juegos de Myerson es, como puede esperarse, una fuente para buscar más detalles (Myerson, 1991, pp. 258-263, 294-299).

- En la política pública frecuentemente se presenta el riesgo moral. ¿Se debe permitir que los doctores que recetan medicamentos también sean vendedores de los mismos? En la pregunta va implícita la confrontación de la posibilidad de recetar en exceso contra el costo potencialmente menor y la mayor conveniencia de que los medicamentos los venda el doctor. Véase "Doctors as Druggists: Good Rx for Consumers?" [El doctor como farmacéutico: ¿buena receta para los consumidores], en *Wall Street Journal*, 25 de junio de 1987, p. 24.

- Para una cuidadosa discusión sobre el argumento del descubrimiento gradual de la verdad para la revelación de información, véase Milgrom (1981b).

- Un juego de conocimiento oculto requiere que el estado del mundo sea de importancia para los pagos de uno de los jugadores, pero no necesariamente de la misma manera que en el juego de la Producción VI. El juego del Vendedor de la sección 8.2 usa efectivamente la función de utilidad $U(e, w, \theta)$ para el agente y $V(q - w)$ para el principal. El estado del mundo tiene importancia porque la desutilidad del esfuerzo del agente varía según sean los estados del mundo. En otros problemas, la utilidad de su dinero es la que puede variar en diferentes estados del mundo.

N8.2. *Un ejemplo de riesgo moral con conocimiento oculto: el juego del Vendedor*

- A veces los estudiantes conocen mejor el lugar que ocupan en la clase que su profesor. Cierto profesor de economía laboral usaba un mecanismo del siguiente tipo para saber el lugar de los estudiantes de su clase. Cada estudiante i reporta su evaluación numérica de los otros estudiantes en la clase. El lugar del estudiante i es una función creciente de las evaluaciones que le dan a i otros estudiantes y de la correlación entre las evaluaciones de i y las de los otros estudiantes. Hay muchos equilibrios de Nash, pero decir la verdad es un punto focal.

- En juegos dinámicos de riesgo moral con conocimiento oculto, el **efecto del mecanismo fijador de la dirección** es importante: el agente tiene en cuenta que su elección del contrato en este periodo revelará información que influirá en las ofertas del principal en el siguiente periodo. Un principal puede asignar precios elevados a una utilidad pública en el primer periodo para luego descubrir que sus costos son menores de lo que esperaba, pero en el siguiente periodo bajará los precios. El contrato se hace irreversible para que sea más severo. Por tanto, la compañía no elegirá un contrato que revele sus costos en el primer periodo. Esto lo modelaron Freixas, Guesnerie y Tirole (1985).
   Baron (1989) señala que el principal puede diseñar a propósito un equilibrio unificador en el primer periodo, de modo que no ocurra la autoselección. Como no se ha aprendido nada, puede ofrecer un contrato separador más efectivo en el segundo periodo.

N8.4. *Salarios de eficiencia*

- Para una revisión de las obras sobre los salarios de eficiencia, véase el artículo de L. Katz (1986), el libro de artículos compilados por Akerlof y Yellen (1986) y el libro de Weiss (1990), que ofrece un panorama general.

- Si bien el modelo del salario de eficiencia explica el desempleo involuntario, no explica los cambios cíclicos en el desempleo.

- La idea del salario de eficiencia se basa en la misma idea del modelo de calidad del producto de Klein y Leffler (1981), que se formalizó en la sección 5.3. Si no existe ningún castigo que se aplique a un jugador tentado a la mala conducta, se puede crear un castigo dándole algo que luego se le quite. Este algo puede ser un empleo con un alto sueldo o un cliente leal. Además, es similar a la idea de **cooptar** oponentes, común en la política y en la administración universitaria. Para domeñar a la asociación de estudiantes radicales, déles una oficina propia que les puede quitar si toman la oficina del rector. Rasmusen (1988b) muestra otro contexto: cuando los depositantes no saben qué inversiones son arriesgadas y qué inversiones son seguras, se puede pagar un alto sueldo a los gerentes de los bancos de fondos mutuos para que no hagan inversiones arriesgadas que les podrían costar sus empleos.

• La selección adversa también puede impulsar un modelo de salario de eficiencia. En el capítulo 9 veremos que un cliente puede estar dispuesto a pagar un precio elevado para atraer vendedores de carros de alta calidad, cuando él mismo no puede reconocer la calidad directamente.

N8.5. *Los torneos*

• Un artículo que generó mucho interés en los torneos es el de Lazear y Rosen (1981), que trata con detalle la importancia de la aversión al riesgo y de la selección adversa.

• Un ejemplo de torneo es la competencia que dura dos años entre tres hombres por el nuevo puesto de presidente del Citicorp. La compañía nombró vicepresidentes a los tres candidatos: el jefe de la banca de consumo, el jefe de la banca empresarial y el consejero legal. Los informes de los ingresos se dividían por igual en tres componentes, dos de los cuales se referían a la banca empresarial y la banca de consumo (la tercera era la banca de inversión, que en este caso no importa para el torneo). Véase "What Made Reed Wriston's Choice at Citicorp" ["Qué hizo que se eligiera a Reed Wriston en el Citicorp"], en *Business Week*, 2 de julio de 1984, p. 25.

• General Motors intentó un torneo entre sus trabajadores de producción. Durante un año malo, la gerencia amenazó creíblemente con cerrar la planta de automóviles que tuviera la menor productividad. Se informó que eso aumentó la productividad. Dicho torneo es interesante porque ayuda a explicar la razón de que la curva de la oferta de una empresa tenga una pendiente positiva, aunque todas sus fábricas sean idénticas, y la razón de que pueda tener capacidad excedente. ¿Debió informarse a las otras fábricas del desempeño actual de una fábrica? Véase "Unions Say Auto Firms Use Interplant Rivalry to Raise Work Quotas" ["Los sindicatos dicen que las productoras de automóviles usan la rivalidad entre sus diferentes fábricas para aumentar las cuotas de trabajo"], en *Wall Street Journal*, 8 de noviembre de 1983, p. 1.

• Bajo la selección adversa, los torneos deben usarse en forma diferente que bajo el riesgo moral, porque los agentes no pueden controlar su esfuerzo. En cambio, se usan los torneos para evitar que los agentes acepten contratos en los que deben competir por un premio con otros agentes más hábiles.

• Los torneos entre las gerencias de diferentes empresas se enfrentan con dificultades cuando los accionistas quieren que los gerentes cooperen en algunos campos. Por ejemplo, si los gerentes se coluden en la fijación de precios, también pueden coludirse para hacerse la vida más fácil el uno al otro.

• El artículo de Antle y Smith (1986) es un estudio empírico de torneos de compensación a los gerentes. El de Sherwin Rosen (1986) es el modelo teórico de un torneo de trabajadores en que el premio es un ascenso.

• Suponga que una empresa realiza un torneo en que aquel de sus vicepresidentes que tenga mejor desempeño se convertirá en el próximo presidente. ¿Debe la empresa despedir al vicepresidente más talentoso antes de que empiece el torneo? La respuesta no es obvia. Quizá en el equilibrio del torneo, el señor Talentoso se esfuerza menos debido a su ventaja inicial, de modo que se conserva el incentivo para que todos los vicepresidentes hagan su mejor esfuerzo.

• En un torneo se puede recompensar al ganador o fusilar al perdedor. ¿Qué es mejor? Nalebuff y Stiglitz (1983) dicen que fusilar al perdedor; Rasmusen (1987) llega a un resultado similar para equipos, pero por una razón diferente. El resultado de Nalebuff y Stiglitz depende de la incertidumbre y de que haya un gran número de agentes en el torneo, mientras que el de Rasmusen depende de la aversión al riesgo. Si una función de utilidad es cóncava porque el agente tiene aversión al riesgo, el agente se perjudicará si pierde una suma determinada más de lo que se beneficiaría ganándola. Por tanto, para incentivar, la zanahoria es menos útil que el garrote, un resultado desafortunado para la eficiencia, ya que los castigos frecuentemente están limitados por la bancarrota o por las disposiciones legales.

* Si se usa un torneo, el esfuerzo en el equilibrio puede ser mayor en un segundo mejor contrato que en el primer mejor contrato, aunque el segundo se elabora mejor precisamente para superar el problema de incentivar a un mayor esfuerzo. Además, un torneo puro, en que los premios sólo se distribuyen de acuerdo con los rangos ordinales de la producción de los agentes, es inferior a un torneo en que un agente debe lograr un margen significativo de superioridad sobre sus colegas para ganar (Nalebuff y Stiglitz, 1983). Las compañías que usan torneos de ventas tienen premios para las ventas anuales sin precedente (*record*), aparte de los premios ordinarios, y algunas carreras de atletismo de larga distancia tienen premios extraordinarios para evitar eventos aburridos en que los mejores corredores compiten haciendo "carreras tácticas".

* El descuido organizativo de la clase que se describe en el modelo de Farrell tiene importantes implicaciones prácticas. Al tratar con burócratas, debe tenerse en mente que a ellos por lo general les interesa menos la prosperidad del organismo en que trabajan que su propio bienestar. Al quejarse de la ineptitud burocrática, puede ser mucho más provechoso mencionar el nombre de los burócratas y remitirles copias de las quejas que limitarse a los problemas abstractos de que se trate. Al menos las empresas privadas saben bien que los clientes ayudan a supervisar a los agentes.

N8.6. *Las instituciones y los problemas de la agencia*

* Gaver y Zimmerman (1977) describen la forma en que se requería una fianza de desempeño de 100% para los contratistas que trabajaron en la construcción del sistema del tren subterráneo BART de San Francisco. Por lo general, las compañías fiadoras le dan la fianza a un contratista hasta por un valor de cinco a 20 veces su activo neto y le cobran 0.6% de la fianza anualmente, por eso la absorción de su capacidad para obtener fianzas es una importante preocupación de los contratistas cuando aceptan trabajos.

* Aunque la calidad de un producto no esté sujeta a normas gubernamentales, el vendedor puede querer ligarse a ellas voluntariamente. La cerveza Erlanger de Stroh anuncia con orgullo en todas sus botellas que, pese a ser estadunidense, "Erlanger es una cerveza especial producida de tal manera que satisface los estrictos requisitos de la Reinheitsgebot, una ley alemana de pureza en los métodos de fermentación establecida en 1516". De modo similar, la inspección de los aparatos eléctricos domésticos por un laboratorio independiente para que se les incluya en la lista "U_L" es una forma voluntaria de cumplir con las normas.

* El precio de las acciones es un medio para utilizar analistas externos a la empresa a fin de supervisar el desempeño de un ejecutivo. Cuando General Motors compró EDS, creó una clase especial de acciones, GM-E, cuyo precio variaba con el desempeño de EDS y se podía utilizar para supervisarla.

N8.7. *Los equipos*

* **La teoría de equipos**, tal como la desarrollaron Marschak y Radner (1972), es un viejo enfoque matemático de la organización. En el antiguo significado de "equipo" (que es distinto del actual, Holmstrom, 1982), varios agentes que tienen diferente información, pero que no pueden comunicarla, deben elegir las reglas de decisión. El pago es el mismo para cada agente y su problema es la coordinación, no la motivación.

* El contrato eficiente (10) apoya el equilibrio de Nash, pero también apoya un *continuum* de equilibrios de Nash ineficientes. Suponga que en el equilibrio eficiente todos los empleados se esfuerzan por igual. Otro equilibrio de Nash es que un empleado no trabaje y que los demás trabajen ineficientemente con más intensidad para compensar su falta de esfuerzo.

* **El contrato de equipos con conocimiento oculto.** En la década de los veinte, la National City Co. asignó 20% de las ganancias para compensar a los gerentes como

grupo. Un comité de los gerentes decidió cómo habría de repartirse después de que cada funcionario depositó una boleta anónima sugiriendo la proporción del fondo que debía recibir el presidente Mitchell, y una boleta firmada en la que daba su cálculo de lo que debía recibir cada uno de los demás funcionarios elegibles, con excepción de sí mismo (Galbraith, 1954, p. 157).

- **Un primer mejor contrato, de presupuesto equilibrado, cuando los agentes tienen aversión al riesgo.** Puede demostrarse que la proposición 8.1 es válida para cualquier contrato, no sólo para diferenciar entre las reglas que establecen una forma de compartir; pero sí depende de la neutralidad al riesgo y de la separabilidad de la función de utilidad. Considere el siguiente contrato, tomado de Rasmusen (1987):

$$w_i = \left\{ \begin{array}{l} b_i \\ 0 \\ q \end{array} \right. \quad \begin{array}{l} \\ \text{con probabilidad } (n-1)/n \\ \text{con probabilidad } 1/n \end{array} \left. \begin{array}{l} \\ \end{array} \right\} \begin{array}{l} \text{si } q \geq q(e^*) \\ \text{si } q < q(e^*). \end{array} \qquad (18)$$

Si el trabajador descuida su trabajo, participa en una lotería. Si su aversión al riesgo es suficientemente fuerte, prefiere el rendimiento sin riesgos b_i, así que no holgazanea. Si la riqueza del agente es ilimitada, para cualquier aversión al riesgo positiva podemos construir un contrato mediante el cual hacer que los perdedores en la lotería acepten un pago negativo.

- Un contrato de un equipo como (10) no es un torneo. Sólo es importante el desempeño absoluto, aunque el nivel de éste depende de lo que hagan todos los jugadores.
- **La limitación del presupuesto equilibrado.** La doctrina legal de la "consideración" dificulta hacer promesas obligatorias subóptimas en el sentido de Pareto. Un acuerdo no es un contrato legal a menos que sea más que una promesa: ambas partes tienen que recibir algo valioso para que los tribunales hagan cumplir el acuerdo.
- La selección adversa se puede incorporar en un modelo de equipos. Un equipo de trabajadores cuya habilidad difiere, hace una producción conjunta y el principal trata de asegurarse de que sólo trabajadores con una alta capacidad ingresen al equipo (véase Rasmusen y Zenger, 1990).

Problemas

8.1: *Supervisión con error*

Un agente tiene una función de utilidad $U = \sqrt{w} - \alpha e$, donde $\alpha = 1$ y e es 0 o 5. Su nivel de utilidad de reserva es $\overline{U} = 9$ y su producción es de 100 con bajo esfuerzo y de 250 con un esfuerzo alto. Los principales son neutrales al riesgo y escasos, y los agentes compiten por trabajar para ellos. El principal no puede condicionar el salario al esfuerzo o a la producción, pero si quiere puede usar cinco minutos de su tiempo, que vale 10 dólares, para llegar al lugar de trabajo y vigilar al agente. Si lo hace, observa que el agente *Sueña despierto* o *Trabaja*, con probabilidades que difieren según sea el esfuerzo del agente. Puede condicionar el salario a estas dos cosas, por lo que el contrato será $\{\underline{w}, \overline{w}\}$. En el cuadro 8.1 se presentan las probabilidades.

8.1a) ¿Cuáles son las ganancias de no haber supervisión, si al agente se le paga lo suficiente para que esté deseando trabajar para el principal?

8.1b) Muestre que el esfuerzo alto es eficiente en condiciones de información completa.

8.1c) Si $\alpha = 1.2$, ¿el esfuerzo alto sigue siendo eficiente en condiciones de información completa?

CUADRO 8.1. *Supervisión con error*

Esfuerzo	Probabilidad de	
	Soñar despierto	Trabajar
Bajo (e = 0)	0.6	0.4
Alto (e = 5)	0.1	0.9

8.1d) En una situación de información asimétrica, si $\alpha = 1$, ¿cuáles son las restricciones de la participación y de la compatibilidad de incentivos?

8.1e) Con información asimétrica, si $\alpha = 1$, ¿cuál es el contrato óptimo?

8.2: *Supervisión con error: las segundas ofensas*[3]

Unos individuos neutrales al riesgo deben decidir si cometerán cero, uno o dos robos. El costo del robo para la sociedad es de 10 y el beneficio para el ladrón es de 5. A ningún ladrón se le condena y se le encarcela, pero la policía golpea a cualquier sospechoso de robo que encuentre. A veces, por equivocación golpean a gente inocente, como puede verse en el cuadro 8.2, que muestra las probabilidades de cero o más palizas para alguien que comete cero, uno o más robos.

CUADRO 8.2. *Delitos*

Robos	Palizas		
	0	1	2
0	0.81	0.18	0.01
1	0.60	0.34	0.06
2	0.49	0.42	0.09

8.2a) ¿Qué tan grande debe hacerse a p^*, la desutilidad de la paliza, para impedir completamente la realización del delito, a la vez que se reduce al mínimo el castigo que recibe el inocente?

8.2b) En equilibrio, ¿cuál es el porcentaje de las palizas que se da a personas inocentes? ¿Cuál es el pago para un hombre inocente?

8.2c) Ahora considere una política más flexible, la cual le aplica palizas más fuertes a los que reinciden en el delito. En caso de ser posible esa flexibilidad, ¿cuáles son las penas óptimas para los que delinquen por primera y por segunda vez? (Represéntelas por p_1 y p_2.) ¿Cuál es la utilidad esperada de una persona inocente con esta política?

8.2d) Suponga que las probabilidades son las que se presentan en el cuadro 8.3. ¿Cuál es la política óptima para quienes delinquen por primera y por segunda vez?

[3] Véase Rubinstein (1979).

CUADRO 8.3. *Más delitos*

Robos	Palizas		
	0	*1*	*2*
0	0.9	0.1	0
1	0.6	0.3	0.1
2	0.5	0.3	0.2

8.3: *Desembrollando la verdad*

Un explorador posee una mina de oro que vale una cantidad θ obtenida de la distribución uniforme $U[0, 100]$ que nadie conoce, ni él mismo. Es seguro que venderá la mina, pues es demasiado viejo para trabajarla y no tiene ningún valor para él si no la vende. Todos los compradores potenciales son neutrales al riesgo. El explorador puede, si lo desea, excavar más profundamente en el cerro y obtener una muestra del mineral de oro que revelará el valor de θ. Sin embargo, si enseña el mineral a los compradores, debe ser el mineral genuino, ya que una Ley del Lejano Oeste no escrita dice que el fraude se castiga colgando a los culpables de un árbol alto para que sirvan de comida a los zopilotes.

8.3a) ¿Por cuánto puede vender la mina si es evidente que está demasiado débil para excavar en el cerro y examinar el mineral? ¿Cuál es el precio en esta situación si, de hecho, el valor verdadero es $\theta = 70$?

8.3b) ¿Por cuánto puede vender la mina si es capaz de excavar un túnel de prueba sin costo alguno (costo 0)? ¿Enseñará el mineral? ¿Cuál es el precio en esta situación si, de hecho, el valor verdadero es $\theta = 70$?

8.3c) ¿Por cuánto puede vender la mina si, después de excavar un túnel de prueba a un costo de cero y descubrir θ, le cuesta adicionalmente 10 verificar los resultados para los compradores? ¿Cuál es su pago esperado?

8.3d) ¿Cuál es el pago esperado del explorador si, con probabilidad de 0.5, cavar un túnel no le cuesta nada, pero con probabilidad de 0.5 le cuesta 120?

8.4: *Equipos*

Un equipo de dos trabajadores produce y vende *widgets*[4] para el principal. Cada trabajador elige que su esfuerzo sea alto o bajo. La utilidad de un agente es $U = w - 20$ si su esfuerzo es alto, y $U = w$ si es bajo, con una utilidad de reserva de $\bar{U} = 0$. La Naturaleza elige que las condiciones de los negocios sean excelentes, buenas o malas, con probabilidades θ_1, θ_2 y θ_3. El principal observa la producción, pero no las condiciones de los negocios, como se muestra en el cuadro 8.4.

---

[4] Los académicos de habla inglesa, para abreviar, le llaman *widget* a un artículo indeterminado que se utiliza para los fines de un ejemplo hipotético. [T.]

CUADRO 8.4. *Producción por un equipo*

	Excelente (θ_1)	Buena (θ_2)	Mala (θ_3)
Alto, Alto	100	100	60
Alto, Bajo	100	50	20
Bajo, Bajo	50	20	0

8.4a) Suponga que $\theta_1 = \theta_2 = \theta_3$. ¿Por qué no es un equilibrio [($w(100) = 30$, $w(no\ 100) = 0$), (*Alto, Alto*)]?

8.4b) Suponga que $\theta_1 = \theta_2 = \theta_3$. ¿Es óptimo para inducir a un alto esfuerzo? ¿Cuál es un contrato óptimo con salarios no negativos?

8.4c) Suponga que $\theta_1 = 0.5$, $\theta_2 = 0.5$ y $\theta_3 = 0$. ¿Es óptimo para inducir a un esfuerzo alto? ¿Cuál es un contrato óptimo (posiblemente con salarios negativos)?

8.4d) ¿Debe impedir el principal que los agentes hablen entre sí?

8.5: *Salarios de eficiencia y aversión al riesgo*[5]

En cada uno de dos periodos de trabajo, el trabajador decide si robará la cantidad v, con la probabilidad α de ser detectado; sufre la sanción legal p si en realidad roba. A un trabajador al que se le descubre robando también se le puede despedir, después de lo cual gana el salario de reserva w_0. Si el trabajador no roba, su utilidad en el periodo es $U(w)$; si roba es $U(w + v) - \alpha p$, donde $U(w_0 + v) - \alpha p > U(w_0)$. La utilidad marginal del ingreso del trabajador es decreciente: $U' > 0$, $U'' < 0$ y $\text{Lim } U'(x) = 0$. No hay descuento. La empresa decididamente quiere impedir el robo en cada periodo, del todo si es posible.

8.5a) Muestre que la empresa puede desalentar efectivamente el robo, incluso en el segundo periodo y, de hecho, lo hace así con un salario de w_2^* en el segundo periodo, que es mayor que el salario de reserva w_0.

8.5b) Muestre que el salario de equilibrio del segundo periodo, w_2^*, es mayor que el salario del primer periodo w_1^*.

---

[5] Véase Rasmusen (1992c).

9. SELECCIÓN ADVERSA

9.1. INTRODUCCIÓN: EL JUEGO DE LA PRODUCCIÓN VII

En el capítulo 7 se dividieron los juegos de información asimétrica en juegos con riesgo moral, donde los agentes son idénticos, y en juegos con selección adversa, donde los agentes difieren. En el riesgo moral con conocimiento oculto y selección adversa, el principal trata de separar a los agentes de diferentes tipos. En el riesgo moral con conocimiento oculto, el énfasis es sobre la acción del agente, más que sobre su elección del contrato, y el agente acepta los contratos antes de obtener información. En la selección adversa, el agente tiene información privada acerca de su tipo o del estado del mundo antes de que acepte el contrato, lo que significa que la atención se concentra en saber cuál contrato aceptará.

Para comparar con el riesgo moral, consideremos una versión más del juego de la Producción de los capítulos 7 y 8.

El juego de la Producción VII: selección adversa

Jugadores
El principal y el agente.

Orden del juego
0) La Naturaleza elige la habilidad a del agente sin que lo observe el principal, de acuerdo con la distribución $F(a)$.
1) El principal ofrece al agente uno o más contratos salariales $w_1(q)$, $w_2(q)$,...
2) El agente acepta un contrato o rechaza todos.
3) La Naturaleza elige un valor para el estado del mundo, θ, de acuerdo con la distribución $G(\theta)$ y $q = q(a, \theta)$.

Pagos
Si el agente rechaza todos los contratos, entonces $\pi_{agente} = \bar{U}$ y $\pi_{principal} = 0$.
Si no es así, $\pi_{agente} = U(w)$ y $\pi_{principal} = V(q - w)$.

En la selección adversa, lo que no puede ser objeto de contrato no es el esfuerzo del trabajador, sino su habilidad. Sin incertidumbre (movimiento 3), el principal proporcionará un solo contrato que especifica salarios altos para una producción alta y salarios bajos para una producción baja; pero, a diferencia del riesgo moral, puede observarse producción alta o producción baja en el equilibrio si ambos tipos de agente aceptan el contrato. Además, en la selección adversa, de nuevo a diferencia del riesgo moral, ofrecer muchos contratos puede ser mejor que ofrecer uno solo. Por ejemplo, el principal puede proporcionar un contrato con un salario bajo para los agentes de poca habilidad y un contrato con incentivos para los agentes de gran habilidad.

El juego de la Producción VII es bastante complicado, así que en las secciones 9.2 y 9.3 empezaremos con un juego de certidumbre, aunque retornaremos a la incertidumbre en la sección 9.4. En el primer juego se modelará un mercado de automóviles usados en que el vendedor conoce la calidad del carro, pero el comprador no; las versiones del juego diferirán en los tipos y en el número de compradores y vendedores. Las secciones 9.4 y 9.5 regresarán a los modelos con incertidumbre mediante un modelo de selección adversa en seguros. En uno de los resultados no existirá un equilibrio de Nash en estrategias puras cuando los parámetros toman ciertos valores. En la sección 9.6 se describirá el mecanismo de Groves, una manera de tratar con el conocimiento oculto cuando un grupo de jugadores presenta informes y el principal emprende una acción que afecta a todos. La sección 9.7 mostrará una gran variedad de otras aplicaciones de selección adversa.

9.2. Selección adversa con certidumbre: Limones I y II

Akerlof dio impulso a todo un campo de investigación con su modelo de 1970 acerca del mercado de automóviles usados y destartalados ("limones"), en el que sigue la selección adversa porque el vendedor conoce la calidad del carro mejor que el comprador. En términos de la teoría de la agencia, el principal realiza un contrato para comprar al agente un carro cuya calidad, que puede ser alta o baja, no puede incluirse en el contrato a pesar de la ausencia de incertidumbre. Un modelo semejante parecería de riesgo moral con conocimiento oculto pero la diferencia estriba en que en el mercado de carros usados el vendedor tiene información privada sobre su propio tipo antes de consumar alguna clase de acuerdo. En cambio, si el vendedor acordara revender su carro cuando lo compró por primera vez, el modelo sería de riesgo moral con conocimiento oculto, porque no habría información asimétrica en el momento del contrato, sino sólo la expectativa de una asimetría futura.

Dedicaremos un considerable espacio a añadir variantes a un modelo del mercado de automóviles usados. En el juego habrá un comprador y un vendedor, pero simularemos la competencia entre compradores, como se dijo en la sección 7.2, porque el vendedor mueve primero. Si el modelo fuera de información simétrica, no habría ningún excedente del consumidor. A menudo es conveniente tratar el juego como si tuviera muchos vendedores, interpretando a un vendedor al que la Naturaleza le asigna aleatoriamente un tipo como una población de vendedores de diferentes tipos, uno de los cuales la Naturaleza elige para que participe en el juego.

El modelo básico de los Limones

Jugadores
Un comprador y un vendedor.

Orden del juego
0) La Naturaleza elige el tipo de calidad θ para el vendedor, de acuerdo con la distribución $F(\theta)$. El vendedor conoce (θ); pero aunque el comprador conoce F, no conoce la (θ) que corresponde al vendedor particular que enfrenta.
1) El comprador ofrece un precio P.
2) El vendedor acepta o rechaza.

Pagos
Si el vendedor rechaza la oferta, ambos jugadores reciben pagos de cero. Si no es así, $\pi_{comprador} = V(\theta) - P$ y $\pi_{vendedor} = P - U(\theta)$, donde V y U se definirán posteriormente.

Los pagos de ambos jugadores se normalizan a cero si no se realiza ninguna transacción. Una normalización es parte de la notación del modelo más que un supuesto sustancial. Aquí, el modelo asigna a la utilidad de los jugadores un valor base de cero cuando no se hace ninguna transacción, y las funciones de pago muestran los cambios a partir de esa base. Por ejemplo, el vendedor gana P si ocurre la venta, pero pierde $U(\theta)$ por entregar el carro.

Hay varias formas de especificar $F(\theta)$, $U(\theta)$ y $V(\theta)$. Empezamos con gustos idénticos y dos tipos (Limones I), y generalizamos a un *continuum* de tipos (Limones II). La sección 9.3 señala primero que los vendedores son idénticos y dan más valor a los carros que los compradores (Limones III), a continuación, que los vendedores tienen gustos heterogéneos (Limones IV). Veremos menos formalmente otras modificaciones que implican la aversión al riesgo y el número relativo de los compradores y los vendedores.

Limones I: gustos idénticos, dos tipos de vendedores

Asigne a los carros buenos la calidad de 6 000 y a los carros destartalados (limones) la calidad de 2 000, de modo que $\theta \in \{2\,000, 6\,000\}$, y suponga que la mitad de los carros del mundo son del primer tipo y la otra mitad del segundo. Un perfil de pago de (0, 0) representa el *status quo* en que el comprador tiene $50 000 y el vendedor tiene el carro. Suponga que ambos jugadores son neutrales al riesgo y que dan a la calidad el valor de un dólar por unidad, de modo que después de una transacción los pagos son $\pi_{comprador} = \theta - P$ y $\pi_{vendedor} = P - \theta$. En la gráfica 9.1 se muestra la forma extensiva.

GRÁFICA 9.1. *Una forma extensiva para Limones I*

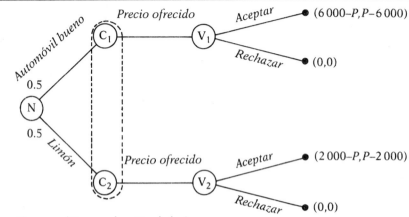

Pagos a: *(Comprador, Vendedor)*

Si pudiera observar la calidad en el momento de su compra, el comprador estaría dispuesto a aceptar un contrato para pagar \$6 000 por un buen carro y \$2 000 por un limón. No puede observar la calidad, y suponemos que no puede hacer cumplir un contrato con base en lo que descubra una vez que ha efectuado la compra. Con tales restricciones, si el vendedor pide \$4 000, un precio igual a la calidad promedio, el comprador deducirá que el vendedor no tiene un buen carro. El solo hecho de que el carro está a la venta demuestra su baja calidad. Como sabe que por \$4 000 únicamente le venderán limones, el comprador rehusará pagar más de \$2 000. Supongamos que un vendedor indiferente vende su carro, en cuyo caso la mitad de los carros se comercian en equilibrio, todos ellos limones.

Un consejero amistoso podría sugerir al propietario de un buen carro que espere hasta que todos los limones se hayan vendido y que entonces venda su carro, ya que todos saben que sólo los carros buenos han quedado sin vender. Pero si se permite esa conducta, cambia el modelo porque se añade una nueva acción. Si se la anticipara, los propietarios de los limones también retendrían sus carros y esperarían a que el precio subiera. A ese juego se le puede analizar formalmente como una guerra de desgaste (sección 3.2).

El resultado de que se retendrá la mitad de los carros fuera del mercado es interesante, aunque no sorprendente, pues la mitad de los carros en realidad son de mejor calidad. Es una formalización de la broma de Groucho Marx de que él se negaría a entrar a cualquier club que lo aceptara como miembro. Limones II tendrá un resultado más dramático.

Limones II: gustos idénticos, un continuo de tipos de vendedores

Uno podría preguntarse si el resultado de Limones I fue un artificio del supuesto de que sólo hay dos tipos. Limones II generaliza el juego al permitir que el vendedor sea uno de un continuo de tipos. Supondremos que los tipos de la calidad se distribuyen uniformemente entre 2 000 y 6 000. La calidad promedio es de $\bar{\theta} = 4\,000$ que, por tanto, es el precio que el comprador estaría dispuesto a pagar por un carro de calidad desconocida si todos los automóviles se hallaran en el mercado. La densidad de probabilidad es cero excepto en el apoyo [2 000, 6 000], donde es $f(\theta) = 1/(6\,000 - 2\,000)$, y la densidad acumulativa es

$$F(\theta) = \int_{2\,000}^{\theta} f(x)dx. \tag{1}$$

Después de sustituir $f(\theta)$ por la densidad uniforme y de integrar (1), obtenemos

$$F(\theta) = \frac{\theta}{4\,000} - 0.5. \tag{2}$$

Las funciones de pago son las mismas que en Limones I.

El precio de equilibrio debe ser menor de $4 000 en Limones II porque, como en Limones I, no todos los carros se dejan en el mercado a ese precio. Los propietarios están dispuestos a vender sólo si la calidad de sus carros es menor de 4 000, de modo que, aunque la calidad promedio de todos los carros es de 4 000, la calidad promedio de los que se ofrecen en venta es de 3 000. El precio no puede ser de $4 000 cuando la calidad promedio es de 3 000, por lo que el precio debe bajar por lo menos a $3 000. Si esto ocurre, los propietarios de los carros que valen entre 3 000 y 4 000 retiran sus carros del mercado y el promedio de los que quedan es de 2 500. El precio aceptable baja a $2 500, y así continúa desembrollándose la verdad gradualmente, al igual que en la sección 8.1, hasta que el precio llega a su nivel de equilibrio de $2 000. Pero en $P = 2\,000$ el número de carros en el mercado es infinitesimal. ¡El mercado ha sufrido un colapso total!

La gráfica 9.2 muestra en uno de los ejes el precio de los carros usados y la calidad de los carros que se ofrecen en venta en el otro. Cada precio conduce a una calidad promedio diferente, $\bar{\theta}(P)$, y la pendiente de $\bar{\theta}(P)$ es mayor que uno debido a que la calidad promedio no aumenta proporcionalmente con el precio. Si el precio aumenta, la calidad del carro *marginal* que se ofrece en venta es igual al nuevo precio, pero la calidad del carro *promedio* que se ofrece en venta es mucho menor. En equilibrio, la calidad promedio debe ser igual al precio, por lo que el equilibrio está sobre la línea de 45° que pasa por el punto de origen. Esa línea es una especie de curva de demanda, así como $\bar{\theta}(P)$ es una curva de oferta. La única intersección está en el punto ($2 000, 2 000).

GRÁFICA 9.2. *Limones II: gustos idénticos*

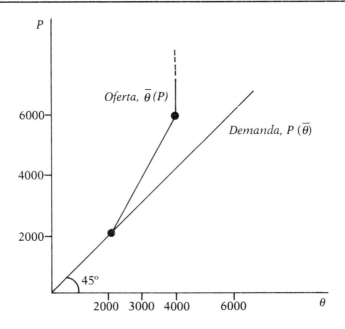

9.3. GUSTOS HETEROGÉNEOS: LIMONES III Y IV

El resultado de que no se comercie ningún carro es extremo, pero no hay pérdida de eficiencia ni en Limones I ni en Limones II. Como todos los jugadores tienen gustos idénticos, no importa quién termine por ser el dueño de los carros. Sin embargo, los jugadores de esta sección, cuyos gustos difieren, realmente necesitan un mercado.

Limones III: los compradores dan más valor a los carros
que los vendedores

Suponga que los vendedores valoran sus carros exactamente igual que sus cualidades θ, pero los compradores les dan un valor 20% mayor y son más que los vendedores. Los pagos si ocurre un intercambio son $\pi_{comprador} = 1.2\theta - P$ y $\pi_{vendedor} = P - \theta$. En equilibrio, los vendedores acapararán los beneficios del comercio.

En la gráfica 9.3, la curva $\bar{\theta}(P)$ es muy similar a la de Limones II, pero la condición de equilibrio ya no es que el precio y la calidad promedio queden sobre la línea de 45°, sino que queden en el punto de la demanda $P(\bar{\theta})$, que tiene una pendiente de 1.2 en vez de 1.0. Las curvas de la demanda y de la oferta se intersectan sólo en ($P = \$3\,000$, $\bar{\theta}(P) = 2\,500$). Como los compradores están dispuestos a pagar una prima, nada más vemos una **selección adversa parcial**; el equilibrio es parcialmente unificador. El resultado

GRÁFICA 9.3. *Selección adversa cuando los compradores valoran más los automóviles que los vendedores: Limones III*

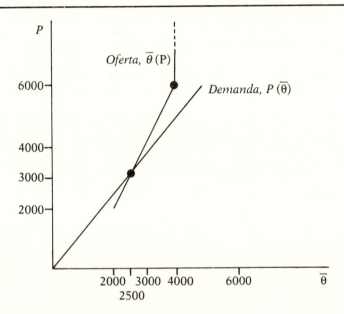

es ineficiente porque en un mundo de información perfecta todos los automóviles serán propiedad de los "compradores", para quienes tienen más valor; pero en la selección adversa terminarán como dueños sólo de los carros de baja calidad.

Limones IV: *las valuaciones de los vendedores difieren*

En Limones IV profundizamos un poco más para explicar por qué ocurre el intercambio, y modelamos a los vendedores como consumidores cuyas valuaciones de la calidad se han modificado desde que compraron sus carros. Para un determinado vendedor, la valuación de una unidad de calidad es $1 + \varepsilon$, donde la perturbación aleatoria ε puede ser positiva o negativa y tiene un valor esperado de cero. La perturbación pudo surgir a causa de un error del vendedor —no se dio cuenta de lo mucho que se divertiría manejando cuando compró el carro— o porque las condiciones se han alterado —se cambió a un empleo más cerca de su hogar—. Si ocurre la transacción, los pagos son $\pi_{comprador} = \theta - P$ y $\pi_{vendedor} = P - (1 + \varepsilon)\theta$.

Si $\varepsilon = -0.15$ y $\theta = 2\,000$, entonces \$1 700 es el menor precio al que el jugador revenderá su carro. La calidad promedio de los carros que se ofrecen en venta al precio P es la calidad esperada de los automóviles que sus propietarios valúan en menos de P, es decir,

$$\bar{\theta}(P) = E(\theta)\,|\,(1 + \varepsilon)\,\theta \le P). \tag{3}$$

Suponga que un gran número de nuevos compradores, que son más que los vendedores, aparecen en el mercado y que valoran una unidad de calidad en un dólar. La curva de demanda, que se aprecia en la gráfica 9.4, es la línea de 45° que pasa por el origen. La gráfica 9.4 muestra una forma posible de la curva de oferta $\bar{\theta}(P)$, aunque para precisarla sería necesario especificar la distribución de las perturbaciones.

GRÁFICA 9.4. *Limones IV: las valuaciones de los vendedores difieren*

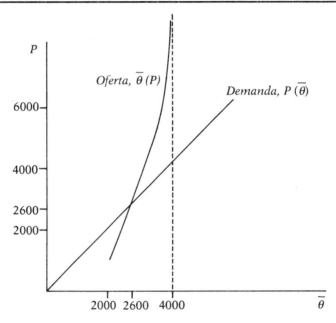

En contraste con Limones I, II y III, en este caso, si $P \geq 6\,000$ dólares, algunos propietarios de carros se mostrarán renuentes a vender porque recibieron perturbaciones positivas para sus valuaciones. La calidad promedio de los automóviles en el mercado es menor de 4 000 incluso con $P = 6\,000$ dólares. Por otra parte, aunque $P = 2\,000$ algunos vendedores con automóviles de baja calidad *y* realizaciones negativas de las perturbaciones continuarán ofreciendo en venta sus carros, de modo que la calidad promedio se mantiene por arriba de 2 000. Bajo algunas distribuciones de ε, unos pocos vendedores odian tanto a sus carros que pagarían para que se los llevaran.

El equilibrio que se ve en la gráfica 9.4 es $(P = 2\,600, \bar{\theta} = 2\,600)$. Se venden carros usados, pero su número es ineficientemente bajo. Algunos vendedores tienen automóviles de alta calidad, pero perturbaciones negativas, y a pesar de que les gustaría vender sus automóviles a alguien que les dé más valor, no los venderán a un precio de 2 600 dólares.

Un tema recurrente en los cuatro modelos de los Limones es que cuando el comprador desconoce la calidad hay un menor comercio. Limones I y II muestran la forma en que disminuye el comercio, mientras que Limones III y IV indican que la desaparición puede ser ineficiente, porque algunos vendedores dan a los carros menor valor que el que les asignan algunos compradores. A continuación utilizaremos Limones III, el más sencillo de los modelos con beneficios del comercio, para estudiar varios mercados con más vendedores que compradores, exceso de oferta y compradores con aversión al riesgo.

Más vendedores que compradores

Al analizar Limones III, hemos supuesto que había más compradores que vendedores. Como resultado, los vendedores obtenían el excedente del productor. En el equilibrio original, todos los vendedores con una calidad inferior a 3 000 ofrecieron un precio de $3 000 y obtuvieron un excedente hasta de $1 000. Había más compradores que vendedores, así que cualquier vendedor que deseaba vender lo podía hacer, pero el precio era igual a la utilidad esperada de los compradores, de modo que ningún comprador que dejaba de comprar quedaba insatisfecho. El mercado estaba en equilibrio.

En cambio, si los vendedores son más que los compradores, ¿qué precio debe ofrecer un vendedor? A $3 000 no todos los vendedores potenciales encontrarán un comprador. Un vendedor que propusiera un precio menor encontraría compradores dispuestos, pese a la calidad esperada un poco menor. El intercambio para los compradores entre el menor precio y la menor calidad puede verse en la gráfica 9.3, en la cual el excedente esperado del consumidor es la distancia vertical entre el precio (la altura de la curva de la oferta) y la curva de la demanda. Cuando el precio es de $3 000 y la calidad promedio es de 2 500, el comprador espera un excedente del consumidor de cero, que es $3 000 – $1.2 · 2 500. La combinación de precio y calidad que mejor le gustaría al comprador es ($2 000, 2 000), porque si hubiera suficientes vendedores con la calidad $\theta = 2 000$ para satisfacer la demanda, cada comprador pagaría $P = $2 000$ por un automóvil que para él vale $2 400, con lo que adquiriría un excedente de $400. Si hubiera pocos vendedores, el precio de equilibrio sería mayor y algunos vendedores recibirían excedentes del productor.

Compradores heterogéneos: exceso de oferta

Si los compradores valúan en forma diferente la calidad, el mercado puede no llegar al equilibrio, como lo indica C. Wilson (1980). Suponga que el número de compradores dispuestos a pagar $1.2 por unidad de calidad excede al número de vendedores, pero que el comprador Smith es un excéntrico cuya demanda de alta calidad es inusitadamente fuerte. Pagaría $100 000 por un carro de calidad 5 000 o más y $0 por un carro de calidad inferior.

En Limones III, sin Smith, el resultado es un precio de $3 000, una calidad de mercado promedio de 2 500 y un rango de variación de la calidad de mercado de 2 000 a 3 000. Esto haría infeliz a Smith, pues la probabilidad de que encuentre un automóvil que le guste es de cero. De hecho, estaría dispuesto a aceptar un precio de \$6 000, de modo que todos los carros cuya calidad varíe entre 2 000 y 6 000 serían ofrecidos en venta, y la probabilidad de que pueda encontrar un carro que lo satisfaga aumentaría de 0 a 0.25. Pero Smith no desearía comprar todos los carros que se le ofrecieran, por lo que el equilibrio tiene dos precios, \$3 000 y \$6 000, con exceso de oferta al mayor precio.

Extrañamente, la función de demanda de Smith es de pendiente positiva. A un precio de \$3 000 no está dispuesto a comprar; a un precio de \$6 000 sí está dispuesto, porque la calidad esperada aumenta con el precio. Esto no contradice la teoría básica de los precios, porque se viola el supuesto estándar de *ceteris paribus*. A medida que aumenta el precio, la cantidad demandada disminuirá si todo permanece igual, pero no todo sigue igual: la calidad aumenta.

La aversión al riesgo

Hemos supuesto implícitamente, por la elección de las funciones de pago, que los compradores y los vendedores son neutrales al riesgo. ¿Qué sucede si tienen aversión al riesgo? Esto es, ¿qué sucede si las utilidades marginales de la riqueza y de la calidad de los carros son decrecientes? De nuevo utilizaremos Limones III y el supuesto de muchos compradores.

En el lado de los vendedores, la aversión al riesgo no cambia nada. El vendedor no corre ningún riesgo porque sabe exactamente el precio que recibe y la calidad a la que renuncia. Pero el comprador sí corre un riesgo, porque compra un automóvil de calidad incierta. Aunque pagaría \$3 600 por un automóvil cuya calidad sabe que es de 3 000, si tiene aversión al riesgo no pagará tanto por un carro con una calidad esperada de 3 000, pero con una calidad real posiblemente de 2 500 o 3 500: obtendría menos utilidad por añadir las 500 unidades de calidad que por sustraer 500. El comprador quizá pagaría \$2 900 por un coche cuya calidad esperada es de 3 000, donde la curva de la demanda no es lineal, quedando en todas partes por abajo de la curva de la demanda del comprador neutral al riesgo. Como consecuencia, el equilibrio tiene un precio y una calidad promedio menores.

9.4. SELECCIÓN ADVERSA CON INCERTIDUMBRE: EL JUEGO DEL ASEGURAMIENTO III

El término "selección adversa", así como "riesgo moral", proviene de los seguros. El seguro paga más si hay un accidente, por lo que beneficia a las personas propensas a los accidentes más que a las no propensas, y a los clientes de una empresa se les "selecciona adversamente" con respecto a su propensión a tener accidentes. El artículo clásico sobre la selección adversa en los mercados de seguros es el de Rothschild y Stiglitz (1976), que empieza: "Los teóricos económicos tradicionalmente relegan la discusión sobre la información a las notas de pie de página." ¡Cómo han cambiado las cosas! En 10 años los problemas de la información llegaron a dominar la investigación tanto en la microeconomía como en la macroeconomía.

Seguiremos a Rothschild y Stiglitz en el uso de diagramas de estado-espacio y utilizaremos una versión del juego del Aseguramiento de la sección 7.5. En situaciones de riesgo moral, Smith elige si será *Cuidadoso* o *Descuidado*. Bajo la selección adversa, Smith no puede influir en la probabilidad de un robo, la cual es elegida por la Naturaleza. Más bien, Smith es *Prudente* o *Imprudente*, y aunque no puede influir en la probabilidad de que su carro sea robado, sí sabe cuál es la probabilidad.

El juego del Aseguramiento III

Jugadores
Smith y dos compañías de seguros.

Orden del juego
0) La Naturaleza elige que Smith sea *Prudente*, con probabilidad de 0.6, o *Imprudente*, con probabilidad de 0.4. Smith sabe cuál es su tipo, pero la compañía de seguros lo ignora.
1) Cada compañía de seguros ofrece su propio contrato (x, y) en el cual Smith paga la prima x incondicionalmente y recibe la compensación y si hay un robo.
2) Smith elige un contrato.
3) La Naturaleza elige si hay un robo, usando la probabilidad de 0.5 si Smith es *Prudente* y de 0.75 si es *Imprudente*.

Pagos
Los pagos que recibe Smith dependen de su tipo y del contrato (x, y) que acepta. Haga que $U' > 0$ y $U'' < 0$.

$$\pi_{Smith}\,(Prudente) \quad = 0.5U(12 - x) + 0.5U(0 + y - x).$$
$$\pi_{Smith}\,(Imprudente) \ = 0.25U(12 - x) + 0.75(0 + y - x).$$

El pago a las compañías dependerá de los tipos de cliente que acepten sus contratos, como se muestra en el cuadro 9.1

CUADRO 9.1. *El juego del Aseguramiento III: los pagos*

Pago a la compañía	Tipo de clientes
0	sin clientes
$0.5x + 0.5(x - y)$	sólo los *Prudentes*
$0.25x + 0.75(x - y)$	sólo los *Imprudentes*
$0.6[0.5x - 0.5(x - y)] + 0.4[0.25x + 0.75(x - y)]$	los *Imprudentes* y los *Prudentes*

Smith es *Prudente* con probabilidad de 0.6 e *Imprudente* con probabilidad de 0.4. Sin el aseguramiento, la riqueza en dólares de Smith es de 12 si no hay robo y de 0 si lo hay, lo cual se representa en la gráfica 9.5 como su dotación de recursos en el estado-espacio, $\omega = (12, 0)$. Si Smith es *Prudente*, el robo puede ocurrir con probabilidad de 0.5; pero si es *Imprudente* la probabilidad es de 0.75. Smith tiene aversión al riesgo (porque $U'' < 0$) y las compañías de seguros son neutrales al riesgo.

Si una compañía de seguros supiera que el tipo de Smith es *Prudente*, le ofrecería una póliza a una prima de 6 con un pago de 12 si ocurriera un robo, lo que deja a Smith una asignación de (6, 6). Éste es el contrato más atractivo en el que no se pierde, porque asegura totalmente a Smith. Cualquiera que sea el estado, su asignación es de 6.

La gráfica 9.5 muestra las curvas de indiferencia de Smith y de una compañía de seguros. La compañía de seguros es neutral al riesgo, por lo que su curva de indiferencia es la línea recta ωF si Smith es un cliente, sin importar su tipo. La compañía de seguros es indiferente entre ω y C_1, y en esos dos puntos sus ganancias esperadas son de cero. Smith tiene aversión al riesgo, por lo que sus curvas de indiferencia son convexas y están más cercanas al punto de origen a lo largo de la línea de 45° si la probabilidad del *Robo* es de 0.5. Smith posee dos conjuntos de curvas de indiferencia, sólida si es *Prudente* y discontinua si es *Imprudente*.

GRÁFICA 9.5. *El juego del Aseguramiento III: la no existencia*
de un equilibrio unificador

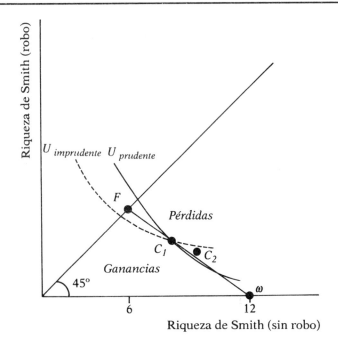

La gráfica 9.5 da la razón de que no exista ningún equilibrio de Nash unificador. Para que las ganancias sean iguales a cero, el equilibrio debe estar sobre la línea ωF. Es más fácil reflexionar sobre estos problemas si imaginamos toda una población de Smiths, a quienes llamaremos "clientes". Elija un contrato C_1 en cualquier punto sobre ωF y piense cómo dibujaría las curvas de indiferencia que pasan por C_1 para clientes *Prudentes* o *Imprudentes*. Los clientes *Prudentes* siempre estarían dispuestos a intercambiar su riqueza en el caso de *Robo* por su riqueza en el caso *Sin robo* a una tasa más alta que los clientes *Imprudentes*. Por tanto, en cualquier punto la pendiente de la curva de indiferencia sólida *(Prudente)* es mayor que la de la curva discontinua *(Imprudente)*. Como las pendientes de las curvas de indiferencia continua y discontinua son diferentes, podemos insertar entre ellas otro contrato, C_2, muy ligeramente a la derecha de ωF. Los clientes *Prudentes* prefieren el contrato C_2 en vez del C_1, pero los clientes *Imprudentes* se quedan con C_1, de modo que C_2 produce ganancia —puesto que C_2 sólo atrae a los *Prudentes*, no es necesario que esté a la izquierda de ωF para evitar pérdidas—. Pero entonces el contrato original C_1 no era un equilibrio de Nash, y, como nuestro argumento es válido para cualquier contrato unificador, no existe ningún equilibrio unificador.

A la atracción de los clientes *Prudentes* alejándolos del equilibrio unificador se le conoce como **descremar**, pese a que las ganancias siguen siendo de cero cuando hay competencia por la crema. A continuación, usando la gráfica 9.6, veremos si existe un equilibrio separador. La condición de las ganancias iguales a cero requiere que los clientes *Prudentes* acepten contratos en ωC_4 y los *Imprudentes* en ωC_3.

GRÁFICA 9.6. *Un equilibrio separador para el juego del Aseguramiento III*

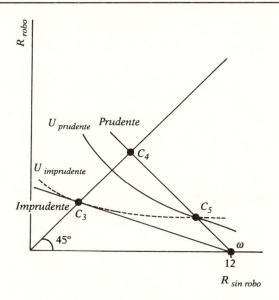

Los *Imprudentes* estarán totalmente asegurados en cualquier equilibrio, aunque a un precio alto. Sobre la línea de cero ganancias ωC_3, el contrato que más les agrada es C_3, que no es tentador para los *Prudentes*. Los *Prudentes* preferirán el contrato C_4, pero C_4 domina uniformemente a C_3, así que también atraería a los *Imprudentes* y generaría pérdidas. Para evitar atraer a los *Imprudentes*, el contrato de los *Prudentes* debe quedar por debajo de la curva de indiferencia de los *Imprudentes*. El contrato C_5 es la póliza más completa que los *Prudentes* pueden obtener sin atraer a los *Imprudentes*: satisface las restricciones de la autoselección y de la competencia.

Sin embargo, el contrato C_5 tampoco podría ser un equilibrio. La gráfica 9.7 es la 9.6 con unos pocos puntos adicionales marcados. Si una empresa ofreciera C_6, atraería a ambos tipos, *Prudentes* e *Imprudentes*, alejándolos de C_3 y C_5, porque está a la derecha de las curvas de indiferencia que pasan por esos puntos. ¿Sería C_6 lucrativo? Ello depende de las proporciones de los diferentes tipos. El supuesto en que se basa el equilibrio de la gráfica 9.6 es que la proporción de los *Prudentes* es de 0.6, de modo que la línea de cero ganancias para los contratos unificadores es ωF y C_6 no sería lucrativo. En la gráfica 9.7 se supone que la proporción de *Imprudentes* es mayor, por lo que la línea de cero ganancias para los contratos unificadores sería $\omega F'$ y C_6, que queda a su derecha, sería lucrativo. Pero ya hemos demostrado que ningún contrato unificador es de Nash, así que C_6 no puede ser un equilibrio. Puesto que ni un par separador como (C_3, C_5) ni un contrato unificador como C_6 son un equilibrio, no existe ningún equilibrio.

GRÁFICA 9.7. *Curvas para las que no hay un equilibrio en el juego del Aseguramiento III*

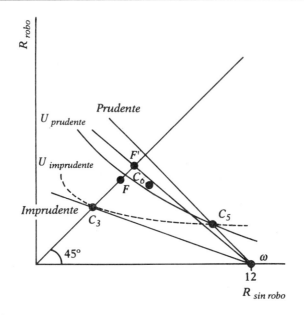

En este caso, la esencia de la no existencia de equilibrio estriba en que, si se ofrecen contratos separadores, alguna compañía está dispuesta a ofrecer un contrato unificador superior; pero si se ofrece un contrato unificador, alguna compañía está dispuesta a ofrecer un contrato separador que lo vuelve no lucrativo. Un monopolio tendría un equilibrio de estrategia pura, pero en un mercado competitivo sólo existe un equilibrio de Nash de estrategia mixta (véase Dasgupta y Maskin, 1986b).

9.5. Otros conceptos de equilibrio: el equilibrio de Wilson y el equilibrio reactivo

En el juego del Aseguramiento III, cualquier contrato unificador es vulnerable a un contrato descremador que atrae a los *Prudentes*, lo cual es un poco extraño, porque parece que después de que eso ocurre el antiguo contrato unificador, que ahora no es lucrativo (y que estaba absorbiendo a los *Imprudentes*), será retirado. El árbol del juego no refleja esto y tampoco lo hace el concepto del equilibrio de Nash.

Una forma de obtener un equilibrio de estrategia pura consiste en redefinir el concepto de equilibrio. C. Wilson (1980) sugiere que el equilibrio unificador es legítimo porque un principal (un jugador no informado) que pensara en introducir el nuevo contrato vería que no es lucrativo después de que se retira el contrato anterior.

*Un **equilibrio de Wilson** es un conjunto de contratos tal que cuando los agentes (los jugadores informados) eligen entre ellos para aumentar al máximo sus ganancias.*

1) Todos los contratos tienen ganancias no negativas;

y

2) No se puede ofrecer ningún contrato nuevo (o conjunto de contratos) que obtenga ganancias positivas incluso después de que, como consecuencia de su ingreso, se retiraran todos los contratos que obtendrían ganancias negativas.

El equilibrio de Wilson es el equilibrio separador de Nash si éste existe; en caso contrario, el contrato unificador es más preferido por los *Prudentes*. En la gráfica 9.6, el equilibrio de Wilson es el mismo equilibrio de Nash, el par separador (C_3, C_5). En la gráfica 9.7, donde no existe ningún equilibrio de Nash, el equilibrio de Wilson es el contrato unificador de ganancia cero, F'. Está en la línea $\omega F'$, de modo que satisface la parte *a)* de la definición. Proporciona el aseguramiento más completo de cualquier contrato unificador con ganancias iguales a cero, por lo que ningún contrato unificador nuevo puede ser más atractivo, y aunque algunos contratos separadores nuevos podrían ser más lucrativos si los *Imprudentes* se quedaran con F', cualquiera de esos contratos haría que se retirara F' y después ya no sería lucrativo.

La idea del equilibrio de Wilson también se puede incorporar en el juego modificando el árbol del juego, en vez de redefinir el concepto de equilibrio, como han sugerido Fernandez y Rasmusen (inédito), para obtener el resultado de Wilson como el equilibrio perfecto del juego modificado.

El equilibrio de Wilson

1) Los principales ofrecen simultáneamente contratos, a los que se llama "contratos viejos".

2) Los principales pueden ofrecer simultáneamente otros contratos, a los que se llama "contratos nuevos".

3) Los principales pueden retirar simultáneamente cualesquiera contratos viejos.

4) Los agentes eligen entre los contratos viejos y nuevos restantes, y el intercambio ocurre.

En el equilibrio bayesiano perfecto de este juego, los principales ofrecen los contratos que forman un equilibrio de Wilson en el movimiento *1)*. La propuesta de cambiar el árbol del juego puede parecer más complicada que cambiar el concepto de equilibrio, pero eso se debe a que delinea claramente la intuición más o menos vaga que subyace en el concepto de equilibrio. La utilización del concepto de Wilson no es sólo un supuesto técnico: es el supuesto de que el mercado tiene una estructura particular.

Riley (1979b) hace un razonamiento similar al de Wilson para justificar su concepto del "equilibrio reactivo". Bajo este concepto, un equilibrio es un conjunto de contratos tal que, aunque algunos nuevos contratos puedan ser lucrativos, el contrato nuevo a su vez sería no lucrativo si se introdujera un segundo nuevo contrato. Dicho más formalmente, según Engers y Fernandez (1987):

Un **equilibrio reactivo** *es un conjunto de contratos S que rinden ganancias no negativas, tal que para cualquier conjunto no vacío de contratos S' (la defección), donde S $\cup$ S' es cerrado, existe un conjunto cerrado de contratos S'' (la reacción) tal que:*

1) S' incurre en pérdidas cuando sólo estos tres conjuntos se ofrecen,

y

2) S'' no incurre en pérdidas cuando se ofrecen estos tres conjuntos, ya sea que se ofrezcan o no otros contratos.

En las gráficas 9.6 y 9.7, el equilibrio reactivo es el par separador (C_3, C_5). Ese par rinde cero ganancias, y aunque en la gráfica 9.7 hay una desviación lucrativa (C_6), esa desviación se tornaría no lucrativa si con·o reacción se añadiera un contrato descremador. Además, se satisface la condición *2)* de la definición, porque si se elige con cuidado el contrato descremador no se pueden añadir otros contratos que lo hagan no lucrativo, dado que se continúa ofreciendo C_6.

Un equilibrio reactivo separador siempre existe porque se puede reaccionar contra cualquier contrato unificador que lo perturbe: el equilibrio reactivo aprovecha constructivamente la no existencia de un equilibrio unificador. El concepto de Wilson se basa en el retiro de los contratos como respuesta a la desviación, mientras que el concepto reactivo se basa en el añadido de otros contratos. Como consecuencia, cuando no existe el equilibrio de Nash, el concepto de Wilson favorece un equilibrio unificador, mientras que el concepto reactivo favorece un equilibrio separador.

9.6. EL MECANISMO DE GROVES

El conocimiento oculto es de particular importancia en la economía pública, el estudio del gasto gubernamental y de los impuestos. La política gubernamental implica un riesgo moral (recuerde el juego del Seguro Social y el juego de la Auditoría), pero con frecuencia la tarea del gobierno es simplemente obtener información de los ciudadanos a fin de maximizar el bienestar social. Las obras sobre la fijación óptima de impuestos que empiezan con Mirrlees (1971) son un ejemplo: la capacidad de producción de ingresos de los ciudadanos no es igual, y el gobierno desea exigir impuestos más altos de los ciudadanos más capaces. Un problema aún más puro de conocimiento oculto es el de los bienes públicos con preferencias privadas. El gobierno debe decidir si vale la pena comprar un bien público basado en las preferencias combinadas de todos los ciudadanos, pero antes necesita descubrir tales preferencias. A diferencia de los juegos previos de este capítulo, participa un grupo de agentes, no uno solo. Además, el gobierno es un principal altruista que se preocupa directamente por la utilidad de los agentes, no como un comprador de carros o un vendedor de pólizas de seguros, a quienes sólo les interesa la utilidad del agente con el fin de satisfacer las restricciones de la autoselección y de la participación.

El siguiente ejemplo se adaptó del de la página 426 del libro de Varian (1992). El alcalde de una pequeña ciudad está considerando instalar en una calle un poste de alumbrado que cuesta $100. A cada una de las cinco casas cercanas al poste se le cobrará un impuesto de exactamente $20, pero el alcalde sólo lo instalará si decide que la suma de las valuaciones que le dan los residentes es mayor que el costo. El problema es descubrir las valuaciones. Si el alcalde simplemente les pregunta, el jefe de familia Smith puede contestar que su valuación es de $5 000, mientras que Brown dice que a él le agrada la oscuridad y que pagaría $5 000 para conservar oscura la calle; pero todo lo que el alcalde podría concluir es que la valuación de Smith excede de los $20 y que la de Brown no. Hablar no cuesta nada, y la estrategia dominante es la de caer en los extremos de la exageración o de la desestimación.

El mecanismo defectuoso que acabamos de describir puede representarse por

$$M_1: \left(20, \sum_{i=1}^{5} m_i \geq 100\right), \tag{4}$$

lo que significa que cada residente paga 20 y que se instala el poste de alumbrado si la suma de los mensajes excede de 100.

Un mecanismo alternativo es hacer que el residente i pague la cantidad que dice en su mensaje, o que pague cero si es negativa. Este mecanismo es:

$$M_2: \left(Max\{m_i, 0\}, \sum_{j=1}^{5} m_j \geq 100\right), \tag{5}$$

en cuyo caso no hay una estrategia dominante. El jugador i anunciaría $m_i = 0$ si pensara que el proyecto se llevaría a cabo sin su apoyo, pero anunciaría su valuación si fuera necesario. Hay un continuo de equilibrios de Nash que obtendrían el resultado eficiente. La mayoría de éstos son asimétricos y existe el problema de cómo se hace de conocimiento común el equilibrio que se jugará. No obstante, ése es un mecanismo sencillo que nos enseña una lección: es más probable que las personas informen sus verdaderas preferencias políticas si ellas mismas tienen que cubrir parte del costo.

En vez de únicamente asegurar que la decisión correcta se toma en un equilibrio de Nash, se puede diseñar un mecanismo que haga que la honestidad al responder sea un **mecanismo de estrategia dominante**. Observe el mecanismo

$$M_3: \left(100 - \sum_{j \neq i} m_j, \sum_{j=1}^{5} m_j \geq 100\right). \tag{6}$$

Bajo el mecanismo (6), el mensaje del jugador i no afecta a sus gastos por impuestos, excepto en lo que respecta a si se instalará o no el poste de alumbrado. Si la valuación del jugador i es v_i, su pago total es $v_i - 100 + \sum_{j \neq i} m_j$ si $m_i + \sum_{j \neq i} m_j \geq 100$, y cero de no ser así. No es difícil ver que dirá la verdad en un equilibrio de Nash en que los demás jugadores dicen la verdad, pero no podemos ir más allá. La honestidad en las respuestas domina débilmente. Además, los jugadores dirán la verdad siempre que mentir modifique la decisión del alcalde.

Considere un ejemplo numérico. Suponga que la valuación de Smith es de 40 y que la suma de las valuaciones es de 110, de modo que el proyecto en realidad es eficiente. Si los otros jugadores informan su cantidad verdadera de 70, el pago de Smith por informar honestamente es su valuación de 40 menos su impuesto de 30. Informar una suma superior no cambiará su pago, mientras que si informa menos de 30 lo reducirá a cero.

En caso de que quisiéramos saber si la estrategia de Smith es dominante, debemos considerar también su mejor respuesta cuando los otros jugadores mienten. Si informaron una suma menor que la verdadera, por ejemplo 50 en vez de 70 que era la verdadera, Smith puede compensar la diferencia al mencionar una suma mayor, 60, pero su pago sería $-10(= 40 + 50 - 100)$, de modo que le convendría más informar la verdadera cantidad, 40, rechazando así el proyecto y quedándose con un pago de 0. Si los otros jugadores exageraron las sumas, anunciando 80 en vez de 70, que era la verdadera, Smith se beneficia al llevarse a cabo el proyecto y debe informar por lo menos 20 para recibir un pago de 40 menos 20. Está dispuesto a informar exactamente 40, por lo que hay un equilibrio al decir la verdad.

El problema con el mecanismo de estrategia dominante con el que enfrenta Smith es que no equilibra el presupuesto. El gobierno obtiene menos en impuestos de lo que gasta en el proyecto (de hecho, los impuestos serían negativos). La falta del equilibrio presupuestal es una característica crucial de los mecanismos de estrategia dominante. Mientras se puede hacer que el déficit del gobierno sea positivo o negativo, no se le puede hacer igual a cero, a diferencia de lo que ocurre con los mecanismos de Nash.

9.7. Una variedad de aplicaciones

Dispersión de precios

Por lo común, el mejor modelo para explicar la dispersión de los precios es un modelo de búsqueda —por ejemplo, el de Salop y Stiglitz (1977), basado en el supuesto de compradores cuyos costos de búsqueda son diferentes—. Pero vimos en la sección 9.3 que el modelo de los Limones con Smith, el comprador consciente de la calidad, generó no sólo un exceso de oferta, sino también la dispersión de los precios. Carros con la misma calidad promedio eran vendidos en $3 000 y $6 000.

En forma parecida, mientras que la explicación más obvia de por qué las marcas de los amplificadores estereofónicos se venden a precios diferentes es que los consumidores están dispuestos a pagar más por una mayor calidad, la selección adversa proporciona otra explicación. Los consumidores pueden estar dispuestos a pagar precios altos porque saben que las marcas de precio elevado pueden incluir amplificadores de alta calidad así como amplificadores de baja calidad, en tanto que los de las marcas de precio bajo son invariablemente de baja calidad. El amplificador de baja calidad termina por venderse a dos precios: un precio alto en competencia con los amplificadores de alta calidad y, en tiendas diferentes o con distinto nombre, un precio bajo destinado a los consumidores menos dispuestos a intercambiar sus dólares por calidad.

Esta explicación depende de que los vendedores de amplificadores incurran en un costo fijo o de establecimiento suficientemente elevado. De otra manera, muchas marcas de baja calidad saturarían el mercado y la proporción de marcas de alta calidad sería demasiado pequeña para que los consumidores estuvieran dispuestos a pagar el precio alto. Las marcas de baja calidad se beneficiarían como grupo por las restricciones al ingreso: demasiadas arruinarían el mercado, no por la competencia de precios, sino porque degradarían la calidad promedio.

Los seguros de salud y el "Medicare"

El seguro médico está sujeto a la selección adversa porque algunas personas son más saludables que otras. Las diferencias en la salud son particularmente grandes entre los ancianos, a quienes a veces les es difícil obtener algún seguro. En la teoría económica básica, esto es un lío: el precio debe aumentar hasta que la cantidad de oferta sea igual a la cantidad de demanda. El problema es la unificación: cuando el precio de la póliza de seguros es adecuado para el anciano promedio, los más saludables dejan de comprar. El precio debe aumentar para que las ganancias no se hagan negativas, y el mercado desaparece, al igual que en Limones II.

Si los hechos realmente se ajustan a esta historia, la selección adversa es un argumento en favor de la unificación obligada por el gobierno. Si se requiere que todos los ancianos compren pólizas de seguro del gobierno ("Medicare" en los Estados Unidos), entonces, aunque los más saludables quizá estarían peor, se podría ayudar a la mayoría.

Sin embargo, utilizar la selección adversa para justificar a "Medicare" indica lo peligroso que pueden ser muchos modelos de este libro. Para los problemas políticos, la mejor respuesta por omisión es que los mercados son eficientes. Al analizar con más detalle hemos encontrado que muchos mercados son ineficientes debido a la conducta estratégica o a la asimetría de la información. No obstante, es peligroso concluir de inmediato que el gobierno debe intervenir, porque los mismos argumentos, si se aplican al gobierno, muestran que el remedio puede ser peor que la enfermedad. El analista de los cuidados de la salud debe considerar seriamente el riesgo moral y la búsqueda de rentas que surgen con el seguro del gobierno. Los doctores y los hospitales aumentarán el costo y la cantidad del tratamiento si el gobierno los paga, y la transferencia de riqueza de los jóvenes a los ancianos, que probablemente abrumará las ganancias provenientes de las mejoras en la eficiencia, puede distorsionar la conformación del programa del gobierno y alejarla del ideal del economista.

Los cinco dólares diarios de Henry Ford

En 1914 Henry Ford tomó una decisión a la que se dio mucha publicidad: aumentar el salario de los trabajadores de sus fábricas de automóviles a cinco dólares diarios, muy superior al salario en el mercado. Ese aumento se hizo sin presión de los trabajadores, que no estaban sindicalizados ¿Por qué lo hizo Ford?

El aumento de la paga puede explicarse por el riesgo moral o la selección adversa. De acuerdo con la idea de los salarios de eficiencia (sección 8.4), Ford pudo haber querido trabajadores que se preocuparan por perder el trabajo bonificador en su fábrica, porque trabajarían más intensamente y se abstendrían de perder el tiempo. La selección adversa también puede explicar el aumento del pago: al incrementar el salario, Ford atrajo una mezcla de trabajadores de baja y alta calidad, en vez de sólo trabajadores de baja calidad (véase Raff y Summers, 1987).

Préstamos bancarios

Suponga que dos personas acuden a usted para pedir prestado sin garantía 10 000 dólares. Uno le ofrece pagar una tasa de interés de 10% y el otro una tasa de 200%. ¿A cuál aceptaría? En forma parecida al comprador de carros que elige comprar a un precio alto, usted podría elegir prestar a una tasa de interés baja.

Si el prestamista aumenta su tasa de interés, tanto el número de quienes le solicitan préstamos como la conducta de éstos cambian porque la selección adversa y el riesgo moral contribuyen a aumentar las tasas de incumplimiento. A los prestatarios que esperan no incumplir les preocupa menos la tasa de interés alta que a los prestatarios responsables, de modo que el número de préstamos se reduce y la tasa de incumplimiento aumenta (véase Stiglitz y Weiss, 1981). Además, algunos prestatarios buscarán proyectos de más alto riesgo con mayores posibilidades de incumplimiento, pero mayores rendimientos cuando tienen éxito. En la sección 15.1 desarrollaremos el modelo de D. Diamond (1989), que estudia la evolución de este problema a medida que las empresas son de mayor antigüedad.

Ya sea por el riesgo moral o por la selección adversa, la información asimétrica también puede resultar en un exceso de demanda de préstamos bancarios. Los ahorradores que son dueños del banco no ahorran lo suficiente a la tasa de interés de equilibrio para proporcionar préstamos a todos los que los solicitan. Por tanto, el banco hace un préstamo a John, a la vez que le niega uno a Joe, que en lo observable es su gemelo idéntico. Los políticos deben considerar cuidadosamente cualquier ley que elimina los criterios arbitrarios para la concesión de préstamos o que requiere que los bancos traten por igual a todos sus clientes. Un banco puede desear restringir sus préstamos a los zurdos, no por prejuicio ni porque sean mejor riesgo crediticio, sino porque es útil racionar los préstamos de acuerdo con algún criterio suficientemente arbitrario para evitar el riesgo moral del favoritismo por parte de los funcionarios del banco.

Bernanke (1983) sugiere la selección adversa en los préstamos bancarios como una explicación de la Gran Depresión en los Estados Unidos. La dificultad de explicar la depresión no está tanto en el colapso inicial del mercado de valores como en la persistencia del desempleo que la siguió. Bernanke observa que el colapso eliminó a los bancos locales y dispersó la experiencia de los funcionarios bancarios. Después de la pérdida de dicha experiencia, los bancos que subsistieron estaban menos dispuestos a prestar a causa de la selección adversa, lo que hizo difícil que la economía se recuperara.

Soluciones a la selección adversa

Incluso en mercados en los que aparentemente no ocurre, la amenaza de la selección adversa, como la amenaza del riesgo moral, puede ser una influencia importante sobre las instituciones del mercado. La selección adversa se puede evitar de varias maneras además de las soluciones contractuales que hemos analizado. Mencionaré algunas de ellas en el contexto del mercado de carros usados.

Un conjunto de soluciones consiste en hacer que la calidad del carro vaya incluida en el contrato. Los compradores que encuentran que su carro es defectuoso podrían recurrir al sistema legal si los vendedores fueran fraudulentos, aunque en los Estados Unidos los tribunales son demasiado lentos y caros para ser plenamente efectivos. Tal vez sería mejor que otros organismos gubernamentales, como la Comisión de Comercio Federal, emitieran regulaciones específicas a la industria. Aun sin regulaciones, puede ser más fácil hacer cumplir las garantías privadas escritas —promesas de reparar el carro si se descompone— que las promesas orales al eliminar la ambigüedad acerca del nivel de calidad que se garantiza.

Siempre se utilizan las pruebas (el equivalente de la supervisión en el riesgo moral) en alguna medida. El futuro conductor prueba el automóvil en la carretera, inspecciona el chasís e intenta de otras maneras reducir la asimetría de la información. Con un costo, incluso puede invertir la asimetría al contratar mecánicos, aprendiendo más del carro que el mismo propietario. La regla no es siempre *caveat emptor;* ¿cómo debe responderse a un negociante de antigüedades que le ofrece pagar 500 dólares por una vieja silla aparentemente sin valor?

La reputación puede solucionar la selección adversa, al igual que puede resolver el riesgo moral, pero sólo si la transacción se repite y se cumplen las otras condiciones de los modelos de los capítulos 5 y 6. Una solución casi opuesta es mostrar que hay motivos inocentes para una venta; que el propietario del carro ha caído en la bancarrota, por ejemplo, y que su acreedor vende el carro muy barato para evitar el costo de guardarlo.

También son importantes los castigos no estrictamente económicos. Un ejemplo es el ostracismo social que inflige el amigo al que se le ha vendido un limón: al vendedor ya no se le invita a cenar. O bien, el vendedor puede tener principios morales que le impiden defraudar a los compradores. Esos principios, siempre que sean de conocimiento común, le ayudarán a obtener un precio alto en el mercado de los carros usados. El mismo Akerlof ha estudiado la interacción entre la costumbre social y los mercados en sus artículos de 1980 y 1983. El segundo de éstos trata directamente del valor de inculcar principios morales; en él se utilizan ejemplos teóricos para mostrar que los padres podrían querer enseñar principios a sus niños y que la sociedad puede querer dar preferencia en las contrataciones a los estudiantes que provienen de escuelas de élite.

Es por la violación de los supuestos requeridos para la competencia perfecta que la información asimétrica permite al gobierno y a las instituciones sociales aumentar la eficiencia. Esto señala una de las principales razones para estudiar la información asimétrica: donde es importante, la interferencia no económica puede ser benéfica en vez de dañina. Me parecen particularmente interesantes las soluciones sociales pues, como se dijo antes con respecto al cuidado de la salud, las soluciones gubernamentales introducen problemas de la agencia tan graves como los problemas de información que resuelven. La conducta no económica es importante en condiciones de selección adversa, a diferencia de la competencia perfecta, que permite que "una mano invisible" conduzca el mercado a la eficiencia, independientemente de las creencias morales de los comerciantes. Si todos fueran honestos, el problema de los limones desaparecería porque los vendedores informarían con honestidad acerca de la calidad. Si algunos de los vendedores fueran honestos, pero los compradores no los pudieran distinguir de los deshonestos, el resultado estaría presumiblemente entre los resultados de la total honestidad y de la total deshonestidad. El tema de la ética del mercado es importante y se beneficiaría de la investigación hecha por académicos conocedores del análisis económico.

Notas

N9.1. *Introducción: el juego de la Producción VII*

- Para un ejemplo de modelo de selección adversa en que los trabajadores también eligen el nivel del esfuerzo, véase Akerlof (1976) sobre la "carrera de ratas". El modelo no es de riesgo moral, porque aunque el patrón observa el esfuerzo, los tipos de los trabajadores —sus costos de utilidad por trabajar intensamente— sólo son conocidos por ellos mismos.

- La ley de Gresham ("El dinero malo desplaza al bueno") es un enunciado de selección adversa. Sólo el dinero depreciado circulará si el jugador conoce la calidad de su dinero mejor que el que lo recibe. El mismo resultado se presenta si la calidad es de conocimiento común, pero por razones legales el que lo recibe se ve obligado a aceptar el dinero, cualquiera que sea su calidad. Un ejemplo del primer caso son las monedas de plata romanas adulteradas cuyo contenido de plata era bajo; del segundo, la moneda de Zambia con un tipo de cambio sobrevaluado.

- Los modelos de selección más adversa tienen tipos a los que puede llamarse "buenos" o "malos", porque a un tipo de agente le gustaría unirse al otro, que preferiría estar separado. También es posible un modelo en que ambos tipos preferirían estar separados —por ejemplo, los tipos de trabajadores que prefieren jornadas nocturnas y los que prefieren las jornadas diurnas—, o dos tipos que prefieren estar unidos —un muchacho y una muchacha universitarios—.

- Dos características curiosas de los mercados de trabajo son que parece que a trabajadores con producciones muy diferentes se les paga salarios idénticos y que no se usan pruebas al tomar las decisiones de contratación. Schmidt y Judiesch han encontrado que, en los empleos que sólo requieren de trabajadores de "cuello azul" no calificados o semicalificados, 1% superior de los trabajadores —según resultados de pruebas de capacidad no relacionadas directamente con la producción— era 50% más productivo que el promedio. En trabajos definidos como "muy complejos", la diferencia era de 127% (citado en Seligman, 1992, p. 145).

  Más o menos al mismo tiempo que Akerlof (1970), apareció otro trabajo original sobre la selección adversa, Mirrlees (1971), aunque la relación sólo se vio claramente después. Mirrlees se concentró en la política fiscal óptima y en el problema de cómo elige el gobierno una tabla de impuestos, dado que no pueden observar las capacidades de sus ciudadanos para obtener ingreso, y ese breve ensayo inició los estudios sobre el diseño del mecanismo. Los carros usados y los impuestos sobre la renta no parecen similares, pero en ambas situaciones un jugador no informado debe decidir cómo comportarse con respecto a otro jugador cuyo tipo no conoce. La sección 15.4 adapta un derivado de la obra de Mirrlees (1971) a un modelo de compras del gobierno: gran parte de la política gubernamental está motivada por el deseo de crear incentivos para la eficiencia al costo mínimo, a la vez que obtiene información de individuos con información superior.

N9.2. *Selección adversa con certidumbre: Limones I y II*

- Los vendedores de carros nuevos y de otros bienes duraderos han empezado a ofrecer "contratos de servicio de larga duración" en años recientes. Dichos contratos, ofrecidos por los manufactureros o por compañías independientes, pagan las reparaciones después de que vence la garantía inicial. Por razones de riesgo moral o de selección adversa, generalmente los contratos no cubren los daños por accidentes. Y es extraño que tampoco cubran gastos como los del cambio de aceite, a pesar de su utilidad para prolongar la vida de la maquinaria. Esos contratos tienen sus propios problemas, como lo muestra el hecho de que varias de las compañías independientes quebraron a finales de los años setenta y principios de los ochenta, lo que dejó sin valor sus contratos.[1]

* Suponga que los carros de Limones II duraban dos periodos y no se depreciaban físicamente. Un economista ingenuo que observara el mercado vería que los carros nuevos se venden por 6 000 dólares (el doble de 3 000) y que los carros usados se venden por 2 000 dólares; concluiría que la corriente de servicio se ha depreciado en 33%. Es difícil separar la selección adversa y la depreciación utilizando los datos del mercado.
* Un artículo empírico sobre los precios de camiones usados es el de Bond (1982).
* Limones II usa una distribución uniforme. Para una distribución general F, la calidad promedio $\bar{\theta}(P)$ de los automóviles con calidad P o menor es

$$\bar{\theta}(P) = E(\theta \mid \theta \le P) = \int_{-\infty}^{P} \frac{xF'(x)dx}{F(P)}. \tag{7}$$

La ecuación (7) también se presenta en la física (es la ecuación para un centro de gravedad) y en la econometría no lineal (es la ecuación de posibilidad). Piense en $\bar{\theta}(P)$ como el promedio ponderado de los valores de θ hasta P y en que las ponderaciones son densidades. Después de haber multiplicado por todas estas ponderaciones en el numerador, se tiene que dividir por su "suma", $F(P) = \int_{-\infty}^{P} F'(x)dx$, en el denominador, lo que hace surgir la ecuación (7).

N9.3. *Gustos heterogéneos: Limones III y IV*

* Usted puede no estar de acuerdo con un modelo en que los compradores de carros usados dan más valor a la calidad que los vendedores, ya que frecuentemente los vendedores son personas más ricas. Recuerde que aquí se trata de la "calidad de los carros usados", que es distinto de la "calidad de los carros". Se pueden hacer más complicadas las funciones de utilidad sin abandonar el modelo básico. Podemos especificar algo como $\pi_{comprador} = \theta + k/\theta - P$, donde $\theta^2 > k$. Esta especificación implica que cuanto menor sea la calidad del carro, mayor será la diferencia entre las valuaciones del comprador y las del vendedor.
* En el artículo de Akerlof (1970), la calidad de los nuevos carros se distribuye uniformemente entre cero y 2, y el modelo se estructura de manera diferente, con curvas de demanda y oferta correspondientes a distintos tipos de comerciantes, así como con oferta neta y oferta bruta presentadas más bien de manera confusa. Por lo común, la mejor forma de modelar una situación en que los comerciantes venden parte de sus dotaciones y consumen el resto es usar sólo ofertas y demandas brutas. Cada dueño antiguo ofrece su carro al mercado, pero en equilibrio podría comprarlo de nuevo, ya que tiene mejor información sobre su carro que los otros consumidores. Si no se hace así, es fácil contar una determinada unidad de demanda dos veces, una en la curva de demanda y otra en la curva de oferta neta.
* Véase Stiglitz (1987) para un buen estudio general de la relación entre el precio y la calidad. Leibenstein (1950) usa diagramas para analizar las implicaciones de que la demanda individual esté vinculada al precio de mercado de la cantidad en mercados para bienes de los tipos de "cortejo triunfal" (*bandwagon*), "snob" o "Veblen". Véase también "Pricing of Products is Still an Art, Often Having Little Link to Costs" ["La fijación del precio del producto sigue siendo un arte, que muchas veces tiene muy poco que ver con los costos"], en *Wall Street Journal*, 25 de noviembre de 1981, p. 29.
* La aversión al riesgo se ocupa sólo de la variabilidad de los resultados, no de su nivel. Si la calidad de los carros usados va de 2 000 a 6 000, es arriesgado comprar un carro usado. Si todos los carros usados tienen la calidad 2 000, comprar un carro usado no es arriesgado, porque el comprador sabe con exactitud lo que obtiene.

[1] "Extended-Service Contracts for New Cars Shed Bad Reputation as Repair Bills Grow" ["Los contratos de servicio de larga duración para los carros nuevos se desprenden de su mala reputación a medida que aumentan los gastos por reparaciones"], en *Wall Street Journal*, 10 de junio de 1985, p. 25.

En el juego del Aseguramiento III de la sección 9.4, el contrato separador para el consumidor *Imprudente* lo asegura plenamente: no corre ningún riesgo. Pero al construir el equilibrio, debemos ser muy cuidadosos para evitar que los *Imprudentes* sean tentados por el contrato riesgoso diseñado para los *Prudentes*. El riesgo es malo, pero como ocurre con la vejez, la alternativa es peor. Si Smith estuviera seguro de que su carro sería robado, no correría ningún riesgo, porque también estaría seguro de tener una utilidad baja.

- Para los compradores en Limones IV, la calidad promedio de los carros por un precio determinado es estocástica, porque no saben cuáles valores de ε se realizaron. Para ellos, la curva $\bar{\theta}(P)$ es sólo la *expectativa* de la calidad promedio.
- **Limones III': calidad mínima de 0:** si la calidad mínima de un automóvil en Limones III fuera de cero, no de 2 000, el juego resultante (Limones III') se parecería a la especificación original de Akerlof (1970). Como muestra la gráfica 9.8, las curvas de demanda y oferta se intersectan en el origen, por lo que el precio de equilibrio es de cero y no se comercia ningún carro. El mercado se ha cerrado por completo debido al efecto del desembrollo que se describió en Limones II. Aunque los compradores están dispuestos a aceptar una calidad inferior a la del precio en dólares, el precio que los compradores están dispuestos a pagar no aumenta con la calidad tan rápido como el precio que se requiere para obtener esa calidad promedio de los vendedores, y un automóvil de mínima calidad es valuado exactamente igual por vendedores y compradores. Una prima de 20% sobre cero sigue siendo cero. Las implicaciones para la eficiencia son aún más fuertes que antes, porque en el óptimo todos los carros viejos se venden a compradores nuevos, pero en el equilibrio no se vende ninguno.

GRÁFICA 9.8. *Limones III: los compradores valúan más los carros y la calidad mínima es de cero*

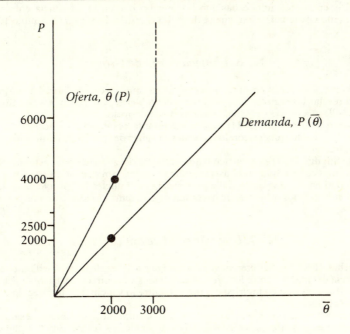

N9.4. *Selección adversa con incertidumbre: el juego del Aseguramiento III*

- Los mercados con dos tipos de clientes son muy comunes en los seguros, porque es fácil distinguir entre un hombre y una mujer —ambos tipos son numerosos—, y la diferencia entre ellos es importante. Los hombres menores de 25 años pagan casi el doble de las primas que pagan las mujeres por los seguros de automóvil, y las mujeres pagan de 10 a 30% menos por los seguros de vida. Sin embargo, la diferencia opera en ambos sentidos: la compañía de seguros Aetna cobra a una mujer de 35 años de edad de 30 a 50% más por un seguro médico que a un hombre. Un mercado en que las tasas no difieren mucho es el de seguros por incapacidad. Las mujeres presentan más solicitudes, pero las tasas son iguales porque relativamente pocas mujeres compran el producto *(Wall Street Journal,* 27 de agosto de 1987, p. 21).

N9.5. *Otros conceptos de equilibrio: el equilibrio de Wilson y el equilibrio reactivo*

- Engers y Fernandez (1987) muestran cómo transformar un juego de movimientos simultáneos en un juego de movimientos en secuencia, de tal manera que el equilibrio reactivo del juego original es uno de los equilibrios bayesianos perfectos del juego transformado.
- En los juegos de selección adversa, con frecuencia importa si el jugador informado o el no informado es el que ofrece el contrato. El equilibrio de Wilson y el reactivo son relevantes cuando el jugador no informado ofrece el contrato, pues sólo él corre el riesgo de recibir algo inesperado en la transacción y entonces podría querer retirar una oferta. Las cuestiones implicadas son las mismas que en la diferencia entre el escudriñamiento y la señalización, que se discutirá con más detalle en el capítulo 10.

N9.6. *El mecanismo de Groves*

- Vickrey (1961) fue el primero en sugerir el mecanismo no equilibrador del presupuesto para revelar las preferencias, pero fue redescubierto posteriormente por Groves (1973) y se le llegó a conocer como el mecanismo de Groves.
- En el artículo de Roth (1984) se presenta un interesante análisis del sistema para compaginar a los hospitales con los internos después de que han manifestado el orden de sus preferencias.
- El de Stiglitz (1977) es un artículo que utiliza el riesgo moral para estudiar el problema del riesgo compartido en el aseguramiento, la discriminación de precios y la tributación óptima. La revelación de la preferencia es el núcleo del problema de la discriminación de precios, y la referencia común de este tema es el libro de Phlips (1983).

N9.7. *Una variedad de aplicaciones*

- Bagehot (1971) es la referencia más antigua a la explicación mediante la selección adversa del margen entre los precios solicitados y los ofrecidos. El de Copeland y Galai (1983) es un estudio empírico del margen entre lo solicitado y lo ofrecido en el mercado de opciones.
- Los profesores de economía a veces utilizan la autoselección para los exámenes de sus estudiantes. Uno de mis colegas incluyó las siguientes instrucciones en un examen de maestría en administración de empresas, después de indicar que se debía contestar la pregunta 5 o 6:
  "El valor de la pregunta 5 es menor que el de la pregunta 6. Sin embargo, la pregun-

ta 5 es directa y el estudiante promedio puede esperar responderla correctamente. La pregunta 6 es más complicada: sólo los que han entendido y asimilado el contenido del curso estarán en aptitud para contestarla con éxito... Para que un candidato obtenga una calificación final de 'A' o superior, será *necesario* que él responda correctamente la pregunta 6."

Para referir más la pregunta a quien la contestaba, pidió a los estudiantes que explicaran la finalidad de la misma.

Otro de mis colegas siguió el enfoque de preguntar si alguien en la clase desearía evitar el examen final y conformarse con una "A–". Los estudiantes que sí querían evitarlo recibieron una "A–". Los demás obtuvieron "A". Pero nadie tuvo que hacer el examen. (Este método sí dejó inconformes a unos pocos.)

Más formalmente, Guasch y Weiss (1980) han estudiado la selección adversa y la disposición de trabajadores de diferente habilidad para someterse a pruebas.

• Nalebuff y Scharfstein (1987) han escrito acerca de las pruebas, generalizando a Mirrlees (1974), que mostró cómo un contrato obligatorio en que la producción se observa sin ningún costo puede lograr la eficiencia si castiga sólo a las producciones muy bajas. En Nalebuff y Scharfstein, la realización de las pruebas es cara y los agentes tienen aversión al riesgo. Desarrollan un equilibrio en que el patrón somete a prueba a los trabajadores con probabilidad baja, mediante el empleo de pruebas de alta calidad y aplicando castigos fuertes para casi lograr el primer mejor. Bajo una condición que implica que grandes gastos en cada prueba pueden eliminar acusaciones falsas, muestran que el principal someterá a prueba a los trabajadores con poca probabilidad, pero utilizará pruebas caras y exactas cuando sí someta a prueba a un trabajador e impondrá un castigo severo por mentir.

PROBLEMAS

9.1: *Aseguramiento con ecuaciones y diagramas*

En el texto se analiza el juego del Aseguramiento III mediante diagramas. Aquí se utilizan también ecuaciones. Sea $U(t) = \log(t)$.

9.1a) Indique los valores numéricos de (x, y) para los contratos separadores de información completa C_3 y C_4 de la gráfica 9.6. ¿Cuáles son las coordenadas de C_3 y C_4?

9.1b) ¿Por qué no es necesario usar la función $U(t) = \log(t)$ para encontrar los valores?

9.1c) En el contrato separador en condiciones de información incompleta, C_5, $x = 2.01$. ¿A qué es igual y? Justifique el valor 2.01 para x. ¿Cuáles son las coordenadas de C_5?

9.1d) ¿Cuál es el contrato C_6 que puede ser lucrativo y que atraerá a ambos tipos alejándolos de C_3 y C_5?

9.2: *Pruebas y compromiso*

Una proporción β de trabajadores son talentosos, con una producción $a_t = 5$, y una proporción $(1 - \beta)$ carecen de talento, con una producción $a_u = 0$. Ambos tipos tienen un salario de reserva de 1 y son neutrales al riesgo. A un costo de 2 para sí mismo y de 1 para el solicitante del empleo, el patrón Apex puede someter a prueba a un solicitante y descubrir su verdadera habilidad con probabilidad θ, que toma un valor un poco superior a 0.5. Hay un solo periodo de trabajo. Sea $\beta = 0.001$. Suponga que Apex puede comprometerse a una escala de salarios antes de que los trabajadores hagan la prueba, y que Apex debe someter a prueba a todos los solicitantes y pagar el mismo salario a todos los trabajadores que contrata, para evitar el descontento entre ellos y la corrupción en la división de personal.

9.2a) ¿Cuál es el salario más bajo, w_t, que inducirá a los trabajadores talentosos a solicitar el trabajo? ¿Cuál es el salario más bajo, w_u, que inducirá a los trabajadores sin talento a solicitar el empleo? ¿Cuál es mayor?

9.2b) ¿Cuál es el valor mínimo de exactitud θ que inducirá a Apex a usar la prueba? ¿Cuáles son las ganancias esperadas de la empresa por cada trabajador que solicita el empleo?

9.2c) Ahora suponga que Apex puede pagar w_p a los trabajadores que pasaron la prueba y w_f a los que no la pasaron. ¿Cuáles son w_p y w_f? ¿Cuál es el valor mínimo de exactitud θ que inducirá a Apex a usar la prueba? ¿Cuáles son las ganancias esperadas de la empresa por cada trabajador que presenta la solicitud?

9.2d) ¿Qué ocurre si Apex no puede comprometerse a pagar el salario anunciado y puede decidir individualmente el salario de cada solicitante?

9.2e) Si Apex no puede comprometerse a someter a prueba a cada solicitante, ¿por qué no hay un equilibrio en el cual los trabajadores sin talento no presentan su solicitud o bien la empresa somete a prueba a todos los solicitantes?

9.3: *Cómo encontrar el equilibrio de estrategia mixta en un juego de pruebas*

La mitad de los graduados del bachillerato son talentosos y producen $a = x$, y la mitad carecen de talento y producen $a = 0$. Ambos tipos tienen un salario de reserva de 1 y son neutrales al riesgo. A un costo de 2 para sí mismo y de 1 para el solicitante del trabajo, un patrón puede someter a prueba a un graduado y comprobar su verdadera habilidad. Los patrones compiten entre sí al ofrecer los salarios, pero cooperan al revelar los resultados de las pruebas, de modo que un patrón sabe si un solicitante ya ha sido sometido a prueba y ha fracasado. Hay un solo periodo de trabajo. El patrón no puede comprometerse a someter a prueba a todos los solicitantes.

9.3a) ¿Por qué no hay un equilibrio en que los trabajadores sin talento no presentan su solicitud o bien el patrón somete a prueba a todos los solicitantes?

9.3b) En equilibrio, con probabilidad γ el patrón somete a prueba a los trabajadores y paga w a los que pasan el examen; todos los trabajadores talentosos se presentan para someterse a la prueba, y los trabajadores sin talento se presentan con probabilidad α. Encuentre una expresión para el valor de equilibrio de α en términos de w. Explique por qué α es independiente de x.

9.3c) Si $x = 8$, ¿cuáles son los valores de equilibrio de α, γ y w?

9.4: *Perdedores en dos ocasiones*[2]

Algunas personas son de estrictos principios y no cometerán robos, incluso si no hay castigo. Otras son delincuentes incorregibles y cometerán dos robos, independientemente del castigo. En respuesta, la sociedad desea infligir una cierta pena a los delincuentes. Esto requiere de un castigo esperado de 15 por delito (15 si la detección es segura, 150 si tiene una probabilidad de 0.1, etc.). A veces las personas inocentes son declaradas culpables falsamente, como se muestra en el cuadro 9.2.

CUADRO 9.2. *Perdedores en dos ocasiones*

Robos	Condenas		
	0	1	2
0	0.81	0.18	0.01
2	0.49	0.42	0.09

Se proponen dos sistemas: *i)* un castigo de X por cada condena, y *ii)* un castigo de 0 por la primera condena y alguna cantidad P por la segunda.

9.4a) ¿Cuáles deben ser X y P para lograr la cantidad deseada de castigo?

9.4b) ¿Qué sistema inflige el menor costo sobre la gente inocente? ¿Cuál es el costo en cada caso?

9.5: *Los seguros y los diagramas de estado-espacio*

A dos tipos de personas con aversión al riesgo, las que llevan una vida ordenada y las disolutas, les gustaría comprar un seguro de salud. Las que llevan una vida ordenada se enferman con una probabilidad de 0.3, y las personas disolutas con una probabilidad de 0.9. En los diagramas de estado-espacio, con la riqueza de la persona en el eje vertical si es saludable y en el horizontal si está enferma, la dotación inicial de todas las personas es (5, 10), porque su riqueza inicial es de 10 y el costo del tratamiento médico es de 5.

9.5a) ¿Cuál es la riqueza esperada de cada tipo de persona?

9.5b) Dibuje un diagrama de estado-espacio con las curvas de indiferencia para una compañía de seguros neutral al riesgo que asegura a cada tipo de persona por separado. Dibuje las asignaciones C_1 para el disoluto y C_2 para el de vida ordenada, después del aseguramiento, bajo el supuesto de que el tipo de una persona puede ser objeto de contrato.

9.5c) Dibuje un nuevo diagrama de estado-espacio con la dotación ini-

[2] Compare éste con el problema 8.2. ¿En qué son diferentes? Véase Rubinstein (1979).

cial y las curvas de indiferencia para los dos tipos de personas que pasan por ese punto.

9.5d) Explique por qué, en condiciones de información asimétrica, ningún contrato unificador C_3 puede ser parte de un equilibrio de Nash.

9.5e) Si la compañía de seguros es un monopolio, ¿puede un contrato unificador ser parte de un equilibrio de Nash?

10. SEÑALIZACIÓN

10.1. El jugador informado mueve primero: señalización

La señalización es una manera de que el agente comunique su tipo bajo selección adversa. El contrato de señalización especifica un salario, el cual depende de una característica observable —una señal— que el agente elige por sí mismo después de que la Naturaleza elige su tipo. Las gráficas 7.1d y 7.1e presentaron las formas extensivas de dos clases de modelos con señales. Si el agente elige su señal antes de que se ofrezca el contrato, le hace señales al principal. Si elige la señal después, el principal lo está escudriñando. No sólo se hará aparente que esa diferencia en el orden de los movimientos es importante; también se verá que los costos de la señalización deben diferir entre los tipos de agentes para que la señalización sea útil, y el resultado con frecuencia es ineficiente.

Empezamos con modelos de señalización en que los trabajadores eligen niveles de educación para señalar sus capacidades. La sección 10.1 establece las propiedades fundamentales de un modelo de señalización y la sección 10.2 muestra cómo afectan los detalles del modelo al equilibrio. La sección 10.3 se aleja de los detalles técnicos y trata de consideraciones más prácticas al aplicar el modelo a la educación. La sección 10.4 convierte el juego en un modelo de escudriñamiento. La sección 10.5 pasa a los diagramas y aplica la señalización a nuevas emisiones de acciones para probar que es necesario usar dos señales cuando el agente posee dos características no observables.

Spence (1973) introdujo la idea de la señalización en el contexto de la educación. Construiremos una serie de modelos que formalizan la noción de que la educación no tiene ningún efecto directo sobre la habilidad de una persona para ser productiva en el mundo real, pero que es útil para demostrar su habilidad a los patrones. Suponga que la mitad de los trabajadores tengan el tipo "alta habilidad" y la otra mitad el tipo "baja habilidad", donde la habilidad es un número que indica el valor en dólares de su producción. Se supone que la producción no es una variable que pueda incluirse en el contrato y no hay incertidumbre. Si la producción puede ser objeto de contrato, se la debe incluir en él, como hemos visto en el capítulo 7. La falta de incertidumbre es un supuesto simplificador, provisto para que los contratos sean sólo funciones de las señales y no de una combinación de la señal y de la producción.

Los patrones no observan la habilidad del trabajador, pero conocen la distribución de las habilidades y sí observan la educación del trabajador. Para simplificar, especificaremos que los jugadores son un trabajador y dos patrones. La competencia de los patrones hace que las ganancias bajen a cero y el trabajador recibe los beneficios de la actividad. La estrategia del trabajador es su nivel de educación y su elección del patrón. Las estrategias de los patrones son los contratos que ofrecen, en los cuales los salarios son funciones del nivel de educación. La clave del modelo es que la señal, la educación, es menos cara para los trabajadores más hábiles.

En las primeras cuatro versiones del juego, los trabajadores eligen sus niveles de educación antes de que los patrones decidan cómo debe variar la paga con la educación.

Educación I

Jugadores
Un trabajador y dos patrones.

Orden del juego
0) La Naturaleza elige la habilidad del trabajador $a \in \{2, 5.5\}$, las habilidades *Baja* y *Alta* tienen probabilidad de 0.5 cada una. El trabajador observa la variable a, pero los patrones no.
1) El trabajador elige el nivel de educación $s \in \{0, 1\}$.
2) Los patrones ofrecen cada uno un contrato salarial $w(s)$.
3) El trabajador acepta un contrato o rechaza los dos.
4) La producción es igual a a.

Pagos
El pago que recibe el trabajador es su salario menos su costo de educación, y el del patrón es su ganancia.

$$\pi_{trabajador} = \begin{cases} w - 8s/a & \text{si el trabajador acepta el contrato } w. \\ 0 & \text{si el trabajador rechaza ambos contratos.} \end{cases}$$

$$\pi_{patrón} = \begin{cases} a - w & \text{para el patrón cuyo contrato es aceptado.} \\ 0 & \text{para el otro patrón.} \end{cases}$$

Los pagos suponen que la educación es más cara para un trabajador si su habilidad toma un valor menor, que es lo que permite que ocurra la separación. Como en cualquier juego de conocimiento oculto, debemos pensar acerca de los equilibrios unificadores y de los separadores. Educación I tiene ambos. En el equilibrio unificador, al que llamaremos EU 1.1, los dos tipos de trabajadores eligen educación cero y los patrones pagan el salario de $3.75(= [2 + 5.5]/2)$ en que las ganancias son iguales a cero, independientemente del nivel de educación.

Equilibrio unificador 1.1
(EU 1.1)
$$\begin{cases} s(Baja) = s(Alta) = 0 \\ w(0) = w(1) = 3.75 \\ Prob(a = Baja \mid s = 1) = 0.5 \end{cases}$$

Es necesario especificar a EU 1.1 como un equilibrio bayesiano perfecto, más que como un sencillo equilibrio de Nash, debido a la importancia de la interpretación que el jugador no informado da a la conducta fuera del equilibrio. El equilibrio necesita especificar las opiniones del patrón cuando observa $s = 1$, ya que esto nunca se observa en equilibrio. En EU 1.1, las opiniones son conjeturas pasivas (véase la sección 6.2): los patrones creen que un trabajador que elige $s = 1$ es de *Baja* habilidad con la probabilidad previa de 0.5. Dada esa opinión, ambos tipos de trabajadores se dan cuenta de que la educación es inútil, y el modelo llega al resultado nada sorprendente de que los trabajadores no se molestan en adquirir una educación que es improductiva.

Con otras opiniones, el equilibrio unificador se rompe. Bajo la opinión de que $Prob(a = Baja \mid s = 1) = 0$, por ejemplo, los patrones creen que cualquier trabajador que adquiere educación es de una habilidad *Alta*, así que la unificación no es de Nash, porque los trabajadores de *Alta* se ven tentados a desviarse y a adquirir educación. Ello conduce a un equilibrio separador, para el cual se conoce mejor la señalización, en que el trabajador de alta habilidad adquiere educación a fin de demostrar a los patrones que su habilidad es realmente alta.

Equilibrio separador 1.2 $\begin{cases} s(Baja) = 0, s(Alta) = 1 \\ w(0) = 2, w(1) = 5.5 \end{cases}$
(ES 1.2)

Siguiendo el método que se utilizó en los capítulos 7 y 8, mostraremos que ES 1.2 es un equilibrio bayesiano perfecto mediante las limitaciones normales que debe satisfacer un equilibrio. Un par de contratos separadores debe aumentar al máximo la utilidad de los de habilidad *Alta* y de los de *Baja* sujeto a dos limitaciones: *a)* las restricciones de la participación de que las empresas pueden ofrecer los contratos sin incurrir en pérdidas, y *b)* las restricciones de la autoselección de que los de habilidad *Baja* no son atraídos por el contrato de los de *Alta*, y que los de *Alta* no son atraídos por el contrato de los de habilidad *Baja*. Las restricciones de la participación para los patrones requieren que

$$w(0)\, a_B = 2 \text{ y } w(1) \leq a_A = 5.5. \tag{1}$$

La competencia entre los patrones hace que las expresiones en (1) se mantengan como igualdades. La restricción de la autoselección de los de habilidad *Baja* es

$$U_B(s = 0) \geq U_B(s = 1), \tag{2}$$

que en Educación I es

$$w(0) - 0 \geq w(1) - \frac{8}{2} \tag{3}$$

Como, por (1), en el ES 1.2 el salario separador de los de habilidad *Baja* es de 2 y el salario separador de los de habilidad *Alta* es de 5.5, se satisface la restricción (3) de la autoselección.

La restricción de la autoselección de los de *Alta* es

$$U_A(s = 1) \geq U_A(s = 0), \qquad (4)$$

que en Educación I es

$$w(1) - \frac{8}{5.5} \geq w(0) - 0. \qquad (5)$$

La restricción (5) es satisfecha por el ES 1.2.

Hay otro equilibrio unificador concebible para Educación I, en el que $s(Baja) = s(Alta) = 1$, pero sucede que no resulta un equilibrio, porque los de *Baja* habilidad se desvían a cero educación. Aun cuando esa desviación hiciera creer al patrón que eran de baja habilidad con probabilidad de 1 y éste redujera su salario a 2, los trabajadores de baja habilidad seguirían prefiriendo desviarse porque

$$U_B(s = 0) = 2 \geq U_B(s = 1) = 3.75 - \frac{8(1)}{2}. \qquad (6)$$

Así, un equilibrio unificador con $s = 1$ violaría la compatibilidad de incentivos para los trabajadores de habilidad *Baja*.

Observe que no es necesario preocuparse por una restricción no unificadora para este juego, a diferencia de los juegos del capítulo 9. Se podría pensar que, como los patrones compiten por los trabajadores, la competencia puede derivar en que ofrezcan un contrato unificador que los trabajadores de habilidad alta preferirán en vez del contrato separador. La razón de que esto no tenga importancia es que los patrones no compiten ofreciendo contratos, sino reaccionando ante los trabajadores que han adquirido educación. Por eso se trata de señalización y no de escudriñamiento: los patrones no pueden ofrecer por adelantado contratos que cambien los incentivos de los trabajadores para adquirir una educación.

Podemos someter a prueba el equilibrio evaluando las mejores respuestas. Dadas la estrategia del trabajador y la estrategia del otro patrón, un patrón debe pagar al trabajador su producción total o perderlo para dejárselo al otro patrón. En vista de los contratos de los patrones, el trabajador de *Baja* habilidad puede elegir entre el pago de 2(= 2 – 0) para la ignorancia y el de 1.5(= 5.5 – 8/2) para la educación, por lo que elige el de la ignorancia. El de *Alta* habilidad puede elegir entre el pago de 2(= 2 – 0) para la ignorancia y 4.05(= 5.5 – 8/5.5, redondeado) para la educación, así que elige la educación.

En contraste con el equilibrio unificador, el equilibrio separador no necesita especificar las opiniones. Cualquiera de los dos niveles de educación puede ser observado en equilibrio, de modo que la Regla de Bayes siempre dice a los patrones cómo interpretar lo que ven. Si observan que un agente ha adquirido educación, deducen que su habilidad es *Alta*; si observan que no la ha adquirido deducen que es *Baja*. Un trabajador está en libertad de desviarse del nivel de educación adecuado a su tipo, pero las opiniones del patrón continuarán basadas en la conducta de equilibrio. Si un trabajador de habilidad *Alta* se desvía al elegir $s = 0$ e informa a los patrones que su habilidad es *Alta* y que preferiría unificarse en vez de separarse, los patrones no le creen y le ofrecen el salario *Bajo* de 2, que es el adecuado para $s = 0$, no el salario unificador de 3.75 o el salario para los de habilidad *Alta*, que es de 5.5.

La separación es posible porque la educación es más cara para los trabajadores si su habilidad es menor. Si la educación costara lo mismo para ambos tipos de trabajador, no funcionaría como una señal, porque los trabajadores de baja habilidad imitarían a los de habilidad alta. Este requisito de los diferentes costos de la señalización se conoce como la **propiedad del cruce único**, ya que cuando se representan los costos gráficamente, como en la sección 10.4, las curvas de indiferencia de los dos tipos se intersectan una sola vez.

Puede hacerse una fuerte argumentación en el sentido de que las opiniones requeridas por los equilibrios unificadores no son sensatas. Si retornamos a los refinamientos del equilibrio de la sección 6.2, recordaremos que una de las sugerencias (la de Cho y Kreps, 1987) es la de inquirir si uno de los tipos de jugador no puede beneficiarse si se desvía, sin importar cómo cambiaría sus opiniones el jugador no informado. Aquí, el trabajador con una habilidad *Baja* nunca puede beneficiarse por desviarse de EU 1.1. Bajo las conjeturas pasivas especificadas, el de habilidad *Baja* tiene un pago de 3.75 en equilibrio, en comparación con $-0.25 (= 3.75 - 8/2)$ si se desvía y se educa. Con la opinión que más propicia la desviación —que un trabajador que se desvía es de habilidad *Alta* con probabilidad de 1—, el de habilidad *Baja* obtendría un salario de 5.5 si se desvía, pero su pago por desviarse sería sólo de $1.5 (= 5.5 - 8/2)$, que es menor que 2. La opinión más razonable parece ser que un trabajador que adquiere educación es de habilidad *Alta*, lo que no apoya al equilibrio unificador.

La naturaleza del equilibrio separador respalda la afirmación de que la educación *per se* es inútil o incluso perniciosa, porque impone costos sociales, pero no aumenta la producción total. Aunque podemos tranquilizarnos por el hecho de que el mismo profesor Spence pensó que valía la pena ser rector de la Universidad de Harvard, las implicaciones son inquietantes y sugieren que debemos reflexionar seriamente sobre qué tan bien se aplica el modelo al mundo real. Lo haremos en la sección 10.3. Por ahora, observe que en el modelo, a diferencia de la mayoría de las situaciones del mundo real, la información acerca del talento del agente no tiene ningún valor social, porque todos los agentes serán contratados y empleados en la misma tarea incluso en condiciones de información completa. Además, si no son posibles los pagos laterales, el ES 1.2 es el segundo mejor eficiente en el sentido de que un planificador social no podría hacer que ambos tipos de trabajadores estén mejor. La separación ayuda a los trabajadores de alta habilidad aunque perjudique a los trabajadores de baja habilidad.

10.2. VARIANTES DEL MODELO DE SEÑALIZACIÓN DE LA EDUCACIÓN

A pesar de que Educación I es un modelo curioso e importante, no agota las implicaciones de la señalización que pueden descubrirse en modelos sencillos. Esta sección empieza con Educación II, que mostrará una opción a la suposición arbitaria de las opiniones en el concepto del equilibrio bayesiano perfecto. Educación III será igual que Educación I, excepto por el valor de sus parámetros, y tendrá dos equilibrios unificadores en vez de un equilibrio separador y uno unificador. Educación IV permitirá un *continuum* de niveles de educación, y unirá a Educación I y Educación III al presentar la forma en que pueden obtenerse sus equilibrios y otros en un modelo con un espacio de estrategia menos restringido.

Educación II: modelado de temblores para que nada esté fuera del equilibrio

El equilibrio unificador de Educación I requería que el modelador especificara las opiniones de los patrones fuera del equilibrio. Un modelo equivalente construye un árbol del juego para apoyar las opiniones, en vez de introducirlas por medio del concepto de equilibrio. Este enfoque se mencionó brevemente en relación con el juego de la Admisión al Doctorado en la sección 6.2. La ventaja es que se incluye a los supuestos sobre las opiniones en las reglas del juego junto con los otros supuestos. Así que sustituyamos el movimiento de la Naturaleza en Educación I y modifiquemos los pagos de la siguiente manera.

Educación II

0) La Naturaleza elige la habilidad de un trabajador $a \in \{2, 5.5\}$, cada habilidad tiene una probabilidad de 0.5 (el trabajador observa a, pero no el patrón). Con probabilidad de 0.001, la Naturaleza dota a un trabajador con educación gratuita.

...

Pagos

$$\pi_{trabajador} = \begin{cases} w - 8s/a & \text{si el trabajador acepta el contrato } w \text{ (ordinario).} \\ w & \text{si el trabajador acepta el contrato } w \text{ (con educación gratuita).} \\ 0 & \text{si el trabajador no acepta un contrato.} \end{cases}$$

Con probabilidad de 0.001 el trabajador recibe educación gratuita independientemente de su habilidad. Si el patrón ve a un trabajador con educación, sabe que el trabajador puede ser uno de los de este tipo raro, en cuyo caso la probabilidad de que la habilidad del trabajador sea *Baja* es de 0.5. Tanto $s = 0$ como $s = 1$ pueden observarse en cualquier equilibrio, y Educación II casi tiene los mismos dos equilibrios que Educación I, sin necesidad de especificar las opiniones. El equilibrio separador no depende de éstas y sigue siendo un equilibrio. Lo que era el equilibrio unificador 1.1 "casi" se convierte en un equilibrio unificador —casi todos los trabajadores se comportan de la misma manera, pero el pequeño número que ha recibido educación gratis se comporta en forma diferente—. Los dos tipos de mayor interés —los de *Alta* y los de *Baja*— no están separados, pero los trabajadores ordinarios están separados de los trabajadores cuya educación es gratuita. Incluso esa pequeña cantidad de separación permite a los patrones utilizar la Regla de Bayes y elimina la necesidad de opiniones exógenas.

Educación III: ningún equilibrio separador, dos equilibrios unificadores

Ahora modifiquemos Educación I y cambiemos las posibles habilidades del trabajador de $\{2, 5.5\}$ a $\{2, 12\}$. El equilibrio separador desaparece, pero surge un nuevo equilibrio unificador. En los equilibrios EU 3.1 y EU 3.2, ambos contratos unificadores pagan el mismo salario de cero ganancias de $7(= [2 + 12]/2)$, y ambos tipos de agentes adquieren la misma cantidad de educación, pero la cantidad depende del equilibrio.

Equilibrio unificador 3.1
(EU 3.1)
$$\begin{cases} s(Baja) = s(Alta) = 0 \\ w(0) = w(1) = 7 \\ Prob(a = Baja \mid s = 1) = 0.5 \\ \text{(conjeturas pasivas)} \end{cases}$$

Equilibrio unificador 3.2
(EU 3.2)
$$\begin{cases} s(Baja) = s(Alta) = 1 \\ w(0) = 2, w(1) = 7 \\ Prob(a = Baja \mid s = 0) = 1 \end{cases}$$

El EU 3.1 es similar al equilibrio unificador en Educación I y II, pero EU 3.2 es ineficiente. Ambos tipos de trabajadores reciben el mismo salario, pero de cualquier manera incurren en los costos de educación. Cada tipo tiene temor de no educarse porque el patrón le pagaría no como si su habilidad fuera la media, sino como si fuera *Baja*.

El análisis de EU 3.2 muestra la razón de que ya no exista un equilibrio separador. Cualquier equilibrio separador requeriría que $w(0) = 2$ y $w(1) = 7$, pero éste es el contrato que conduce a EU 3.2. Las restricciones de la autoselección y de las ganancias de cero no pueden ser satisfechas simultáneamente, porque el tipo de habilidad *Baja* está dispuesto a adquirir $s = 1$ para conseguir el salario alto.

No es sorprendente que los problemas de información creen ineficiencias en el sentido de que se pierde la eficiencia del primer mejor. En realidad, lo sorprendente es que en algunos juegos con información asimétrica, como el juego de Broadway I en la sección 7.4, el primer mejor todavía pueda obtenerse mediante trucos como los contratos forzosos. Con más frecuencia encontramos que el resultado es el segundo mejor eficiente: dadas las limitaciones de la información, un planificador social no puede modificar el equilibrio sin perjudicar a un tipo de jugador. El EU 3.2 no es ni

siquiera el segundo mejor eficiente, porque EU 3.1 y EU 3.2 conllevan exactamente los mismos salarios y la misma asignación de los trabajadores a las
tareas. La ineficiencia es por completo un problema de expectativas des-
afortunadas, como la ineficiencia por elegir el equilibrio dominado en la
Coordinación Jerarquizada.

El EU 3.2 también ejemplifica un buen punto de la definición de la unificación, porque, aunque los dos tipos de trabajadores adoptan las mismas
estrategias, el contrato de equilibrio ofrece diferentes salarios para diferentes educaciones. Nunca es necesario llevar a cabo la amenaza implícita
de pagar un salario bajo a un trabajador sin educación, por lo que al equilibrio se le sigue llamando unificador. Observe que la perfección no elimina
las amenazas basadas en las opiniones. El modelo impone esas opiniones al
patrón y él cumplirá con sus amenazas, porque cree que son las mejores
respuestas. El patrón recibe un pago más alto con algunas opiniones que
con otras, pero no está en libertad de elegirlas.

Si seguimos el enfoque de Educación II, podemos eliminar EU 3.2 añadiendo una probabilidad exógena de 0.001 de que cualquiera de los tipos es
completamente incapaz de comprar educación. Entonces nunca se observa ninguna conducta en equilibrio y terminamos con el EU 3.1 porque la
única opinión racional es que, si se observa que $s = 0$, la probabilidad de
que el trabajador tenga una habilidad *Alta* o una *Baja* es la misma. Eliminar EU 3.1 requiere de opiniones menos razonables; por ejemplo, una probabilidad de 0.001 de que un trabajador de habilidad *Baja* obtenga educación gratuita junto con una probabilidad de 0 de que uno de habilidad
Alta la obtenga.

Los tres primeros juegos ilustran las características básicas de la señalización: *a)* pueden existir tanto equilibrios separadores como unificadores,
b) las opiniones fuera del equilibrio importan y *c)* a veces un equilibrio
bayesiano perfecto puede dominar en el sentido de Pareto a los demás.
Estos resultados son resistentes, pero Educación IV ejemplificará algunos
peligros que conlleva la utilización de juegos simplificados con conjunto
de estrategia binaria en vez de estrategias continuas y sin límites. Hasta
aquí la educación se ha restringido a $s = 0$ o $s = 1$; Educación IV le permite
tomar valores más grandes o intermedios.

Educación IV: señales continuas y equilibrios múltiples

Retornemos a Educación I, con el único cambio de que la educación s puede tomar cualquier nivel en el continuo entre 0 y el infinito.

Ahora el juego tiene equilibrios múltiples unificadores y separadores que
difieren según sea el valor de educación que se elija. En los equilibrios unificadores, el nivel de equilibrio de la educación es s^*, donde cada s^* en el
intervalo $[0, \bar{s}]$ apoya un equilibrio distinto. La opinión fuera del equilibrio
que más probablemente apoyará un equilibrio unificador es $Prob(a =
Baja \mid s \neq s^*) = 1$, así que la usaremos para encontrar el valor de $\bar{s}$, la mayor
cantidad de educación que puede ser generada por un equilibrio unifica-
dor. El equilibrio es EU 4.1, donde $s^* \in [0, \bar{s}]$.

Equilibrio unificador 4.1
(EU 4.1)

$$\begin{cases} s(Baja) = s(Alta) = s^* \\ w(s^*) = 3.75 \\ w(s \neq s^*) = 2 \\ Prob(a = Baja \mid s \neq s^*) = 1 \end{cases}$$

Es posible descubrir el valor crítico $\bar{s}$ por la limitación de la compatibilidad de incentivos del tipo *Baja*, que compromete si $s^* = \bar{s}$. La desviación más tentadora es hacia cero educación, por lo que ésa es la desviación que aparece en la limitación.

$$U_B(s = 0) = 2 \leq U_B(s = \bar{s}) = 3.75 - \frac{8\bar{s}}{2}. \tag{7}$$

La ecuación (7) da $\bar{s} = 7/16$. Cualquier valor de s^* que sea menor que 7/16 también apoyará un equilibrio unificador. Observe que la limitación de la compatibilidad de incentivos del tipo *Alta* no compromete. Si uno de habilidad *Alta* se desvía a $s = 0$, también se pensará que su habilidad es *Baja*, de modo que

$$U_A(s = 0) = 2 \leq U_A\left(s = \frac{7}{16}\right) = 3.75 - \frac{8\bar{s}}{5.5} \approx 3.1. \tag{8}$$

En los equilibrios separadores, los niveles de educación que se eligen en equilibrio son 0 para los de habilidad *Baja* y s^* para los de habilidad *Alta*, donde cada s^* en el intervalo $[\bar{s}, \bar{s}$ apoya un equilibrio distinto. Una diferencia respecto a los equilibrios separadores en los juegos con conjunto de estrategia binaria es que ahora hay posibles acciones que estén fuera del equilibrio incluso en un equilibrio separador. Los dos tipos de trabajadores se separarán en dos niveles de educación, pero eso deja un número infinito de niveles de educación fuera del equilibrio. Como hicimos antes, utilicemos la opinión más extrema como la opinión de los patrones después de observar un nivel de educación fuera del equilibrio: que la $Prob(a = Baja \mid s \neq s^*) = 1$. El equilibrio es ES 4.2, donde $s^* \in [\bar{s}, s]$.

Equilibrio separador 4.2
(ES 4.2)

$$\begin{cases} s(Baja) = 0, \; s(Alta) = s^* \\ w(s^*) = 5.5 \\ w(s \neq s^*) = 2 \\ Prob(a = Baja \mid s \notin \{0, s^*\}) = 1 \end{cases}$$

El valor crítico $\bar{s}$ puede descubrirse mediante la limitación de la compatibilidad de incentivos de los de habilidad *Baja*, que compromete si $s^* = \bar{s}$.

$$U_B(s = 0) = 2 \geq U_B(s = \bar{s}) = 5.5 - \frac{8\bar{s}}{5.5}. \tag{9}$$

La ecuación (9) nos da $\bar{s} = 7/8$. Cualquier valor de s^* mayor que 7/8 también hará que los trabajadores con *Baja* habilidad no procuren adquirir educación. Si la educación requerida para obtener el salario 5.5 es muy grande, también los trabajadores con una habilidad *Alta* renunciarán a la educación. Su limitación de la compatibilidad de incentivos requiere que

$$U_A(s = 0) = 2 \leq U_A(s = \bar{\bar{s}}) = 5.5 - \frac{8\,\bar{\bar{s}}}{5.5} \tag{10}$$

La ecuación (9) da $\bar{\bar{s}} = 77/32$. s^* puede tomar cualquier valor menor que 77/32 y los de habilidad *Alta* estarán deseosos de adquirir educación.

La gran diferencia con Educación I es que Educación IV tiene equilibrios jerarquizados según Pareto. La unificación puede ocurrir no sólo con educación cero, sino también con educación de niveles positivos, como en Educación III, y todos los equilibrios unificadores con niveles positivos de educación son Pareto inferiores. Además, los equilibrios separadores pueden jerarquizarse según Pareto, ya que la separación con $s^* = \bar{s}$ domina a la separación con $s^* = \bar{s}$. Usar un conjunto de estrategia binaria en vez de un continuo oculta este problema.

Asimismo, Educación IV muestra cómo restringir el espacio de estrategia puede modificar las clases de equilibrios que son posibles. Educación III no tenía equilibrios separadores porque en la señal máxima posible, $s = 1$, los de habilidad *Baja* todavía estaban dispuestos a imitar a los de habilidad *Alta*. Educación IV tampoco tendría ningún equilibrio separador si el espacio de estrategia se restringiera a permitir sólo niveles de educación inferiores a 7/8. Utilizar el espacio de estrategia restringido elimina equilibrios posibles en la realidad.

Esto no quiere decir que los modelos con conjunto de estrategia binaria sean siempre desorientadores. Educación I es un buen modelo para indicar cómo se puede usar la señalización para separar agentes de diferentes tipos; sólo empieza a desorientar cuando se le usa para llegar a una conclusión como "si existe un equilibrio separador, es único". Como ocurre con cualquier supuesto, se debe tener cuidado de no restringir tanto el modelo que elimine el contenido de la pregunta a la que intenta responder.

10.3. COMENTARIOS GENERALES SOBRE LA SEÑALIZACIÓN EN LA EDUCACIÓN

Señalización y fenómenos similares

Lo distintivo de la señalización es que la acción del agente, aunque no está relacionada directamente con la producción, es útil porque está relacionada con la habilidad. Para que la señal funcione, debe costarle menos a un agente de mayor habilidad. En Educación I puede ocurrir la separación porque cuando el principal paga un mayor salario a los trabajadores educados, sólo los de habilidad *Alta*, cuyos costos de utilidad por la educación son menores, están dispuestos a adquirirla. Por eso la señal funciona donde un sencillo mensaje no: las acciones son más fuertes que las palabras.

En apariencia, la señalización es similar a otras soluciones a la selección adversa. Al agente de alta habilidad le resulta más barato construir una reputación que a los de baja habilidad, pero las acciones para hacerse una reputación se basan directamente en su habilidad alta. En un modelo típico de reputación, el agente muestra su habilidad al obtener una alta producción periodo tras periodo. Además, por naturaleza la reputación requiere de varios periodos de juego, lo que no sucede con la señalización.

Es posible otra forma de comunicación cuando alguna variable observable que no está bajo el control del trabajador se correlaciona con la habilidad. Por ejemplo, la edad se correlaciona con la cualidad de ser digno de confianza, por lo que un patrón paga más a los trabajadores antiguos; pero la correlación no surge porque sea más fácil para los trabajadores dignos de confianza adquirir el atributo de la edad. Ya que la edad no es una acción que elija el trabajador, no necesitamos la teoría de juegos para modelarla.

Problemas al aplicar la señalización a la educación

A nivel empírico, la primera pregunta que se le debe hacer a un modelo de señalización de la educación es: "¿Qué es la educación?". Para fines operativos esto significa, "¿En qué unidades se mide la educación?". Dos posibles respuestas son "años de educación" y "el promedio de puntos por grado". Si el sacrificio de los ingresos de un año es mayor para un trabajador de baja habilidad, los años de educación pueden servir como señal. Si los estudiantes menos inteligentes deben esforzarse más para conseguir buenas calificaciones, el promedio de puntos por grado también puede ser una señal.

Layard y Psacharopoulos (1974) dan tres razones para rechazar la señalización como un motivo importante para la educación. Primero, los que desertan del sistema obtienen una tasa de rendimiento por la educación tan alta como la de los que terminan sus carreras, por lo que la señal no es el diploma, aunque podrían serlo los años de educación. Segundo, el diferencial salarial entre los diversos niveles de educación aumentan con la edad, pese a que uno esperaría que la señal fuera menos relevante después de que el patrón ha hecho más observaciones sobre la producción del trabajador. Tercero, las pruebas no son ampliamente utilizadas para la contratación, no obstante su bajo costo con respecto a la educación. Las pruebas están disponibles, pero no se las usa: por lo general, los estudiantes se someten a pruebas como la SAT estadunidense, cuyos resultados pueden comunicar creíblemente a los patrones; sus calificaciones se correlacionan mucho con el subsecuente promedio de puntos por grado. También es de esperar que un patrón prefiera pagar salarios bajos a un joven de 18 años durante cuatro años para determinar su habilidad, en vez de ayudar a ver qué calificaciones obtiene como licenciado en historia.

La señalización productiva

Aun cuando la educación es en gran medida una señalización, no podríamos estar de acuerdo con el cierre de las escuelas. La señalización puede ser desperdiciadora en un equilibrio unificador como EU 3.2, pero en un equilibrio separador puede ser el segundo mejor en términos de eficiencia al menos por tres razones. Primero, permite que el patrón asigne a los trabajadores empleos que se ajustan a sus talentos. Si los únicos trabajos disponibles fueran los de "profesor" y "mecanógrafo", entonces, en un equilibrio unificador, se emplearía tanto a trabajadores de habilidad *Alta* como de *Baja*, pero se les asignaría de manera aleatoria a los dos trabajos. Dado el principio de la ventaja comparativa, la mecanografía podría mejorar, pero creo, orgullosamente, que la enseñanza se vería perjudicada.

Segundo, la señalización previene que los trabajadores de talento se vayan a trabajos en que su productividad es menor, pero en los que se conoce su talento. Sin la señalización, un trabajador talentoso podría dejar una empresa y empezar su propia compañía, donde sería menos productivo pero estaría mejor pagado. El observador ingenuo apuntaría que las empresas emplean sólo a un tipo de trabajador *(Baja)* e imaginaría que no hay ninguna pérdida de bienestar social.

Tercero, si la habilidad es endógena —riesgo moral en vez de selección adversa—, la señalización propicia que los trabajadores adquieran habilidad. Uno de mis profesores decía que siempre se entiende la penúltima clase de econometría. Suponga que un buen conocimiento de la econometría aumenta la habilidad del estudiante, pero que una calificación de "A" no basta para demostrar que aprendió bien el curso. Para señalar su habilidad recientemente adquirida, el estudiante también debe tomar "Series de tiempo" que no puede aprobar sin una buena comprensión de la econometría. El curso de "Series de tiempo" podría no ser útil por sí solo, pero si no existiera el estudiante no podría demostrar que aprendió los aspectos básicos de la econometría.

10.4. EL JUGADOR INFORMADO MUEVE SEGUNDO: ESCUDRIÑAMIENTO

En los juegos de escudriñamiento, el jugador informado mueve segundo, lo que significa que mueve en respuesta a contratos ofrecidos por el jugador no informado. Hacer que el jugador no informado presente las ofertas es importante, porque su oferta no transmite ninguna información sobre sí mismo, a diferencia de lo que ocurre en un modelo de señalización.

Educación v: escudriñamiento con una señal discreta

Jugadores
Un trabajador y dos patrones.

Orden del juego
0) La Naturaleza elige la habilidad del trabajador $a \in \{2, 5.5\}$, cada habilidad tiene una probabilidad de 0.5. Los patrones no observan la habilidad, pero el trabajador sí.
1) Cada patrón ofrece un contrato salarial $w(s)$.
2) El trabajador elige el nivel de educación $s \in \{0, 1\}$.
3) El trabajador acepta un contrato o rechaza los dos.
4) La producción es igual a a.

Pagos

$$\pi_{trabajador} = \begin{cases} w - 8s/a & \text{si el trabajador acepta el contrato } w. \\ 0 & \text{si el trabajador rechaza ambos contratos.} \end{cases}$$

$$\pi_{patrón} = \begin{cases} a - w & \text{para el patrón cuyo contrato es aceptado.} \\ 0 & \text{para el otro patrón.} \end{cases}$$

Educación V no tiene ningún equilibrio unificador, porque si un patrón tratara de ofrecer el contrato unificador de cero ganancias, $w(0) = 3.75$, el otro patrón ofrecería $w(1) = 5.5$ y atraería a todos los de habilidad *Alta*. El equilibrio único es

> **Equilibrio separador 5.1** $\begin{cases} s(Baja) = 0, s(Alta) = 1 \\ w(0) = 2, w(1) = 5.5 \end{cases}$
> (ES 5.1)

No es necesario especificar las opiniones en un modelo de escudriñamiento. El jugador no informado mueve primero y sus opiniones después de ver el movimiento del jugador informado son irrelevantes. El jugador informado está informado completamente, así que lo que observa no influye en sus opiniones. Esto se parece mucho a la selección adversa sencilla, en que el jugador no informado mueve primero y ofrece un conjunto de contratos, después de lo cual el jugador informado elige uno de ellos. El modelador no necesita refinar la perfección en un modelo de escudriñamiento, aunque podría verse tentado a abandonarlo en favor de los conceptos del equilibrio reactivo o de Wilson que se describieron en la sección 9.5. La similitud entre la selección adversa y el escudriñamiento es lo suficientemente grande que Educación V no habría estado fuera de lugar en el capítulo 9, pero se presenta aquí porque el contexto es muy semejante a los modelos de señalización de la educación.

Educación VI permite un continuo de niveles de educación, en un juego que por lo demás es igual a Educación V.

Educación VI: escudriñamiento con una señal continua

Jugadores
Un trabajador y dos patrones.

Orden del juego
0) La Naturaleza elige la habilidad del trabajador $a \in \{2, 5.5\}$, cada habilidad tiene una probabilidad de 0.5. Los patrones no observan la habilidad, pero el trabajador sí.
1) Cada patrón ofrece un contrato salarial $w(s)$.
2) El trabajador elige el nivel de educación $s \in \{0, 1\}$.

3) El trabajador elige un contrato o rechaza ambos.
4) La producción es igual a *a*.

Pagos

$$\pi_{trabajador} = \begin{cases} w - 8s/a & \text{si el trabajador acepta el contrato } w. \\ 0 & \text{si el trabajador rechaza ambos contratos.} \end{cases}$$

$$\pi_{patrón} = \begin{cases} a - w & \text{para el patrón cuyo contrato es aceptado.} \\ 0 & \text{para el otro patrón.} \end{cases}$$

Por lo general, los equilibrios unificadores no existen en los juegos de escudriñamiento con señales continuas, y a veces los equilibrios separadores con estrategias puras tampoco —recuerde el juego del Aseguramiento III de la sección 9.4—. No obstante, Educación VI sí tiene un equilibrio separador de Nash, con un sendero de equilibrio único.

Equilibrio separador 6.1
(ES 6.1)

$$\begin{cases} s(Baja) = 0, \, s(Alta) = 0.875 \\ \\ w = \begin{cases} 2 & \text{si } s < 0.875 \\ 5.5 & \text{si } s \geq 0.875 \end{cases} \end{cases}$$

En cualquier contrato separador, a los de habilidad *Baja* se les debe pagar un salario de 2 por una educación de 0, porque éste es el contrato más atractivo en que las ganancias son iguales a cero. El contrato separador para los de habilidad *Alta* debe aumentar al máximo su utilidad, condicionado a las restricciones que se discutieron en Educación I. Cuando la señal es continua, las restricciones le son especialmente útiles al modelador para calcular el equilibrio. Las restricciones de la participación para los patrones requieren que

$$w(0) \leq a_B = 2 \text{ y } w(s^*) \leq a_A = 5.5, \tag{11}$$

donde s^* es el valor separador de la educación que intentamos descubrir. La competencia convierte las desigualdades de (11) en igualdades. La restricción de la autoselección para los trabajadores de baja habilidad es

$$U_B(s = 0) \geq U_B(s = s^*), \tag{12}$$

que en Educación VI es

$$w(0) - 0 \geq w(s^*) - \frac{8s^*}{2}. \tag{13}$$

Como el salario separador es de 2 para los de habilidad *Baja* y de 5.5 para los de *Alta*, la restricción (13) se satisface como una igualdad si $s^* = 0.875$, que es el nivel de educación crucial en ES 6.1.

$$U_A(s = 0) = w(0) \leq U_A(s = s^*) = w(s^*) - \frac{8s^*}{5.5}. \tag{14}$$

Si $s^* = 0.875$, la desigualdad (14) es verdadera y también lo sería para valores mayores de s^*. Sin embargo, a diferencia del juego de la señalización de estrategia continua, Educación IV, en Educación VI el contrato de equilibrio es único, porque los patrones compiten para ofrecer el contrato más atractivo que satisface las restricciones de la participación y de la compatibilidad de incentivos. El más atractivo es el contrato separador que domina en el sentido de Pareto a los otros contratos separadores al exigir la señal separadora relativamente baja de $s^* = 0.875$.

De manera similar, la competencia por ofrecer contratos atractivos hace que no sean posibles los contratos unificadores. La restricción de la no unificación, que la competencia entre patrones requiere, es

$$U_A(s = s^*) \geq U_A(unificación), \tag{15}$$

que, para Educación VI, es, si usamos el contrato unificador más atractivo posible,

$$w(s^*) - \frac{8s^*}{5.5} \geq 3.75. \tag{16}$$

Como el pago de los de habilidad *Alta* en el contrato separador es 4.23 (= 5.5 − (8)(0.875/5.5), redondeado), se satisface la restricción no unificadora.

Ningún equilibrio unificador en Educación VI

Educación VI carece de un equilibrio unificador, el cual necesitaría el resultado {$s = 0$, $w(0) = 3.75$}, representado por C_1 en la gráfica 10.1. Si un patrón ofreciera un contrato unificador que requiriera más que educación cero (como el ineficiente EU 3.2), el otro patrón podría hacer una oferta más atractiva del mismo salario por cero educación. El salario es de 3.75 para asegurar que las ganancias son de cero. El resto de la función salarial —los salarios para niveles de educación positivos— puede asumir una variedad de formas, siempre y cuando los salarios no aumenten tan rápido al aumentar la educación que los de habilidad *Alta* se vean tentados a educarse.

Pero ningún equilibrio tiene estas características. En un equilibrio de Nash, ningún patrón puede ofrecer un contrato unificador, porque el otro patrón siempre podría beneficiarse ofreciendo un contrato separador que pague más a los educados. Uno de esos contratos separadores es C_2, en la gráfica 10.1, que paga 5 a los trabajadores con una educación de $s = 0.5$ y rinde un pago de 4.89(= 5 − [(8)(0.5)]/5.5, redondeado) a los de *Alta*, y de 3(= 5 − (8)(0.5)/2) a los de *Baja*. Sólo los de habilidad *Alta* prefieren C_2 en vez del contrato unificador C_1, que da pagos de 3.75 a los de *Alta* y a los de *Baja* habilidad, y si sólo los de habilidad *Alta* aceptan C_2, éste le produce ganancias positivas al patrón.

GRÁFICA 10.1. *Educación VI: ningún equilibrio unificador de Nash*

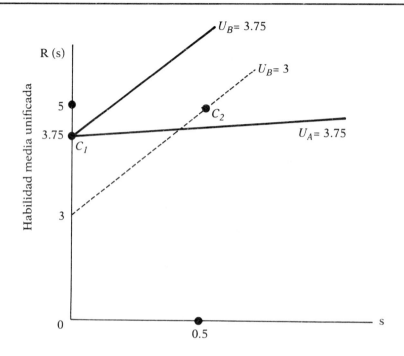

La no existencia de un equilibrio unificador en los modelos de escudriñamiento sin espacios continuos de estrategia es un resultado general. La linealidad de las curvas en Educación VI es especial, pero en cualquier modelo de escudriñamiento los de habilidad *Baja* enfrentarán costos de educación más altos, lo que equivale a tener curvas de indiferencia de mayor pendiente. Ésta es la propiedad del cruce único a que se aludió en Educación I. Cualquier equilibrio unificador, al igual que C_1, debe quedar en el eje vertical donde la educación es de cero y el salario es igual a la habilidad promedio. Siempre es posible encontrar un contrato separador como C_2 al noreste del contrato unificador, entre las curvas de indiferencia de los dos tipos, y rendirá ganancias positivas porque atraerá sólo a los de *Alta* habilidad.

Educación VII: ningún equilibrio de Nash

En Educación VI mostramos que los modelos escudriñadores no tienen equilibrios unificadores. En Educación VII se cambian un poco los parámetros para eliminar incluso el equilibrio separador. Haga que la proporción de los de habilidad *Alta* sea de 0.9 en vez de 0.5, de modo que el salario unificador en que las ganancias son iguales a cero es de 5.15(= 0.9[5.5]

+ 0.1[2]) en vez de 3.75. Considere los contratos separadores C_3 y C_4 que se presentan en la gráfica 10.2, calculados de la misma manera que en el ES 5.1. El par de contratos (C_3, C_4) es el más atractivo que separa a los de habilidad *Alta* de los de habilidad *Baja* por satisfacer la restricción (7). Los trabajadores de *Baja* habilidad aceptan el contrato C_3, obtienen $s = 0$ y reciben un salario de 2, su habilidad. Los trabajadores de habilidad *Alta* aceptan el contrato C_4, obtienen $s = 0.875$ y reciben un salario de 5.5, su habilidad. La educación no es atractiva para los de *Baja* habilidad porque el pago *Bajo* por simular ser de *Alta* habilidad es de 2(= 5.5 – (8)(0.875) /2), que no es mejor que el pago *Bajo* de 2 en C_3 (= 2 – (8)(0)/2).

GRÁFICA 10.2. *Educación* VII: *ningún equilibrio de Nash*

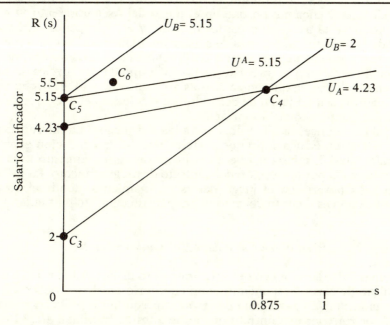

El salario del contrato unificador C_5 es 5.15, de modo que incluso los de habilidad *Alta* prefieren rigurosamente C_5 en vez de (C_3, C_4). Pero nuestro razonamiento de que no existe ningún equilibrio unificador sigue siendo válido; algún contrato C_6 atraerá a todos los de habilidad *Alta* alejándolos de C_5. No existe ningún equilibrio de Nash en estrategias puras, ya sea separador o unificador.

Escudriñamiento y selección adversa

También encontramos un problema de no existencia en los juegos de selección adversa de la sección 9.4, donde, al igual que en el escudriñamiento, el jugador informado no toma ninguna acción hasta que el jugador no informado ha ofrecido un conjunto de contratos. Los modelos de escudriñamiento se comportan en gran medida de la misma manera que los modelos de selección adversa sencillos, a diferencia de los modelos de señalización.

Compare Educación VI, el primer modelo escudriñador de la educación, con el juego del Aseguramiento III de Rothschild y Stiglitz (1976) que se presentó en la sección 9.4. Ambos tienen contratos que dan algo de valor a cambio de incurrir en costos para comunicar la información privada de los jugadores informados. En Educación VI, los contratos especificaban un mayor salario si el trabajador adquiría más educación. En el juego del Aseguramiento III, los contratos especificaban una prima menor si el cliente aceptaba un mayor riesgo al acceder a una tasa de coaseguro más alta. En ambos modelos, los dos tipos de jugador informado se separaban, pues elegían dos niveles diferentes de la variable cara. Los resultados sólo son el segundo mejor eficiente porque en el juego del Aseguramiento III el tipo *Prudente* no está asegurado completamente y en Educación VI el tipo de habilidad *Alta* incurre en costos de educación. El juego del Aseguramiento III especifica dos contratos distintos, a diferencia de la función $w(s)$ de Educación V, pero como el trabajador sólo elige uno de dos niveles de educación en equilibrio, la diferencia es más aparente que real. El hecho de que Educación VI sea un juego de certidumbre y el juego del Aseguramiento III no lo sea, tampoco tiene importancia.

¿Cuál es entonces la diferencia entre los dos juegos? La diferencia principal es que en Educación VI es posible concebir la educación aparte del contrato salarial, mientras que en el juego del Aseguramiento III la señal es comunicada por la elección del contrato de aseguramiento. La ineficiencia es más notoria en el juego del escudriñamiento, donde el costo de comunicación es distinto del acto de aceptar un contrato particular

El equilibrio de Wilson y el equilibrio reactivo

De manera similar al juego del Aseguramiento III, es posible ir más allá del equilibrio de Nash para encontrar un equilibrio de alguna otra clase para Educación VII. ¿Es razonable decir que un equilibrio unificador siempre podrá ser roto por un contrato que atrae a los de habilidad *Alta*? Después de que los de *Alta* habilidad se han separado de él, el antiguo contrato unificador, que seguirá absorbiendo a todos los de habilidad *Baja*, dejaría de ser lucrativo. En la gráfica 10.2, si se retira a C_5 después de que se ofrece C_6, los de *Baja* habilidad prefieren C_6 en vez del cero que obtendrían por el desempleo y C_6 se convierte en un contrato unificador. Esto es irrelevante para la pregunta de si C_5 es un equilibrio de Nash, pero podría hacer que se dudara de la sabiduría del concepto de equilibrio.

Bajo el concepto de **equilibrio de Wilson** de la sección 9.5, el equilibrio unificador es legítimo, porque un patrón que esté pensando en introducir un nuevo contrato que romperá el equilibrio se dará cuenta de que ese nuevo contrato no será lucrativo una vez que se retire el contrato anterior. También puede aplicarse el **equilibrio reactivo** y genera un equilibrio separador. Con este razonamiento, no es posible romper el equilibrio separador mediante un contrato unificador, porque el contrato unificador a su vez sería roto por un segundo contrato separador. El C_5 de Wilson y el (C_3, C_4) reactivo son dos claros candidatos para el equilibrio en la gráfica 10.2. Alternativamente, podemos restructurar el modelo de tal manera que el trabajador mueva primero —el supuesto en las secciones 10.1 y 10.2—. Si bien se evita el problema de la existencia (del equilibrio), esto trae la necesidad de meditar acerca de las creencias de desequilibrio y en realidad modela una situación diferente, en la que los trabajadores no pueden cambiar su educación en respuesta a los contratos de los patrones.

Un resumen de los modelos de educación

A causa de la complejidad de la señalización, la mayor parte de este capítulo se ha dedicado a la elaboración del modelo de educación. Empezamos con Educación I, que explicaba cómo con dos tipos y dos niveles de señalización el equilibrio bayesiano perfecto podía ser separador o unificador. Educación II tomó el mismo modelo y remplazó la especificación de las creencias de desequilibrio con un movimiento adicional de la Naturaleza, en tanto que Educación III transformó los parámetros de Educación I para aumentar la diferencia entre los tipos y mostrar cómo la señalización puede continuar con la unificación. Educación IV cambió Educación I permitiendo un *continuum* de niveles de educación, lo cual resultó en un *continuum* de equilibrios ineficientes, cada uno con un nivel distinto de señal. Después de una discusión meramente verbal sobre la forma de aplicar los modelos de señalización, vimos el escudriñamiento, en el cual el patrón mueve primero. Educación V fue una repetición de Educación I, pero como escudriñamiento, mientras que Educación VI amplió el modelo para permitir una señal continua, que elimina el equilibrio unificador. Educación VII modificó los parámetros de Educación VI para hacer ver que a veces no existe ningún equilibrio de Nash de estrategia pura.

En esos casos se supuso implícitamente que todos los jugadores eran neutrales al riesgo. La neutralidad al riesgo no es importante porque en el modelo no hay incertidumbre y los agentes no enfrentan ningún riesgo. Si los trabajadores tuvieran aversión al riesgo y difirieran en sus grados de aversión al riesgo, los contratos podrían tratar de aprovechar la diferencia para apoyar un equilibrio separador, porque la disposición a aceptar el riesgo puede funcionar como una señal. Si el principal tuviera aversión al riesgo, podría ofrecer un salario menor que la productividad promedio en el equilibrio unificador, pero no se halla en absoluto bajo ningún riesgo en el equilibrio separador, porque es totalmente revelador. Asimismo, los modelos son juegos de certidumbre, lo cual tampoco importa. Si la producción fuera incierta, los agentes simplemente usarían los pagos esperados en vez de los pagos no refinados y muy poco cambiaría.

Podemos ampliar los modelos de educación todavía más —una alta prioridad sería permitir más de dos niveles de habilidad—, pero mejor pasemos a los mercados financieros y veamos gráficamente un modelo con dos características continuas de tipo y dos señales continuas.

10.5. Dos señales: el juego de la Fijación de Precios Bajos a las Nuevas Emisiones de Acciones

Una señal puede no bastar cuando un agente quiere comunicar al principal no una, sino dos características. Esto fue analizado en general en Engers (1987), y en la economía financiera han sido populares los modelos de señales múltiples, con modelos de emisiones certificadas por Matthews y Moore (1987) y del papel de los banqueros de inversión en las nuevas emisiones de valores por Hughes (1986). Como ejemplo, utilizaremos un modelo de oferta pública inicial de acciones.

Empíricamente, se ha encontrado que las compañías muy a menudo emiten acciones a un precio tan bajo que tiene una fuerte alza en los días que siguen a la emisión, un rendimiento anormal que en promedio se estima en 11.4% (Copeland y Weston, 1988, p. 377). El juego de la Fijación de Precios Bajos a las Nuevas Emisiones de Acciones trata de explicar esto mediante el porcentaje de acciones retenidas por el propietario original y la proporción en que el precio se halla por debajo de lo normal como dos señales. Las dos características de las cuales se están enviando señales son el valor medio de la nueva acción, que obviamente es de interés para los compradores potenciales, y la varianza, cuya importancia expondremos después.

Fijación de Precios Bajos a las Nuevas Emisiones de Acciones
(Grinblatt y Hwang, 1989)

Jugadores
El empresario y muchos inversionistas.

Orden del juego
(Véase la gráfica 2.3a para una línea de tiempo.)
0) La Naturaleza elige el valor esperado (μ) y la varianza (σ^2) de una acción de la empresa usando alguna distribución F.
1) El empresario retiene una proporción α de las acciones y ofrece vender el resto a un precio por acción de P_0.
2) Los inversionistas deciden si aceptan o rechazan la oferta.
3) El precio del mercado se convierte en P_1, el μ que estimaron los inversionistas.
4) La Naturaleza elige el valor V de una acción usando alguna distribución G tal que μ es la media de V y σ^2 es la varianza. Con probabilidad θ, V es revelada a los inversionistas y se convierte en el precio del mercado.
5) El empresario vende sus acciones restantes al precio del mercado.

Pagos
$$\pi_{empresario} = U([1 - \alpha]P_0 + \alpha[\theta V + (1 - \theta)P_1], \text{ donde } U' > 0 \text{ y } U'' < 0.$$
$$\pi_{inversionistas} = (1 - \alpha)(V - P_0) + \alpha(1 - \theta)(V - P_1).$$

El pago al empresario es la utilidad del valor de las acciones que emite en P_0 más el valor de las que vende después al precio P_1 o V. El pago al inversionista es el verdadero valor de las acciones que compran menos el precio que pagan.

La Fijación de Precios Bajos a las Nuevas Emisiones de Acciones subsume el modelo más sencillo de Leland y Pyle (1977), en el que σ^2 es de conocimiento común y en el que, si el empresario elige retener una gran proporción de las acciones, los inversionistas deducen que el valor de las acciones es alto. La única señal en ese modelo es totalmente reveladora, porque retener una gran parte expone al empresario no diversificado a un riesgo mayor, que no estará dispuesto a aceptar a menos que el valor de sus acciones sea mayor de lo que creerían los inversionistas sin la señal.

Si la varianza del proyecto es alta, esto también aumenta el riesgo del empresario no diversificado, lo que es importante aunque los inversionistas sean neutrales al riesgo y no se interesen directamente en el valor de σ^2. Como el riesgo es mayor cuando la varianza es alta, la señal α es más efectiva; retener una proporción menor le permite al empresario vender el resto

GRÁFICA 10.3. *Forma en que la señal cambia con la varianza*

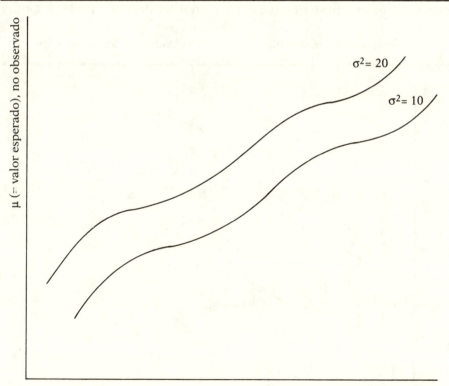

al mismo precio que una cantidad mayor para una empresa que tuviera una menor varianza. Aun cuando los inversionistas estuvieran diversificados y no se interesaran directamente en el riesgo específico de cada empresa, sí les interesa la varianza porque les dice algo de la efectividad de las acciones retenidas por el empresario como una señal del valor de las acciones. La gráfica 10.3 presenta las curvas de señalización para dos niveles de varianza.

En el juego de la Fijación de Precios Bajos a las Nuevas Emisiones de Acciones, el inversionista no conoce σ^2, por lo que la señal ya no es totalmente reveladora. Una α igual a 0.1 puede significar que la empresa tiene un bajo valor con baja varianza, o un alto valor con una alta varianza. Pero el empresario puede enviar una segunda señal, el precio al que se emite la acción, y observando α y P_0 los inversionistas pueden deducir μ y σ^2.

Usaré cifras específicas para particularizar. El empresario podría señalar que las acciones tienen el elevado valor medio, $\mu = 120$, en dos formas: a) reteniendo un alto porcentaje, $\alpha = 0.4$, y haciendo la oferta inicial a un precio alto de $P_0 = 90$, o b) reteniendo un bajo porcentaje, $\alpha = 0.3$, y haciendo la oferta inicial a un precio bajo, $P_0 = 80$. La gráfica 10.4 muestra las diferentes combinaciones del precio inicial y la proporción retenida que pueden usarse. Si las acciones tienen una varianza alta, querrá elegir la conducta b), que reduce su riesgo. Los inversionistas deducen que las acciones

GRÁFICA 10.4. *Diferentes formas de señalar una determinada* μ

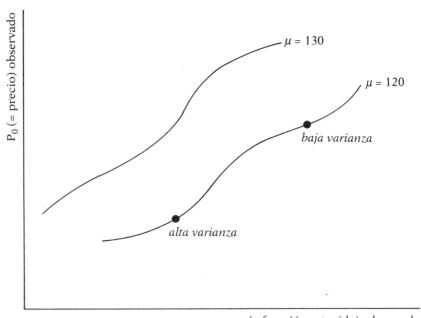

de cualquiera que retiene un bajo porcentaje y ofrece un bajo precio en realidad tienen $\mu = 120$ y una varianza alta, así que las acciones ofrecidas al precio de 80 aumentan en precio. Por otro lado, si el empresario retuviera $\alpha = 0.3$ y ofreciera el precio alto $P_0 = 90$, los inversionistas concluirían que μ es más bajo que 120, pero que la varianza también es baja, de modo que las acciones no aumentarían de precio. El precio bajo transmite la información de que estas acciones tienen una media y una varianza altas más que una media y una varianza bajas.

Este modelo explica por qué las nuevas acciones se emiten a un precio bajo. El empresario sabe que el precio aumentará, pero sólo si emite las acciones a un precio inicial bajo para indicar que la varianza es alta. El descuento en el precio muestra que señalar reteniendo una gran proporción de las acciones es inusitadamente caro, a pesar de lo cual está dispuesto a enviar la señal. El descuento es caro porque está vendiendo las acciones a un precio menor que su verdadero valor, y retener las acciones es caro porque asume un riesgo adicional, pero ambos son necesarios para señalar que las acciones son valiosas.

NOTAS

N10.1. *El jugador informado mueve primero: señalización*

- El término "señalización" fue propuesto por Spence (1973). En los juegos de este libro se aprovecha la experiencia de los años transcurridos para construir modelos más sencillos y racionales de la educación que en su artículo original, en el cual usó un concepto de equilibrio bastante raro: un perfil de estrategia en el que no existen incentivos para que el trabajador se desvíe y las ganancias del patrón son de 0. Bajo ese concepto, los incentivos que tenga la empresa para desviarse carecen de importancia.

  La distinción entre escudriñamiento y señalización ha sido atribuida a Stiglitz y Weiss (1989). En las obras sobre el tema ha habido una amplia variación en el uso de los dos términos, y "señal" es una palabra tan útil que frecuentemente se la adopta en modelos que no tienen señalización de la clase que se aborda en este capítulo.

- Un convencionalismo que a veces se utiliza en los modelos de señalización es el de llamar al jugador que señala (el agente) el **remitente** o el **que envía**, y al jugador al que se señala (el principal) el **receptor**.

- Las aplicaciones de la señalización son muchas para hacer una lista adecuada. Unos cuantos ejemplos son el uso de los precios en C. Wilson (1980) y Stiglitz (1987), el pago de dividendos en Ross (1977), la negociación (sección 11.5) y el *greenmail* (sección 15.2). Banks (1990) ha escrito un breve libro que trata en general de los modelos de señalización en la ciencia política. Artículos empíricos comprenden los de Layard y Psacharopoulos (1974) sobre educación, y de Staten y Umbeck (1986) sobre las enfermedades ocupacionales.

- La negociación legal es uno de los campos de aplicación de la señalización. Véase Grossman y Katz (1983). Reinganum (1988) tiene un buen ejemplo del valor del compromiso previo en la señalización legal. En su modelo, el fiscal que busca castigar a los culpables y liberar a los inocentes desea, si los parámetros son tales que la mayoría de los acusados resultan culpables, comprometerse a una estrategia unificadora en que su oferta de un acuerdo si hay confesión es la misma, independientemente de la probabilidad de que se encuentre culpable a un determinado acusado.

- La cola del pavo real puede ser una señal. Zahavi (1975) sugiere que una cola larga puede beneficiar al pavo real porque, como lo obstaculiza, demuestra a sus compañeras potenciales que es suficientemente capaz de sobrevivir incluso con esa desventaja.
- **Publicidad**
  La publicidad es un campo natural para aplicar la señalización. Las obras sobre el tema comprenden la de Nelson (1974), escrita antes de que se conociera bien la señalización, la de Kihlstrom y Riordan (1984) y la de Milgrom y Roberts (1986). Describiré brevemente un modelo basado en el de Nelson. Las empresas son de uno de dos tipos, baja calidad o alta calidad. Los consumidores desconocen la existencia de una empresa hasta que reciben un anuncio de ella, y no conocen su calidad hasta que compran su producto. No están dispuestos a pagar más de cero por la baja calidad, pero cualquier producto tiene un costo de producción. Éste no es un modelo de reputación, porque su duración es finita y la calidad es exógena.

  Si el costo de un anuncio es mayor que la ganancia por una venta, pero menor que la ganancia por ventas repetidas, entonces las altas tasas de los anuncios están asociadas con una alta calidad del producto. Una empresa con baja calidad no anunciará, pero una empresa con alta calidad sí.

  El modelo puede funcionar aun cuando los consumidores no entienden el mercado y no hacen deducciones racionales a partir de los incentivos de la empresa, así que no es necesario que sea un modelo de señalización. Si los consumidores reaccionan pasivamente y prueban el producto de cualquier empresa de la cual reciben un anuncio, todavía es cierto que la empresa de alta calidad anuncia más, porque los clientes que atrae se convierten en clientes que "repiten". Si los consumidores entienden los incentivos de la empresa, la señalización refuerza el resultado. Los consumidores saben que las empresas que anuncian deben tener una alta calidad, por lo que están dispuestos a probar sus productos. Esta comprensión es importante, porque si los consumidores supieran que 90% de las empresas es de baja calidad, pero no entendieran que sólo las empresas con una alta calidad anuncian, no responderían a los anuncios que reciben. Esto debe recordarnos el juego de la Admisión al Doctorado de la sección 6.2.
- Si sólo hay dos trabajadores en la población, el modelo es diferente dependiendo de que:
  1) Cada uno es de habilidad *Alta* con probabilidad objetiva de 0.5, por lo que posiblemente ambos son de habilidad *Alta*; o
  2) Uno de ellos es de habilidad *Alta* y el otro es de habilidad *Baja*, por lo que sólo la probabilidad subjetiva es de 0.5.

  Los resultados son diferentes porque en el caso *2)*, si un trabajador envía creíblemente señales de que es de habilidad *Alta*, el patrón sabe que el otro debe ser de habilidad *Baja*.

PROBLEMAS

10.1: *¿Es mejor la habilidad baja?*

Cambie Educación I de tal manera que las dos habilidades posibles del trabajador son $a \in \{1, 4\}$.

10.1a) ¿Cuáles son los equilibrios de este juego? ¿Cuáles son los pagos de los trabajadores (y el promedio de los pagos a todos los trabajadores) en cada equilibrio?

10.1b) Aplique el criterio intuitivo (véase N6.2). ¿Los equilibrios son los mismos?

10.1c) ¿Qué ocurre con los pagos del trabajador en equilibrio si la habilidad alta es 5 en vez de 4?

10.1d) Aplique el criterio intuitivo al juego nuevo. ¿Los equilibrios son los mismos?

10.1e) ¿Puede ocurrir que un aumento en la habilidad máxima reduzca el pago promedio al trabajador? ¿Puede perjudicar a todos los trabajadores?

10.2: *Educación productiva y no existencia del equilibrio*

Cambie Educación I de tal manera que dos habilidades igualmente probables sean $a_B = 2$ y $a_A = 5$ y la educación sea productiva: el pago que recibe el patrón cuyo contrato se acepta es $\pi_{patrón} = a + 2s - w$. La función de utilidad del trabajador sigue siendo $U = w - 8s/a$.

10.2a) Con información completa, ¿cuáles son los salarios para los trabajadores educados y los no educados de cada tipo? ¿Quién adquiere educación?

10.2b) Muestre que con información incompleta el equilibrio es único (excepto para las creencias y los salarios desequilibrados), pero que no es razonable.

10.3: *Precio y calidad*

Los consumidores tienen las opiniones previas de que Apex produce bienes de baja calidad con probabilidad de 0.4 y de alta calidad con probabilidad de 0.6. En cada caso cuesta 1 producir una unidad de producción, y ésta vale 10 para el consumidor si es de alta calidad y 0 si es de baja calidad. El consumidor, que es neutral al riesgo, decide si comprará en cada uno de los dos periodos, pero no conoce la calidad hasta que compra. No hay descuento.

10.3a) ¿Cuáles son el precio y la ganancia de Apex si debe elegir un precio, p^*, para ambos periodos?

10.3b) ¿Cuáles son el precio y la ganancia de Apex si puede elegir dos precios, p_1 y p_2, para los dos periodos, pero no puede comprometerse anticipadamente con p_2?

10.3c) ¿Cuál es la respuesta a la parte *b)* si la tasa de descuento es $r = 0.1$?

10.3d) Si retornamos a $r = 0$, ¿cuál será la respuesta si Apex se puede comprometer con p_2?

10.3e) ¿Cómo cambian las respuestas a *a)* y *b)* si la probabilidad de baja calidad es de 0.95 en vez de 0.4? (Esta pregunta es capciosa.)

10.4: *Señalización con señal continua*

Suponga que con probabilidad igual la habilidad de un trabajador es $a_B = 1$ o $a_A = 5$ y que el trabajador elige cualquier cantidad de educación $y \in [0, \infty)$. Deje que $U_{trabajador} = w - 8y/a$ y $\pi_{patrón} = a - w$.

10.4a) Hay un *continuum* de equilibrios unificadores, con diferentes niveles de y^*, la cantidad de educación necesaria para obtener un salario alto. ¿Qué niveles de educación, y^*, y salarios, $w(y)$, se pagan en los equilibrios unificadores? ¿Cuál es el conjunto de creencias de desequilibrio que los apoya? ¿Cuáles son las restricciones de la compatibilidad de incentivos?

10.4b) Hay un *continuum* de equilibrios separadores, con diferentes niveles de y^*. ¿Cuáles son los niveles de educación y de salarios en los equilibrios separadores? ¿Por qué se necesitan creencias de desequilibrio, y qué opiniones apoyan a los equilibrios sugeridos? ¿Cuáles son las restricciones de la autoselección para estos equilibrios?

10.4c) Si usted se viera obligado a predecir el equilibrio que se jugará, ¿cuál diría que es?

10.5: *Publicidad*

Brydox introduce un nuevo champú que realmente es muy bueno, pero los consumidores creen que es bueno con probabilidad de 0.5. Un consumidor pagaría 10 por alta calidad y 0 por baja calidad, y el costo de producción del champú es de 6 unidades. La empresa puede gastar tanto como quiera en anuncios estúpidos por la televisión que muestren a gente feliz lavándose el pelo, pero el mercado potencial consiste en 100 economistas de sangre fría que no se dejan impresionar por trucos psicológicos. El mercado se puede dividir en dos periodos.

10.5a) Si se prohíben los anuncios, ¿quebrará Brydox?

10.5b) Si hay dos periodos de compra del consumidor, y los consumidores descubren la calidad del champú si compran en el primer periodo, muestre que Brydox puede gastar sumas considerables en anuncios estúpidos por la televisión.

10.5c) ¿Cuáles son el mínimo y el máximo que Brydox gastará en publicidad, si gasta una cantidad positiva?

TERCERA PARTE

APLICACIONES

11. NEGOCIACIÓN

11.1. El problema básico de negociación: la División del Pastel

La tercera parte de este libro ha sido diseñada para que usted flexione sus músculos, pues le proporciona un gran número de aplicaciones de la primera y segunda partes. Los cinco capítulos siguientes carecen de la unidad de los capítulos previos de dos maneras: se les puede leer en cualquier orden y sólo abordan los puntos relevantes de cada tema. Además, en tanto que el capítulo 11 (negociación) y el 12 (subastas) cubren campos bien definidos de la investigación, los capítulos 13, 14 y 15 son selecciones de modelos de las obras cada vez más numerosas sobre la organización industrial. Lo que tienen en común los capítulos es que usan nuevas teorías para responder a preguntas viejas.

La teoría de la negociación trata de una clase de discriminación del precio mal descrita por la teoría económica prevaleciente. En los mercados con muchos participantes en uno u otro lado, la teoría prevaleciente explica bien los precios. En los mercados competitivos observamos la intersección de las curvas de la demanda y de la oferta, mientras que en los mercados que de un lado son monopolios, encontramos la producción de monopolio o de monopsonio. El problema surge si hay pocos jugadores en cada lado. Cuando se está empezando a estudiar la economía, se aprende que, bajo el monopolio bilateral (un comprador, un vendedor), la teoría económica prevaleciente no es aplicable porque los comerciantes deben negociar. En el capítulo acerca de la información asimétrica habríamos tropezado con esto repetidamente, si no es por nuestro supuesto de que el principal o el agente se enfrentaban a la competencia.

Las secciones 11.1 y 11.2 presentan el problema de negociación arquetípica, la División del Pastel, y las versiones más complicadas del mismo integran el resto del capítulo. La sección 11.2, donde tomamos las reglas originales del juego y aplicamos la solución negociadora de Nash, es nuestra única incursión en la teoría de juegos cooperativos en este libro. La sección 11.3 considera la negociación como un proceso de ofertas y contraofertas repetido finitamente, y la sección 11.4 lo considera como un proceso repetido infinitamente. La sección 11.5 retorna a un número finito de repeticiones (de hecho, dos), pero con información incompleta.

La División del Pastel se parece al juego del Gallina, sólo que tiene un *continuum* de equilibrios de Nash: cualquier perfil de estrategia (θ_s, θ_j) tal que $\theta_s + \theta_j = 1$ es de Nash. Éste es uno de los casos en que el concepto de Nash funciona peor, porque el supuesto de que el equilibrio que se juega es de conocimiento común es muy audaz cuando hay un *continuum* de equilibrios. La idea del punto focal (sección 1.5) puede ayudar a elegir un solo equilibrio de Nash. El espacio de estrategia del juego del Gallina es discreto y no tiene un equilibrio de estrategia pura simétrica, pero el espacio de estrategia de la División del Pastel es continuo, lo que permite que exista un equilibrio de estrategia pura simétrica. Ese equilibrio es la división igual (0.5, 0.5), que es un punto focal.

La División del Pastel

Jugadores
Smith y Jones.

Orden del juego
Los jugadores eligen simultáneamente sus partes θ_s y θ_j, del pastel.

Pagos
Si $\theta_s + \theta_j \leq 1$, cada jugador recibe la fracción que eligió: $\begin{cases} \pi_s = \theta_s. \\ \pi_j = \theta_j. \end{cases}$
Si $\theta_s + \theta_j > 1$, entonces $\pi_s = \pi_j = 0$.

Si los jugadores mueven en secuencia, el juego ofrecería una ventaja muy grande para el que mueve primero. Si Jones mueve primero, el resultado único de Nash sería (0, 1), aunque sólo débilmente, porque Smith sería indiferente respecto a su acción. (Éste es el mismo problema del conjunto abierto discutido en la sección 4.3.) Smith acepta la oferta si elige θ_s para hacer que $\theta_s + \theta_j = 1$, pero si añadimos sólo una épsilon de mala voluntad al modelo, elegirá $\theta_s > 0$ y rechazará la oferta.

En muchas aplicaciones, esta versión del juego de la División del Pastel es inaceptablemente simple, porque si los dos jugadores notan que sus partes suman más de 1, tienen la oportunidad de cambiar de opinión. Por ejemplo, en las negociaciones laborales, si el gerente Jones hace una oferta que rechaza el sindicalista Smith, no renuncian de inmediato a los beneficios de combinar el capital y el trabajo. Pierden una semana de producción y presentan nuevas ofertas. La tendencia reciente de la investigación ha sido la de modelar esa secuencia de ofertas, pero antes de hacerlo veamos cómo trata la teoría de juegos cooperativos al juego original.

11.2. LA SOLUCIÓN DE LA NEGOCIACIÓN DE NASH

Cuando la teoría de juegos empezaba y los juegos eran estáticos, uno de los enfoques favoritos era el de decidir acerca de algunas características que debía tener un equilibrio con base en los conceptos de equidad o eficiencia, para luego expresar matemáticamente tales características y quizá añadir algunos otros axiomas, a fin de llegar sin dificultades al equilibrio. Nash (1950a) lo hizo así para el problema de la negociación, en lo que tal vez es la aplicación más conocida de la teoría de juegos cooperativos. El objetivo de Nash era elegir axiomas que caracterizarían el acuerdo que los dos jugadores anticiparan establecer entre sí. Utilizó un juego sólo un poco más complicado que la División del Pastel. En el modelo de Nash, los dos jugadores pueden tener utilidades diferentes si no llegan a un acuerdo, y las funciones de utilidad pueden ser no lineales en términos de las partes del pastel. Las gráficas 11.1*a* y 11.1*b* comparan los dos juegos.

En la gráfica 11.1, la parte sombreada que se indica por *X* es el conjunto de pagos posibles, que supondremos convexo. El punto de desacuerdo es $\bar{U} = (\bar{U}_s, \bar{U}_j)$. La solución de la negociación de Nash, $U^* = (U_s^*, U_j^*)$ es una función de $\bar{U}$ y de X. Los axiomas que generan el concepto son los siguientes:

1) *Invariabilidad*

Para cualquier función lineal estrictamente creciente F,

$$U^*[F(\bar{U}), F(X)] = F[U^*(\bar{U}, X)]. \tag{1}$$

Esto nos dice que la solución es independiente de las unidades en que se mide la utilidad.

2) *Eficiencia*

La solución es óptima de acuerdo con Pareto, de modo que no se puede mejorar a ambos jugadores. En términos matemáticos,

$$(U_s, U_j) > U^* \Rightarrow (U_s, U_j) \notin X. \tag{2}$$

3) *Independencia de las Alternativas Irrelevantes*

Si se eliminan algunos perfiles de utilidad posibles de X, lo que deja al conjunto más pequeño Y, entonces, si U^* no fue uno de los puntos eliminados, U^* no cambia.

$$U^*(\bar{U}, X) \in Y \text{ y } X \Rightarrow U^*(\bar{U}, Y) = U^*(\bar{U}, X). \tag{3}$$

4) *Anonimato (o simetría)*

Intercambiar los nombres de los jugadores Smith y Jones no influye en la solución.

El axioma de la Independencia de las Alternativas Irrelevantes es el más debatido de los cuatro; pero si yo me tuviera que quejar sería por el enfoque axiomático, que depende fuertemente de la intuición que subyace en los axiomas. La intuición diaria nos dice que el resultado debe ser eficiente y simétrico, de modo que se puedan eliminar *a priori* otros resultados. No

GRÁFICA 11.1. *a) La División del Pastel; b) El juego
de la Negociación de Nash*

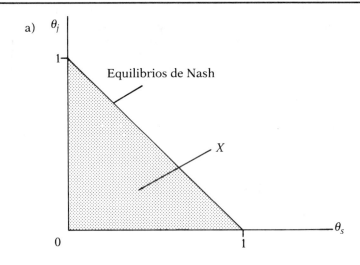

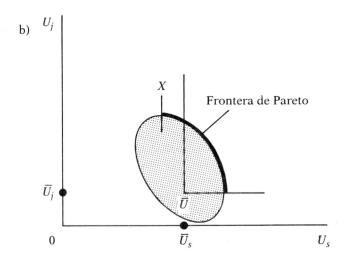

obstante, la mayoría de los juegos en los capítulos anteriores han tenido
resultados razonables pero ineficientes, y juegos como el del Gallina derivan en resultados asimétricos razonables.

Cualesquiera que sean sus inconvenientes, estos axiomas caracterizan
plenamente la solución de Nash. Puede demostrarse que si U^* satisface los
cuatro axiomas anteriores, entonces es el único perfil de estrategia que
hace posible

$$U^* = \underset{U \in X, U \geq \bar{U}}{Argmax} \ (U_s - \bar{U}_s)(U_j - \bar{U}_j). \tag{4}$$

La División del Pastel es un juego suficientemente sencillo, así que no son necesarios todos los axiomas para llegar a una solución. Sin embargo, si ubicamos al juego en este contexto, el problema (4) se convierte en

$$\underset{\theta_s, \theta_j \ | \theta_s + \theta_j \leq 1}{Maximice} \ (\theta_s - 0)(\theta_j - 0), \tag{5}$$

que genera las condiciones de primer orden

$$\theta_s - \lambda = 0, \ y \ \theta_j - \lambda = 0, \tag{6}$$

donde λ es el multiplicador de Lagrange sobre la restricción. De (6) y de la restricción se obtiene $\theta_s = \theta_j = 1/2$, la división en partes iguales que es el punto focal del juego no cooperativo.

Aunque el propósito de Nash era simplemente el de caracterizar las anticipaciones de los jugadores, percibo un rasgo de moralidad más fuerte en la teoría de juegos cooperativos que en los no cooperativos. Los resultados cooperativos son claros, equitativos, hermosos y eficientes. En las siguientes secciones trataremos de modelos de negociación no cooperativos que, aunque plausibles, carecen de esas características. La teoría de juegos cooperativos puede ser útil para decisiones éticas, pero sus características atractivas a menudo son inadecuadas para las situaciones económicas, y el espíritu del enfoque axiomático es muy diferente de la maximización de la utilidad de la teoría económica.

No obstante, no debe olvidarse que el componente ético de la teoría de juegos cooperativos también puede apegarse a la realidad, porque frecuentemente las personas son éticas o simulan serlo. En muchas ocasiones, las personas siguen las reglas que en su opinión representan la conducta virtuosa, aunque conlleven un costo monetario. En los experimentos de negociación en que a un jugador se le da la capacidad de hacer una oferta de "tómelo o déjelo", es muy común que ofrezca una división 50-50. Supuestamente, esto se debe a que desea ser justo o teme una respuesta enconada del otro jugador si le presenta una oferta menor. Si a los sujetos se les hace "sentir" que "han ganado" el derecho de ser la parte que ofrece, se comportan mucho más como los jugadores en la teoría no cooperativa (Hoffman y Spitzer, 1985). Frank (1988) y Thaler (1992) describen numerosas situaciones en que los juegos sencillos no describen el mundo real o los resultados experimentales. Los pagos a las personas incluyen más que sus recompensas monetarias, y a veces conocer la desutilidad cultural de las acciones es más importante que conocer las recompensas monetarias. Ésta es una razón por la que le conviene a un modelador mantener sus juegos sencillos: cuando realmente los aplica al mundo real, el modelo no debe ser tan poco manejable que no lo pueda combinar con su conocimiento de una situación particular.

11.3. Ofertas Alternativas en tiempo finito

En los juegos de las dos secciones siguientes, las acciones son las mismas que en la División del Pastel, pero con muchos periodos de ofertas y contraofertas. Esto significa que las estrategias ya no son sólo acciones, sino reglas para elegir acciones basadas en las acciones elegidas en los periodos previos.

Ofertas Alternativas

Jugadores
Smith y Jones.

Orden del juego
1)   Smith hace una oferta θ_1.
1*) Jones acepta o rechaza.
2)   Jones hace una oferta θ_2.
2*) Smith acepta o rechaza.

...
T)   Smith ofrece θ_T.
T*) Jones acepta o rechaza.

Pagos
El factor de descuento es $\delta \leq 1$.
Si la oferta de Smith es aceptada por Jones en el turno m,

$$\pi_s = \delta^n \theta_m,$$
$$\pi_j = \delta^n (1 - \theta_m).$$

(Si la oferta de Jones es aceptada, invierta los subíndices.)
Si no se acepta nunca ninguna oferta, ambos pagos son iguales a cero.

Cuando un juego tiene muchos turnos se debe decidir si es apropiado el descuento (véase sección 4.5). Recuerde que, si la tasa de descuento es r, el factor de descuento es $\delta = 1/(1 + r)$, por lo que sin descuento $r = 0$ y $\delta = 1$. Que el descuento sea adecuado a la situación que se modela depende de que el retraso sea importante para los pagos porque la negociación ocurre en tiempo real (sección 2.2) o el juego puede terminar repentinamente (sección 5.2). Al juego de las Ofertas Alternativas se le puede interpretar de dos maneras, según ocurra o no en tiempo real. Por un lado, los jugadores hicieron todas las ofertas y contraofertas entre el amanecer y el atardecer de un solo día, el descuento no sería de consecuencia, porque, en esencia, el tiempo no ha transcurrido. Por otro lado, si el tiempo que consumiera cada oferta fuera de una semana, el retraso antes de consumir finalmente el pastel sería relevante para los jugadores y deben descontarse sus pagos.

Considere primero el juego sin descuento. Hay un único resultado perfecto del subjuego —Smith se queda con todo el pastel—, que es apoyado por varios equilibrios. En cada equilibrio, Smith ofrece $\theta_s = 1$ por periodo, pero cada equilibrio es diferente en términos del momento en que Jones acepta la oferta. Todos son equilibrios débiles porque a Jones le es indiferente aceptar o rechazar, y difieren sólo en el momento de la aceptación final de Jones.

Smith debe su éxito a su habilidad para hacer la última oferta. Cuando Smith se queda con todo el pastel en el último periodo, Jones no gana nada si rehúsa aceptar. En realidad, lo que se tiene aquí no es la ventaja del primero que mueve, sino una ventaja del último que mueve al ofrecer, diferencia que no es aparente en el modelo de un periodo.

En el juego con descuento, el valor total del pastel es de 1 en el primer periodo, de δ en el segundo y así sucesivamente. En el periodo T, si se llega a él, Smith ofrecerá 0 a Jones y se quedará con 1, y Jones lo aceptaría por nuestro supuesto acerca de los jugadores indiferentes. En el periodo $T - 1$, Jones le puede ofrecer a Smith δ, quedándose con $(1 - \delta)$, y Smith aceptaría, aunque puede recibir una mayor parte si rehusara, porque la mayor parte la obtendría después y descontada.

Por un razonamiento similar, en el periodo $T - 2$ Smith le ofrecería a Jones $\delta(1 - \delta)$, quedándose con $1 - \delta(1 - \delta)$, y Jones aceptaría, ya que con una parte positiva Jones también prefiere que el juego termine pronto. En el periodo $T - 3$, Jones le ofrecerá a Smith $\delta[1 - \delta(1 - \delta)]$, lo que le deja a él $1 - \delta[1 - \delta(1 - \delta)]$, y Smith aceptará, otra vez para evitar el retraso. El cuadro 11.1 muestra la progresión de las partes de Smith cuando $\delta = 0.9$.

CUADRO 11.1. *Ofertas Alternativas en tiempo finito*

Turno	Parte de Smith	Parte de Jones	Valor total	Oferente
$T - 3$	0.819	0.181	0.9^{T-4}	Jones
$T - 2$	0.91	0.09	0.9^{T-3}	Smith
$T - 1$	0.9	0.1	0.9^{T-2}	Jones
T	1	0	0.9^{T-1}	Smith

Al trabajar de atrás para adelante, a Smith siempre le va un poco mejor cuando él hace la oferta que cuando la hace Jones; pero si consideramos la clase de periodos en que Smith presenta la oferta, la parte de Smith disminuye. Si continuáramos hacia el principio por un número grande de periodos, la oferta de Smith en un periodo en que hace la oferta se aproximaría a $1/(1 + \delta)$, que es más o menos 0.53 si $\delta = 0.9$. El razonamiento que fundamenta esa expresión precisa se discute en la sección siguiente. En equilibrio, la primera oferta será aceptada, pues se la ha elegido de tal manera que al otro jugador no le puede ir mejor si espera.

11.4. OFERTAS ALTERNATIVAS EN TIEMPO INFINITO

El Teorema Folk de la sección 5.2 dice que, cuando el descuento es bajo y un juego se repite un número infinito de veces, hay muchos resultados de equilibrio. Sin embargo, esto no se aplica al juego de la negociación, porque no es un juego repetido. Termina cuando un jugador acepta una oferta, y sólo la oferta aceptada, no las propuestas anteriores, importa para los pagos. En particular, no hay castigos fuera del equilibrio como los que obligan a los resultados del Teorema Folk.

Suponga que los jugadores Smith y Jones tienen factores de descuento de δ_s y δ_j, que no son necesariamente iguales, pero que son estrictamente positivos y no mayores que uno. En el resultado perfecto único del subjuego para el juego de negociación de periodos infinitos, la parte de Smith es

$$\theta_s = \frac{1 - \delta_j}{1 - \delta_s \delta_j}, \tag{7}$$

que, si $\delta_s = \delta_j = \delta$, equivale a

$$\theta_s = \frac{1}{1 + \delta}. \tag{8}$$

Si la tasa de descuento es alta, Smith obtiene la mayor parte del pastel: una tasa de descuento de $1\,000\%$ ($r = 10$) hace que $\delta = 0.091$ y $\theta_s = 0.92$ (redondeado), lo que es lógico, ya que bajo esas condiciones extremas de descuento el segundo periodo casi no importa y prácticamente estamos de nuevo en el juego sencillo de la sección 11.1. En el otro extremo, si r es pequeña, el pastel se divide casi por igual: si $r = 0.01$, entonces $\delta \approx 0.99$ y $\theta_s \approx 0.503$.

Es crucial que la tasa de descuento sea estrictamente mayor que 0, aunque lo sea por muy poco. De otra manera, el juego tiene el mismo *continuum* de equilibrios perfectos que en la sección 11.1. Dado que nada cambia en el tiempo, no hay ningún incentivo para llegar a un pronto acuerdo. Cuando las tasas de descuento son iguales, la intuición que subyace en el resultado es que, como el costo de retraso de un jugador es proporcional a su parte del pastel, si Smith ofreciera una división burdamente desigual, por ejemplo (0.7, 0.3), Jones rechazaría la oferta pues pierde menos por el retraso. Jones sólo aceptará si la división se acerca a la equidad, como lo demostraremos a continuación.

Proposición 11.1 (Rubinstein, 1982)

En el juego infinito descontado, el resultado perfecto de equilibrio único es $\theta_s = (1 - \delta_j)/(1 - \delta_s \delta_j)$, donde Smith es el que mueve primero.

Prueba

Vimos que en el juego de T periodos Smith obtiene una parte mayor en un periodo en que él hace la oferta. Represente por M la parte no descontada máxima, tomada entre todos los equilibrios perfectos que puedan existir, que Smith puede obtener en un periodo en que él hace la oferta. Considere que el juego empieza en t. Es seguro que Smith no obtendrá más de M, como se observa en el cuadro 11.2 (así, Jones obtendrá $1 - M$, pero esto no es importante para la prueba).

CUADRO 11.2. *Ofertas Alternativas en tiempo infinito*

Turno	Parte de Smith	Parte de Jones	Oferente
$T - 2$	$1 - \delta_j(1 - \delta_s M)$		Smith
$T - 1$		$1 - \delta_s M$	Jones
T	M		Smith

El truco es encontrar una forma además de M que represente el máximo que puede obtener Smith. Considere la oferta que hace Jones en $t - 1$. Smith aceptará cualquier oferta que le dé más que el valor descontado de M recibida un periodo después, por lo que Jones le hace a Smith una oferta de $\delta_s M$, reteniendo $1 - \delta_s M$ para él. En $t - 2$, Smith sabe que Jones rechazará cualquier oferta que sea menor que el valor descontado del mínimo que Jones puede esperar recibir en $t - 1$. Por tanto, Smith no puede ofrecer menos de $\delta_j(1 - \delta_s M)$ o retener para sí mismo más de $1 - \delta_j (1 - \delta_s M)$ en $t - 2$.

Ahora tenemos dos expresiones para "el máximo que Smith puede recibir", que podemos hacer iguales entre sí:

$$M = 1 - \delta_j (1 - \delta_s M), \tag{9}$$

Al resolver la ecuación (9), se obtiene para M

$$M = \frac{1 - \delta_j}{1 - \delta_s \delta_j}. \tag{10}$$

Se puede repetir el argumento usando m, el mínimo de la parte de Smith. Si Smith puede esperar por lo menos m en t, Jones no puede recibir más de $1 - \delta_s m$ en $t - 1$. En $t - 2$, Smith sabe que si le ofrece a Jones el valor descontado de esa cantidad éste aceptará, así que Smith puede garantizarse a sí mismo $1 - \delta_j(1 - \delta_s m)$, que es igual a la expresión que encontramos para M. La parte más pequeña que puede recibir Smith en el equilibrio perfecto es la misma que la más grande, porque el resultado de equilibrio debe ser único.

Ningún descuento, pero un costo de negociación fijo

Hay dos formas de modelar los costos de negociación por periodo: como proporcionales al valor restante del pastel (que acabamos de usar) o como costos fijos en cada periodo, que analizamos a continuación (seguimos nuevamente a Rubinstein, 1982). Para entender la diferencia, piense en las negociaciones laborales durante un proyecto de construcción. Si una huelga retrasa su terminación, hay dos clases de pérdidas: una se debe al retraso en el alquiler o en la venta del nuevo edificio, pérdida proporcional a su valor; la otra se deriva de las sanciones que se incluyeron en el contrato para el caso de incumplimiento del plazo de terminación, que muchas veces toman la forma de una sanción fija semanal. Las dos clases de costos tienen efectos muy diferentes sobre el proceso de negociación.

Para representar la segunda clase de costo, suponga que no hay descuento, pero que cada vez que Smith o Jones hace una oferta incurre en el costo c_s o c_j. En todo equilibrio perfecto del subjuego, Smith hace una oferta y Jones acepta, pero hay tres casos posibles.

1) *Los costos por el retraso son iguales*

$$c_s = c_j = c.$$

La indeterminación de Nash de la sección 11.1 se mantiene igual de mala; cualquier fracción que haga que un jugador obtenga por lo menos c es apoyada por algún equilibrio perfecto.

2) *Los retrasos perjudican más a Jones*

$$c_s < c_j.$$

Smith se queda con todo el pastel. Jones pierde más que Smith si hay retraso, y el retraso no cambia la situación excepto porque disminuye la riqueza de los jugadores. El juego es estacionario porque les sigue pareciendo igual a ambos jugadores sin importar el número de periodos que haya transcurrido. Si en cualquier periodo t Jones ofrece a Smith x, en el periodo $(t-1)$ Smith puede ofrecer a Jones $(1-x-c_j)$, conservando $(x+c_j)$ para sí mismo. En el periodo $(t-2)$ Jones le ofrecerá a Smith $(x+c_j-c_s)$ y él se quedará con $(1-x-c_j+c_s)$; en los periodos $(t-4)$ y $(t-6)$ Jones ofrecerá $(1-x-2c_j+2c_s)$ y $(1-x-3c_j+3c_s)$. A medida que se avanza hacia atrás, la ventaja de Smith aumenta a $\gamma(c_j-c_s)$ para un número entero arbitrariamente grande γ. Si observa las fases futuras desde el principio del juego, Jones está dispuesto a ceder y acepta cero.

3) *El retraso perjudica más a Smith*

$$c_s > c_j.$$

Smith obtiene una parte que vale c_j y Jones obtiene $(1-c_j)$. El costo de c_j es un límite inferior para la parte de Smith, quien mueve primero, porque si Smith sabe que Jones le ofrecerá $(0, 1)$ en el segundo periodo, Smith puede ofrecer $(c_j, 1-c_j)$ en el primer periodo y Jones aceptará.

11.5. Información incompleta

El acuerdo instantáneo ha caracterizado incluso a los juegos de información completa de varios periodos tratados hasta ahora. Bajo la información incompleta, el conocimiento puede cambiar en el transcurso del juego y la negociación puede durar más de un periodo en equilibrio, resultado que puede calificarse de ineficiente, pero que ciertamente se ajusta a la realidad. Los modelos con información completa tienen dificultades para explicar cosas como las huelgas o las guerras, pero si con el transcurso del tiempo un jugador no informado llega a conocer el tipo del jugador informado observando qué ofertas hace o rechaza, esos resultados infortunados pueden surgir. Las obras sobre la negociación en condiciones de información incompleta son muy numerosas. Para esta sección, elegí un modelo que se basa en la primera parte de Fudenberg y Tirole (1983), pero sólo es un ejemplo particular de cómo se puede construir tal modelo y no un buen indicador de los resultados que se pueden esperar de la negociación.

Negociación con información incompleta

Jugadores
Un vendedor y un comprador al que se llama Comprador$_{100}$ o Comprador$_{150}$, según sea su tipo.

Orden del juego
0) La Naturaleza elige el tipo del comprador, su valuación del objeto que se está vendiendo, la cual es de $t = 100$ con probabilidad γ y $b = 150$ con probabilidad $(1 - \gamma)$.
1) El vendedor ofrece el precio p_1.
2) El comprador acepta o rechaza p_1 (la aceptación termina el juego).
3) El vendedor ofrece un segundo precio p_2.
4) El comprador acepta o rechaza p_2.

Pagos

$$\pi_{vendedor} = \begin{cases} p_1 & \text{si se acepta } p_1 \\ \delta p_2 & \text{si se acepta } p_2 \\ 0 & \text{si no se acepta ninguna oferta} \end{cases}$$

$$\pi_{comprador} = \begin{cases} b - p_1 & \text{si se acepta } p_1 \\ \delta(b - p_2) & \text{si se acepta } p_2 \\ 0 & \text{si no se acepta ninguna oferta.} \end{cases}$$

Si se acepta p_2, el pago al comprador es de $\delta(b - p_2)$, en vez de $\delta b - p_2$, porque el valor presente del efectivo pagado en el segundo periodo es menor que el del efectivo pagado en el primer periodo. El consumo en el segundo periodo proporciona menos placer, pero el pago proporciona menos dolor. Para los cálculos numéricos supongamos que $\delta = 0.9$.

Como se describe, el juego nos habla del encuentro entre un comprador y un vendedor. Otra interpretación es que el juego trata de un *continuum* de compradores y de un vendedor, en cuyo caso el análisis funciona del mismo modo, aunque la traducción verbal es diferente. Como se dijo en la sección 3.2, a veces los modelos con un *continuum* de jugadores son más fáciles de entender, porque es posible interpretar a los dos tipos de jugadores como diferentes fracciones de la población, y a las estrategias mixtas como fracciones de la población total mediante distintas estrategias puras.

Si éste fuera un juego de información completa, el vendedor, que tiene la ventaja del último que mueve, elegiría el equilibrio $p_1 = 100$ o $p_1 = 150$ y el comprador aceptaría. Si el comprador no aceptara, el vendedor ofrecería el mismo precio de nuevo y el comprador aceptaría esa segunda oferta. Sin embargo, con información incompleta, la probabilidad de que el comprador sea un Comprador$_{100}$ determina si el equilibrio es unificador a un precio bajo, o separador a un precio alto con algunas ofertas rechazadas.

El juego de información incompleta es un modelo de escudriñamiento como los que vimos en el capítulo 10, en el sentido de que el jugador no informado mueve primero. Los modelos de escudriñamiento con un *continuum* de tipos no tienen equilibrios unificadores, pero el supuesto de que sólo hay dos tipos permitirá uno en este modelo. Si el comprador hiciera la oferta, en vez del vendedor, éste sería un juego de señalización en que las creencias de desequilibrio importarían más. No obstante, el juego no es un modelo de señalización puro, porque dura dos periodos y el jugador no informado tiene oportunidad de hacer su segundo movimiento después de que el jugador informado ha movido y posiblemente, por tanto, ha revelado información. Esto le da el carácter mixto de escudriñamiento y señalización.

Un caso de muchos compradores con baja valuación: $\gamma = 0.5$

Empezaremos por suponer que $\gamma = 0.5$, de modo que hay una gran probabilidad de que la valuación del comprador sea de 100.

Equilibrio (unificador)

En el primer periodo, $p_1 = 100$, el Comprador$_{100}$ acepta $p_1 \leq 100$, y el Comprador$_{150}$ acepta $p_1 \leq 105$. En el segundo periodo, $p_2 = 100$, el Comprador$_{100}$ acepta $p_2 \leq 100$ y el Comprador$_{150}$ acepta $p_2 \leq 150$. Las creencias de desequilibrio del comprador son que, si un comprador rechaza $p_1 = 100$, es un Comprador$_{100}$ con probabilidad γ (conjeturas pasivas). El resultado es que $p_1 = 100$ y que el comprador acepta.

Comprobemos que éste es un equilibrio bayesiano perfecto. Como siempre, parta de atrás para adelante. Ambos tipos de jugadores tienen una estrategia dominante para el último movimiento: aceptar cualquier oferta menor de b. Dados los parámetros, el vendedor no aumentará p_2 por arriba de 100, porque con probabilidad $\gamma = 0.5$ perderá una ganancia de 100 y su ingreso potencial no es mayor de 150.

El Comprador$_{150}$, aunque prevé p_2 = 100, está dispuesto a pagar más de 100 en un periodo a causa del descuento. Su pago es el mismo por aceptar p_1 = 105 que por aceptar p_2 = 100, ya que su excedente nominal de 50 por aceptar el precio menor es descontado a un valor de utilidad de 45. No obstante, el Comprador$_{100}$ nunca está dispuesto a pagar más de 100, y el descuento es irrelevante porque de todos modos no prevé ningún excedente.

El vendedor sabe que aun con p_1 = 105 podría vender al Comprador$_{150}$, pero si trata de hacerlo y no encuentra ningún comprador en el primer periodo, ha retrasado el recibo de su pago, que se descuenta. Como 100 > 97.5 (=$[1 - \gamma] \cdot [105] + \gamma \cdot \delta \cdot [100]$), el vendedor prefiere el precio presente seguro de 100, en vez de la alternativa de una jugada riesgosa entre 105 actuales y 100 futuros.

Las creencias de desequilibrio están especificadas para el equilibrio, pero en realidad no importan. Cualquier inferencia a que pueda llegar el vendedor si el comprador rehúsa p_1 = 100 nunca induce al comprador a cambiar sus acciones. Quizá el vendedor crea que un rechazo indica que el valor del comprador es de 150, por lo que p_2 = 150, pero eso no cambia el incentivo del comprador para aceptar p_1 = 100.

Un caso con pocos compradores de baja valuación: $\gamma = 0.05$

Si la proporción de compradores de baja valuación es tan pequeña como $\gamma = 0.05$, el equilibrio es separador y en estrategias mixtas.

Equilibrio (separador, en estrategias mixtas)

En el primer periodo, p_1 = 150, el Comprador$_{100}$ acepta $p_1 \leq 100$ y el Comprador$_{150}$ acepta p_1 con probabilidad $m(p_1)$, donde

$$\begin{cases} m = 1 & \text{si } p_1 \leq 105 \\ m = \alpha & \text{si } 105 < p_1 \leq 150 \text{ (donde } 0 \leq \alpha \leq 0.89) \\ m = 0 & \text{si } p_1 > 150 \end{cases}$$

En el segundo periodo, p_2 = 150 si el vendedor cree que se enfrenta a un Comprador$_{100}$ con probabilidad menor de 1/3, y de otra manera p_2 = 100. El Comprador$_{100}$ acepta $p_2 \leq 100$ y el Comprador$_{150}$ acepta $p_2 \leq 150$. El resultado es que p_1 = 150, que a veces el Comprador$_{150}$ acepta; p_2 = 150, que el Comprador$_{150}$ acepta; y el Comprador$_{100}$ nunca acepta una oferta.

El resultado observado es sencillo —el precio siempre se mantiene en 150, y algunos compradores aceptan en cada periodo, en tanto que otros compradores nunca aceptan—, pero las estrategias de equilibrio son muy complicadas. Como veremos, el equilibrio ni siquiera está plenamente determinado, porque la probabilidad de mezclar α puede tomar cualquiera de un *continuum* de valores.

Las estrategias en el segundo periodo del juego son suficientemente sencillas. En el segundo periodo, el comprador acepta si el precio es menor que su valuación y el vendedor prefiere un seguro 100 más que una jugada arriesgada de la que recibiría 0 o 150. Es indiferente entre ellas si:

$$100 = 0 \cdot [Prob(\text{Comprador}_{100})] + 150 \cdot [1 - Prob(\text{Comprador}_{100})], \quad (11)$$

que da un valor crítico de $Prob(\text{Comprador}_{100}) = 1/3$. Si ningún tipo de comprador acepta las ofertas del primer periodo, la opinión en el segundo periodo sería $Prob(\text{Comprador}_{100}) = \gamma$, que hemos supuesto igual a 0.05, de modo que el precio del segundo periodo sería 150.

Las estrategias del primer periodo son más complicadas. La estrategia del primer periodo del Comprador$_{150}$ no es la estrategia pura de aceptar la oferta $p_1 = 150$, porque si siempre aceptara en el primer periodo, el vendedor bajaría el precio en el segundo periodo, pues sabe que un comprador que rechaza la oferta del primer periodo debe ser un Comprador$_{100}$. Como anticipa una baja en el precio, el Comprador$_{150}$ rechazará $p_1 = 150$, lo que contradice la razón de la baja.

En equilibrio, debe ocurrir que después de ser rechazado en el primer periodo el vendedor asigna al Comprador$_{150}$ una probabilidad suficientemente alta para decidir que mantendrá el precio elevado en el segundo periodo. Para que el vendedor desee conservar $p_2 = 150$, la probabilidad que un comprador que rehusó la oferta del primer periodo sea un Comprador$_{150}$ debe ser por lo menos de 2/3, por la ecuación (11). Si p_1 y p_2 son iguales a 150, el comprador será indiferente respecto al momento en que acepta, por lo que está dispuesto a seguir una estrategia mixta. Podemos calcular la probabilidad de mezcla $m(150)$ si encontramos el valor que hace que el vendedor esté dispuesto a mantener el precio en 150 en el segundo periodo. La probabilidad de que un comprador sea un Comprador$_{150}$ es igual a $1 - \gamma$ en el primer periodo, pero el Comprador$_{150}$ sólo rechaza la oferta del primer periodo con probabilidad $1 - m(150)$. Por tanto, en el segundo periodo, por la Regla de Bayes,

$$Prob(\text{Comprador}_{100}) = \frac{\gamma}{\gamma + [1 - m(150)][1 - \gamma]}. \quad (12)$$

si suponemos que $\gamma = 0.05$ y que $Prob(\text{Comprador}_{100}) = 1/3$, puede resolverse la ecuación (12) para que dé $m(150) = 0.89$ (redondeado). El cálculo asegura que si el Comprador$_{150}$ acepta la primera oferta con probabilidad 0.89, la probabilidad de que un comprador del segundo periodo tenga la valuación de 100 es de 1/3. El valor $\alpha = 0.89$ es la probabilidad máxima de equilibrio de que un Comprador$_{150}$ rehúse comprar en el primer periodo, pero un valor más pequeño para α apoyaría un equilibrio *a fortiori*, ya que la probabilidad de que el que ha rehusado tuviera una valuación de 150 sería incluso mayor de 2/3.

Hay un *continuum* de equilibrios que difieren en términos de los valores de α. Dos valores son puntos focales, 0 y 0.89. El valor de 0 es una estrategia pura y tiene la ventaja de la sencillez. El valor de 0.89 es eficiente en el sentido de Pareto, porque es la probabilidad más alta de equilibrio que el comprador acepta inmediatamente, lo que evita perder utilidad por el retraso. La diferencia cuantitativa entre los dos equilibrios es que en el equilibrio de estrategia pura ningún comprador acepta la oferta en el primer periodo.

Conducta de desequilibrio

La descripción que se acaba de dar sólo nos muestra parte del equilibrio separador. Una descripción completa especificaría las acciones de cada jugador en cada nodo del árbol del juego, dada la historia pasada del juego, incluyendo los senderos fuera de desequilibrio que empiezan con desviaciones como $p_1 = 140$. Como se verá al describir el sendero que empieza con la desviación del vendedor $p_1 = 140$, hay una gama abrumadora de conductas posibles de desequilibrio.

Considere lo que ocurre si el vendedor ofrece un precio de 140 en el primer periodo. Por las mismas razones que las descritas para $p_1 = 150$, el equilibrio no puede hallarse bajo estrategias puras. Las estrategias de equilibrio en el subjuego de desequilibrio son para que el Comprador$_{150}$ mezcle entre aceptar y rechazar, y para que el vendedor mezcle entre $p_2 = 100$ y $p_2 = 150$. En este caso, en contraste con el sendero de equilibrio, el vendedor también debe mezclar, porque de otra manera el comprador preferirá fuertemente aceptar 140, en vez de esperar a 150. El vendedor está dispuesto a mezclar sólo si cree que hay exactamente un tercio de probabilidad de que el comprador es un Comprador$_{100}$, por lo que la estrategia del comprador es $m(150) = 0.89$, igual que antes. Represente la probabilidad de mezcla del vendedor $p_2 = 100$ por μ. Debe tomar el valor que hace que al comprador le sea indiferente rechazar o aceptar, por lo que

$$150 - p_1 = .9\mu\,(150 - 100) + (1 - \mu)\,(0), \tag{13}$$

que se resuelve en $\mu = 3\frac{1}{3} - \frac{p_1}{45}$, o $\mu = 0.22$ para $p_1 = 140$.

Las consecuencias de esta clase de desviación no son relevantes para el sendero de equilibrio. La conducta de desequilibrio es importante cuando, si el jugador Smith se desvía, puede inducir al jugador Jones a cambiar su conducta de modo que la desviación de Smith sea ventajosa. Éste fue el caso en los juegos de Obstaculización de la Entrada del capítulo 4 que se utilizaron para ejemplificar la perfección: si el que ingresa se desvía de un perfil de estrategia por el que se suponía que permanecería afuera, el monopolista cambiará su conducta de pelear por la de coludirse, lo que hará que a la nueva empresa le resulte lucrativo su ingreso. Aquí, sin embargo, si el que ingresa se desvía al cobrar un precio de $p_1 = 140$, ésta no es de ninguna manera la respuesta a una fanfarronada intimidadora; simplemente es un error. Las complicaciones en la descripción del equilibrio no se deben a la respuesta inmediata del comprador, sino a la respuesta del vendedor en el segundo periodo a su propia desviación. Por lo general, las descripciones de los equilibrios son incompletas porque no especifican una estrategia total para cada jugador, incluida su forma de responder a sus propias desviaciones del equilibrio; pero los senderos de desequilibrio que no se describen, son intrascendentes para el análisis.

Estos cálculos han sido complicados y difíciles, aunque proporcionan buenos ejemplos de las precauciones que deben tomarse cuando se trata con la conducta de desequilibrio. Pero la lección más importante que proporciona este modelo es que la negociación puede conducir a la ineficiencia. En el equilibrio separador, algunos de los Compradores$_{150}$ retrasan sus transacciones hasta el segundo periodo, lo que es ineficiente en vista de que se descuentan los pagos. Además, los Compradores$_{100}$ nunca compran, y se pierden las ganancias potenciales del comercio.

Una conclusión más técnica es que el precio que paga el comprador depende fuertemente de las opiniones de equilibrio del vendedor. Si éste cree que el comprador tiene una valuación alta con probabilidad de 0.5, el precio es de 100; pero si cree que la probabilidad es de 0.05, el precio sube a 150. Esto implica que un comprador es poco afortunado si es parte de un grupo acerca del cual se cree que tiene con más frecuencia altas valuaciones; incluso si su propia valuación es baja, lo que podemos llamar su *poder de negociación* es bajo cuando es parte de un grupo con valuaciones altas. Ayres (1991) encontró que cuando, al hacer sus pruebas, contrató a personas para que simularan ser compradores de carros, su éxito dependía de la raza y el género, aunque se les instruyó para que siguieran estrategias de negociación idénticas y predeterminadas. Como a los que hacían la prueba les fue mal, pese a que el vendedor fuera de su propia raza y género, parece probable que les perjudicaba ser miembros de grupos a los que comúnmente se les puede inducir a pagar precios más altos.

NOTAS

N11.2. *La solución de la negociación de Nash*

- Véase Binmore, Rubinstein y Wolinsky (1986) para una comparación de los enfoques cooperativo y no cooperativo de la negociación. Para una visión general de la teoría del juego cooperativo, véase Luce y Raiffa (1957) y Shubik (1982).
- Aunque la solución de la negociación de Nash puede generalizarse a *n* jugadores (véase Harsanyi, 1977, p. 196), la posibilidad de interacción entre coaliciones de jugadores presenta nuevas complejidades. Soluciones como la del valor de Shapley (Shapley, 1953b) intentan considerar estas complejidades.

  El **valor de Shapley** satisface las propiedades de invariabilidad, anonimia, eficiencia y linealidad en las variables de las que se calcula. Suponga que S_i representa una **coalición** que tiene un jugador i; esto es, un grupo de jugadores que incluye a i y que celebra un acuerdo para compartir. Represente por $v(S_i)$ a la suma de los valores de las utilidades de los jugadores en la coalición S_i, y a $v(S_i - \{i\})$ a la suma de las utilidades en la coalición que se crean por eliminar a i de S_i. Finalmente, represente por $c(s)$ el número de coaliciones de tamaño s que contienen al jugador i. El valor de Shapley para el jugador i es entonces

$$\phi_i = \frac{1}{n} \sum_{s=1}^{n} \frac{1}{c(s)} \sum_{S_i} [v(S_i) - v(S_i - \{i\})], \tag{14}$$

donde las S_i son de tamaño s. El motivo para el valor de Shapley es que el jugador i recibe el promedio de sus contribuciones marginales a las diferentes coaliciones que se pueden formar. Gul (1989) ha proporcionado una interpretación no cooperativa.

N11.4. *Ofertas Alternativas en tiempo infinito*

• La prueba de la proposición 11.1 no se tomó de la original de Rubinstein (1982), sino que se adaptó de Shaked y Sutton (1984). Puede usarse el "maximum" en vez del "supremum" debido al supuesto de que los jugadores indiferentes siempre aceptan las ofertas.

• Al ampliar el juego de las Ofertas Alternativas a tres jugadores, no hay manera más obvia de especificar cómo hacen y aceptan ofertas los jugadores. Haller (1986) muestra que al menos para una especificación el resultado no es similar al de Rubinstein (1982), sino que es un retorno a la indeterminación del juego sin descuento.

N11.5. *Información incompleta*

• La negociación en situaciones de información asimétrica ha motivado muchas obras sobre el tema. En los primeros artículos, Fudenberg y Tirole usan un modelo de dos periodos con dos tipos de compradores y dos tipos de vendedores. Sobel y Takahashi (1983) construyen un modelo con T periodos o con una infinidad de periodos, un *continuum* de tipos de compradores y un tipo de vendedor. Cramton (1984) usa un número infinito de periodos, un *continuum* de tipos de compradores y un *continuum* de tipos de vendedores. Rubinstein (1985a) usa un número infinito de periodos, dos tipos de compradores y un tipo de vendedor, pero los tipos de compradores no difieren en sus valuaciones, sino en sus tasas de descuento. Rubinstein (1985b) pone énfasis en la elección de conjeturas de desequilibrio. W. Samuelson (1984) estudia el caso en que uno de los negociadores conoce el tamaño del pastel mejor que el otro negociador.

Perry (1986) usa un modelo con costos de negociación fijos e información asimétrica en que cada negociador hace una oferta por turno, en vez de que uno ofrezca y el otro acepte o rechace. Para una actualización y un panorama general, véase la excelente reseña de Kennan y R. Wilson (1993).

• El modelo de información asimétrica en la sección 11.5 tiene una asimetría de **un solo lado** en la información: sólo el tipo del comprador es información privada. Fudenberg y Tirole (1983) y otros también han construido modelos con asimetría de **dos lados**, en que tanto los tipos de los compradores como los vendedores son de información privada. En esos modelos se puede apoyar una multiplicidad de equilibrios bayesianos perfectos para un conjunto dado de valores de los parámetros. Entonces las creencias de desequilibrio adquieren gran importancia y proporcionan mucha motivación para los refinamientos exóticos que se mencionan en la sección 6.2.

• No hay ningún equilibrio separador si, en vez del descuento, el modelo de información asimétrica tiene costos de negociación de tamaño fijo por periodo, a menos que el costo de negociación sea mayor para el comprador con una alta valuación que para el de baja valuación. Por ejemplo, si no hay descuento, pero se incurre en un costo c en cada periodo en que continúa la negociación, no es posible ningún equilibrio separador. Éste es el típico resultado de la señalización. En un equilibrio separador, el comprador procura señalar una baja valuación esperando, lo que no es exitoso, salvo porque esperar realmente sea menos caro para el comprador de baja valuación. Véase Perry (1986) para un modelo con costos de negociación fijos que termina después de una ronda de negociación.

PROBLEMAS

11.1: *Un costo fijo de la negociación y de las quejas*

Smith y Jones procuran dividir 100 dólares. En la ronda de negociaciones 1, Smith hace una oferta a un costo de 0, en la que propone conservar S_1 para sí mismo y Jones la acepta (lo que termina el juego) o la rechaza. En la ronda 2, Jones ofrece a Smith S_2 al costo de 10 y Smith la acepta o la rechaza. En la ronda 3, Smith hace una oferta de S_3 al costo de c y Jones la acepta o la rechaza. Si ninguna oferta se acepta jamás, los 100 dólares se le entregan a un tercer jugador, Dobbs.

11.1a) Si $c = 0$, ¿cuál es el resultado de equilibrio?
11.1b) Si $c = 80$, ¿cuál es el resultado de equilibrio?
11.1c) Si $c = 10$, ¿cuál es el resultado de equilibrio?
11.1d) ¿Qué ocurre si $c = 0$, pero Jones es muy impulsivo y escupirá en la cara a Smith y le arrojará los 100 dólares a Dobbs si Smith propone $S = 100$? Suponga que Smith conoce la personalidad de Jones perfectamente.

11.2: *Venta de carros*

Un comerciante de automóviles debe pagar 10 000 dólares al productor por cada carro que añade a su inventario. Se enfrenta a tres compradores. Desde el punto de vista del comerciante, la valuación de Smith se distribuye uniformemente entre 11 000 y 21 000 dólares, la de Jones está entre 9 000 y 11 000 dólares, y la de Brown entre 4 000 y 12 000 dólares. La política del comerciante es hacer una oferta de "tómelo o déjelo" a cada cliente, y es suficientemente listo para evitar hacer diferentes ofertas a clientes que pueden revender entre ellos. Use una notación en que la valuación máxima es $\bar{V}$ y el campo de variación de la valuación es R.

11.2a) ¿Cuáles serán las ofertas?
11.2b) ¿Cuál de los clientes es más probable que compre un automóvil? ¿Cómo se compara esto con el resultado de la discriminación de precios perfecta en condiciones de información completa? ¿Cómo se compara con el resultado cuando el comerciante cobra 10 000 dólares a cada cliente?
11.2c) ¿Qué ocurre con los precios de equilibrio si, con probabilidad de 0.25, cada comprador tiene una valuación de 0, pero la distribución de probabilidades sigue igual?

11.3: *La solución de la negociación de Nash*

Smith y Jones han naufragado en una isla desierta e intentan dividir 100 kilos de harina de maíz y 100 litros de melaza, sus únicas provisiones. La función de utilidad de Smith es $U_s = H + 0.5M$ y la de Jones es $U_j = 3.5H + 3.5M$. Si no pueden ponerse de acuerdo, combaten a muerte, con $U = 0$ para el perdedor. Jones gana con probabilidad de 0.8.

11.3a) ¿Cuál es el punto de amenaza?

11.3b) De dividirse 50-50% las provisiones, ¿cuáles son las utilidades si los dos jugadores no recontratan? ¿Es esto eficiente?

11.3c) Dibuje el punto de amenaza y la frontera de Pareto en el espacio de la utilidad (en el eje horizontal represente las U_s).

11.3d) De acuerdo con la solución de la negociación de Nash, ¿cuáles son las utilidades? ¿Cómo se dividen los bienes?

11.3e) Suponga que Smith descubre un libro de recetas de cocina para una variedad de confites de melaza y de panecillos de harina de maíz, y que su función de utilidad se convierte en $U_s = 10H + 5M$. Muestre que la división de los bienes en la pregunta *d)* sigue igual a pesar de su función de utilidad mejorada.

11.4: *Información incompleta*

11.4a) ¿Cuál es el equilibrio en el juego de negociación con información incompleta si la probabilidad de un comprador de baja valuación es $\gamma = 0.1$ en vez de 0.05 o 0.5?

11.4b) ¿Qué nivel de γ marca la frontera entre los equilibrios separadores y los unificadores?

11.5: *Un costo fijo en la negociación y la información incompleta*

Smith y Jones quieren dividir 100 dólares. En la ronda de negociación 1, Smith hace una oferta al costo c y propone conservar S_1 para él mismo. Jones acepta (lo que termina el juego) o rechaza. En la ronda 2, Jones hace una oferta de S_2 para Smith al costo de 10 y Smith acepta o rechaza. En la ronda 3, Smith hace una oferta de S_3 al costo c y Jones acepta o rechaza. Si ninguna oferta es aceptada jamás, los 100 dólares se le entregan a un tercer jugador, Parker.

11.5a) Si $c = 0$, ¿cuál es el resultado de equilibrio?

11.5b) Si $c = 80$, ¿cuál es el resultado de equilibrio?

11.5c) Si las opiniones previas de Jones de que $c = 0$ y $c = 80$ son igualmente probables, pero sólo Smith sabe el valor verdadero, ¿cuál es el resultado de equilibrio? (Le daremos una pista: el equilibrio usa estrategias mixtas.)

11.6: *Nuevamente, un costo de negociación fijo*

Apex y Brydox están iniciando un proyecto conjunto que rendirá 500 millones de dólares, pero primero deben negociar cómo se les dividirá. En la ronda de negociaciones 1, Apex hace una oferta al costo 0, en la que propone que ella retendrá A_1. Brydox acepta (lo que termina el juego) o rechaza. En la ronda 2, Brydox hace una oferta a un costo de 10 millones por la que Apex recibirá A_2 y Apex acepta o rechaza. En la ronda 3, Apex ofrece A_3 al costo c y Brydox acepta o rechaza. Si no se acepta nunca una oferta, el proyecto conjunto se cancela.

11.6a) Si $c = 0$, ¿cuál es el equilibrio? ¿Cuál es el resultado de equilibrio?

11.6b) Si $c = 10$, ¿cuál es el equilibrio? ¿Cuál es el resultado de equilibrio?

11.6c) Si $c = 300$, ¿cuál es el equilibrio? ¿Cuál es el resultado de equilibrio?

12. SUBASTAS

12.1. Clasificación de las subastas y estrategias de valores privados

Como las subastas son mercados estilizados con reglas bien definidas, es muy adecuado modelarlas con la teoría de juegos. Además, varias de las motivaciones que subyacen en las subastas son similares a las que se encuentran detrás de los contratos de información asimétrica de la segunda parte de este libro. Aparte de las razones mundanas —como la rapidez de la venta—, que hacen importantes a las subastas, éstas lo son por una variedad de propósitos de información. A menudo, los compradores saben más acerca del valor de lo que se vende que el vendedor, y éste, que no desea sugerir un precio primero, utiliza la subasta como una forma de obtener información. Las subastas de arte son un buen ejemplo, porque el valor de una pintura depende de los gustos del comprador, que sólo él conoce.

Las subastas también son provechosas para los problemas de la agencia, porque obstaculizan las transacciones deshonestas entre el agente del vendedor y el comprador. Si un alcalde tuviera libertad para ofrecer un precio por la construcción de la nueva alcaldía y aceptara al primer contratista que se mostrara, el feliz afortunado sería el que hizo la mayor contribución política. Si el contrato se otorga mediante licitación, cuesta más engañar al público, y la dificultad de arreglar las ofertas podría superar el beneficio político.

Dedicaremos la mayor parte del capítulo a estudiar la efectividad de diferentes clases de reglas de acción para extraer excedente de los compradores, lo que requiere de considerar las estrategias con que responden a las reglas. La sección 12.2 clasifica las subastas basada en las relaciones entre las valuaciones de los distintos compradores de lo que se subasta, y explica las posibles reglas de acción y las estrategias óptimas de ofrecimiento de precios para cada regla. La sección 12.3 compara los resultados bajo las diferentes reglas. La sección 12.4 discute acerca de las estrategias óptimas con información de valor común, que puede hacer que los licitantes caigan bajo la "maldición del ganador" si no tienen cuidado. La sección 12.5 trata de la asimetría de la información en subastas de valor común.

Valores privados, comunes y correlacionados

Las subastas varían lo suficiente para que sea útil una clasificación complicada. Una forma de clasificar las subastas se basa en las diferencias en los valores que los compradores dan a lo que se está subastando. Denominaremos el **valor** para él al valor en dólares de la utilidad que recibe el jugador i de un objeto, y a su estimación del valor le llamaremos su **valuación**, $\hat{V}_i$.

En una subasta de **valor privado,** cada jugador sabe su valor con certidumbre, aunque todavía podría tener que estimar los valores de los otros jugadores. Un ejemplo es la venta de sillas antiguas a personas que no las van a revender. No es necesario que los valores sean independientes. Digamos, si fuera de conocimiento común que todos los valores son muy bajos o muy altos, ello puede influir en la elección de las reglas de la subasta por el vendedor y en las estimaciones que hacen los compradores de los valores de cada uno de los otros. En una subasta de valor privado, el valor de un jugador es igual a su valuación.

Si se quiere que una acción sea de valor privado, no puede ser seguida por una reventa sin costo del objeto. Si hubiera reventa, la valuación del comprador dependería del precio al que puede revender, el cual a su vez dependería de las valuaciones de los demás jugadores.

Lo especial en las subastas de valor privado es que un jugador no puede extraer ninguna información acerca de su propio valor de las valuaciones de los otros jugadores. Conocer anticipadamente todos los precios que se ofrecerán no cambiaría su valuación, aunque sí podría cambiar su estrategia. Los resultados serían similares incluso si tuviera que estimar su propio valor, siempre que la conducta de los otros jugadores no le ayudara a estimarlo, por lo que a esta clase de subasta se le puede llamar también "una subasta de valor privado".

En una subasta de **valor común**, los jugadores poseen valores idénticos, pero cada jugador forma su propia valuación estimándola con base en su información privada. Un ejemplo es la subasta de Certificados de la Tesorería de los Estados Unidos. La valuación de un jugador cambiará si puede mirar subrepticiamente las valuaciones de los otros jugadores, porque todos intentan estimar el mismo valor verdadero.

La subasta de **valor correlacionado** es una categoría general que incluye las subastas de valor común como un caso extremo. En esta subasta, las valuaciones de los diversos jugadores se correlacionan, pero sus valores pueden ser diferentes. Prácticamente toda subasta que vemos es de valor correlacionado, pero, como siempre sucede en el modelado, debemos intercambiar la exactitud descriptiva por la sencillez, y el valor privado *versus* el valor común es una simplificación apropiada.

Las reglas de las subastas y las estrategias de valor privado

Las subastas tienen tantos conjuntos diferentes de reglas como los juegos de póker. El libro de Cassady (1967) refiere una miríada de reglas, pero aquí sólo presentaré las principales variedades y describiré las estrategias de equilibrio de valor privado. Al enseñar este material, le pido a un estudiante que elija una valuación entre 80 y 100, después de lo cual conducimos varias clases de subastas. Le aconsejo al lector que trate de hacerlo así. Elija dos valuaciones y pruebe una muestra de perfiles de estrategia para las subastas a medida que se las comenta. Aunque los valores son privados, inmediatamente quedará claro que los precios ofrecidos, que son la mejor respuesta, siguen dependiendo de las estrategias que el jugador piensa que los otros jugadores han adoptado.

Los tipos de subastas que se describirán son:

1) La inglesa (primer precio, a grito abierto).
2) Oferta en sobre cerrado, primer precio.
3) Oferta en sobre cerrado, segundo precio (Vickrey).
4) Holandesa (descendente).

1) *La inglesa (primer precio, a grito abierto)*

Reglas. Cada comprador está en libertad de revisar el precio que ofrece aumentándolo. Cuando ningún comprador desea seguir revisando su oferta, el que ofreció el precio más alto gana el objeto y paga su precio.

Estrategias. La estrategia de un jugador es su serie de precios ofrecidos como una función de *a)* su valor, *b)* su estimación previa de las valuaciones de los otros jugadores y *c)* los precios ofrecidos antes por todos los jugadores. Por tanto, su oferta puede actualizarse a medida que cambia su conjunto de información.

Pagos. El pago del ganador es su valor menos el precio más alto que ofreció.

La estrategia dominante de un jugador en una subasta inglesa de valor privado es la de continuar ofreciendo una pequeña cantidad ε más que la oferta más alta previa, hasta que llega a su valuación, y entonces detenerse. Esto es óptimo porque siempre quiere comprar el objeto si el precio es menor que su valor para él, pero quiere pagar el menor precio posible. Todas las ofertas terminan cuando el precio llega a la valuación del jugador con la segunda valuación más alta. La estrategia óptima es independiente de la neutralidad al riesgo si los jugadores conocen sus propios valores con certidumbre en vez de tener que estimarlos, aunque los jugadores con aversión al riesgo que tienen que estimar sus valores deben ser más conservadores al hacer sus ofertas.

En las subastas de valor correlacionado y de grito abierto, el procedimiento es importante. Los procedimientos más comunes son: *a)* que el moderador aumente los precios a una tasa constante, *b)* que aumente los precios a la tasa que crea conveniente y *c)* que los compradores aumenten sus precios tal como se especifica en las reglas anteriores. Con frecuencia, el más fácil de modelar es un cuarto procedimiento: la subasta de **salida anunciada**, en que el precio aumenta constantemente y los jugadores deben anunciar que se retiran (y no pueden volver a entrar) cuando se llega a un precio alto e inaceptable. En una subasta de salida anunciada los jugadores tienen más evidencia disponible de las valuaciones de los otros que cuando se pueden retirar en secreto.

2) *Oferta en sobre cerrado, primer precio*

Reglas. Cada participante hace una oferta sin conocer las demás. El que ofreció el mayor precio paga y gana el objeto.

Estrategias. La estrategia de un jugador es su oferta como una función de su valor y de sus opiniones previas acerca de las valuaciones de los otros jugadores.

Pagos. El pago que recibe el triunfador es su valor menos el precio que ofrece.

Suponga que para Smith el valor es de 100. Si ofrece 100 y gana cuando la segunda mejor oferta era de 80, deseará haber ofrecido menos. Si es de conocimiento común que la segunda oferta más alta es de 80, el precio que ofrece Smith debe ser de 80 + ε. Si no está seguro acerca del segundo valor más alto, el problema es difícil y no se ha descubierto ninguna solución general. El intercambio será entre hacer una oferta alta —y así ganará con más frecuencia— y hacer una oferta baja —y así obtendrá más beneficio si gana—. La estrategia óptima, cualquiera que sea, depende de la neutralidad al riesgo y de las opiniones sobre los otros compradores, por lo que el equilibrio es menos "robusto" que los equilibrios de la subasta inglesa y de la subasta del segundo mejor precio.

Pueden encontrarse equilibrios de Nash para subastas del primer precio más específicas. Suponga que hay N participantes neutrales al riesgo y que la Naturaleza les asigna valores de manera independiente usando una densidad uniforme de 0 hasta alguna cantidad $\bar{v}$. Represente el valor del jugador i por v_i y considere la estrategia para el jugador 1. Si algún otro jugador tiene un valor mayor, entonces, en un equilibrio simétrico, el jugador 1 va a perder la subasta de cualquier manera, por lo que se puede ignorar esa posibilidad al buscar su oferta óptima. La estrategia de equilibrio del jugador 1 es la de ofrecer ε por encima del segundo valor más alto que espera, condicionado a que su oferta sea la más alta (es decir, bajo el supuesto de que ningún otro participante tiene un valor mayor de v_1).

Si se supone que v_1 es el valor más alto, la probabilidad de que el valor del jugador 2, que se distribuye uniformemente entre 0 y v_1, sea igual a v es de $1/v_1$, y la probabilidad de que v_2 sea menor o igual a v es de v/v_1. La probabilidad de que v_2 sea igual a v y que sea el segundo valor más alto es

$$Prob(v_2 = v) \cdot Prob(v_3 \leq v) \cdot Prob(v_4 \leq v) \cdots Prob(v_N \leq v), \qquad (1)$$

que es igual a

$$\left(\frac{1}{v_1}\right)\left(\frac{v}{v_1}\right)^{N-2.} \qquad (2)$$

Como hay $N - 1$ jugadores además del jugador 1, la probabilidad de que uno de ellos tenga el valor v y de que v sea la segunda más alta es $N - 1$ veces la expresión (2). La expectativa de v es la integral de v entre los límites de 0 y v_1,

$$E(v) = \int_0^{v_1} v(N-1)\left(\frac{1}{v_1}\right)\left(\frac{v}{v_1}\right)^{N-2} dv \qquad (3)$$

$$= \frac{N-1}{v_1^{N-1}} \int_0^{v1} v^{N-1} dv$$

(3)

$$= \frac{(N-1)v_1}{N} .$$

Así, encontramos que el jugador 1 debe ofrecer una fracción $(N-1)/N$ de su propio valor, más ε.

El ejemplo anterior es un resultado elegante, pero no una regla general. Suponga que Smith sabe que el valor de Brown es cero o 100 con igual probabilidad, y ambos jugadores conocen el valor de 400 de Smith. En equilibrio, Brown ofrece 0 o 100 y Smith siempre ofrece $(100 + \varepsilon)$, porque su valor es tan alto que le importa más ganar que pagar un precio bajo.

Si el valor de Smith fuera 102 en vez de 400, el equilibrio sería muy diferente. Smith usaría una estrategia mixta, y aunque Brown continuaría ofreciendo 0 si su valor fuera 0, si su valor fuera 100 también utilizaría una estrategia mixta. Ninguna estrategia pura puede ser parte de un equilibrio de Nash porque, si Smith siempre ofreciera un valor $x < 100$, Brown siempre ofrecería $x + \varepsilon$, en cuyo caso Smith se desviaría a $x + 2\varepsilon$; y si Smith ofreciera $x \geq 100$, estaría pagando 100 más de lo necesario la mitad de las veces.

3) Oferta en sobre cerrado, el segundo precio (Vickrey)

Reglas. Cada participante hace una oferta, sin saber cuáles son las otras ofertas. Se abren los sobres, la oferta mayor paga la cantidad que ofreció la segunda oferta más alta y gana el objeto.

Estrategias. La estrategia de un jugador es su oferta, como función de su valor y de su opinión previa acerca de las valuaciones de los otros jugadores.

Pagos. El pago que recibe el ganador es su valor menos el segundo precio más alto que se ofreció.

Las subastas del segundo precio más alto son similares a las subastas inglesas. En realidad se usan poco, pero son útiles para modelar. La estrategia dominante es ofrecer la valuación propia: si un jugador ofrece menos es más probable que pierda la subasta, pero si gana paga el mismo precio. La estructura de los pagos recuerda el mecanismo de Groves de la sección 9.6, porque en ambos juegos la estrategia del jugador afecta algún evento importante (quién gana la subasta o si se lleva a cabo el proyecto), pero su estrategia sólo afecta a su propio pago por medio de ese evento. En el equilibrio de la subasta, cada jugador ofrece su valor y el ganador termina por pagar el segundo valor más alto. Si los jugadores conocen sus propios valores, el resultado no depende de la neutralidad al riesgo.

4) *Holandesa (descendente)*

Reglas. El vendedor anuncia un precio, el cual baja hasta que algún comprador lo detiene y adquiere el objeto a ese precio.

Estrategias. La estrategia de un jugador es el momento en que detendrá la subasta como una función de su valuación y de sus opiniones previas respecto a las valuaciones de los demás jugadores.

Pagos. El pago que recibe el ganador es su valor menos el precio que pagó.

La subasta holandesa **equivale estratégicamente** a la subasta en sobre cerrado, primer precio, lo que significa que hay un mapa de uno-a-uno entre los conjuntos de estrategia y los equilibrios de los dos juegos. La razón de la equivalencia estratégica es que no se da a conocer ninguna información importante en el curso de la subasta, sólo al final, cuando es demasiado tarde para cambiar la conducta de alguien. En la subasta del primer precio, la oferta de un jugador es irrelevante, a menos que sea la más alta, y en la subasta holandesa el precio en que un jugador detendrá la subasta también es irrelevante a menos que sea el más alto. El precio de equilibrio se calcula de la misma manera para ambas subastas.

Las subastas holandesas sí ocurren en la realidad. Un ejemplo es la subasta de tabaco de Ontario, que usa un reloj de más de un metro de diámetro marcado con graduaciones de un cuarto de centavo. Cada uno de aproximadamente 56 compradores tiene un botón con el que puede detenerlo. Las manecillas del reloj bajan un cuarto de centavo en cada movimiento y los botones están ajustados de tal modo que no puede haber empates (los compradores de tabaco necesitan tener reflejos similares a los de los corredores de automóviles). Los granjeros que venden su tabaco observan desde una habitación adyacente y posteriormente pueden rechazar las ofertas si creen que son demasiado bajas (una especie de precio de reserva). Es posible vender hasta 1 140 000 kg diarios usando el reloj (Cassady, 1967, p. 200).

Las subastas holandesas son comunes en formas menos obvias. Una de las tiendas más famosas de Boston es Filene's, sobre todo su sótano. En él hay una variedad de artículos que antes estuvieron en los departamentos regulares de la tienda, cada uno marcado con un precio y una fecha. El precio que pagan los clientes en la caja es el de la etiqueta menos un descuento que depende del tiempo transcurrido desde la fecha en la etiqueta. A medida que pasa el tiempo y el artículo no se vende, el descuento sube de 10 a 50 y 70%. La idea de un descuento predecible en el tiempo también ha sido adoptada recientemente por las librerías ("Waldenbooks to cut Some Book Prices in Stages in Test of New Selling Tactic" ["Waldenbooks reducirá por etapas el precio de algunos libros al probar una nueva estrategia de ventas"], en *Wall Street Journal*, 29 de marzo de 1988, p. 34).

12.2. COMPARACIÓN DE LAS REGLAS DE LAS SUBASTAS

Teoremas de equivalencia

Cuando uno menciona la teoría de las subastas a un teórico de la economía, lo primero que le viene a la mente es que, en cierto sentido, las diferentes clases de subastas en realidad son lo mismo. Milgrom y Weber (1982) ofrecen un buen resumen de las razones por las que esto es cierto y de cuándo lo es. Sin importar la estructura de la información, las subastas holandesa y de la oferta del primer precio en sobre cerrado son lo mismo en cuanto a que las estrategias y los pagos asociados con ellas son iguales. La equivalencia no depende de la neutralidad al riesgo, pero supongamos que todos los jugadores son neutrales al riesgo en los párrafos que siguen.

En privado, las subastas de valor independiente, del segundo mejor precio en sobre cerrado y la inglesa, son lo mismo en el sentido de que el participante para el que tiene más valor el objeto es el que gana y paga la valuación del que hace la segunda oferta más alta, pero las estrategias son diferentes en las dos subastas. En las cuatro clases de subastas de valor independiente privado de que se ha tratado, el precio esperado del vendedor es el mismo. Este hecho es el resultado más importante de la teoría de las subastas: el **teorema de la equivalencia de los ingresos** (Vickrey, 1961).

El teorema de la equivalencia de los ingresos no implica que en toda realización del juego las reglas de las cuatro subastas den el mismo precio, sólo que el precio esperado sea el mismo. La diferencia surge porque en las subastas holandesa y en la del primer precio en sobre cerrado el comprador que gana ha estimado el valor del segundo precio ofrecido más alto y la estimación, aunque correcta en promedio, está por encima o por debajo del valor verdadero en la realización particular. La varianza del precio es mayor en esas subastas a causa de la estimación adicional, lo que significa que el vendedor con aversión al riesgo debe usar la subasta inglesa o la del segundo precio.

Sea la subasta privada o no, la holandesa y la del primer precio en sobre cerrado son equivalentes estratégicamente. Si la subasta es de valor correlacionado y hay tres o más participantes, la inglesa de salida anunciada lleva a un mayor ingreso que la del segundo precio más alto en sobre cerrado, y ambas rinden mayores ingresos que la subasta del primer precio en sobre cerrado (Milgrom y Weber, 1982). Sin embargo, si sólo hay dos participantes, la subasta inglesa de salida anunciada no es mejor que la del segundo precio más alto en sobre cerrado, porque la característica de que se anuncia la salida —saber cuándo los jugadores que no hacen oferta se retiran— es irrelevante.

Una pregunta de menos interés práctico es la de si una forma de subasta es óptima en el sentido de Pareto; esto es, ¿termina el objeto que se subasta en las manos de quien le asigna más valor? En una subasta de valor común ésta no es una buena pregunta, porque todos los participantes dan el mismo valor al objeto. En una subasta de valor privado, las diferentes subastas —primer precio, segundo precio, holandesa e inglesa— son ópti-

mas en el sentido de Pareto. También son óptimas en una subasta de valor
correlacionado si todos los jugadores obtienen su información de la misma
distribución y si el equilibrio se encuentra en estrategias simétricas.

Las subastas con participantes que tienen aversión al riesgo son difíciles
de analizar. Un descubrimiento es que, en las subastas con valores privados,
la subasta de primer precio en sobre cerrado rinde un ingreso esperado
mayor que la subasta inglesa o la del segundo precio. Ello se debe a que el
comprador con aversión al riesgo se asegura a sí mismo al aumentar el precio que ofrece por encima del óptimo para un comprador neutral al riesgo.
Si gana, su excedente es ligeramente menor por el precio más alto, pero es
más probable que gane y así evite un excedente de cero. De este modo, la
aversión al riesgo de los compradores ayuda al vendedor.

Dificultando la colusión de los compradores

Como dije al principio de este capítulo, una motivación de las subastas es
desalentar la colusión entre los jugadores. Algunas subastas son más vulnerables que otras a esa colusión. Robinson (1985) ha señalado que, se trate de una subasta de valor privado o de valor común, la subasta del primer
precio en sobre cerrado es superior a la del segundo precio en sobre cerrado o a las subastas inglesas si la finalidad es dificultar la colusión entre los
compradores.

Considere un cártel de compradores en que el comprador Smith tiene un
valor privado de 20; los valores de los otros compradores son de 18 para
cada uno y están de acuerdo en que todos ofrecerán 5 excepto Smith, que
ofrecerá 6. (No consideraremos la racionalidad de esta elección de precios ofrecidos, que puede basarse en la finalidad de evitar castigos legales.)
En una subasta inglesa esto se refuerza a sí mismo, porque si alguien hace
trampa y ofrece 7, Smith está dispuesto a subir hasta 20 y el tramposo terminará sin ninguna ganancia por haberse desviado. También es fácil hacer
cumplir el compromiso en la subasta del segundo precio en sobre cerrado,
porque el cártel puede acordar que Smith ofrecerá 20 y que todos los demás ofrecerán 6.

Sin embargo, en una subasta del primer precio en sobre cerrado es difícil impedir que los compradores falten a su palabra cuando se trata de un
juego de un solo movimiento. Smith no quiere ofrecer 20, porque tendría
que pagar 20; pero si ofrece menos que el valor de 18 de los demás jugadores, se arriesga a que alguno de ellos ofrezca más que él. El comprador
terminará por pagar un precio de 18, en vez del de 6 que pagaría en una
subasta inglesa con colusión. Por consiguiente, el vendedor usará la subasta del primer precio con sobre cerrado si teme que haya colusión.

12.3. SUBASTAS DE VALOR COMÚN Y LA MALDICIÓN DEL GANADOR

En la sección 12.2 distinguimos entre las subastas de valor privado y las de
valor común, donde los valores de los jugadores son idénticos, pero sus

valuaciones pueden ser diferentes. Los cuatro conjuntos de reglas abordados en la sección 12.2 se pueden usar para las subastas de valores comunes, pero las estrategias óptimas cambian. En las subastas de valor común, cada jugador puede obtener información útil sobre el valor del objeto para sí mismo por los precios que ofrecen los demás jugadores. Sorprendentemente, un jugador puede aprovechar la información de las ofertas de los otros jugadores incluso en subastas de sobre cerrado, como se explicará más adelante.

Cuando doy clases sobre este tema, llevo conmigo una jarra de centavos al aula y pido a los estudiantes que ofrezcan un precio por ella en una subasta inglesa. Antes de que empiece la subasta, todos, menos dos estudiantes, pueden ver la jarra; a todos les informo que la jarra contiene más de 5 y menos de 100 centavos y pido a cada estudiante que escriba su mejor estimación del número de centavos. Los dos estudiantes que no ven la jarra son similares a "analistas técnicos" que tratan de prever los precios de los documentos financieros (v.g., acciones emitidas por las empresas) mediante diagramas que muestran el comportamiento pasado de los valores, aunque siguen ignorando los "aspectos básicos" de los mismos.

Una subasta de valor común en que todos los compradores conocen el valor no sería muy interesante, pero lo más ordinario es que, como en el ejemplo de la jarra de centavos, los compradores tengan que estimar el valor común. La estrategia obvia, especialmente si seguimos nuestra discusión de las subastas de valor privado, es que un jugador ofrezca su estimación no sesgada del número de centavos en la jarra. Pero esta estrategia hace que el pago al ganador sea negativo, porque el ganador es el comprador que ha cometido el mayor error positivo en su valuación. Por otra parte, los compradores que subestimaron el número de centavos pierden la subasta, pero el pago recibido se limita a un valor reducido a cero, que es lo que recibirían aun cuando el valor verdadero fuera de conocimiento común. Sólo el ganador padeció por haber ofrecido un precio excesivo: ha tropezado con la **maldición del ganador**. Cuando los otros jugadores están mejor informados, incluso ganar resulta peor para un jugador mal informado. Por ejemplo, quien gane una subasta contra 50 expertos debe meditar sobre la razón de que ellos hayan ofrecido menos.

Para evitar la maldición del ganador, los jugadores deben disminuir sus estimaciones al conformar sus ofertas. El proceso mental se parece un poco a decidir qué tanto ofrecer en una subasta del primer precio en sobre cerrado, con valor privado, en que el comprador Smith estima el segundo valor más alto si él tiene el valor más alto y gana. En la subasta de valor común, Smith estima su propio valor, no el segundo más alto, condicionado a que él gane la subasta. Sabe que si gana con su estimación no sesgada es probable que ofrezca demasiado, por lo que después de ganar con esa oferta deseará no haberla hecho. Idealmente, presentará una oferta de [X si pierdo, pero de $(X - Y)$ si gano], donde X es su valuación condicionada a perder y $(X - Y)$ es su valuación más baja, a condición de ganar. Si gana con una oferta de $(X - Y)$ seguiría feliz; si perdiera, se sentiría aliviado. Pero Smith puede lograr el mismo efecto si presenta simplemente la oferta $(X - Y)$ en primer lugar, ya que el monto de las ofertas perdedoras no tiene importancia.

Es posible dar otra explicación de la maldición del ganador con base en la definición de "malas noticias" (Milgrom, 1981b, apéndice B). Suponga que el gobierno subasta los derechos sobre los minerales de un lote de tierra con valor común de V y que el comprador potencial i tiene la valuación $\hat{V}_i$. Suponga que los compradores potenciales son idénticos en todo, menos en sus valuaciones, que se sustentan en varios conjuntos de información que la Naturaleza les ha asignado, y que el equilibrio es simétrico, por lo que la función de la oferta de equilibrio $b(\hat{V}_i)$ es la misma para cada jugador. Si el comprador 1 gana al ofrecer un precio de $b(\hat{V}_1)$ basado en su valuación previa $\hat{V}_1$, su valuación posterior $\tilde{V}_1$ es

$$\tilde{V}_1 = E(V \mid \hat{V}_1, b(\hat{V}_2) < b(\hat{V}_1), ..., b(\hat{V}_n) < b(\hat{V}_1)). \tag{4}$$

La noticia de que $b(\hat{V}_2) < \infty$ no sería buena ni mala, ya que no da ninguna información; pero la información de que $b(\hat{V}_2) < b(\hat{V}_1)$ es una mala noticia, ya que elimina los valores de b que tienen más probabilidad de ser producidos por valores grandes de $\hat{V}_2$. De hecho, cuanto menor sea el valor de $b(\hat{V}_1)$, peor será la noticia de que se ha ganado. En consecuencia,

$$\tilde{V}_1 < E(V \mid \hat{V}_1) = \hat{V}_1, \tag{5}$$

y si el comprador 1 ha ofrecido $b(\hat{V}_1) = \hat{V}_1$ inmediatamente lamentará haber ganado. Sin embargo, si su oferta ganadora se hallara bastante por debajo de $\hat{V}_1$, estaría contento de haber ganado.

Decidir qué tanto reducir la oferta es un problema difícil, porque la cantidad depende de qué tanto reduzcan sus precios los otros jugadores. En una subasta del segundo precio, un jugador calcula el valor de $\tilde{V}_1$ por medio de la ecuación (4), pero esa ecuación oculta una considerable complejidad bajo el término $b(\hat{V}_2)$, que se calcula como una función de $b(\hat{V}_1)$ usando una ecuación como la (4).

Los yacimientos petrolíferos y la maldición del ganador

El ejemplo más conocido de la maldición del ganador proviene de las subastas de lotes petrolíferos en aguas marinas. La explotación petrolífera en aguas marinas puede no ser rentable aunque se descubra petróleo, porque se debe pagar algo al gobierno por los derechos minerales. Capen, Clapp y Campbell (1971) sugieren que la ignorancia de la maldición del ganador entre los participantes generó ofertas excesivamente altas en las subastas del gobierno de los Estados Unidos en la década de los sesenta. Si las compañías petroleras hubieran ofrecido una cantidad cercana al valor que sus ingenieros habían estimado para los lotes, en vez de reducir sus ofertas, las compañías ganadoras habrían perdido por su inversión. La diferencia entre algunas de las ofertas (unas eran superiores en cien veces a la otra) en las subastas de sobre cerrado que se muestran en el cuadro 12.1 hace plausible la opinión de que eso es lo que ocurrió.

Estudios posteriores como el de Mead et al. (1984) que analizaron la rentabilidad real concluyeron que las tasas de rendimiento por las explotaciones petroleras marinas no eran anormalmente bajas, así que quizá las compañías petroleras redujeron de manera racional los precios que ofrecieron. La amplitud del campo de variación entre las ofertas extremas es muy grande, pero esto no significa que los oferentes no hayan hecho reducciones adecuadas a sus estimaciones. Aunque las ganancias esperadas son de cero si la subasta es óptima, las ganancias realizadas pueden ser positivas o negativas. Con alguna probabilidad, uno de los participantes conforma una sobrestimación que deriva en una oferta muy alta incluso después de hacer racionalmente los ajustes para evitar la maldición del ganador. Saber cómo presentar óptimamente una oferta no elimina la mala suerte; sólo mitiga sus efectos.

CUADRO 12.1. *Ofertas de competidores serios en subastas de lotes petroleros*

Mar costero de Louisiana Tract SS 207	Canal de Santa Bárbara Tract 375	Mar costero de Texas Tract 506	Costa norte de Alaska Tract 253
32.5	43.5	43.5	10.5
17.7	32.1	15.5	5.2
11.1	18.1	11.6	2.1
7.1	10.2	8.5	1.4
5.6	6.3	8.1	0.5
4.1		5.6	0.4
3.3		4.7	
		2.8	
		2.6	
		0.7	
		0.7	
		0.4	

FUENTE: Capen, Clapp y Campbell, 1971.
NOTA: Todas las ofertas son en millones de dólares.

Una consideración adicional es la irracionalidad de los otros participantes. Si el participante Apex ha tenido en cuenta la maldición del ganador, pero los participantes Brydox y Central no, ¿qué debe hacer Apex? Sus rivales harán ofertas excesivamente altas, lo que afecta a la mejor respuesta de Apex. Apex debe reducir su oferta aún más, porque la maldición del ganador se intensifica en el caso de rivales muy optimistas. Si Apex le gana a un rival que por lo común hace una oferta exageradamente alta, es muy probable que Apex haya sobrestimado el valor.

La aversión al riesgo influye en las ofertas en una forma sorprendentemente similar. Si todos los jugadores tuvieran igual aversión al riesgo, las ofertas serían menores, porque el activo es una jugada riesgosa cuyo valor es menor para los que tienen aversión al riesgo. Si Smith tiene más aversión al riesgo que Brown, Smith debe ser más cauteloso por la razón directa de que la jugada arriesgada tiene menos valor para Smith y la razón indirecta de que cuando Smith gana contra un rival como Brown, que suele ofrecer precios más altos, es probable que Smith haya sobrestimado el valor. Un razonamiento semejante es válido si los jugadores son neutrales al riesgo, pero el valor privado del objeto es diferente entre ellos.

Los equilibrios asimétricos pueden surgir aun cuando los jugadores son idénticos. Las subastas del segundo precio entre dos personas generalmente son de muchos equilibrios asimétricos, además del equilibrio simétrico que hemos estudiado (véase Milgrom, 1981c, y Bikhchandani, 1988). Suponga que Smith y Brown tienen funciones de pago idénticas, pero Smith piensa que Brown participará de manera agresiva en la subasta. La maldición del ganador se intensifica para Smith, que tal vez habrá sobrestimado si gana contra un participante agresivo como Brown, por lo que Smith hará ofertas más prudentes. Pero si Smith actúa con prudencia, Brown está seguro al participar agresivamente, y hay un equilibrio asimétrico. Por eso, adquirir una reputación de agresivo es valioso.

No deja de ser extraño que, si hay tres o más jugadores, la subasta de valor común del segundo precio en sobre cerrado tenga un equilibrio único y también simétrico. La subasta de salida anunciada es diferente: tiene equilibrios asimétricos, porque cuando uno de los participantes se retira los dos restantes saben que están solos en un subjuego que es una subasta de dos participantes. Sin importar el número de jugadores, las subastas del primer precio en sobre cerrado no tienen esta clase de equilibrio asimétrico. Las amenazas en una subasta del primer precio son caras, porque el participante que ofrece precios altos paga su precio aunque su rival decida ofrecer menos como respuesta. Así, la agresividad de uno de los participantes no le da más seguridad aunque logre intimidar al otro comprador.

La maldición del ganador se presenta incluso en situaciones muy alejadas de las subastas. Un patrón debe tener cuidado de contratar a un trabajador que no han empleado otros patrones. Alguien que renta un departamento debe desear no ser el primero que llegó a verlo cuando el trompetista que vive al lado estaba dormido. Una empresa que simpatiza con un nuevo proyecto debe preocuparse por saber si éste ha sido considerado y rechazado por sus competidores. La maldición del ganador también puede aplicarse a la teoría política, en la cual ciertos temas son recurrentes. Las opiniones son como las estimaciones, y una interpretación de las diversas valuaciones es que todos obtienen los mismos datos, pero los analizan de manera diferente.

A un nivel más mundano, en 1987 hubo cuatro candidatos principales —Bush, Kemp, Dole y Other— que contendieron por la nominación republicana a la presidencia de los Estados Unidos. Considere a un empresario que vende en subastas cuatro certificados, cada uno de los cuales paga un dólar si su candidato particular gana la nominación. Si todos los compradores son racionales, el empresario debe recibir un máximo de un dólar como ingreso total por las cuatro subastas, y menos si los participantes tienen aversión al riesgo. Pero si la subasta se realizara en una cantina llena de los partidarios fanáticos de esos candidatos, ¿cuánto cree usted que recibiría realmente?

12.4. La información en las subastas con valor común

La información del vendedor

Milgrom y Weber (1982) han encontrado que la honestidad es la mejor política por lo que se refiere al vendedor. Si es de conocimiento común que posee información privada, debe comunicarla antes de la subasta. La razón no es que los compradores potenciales tengan aversión al riesgo (aunque quizá esto fortalezca el resultado), sino que "ninguna noticia es una mala noticia" (sección 8.1). Si el vendedor se niega a informar de algo, los compradores saben que la información debe ser desfavorable, y una argumentación que descubra la verdad nos dirá que la calidad debe ser la peor posible.

Aparte de la argumentación en secuencia para descubrir la verdad, otra razón para comunicar la información es la de mitigar la maldición del ganador, aun cuando si la información sólo reduce la incertidumbre acerca del valor, sin cambiar su expectativa. Al tratar de evitar la maldición del ganador, los participantes bajan sus ofertas, de modo que todo lo que reduce el peligro de esa maldición los hace aumentar sus ofertas.

Información asimétrica entre los compradores

Suponga que Smith y Brown son dos de muchos compradores en una subasta de valor común. Si Smith sabe que posee información uniformemente peor que Brown (esto es, si su partición de información es más fina que la de Brown), debe abstenerse de participar en la subasta: su pago esperado es negativo si Brown espera ganancias iguales a cero.

Si la información de Smith no es uniformemente peor, todavía puede beneficiarse si participa en la subasta. De hecho, tener información independiente es más valioso que tener buena información. Considere una subasta de valor común y del primer precio en sobre cerrado con cuatro compradores potenciales. De éstos, Smith y Black poseen la misma buena información; Brown tiene esa información más una señal adicional y Jones por lo general sólo tiene una estimación mala, pero diferente de la de cualquier otro comprador potencial. Smith y Black deben retirarse de la subasta: nunca podrán derrotar a Brown si no pagan un precio exagerado. Pero Jones a veces ganará y su excedente esperado es positivo. Por ejemplo, si se venden bienes raíces y Jones no sabe nada de los valores de los terrenos, incluso así le puede ir bien ocasionalmente si tiene información confidencial sobre la ubicación de una nueva carretera, aunque por lo común debe abstenerse de participar. Si Smith y Black usan la misma fórmula, su competencia erosionará sus ganancias; y si Brown usa la fórmula además de su información privada adicional, hace que sus ganancias sean negativas porque les arrebatará algunas de las mejores operaciones y les dejará las peores.

En general, un comprador potencial debe ofrecer menos si hay más compradores o si su información es absolutamente peor (esto es, si su partición de información es más burda). También debe ofrecer menos si partes de su partición de información son más burdas que las de sus rivales, aunque su información no sea uniformemente peor. Estas reflexiones son más importantes en las subastas con sobre cerrado, porque en una subasta de grito abierto las ofertas revelan la información mientras otros compradores todavía tienen tiempo de aprovecharla.

NOTAS

N12.1. *Clasificación de las subastas y las estrategias de valor privado*

- McAfee y McMillan (1987) y Milgrom (1987) presentan excelentes reseñas generales de las obras sobre el tema y de la teoría de las subastas. Ambos artículos procuran relacionar su material con modelos de información asimétrica. El de Milgrom y Weber (1982) es un artículo clásico que cubre muchos aspectos de las subastas.
- **La subasta de dólares.** Las subastas parecen torneos donde gana el jugador que elige la mayor cantidad para una variable cara, pero en las subastas por lo general los perdedores no incurren en pérdidas proporcionales a sus ofertas. No obstante, Shubik (1971) ha sugerido la subasta de un billete de un dólar en la cual tanto el que ofrece el primer precio como el que ofrece el segundo pagan el segundo precio. Si ambos jugadores inician con una riqueza infinita, el juego ejemplifica la razón de que el equilibrio no pueda existir si los conjuntos de estrategia no están limitados. Una vez que uno de los participantes ha empezado a hacer ofertas en contienda con el otro, a los dos les convendría continuar presentando ofertas para ganar el dólar y pagar el precio ofrecido. Esta subasta puede parecer absurda, pero se asemeja un poco a la carrera de patentes (véase la sección 14.1) y a las carreras armamentistas.

N12.2. *Comparación de las reglas de las subastas*

- El libro de Cassady (1967) es una excelente fuente de detalle institucional sobre las subastas. El apéndice de su libro incluye anuncios y conjuntos de reglas de subastas, y cita numerosos artículos periodísticos. Véase también *New York Times*, 26 de julio de 1985, p. C23, y 31 de julio de 1985, pp. A1, C20; *Wall Street Journal*, 24 de agosto de 1984, pp. 1 y 16; y "The Crackdown on Colluding Roadbuilders" ["La investigación sobre la colusión de los constructores de carreteras"], en *Fortune*, 3 de octubre de 1983, p. 79.
- Podría pensarse que una subasta del segundo precio a grito abierto llegará a los mismos resultados que una subasta del primer precio a grito abierto, porque si el precio aumenta en ε en cada oferta, la primera y la segunda ofertas son prácticamente las mismas. Pero la subasta del segundo precio puede ser manipulada. Si alguien ofrece de inicio 10 dólares por algo que vale 80, otro participante puede ofrecer sin riesgo 1 000 dólares. Nadie ofrecerá más y él pagará sólo el segundo precio: 10 dólares.
- En una variante de la subasta inglesa, el subastador anuncia cada nuevo precio y el comprador potencial levanta una tarjeta para indicar que está dispuesto a ofrecer ese precio. Este conjunto de reglas puede administrarse con más facilidad con un público muy numeroso y también permite al vendedor actuar estratégicamente durante el curso de la subasta. Si, por ejemplo, las dos valuaciones más altas son de 100 y 120 dólares, esta clase de subasta puede dar un precio de 110, en tanto que las reglas usuales sólo harían posible un precio de 100 + ε.
- Vickrey (1961) observa que se puede conformar una subasta holandesa como una subasta del segundo precio. Al presionar su botón, el primer comprador hace funcionar un zumbador que se apaga cuando un segundo comprador presiona el suyo.
- Las subastas resultan especialmente convenientes para el estudio empírico porque son

muy estilizadas y generan gran cantidad de datos. El artículo de Tenorio (1993) es un buen ejemplo de un trabajo empírico que utiliza datos de subastas reales —en su caso, el mercado de divisas de Zambia—.

- Realmente se han estado usando las subastas del segundo precio en un sistema de operación de computadoras. Un sistema operativo debe asignar los recursos de computación a diferentes tareas, y los investigadores de la empresa Xerox diseñaron el sistema Spawn, en el cual los usuarios ponen "dinero" en una subasta del segundo precio por los recursos de computación. Véase "Improving a Computer Network's Efficiency", en *The New York Times*, 29 de marzo de 1989, p. 35.
- Después de la última oferta de una subasta de arte a grito abierto en Francia, el representante del Louvre tiene el derecho de levantar la mano y gritar *"préemption de l'Etat"*, y toma la pintura al precio de la oferta más alta (*The Economist*, 23 de mayo de 1987, p. 98). ¿Cómo afecta esto a las estrategias de equilibrio? ¿Qué pasa si el Louvre puede revender?
- **Subasta por partes**. En una subasta por partes cada comprador hace una oferta tanto por una cantidad como por un precio. El comprador que ofrece el mayor precio recibe la cantidad por la que presentó una oferta de compra a ese precio. Si queda algo del producto que se subasta, el comprador que ofrece el segundo precio más alto toma la cantidad por la que lo ofreció y así sucesivamente. Las reglas de una subasta por partes le permiten a cada comprador presentar varias ofertas, lo que se llama una **tabla de ofertas** de compra. Los detalles de las subastas por partes varían, y pueden ser del primer precio o del segundo precio. Los modelos de las subastas por partes son muy complicados; véase R. Wilson (1979).
- **Los precios de reserva** son precios por debajo de los cuales el vendedor se niega a vender. Pueden aumentar el ingreso del vendedor y su efecto es hacer que la subasta se parezca más a un mercado regular de precio fijo. Para una discusión al respecto, véase Milgrom y Weber (1982). También son útiles cuando los compradores se coluden, una situación de monopolio bilateral (véase "At Many Auctions, Illegal Bidding Thrives as a Longtime Practice Among Dealers" ["En muchas subastas, la presentación ilegal de los precios ofrecidos es una práctica muy común entre los participantes"], en *Wall Street Journal*, 19 de febrero de 1988, p. 21).

  En algunas subastas inglesas del mundo real, el subastador no anuncia anticipadamente el precio de reserva y empieza la subasta por debajo de él. Esto puede explicarse como una forma de permitir a los compradores demostrarse uno al otro que sus valuaciones son mayores que el precio inicial, aunque puede ocurrir que todos estén por debajo del precio de reserva.
- Con respecto a las subastas con jugadores que tienen aversión al riesgo, véase Maskin y Riley (1984).

N12.4. *La información en las subastas de valor común*

- Aun cuando las valuaciones estén correlacionadas, las estrategias óptimas de los participantes pueden seguir siendo las mismas que en las subastas de valor privado si los valores son independientes. Si todos sobrestiman sus valores en 10%, un jugador sigue sin poder obtener ninguna información sobre el valor al conocer las valuaciones de los otros jugadores.
- "Dejarse llevar" puede ser una característica racional de las subastas de valor común. Si un comprador potencial tiene un valor privado alto y posteriormente, en el curso de la subasta, se entera de que el valor común es mayor de lo que él creía, podría terminar pagando más de lo que había pensado, aunque no lo lamentaría después. Otras explicaciones de la razón por la cual los compradores potenciales parecen pagar mucho son la maldición del ganador y el hecho de que en cualquier subasta todos menos uno o dos de los subastadores piensan que la oferta ganadora es mayor que el valor del objeto.
- Milgrom y Weber (1982) usan el concepto de variables **afiliadas** al clasificar las subastas. Hablando en términos generales, las variables aleatorias X y Y son afiliadas si un valor mayor de X significa que es más probable un valor mayor de Y, o, por lo menos, no menos probable. La variables aleatorias independientes son afiliadas.

PROBLEMAS

12.1: *Búsqueda de renta*

Dos vecinos neutrales al riesgo en la Inglaterra del siglo XVI han ido ante el tribunal y consideran sobornar al juez. Cada uno le hace un regalo, y aquel cuyo regalo es más caro recibe una propiedad que vale 2 000 libras. Si ambos sobornan por la misma cantidad, las posibilidades de ganar el juicio son de 50% para cada uno. Los regalos deben valer 0, 900 o 2 000 libras.

12.1a) ¿Cuál es el único equilibrio de estrategia pura para este juego?

12.1b) Suponga que también es posible dar un regalo de 1 500 libras, ¿por qué en ese caso ya no existe un equilibrio de estrategia pura?

12.1c) ¿Cuál es el equilibrio simétrico de estrategia mixta para el juego ampliado? ¿Cuál es el pago que espera recibir el juez?

12.1d) En el juego ampliado, si al litigante perdedor se le devuelve su regalo, ¿cuáles son los dos equilibrios? ¿Preferirá el juez esta regla?

12.2: *La fundación de Hong Kong*[1]

El Tai-Pan y el señor Brock participan como compradores en una subasta inglesa de un lote de tierra en una colina en Hong Kong. Deben ofrecer valores enteros, y el Tai-Pan hace su oferta primero. No pueden hacerse ofertas que empaten y no se las puede retirar una vez que se exponen. El valor directo de la tierra es de 1 para Brock y de 2 para el Tai-Pan, pero el Tai-Pan ha dicho públicamente que la quiere, de modo que si Brock es el que la obtiene, recibe 5 en valor "nominal" y el Tai-Pan pierde 10. Además, Brock odia al Tai-Pan y recibe 1 en utilidad por cada 1 que el Tai-Pan paga para obtener la tierra.

12.2a) Escriba los valores que corresponden a las casillas del cuadro 12.2.

CUADRO 12.2. *El juego del Tai-Pan*

Oferta ganadora	1	2	3	4	5	6	7	8	9	10	11	12
Si Brock gana: π_{Brock} $\pi_{Tai-Pan}$												
Si Brock pierde: π_{Brock} $\pi_{Tai-Pan}$												

[1] Véase de James Clavell, *Tai-Pan*. En la novela, el hijo de Tai-Pan, al darse cuenta del peligro para su familia, manipula al funcionario encargado de la subasta para que la cancele y evita así la guerra de ofertas en la subasta.

12.2b) En equilibrio, ¿quién gana y con qué precio?

12.2c) ¿Qué ocurre si el Tai-Pan puede comprometerse previamente a una estrategia?

12.2d) ¿Qué ocurre si el Tai-Pan no puede comprometerse previamente, pero él también odia a Brock y obtiene una utilidad de 1 por cada 1 que Brock paga para obtener la tierra?

12.3: *Gobierno y monopolio*

El monopolista Apex y la empresa ingresante, Brydox, compiten por obtener decisiones gubernamentales favorables en el mercado de *widgets*. Apex desea que se rechace una ley que le exigiría compartir sus derechos de patente con Brydox. En cambio, Brydox quiere que la ley sea aprobada. El que le ofrezca al presidente del comité de telecomunicaciones de la Cámara de Diputados la mayor contribución para sus campañas políticas gana, y el perdedor no paga nada. La curva de demanda del mercado es $P = 25 - Q$, y el costo marginal es una constante de 1.

12.3a) ¿Quién hará la oferta más alta si los duopolistas siguen la conducta de Bertrand? ¿Cuánto ofrecerá el ganador?

12.3b) ¿Quién hará la oferta más alta si los duopolistas siguen la conducta de Cournot? ¿Cuánto ofrecerá el ganador?

12.3c) ¿Qué ocurre bajo la conducta de Cournot si Apex puede comprometerse a entregar su patente gratis a todo el mundo en caso de aprobarse la ley de acceso a la industria? ¿Cuánto ofrecerá Apex al congresista?

12.4: *Una subasta con participantes estúpidos*

El valor de un objeto para Smith tiene un componente privado de 1 y un componente común con Jones y Brown. Los componentes privados de Jones y Brown son iguales a cero. Cada jugador estima independientemente el componente común Z, y la estimación del jugador i es o x_i por arriba del valor verdadero o x_i por debajo del mismo, con igual probabilidad. Jones y Brown son ingenuos y siempre ofrecerán sus valuaciones. La subasta es inglesa.

12.4a) Si $x_{Smith} = 0$, ¿cuál es la estrategia dominante de Smith si su estimación de Z es igual a 20?

12.4b) Si $x_i = 8$ para todos los jugadores y Smith estima $Z = 20$, ¿cuáles son las probabilidades de que le dé diferentes valores a Z?

12.4c) Si $x_i = 8$, pero Smith sabe con certidumbre que $Z = 12$, ¿cuáles son las probabilidades de que simule seguir las diferentes combinaciones de las ofertas de Jones y Brown?

12.4d) ¿Por qué es 9 un mejor límite superior de las ofertas para Smith en vez de 21, si estima que Z es 20 y $x_i = 8$ para los tres jugadores?

13. FIJACIÓN DE PRECIOS

13.1. LAS CANTIDADES COMO ESTRATEGIAS:
RETORNO AL EQUILIBRIO DE COURNOT

El capítulo 13 se ocupa de la forma en que las empresas con poder de mercado fijan los precios. La sección 13.1 generaliza el juego de Cournot de la sección 3.5, en el cual dos empresas eligen las cantidades que venden; la sección 13.2 presenta el modelo de Bertrand de empresas que eligen precios. Después se amplían los modelos de Bertrand y de Cournot para tener en cuenta productos diferenciados. La sección 13.3 regresa a los orígenes de la diferenciación de productos y desarrolla dos modelos de localización de Hotelling. La sección 13.4 muestra cómo hacer estadísticas comparativas en los juegos, utilizando como ejemplo los modelos de Bertrand de productos diferenciados, y la supermodularidad y el teorema de la función implícita como instrumentos. La sección 13.5 enseña que aunque una empresa sea monopólica, si vende un bien duradero sufre la competencia de su propio ser futuro.

La conducta de Cournot con las funciones
de costo general y de demanda

En las siguientes secciones, los vendedores compiten entre sí mientras mueven simultáneamente. Se empezará generalizando el juego de Cournot de la sección 3.5 desde la demanda lineal y los costos iguales a cero a una clase más amplia de funciones. Los dos jugadores son las empresas Apex y Brydox, y sus estrategias son sus elecciones de las cantidades q_a y q_b. Los pagos que reciben se basan en las funciones de costo total, $c(q_a)$ y $c(q_b)$, y la función de demanda, $p(q)$, en que $q = q_a + q_b$. Esta especificación dice que sólo la suma de las producciones afecta el precio. Ello implica que las empresas fabrican un producto idéntico, porque sea Apex o Brydox la que fabrica una unidad adicional, el efecto sobre el precio es el mismo.

Considere el punto de vista de Apex. En el análisis Cournot-Nash, Apex elige su producción q_a para un nivel dado de q_b como si su elección no afectara a q_b. Desde su punto de vista, q_a es una función de q_b, pero q_b es exógena. Apex ve el efecto de su producción sobre el precio como

$$\frac{\partial p}{\partial q_a} = \frac{dp}{dq}\frac{\partial q}{\partial q_a} = \frac{dp}{dq}. \tag{1}$$

La función de pago de Apex es

$$\pi_a = p(q)q_a - c(q_a). \tag{2}$$

Para encontrar la función de reacción de Apex, calculamos la diferencial con respecto a su estrategia para obtener

$$\frac{d\pi_a}{dq_a} = p + \frac{dp}{dq}q_a - \frac{dc}{dq_a} = 0, \tag{3}$$

lo que implica:

$$q_a = \frac{\dfrac{dc}{dq_a} - p}{\dfrac{dp}{dq}}, \tag{4}$$

o, simplificando la notación,

$$q_a = \frac{c' - p}{p'}. \tag{5}$$

Si están disponibles formas funcionales particulares para $p(q)$ y $c(q_a)$, se puede resolver la ecuación (5) a fin de encontrar q_a como una función de q_b. Más generalmente, para encontrar el cambio en la mejor respuesta de Apex a un cambio exógeno en la producción de Brydox, obtenga la diferencial de (5) con respecto a q_b, y recuerde que q_b no sólo ejerce un efecto directo, sino quizá también un efecto indirecto sobre q_a.

$$\frac{dq_a}{dq_b} = \frac{(p - c')\left(p'' + p''\dfrac{dq_a}{dq_b}\right)}{p'^2} + \frac{c''\dfrac{dq_a}{dq_b} - p' - p'\dfrac{dq_a}{dq_b}}{p'}. \tag{6}$$

La ecuación (6) puede resolverse para dq_a/dq_b y así obtener la pendiente de la función de reacción,

$$\frac{dq_a}{dq_b} = \frac{(p - c')p'' - p'^2}{2p'^2 - c''p' - (p - c')p''}. \tag{7}$$

Si los costos y la demanda son lineales, como en la sección 3.5, entonces $c'' = 0$ y $p'' = 0$, de modo que la ecuación (7) se convierte en

$$\frac{dq_a}{dq_b} = \frac{p'^2}{2p'^2} = -\frac{1}{2}. \tag{8}$$

El modelo general se enfrenta a dos problemas que no surgieron en el modelo lineal: el hecho de que no existe un equilibrio único (unicidad) y la no existencia de un equilibrio. Si la demanda es cóncava y los costos son convexos, lo que implica que $p'' < 0$ y $c'' > 0$, entonces todo está bien en lo que respecta a la existencia. Ya que el precio es mayor que el costo marginal ($p > c'$), la ecuación (7) nos dice que las funciones de reacción son de pendiente descendente, porque $2p'^2 - c''p' - (p - c')p''$ es positiva y tanto $(p - c')p''$ como $-p'^2$ son negativos. Si las curvas de reacción son de pendiente descendente, se cruzan y existe un equilibrio, como se mostró en la gráfica 3.1 para el caso lineal representado por la ecuación (8). De ordinario se supone que los costos son por lo menos débilmente convexos, pues ése es el resultado de los rendimientos decrecientes o constantes, pero no hay razón para creer que la demanda sea cóncava o convexa. Si las curvas de la demanda no son lineales, las funciones de reacción retorcidas de la ecuación (7) pueden dar origen a múltiples equilibrios de Cournot, como en la gráfica 13.1.

Si la demanda es convexa o los costos son cóncavos, de modo que $p'' > 0$ o $c'' < 0$, las funciones de reacción pueden ser de pendiente ascendente, en cuyo caso tal vez nunca se crucen y no existiría ningún equilibrio. El problema también se puede ver por la función de pago de Apex, la ecuación (2). Si $p(q)$ es convexa, la función de pago podría no ser cóncava y entonces las técnicas de maximización estándar ya no funcionan. Los problemas del modelo general de Cournot enseñan una lección a los modeladores: en ocasiones, supuestos simples como la linealidad generan resultados atípicos.

GRÁFICA 13.1 *Equilibrios múltiples de Cournot-Nash*

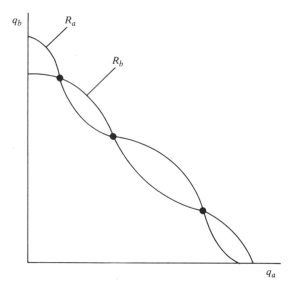

Muchos oligopolistas

Ahora regresemos al juego más sencillo en que los costos de producción son de cero y la demanda es lineal. Para particularizar, usaremos la función de demanda inversa

$$p(q) = 120 - q. \tag{9}$$

Si usamos (9), la función de pago (2) será

$$\pi_a = 120q_a - q_a^2 - q_b q_a. \tag{10}$$

En la sección 3.5, cada empresa elegía producciones de 40 en vista de la función de demanda (9). Eso generaba un precio de 40. Con n empresas en vez de dos, la función de demanda es

$$p\left(\sum_{i=1}^{n} q_i\right) = 120 - \sum_{i=1}^{n} q_i, \tag{11}$$

y la función de pagos de la empresa j es

$$\pi_j = 120q_j - q_j^2 - q_j \sum_{i \neq j} q_i. \tag{12}$$

Derivando la función de pago de j con respecto a q_j da

$$\frac{d\pi_j}{dq_j} = 120 - 2q_j - \sum_{i \neq j} q_i = 0. \tag{13}$$

El primer paso para hallar el equilibrio es suponer que es simétrico, de modo que $q_j = q_i$ ($i = 1, ..., n$). Éste es un supuesto basado en ciertas evidencias, ya que todo jugador se enfrenta a una condición de primer orden similar a (13). Por simetría, la ecuación (13) se convierte en $120 - (n + 1)q_j = 0$, por lo que

$$q_j = \frac{120}{n + 1}. \tag{14}$$

Considere valores diferentes para n. Si $n = 1$, $q_j = 60$, el óptimo del monopolio; y si $n = 2$, $q_j = 40$, la producción de Cournot que se encontró en la sección 3.5. Si $n = 5$, $q_j = 20$; mientras que n aumenta, la producción individual tiende a reducirse a cero. Además, la producción total de $nq_j = 120n/(n + 1)$ gradualmente se aproxima a 120, la producción de competencia, y el precio del mercado tiende a bajar a cero, el costo marginal de producción. A medida que aumenta el número de empresas, las ganancias bajan.

Variación conjetural

La variación conjetural, un concepto diferente de los que se han presenta-do hasta ahora, es una forma de cuantificar el grado de cooperación entre los oligopolistas. Continuemos especificando las estrategias como cantida-des. En un equilibrio de Nash, ningún jugador desea desviarse y sus opi-niones sobre cómo se conducirán los otros jugadores se confirman cualquie-ra que sea el nodo al que se llegue. Bajo la variación conjetural, un jugador cree, por razones fuera del modelo, que si se desvía los demás jugadores se desviarán de maneras específicas. A quien haya leído hasta aquí eso le pa-recería una idea poco natural, ya que viola el supuesto básico de los juegos bayesianos y no es clara con respecto a lo que ocurre en este juego de mo-vimientos simultáneos. La idea se puede aclarar con un ejemplo. Si retor-namos al modelo de dos jugadores, podemos usar la ecuación (3) para es-cribir la condición de primer orden de Apex, tal como ella la percibe, de la siguiente manera

$$\frac{d\pi_a}{dq_a} = p + \left(\frac{dp}{dq}\right)\left(\frac{dq}{dq_a}\right)q_a - \frac{dc}{dq_a} = 0. \tag{15}$$

La diferencia entre las condiciones de primer orden (3) y (15) es que (16) contiene

$$\frac{dq}{dq_a} = 1 + \frac{dq_b}{dq_a}. \tag{16}$$

La ecuación (16) dice que el efecto esperado del aumento de una uni-dad en q_a sobre la producción de la industria tiene dos componentes: un aumento directo de una unidad y un aumento indirecto por el aumento de la producción de Brydox como respuesta. La condición de primer or-den (15) debe ser calificada de "autopercibida", porque Apex podría estar equivocada en lo que opina sobre la respuesta de Brydox. La opinión im-plícita en el equilibrio de Nash, que a la desviación de Apex no sigue una respuesta de Brydox, es la única que apoya un equilibrio donde un juga-dor u otro no está equivocado. Pero si no se requiere de la congruencia de las opiniones, son posibles otras opiniones que llevan a una conducta di-ferente.

La **variación conjetural** *de la empresa i es la tasa dq₋ᵢ/dqᵢ en que conjetu-ra que la producción de las otras empresas cambiará si la propia produc-ción de i cambia.*

$VC = 0$
En un equilibrio de Cournot, Apex cree que si se desvía y produce más Brydox no se desviará, por lo que la variación conjetural es igual a 0.

$VC = -1$

Si Apex cree que un aumento de su producción será compensado por un decremento en la de Brydox, de modo que la producción total de la industria no cambia, la variación conjetural es de –1. Si ambas empresas usan esta variación conjetural, la producción de la industria es el nivel competitivo; las empresas no toman en cuenta el efecto de su producción en la baja del precio. Desde luego, si ambas empresas usan valores negativos, sus opiniones son inconsistentes.

$VC = 1$

Si Apex cree que Brydox imitará exactamente sus cambios en la producción, la variación conjetural es de 1. Con dos empresas que tienen curvas de costo idénticas, la producción de la industria estará al nivel del cártel, aunque un juego con n jugadores requerirá que $VC = n - 1$ para lograr ese nivel.

En el equilibrio de Stackelberg (sección 3.5), la variación conjetural del seguidor de Stackelberg está entre 0 y 1, y toma el valor dado por una función de reacción como la ecuación (7).

En el mundo del mercado petrolero, los productores marginales como el Reino Unido se enfrentan al cártel de la OPEP. Si la variación conjetural del Reino Unido es igual a –1, los ingleses creen que producir más hará que la OPEP baje su producción en una cantidad igual; si es de 0, la OPEP ignorará al Reino Unido; si es de 0.5, la OPEP seguirá con un aumento más pequeño; si es de 1, la OPEP igualará todo aumento, y si es de 10, la OPEP responderá inundando el mercado. Si establecemos las ecuaciones con los valores adecuados para las variaciones conjeturales de todos los jugadores, podemos resolver a fin de obtener la producción de equilibrio. La idea es útil para organizar diversos modelos de duopolio y lo suficientemente sencilla para que se pueda estimar de manera empírica. Aun sin conocer la teoría correcta, puede hacerse una estimación para saber qué tanto responde la OPEP a las acciones del Reino Unido.

13.2: LOS PRECIOS COMO ESTRATEGIAS: EL EQUILIBRIO DE BERTRAND

El modelo de duopolio de Bertrand (1883) parece ser sólo ligeramente diferente del modelo de Cournot, pero llega a conclusiones opuestas. La solución de Bertrand no es otra cosa que el equilibrio de Nash en precios, en vez de cantidades. Utilizaremos, como antes, el mismo mundo de demanda lineal de dos jugadores, con costos iguales a cero; pero ahora los espacios de estrategia serán los precios, no las cantidades. También utilizaremos la misma función de demanda, la ecuación (9), que implica que si p es el menor precio, $q = 120 - p$. En el modelo de Cournot, las empresas eligen las cantidades, pero se permite que los precios del mercado varíen libremente; en el modelo de Bertrand, eligen los precios y venden tanto como pueden. Las estrategias para Apex y Brydox son p_a y p_b. La función de pagos para Apex (y análogamente para Brydox) es

$$\pi_a = \begin{cases} p_a(120 - p_a) & \text{si } p_a < p_b \\ \dfrac{p_a(120 - p_a)}{2} & \text{si } p_a = p_b \\ 0 & \text{si } p_a > p_b \end{cases}$$

El juego de Bertrand tiene un equilibrio de Nash único: $p_a = p_b = 0$. Ningún otro par de precios puede ser un equilibrio, porque una empresa capturaría todo el mercado si cobrara un poco menos que el precio de la otra. El único par de precios en que no es tentador rebajar el precio propio es (0, 0). Las ganancias del duopolio no son sólo un poco menores que las ganancias del monopolio, son de cero.

Al igual que el resultado del Dilema del Prisionero, el equilibrio de Bertrand es menos sorprendente cuando se reflexiona en las limitaciones del modelo. Lo que muestra es que las ganancias del duopolio no surgen sólo porque haya dos empresas. Las ganancias se deben a algo más, como los periodos múltiples, la información incompleta o los productos diferenciados.

Tanto el modelo de Bertrand como el de Cournot se usan con frecuencia. El modelo de Bertrand puede ser burdo matemáticamente debido al salto discontinuo de una participación en el mercado de cero al 100% después de una ligera rebaja en el precio. El modelo de Cournot es útil como un modelo sencillo que evita ese problema y predice que el precio bajará gradualmente a medida que más empresas entran al mercado. También hay formas de modificar el modelo de Bertrand para obtener precios intermedios y efectos de ingreso graduales; procederemos a ver algunas.

Limitaciones de la capacidad: la paradoja de Edgeworth

Empecemos modificando el modelo de Bertrand con la limitación de que las ventas de cada empresa no pueden ser mayores de $K = 70$ unidades. La capacidad de la industria excede a la producción competitiva, pero, ¿continúan las ganancias siendo de cero?

Cuando se limitan las capacidades de producción, se requiere de supuestos adicionales debido a la nueva posibilidad de que una empresa con un precio menor pueda atraer más clientes de los que puede abastecer. Es necesario especificar una **regla de racionamiento** que nos diga cuáles clientes son atendidos al precio bajo y cuáles deben comprar a la empresa de precio alto. La regla de racionamiento no tiene importancia para el pago de la empresa con el precio menor, pero es crucial para la empresa con el precio más alto. Una posible regla es:

Racionamiento según la intensidad. *Los clientes que dan más valor al producto compran a la empresa con el menor precio.*

La función de demanda inversa de la ecuación (9) es $p = 120 - q$; bajo el racionamiento según la intensidad, los K clientes con la demanda más fuerte compran a la empresa de precio bajo. Suponga que Brydox es la empresa de precio bajo que cobra un precio de 30, de modo que 90 compradores desean comprarle a ella. La demanda restante que se dirige a Apex es entonces

$$q_a = 120 - p_a - K. \tag{17}$$

La curva de la demanda se presenta en la gráfica 13.2a.

Con el racionamiento según la intensidad, las funciones de pago son, dado que $K = 70$,

$$\pi_a = \begin{cases} p_a \cdot Min\{120 - p_a, 70\} & \text{si } p_a < p_b & a) \\ \dfrac{p_a(120 - p_a)}{2} & \text{si } p_a = p_b & b) \\ 0 & \text{si } p_a > p_b, p_b \geq 50 & c) \\ p_a(120 - p_a - 70) & \text{si } p_a > p_b, p_b < 50 & d) \end{cases} \tag{18}$$

La regla adecuada de racionamiento depende de lo que se modela. El racionamiento según la intensidad es adecuado si los compradores con una demanda más intensa hacen mayores esfuerzos por obtener precios menores. Si los compradores con demanda intensa son gente rica que no desea esperar en fila, los compradores con una demanda menos intensa pueden terminar por ir a la empresa que tiene el precio bajo, en cuyo caso hay un **racionamiento inverso a la intensidad**. Una regla intermedia es el racionamiento proporcional, bajo el cual todo tipo de consumidor tiene las mismas probabilidades de comprar a la empresa de bajo precio.

Racionamiento proporcional. *Cada cliente tiene la misma probabilidad de poder comprar en la empresa de precio bajo.*

Con el racionamiento proporcional, si $K = 70$, y 90 clientes deseaban comprar a Brydox, 2 de cada 9, $2/9(= (q(p_b) - K)/q(p_b))$, de cada tipo de consumidor se verán obligados a comprar a Apex (por ejemplo, 2/9 del tipo que está dispuesto a pagar 120). La curva de demanda residual a que se enfrenta Apex, que se muestra en la gráfica 13.2b y en la ecuación (19), intercepta el eje del precio en 120, pero su pendiente desciende a una tasa tres veces mayor que la demanda del mercado porque sólo hay 2/9 clientes restantes de cada tipo.

$$q_a = (120 - p_a) \left(\frac{120 - p_b - K}{120 - p_b} \right) \tag{19}$$

La limitación de la capacidad tiene un efecto relevante: $(0, 0)$ ya no es un equilibrio de Nash en los precios. Considere la mejor respuesta de Apex cuando Brydox cobra un precio de cero. Si Apex aumenta su precio por encima de cero, retiene a la mayoría de sus clientes (porque Brydox ya está produciendo a toda su capacidad), pero sus ganancias aumentan de cero a un número positivo, sin importar la regla de racionamiento. En cualquier equilibrio, ambos jugadores deben cobrar precios que no difieran entre sí

GRÁFICA 13.2. *Reglas de racionamiento: a) racionamiento según la intensidad si K = 70; b) racionamiento proporcional*

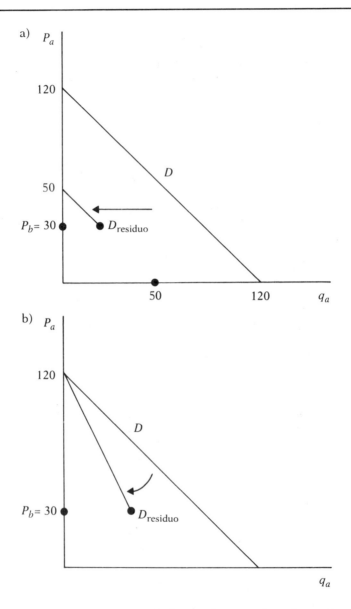

más que por una pequeña cantidad ε, o el que cobra el precio menor se desviará y subirá su precio. Pero si los precios son iguales, ambos jugadores tienen capacidad no utilizada y cada uno posee un incentivo para cobrar menos que el otro. No existe ningún equilibrio de estrategia pura bajo la regla de racionamiento. A esto se le conoce como la **paradoja de Edgeworth**, después de Edgeworth (1897).

Sí existe un equilibrio de estrategias mixtas, que Levitan y Shubik (1972) calcularon mediante el racionamiento según la intensidad y que Dasgupta y Maskin (1986b) analizaron. Las ganancias esperadas son positivas, porque las empresas cobran precios positivos. Bajo el racionamiento proporcional, al igual que bajo el racionamiento según la intensidad, las ganancias son positivas en equilibrio, pero a la empresa con el precio alto le va mejor con el racionamiento proporcional. Lo que más le conviene a la empresa con el precio alto es el **racionamiento inverso a la intensidad**, bajo el cual los clientes con la demanda menos intensa son atendidos por la empresa de precio bajo, por lo que quienes están dispuestos a pagar más quedan a merced de la empresa con el precio alto.

Aun cuando la capacidad fuera endógena, el resultado sería ineficiente, ya sea porque las empresas cobrarían precios mayores que el costo marginal (si su capacidad fuera baja) o porque invertirían en capacidad excedente (aunque fijen su precio al nivel del costo marginal).

Diferenciación del producto

El modelo de Bertrand sin limitaciones de capacidad genera ganancias iguales a cero, porque sólo se necesitan pequeños descuentos en el precio para atraer a los clientes. El supuesto que subyace en esto es que las empresas venden bienes idénticos, por lo que si el precio de Apex es ligeramente superior al de Brydox todos los clientes van a Brydox. Si los clientes son leales a una marca, o poseen mala información sobre los precios, el equilibrio es diferente y las curvas de demanda de Apex y Brydox pueden ser

$$q_a = 24 - 2p_a + p_b \tag{20}$$

y

$$q_b = 24 - 2p_b + p_a. \tag{21}$$

Cuanto mayor sea la diferencia entre los coeficientes de los precios en curvas de demanda como éstas, los productos son menos sustituibles entre sí. Al igual que con las curvas de demanda normales como (9), hemos hecho supuestos implícitos acerca de los puntos extremos de (20) y de (21). Estas ecuaciones sólo se aplican si las cantidades demandadas no resultan ser negativas, y quizá también querríamos restringirlas a precios inferiores a un determinado límite superior, ya que de otra manera la demanda a que se enfrenta una empresa se vuelve infinita a medida que el precio de la otra sube hacia el infinito. Con estas restricciones, los pagos son

$$\pi_a = p_a(24 - 2p_a + p_b) \tag{22}$$

y

$$\pi_b = p_b(24 - 2p_b + p_a). \tag{23}$$

Si se maximiza el pago de Apex, se obtiene la condición de primer orden

$$\frac{d\pi_a}{dp_a} = 24 - 4p_a + p_b = 0, \tag{24}$$

y la función de reacción

$$p_a = 6 + p_b/4. \tag{25}$$

Como Brydox tiene una condición paralela de primer orden, el equilibrio ocurre cuando $p_a = p_b = 8$. La cantidad que produce cada empresa es 16, que está por debajo de las 24 que cada una produce cuando los precios son de cero. La gráfica 13.3 muestra que las funciones de reacción se intersectan. La curva de la demanda de Apex tiene la elasticidad

$$\left(\frac{\partial q_a}{\partial q_a}\right) \cdot \left(\frac{p_a}{q_a}\right) = -2\left(\frac{p_a}{p_a}\right), \tag{26}$$

que es finita incluso cuando $p_a = p_b$, a diferencia del modelo normal de Bertrand.

GRÁFICA 13.3. *Las funciones de reacción de Bertrand con productos diferenciados*

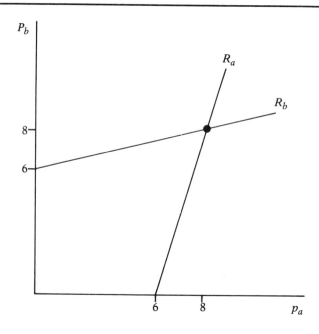

El equilibrio de Cournot con productos diferenciados

También es posible determinar el equilibrio de Cournot para las funciones de demanda (20) y (21), pero la diferenciación del producto no lo afecta mucho. Hay que empezar por expresar el precio sólo en términos de las cantidades, obteniendo

$$p_a = 12 - \frac{1}{2}q_a + \frac{1}{2}p_b \qquad (27)$$

y

$$p_b = 12 - \frac{1}{2}q_b + \frac{1}{2}p_a. \qquad (28)$$

Después de sustituir de (28) en (27) y resolver para p_a, se obtiene

$$p_a = 24 - \frac{2q_a}{3} - \frac{q_b}{3}. \qquad (29)$$

La condición de primer orden para el problema de maximización de Apex es

$$\frac{d\pi_a}{dq_a} = 24 - \frac{4q_a}{3} - \frac{q_b}{3} = 0, \qquad (30)$$

de la que surge la función de reacción

$$q_a = 18 - \frac{q_b}{4}. \qquad (31)$$

Podemos suponer que $q_a = q_b$. De (3) se deduce que $q_a = 14.4$ y el precio del mercado es de 9.6. Si lo desea comprobar, verá que éste es efectivamente un equilibrio de Nash.

13.3. MODELOS DE LOCALIZACIÓN O DE INTERPRETACIÓN ESPACIAL

En la sección 13.2 analizamos un modelo de Bertrand con productos diferenciados usando funciones de demanda cuyos argumentos eran los precios para ambas empresas. Ese modelo es sospechoso porque no se basa en supuestos "primitivos". En particular, podría ser que las funciones de demanda no se generan aumentando al máximo cualquier función de utilidad posible. Por ejemplo, es imposible una curva de demanda con una elasticidad constante menor que uno porque, a medida que el precio se aproxima a cero, la cantidad que se gasta en las mercancías tiende a ser infinita. Además, las funciones de demanda (20) y (21) se limitaron a los precios por debajo de cierto nivel, y sería conveniente justificar tal limitación.

Los modelos de localización construyen funciones de demanda como (20) y (21) a partir de supuestos "primitivos". En dichos modelos, las características de los productos diferenciados son puntos en el espacio. Si los automóviles sólo se distinguen en términos de los kilómetros recorridos, el espacio es una línea unidimensional. Si la aceleración también es importante, el espacio es un plano de dos dimensiones. Una manera fácil de pensar en este enfoque es la de considerar dónde se vende el producto. El producto "gasolina vendida en la esquina de Wilshire y Westwood" es diferente de la "gasolina vendida en la esquina de Wilshire y Fourth". Dependiendo de dónde viven los consumidores, tienen distintas preferencias por los dos lugares, pero, si los precios ostentaran una diferencia suficiente, estarían dispuestos a cambiar de una gasolinera a la otra.

Los modelos de localización constituyen por sí solos una rama de los escritos sobre la teoría de juegos. Veremos los dos primeros modelos analizados en el artículo clásico de Hotelling (1929), un modelo de elección del precio y un modelo de elección del lugar. La gráfica 13.4 muestra lo que tienen en común.

GRÁFICA 13.4. *Modelos de localización*

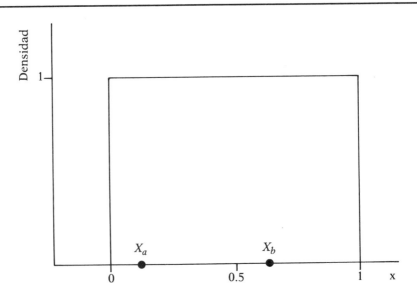

Dos empresas se localizan en los puntos x_a y x_b a lo largo de una línea que va de cero a uno, con una densidad constante de consumidores en toda ella. En el juego del Precio de Hotelling, las empresas eligen precios para determinadas ubicaciones. En el juego de la Localización de Hotelling, los precios son fijos y las empresas eligen dónde se ubicarán.

El juego del Precio de Hotelling
(Hotelling, 1929)

Jugadores
Los vendedores Apex y Brydox, localizados en x_a y x_b, donde $x_a < x_b$, y un *continuum* de compradores indexado por la localización $x \in [0, 1]$.

Orden del juego
1) Los vendedores eligen simultáneamente los precios p_a y p_b.
2) Cada comprador elige un vendedor.

Pagos
La demanda se distribuye uniformemente en el intervalo $[0, 1]$ con una densidad igual a uno (considere a cada comprador como si comprara una unidad). Los costos de producción son de cero. Cada consumidor siempre compra, por lo que su problema es minimizar la suma del precio más el costo lineal de transporte, que es de θ por unidad de distancia recorrida.

$$\pi_{comprador\ en\ x} = -Min\{\theta|x_a - x| + p_a, \theta|x_b - x| + p_b\}. \qquad (32)$$

$$\pi_a = \begin{cases} 0 & \text{si } p_a - p_b > \theta(x_b - x_a) \qquad (33a) \\ & \text{(Brydox captura todo el mercado)} \\ \\ p_a & \text{Si } p_b - p_a > \theta(x_b - x_a) \qquad (33b) \\ & \text{(Apex captura todo el mercado)} \\ \\ p_a\left(\frac{1}{2\theta}[(p_b - p_a) + \theta(x_a + x_b)]\right) & \text{de no ser así (el marcado se divide)} \quad (33c) \end{cases}$$

Brydox tiene pagos análogos.

Los pagos son resultado de la conducta de los compradores. La utilidad de un comprador depende del precio que paga y de la distancia que recorre. Sin considerar los precios, Apex es más conveniente para el consumidor en $x = 0$ ("el cliente 0") y atrae menos al cliente en $x = 1$ ("el cliente 1"). El cliente 0 le comprará a Apex mientras

$$\theta x_a + p_a < \theta x_b + p_b, \qquad (34)$$

lo que implica que

$$p_a - p_b < \theta(x_b - x_a), \qquad (35)$$

que a su vez rinde el pago (33a). El cliente 1 le comprará a Brydox si

$$\theta(1 - x_a) + p_a > \theta(1 - x_b) + p_b, \qquad (36)$$

lo que implica que

$$p_b - p_a < \theta(x_b - x_a), \tag{37}$$

que rinde el pago (33b).

Muy probablemente, las desigualdades (35) y (36) se satisfacen, en cuyo caso el cliente 0 va a Apex y el cliente 1 va a Brydox. Éste es el caso representado por el pago (33c); la siguiente tarea es precisar la localización del cliente x^*, definido como el cliente que está en el límite de los dos mercados y que es indiferente entre Apex y Brydox. Primero, observe que si Apex atrae al cliente x_b, también atrae a todas las $x > x_b$, porque más allá de x_b las distancias entre los clientes y los dos vendedores aumentan a la misma tasa. Así, sabemos que si hay un cliente indiferente está entre x_a y x_b. Con ese conocimiento (32) nos dice que

$$\theta(x^* - x_a) + p_a = \theta(x_b - x^*) + p_b, \tag{38}$$

por lo que

$$p_b - p_a = \theta(2x^* - x_a - x_b), \tag{39}$$

y

$$x^* = \frac{1}{2\theta}[(p_b - p_a) + \theta(x_a + x_b)]. \tag{40}$$

Como Apex se queda con todos los clientes entre 0 y x^*, la ecuación (40) es la función de demanda que Apex enfrenta mientras no fije sus precios muy por encima de los de Brydox que incluso pierda al cliente 0. La demanda que se hace a Brydox es igual a $(1 - x^*)$. Observe que si $p_b = p_a$, entonces, por (40), $x^* = (x_a + x_b)/2$, independiente de θ, que es justo lo que esperaríamos. La demanda es lineal respecto a los precios de ambas empresas y es similar a las curvas de demanda (20) y (21), las cuales se utilizaron en la sección 13.2 para el juego de Bertrand con productos diferenciados.

Ahora que se han encontrado las funciones de la demanda es posible calcular el equilibrio de Nash de la misma forma que en la sección 13.2 si establecemos las funciones de ganancia para cada empresa, diferenciamos con respecto al precio de cada una y resolvemos las dos condiciones de primer orden para los dos precios. Sujeto al supuesto de que las empresas están dispuestas a elegir precios que satisfagan las desigualdades (35) y (37), el equilibrio de Nash que resulta es

$$p_a = \frac{(2 + x_a + x_b)\theta}{3}, \ p_b = \frac{(4 - x_a - x_b)\theta}{3}. \tag{41}$$

Por (41) puede verse que Apex cobra un precio más elevado si una x_a le da más clientes seguros o si una x_b grande hace que el número de clientes que pueden disputarse sea mayor. El caso más sencillo es $x_a = 0$ y $x_b = 1$, que es cuando (41) nos dice que ambas empresas cobran un precio igual a θ. Las ganancias son positivas y aumentan con el costo de transporte, a menos que $\theta = 0$, en cuyo caso se habrá retornado al modelo básico de Bertrand.

No es posible quedar conforme con el equilibrio de la ecuación (41), porque el supuesto de que las empresas están dispuestas a cobrar precios que satisfagan (35) y (37) se viola frecuentemente. Hotelling no lo observó y cayó en una trampa casi ineludible cuando se usa la teoría de juegos. Los economistas están acostumbrados a modelos en que el enfoque del cálculo es dar una respuesta que sea a la vez el óptimo local y el óptimo global. Sin embargo, en juegos como éste, el óptimo local no es global debido a la discontinuidad en la función objetiva. Vickrey (1964) y D'Aspremont, Gabszewicz y Thisse (1979) han mostrado que si x_a y x_b se hallan cerca una de la otra no existe ningún equilibrio de estrategia pura, por razones similares a las de que ninguno exista en el modelo de Bertrand con limitaciones de capacidad. Si ambas empresas cobraran precios no aleatorios, ninguna se desviaría a un precio ligeramente diferente, pero una podría desviarse a un precio mucho más bajo que captara a todos los clientes. Pero si ambas cobraran ese precio más bajo, cada una se desviaría y aumentaría un poco su precio. El caso es que si Apex y Brydox están ubicadas simétricamente con respecto al centro del intervalo, entonces, si $x_a \geq 0.25$ y $x_b \leq 0.75$, no existe ningún equilibrio de estrategia pura, aunque Dasgupta y Maskin (1986b) muestran que sí existe un equilibrio de estrategia mixta.

Pasemos ahora a la elección de la localización. Simplificaremos el modelo dando menos importancia a los consumidores e imponiendo un solo precio exógeno a todas las empresas.

El juego de la Localización de Hotelling
(Hotelling, 1929)

Jugadores
n vendedores.

Orden del juego
Los vendedores eligen simultáneamente su localización $x_i \in [0, 1]$.

Pagos
Los consumidores se distribuyen a lo largo del intervalo [0, 1] con una densidad uniforme e igual a 1. El precio es igual a 1 y los costos de producción son de cero. Los vendedores están ordenados según su localización, de modo que $x_1 \leq x_2 \leq \ldots \leq x_n$, $x_0 \equiv 0$ y $x_{n+1} \equiv 1$. El vendedor i atrae la mitad de los clientes de los espacios a cada lado de él, por lo que su pago es

$$\pi_1 = x_1 + \frac{x_2 - x_1}{2}, \tag{42}$$

$$\pi_n = \frac{x_n - x_{n-1}}{2} + 1 - x_n, \tag{43}$$

o, para $i = 2, \ldots, n - 1,$

$$\pi_i = \frac{x_i - x_{i-1}}{2} + \frac{x_{i+1} - x_i}{2}. \tag{44}$$

Con **un vendedor**, la localización es irrelevante en este modelo, ya que se trata de clientes cautivos. Si el precio fuera una variable elegible y la demanda fuera elástica, sería de esperar que el monopolista se ubique en $x = 0.5$.

Con **dos vendedores**, ambas empresas se ubican en $x = 0.5$, sin importar si la demanda es o no elástica. Éste es un equilibrio de Nash estable, como se aprecia al estudiar la gráfica 13.4 e imaginar las mejores respuestas de cada uno a la localización del otro. La mejor respuesta siempre es que ε se localice más cerca del centro que su rival. Cuando las dos empresas lo hacen así, terminan dividiendo el mercado, ya que ambas se ubican exactamente en el centro.

Con **tres vendedores**, el modelo no tiene un equilibrio de Nash en estrategias puras. Considere cualquier perfil de equilibrio en que cada jugador se localiza en un punto separado. Ese perfil de estrategia no es un equilibrio, porque los dos jugadores que estén más cerca de los extremos se aproximarán al centro y presionarán hasta reducir la parte del mercado que corresponde al jugador de en medio. Pero si un perfil de estrategia tiene dos jugadores en el mismo punto, el tercer jugador podría adquirir una parte de por lo menos $(0.5 - \varepsilon)$ si se acerca a ellos; y si la parte del mercado del tercer jugador es muy grande, uno de los dos jugadores ubicados en el mismo lugar se desviará y se trasladará al otro lado del tercer jugador y le arrebatará toda su parte del mercado. El único equilibrio es en estrategias mixtas. Shaked (1982) ha calculado que la densidad de probabilidad mixta simétrica $m(x)$ es

$$m(x) = \begin{cases} 2 & \text{si } \frac{1}{4} \le x \le \frac{3}{4} \\ 0 & \text{de otra manera} \end{cases} \tag{45}$$

Extrañamente, tres es un número especial. Con **más de tres vendedores**, sí existe un equilibrio en estrategias puras (Eaton y Lipsey, 1975). Dasgupta y Maskin (1986b), tal como los modificó Simon (1987), también muestran que existe un equilibrio, tal vez en estrategias mixtas, para cualquier número de jugadores n en un espacio de cualquier dimensión m.

Como los precios son inflexibles, el mercado competitivo no logra la eficiencia. Un planificador social benevolente, o un monopolista que pueda cobrar un precio mayor si ubica sus expendios más cerca de los consumidores, elegirá localidades diferentes de las que eligen las empresas competitivas. En particular, cuando dos empresas competitivas se localizan en el centro de la línea los consumidores no están mejor que si se tratara de una sola empresa. La distancia promedio de un consumidor a un vendedor se reduciría al mínimo si $x_1 = 0.25$ y $x_2 = 0.75$, las localizaciones que elegirán el planificador social o el monopolista.

13.4. ESTÁTICA COMPARATIVA Y JUEGOS SUPERMODULARES

La estática comparativa es el análisis de lo que ocurre a las variables endógenas de un modelo cuando se transforman las variables exógenas. Ésta es una parte central de la economía. Por ejemplo, cuando suben los salarios queremos saber cómo cambiará el precio del acero en respuesta a ese primer cambio. La teoría de juegos presenta problemas especiales para la estática comparativa, pues cuando un parámetro cambia, no sólo cambia la estrategia de equilibrio de Smith en respuesta, sino también la estrategia de Jones como consecuencia del cambio en la de Smith. Un pequeño cambio en un parámetro puede producir un gran cambio en el equilibrio debido a la retroalimentación entre las estrategias de los diferentes jugadores.

Para ilustrarlo, podemos usar un juego de Bertrand diferenciado. Se supone que hay N empresas, y que para la empresa n la curva de la demanda es

$$Q_n = Max[\alpha - \beta_n p_n + \sum_{m \neq n} \gamma_m p_m, 0], \tag{46}$$

donde $\alpha \in (0, \infty)$, $\beta_n \in (0, \infty)$ y $\gamma_n \in (0, \infty)$ para todas las n. Suponga que el efecto de p_n en las ventas de la empresa n es mayor que el efecto de los precios de las otras empresas, de modo que

$$\beta_n > \sum_{m \neq n} \gamma_m. \tag{47}$$

Asigne a la empresa n un costo marginal constante κc_n, donde $\kappa \in \{1,2\}$ y $c_n \in (0, \infty)$, y supongamos que los costos de la empresa n son lo suficientemente bajos para que opere en equilibrio. La variable de cambio κ representa el efecto del régimen político sobre los costos. La función de pago para la empresa n es

$$\pi_n = (p_n - \kappa c_n)(\alpha - \beta_n p_n + \sum_{m \neq n} \gamma_m p_m). \tag{48}$$

Las empresas eligen precios simultáneamente.

¿Tiene un equilibrio este juego? ¿Tiene varios equilibrios? ¿Qué le ocurre al precio de equilibrio si cambia un parámetro como c_n o κ? Éstas son preguntas difíciles, porque si c_n aumenta, el efecto inmediato es cambiar el precio de la empresa n; pero las demás empresas reaccionarán al cambio en el precio, lo que a su vez afectará al precio de n. Además, éste no es un juego simétrico —las curvas de costos y de demanda difieren de empresa a empresa, lo que puede hacer que la solución algebraica del equilibrio de Nash sea muy confusa—. Ni siquiera queda claro que el equilibrio sea único.

Aquí se pueden abordar dos enfoques de la estática comparativa: el teorema de la función implícita y la supermodularidad. A continuación los veremos sucesivamente.

El teorema de la función implícita

El teorema de la función implícita dice que si $f(x, y) = 0$,

$$\frac{\partial x}{\partial y} = -\left(\frac{\partial f}{\partial y} \Big/ \frac{\partial f}{\partial x}\right). \tag{49}$$

Esto es especialmente útil si x es una variable de elección en tanto que y es un parámetro, porque entonces la condición de primer orden toma la forma $f(x, y) = 0$, y la condición de segundo orden determina el signo de $\partial f/\partial x$. Sólo hay que estar seguro de que la solución es una solución interior, de modo que las condiciones de primer y segundo orden sean válidas.

En el juego de Bertrand diferenciado, los precios de equilibrio permanecerán dentro del intervalo $(c_n, \bar{p})$ para algún número grande $\bar{p}$, porque un precio de c_n rendirá cero ganancias, en vez de las ganancias positivas de un precio ligeramente mayor, y se puede elegir $\bar{p}$ de tal manera que resulte en una cantidad demandada de cero y por tanto ganancias de cero. Así, el equilibrio o los equilibrios son soluciones interiores, en cuyo caso este problema, que se comporta muy bien, satisface la condición de primer orden,

$$\frac{\partial \pi_n}{\partial p_n} = \alpha - 2\beta_n p_n + \sum_{m \neq n} \gamma_m p_m + \kappa c_n \beta_n = 0, \tag{50}$$

y la condición de segundo orden,

$$\frac{\partial^2 \pi_n}{\partial p_n^2} = -2\beta_n < 0. \tag{51}$$

Es posible aplicar el teorema de la función implícita si se hace que $\partial \pi_n(p_n, c_n)/\partial p_n = 0$ por la ecuación (50) sea nuestra $f(x, y) = 0$ y usando la ecuación (49). Entonces

$$\frac{\partial p_n}{\partial c_n} = -\left(\frac{\dfrac{\partial^2 \pi_n}{\partial p_n \partial c_n}}{\dfrac{\partial^2 \pi_n}{\partial p_n^2}}\right) \tag{52}$$

$$= -\left(\frac{\kappa\beta_n}{-2\beta_n}\right)$$

$$= \frac{\kappa}{2}.$$

(52)

Por consiguiente, un aumento en el parámetro de costo individual de la empresa n aumenta su costo a una tasa de $\kappa/2$. Sin embargo, no olvide que el teorema de la función implícita sólo nos habla acerca de los cambios infinitesimales, no de los cambios finitos. Si c_n aumenta lo suficiente, la naturaleza del equilibrio cambia drásticamente porque la empresa n se ve obligada a dejar la actividad.

No podemos continuar para descubrir el efecto de un cambio en κ sobre p_n, porque κ es una variable discreta y el teorema de la función implícita sólo se aplica a variables continuas. No obstante, el teorema de la función implícita es muy útil cuando se puede aplicar. Éste es un ejemplo sencillo, pero el enfoque puede usarse aun cuando las funciones de que se trata son muy complicadas. En los casos complejos, saber que la condición de segundo orden es válida evita que el modelador determine el signo del denominador, si todo lo que le interesa es el signo de la relación entre las dos variables.

Supermodularidad

El segundo enfoque adopta la idea del juego supermodular relacionada con la de los complementos estratégicos. Suponga que hay N jugadores en un juego, representados por los subíndices m y n, y que el jugador n tiene una estrategia que consiste en k_n elementos, representada por i y j, de modo que su estrategia es el vector $x_n = (x_{n1}, ..., x_{nk_n})$. Represente su conjunto de estrategia por S_n y su función de pago por $\pi_n(x_n, x_{-n}; \tau)$, donde τ representa un parámetro fijo. Decimos que el juego es un **juego supermodular fluido** si se satisfacen las siguientes cuatro condiciones:

(A1') El conjunto de estrategia es un intervalo en $R^{\kappa n}$.

$$S_n = [\underline{x}_n, \overline{x}_n].$$

(53)

(A2') π_n es continuamente diferenciable dos veces en S_n.

(A3') (supermodularidad). Aumentar un componente en la estrategia n de un jugador no disminuye el beneficio marginal neto de cualquier otro componente: para todas las n, y todas las i y j tales que $1 \le i < j \le k_n$,

$$\frac{\partial^2 \pi_n}{\partial x_{ni}\partial x_{nj}} \ge 0.$$

(54)

(A4') (diferencia creciente entre la estrategia propia y las de los demás).
Aumentar un componente de la estrategia de n no disminuye el beneficio
marginal neto de aumentar cualquier componente de la estrategia del juga-
dor m: para todas las $n{\neq}m$, y todas las i y j tales que $1 \leq i \leq k_n$ y $1 \leq j \leq k_m$,

$$\frac{\partial^2 \pi_n}{\partial x_{ni}\partial x_{mj}} \geq 0. \tag{55}$$

Además, se podrá hablar de la estática comparativa de los juegos supermodulares fluidos si se satisface una quinta condición, la condición de
indiferencias crecientes (A5').

(A5') (diferencias crecientes en las estrategias y parámetros propios). Aumentar el parámetro c no disminuye el beneficio marginal neto del jugador
n por cualquiera de los componentes de su propia estrategia: para todas
las n, y todas las i tales que $1 \leq i \leq k_n$,

$$\frac{\partial^2 \pi_n}{\partial x_{ni}\partial \tau} \geq 0. \tag{56}$$

La esencia de la supermodularidad radica en los supuestos (A3') y (A4').
El supuesto (A3') dice que todos los componentes de las estrategias del
jugador n son **insumos complementarios**; cuando un componente aumenta, vale la pena aumentar también los demás componentes. Ello significa que aunque una estrategia es complicada todavía es posible llegar a
resultados cualitativos respecto a la estrategia, porque todos los componentes de la estrategia óptima se moverán juntos en la misma dirección. El
supuesto (A4') dice que las estrategias de los jugadores m y n son **complementos estratégicos;** cuando el jugador m aumenta un componente de su
estrategia, el jugador n también querrá hacerlo. Cuando las estrategias de
los jugadores se refuerzan una a la otra de esta manera, la retroalimentación entre ellas es menos confusa que si tratan de minarse.

He puesto una comilla al final de los supuestos porque son casos especiales, para juegos fluidos, de la definición general de los juegos supermodulares (véase la lista en el apéndice B). Los juegos fluidos usan funciones
diferenciables, pero los teoremas de la supermodularidad se aplican más
comúnmente. Una condición importante en estos casos es la condición
(A5'):

(A5) π_n tiene diferencias crecientes en x_n y τ, para x_{-n} fijas; para todas las
$x_n \geq x'_n$, la diferencia $\pi_n(x_n, x_{-n}, \tau) - \pi_n(x'_n, x_{-n}, \tau)$ no es decreciente con
respecto a τ.

¿Es supermodular el juego diferenciado de Bertrand? Se puede restringir
el conjunto de estrategia a $[c_n, \bar{p}]$ para el jugador n, por lo que se satisface
(A1'). π_n es diferenciable continuamente dos veces en el intervalo $[c_n, \bar{p}]$,
por lo que se satisface (A2'). La estrategia de un jugador tiene sólo un componente, p_n, por lo que (A3') se satisface de inmediato. La siguiente desigualdad es verdadera:

$$\frac{\partial^2 \pi_n}{\partial p_n \partial p_m} = \gamma_m > 0, \tag{57}$$

por consiguiente, se satisface (A4'). Y también es verdadero que:

$$\frac{\partial^2 \pi_n}{\partial p_n \partial c_n} = \kappa \beta_n > 0, \tag{58}$$

así que se satisface (A5') para c_n.

Por la ecuación (50), $\partial \pi_n / \partial p_n$ se incrementa al aumentar κ, de modo que $\pi_n(p_n, p_{-n}, \kappa) - \pi_n(p'_n, p_{-n}, \kappa)$ es no decreciente en κ para $p_n > p'_n$ y se satisface (A5') para κ.

Así, todos los supuestos se satisfacen. Si éste es el caso, es posible aplicar algunos teoremas. Dos de ellos son los teoremas 13.1 y 13.2.

Teorema 13.1
Si el juego es supermodular, existen un equilibrio de Nash más grande y uno más pequeño bajo estrategias puras.

Teorema 13.2
Si el juego es supermodular y se satisfacen los supuestos (A5) o (A5'), el equilibrio más grande y el más pequeño son funciones no decrecientes del parámetro τ.

Si se aplican los teoremas 13.1 y 13.2, se obtienen los siguientes resultados para el juego diferenciado de Bertrand:
1) Existe un equilibrio de Nash más grande y uno más pequeño en estrategias puras (teorema 13.1).
2) Los precios más grande y más pequeño de equilibrio para la empresa n son funciones no decrecientes de los parámetros de costo c_n y κ (teorema 13.2).

Observe que la supermodularidad nos ha dado estática comparativa sobre κ, a diferencia del teorema de la función implícita. Sin embargo, nos da una estática comparativa más débil por lo que respecta a c_n, pues sólo encuentra que el efecto de c_n sobre p_n^* es no decreciente y no nos dice su valor.

El teorema 13.2 también es útil para demostrar que en este caso el equilibrio es, de hecho, único —el equilibrio mayor y el más pequeño son el mismo—. Ya que

$$\frac{\partial^2 \pi_n}{\partial p_n \partial p_m} = \gamma_m, \tag{59}$$

será verdadero que

$$-\left(\frac{\partial^2 \pi_n}{\partial p_n^2} \right) > \sum_{m \neq n} \frac{\partial^2 \pi_n}{\partial p_n \partial p_m}. \tag{60}$$

La condición (60) es lo que comúnmente se llama una **condición diago-nal-dominante.** Nos dice que los efectos directos sobre las ganancias son más importantes que todos los efectos indirectos, de modo que si se expresan las segundas derivadas en forma matricial, la diagonal principal tendrá los elementos más grandes. Para el caso de tres empresas, la matriz sería:

$$
\begin{bmatrix}
\dfrac{\partial^2 \pi_1}{\partial p_1^2} & \dfrac{\partial^2 \pi_1}{\partial p_1 \partial p_2} & \dfrac{\partial^2 \pi_1}{\partial p_1 \partial p_3} \\[2ex]
\dfrac{\partial^2 \pi_2}{\partial p_2 \partial p_1} & \dfrac{\partial^2 \pi_2}{\partial p_2^2} & \dfrac{\partial^2 \pi_2}{\partial p_2 \partial p_3} \\[2ex]
\dfrac{\partial^2 \pi_3}{\partial p_3 \partial p_1} & \dfrac{\partial^2 \pi_3}{\partial p_3 \partial p_2} & \dfrac{\partial^2 \pi_3}{\partial p_3^2}
\end{bmatrix}
\tag{61}
$$

Suponga que hay dos perfiles de precio de equilibrio, p y $\hat{p}$. El teorema 13.1 dice que es posible jerarquizar al más grande y al más pequeño de los equilibrios, así que para cada estrategia en el perfil de estrategia será cierto que $\hat{p} \geq p$. Pero como la condición de primer orden se aplica a ambos equilibrios, sabemos que

$$
\frac{\partial \pi_n(p)}{\partial p_n} - \frac{\partial \pi_n(\hat{p})}{\partial p_n} = 0.
\tag{62}
$$

Uno puede rescribir la ecuación (62) de manera diferente. Si empezamos en el equilibrio p y nos movemos hacia $\hat{p}$, la primera derivada cambiaría a medida que todos los componentes de p también cambiaran. Si usamos t para subindexar los cambios lentos en los componentes, podemos escribir tres cambios como sigue:

$$
\int_0^1 \left\{ \left((\hat{p}_n - p_n) \cdot \frac{\partial^2 \pi_n[t\hat{p} + (1-t)p]}{\partial p_n^2} \right) \right.
$$
$$
\left. + \left(\sum_{m \neq n} (\hat{p}_m - p_m) \cdot \frac{\partial^2 \pi_n[t\hat{p} + (1-t)p]}{\partial p_n \partial p_m} \right) \right\} dt.
\tag{63}
$$

La expresión (63) es igual a la expresión (62). Pero, por la ecuación (60), la expresión (63) debe ser negativa y la ecuación (62) es igual a cero. Esto es una contradicción, por lo que no puede haber realmente dos equilibrios distintos. Los equilibrios más grande y más pequeño son uno y el mismo; por consiguiente, el equilibrio es único.

13.5. EL MONOPOLIO DURADERO

Los cursos de introducción a la economía con frecuencia son vagos al tratar del periodo de tiempo que se requiere para realizar la transacción. Cuando un diagrama muestra la oferta y la demanda de *widgets*, en el eje de las *x* se representan los *widgets*, no los *"widgets* por semana" o los *"widgets* por año". Además, el diagrama separa un periodo de tiempo de los periodos futuros, y se utiliza el supuesto implícito de que la oferta y la demanda en un periodo no se ven afectadas por los eventos de los periodos futuros. Un problema con esto, en el lado de la demanda, es que la compra de un bien que dura más de un uso es una inversión; aunque el precio se pague ahora, la utilidad del bien continúa en el futuro. Si Smith adquiere una casa, compra no sólo el derecho de vivir en la casa mañana, sino también el derecho de vivir en ella durante muchos años e incluso el de vivir en ella algunos años y luego venderla a alguien más. A la utilidad continua que se recibe de un bien duradero se le llama **corriente** o **flujo de servicios**. A pesar de que Smith quizá no tenga la intención de rentar la casa, para él se trata de una decisión de inversión porque intercambia su gasto presente por su utilidad futura. Como aun una camisa produce una corriente de servicios por más de un instante, la duración de los bienes plantea problemas de definición difíciles para las cuentas nacionales. A las casas se las considera parte de la inversión nacional (y a un cálculo de su corriente de servicios parte de los servicios de consumo); a los automóviles, bienes duraderos de consumo, y a las camisas, bienes no duraderos de consumo, pero todos son en alguna medida inversiones duraderas.

En la teoría microeconómica, el "monopolio duradero" no se refiere a los monopolios que duran mucho tiempo, sino a los monopolios que venden bienes duraderos. Éstos presentan un problema curioso. Cuando un monopolista vende, digamos un refrigerador a un consumidor, ese consumidor sale del mercado hasta que el refrigerador termina su vida útil. Por tanto, la curva de la demanda cambia en el tiempo como consecuencia de la elección del precio por el monopolista, lo que significa que el modelador no debe hacer su decisión con base en un periodo ignorando los periodos futuros. La demanda no es **separable en el tiempo**, porque un aumento del precio en el tiempo t_1 afecta a la cantidad que se demandará en el tiempo t_2.

El monopolio duradero enfrenta un problema especial en el sentido de que sí tiene un competidor: él mismo en los periodos futuros. Si estableciera un precio alto en el primer periodo, con lo que eliminaría a los compradores cuya demanda es intensa en ese periodo, se vería tentado a fijar un precio menor en el siguiente periodo para aprovechar a los consumidores restantes. Pero si se sabe que bajará el precio, los compradores cuya demanda es intensa no comprarán al precio alto del primer periodo. La amenaza de los precios futuros bajos obliga al monopolista a mantener bajo su precio actual.

Para formalizar tal situación, suponga que el vendedor tiene un monopolio sobre un bien duradero cuya vida útil es de dos periodos. Debe fijar un precio para cada periodo, y el comprador debe decidir qué cantidad comprará en cada periodo. Como este comprador representa toda la demanda del mercado, los movimientos se ordenan de modo que no tenga poder de mercado, de manera similar a los modelos del agente-principal de la sección 7.3. Alternativamente, se puede considerar al comprador como si representara un *continuum* de compradores (véase Coase, 1972, y Bulow, 1982). En esta interpretación, en vez de que el "comprador" compre q_1 en el primer periodo, q_1 de los compradores compran una unidad cada uno en el primer periodo.

El Monopolio Duradero

Jugadores
Un comprador y un vendedor.

Orden del juego
1) El vendedor elige el precio del primer periodo, p_1.
2) El comprador adquiere la cantidad q_1 y consume la corriente de servicios q_1.
3) El vendedor elige el precio del segundo periodo, p_2.
4) El comprador adquiere una cantidad adicional q_2 y consume la corriente de servicios $(q_1 + q_2)$.

Pagos
El costo de producción es de cero y no hay descuento. El pago del vendedor es su ingreso, y el pago del comprador es la suma de sus beneficios en los periodos por el consumo menos su gasto. Su beneficio surge porque está dispuesto a pagar hasta

$$B(q_t) = 60 - \frac{q_t}{2} \tag{64}$$

por la unidad marginal de la corriente de servicio consumida en el periodo t, como se muestra en la gráfica 13.5. Por tanto, los pagos son

$$\pi_{vendedor} = q_1 p_1 + q_2 p_2 \tag{65}$$

y

$$
\begin{aligned}
\pi_{comprador} &= [excedente\ del\ consumidor_1] + [excedente\ del\ consumidor_2] \\
&= [beneficio\ total_1 - gasto_1] + [beneficio\ total_2 - gasto_2] \quad (66) \\
&= \left[\frac{(60 - B(q_1))q_1}{2} + B(q_1)q_1 - p_1 q_1 \right] \\
&\quad + \left[\frac{60 - B(q_1 + q_2)}{2}(q_1 + q_2) + B(q_1 + q_2)(q_1 + q_2) - p_2 q_2 \right].
\end{aligned}
$$

Es difícil pensar acerca de un monopolio duradero, pues estamos acostumbrados a modelos de un periodo en que la curva de la demanda, que relaciona el precio con la cantidad demandada, es idéntica a la curva de beneficio marginal, que relaciona el beneficio marginal con la cantidad consumida. Aquí las dos curvas son diferentes. La curva de beneficio marginal es la misma en cada periodo, ya que es parte de las reglas del juego, que relacionan el consumo con la utilidad. La curva de la demanda cambiará en el tiempo y está supeditada a las estrategias de equilibrio, ya que depende del número de periodos que quedan para consumir los servicios del bien, los precios futuros esperados y la cantidad que ya se posee. El beneficio marginal de un comprador está dado; la cantidad que demanda es su estrategia.

GRÁFICA 13.5. *El beneficio marginal del comprador por periodo en el juego del Monopolio Duradero*

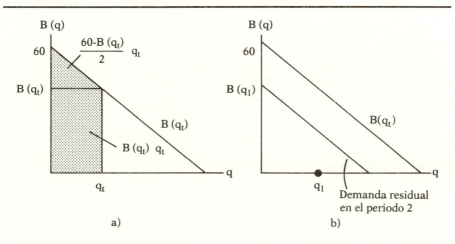

a)   b)

El beneficio total del comprador en el periodo 1 es el valor en dólares de su utilidad por la compra de q_1, que es igual a la cantidad que habría estado dispuesto a pagar por rentar q_1. Ésta se compone de las dos superficies que se muestran en la gráfica 13.5a, el triángulo superior cuya superficie es $(1/2) (q_1 + q_2) (60 - B(q_1 + q_2))$ y el rectángulo inferior de superficie $(q_1 + q_2)$ $B(q_1 + q_2)$. A esto debe restársele su gasto en el periodo 1, $p_1 q_1$, para obtener lo que podemos llamar su excedente del consumidor en el primer periodo. Observe que $p_1 q_1$ no será el rectángulo inferior, salvo por algún extraño accidente, y el "excedente del consumidor" fácilmente puede ser negativo, ya que el gasto en el periodo 1 también rendirá utilidad en el periodo 2, pues se trata de un bien duradero.

Para encontrar el curso del precio de equilibrio, uno no debe simplemente diferenciar la utilidad del vendedor con respecto a p_1 y p_2, porque eso violaría la racionalidad secuencial del vendedor y la respuesta racional del comprador. En cambio, se debe buscar un subjuego de equilibrio perfecto, lo que implica empezar en el segundo periodo y descubrir cuánto adquirirá el comprador en vista de su compra de q_1 en el primer periodo y qué precio cobrará el vendedor en el segundo periodo, considerando la función de la demanda del comprador en el segundo periodo.

En el primer periodo, la unidad marginal consumida era la $q_1$ava. En el segundo periodo será la $(q_1 + q_2)$ava. La curva de la demanda residual después de las compras del primer periodo se muestra en la gráfica 13.5b. Es una curva de demanda muy parecida a la curva de demanda que resulta del racionamiento según la intensidad en el juego de Bertrand con limitación de la capacidad que se estudió en la sección 13.2, como se aprecia en la gráfica 13.2a. La parte más intensa de la demanda del comprador, hasta q_1 unidades, ya se ha satisfecho, y lo que queda empieza con un beneficio marginal de $B(q_1)$ y disminuye con la misma pendiente que la curva de beneficio marginal original. Por tanto, la ecuación para la demanda residual es, usando la ecuación (66),

$$p_2 = B(q_1) - \frac{q_2}{2} = 60 - \frac{q_1}{2} - \frac{q_2}{2}. \tag{67}$$

Resolviendo para la cantidad del monopolio, q_2^*, el vendedor maximiza $q_2 p_2$, lo que a su vez resuelve el problema

$$\underset{q_2}{Maximice} \; q_2 \left(60 - \frac{q_1 + q_2}{2}\right), \tag{68}$$

lo cual genera la condición de primer orden

$$60 - q_2 - \frac{q_1}{2} = 0, \tag{69}$$

de modo que

$$q_2^* = 60 - \frac{q_1}{2}. \tag{70}$$

Por las ecuaciones (64) y (70) puede verse que $p_2^* = 30 - q_1/4$.

Ahora debemos encontrar q_1^*. En el periodo 1, el comprador prevé la posibilidad de comprar en el periodo 2 a un precio menor. Comprar en el primer periodo conlleva dos beneficios: el consumo de la corriente de servicios en el primer periodo y el consumo de la corriente de servicios en el segundo periodo. El precio que pagaría por una unidad en el periodo 1 no puede exceder el beneficio marginal de la corriente de servicios del primer periodo en el periodo 1 más el valor previsto de p_2, que, por (70), es $30 - q_1/4$. Así pues, el vendedor elige vender q_1 en el primer periodo, por tanto, lo puede hacer al precio

$$p_1(q_1) = B(q_1) + p_2$$

$$= \left(60 - \frac{q_1}{2}\right) + \left(30 - \frac{q_1}{4}\right), \tag{71}$$

$$= 90 - \frac{3}{4}q_1.$$

Como sabe que en el segundo periodo elegirá q_2 de acuerdo con (70), el vendedor combina (70) con (71) a fin de dar el maximando en el problema de elegir q_1 para hacer que la ganancia sea máxima en los dos periodos, y esa ganancia sería

$$(p_1q_1 + p_2q_2) = \left(90 - \frac{3}{4}q_1\right)q_1 + \left(30 - \frac{q_1}{4}\right)\left(60 - \frac{q_1}{2}\right) \tag{72}$$

$$= 1\,800 + 60q_1 - \frac{5}{8}q_1^2,$$

que tiene la condición de primer orden

$$60 - \frac{5}{4}q_1 = 0, \tag{73}$$

de modo que

$$q_1^* = 48 \tag{74}$$

y, mediante (71), $p_1^* = 54$.

De (70) se llega a $q_2^* = 36$ y $p_2 = 18$. Las ganancias del vendedor en los dos periodos son $\pi_s = 3\,240$ ($= 54(48) + 18(36)$).

La finalidad de estos cálculos es comparar la situación con otras tres estructuras del mercado: un mercado competitivo, un monopolista que renta en vez de vender y un monopolista que sólo se compromete a vender en el primer periodo.

Un *mercado competitivo* hace que el precio baje hasta el costo marginal de cero. Entonces, $p_1 = 0$ y $q_1 = 120$ por (66) y las ganancias son iguales a cero.

Si el monopolista *renta* en vez de vender, la ecuación (66) es como una ecuación de demanda ordinaria, porque el monopolista en realidad vende los servicios del bien por separado en cada periodo. Puede rentar una cantidad de 60 en cada periodo y cobrar una renta de 30, con lo que sus ganancias sumarían $\pi_s = 3\,600$. Esto es más que 3 240, así que sus ganancias son mayores por rentar que por vender inmediatamente. El problema con la venta inmediata es que el precio del primer periodo no puede ser muy alto, pues el comprador sabe que el vendedor se verá tentado a bajar el precio una vez que el comprador haya comprado en el primer periodo. Rentar evita ese problema.

Si el monopolista puede *comprometerse a no producir en el segundo periodo*, le irá tan bien como al monopolista que renta, ya que puede vender una cantidad de 60 al precio de 60, la suma de las rentas de los dos periodos. Un ejemplo es el artista que rompe las placas de sus grabados después de producir una serie por una cantidad preanunciada. También debe suponerse que el artista puede convencer al mercado de que ha roto las placas. La gente hace la broma de que la mejor forma en que un artista puede aumentar el valor de sus obras es muriendo, y también esto se ajusta al modelo.

Si el modelador ignora la racionalidad secuencial y simplemente busca el equilibrio de Nash que maximiza el pago del vendedor por su elección de p_1 y p_2, llegará al resultado del compromiso. Un ejemplo de ese equilibrio es ($p_1 = 60$, $p_2 = 200$. *El comprador compra de acuerdo con $q_1 = 120 - p_1$, y $q_2 = 0$*). Éste es un equilibrio de Nash porque ningún jugador tiene algún incentivo para desviarse dada la estrategia del otro, pero no es un subjuego perfecto, porque el vendedor se daría cuenta de que, si se desvía y elige un precio más bajo una vez que se alcanza el segundo periodo, el comprador responderá desviándose de $q_2 = 0$ y comprará más unidades.

Con más de dos periodos, las dificultades del monopolista de bienes duraderos son aún más notables. En un modelo de periodos infinitos sin descuento, si el costo marginal de producción es cero, el precio de equilibrio para la venta inmediata en vez de rentar es constante... ¡es de cero! Medite acerca de esto en el contexto de un modelo con muchos compradores. Los primeros consumidores prevén que el monopolista tiene un incentivo para bajar el precio después de que ellos compran con el objeto de vender a los consumidores restantes que dan un menor valor al producto. De hecho, el monopolista continuará bajando el precio y venderá más y más unidades a los consumidores con una demanda cada vez más débil hasta que el precio llega a ser igual al costo marginal. Sin descuento, incluso los consumidores con una valuación alta se rehúsan a comprar a precio alto, porque saben que pueden esperar hasta que el precio sea igual a cero. Y éste no es un truco del infinito: un gran número de periodos genera un precio que se acerca mucho a cero.

También se puede aprovechar el modelo del monopolio duradero para estudiar la durabilidad del producto. Si el vendedor puede desarrollar un producto tan endeble que sólo dura un periodo, eso equivale a rentar. Un consumidor está dispuesto a pagar el mismo precio por un carruaje de un caballo que sabe que no durará más de un año, que lo que pagaría por rentarlo durante un año. La poca durabilidad lleva a la misma producción y ganancias que la renta, lo cual explica que una empresa con poder de mercado pueda producir bienes que se acaban rápidamente. La explicación no es que el monopolista pueda usar su poder de mercado para imponer una baja calidad a los consumidores —después de todo, el precio que recibe también es bajo—, sino que la poca durabilidad hace creíble a los compradores con valuaciones altas que el vendedor espera que compren en el futuro y no bajará sus precios.

NOTAS

N13.1. *Las cantidades como estrategias: retorno al equilibrio de Cournot*

- Los artículos sobre la existencia de un equilibrio de estrategia pura en el modelo de Cournot incluyen los de Novshek (1985) y Roberts y Sonnenschein (1976).
- **La fusión de empresas en un modelo de Cournot.** Un problema con el modelo de Cournot es que frecuentemente la mejor política de una empresa es la de dividirse en empresas separadas. En un juego de duopolio, Apex obtiene la mitad de las ganancias de la industria. Si Apex se divide en las empresas $Apex_1$ y $Apex_2$, obtendrá las dos terceras partes de las ganancias en el juego de Cournot del tripolio, aunque las ganancias de la industria disminuyan.

  Salant, Switzer y Reynolds (1983) hicieron esta observación y es el tema del problema 13.2. Es curioso que nadie lo observara antes, dado el gran interés en los modelos de Cournot. Este conocimiento se originó al plantear el problema preguntando si un jugador podría mejorar su suerte en caso de que su espacio de estrategia se ampliara de maneras razonables.
- Un estudio ingenioso de la forma en que el número de empresas en un mercado influye en el precio es el de Bresnahan y Reiss (1991), que observan empíricamente varios mercados muy pequeños con una, dos, tres o más empresas competidoras. Descubrieron una gran disminución del precio al pasar de una a dos empresas, una disminución menor al pasar de dos a tres y un cambio poco significativo de ahí en adelante.

  La teoría ejemplificadora, tal como se discutió en la introducción de este libro, se presta a la explicación de casos particulares, pero no es muy útil para hacer generalizaciones entre las industrias. El trabajo empírico asociado con la teoría ejemplificadora tiende a consistir en anécdotas históricas, no en las regresiones lineales que se han hecho comunes en la economía. No obstante, la generalización y la economía siguen usándose en las organizaciones industriales, como lo muestran Bresnahan y Reiss (1991). El intento más ambicioso por relacionar los datos generales con la teoría moderna de la organización industrial es el libro de Sutton (1991), *Sunk Costs and Market Structure*, que presenta una mezcla extraordinariamente bien balanceada de teoría, historia y datos numéricos.
- La idea de la variación conjetural se atribuye a Bowley (1924) y es discutida por Jacquemin (1985) y Varian (1992, p. 302).
- No se debe confundir la variación conjetural de –1 con la competencia perfecta, aunque ambas puedan conducir a la producción eficiente. En la competencia perfecta, los individuos no creen influir en el resto del mercado, pero si $CV = -1$, una empresa cree que otras empresas reducirán su producción cuando ella produce más. La competencia perfecta se parece más a un juego en que los jugadores son tan pequeños con respecto al tamaño del mercado que aunque $CV = 0$, como en el equilibrio de Nash, cada jugador cree correctamente que sus acciones tienen un efecto trivial sobre el precio del mercado.

N13.2. *Los precios como estrategias: el equilibrio de Bertrand*

- Al racionamiento según la intensidad se le ha llamado racionamiento eficiente. A veces, sin embargo, como en la sección 13.2, esta regla de racionamiento es ineficiente. Algunos clientes de baja intensidad a los que se deja enfrentar el precio alto deciden no comprar el producto, aunque su beneficio sea mayor que su costo marginal. La razón de que se haya creído que el racionamiento según la intensidad era eficiente es que sí lo es si los clientes a los que se aplica el racionamiento no están en posibilidades de comprar a ningún precio.

- La OPEP ha experimentado tanto con los controles de precios como con los de cantidad ("OPEC, Seeking Flexibility, May Choose Not to Set Oil Prices, but to Fix Output" ["La OPEP, en busca de flexibilidad, podría elegir fijar la producción en vez de los precios"], en *Wall Street Journal*, 7 de octubre de 1987, pp. 2 y 29; "Saudi King Fahd is Urged by Aides to Link Oil Prices to Spot Markets" ["Sus asesores aconsejan al rey Fahd de Arabia Saudita que vincule los precios del petróleo a los mercados de entrega inmediata"], en *Wall Street Journal*, 7 de octubre de 1987, p. 2). Weitzman (1974) es la referencia clásica acerca del precio *versus* la cantidad controlada por reguladores, aunque no usa el contexto del oligopolio. La decisión se basa, en parte, en la posibilidad de hacerlas cumplir, y la OPEP también ha contratado empresas que vigilan el desempeño de los precios ("Dutch Accountants Take On a Formidable Task: Ferreting Out 'Cheaters' in the Ranks of the OPEC!" ["Los contadores holandeses emprenden una tarea formidable: ¡descubrir a los 'tramposos' en las filas de la OPEP!"], en *Wall Street Journal*, 26 de febrero de 1985, p. 39).
- Kreps y Scheinkman (1985) muestran cómo la elección de la capacidad y la fijación del precio según el modelo de Bertrand pueden llevar al resultado de Cournot. Dos empresas se enfrentan a una demanda de mercado de pendiente descendente. En la primera etapa del juego eligen simultáneamente sus capacidades y en la segunda etapa eligen simultáneamente los precios (quizá mediante estrategias mixtas). Si una empresa no puede satisfacer la demanda a la que se enfrenta en la segunda etapa (debido al límite de la capacidad), usa el racionamiento según la intensidad (el resultado depende de esto). El equilibrio perfecto único del subjuego es que cada empresa elija la capacidad y el precio de Cournot.
- Haltiwanger y Waldman (inédito) han sugerido una dicotomía aplicable a muchos juegos diferentes entre jugadores que son **los que responden** y que eligen sus acciones flexiblemente, y **los que no responden**, que son inflexibles. Un jugador puede ser de los que no responden porque es irracional, porque mueve primero o simplemente porque su conjunto de estrategia es pequeño. Las categorías se utilizan en una segunda dicotomía, entre juegos que presentan **sinergismo**, en que los que responden eligen lo que hace la mayoría (curvas de reacción de pendiente ascendente), y juegos que presentan **congestionamiento**, en que los que responden desean unirse a la minoría (curvas de reacción de pendiente descendente). Bajo el sinergismo, el equilibrio se asemeja más a la circunstancia en que todos los jugadores son de los que no responden; en el congestionamiento, los que responden tienen más influencia. Haltiwanger y Waldman aplican las dicotomías a las externalidades de las redes, a los salarios de eficiencia y a la reputación.

    Si las funciones de reacción de las dos empresas son de pendiente ascendente, se ha dicho que las acciones son **complementos estratégicos**; si son de pendiente descendente, **sustitutos estratégicos** (Bulow, Geanakoplos y Klemperer, 1985). Gal-Or (1985) observó que, si las curvas de reacción son de pendiente descendente (como en Cournot), hay una ventaja del que mueve primero, en tanto que si son de pendiente ascendente (como en el modelo de Bertrand diferenciado) existe una ventaja del que mueve en segundo lugar.
- La sección 13.3 muestra cómo generar las curvas de la demanda (20) y (21) usando un modelo de localización, pero también se pueden generar directamente mediante una función de utilidad cuadrática. Dixit (1979) enuncia que con respecto a tres bienes 0, 1 y 2, la función de utilidad

$$U = q_0 + \alpha_1 q_1 + \alpha_2 q_2 - \frac{1}{2}\left(\beta_1 q_1^2 + 2\gamma q_1 q_2 + \beta_2 q_2^2\right) \tag{75}$$

(donde las constantes α_1, α_2, β_1 y β_2 son positivas y $\gamma^2 \leq \beta_1\beta_2$) genera las funciones inversas de demanda

$$p_1 = \alpha_1 - \beta_1 q_1 - \gamma q_2 \tag{76}$$

y

$$p_2 = \alpha_2 - \beta_2 q_2 - \gamma q_1 \tag{77}$$

N13.3. *Modelos de localización*

• Un libro que trata de los modelos de localización es el de Greenhut y Ohta (1975).
• Vickrey observa la posible ausencia de un equilibrio de estrategia pura en el modelo de Hotelling en las páginas 323 y 324 de su libro *Microstatics* (1964), pero no prosigue a considerar el equilibrio de estrategia mixta que se puede encontrar en D'Aspremont *et al.* (1979).
• Los modelos de localización y los modelos de cambio en el costo son intentos por ir más allá del concepto del precio de mercado. Véase, por ejemplo, el libro de Sultan (1974) sobre el equipo eléctrico en la década de los cincuenta, o las opiniones contra los monopolios como *US v. Addyston Pipe & Steel Co. et al.*, 85 Fed 271.
• En los modelos de localización importa que las posiciones de los jugadores sean o no movibles. Véase, por ejemplo, Lane (1980).
• Los juegos del modelo de localización de este capítulo adoptan un espacio unidimensional con puntos finales, es decir, un segmento lineal. Otra clase de espacio unidimensional es el círculo (al que no se debe confundir con un disco). La diferencia es que ningún punto en un círculo es distintivo, así que no se puede calificar de extrema a ninguna preferencia del consumidor. Es, si lo prefiere, Peoria *versus* Berkeley. El círculo podría usarse por conveniencia en el modelado o porque se ajusta a una situación, por ejemplo, los vuelos de una aerolínea distribuidos entre las 24 horas del día. Con dos jugadores, el juego de Localización de Hotelling sobre un círculo tiene un *continuum* de equilibrios de estrategia pura que son de uno de dos tipos: ambos jugadores se ubican en el mismo lugar *versus* jugadores separados entre sí por 180°. El modelo de tres jugadores también tiene un *continuum* de equilibrios de estrategia pura en los que cada jugador está separado de los otros por 120°, lo cual contrasta con la no existencia de un equilibrio de estrategia pura cuando el juego se realiza sobre un segmento lineal.
• Es posible modelar características como el color de los carros como si fueran localizaciones, pero sólo sobre una base de jugador-por-jugador, porque no tienen ningún ordenamiento natural. Si bien las jerarquías de Smith (rojo = 1, amarillo = 2, azul = 10) pueden ser representadas sobre una línea, si las jerarquías de Brown son (rojo = 1, azul = 5, amarillo = 6), no se puede usar la misma línea para él. En el texto, la característica era algo similar a la ubicación física, acerca de la cual las personas pueden tener diferentes preferencias, pero están de acuerdo respecto a qué posiciones están cerca de otras posiciones.

N13.5. *El monopolio duradero*

• A la proposición de que el precio disminuye hasta igualar el costo marginal en el monopolio duradero sin descuento y en tiempo infinito se le llama la "conjetura de Coase", por Coase (1972). En realidad es una proposición y no una conjetura, pero la aliteración era irresistible.
• Gaskins (1974) ha escrito un artículo bien conocido, que utiliza el contexto del mercado del aluminio, sobre el problema del monopolio duradero que prevé crear su propia competencia en el futuro porque su producto puede ser reciclado.
• El arrendamiento por un monopolio duradero fue el principal tema del caso antimonopolio *US v. United Shoe Machinery Corporation*, 110 F. Supp. 295 (1953), pero no porque aumentara las ganancias del monopolio. La queja era más bien que el arrendamiento a largo plazo impedía el ingreso de nuevos vendedores de maquinaria para fabricar zapatos, una idea curiosa cuando la alternativa propuesta era la venta. Lo más probable es que el arrendamiento fuera utilizado como una forma de financiamiento para los clientes de la maquinaria; al arrendar, no necesitaban pedir prestado, como habría sido el caso si se tratara de financiar una compra. Véase Wiley *et al.* (1990).
• Otra manera de salir del problema del monopolista duradero es dar garantías del mejor precio a los clientes, prometiendo reintegrarles parte del precio de la compra si cualquier cliente futuro obtiene un precio más bajo que el de él. Perversamente, esto

perjudica a los consumidores, porque evita que el vendedor se vea tentado a bajar su precio. El contrato de "la nación más favorecida", que es el contrato análogo en mercados con varios vendedores, es analizado, por ejemplo, por Holt y Scheffman (1987), quienes demuestran cómo puede mantener los precios altos, y por Png y D. Hirshleifer (1987), que muestran cómo se le puede usar para discriminar entre los precios que se cotizan a diferentes tipos de compradores.

• El modelo del monopolio duradero debe recordarle la negociación con información incompleta. Ambas situaciones pueden modelarse con dos periodos y en ambas el problema para el vendedor es que se ve tentado a ofrecer un menor precio en el segundo periodo después de haber ofrecido un precio alto en el primer periodo. En el modelo del monopolio duradero esto ocurriría si los compradores con valuaciones altas compraran en el primer periodo y, por tanto, no se les considerara en el segundo periodo. En el modelo de negociación esto ocurriría si el comprador rechazara la oferta del primer periodo y el vendedor pudiera concluir que tenía una valuación baja, actuando de acuerdo con eso en el segundo periodo. Con un comprador racional, no ocurriría ninguna de estas cosas; las complicaciones del modelo surgen por el intento del vendedor de evitar tal problema.

En el problema del monopolio duradero, esto hará que los compradores con valuaciones altas aguarden hasta el segundo periodo para comprar, y en el problema de la negociación los hará esperar hasta el segundo periodo. Para una discusión adicional, véase la reseña de Kennan y R. Wilson (1993).

PROBLEMAS

13.1: *El Bertrand diferenciado con anuncios*

Dos empresas que producen sustitutos compiten con las siguientes curvas de demanda

$$q_1 = 10 - \alpha p_1 + \beta p_2 \tag{78}$$

y

$$q_2 = 10 - \alpha p_2 + \beta p_1. \tag{79}$$

El costo marginal es una constante $c = 3$. La estrategia de un jugador es su precio. Suponga que $\alpha > \beta/2$.

13.1a) ¿Cuál es la función de reacción para la empresa 1? Dibuje las curvas de reacción para ambas empresas.

13.1b) ¿Cuál es el equilibrio? ¿Cuál es la cantidad de equilibrio para la empresa 1?

13.1c) Muestre cómo cambia la función de reacción de la empresa 2 cuando aumenta β. ¿Qué les sucede a las curvas de reacción en el diagrama?

13.1d) Suponga que una campaña de publicidad podría aumentar el valor de β en uno, y que eso aumentaría las ganancias de cada empresa por encima del costo de la campaña. ¿Qué significa esto? Si cada una de las empresas puede pagar por esta campaña, ¿qué juego resultará entre ellas?

13.2: *Las fusiones de Cournot*[1]

Hay tres empresas idénticas en una industria con una demanda dada por $P = 1 - Q$, donde $Q = q_1 + q_2 + q_3$. El costo marginal es de cero.

13.2a) Calcule los precios y las cantidades del equilibrio de Cournot.

13.2b) ¿Cómo sabe que no hay equilibrios de Cournot asimétricos en que una empresa produce una cantidad diferente a las demás?

13.2c) Muestre que si las dos empresas se fusionan, sus accionistas estarían peor.

13.3: *El Bertrand diferenciado*

Dos empresas que producen sustitutos tienen las curvas de demanda

$$q_1 = 1 - \alpha p_1 + \beta(p_2 - p_1) \tag{80}$$

y

$$q_2 = 1 - \alpha p_2 + \beta(p_1 - p_2), \tag{81}$$

donde $\alpha - \beta$. El costo marginal es una constante c, donde $c < 1/\alpha$. La estrategia de un jugador es su precio.

13.3.a) ¿Cuáles son las ecuaciones para las curvas de reacción $p_1(p_2)$ y $p_2(p_1)$? Dibújelas.

13.3b) ¿Cuál es el equilibrio de estrategia pura para este juego?

13.3c) ¿Qué ocurre a los precios si α, β o c aumentan?

13.3d) ¿Qué le ocurre al precio de cada empresa si α aumenta, pero sólo la empresa 2 se da cuenta de ello (y si la empresa 2 sabe que la empresa 1 no está informada de ese aumento)? ¿Le revelará la empresa 2 el cambio a la empresa 1?

13.4: *El duopolio de Cournot asimétrico*

Apex tiene costos variables de q_a^2 y un costo fijo de 1 000, en tanto que Brydox tiene costos variables de $2q_b^2$ y ningún costo fijo. La demanda es $p = 115 - q_a - q_b$.

13.4a) ¿Cuál es la ecuación de la ecuación de reacción de Cournot de Apex?

13.4b) ¿Cuál es la ecuación de la ecuación de reacción de Cournot de Brydox?

13.4c) ¿Cuáles son las producciones y las ganancias en el equilibrio de Cournot?

---

[1] Véase Salant, Switzer y Reynolds (1983).

14. INGRESO

14.1. La innovación y las carreras de patentes

Introducción

La forma en que las empresas llegan a ingresar en determinadas industrias es un tema importante en la organización industrial. Entre los muchos productos potenciales que pueden producirse, las empresas deciden que sólo un número relativamente pequeño será lucrativo. Aunque algunas empresas produzcan un determinado producto, muchos productores potenciales no lo producen por una u otra razón. La información y la conducta estratégicas son de especial relevancia en las industrias de frontera en que sólo una o dos empresas están activas en la producción, así que el tema del ingreso al mercado es adecuado para ejemplificar las técnicas en la teoría de juegos.

Este capítulo empieza con una discusión de la innovación con las complicaciones de la imitación hecha por otras empresas y la protección a través de patentes dada por el gobierno. La sección 14.2 trata del problema de cómo un innovador podría aprovechar su ventaja informativa para proteger su condición de monopolio usando la fijación de precios límite como una forma de obstaculizar la señalización. La sección 14.3 analiza un instrumento más tradicional de obstaculización de la entrada, el precio "rapaz", mediante un modelo de la Pandilla de los Cuatro de un juego repetido con información incompleta. La sección 14.4 retorna al modelo más sencillo del precio rapaz, pero muestra cómo la habilidad del monopolista para enfrentarse en una guerra de precios puede resultar contraproducente al inducir el ingreso con el fin de comprar la nueva empresa.

El poder de mercado como un precursor de la innovación

El poder de mercado no siempre es contrario al bienestar social. Aun cuando la producción del monopolio restrictivo es ineficiente, las ganancias que genera alientan la innovación, una fuente importante tanto de poder de mercado adicional como de crecimiento económico. Sin embargo, la importancia de la innovación se ve reducida por la imitación, que puede disminuir tan severamente las recompensas a la innovación que la impide. Por lo general, un innovador incurre en algún costo de investigación, pero puede suceder que un descubrimiento que es imitado instantáneamente no rinda ninguna ganancia. El cuadro 14.1 muestra los pagos si la empresa innovadora incurre en un costo de 1, pero la imitación no cuesta nada y propicia una competencia del tipo de Bertrand. La innovación es una estrategia dominada.

CUADRO 14.1. *Imitación con fijación de precios de Bertrand*

		Brydox	
		Innovar	*Imitar*
Apex:	*Innovar*	–1, –1	–1,0
	Imitar	0, –1	**0,0**

Pagos a: (*Apex, Brydox*)

Bajo supuestos diferentes, la innovación es posible aunque haya imitación sin costo. Lo determinante es lo que ocurre en el mercado del producto. Suponga que hay dos empresas en la industria y que se conducen de acuerdo con alguna regla como la de Cournot o de la colusión perfecta, a las que se puede representar comúnmente por los pagos del cuadro 14.2 (una versión del juego del Gallina). Pese a que la empresa innovadora paga todo el costo y sólo obtiene la mitad del beneficio, la imitación ya no es dominante. Apex imita si Brydox innova, pero no si Brydox imita. Si Apex moviera primero, se comprometería a no innovar, quizá eliminando su laboratorio de investigación.

CUADRO 14.2. *Imitación con ganancias en el mercado del producto*

		Brydox	
		Innovar	*Imitar*
Apex:	*Innovar*	1,1	**1,2**
	Imitar	**2,1**	0,0

Pagos a: (*Apex, Brydox*)

Sin la ventaja del que mueve primero, el juego tiene dos equilibrios de Nash de estrategias puras (*Innovar, Imitar*) e (*Imitar, Innovar*), y un equilibrio de Nash simétrico en estrategias mixtas en que cada empresa innova con probabilidad de 0.5. El equilibrio de estrategia mixta es ineficiente, pues a veces ambas empresas innovan y a veces ninguna.

La historia puede proporcionar un punto focal o explicar por qué un jugador mueve primero. Durante muchos años, el Japón fue incapaz de realizar mucha investigación científica e incluso en nuestros días realiza poca investigación. Por tanto, en el pasado los Estados Unidos debían innovar, más que imitar, y hoy continúan realizando más investigación básica.

Una gran proporción de las obras sobre innovación comparan los méritos relativos del monopolio y de la competencia pura. Una razón por la que un monopolio innovaría más es que puede captar mayor parte de los beneficios, apoderándose de todo el beneficio si es posible la discriminación de precios (de otra manera, parte del beneficio lo obtienen los consumidores). Además, el monopolio evita una segunda ineficiencia: que entren nuevas empresas que innovan con el único propósito de apoderarse de las rentas del antiguo innovador, sin aumentar mucho el excedente de los consumidores. Los aspectos de bienestar social de la teoría de la innovación —de hecho, todos sus aspectos— son complicados, y al lector que esté interesado en ellos le recomendamos el libro de Kamien y Schwartz (1982) y el capítulo de Reinganum en *The Handbook of Industrial Organization*, compilado por Schmalensee y Willig (1989).

Las carreras de patentes

Una de las respuestas del gobierno a la imitación es la emisión de patentes: derechos exclusivos para hacer, usar o vender una innovación. Si una empresa solicita una patente para su descubrimiento, otras empresas no la pueden imitar o incluso hacer el descubrimiento independientemente. Por tanto, el esfuerzo de investigación tiene un pago discontinuo: si el investigador es el primero que hace el descubrimiento, recibe la patente; si es el segundo, no recibe nada. Ello convierte a las patentes en un ejemplo de los torneos comentados en la sección 8.5, pero, a diferencia de éstos, si ningún jugador ejerce esfuerzo, ninguno obtendrá la recompensa. Las patentes también son especiales porque pierden su valor si los consumidores encuentran un sustituto y dejan de comprar el producto patentado. Más aún, en los torneos por lo general el esfuerzo se ejerce durante un periodo de tiempo determinado, en tanto que la investigación comúnmente tiene un periodo de tiempo endógeno, el cual termina cuando se hace el descubrimiento. Debido a esa característica endógena, a la competencia se le llama **carrera de patentes.**

Se considerarán dos modelos de patentes. En su parte técnica, el primer modelo muestra cómo derivar una distribución continua de probabilidades de estrategias mixtas, en vez de sólo el número singular que se obtuvo en la sección 3.3. Del lado del contenido, muestra cómo las carreras de patentes conducen a la ineficiencia.

La Carrera de Patentes para un Mercado Nuevo

Jugadores
Tres empresas idénticas, Apex, Brydox y Central.

Orden del juego
Cada empresa elige simultáneamente su gasto en investigación $x_i \geq 0$, $(i = a, b, c)$.

Pagos
Las empresas son neutrales al riesgo y la tasa de descuento es de cero. La innovación ocurre en el tiempo $T(x_i)$ donde $T' < 0$. El valor de la

patente es V, y si varios jugadores innovan simultáneamente, comparten su valor.

$$\pi_i = \begin{cases} V - x_i & \text{si } T(x_i) < T(x_j) \; (\forall j \neq i) & \text{(La empresa } i \text{ obtiene la patente.)} \\ \dfrac{V}{1 + m} - x_i & \text{si } T(x_i) = T(x_j) & \text{(La empresa } i \text{ comparte la patente con } m = 1 \text{ o } 2 \text{ otras empresas.)} \\ -x_i & \text{si } T(x_i) > T(x_j) \text{ para algunas } j & \text{(La empresa } i \text{ no obtiene la patente.)} \end{cases}$$

El juego no tiene ningún equilibrio de Nash de estrategia pura, porque las funciones de pago son discontinuas. Una pequeña diferencia en la investigación que hace un jugador puede significar una gran diferencia en los pagos, como se aprecia en la gráfica 14.1 para valores fijos de x_b y x_c. Los niveles de investigación que se muestran en dicha gráfica no son valores de equilibrio. Si Apex elige cualquier nivel de investigación x_a menor que V, Brydox responderá con $x_a + \varepsilon$ y obtendrá la patente. Si Apex elige $x_a = V$, Brydox y Central responderán con $x_b = 0$ y $x_c = 0$, lo que hará que Apex desee cambiar a $x_a = \varepsilon$.

GRÁFICA 14.1. *Pagos en el juego de la Carrera de Patentes para un Mercado Nuevo*

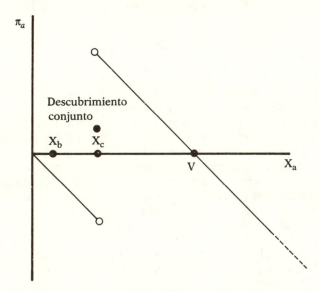

Sí existe un equilibrio de estrategia mixta simétrico. Derivaremos $M_i(x)$, la función de densidad acumulativa para el equilibrio de estrategia mixta, en vez de la propia función de densidad. La probabilidad de que la empresa i elija un nivel de investigación menor que o igual a x será de $M_i(x)$. En el equilibrio de estrategia mixta un jugador es indiferente entre cualquiera de las estrategias puras que está mezclando. Como sabemos que las estrategias puras $x_a = 0$ y $x_a = V$ rinden pagos de cero, así debe ocurrir para cada estrategia mixta que se encuentre entre ellos, si Apex mezcla dentro de los límites del apoyo $[0, V]$. El pago esperado por la estrategia pura x_a es el valor esperado de ganar, menos el costo de la investigación. Si representamos las variables no aleatorias por x y las aleatorias por X, tenemos

$$V \cdot Pr(x_a \geq X_b, x_a \geq X_c) - x_a = 0, \tag{1}$$

que puede rescribirse como

$$V \cdot Pr(X_b \leq x_a)\, Pr(X_c \leq x_a) - x_a = 0, \tag{2}$$

o

$$V \cdot M_b(x_a)M_c(x_a) - x_a = 0. \tag{3}$$

Puede reordenarse la ecuación (3) para obtener

$$M_b(x_a)M_c(x_a) = \frac{x_a}{V}. \tag{4}$$

Si las tres empresas eligen la misma distribución M de la mezcla, entonces

$$M(x) = \left(\frac{x}{V}\right)^{1/2} \quad \text{para } 0 \leq x \leq V. \tag{5}$$

Lo importante de la carrera de patentes no es que no exista un equilibrio de estrategia pura, sino el exceso del gasto en investigación. Los tres jugadores tienen pagos esperados de cero, porque el valor V de la patente se pierde en la carrera. Como ocurre en la obra de Brecht, *La ópera de los tres peniques*, "Cuando todos corren detrás de la felicidad, la felicidad es la última que llega". Para asegurarse, un monopolista se anticipa en hacer la innovación, pero acelerarla no vale lo que cuesta, desde el punto de vista de la sociedad, resultado que persistirá aunque la tasa de descuento sea positiva. La carrera de patentes es un ejemplo de la **búsqueda de rentas** (véase Posner, 1975, y Tullock, 1967), en que los jugadores disipan el valor de las rentas del monopolio en su lucha por adquirirlas. De hecho, Rogerson (1982) adopta un juego muy similar al de la Carrera de Patentes para un Mercado Nuevo a fin de analizar la competencia por una franquicia monopólica gubernamental.

La segunda carrera de patentes que estudiaremos es asimétrica porque un jugador es un monopolista y el otro es la empresa que desea ingresar. El propósito es descubrir qué empresa gasta más y explicar por qué las empresas adquieren patentes valiosas que no usan. La historia típica de una innovación adormecida (sólo que no patentada en este caso) es la del caviar sintético. En 1976, Romanoff Caviar Co. anunció que había desarrollado el caviar sintético como "un arma de mercadotecnia defensiva" que no introduciría en los Estados Unidos a menos que la Unión Soviética introdujera un caviar sintético que ellos afirmaban haber desarrollado. El nuevo producto se vendería por una cuarta parte del precio anterior y la revista *Business Week* comentó que la razón de que Romanoff no la introdujera era la de evitar devorar su propio mercado (*Business Week*, 28 de junio de 1976, p. 51). Los aspectos de la teoría del juego en esta situación hacen dudar de la validez de lo que afirmaron sus jugadores, pero dicha validez dudosa es característica de las historias de patentes adormecidas.

Sin importar lo difícil que sea validarlos, hay buenos modelos teóricos de las patentes adormecidas, y el mejor conocido es el de Gilbert y Newberry (1982), en el cual la empresa monopólica realiza investigación y adquiere una patente adormecida, mientras que la que desea ingresar al mercado no hace ninguna investigación. Veremos un modelo un poco más complicado que no llega a tal resultado extremo.

Carrera de Patentes para un Mercado que ya Existe

Jugadores
Un monopolista y el que ingresa.

Orden del juego
1) Las empresas eligen simultáneamente el gasto en investigación x_i y x_e, que resulta en los inventos $f(x_i)$ y $f(x_e)$, en que $f' > 0$ y $f'' < 0$.
2) La Naturaleza elige qué jugador gana la patente mediante la función g que describe el resultado de la investigación de acuerdo con una probabilidad de entre cero y uno.

$$Prob(monopolista\ gana\ la\ patente) = g[f(x_i) - (x_e)], \qquad (6)$$

donde $g' > 0$, $g(0) = 0.5$ y $0 \leq g \leq 1$.
3) El ganador de la patente decide si gastará Z para usarla realmente.

Pagos
La patente antigua rinde el ingreso y; la nueva patente rinde v. Los pagos se muestran en el cuadro 14.3.

CUADRO 14.3. *Carrera de Patentes para un Mercado que ya Existe: pagos*

Resultado	$\pi_{monopolista}$	$\pi_{ingresante}$
El ingresante gana y la usa	$-x_i$	$v - x_e - Z$
El monopolista gana y la usa	$v - x_i - Z$	$-x_e$
Ningún jugador la usa	$y - x_i$	$-x_e$

La ecuación (6) especifica la función $g[f(x_i) - f(x_e)]$ para captar: *a)* rendimientos decrecientes respecto a los insumos, *b)* rivalidad y *c)* triunfar en una carrera de patentes como una probabilidad. Las funciones $f(x)$ modelan los rendimientos decrecientes porque f aumenta a una tasa decreciente respecto al insumo x. Debido a que la ecuación (6) usa la diferencia entre los dos valores de las empresas para f, es el esfuerzo relativo el que determina al ganador. La función $g(\cdot)$ convierte a esta medida del insumo de efectividad relativa en una probabilidad de entre cero y uno.

La empresa que ingresa no hará investigación a menos que piense usar la innovación, por lo que puede descartarse su estrategia fuertemente dominada ($x_e > 0$, *no se usa*). El monopolista gana con probabilidad g y el que ingresa con probabilidad $1 - g$, así que, por el cuadro 14.3, las funciones de pago esperado son

$$\pi_{monopolista} = (1 - g[f(x_i) - f(x_e)]) \, (-x_i) \qquad (7)$$
$$+ g[f(x_i) - f(x_e)]Max[v - x_i - Z, y - x_i]$$

y

$$\pi_{ingresante} = (1 - g[f(x_i) - f(x_e)])(v - x_e - Z) + g[f(x_i) - f(x_e)](-x_e). \qquad (8)$$

Al diferenciar y simplificar la notación, obtenemos las condiciones de primer orden

$$\frac{d\pi_i}{dx_i} = -(1 - g[f_i - f_e]) - g'f'_i(-x_i) \qquad (9)$$
$$+ g'f'_iMax[v - x_i - Z, y - x_i] - g[f_i - f_e] = 0$$

y

$$\frac{d\pi_e}{dx_e} = -(1 - g[f_i - f_e]) + g'f'_e(v - x_e - Z) \qquad (10)$$
$$- g[f_i - f_e] + g'f'_e x_e = 0.$$

Igualando (9) y (10), que son iguales a cero, se obtiene

$$-(1 - g) + g'f'_i x_i + g'f'_iMax[v - x_i - Z, y - x_i] - g \qquad (11)$$
$$= -(1 - g) + g'f'_e(v - x_e - Z) - g + g'f'_e x_e,$$

que se simplifica a

$$f'_i[x_i + Max\{v - x_i - Z, y - x_i\}] = f'_e[v - x_e - Z + x_e],\tag{12}$$

o

$$\frac{f'_i}{f'_e} = \frac{v - Z}{Max\{v - Z, y\}}.\tag{13}$$

Puede aplicarse la ecuación (13) para mostrar que diferentes parámetros generan dos resultados cualitativamente diferentes.

Resultado 1
La empresa entrante y la monopolista gastan cantidades iguales y cada una usa la innovación si tiene éxito. Lo cual ocurre si hay una gran ganancia por el uso de la patente, esto es, si

$$v - Z \geq y,\tag{14}$$

de modo que la ecuación (13) se convierte en

$$\frac{f'_i}{f'_e} = \frac{v - Z}{v - Z} = 1,\tag{15}$$

lo que implica que $x_i = x_e$.

Resultado 2
El monopolista gasta más y no usa la innovación si tiene éxito (adquiere una patente adormecida). Lo cual ocurre si el beneficio por usarla es pequeño, esto es, si

$$v - Z < y,\tag{16}$$

de modo que la ecuación (13) se convierte en

$$\frac{f'_i}{f'_e} = \frac{v - Z}{y} < 1,\tag{17}$$

lo que implica que $f'_i < f'_e$. Como se ha supuesto que $f'' < 0$, f' es decreciente respecto a x, y de esto se deduce que $x_i > x_e$.

Por este modelo se aprecia que la presencia de otro jugador puede inducir al monopolista a hacer investigación que de otra manera no haría, y que podría o no usar el descubrimiento. El monopolista tiene por lo menos tanto incentivo para investigar como la empresa que ingresa, porque gran parte del pago de una empresa nueva que logra entrar es a costa del que ya está en la industria. El beneficio para este último es el máximo del beneficio por usar la innovación y el beneficio por impedir que entre la otra empresa, pero el beneficio para ésta sólo puede provenir por el uso de la innovación. Al contrario de la opinión popular de que las patentes adormecidas son malas, en este caso ayudan a la sociedad al eliminar una utilización ineficaz.

14.2. Interferencia de la señal

Una forma de innovación es la de ingresar a un nuevo mercado y producir algo que todos saben que se puede producir, pero que quizá no sea rentable porque la demanda podría ser muy débil. Las patentes no protegen esta clase de innovación y es muy fácil imitarla, pero la empresa podría protegerse a sí misma mediante una conducta estratégica. En la organización industrial tradicional, las tres clases de obstaculización estratégica de la entrada más discutidas son las restricciones del gobierno sobre los rivales, la limitación del precio y la fijación de un precio "desleal" o "rapaz". En la sección previa se trató de las restricciones gubernamentales, que incluyen las patentes al igual que las barreras reglamentarias. El precio límite consiste en cobrar un precio bajo antes de que ocurra el ingreso; el precio desleal o rapaz es el cobro de un precio bajo después de que ha ocurrido. El capítulo 4 mostró por qué la explicación obvia del precio desleal no es satisfactoria al requerir de amenazas no creíbles. El precio límite es incluso más sorprendente, ya que no hay ninguna relación directa entre lo que cobra el monopolista antes del ingreso y lo que cobra después. La organización industrial moderna ha sugerido razones más plausibles por las que esas tácticas pueden funcionar para obstaculizar la entrada. En esta sección se considerará una forma de precio límite motivado por el deseo del monopolista de proteger su ventaja informativa.

Hasta aquí se han estudiado varios modelos en que un jugador informado intenta enviar información a un jugador no informado de una u otra manera —celebrando un contrato de incentivos o mediante señales—. Sin embargo, a veces la parte informada tiene el problema contrario: su conducta natural comunicará su información privada, pero quiere mantenerla secreta. Esto sucede, por ejemplo, si una empresa informada de su poca habilidad para competir venturosamente quiere ocultar tal información a su rival. El jugador informado podría entonces realizar acciones que le saldrán caras, al igual que en la señalización, pero ahora la acción de alto costo será una **interferencia de las señales** (término acuñado por Fudenberg y Tirole, 1986c): impedir que aparezca la información en vez de generarla.

Para explicar la interferencia de la señal, adoptaremos un modelo de precio límite que algunos lectores quizá ya hayan conocido como Rasmusen (inédito). Éste podría ocurrir por varias razones, entre ellas, para señalar que el monopolista tiene costos tan bajos que sus rivales se arrepentirán de entrar (véase el problema 6.2 y Milgrom y Roberts, 1982a). Aquí la explicación será la interferencia de la señal: al mantener sus ganancias bajas, el monopolista evita que el rival sepa si el mercado es suficientemente grande para sostener con lucro a dos empresas. En el modelo, el monopolista puede controlar MR, el ingreso neto de monopolio después de restar los costos variables. El ingreso del duopolio podría o no ser suficientemente grande para cubrir el costo fijo C en que debe incurrir cada una de las empresas que operen.

El Precio Límite como una Interferencia de la Señal

Jugadores
El monopolista y el rival.

Orden del juego
0) La Naturaleza elige que el mercado sea *Pequeño* con probabilidad de 0 y *Grande* con probabilidad $(1 - \theta)$, lo que sólo el monopolista observa.
1) El monopolista elige que su ingreso neto MR' del primer periodo sea igual a MR_0 o MR_1 si el mercado es pequeño, MR_1 o MR_2 si es grande, donde M es la prima del monopolio y $R_0 < R_1 < R_2$. Ambos jugadores observan el valor de R'.
2) El rival decide si estará *Adentro* o *Afuera* del mercado.
3) El ingreso neto de duopolio del segundo periodo R'' es igual a R_1 si el mercado es pequeño y a R_2 si es grande. Si el rival elige *Adentro*, cada empresa gana R''. Si el rival elige *Afuera*, el monopolista gana MR'' y el que deseaba entrar gana 0.

Pagos
Si el rival no ingresa, los pagos son $\pi_{monopolista} = (MR' - C) + (MR'' - C)$ y $\pi_{rival} = 0$.
Si el rival ingresa, los pagos son $\pi_{monopolista} = (MR' - C) + (R'' - C)$ y $\pi_{rival} = R'' - C$.
Suponga que $R_2 - C > 0$ y $R_1 - C < 0$.

Hay cuatro equilibrios, cada uno adecuado para una región diferente de los parámetros en la gráfica 14.2. Si la prima por ser un monopolio es lo suficientemente pequeña, existe un equilibrio no estratégico en que el monopolista sólo aumenta al máximo sus ganancias en cada periodo por separado. Este equilibrio es: (E1: **no estratégico**. $R_2|Grande$, $R_1|Pequeño$, $Afuera|R_0$, $Afuera|R_1$, $Adentro|R_2$). El pago de equilibrio del monopolista en un mercado grande es $\pi_m(R_2|Grande) = (MR_2 - C) + (R_2 - C)$, en comparación con el pago por desviarse que es $\pi_m(R_1|Grande) = (MR_1 - C) + (MR_2 - C)$. Así pues, el monopolista no tiene incentivo para desviarse si $\pi_m(R_2|Grande) - \pi_m(R_1|Grande) = MR_2 + R_2 - MR_1 - MR_2 \geq 0$, que es equivalente a

$$M \leq \frac{R_2}{R_1}, \tag{18}$$

GRÁFICA 14.2. *Interferencia de la señal*

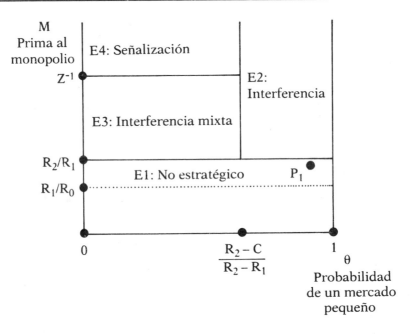

como se muestra en la gráfica 14.2. El rival no se desviará, porque la elección del monopolista revela completamente el tamaño del mercado.

Hay interferencia de la señal si las ganancias del monopolio son un poco más altas y si el rival se abstiene de ingresar al mercado a menos que decida que es más lucrativo de lo que sus opiniones previas indicaban. El equilibrio es (E2: **interferencia de la señal pura**. $R_1|Grande$, $R_1|Pequeño$, $Afuera|R_0$, $Afuera|R_1$, $Adentro|R_2$). La estrategia del rival es la misma que en E1, por lo que la conducta óptima del monopolista sigue siendo la misma, y elige R_1 si lo contrario de la condición (18) es lo cierto. Respecto al rival, si permanece afuera, su pago en el segundo periodo es de cero, y si ingresa, su valor esperado es $\theta(R_1 - C) + (1 - \theta)(R_2 - C)$. Por tanto, como se muestra en la gráfica 14.2, el rival seguirá la conducta de equilibrio de permanecer afuera si

$$\theta \geq \frac{R_2 - C}{R_2 - R_1}. \tag{19}$$

Se presenta una forma mixta de interferencia de la señal si la probabilidad de un mercado pequeño es muy baja, de manera que, si la señal de los ingresos del primer periodo fuera interferida completamente, el rival ingresaría de todos modos. Este equilibrio es (E3: **interferencia mixta de la señal.**

(R_i|*Pequeño*, R_1|*Grande con probabilidad* α, R_2|*Grande con probabilidad* $(1 - \alpha)$, *Afuera*|R_0, *Adentro*|R_1 *con probabilidad* β, *Afuera*|R_1 *con probabilidad* $(1 - \beta)$, *Adentro*|R_2). Si el monopolista juega R_2|*Grande* y R_1|*Pequeño*, el rival interpretará a R_1 como si indicara un mercado pequeño —interpretación que le daría incentivos al monopolista para jugar R_1|*Grande*—. Pero si el monopolista siempre jugara R_1, el rival ingresaría después de observar R_1, pues sabría que hay una alta probabilidad de que el mercado en realidad sea grande. Por tanto, el equilibrio debe estar en las estrategias mixtas, que es el equilibrio E3, o el monopolista debe convencer al rival de que permanezca afuera jugando R_0, que es el equilibrio E4.

Para que el rival mezcle sus estrategias, debe ser indiferente entre los pagos del segundo periodo de $\pi_i(Adentro|R_1) = (\theta/[\theta + (1 - \theta)\alpha])(R_1 - C) + ([(1 - \theta)\alpha]/[\theta + (1 - \theta)\alpha]) (R_2 - C)$ y $\pi_i(Afuera|R_1) = 0$. Si se igualan estos dos pagos y se soluciona para α, se obtiene $\alpha = [\theta/(1 - \theta)][(C - R_1)/(R_2 - C)]$, que siempre es no negativa, pero evita ser igual a 1 sólo si la condición (19) es falsa.

Para que el monopolista mezcle sus estrategias cuando el mercado es grande, debe ser indiferente entre $\pi_m(R_2|Grande) = (MR_2 - C) + (R_2 - C)$ y $\pi_m(R_1|Grande) = (MR_1 - C) + \beta(R_2 - C) + (1 - \beta)(MR_2 - C)$. Si se igualan estos dos pagos y se soluciona para β, se obtiene $\beta = MR_1 - R_2/(M - 1)R_2$, que es rigurosamente menor que 1 y que es no negativa si la condición (19) es falsa.

Si el mercado es pequeño, los pagos alternativos del monopolista son el pago de equilibrio de $\pi_m(R_1|Pequeño) = (MR_1 - C) + \beta(R_1 - C) + (1 - \beta)(MR_1 - C)$, y por desviarse el pago de $\pi_m(R_0|Pequeño) = (MR_0 - C) + (MR_1 - C)$. La diferencia es

$$\pi_m(R_1|Pequeño) - \pi_m(R_0|Pequeño) = \qquad (20)$$
$$[MR_1 + \beta R_1 + (1 - \beta)MR_1] - [MR_0 + MR_1].$$

La expresión (20) es no negativa bajo cualquiera de dos condiciones. La primera es que R_0 sea suficientemente pequeña; esto es, si

$$R_0 \leq R_1 \left(1 - \frac{R_1}{R_2}\right). \qquad (21)$$

La segunda, si M no es mayor que alguna cantidad Z^{-1} definida de tal manera que

$$M \leq \left(\frac{R_1}{R_2} - 1 + \frac{R_0}{R_1}\right)^{-1} = Z^{-1}. \qquad (22)$$

Si la condición (21) es falsa, entonces $Z^{-1} > R_2/R_1$, porque $Z < R_1/R_2$ y $Z > 0$. Así, podemos dibujar la región E3 como se muestra en la gráfica 14.2.

De esto resulta que, si la condición (22) se remplaza por su recíproco, el equilibrio único requerirá que el monopolista elija R_0|*Pequeño*, y el equilibrio es (E4: **señalización.** R_0|*Pequeño*, R_2|*Grande*, *Afuera*|R_0, *Adentro*|R_1, *Adentro*|R_2). Las conjeturas pasivas apoyarán este equilibrio unificador señalizador, al igual que la creencia de desequilibrio de que si el rival observa R_1 cree que el mercado es grande con probabilidad $[(1 - \theta)\alpha]/[\theta + (1 - \theta)\alpha]$, como en el equilibrio E3.

El equilibrio señalizador también es un equilibrio para otras regiones de parámetros fuera de E4, aunque se requieren opiniones menos razonables. Suponga que la creencia de desequilibrio es $Prob(Grande|R_1) = 1$. El pago de equilibrio es $\pi_m(R_0|Pequeño) = (MR_0 - C) + (MR_1 - C)$ y el pago por desviarse es $\pi_m(R_1|Pequeño) = (MR_1 - C) + (R_1 - C)$. El equilibrio señalizador seguirá siendo un equilibrio mientras $M \geq R_1/R_0$.

El equilibrio señalizador es interesante, porque da una vuelta completa al problema de la información asimétrica. El jugador informado desea ocultar su información privada mediante una interferencia costosa de la señal si cuenta con la información *Grande*, de modo que cuando su información es *Pequeña* debe señalar, con algún costo, que no está interfiriendo la señal. Si E4 es el equilibrio, el monopolista se ve perjudicado por la posibilidad de interferir la señal; preferiría un mundo más sencillo en que dicha interferencia fuera ilegal o nadie considerara esa posibilidad. Con frecuencia éste es el caso: la conducta estratégica puede ayudar a un jugador en algunas circunstancias, pero en vista de que los otros jugadores saben que puede estar comportándose estratégicamente, todos preferirían un mundo en el que todos fueran honestos y no estratégicos.

14.3. LA FIJACIÓN RAPAZ DE PRECIOS: EL MODELO KREPS-WILSON

La segunda de las formas tradicionales de la obstaculización estratégica de la entrada al mercado es la **fijación rapaz de precios,** en la cual la empresa que desea controlar el mercado cobra un precio bajo en competencia directa con su rival, no antes de que éste ingrese. Ya hemos estudiado la fijación rapaz de precios en los capítulos 4, 5 y 6 en los juegos de Obstaculización de la Entrada. El principal problema de la obstaculización de la entrada en condiciones de información completa es la Paradoja de la Cadena de Tiendas. El aspecto central de la paradoja es el problema de racionalidad secuencial al que se enfrenta un monopolista que desea amenazar con precios bajos a un posible ingresante después de su ingreso. El monopolista puede responder al ingreso de dos maneras. Puede coludirse con el que ingresa y compartir las ganancias o puede combatirlo bajando su precio hasta que ambas empresas pierdan. Ya se ha visto que el monopolista no luchará en un equilibrio perfecto si el juego tiene información completa. Como prevé el acuerdo con el monopolista, el aspirante a ingresar hace caso omiso de las amenazas.

En Kreps y Wilson (1982a), una aplicación del modelo de la Pandilla de los Cuatro del capítulo 6, la información incompleta permite que la amenaza de la fijación rapaz de precios impida exitosamente el ingreso. Un monopolista con lugares de distribución en N ciudades se enfrenta a una empresa que desea ingresar y puede hacerlo en cada una de las ciudades.

En nuestra adaptación del modelo, empezaremos suponiendo que el orden en que se puede ingresar a las ciudades es de conocimiento común y que, si el ingresante no aprovecha la oportunidad de establecerse en una de las ciudades, no podrá hacerlo después. La información incompleta toma la forma de una pequeña probabilidad de que el monopolista sea "fuerte" y sólo cuente con *Pelear* en su conjunto de acciones: es el gerente incontrolable que satisface sus pasiones al impedir el ingreso, en vez de maximizar las ganancias.

Fijación Rapaz de Precios
(Kreps y Wilson 1982a)

Jugadores
La empresa ingresante y el monopolista.

Orden del juego
0) La Naturaleza elige que el monopolista sea *Fuerte* con una baja probabilidad θ y *Débil* con una probabilidad alta $(1 - \theta)$. Sólo el monopolista observa el movimiento de la Naturaleza.
1) El que ingresa elige *Ingresar* o *Permanecer afuera* para la primera ciudad.
2) El monopolista elige *Coludirse* o *Pelear* si es débil, *Pelear* si es fuerte.
3) Los pasos 1 y 2 se repiten para las ciudades 2 a la *N*.

Pagos
La tasa de descuento es de cero. El cuadro 14.4 da los pagos por periodo, que son los mismos que en el cuadro 4.1.

CUADRO 14.4. *Fijación Rapaz de Precios*

		Monopolista débil	
		Coludirse	*Pelear*
Ingresante	*Ingresar*	**40,50**	–10,0
	Permanecer afuera	0,100	**0,100**

Pagos a: *(Ingresante, Monopolista)*

Para concretar al describir el equilibrio, denotaremos a las ciudades con nombres como i_{-30} e i_{-5}, donde los números son meramente ordinales. La empresa ingresante tiene una oportunidad de entrar a la ciudad i_{-30} antes de i_{-5}, pero no hay necesariamente 25 ciudades entre la última ciudad en que el monopolista siempre elige *Pelear* y la primera ciudad en que siempre elige *Coludirse*. La brecha real dependerá de θ, pero no de *N*.

Parte del equilibrio para un juego con una fijación rapaz de precios

Ingresante: Entre primero en la ciudad i_{-10}. Si el ingreso ha ocurrido antes de i_{-10} y la respuesta fue *Coludirse*, ingrese en todas las ciudades que siguen a la primera a la que se ingresó.

Monopolista fuerte: Siempre pelee el ingreso.

Monopolista débil: Opóngase al ingreso hasta i_{-30}. Opóngase al primer ingreso después de i_{-30} con una probabilidad $m(i)$ que disminuye hasta que llega a cero en i_{-5}. Si, por el contrario, siempre se elige *Coludirse*, colúdase siempre después. Si se eligió *Pelear* en respuesta al primer intento de ingresar, aumente la probabilidad mixta $m(i)$ en las ciudades siguientes.

Esta descripción, ilustrada en lá gráfica 14.3, sólo cubre el sendero de equilibrio y pequeñas desviaciones. Observe que no es necesario especificar las creencias de desequilibrio (a diferencia del modelo original de Kreps y Wilson), ya que cada vez que un monopolista se colude, en equilibrio o en desequilibrio, la Regla de Bayes dice que el que ingresa debe creer que es *Débil*.

GRÁFICA 14.3. *Equilibrio en el juego de la Fijación Rapaz de Precios*

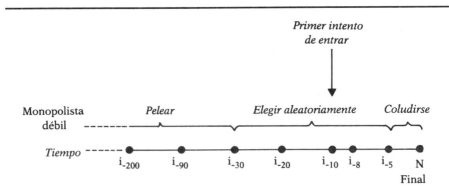

El que desea ingresar ciertamente permanecerá afuera hasta i_{-30}. Si no se ingresa a ninguna ciudad hasta i_{-5} y el monopolista es *Débil*, el ingreso en i_{-5} sin duda es lucrativo. Pero el ingreso se intenta en i_{-10}, porque como $m(i)$ disminuye con i, el monopolista débil no peleará ni siquiera ahí.

En desequilibrio, si el que aspira a ingresar lo hiciera en i_{-90}, el monopolista débil estaría dispuesto a pelear, para mantener a i_{-10} como la siguiente ciudad en que se ingresará. Si no peleara, el que aspira a ingresar, al darse cuenta de que no es posible que esté enfrentando a un monopolista fuerte, ingresaría en todas las ciudades que siguen, de i_{-89} a i_{-1}. Si no se ingresara a ninguna ciudad hasta i_{-5}, el monopolista débil no desearía pelear en esa ciudad, porque quedan pocas ciudades que será necesario proteger.

Si se ha entrado y peleado en una ciudad entre i_{-30} e i_{-5}, el monopolista aumenta la probabilidad mixta de que peleará en la siguiente ciudad a la que se ingrese porque tiene una reputación más valiosa que defender. Peleando en la primera ciudad, reafirma la opinión de que es fuerte y aumenta la brecha entre esa ciudad y la siguiente a la que se ingresará.

¿Qué ocurre si el que aspira a ingresar se desvía e ingresa en la ciudad i_{-20}? El equilibrio requiere de una respuesta de estrategia mixta que empieza con i_{-30}, de modo que el monopolista débil debe ser indiferente entre pelear y no pelear. Si pelea, pierde el ingreso actual, pero refrenda la opinión posterior del que ingresa de que es fuerte, sobre todo si la pelea ocurre en los finales del juego. El que ingresa sabe que en equilibrio el monopolista débil peleará con una probabilidad de, digamos, 0.9 en la ciudad i_{-20}, de modo que pelear ahí no aumentará mucho la opinión de que es fuerte; pero si pelea en la ciudad i_{-13}, donde la probabilidad mixta ha disminuido a 0.2, se fortalecerá esa opinión mucho más. Por otra parte, el beneficio por una determinada reputación disminuye a medida que restan menos ciudades que proteger, así que la probabilidad mixta decrece en el transcurso del tiempo.

La descripción de las estrategias de equilibrio es incompleta debido a lo complejo de especificar lo que sucede después de un intento infructuoso de ingresar. Incluso en el juego de movimientos simultáneos del capítulo 3, vimos que los juegos con equilibrios de estrategia mixta tienen muchas y diferentes realizaciones posibles. En juegos repetidos, como la Fijación Rapaz de Precios, el número de realizaciones posibles hace que una descripción exacta sea muy complicada. Por ejemplo, si el ingresante entra en la ciudad i_{-20} y el monopolista elige *Pelear*, se afirmará la opinión del ingresante de que es fuerte, lo que hará que la siguiente ciudad a la que ingresa sea i_{-8} en vez de i_{-10}. Una descripción completa de las estrategias dirá lo que ocurrirá para cada historia posible del juego, lo cual es impráctico.

Además, debido a la mezcla, el sendero de equilibrio no es único después de i_{-10}, cuando se ingresa a la primera ciudad. Cuando el ingresante entra en i_{-10}, el monopolista débil elige aleatoriamente si peleará o se coludirá, de modo que, si pelea, la opinión del ingresante de que es fuerte se reforzará. En consecuencia, el siguiente ingreso puede no ocurrir en i_{-9}, sino en i_{-7}.

Como nota final, retornemos al supuesto inicial de que si el aspirante a ingresar decide no ingresar en la ciudad i, no puede cambiar de opinión después. Hemos visto que no se ingresará a ninguna ciudad hasta que se acerque a la última, porque el monopolista desea proteger su reputación de fuerza. Pero si el que ingresa puede cambiar de opinión, nunca se acercará a la última ciudad. El ingresante sabe que perderá en las primeras $(N-30)$ ciudades, y no vale la pena reducir el número a 30 para que el monopolista empiece a elegir *Coludirse*. Paradójicamente, darle al aspirante muchas oportunidades de entrar no lo ayuda a él, sino al monopolista.

14.4. ENTRAR PARA QUE LE COMPREN LA EMPRESA

La sección anterior sugiere que la fijación rapaz de precios realmente puede ser una amenaza creíble si la información es incompleta, porque el monopolista podría estar dispuesto a sufrir pérdidas peleando en el primer ingreso para evitar ingresos futuros. Sin embargo, éste no es el fin de la historia, pues aunque los costos por entrar exceden a los ingresos operativos, el ingreso aún podría ser lucrativo si el monopolista compra la empresa que entró.

Para decirlo en forma más sencilla, consideremos cómo puede impedirse el ingreso con información completa. El monopolista necesita una manera de comprometerse previamente a la fijación de un precio no lucrativo después del ingreso. Spence (1977) y Dixit (1980) sugieren que el monopolista puede aumentar su capacidad inicial de modo que el precio después del ingreso bajará naturalmente por debajo del costo promedio. El precio después del ingreso todavía estaría por encima del costo variable, así que, como ya ha realizado ("hundido") el costo de capacidad, el monopolista combate el ingreso sin costos adicionales. El costo de capacidad del ingresante aún no ha sido realizado, por lo que se abstiene de entrar.

En el modelo con la forma extensiva de la gráfica 14.4, el monopolista tiene la opción adicional de comprar al que ingresa. Un monopolista que combate el ingreso incurre en dos costos: la pérdida por vender a un precio menor que el costo total promedio y el costo de oportunidad por no obtener las ganancias de monopolio. Puede hacer que el primero sea un costo hundido, pero no puede hacer lo mismo con el segundo. El que aspira a ingresar, al ver que el monopolista lo comprará, entra a pesar de saber que el precio del duopolio es menor que el costo total promedio. El monopolista se enfrenta a un segundo problema de perfección, porque, aunque puede tratar de impedir el ingreso con la amenaza de no comprar la empresa que entra, la amenaza no es creíble.

GRÁFICA 14.4. *Entrar para que lo compren*

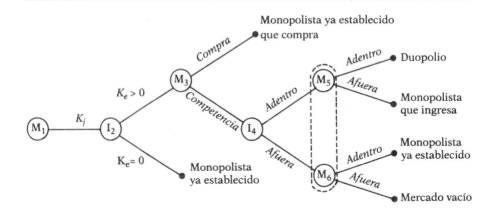

Entrar para que lo compren
(Rasmusen, 1988a)

Jugadores
El monopolista y el que ingresa.

Orden del juego
1) El monopolista selecciona la capacidad K_i.
2) El que aspira a ingresar decide si entra o se queda afuera y elige una capacidad $K_e \geq 0$.
3) Si el que aspira a ingresar elige una capacidad positiva, el monopolista decide si lo comprará al precio B.
4) Si el que ingresa ha sido comprado, el monopolista elige una producción $q_i \leq K_i + K_e$.
5) Si el que ingresa no ha sido comprado, cada jugador decide si permanecerá en el mercado o saldrá de él.
6) Si ha quedado un jugador en el mercado, selecciona la producción $q_i \leq K_i$ o $q_e \leq K_e$.

Pagos
Cada unidad de capacidad cuesta a, el costo marginal es c, una empresa que se queda en el mercado incurre en un costo fijo F, y no hay descuento. Sólo hay un periodo de producción.
Si no ocurre ningún ingreso, $\pi_i = [p(q_i) - c]q_i - aK_i - F$ y $\pi_e = 0$.
Si hay ingreso y se compra a la empresa que ingresa, $\pi_i = [p(q_i) - c]q_i - aK_i - B - F$ y $\pi_e = B - aK_e$.
De otra manera,

$$\pi_{monopolista} = \begin{cases} [p(q_i, q_e) - c]q_i - ak_i - F & \text{si el monopolista se queda.} \\ -aK_i & \text{si el monopolista sale.} \end{cases}$$

$$\pi_{la\ que\ ingresa} = \begin{cases} [p(q_i, q_e) - c]q_e - aK_e - F & \text{si el que ingresa se queda.} \\ -ak_e & \text{si el que ingresa sale.} \end{cases}$$

Todavía falta especificar el precio de compra B y la función de precio $p(q_i, q_e)$. Ello requiere de conceptos de solución particulares para la negociación y el duopolio, que, como se ha demostrado en los capítulos 11 y 13, no están libres de controversia. Aquí, son secundarios y se les puede elegir de acuerdo con el gusto del modelador. Hemos metido en una "caja negra" a los subjuegos del precio y de la negociación para no distraer la atención hacia partes secundarias del modelo. El ejemplo numérico a continuación ofrecerá funciones específicas para esos subjuegos, pero otros ejemplos numéricos para los mismos puntos pueden usar funciones diferentes.

Ejemplo numérico

Suponga que la curva de demanda del mercado es

$$p = 100 - q_i - q_e. \tag{23}$$

Suponga que el costo por unidad de capacidad es $a = 10$, el costo marginal de producción $c = 10$ y el costo fijo $F = 601$. Suponga que la producción sigue la conducta de Cournot y que la solución de la negociación divide los excedentes por igual, de acuerdo con la solución de negociación de Nash y de Rubinstein (1982).

Si el monopolista no se enfrenta a ninguna amenaza de ingreso, se conducirá sencillamente como un monopolista y elegirá una capacidad igual a la producción que soluciona

$$\underset{q_i}{Maximice}\ (100 - q_i)q_i - 10q_i - 10q_i. \tag{24}$$

El problema (24) tiene la condición de primer orden

$$80 - 2q_i = 0, \tag{25}$$

por lo que la capacidad y la producción de monopolio serán iguales a 40, lo cual proporciona un ingreso de operación neto de 1 399 (= $[p - c]q_i - F$), muy por encima del costo de capacidad de 400.

No entraremos en detalles, pero bajo los parámetros que se han supuesto el monopolista elige la misma capacidad y producción de 40 aun cuando el ingreso es posible; sin embargo, no lo es la compra. Si el aspirante potencial entrara, lo mejor que podría hacer es elegir $K_e = 30$, lo que cuesta 300. Con capacidades $K_i = 40$ y $K_e = 30$, la conducta de Cournot lleva a las dos empresas a solucionar

$$\underset{q_i}{Maximice}\ (100 - q_i - q_e)q_i - 10q_i \text{ tal que } q_i \leq 40 \tag{26}$$

y

$$\underset{q_e}{Maximice}\ (100 - q_i - q_e)q_e - 10q_e \text{ tal que } q_e \leq 30, \tag{27}$$

que tiene las condiciones de primer orden

$$90 - 2q_i - q_e = 0 \tag{28}$$

y

$$90 - q_i - 2q_e = 0. \tag{29}$$

Ambas producciones de Cournot son iguales a 30 y dan un precio de 40 e ingresos netos de $R_i^d = R_e^d = 299$ (= $[p - c]q_i - F$). La ganancia neta del que ingresa deducido el costo de capacidad será de −1 (= $R_e^d - 30a$), que es menor que el cero que obtendría si no ingresara.

¿Qué pasa si tanto el ingreso como la compra son posibles, pero el monopolista sigue eligiendo $K_i = 40$? Si el que ingresa elige $K_e = 30$ nuevamente, $R_e^d = R_i^d = 299$, igual que antes. Si el monopolista compra al que ingresa, como ha incrementado su capacidad a 70, su producción es la de monopolio, 45. La mitad del excedente por la compra es

$$B = \frac{1}{2}\left[\underset{q_i}{Maximum} \{[p(q_i) - c]q_i | q_i \leq 70\} - F - (R_e^d + R_i^d)\right] \tag{30}$$

$$= \frac{1}{2}\ [(55 - 10)45 - 601 - (299 + 299)] = 413.$$

El que ingresa es comprado por su ingreso de Cournot de 299 más los 413 que son su parte del excedente por la compra, un precio de compra total de 712. Como 712 excede al costo de capacidad de 300 del que ingresa, la compra induce un ingreso que de otra manera se habría impedido. El monopolista tampoco puede obstaculizar la entrada eligiendo una capacidad diferente. Elegir una K_i mayor que 30 conduce a la misma producción de Cournot de 60 y al mismo precio de compra de 712. Si elige una K_i menor que 30, permite al que ingresa obtener una ganancia sin ser comprado.

Al darse cuenta de que no puede impedir el ingreso, el monopolista elige una capacidad inicial más pequeña. Un jugador de Cournot cuya capacidad es menor de 30 producirá una cantidad igual a su capacidad. Como se realizará la compra, si una empresa empieza con una capacidad menor de 30 y le añade una unidad, el costo marginal de la capacidad es de 10 y el beneficio marginal es el aumento (para el que ingresa) o el decremento (para el monopolista) en el precio de compra. Si el que ingresa es el que añade una unidad de capacidad, R_e^d aumenta por lo menos (40 − 10), el menor precio posible de Cournot menos el costo marginal de producción. Además, R_i^d disminuye porque la producción adicional del que ingresa baja el precio del mercado, así que bajo nuestra solución de negociación el precio de compra aumenta más de 15 (= 40 − 10/2) y el que ingresa debe añadir capacidad hasta $K_e = 30$. Una argumentación paralela muestra por qué el monopolista debe aumentar su capacidad hasta por lo menos 30. Si se aumentan más las capacidades, el precio de compra de la empresa nueva no cambia, porque los ingresos netos del duopolio no se ven afectados, así que ambas empresas eligen exactamente 30.

La capacidad de la industria es igual a 60 cuando se permite la compra, pero después de ésta sólo se usan 45. Las ganancias de la industria en ausencia de un posible ingreso habrían sido de 999 (= 1 399 − 400), pero con la compra son de 824 (= 1 424 − 600), por lo que la compra ha disminuido las ganancias de la industria en 175. El excedente del consumidor se ha incrementado de 800 (= 0.5[100 − $p(q|K = 40)$][$q|K = 40$]) a 1 012.5 (= 0.5[100 − $p(q|K = 60)$][$q|K = 60$]), una ganancia de 212.5, así que la compra aumenta el bienestar total en este ejemplo. El aumento en la producción más que compensa la ineficiencia de la inversión en capacidad del que ingresa, resultado que depende de los parámetros particulares que elegimos.

Este modelo es una maraña de confusiones. La paradoja central es que la capacidad del monopolista para destruir las ganancias de la industria después del ingreso termina perjudicándolo en vez de ayudarle, porque aumenta el precio de compra. Esto se parece a la "economía del judo" de Gelman y Salop (1983): el mismo tamaño y fuerza del monopolista actúan contra él. En el ejemplo numérico, permitir que el monopolista compre al que ingresa aumentó el bienestar total, aunque consolidó el poder monopólico y resultó en un ineficiente exceso de capacidad. Con otros parámetros, el efecto de la capacidad excesiva domina, y permitir la compra disminuirá el bienestar —pero sólo porque alienta el ingreso, lo que generalmente aprobamos—. Añadir más aspirantes potenciales también tendría efectos perversos. Si la capacidad excesiva del monopolista puede impedir que un aspirante ingrese, también podrá detener a varios. Hemos visto que un solo aspirante podría ingresar de todos modos para obtener el precio de compra. Pero si hay muchos aspirantes potenciales es más fácil impedir el ingreso. Comprar una sola de las empresas que entran no beneficiará mucho al monopolista, así que sólo estará dispuesto a pagar un precio bajo por su compra, y ese precio bajo propiciará que ninguno de los aspirantes desee ser el primero en ingresar. El juego se complica, pero es claro que la multiplicidad de ingresantes potenciales dificulta más que cualquiera de ellos entre a la industria.

NOTAS

N14.1. *La innovación y las carreras de patentes*

- La idea de la carrera de patentes se describe en Barzel (1968), aunque su modelo muestra el mismo efecto de la innovación apresurada incluso sin las patentes.
- La cita de Brecht corresponde al acto III, escena 7 de *The Threepenny Opera*, traducida al inglés por John Willet (Bertolt Brecht, *Collected Works*, Londres, Eyre Methuen, 1987).
- Reinganum (1985) ha mostrado que un elemento importante de las carreras de patentes es saber si la mayor investigación acelera la llegada de la patente o sólo influye en el hecho de que sea o no adquirida. Si la mayor investigación acelera la innovación, el monopolista podría gastar menos que el que ingresa, porque ya disfruta de una corriente de ingresos por su actual posición, los que destruye la nueva innovación.
- **Incertidumbre en la innovación.** El juego de la Carrera de Patentes para un Mercado que ya Existe es sólo una forma de modelar la innovación en condiciones de incertidumbre. Una forma más común de modelar la incertidumbre, aplicada por Loury (1979) y Dasgupta y Stiglitz (1980), utiliza un tiempo continuo con descubrimientos discretos y especifica que los descubrimientos se presentan como un proceso de Poisson con los parámetros $\lambda(X)$, donde X es el gasto de investigación, $\lambda' > 0$ y $\lambda'' < 0$, Entonces

$$\text{Prob}(invención\ en\ t) \quad = \lambda e^{-\lambda(X)t};$$
$$\text{Prob}(invención\ antes\ de\ t) \quad = 1 - e^{-\lambda(X)t}. \tag{31}$$

Un poco de álgebra nos da el valor corriente de la empresa, V_0, como una función de la tasa de innovación, la tasa de interés, el valor después de la innovación, V_1, y la corriente de ingresos actual, R_0. El rendimiento de la empresa es igual a la corriente de efectivo actual más la probabilidad de una ganancia de capital.

$$rV_0 = R_0 - X + \lambda(V_1 - V_0),\qquad(32)$$

lo que implica que

$$V_0 = .\frac{\lambda V_1 + R_0 - X}{\lambda + r}.\qquad(33)$$

La expresión (33) se usa frecuentemente de el modelado.

- Un tema común en los modelos de ingreso es lo que Fudenberg y Tirole (1986a, p. 23) han llamado el **efecto del gato gordo.** Considere un juego de dos etapas: en la primera una empresa monopolista elige su nivel de publicidad y en la segunda juega un subjuego de Bertrand con una empresa que ingresa. Si la publicidad en la primera etapa da al monopolista una base de clientes cautivos que tienen una demanda inelástica, elegirá un mayor precio que la que ingresa. El monopolista se ha convertido en un "gato gordo". El efecto se presenta en muchos modelos. En el juego del Precio de Hotelling de la sección 13.3, una empresa que tiene un gran mercado "seguro" elegirá el precio más alto. En el juego de los Costos por Cambiar de Producto del Consumidor de la sección 5.5, una empresa que tiene cautivos a sus clientes antiguos elegirá un mayor precio que un recién llegado en el último periodo de un juego repetido finitamente.

N14.3. *La fijación rapaz de precios: el modelo Kreps-Wilson*

- Los libros sobre las nuevas organizaciones teóricas comprenden los de Fudenberg y Tirole (1986a), Jacquemin (1985), Krouse (1990), la compilación de Stiglitz y Mathewson (1986), Schmalensee y Willig (1989) y Tirole (1988). Acerca de la teoría de la regulación, véase Spulber (1989) y Laffont y Tirole (1993).
- Kreps y Wilson (1982a) no suponen simplemente que un tipo de monopolista elegirá siempre *Pelear*. Toman el supuesto más elaborado, pero más primitivo, de que su función de pago hace que *Pelear* sea su estrategia dominante. El cuadro 14.5 muestra un conjunto de pagos para el monopolista fuerte que generan este resultado.

CUADRO 14.5. *Fijación rapaz de precios con una estrategia dominante*

		Monopolista fuerte	
		Coludirse	*Pelear*
Ingresante	*Ingresar*	20,10	–10,40
	Permanecer afuera	0,100	**0,100**

Pagos a: (*Ingresante, Monopolista*)

- Bajo el supuesto de Kreps y Wilson, el monopolista fuerte en realidad elegirá coludirse en los primeros periodos del juego en algunos equilibrios bayesianos perfectos. Tal equilibrio puede estar apoyado por creencias de desequilibrio que los autores señalan como absurdas: si el monopolista pelea en los primeros periodos, el que ingresa cree que debe ser un monopolista débil.

15. LA NUEVA ORGANIZACIÓN INDUSTRIAL

15.1. El crédito y la antigüedad de la empresa: el modelo de Diamond

Introducción

En este capítulo se presentan varias aplicaciones no relacionadas de la teoría de juegos a la organización industrial. Tradicionalmente, la organización industrial ha prestado mucha atención a las clases de problemas vistos en los capítulos 13 y 14 —la forma en que las empresas eligen los precios y la producción, qué tan fácil es ingresar a un mercado y cómo ocurre la innovación—. Éstos siguen siendo temas de investigación activa —observe que ocuparon dos capítulos—, pero el desarrollo más espectacular de los últimos años ha sido la utilización de la teoría económica para explicar los rasgos más especiales de los diversos mercados, sobre todo los rasgos institucionales. Es un retorno a los temas de los antiguos y despreciados días anteriores a la segunda Guerra Mundial, cuando muchos de los estudiosos a los que se llamaba economistas describían el funcionamiento de las industrias sin tratar de explicarlo. La diferencia estriba en que, mientras que un economista en 1920 se habría contentado con la afirmación de que los bancos dan un crédito más barato a las empresas antiguas y de que los gobiernos permiten que los servicios públicos de bajo costo obtengan ganancias excesivas, quizá con una leve insinuación de que las instituciones frecuentemente son ineficientes el economista de 1990 observa el mismo fenómeno e indaga sobre las causas de que los individuos que procuran maximizar lleguen a esos resultados.

El primer modelo que estudiaremos es el de Diamond de los plazos del crédito, que se pregunta por qué las empresas más antiguas obtienen un crédito más barato, mediante un juego parecido al modelo de la Pandilla de los Cuatro de los capítulos 6 y 14. La sección 15.2 analizará las tomas hostiles del control, valiéndose de varios modelos que procuran responder por qué los gerentes las resisten. La sección 15.3 observa con más detalle la formación de los precios de las acciones y presenta un modelo básico de la microestructura del mercado —la manera en que quienes negocian con acciones deciden fijar sus precios a sabiendas de que puede estar llegando nueva información al mercado—. La sección 15.4 concluye el libro con un modelo que puede servir para ilustrar ya sea la proveeduría del gobierno o la regulación de los servicios públicos, y muestra la razón de que el gobierno pueda permitir a la compañía de servicios públicos obtener una utilidad superior a la de la tasa del mercado.

El crédito y la antigüedad de la empresa: el modelo de Diamond

Telser (1966) ha sugerido que la fijación rapaz de precios sería una amenaza creíble si el monopolista tuviera acceso a un crédito más barato que la empresa que ingresa y así pudiera soportar más periodos de pérdidas antes de caer en la bancarrota. Aunque podría dudarse de que ésta sea una protección efectiva contra el ingreso —¿qué ocurriría si la que ingresa es una empresa grande y antigua de otra industria?—, nos concentraremos en la forma en que las empresas mejor establecidas quizá obtendrían un crédito más barato.

D. Diamond (1989) intenta explicar por qué es menos probable que las empresas antiguas no cumplan sus deudas, a diferencia de las más nuevas. Los tres tipos de empresas, R, S y RS, "nacen" en el tiempo cero y piden prestado para financiar proyectos al inicio de cada uno de T periodos. Debemos imaginar que hay generaciones de empresas que se traslapan, por lo que en cualquier punto del tiempo coexiste una variedad de empresas, pero el modelo sólo contempla el ciclo vital de una sola generación. Todos los jugadores son neutrales al riesgo. Las empresas de tipo RS pueden elegir independientemente proyectos arriesgados con valores esperados negativos, o proyectos seguros con valores esperados bajos, pero positivos. Aunque los proyectos arriesgados tienen peores expectativas, de ser exitosos sus rendimientos son mucho más altos que los de los proyectos seguros. Las empresas de tipo R sólo pueden elegir proyectos arriesgados, y las de tipo S sólo proyectos seguros. Al final de cada periodo los proyectos obtienen sus ganancias y se pagan los préstamos, después de lo cual se eligen nuevos proyectos y préstamos para el siguiente periodo. Los prestamistas no saben qué proyecto se elige o cuáles son las ganancias actuales de la empresa; pero pueden apoderarse de los activos de ésta si no paga un préstamo, lo que siempre ocurre si se eligió el proyecto arriesgado y no se tuvo éxito.

Este juego debe recordarle los otros dos modelos de crédito que se han descrito en este libro. El juego de la recuperación (embargo) de la sección 8.3 y el modelo Stiglitz-Weiss de la sección 9.7. Los dos eran juegos de un solo movimiento en que a los bancos les preocupaba que no se les pagara; en el juego de la Recuperación porque el prestatario no ejercía el esfuerzo suficiente, y en el modelo de Stiglitz-Weiss porque era de un tipo indeseable que no podía pagar. El modelo de Diamond es una mezcla de selección adversa y riesgo moral: los prestatarios son de tipos diferentes, pero algunos pueden elegir su acción.

El sendero de equilibrio consta de tres partes. Las empresas RS empiezan eligiendo proyectos arriesgados. Su riesgo inferior está limitado por la bancarrota, pero si el proyecto es exitoso la empresa se queda con grandes ganancias residuales después de pagar el préstamo. Con el transcurso del tiempo, el número de empresas que tienen acceso a proyectos arriesgados (las RS y R) disminuye por las bancarrotas, en tanto que el número de las empresas S no cambia. Así, los prestamistas pueden mantener las ganancias iguales a cero a la vez que bajan sus tasas de interés. Cuando la tasa de interés baja, el valor de una corriente de ganancias procedente de inversio-

nes seguras menos el pago de intereses aumenta con respecto al valor esperado de los pocos periodos de rendimientos de proyectos de riesgo menos
los pagos de interés antes de la bancarrota. Después de que la tasa de interés ha bajado lo suficiente, la segunda fase del juego empieza cuando las
empresas RS cambian a proyectos seguros en un periodo que llamaremos t_1.
Sólo el pequeño y cada vez menor número de empresas R continúa eligiendo proyectos arriesgados. Como los prestamistas saben que las empresas
RS están cambiando sus proyectos, la tasa de interés disminuye considerablemente en t_1. Es menos probable que una empresa antigua sea del tipo
R, por lo que se le cobra una tasa de interés menor. La gráfica 15.1 muestra el sendero de la tasa de interés en el tiempo.

GRÁFICA 15.1. *Las tasas de interés en el transcurso del tiempo*

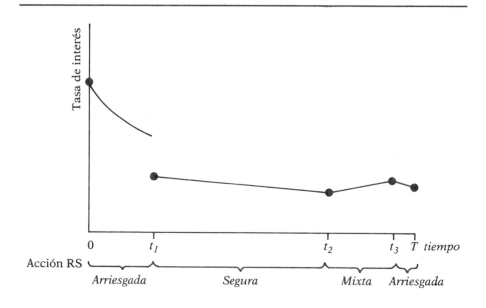

Hacia el periodo T el valor de las ganancias futuras provenientes de los
periodos seguros disminuye e incluso con una baja de interés las empresas RS
nuevamente se ven tentadas a elegir proyectos de alto riesgo. Sin embargo,
no todas cambian en el mismo momento, a diferencia de lo que ocurre en el
periodo t_1. Antes de este periodo, si algunas RS hubieran decidido cambiar
a proyectos más seguros, los prestamistas habrían estado dispuestos a bajar la tasa de interés, lo que habría hecho al cambio aún más atractivo. Por
otra parte, si algunas empresas cambian a proyectos de riesgo en algún periodo t_2, la tasa de interés aumenta y se hace más atractivo cambiar a proyectos de riesgo —un resultado que recuerda al modelo de los Limones del
capítulo 9—. Entre t_2 y t_3, las RS siguen una estrategia mixta y un creciente
número de ellas elige proyectos de alto riesgo a medida que transcurre el
tiempo. La mayor proporción de proyectos de alto riesgo hace que la tasa

de interés aumente. En t_3, la tasa de interés es suficientemente alta y el final del juego está muy cerca para que las RS vuelvan a la estrategia pura de elegir proyectos de alto riesgo. La tasa de interés disminuye en esta última fase conforme el número de RS también disminuye debido a los proyectos de riesgo que fracasaron.

Uno podría preguntar, en el espíritu del modelado por ejemplo, por qué el modelo tiene tres tipos de empresas en vez de sólo dos. Está claro que se necesitan los tipos S y RS, pero, ¿y el tipo R? El detalle adicional en la descripción del juego permite la simplificación del equilibrio, pues con tres tipos la bancarrota nunca es una conducta de desequilibrio, ya que la empresa que fracasa puede ser de tipo R. Por tanto, siempre se puede aplicar la Regla de Bayes eliminando el problema de tener que evitar opiniones peculiares y absurdos equilibrios bayesianos perfectos.

Éste es un modelo de la Pandilla de los Cuatro, pero difiere de los ejemplos previos en un aspecto importante: el modelo de Diamond no es estacionario; a medida que pasa el tiempo algunas empresas de los tipos R y RS caen en bancarrota, lo que modifica las funciones de pago de los prestamistas. Así, en sentido estricto, no es un juego repetido.

15.2. LAS TOMAS DE UNA EMPRESA Y EL *GREENMAIL*

El problema del ventajista

La teoría de juegos se adapta al modelado de las tomas de empresas porque el proceso de toma depende crucialmente de la información e incluye un número de acciones y eventos bien delineados. Suponga que bajo una mala administración las acciones de una empresa tienen cada una un valor de v, pero ningún accionista posee las acciones suficientes para justificar una lucha de poder con el fin de sacar a los gerentes actuales, aunque hacerlo aumentaría el valor a $(v + x)$. Un comprador externo hace una propuesta formal, por cualquier acción que se le ofrezca, condicionada a la obtención de la mayoría. Cualquier precio ofrecido p entre v y $(v + x)$ puede hacer que tanto el licitante como los accionistas estén mejor. Pero, ¿aceptan los accionistas esa oferta?

Veremos que no la aceptan. Sencillamente, la única razón de que el licitante haga la propuesta formal es que el valor aumentará más de lo que ofrece, así que ningún accionista debe aceptar cualquier oferta que aquél haga.

El Problema del Ventajista en las Tomas de Empresas
(Grossman y Hart, 1980)

Jugadores
Un postor y un *continuum* de accionistas que tienen una cantidad total de m acciones.

Orden del juego
1) El postor ofrece p por acción por las m acciones.
2) Cada accionista decide si acepta la oferta (represente por θ la proporción de los que aceptan).
3) Si $\theta \geq 0.5$, se paga el precio ofrecido por el postor y el valor de la empresa aumenta de v a $(v + x)$ por acción.

Pagos
Si $\theta < 0.5$, la toma de la empresa fracasa, el pago al postor es de cero y el pago a los accionistas es de v por acción. Expresado de otra manera:

$$\pi_{postor} = \theta m(v + x - p), \text{ si } \theta \geq 0.5.$$

$$\pi_{accionista} = \begin{cases} p & \text{si el accionista acepta.} \\ v + x & \text{si el accionista no acepta.} \end{cases}$$

En cualquier equilibrio de estrategia dominante iterativa, el pago al postor es igual a cero. Las ofertas anteriores $(v + x)$ son estrategias dominadas, ya que el postor no puede beneficiarse con ellas. Pero si la oferta es menor, un accionista individual debe esperar el nuevo valor $(v + x)$ en vez de aceptar p. Ciertamente, cuando todos lo hacen así, la oferta fracasa y terminan con v, pero ningún individuo desea aceptar si piensa que la oferta tendrá éxito. Los únicos equilibrios son los muchos perfiles de estrategia que conducen a un intento fracasado de toma de la empresa o a una oferta de $p = (v + x)$ aceptada por una mayoría, la cual tiene éxito pero le da un pago de cero al postor. Si organizar una oferta tiene siquiera el más insignificante costo, el postor no la hará.

El problema del ventajista es más claro donde hay un *continuum* de accionistas, de modo que la decisión de cualquier individuo no afecta el éxito de la oferta presentada. En cambio, si hubiera nueve jugadores con una acción cada uno, entonces, en un equilibrio asimétrico, cinco de ellos se comprometerían a un precio ligeramente superior al antiguo precio del mercado y cuatro conservarían sus acciones. Cada uno de los cinco accionistas que se comprometieron a vender sabe que si esperara la oferta fracasaría y su pago sería de cero. Éste es un ejemplo del problema de la discontinuidad de la sección 8.7.

En la práctica, el problema del ventajista no es tan grave incluso con un *continuum* de accionistas. Si el postor puede obtener en secreto un número considerable de acciones sin aumentar el precio (algo que está rigurosamente prohibido en los Estados Unidos por la Ley Williams), sus ganancias de capital por dichas acciones pueden hacer que la toma de una empresa sea lucrativa, aunque no gane nada por las acciones que compró en oferta pública. Las tácticas de dilución como las fusiones congelantes de empresas (véase Macey y McChesney, 1985) también ayudan al postor. En una congelación, el postor compra 51% de las acciones y fusiona su nueva adquisición con otra empresa que ya posee a un precio inferior al de su valor total. Si la dilución es suficientemente fuerte, los accionistas están dispuestos a vender a un precio menor que $(v + x)$.

Otra táctica de la toma de empresas es la oferta condicionada en dos grupos, una buena aplicación del Dilema del Prisionero. Suponga que el valor implícito de la empresa es de 30, que es el precio inicial de las acciones. Un postor monopolista ofrece un precio de 10 por 51% de las acciones y 5 por el otro 49%, a condición de obtener 51% previamente. Entonces la estrategia dominante es aceptar la propuesta, aunque todos los accionistas estarían mejor si rehusaran vender.

Greenmail*

El *greenmail* ocurre cuando, a un precio inflado, los gerentes compran acciones a algunos propietarios para impedirles que tomen la empresa. Los oponentes del *greenmail* lo explican usando el modelo de los Gerentes Corruptos. Suponga que es posible un poco de dilución, o que para empezar el postor ya tiene algunas acciones, de modo que puede apoderarse de la empresa pero perderá la mayor parte de las ganancias, las cuales irán a manos de los otros accionistas. Los gerentes están dispuestos a pagar al postor una gran suma de *greenmail* para conservar sus empleos, y tanto el gerente como el postor prefieren el *greenmail* a la toma de la empresa, a pesar de que los demás accionistas se hallarán en una situación peor. La objeción más común a este modelo es que no explica por qué los estatutos de la empresa no prohíben el *greenmail*.

Los gerentes aplican a menudo lo que se llama el modelo de los Gerentes Leales para justificar el *greenmail*. En este modelo, la gerencia actual conoce el verdadero valor de la empresa, que es mayor que el precio actual de las acciones y que el precio ofrecido por el postor. Pagan el *greenmail* para proteger a los accionistas y evitar que vendan equivocadamente acciones subvaluadas. Esto implica que los accionistas son irracionales o que el precio de las acciones aumenta después del *greenmail* porque los accionistas saben que la señal del *greenmail* (renunciar a los beneficios derivados de una toma de la empresa) es más cara para una empresa que en realidad no vale más que el precio ofrecido por el postor.

Shleifer y Vishny (1986) han construido un modelo más complejo donde el *greenmail* es en interés de los accionistas. La idea es que el *greenmail* alienta a los postores potenciales a investigar la empresa y conduce eventualmente a una toma de la misma a un precio más alto que el ofrecido al principio. El *greenmail* es caro; pero por esa misma razón es una señal efectiva de que los gerentes piensan que puede haber una mejor oferta en el futuro. (Al igual que el modelo de los Gerentes Leales, esto supone que el gerente actúa en interés de los accionistas.) Expondré un ejemplo numéri-

---

* El *greenmail*, literalmente "correo verde", es una alusión a los sobres llenos de billetes de dólares. [T.]

co cuyos rasgos esenciales siguen a Shleifer y a Vishny, no exactamente su modelo entero, ya que no está dirigido a estudiar la conducta del precio de las acciones.

Un postor se ha comunicado con el gerente y éste debe decidir si le paga *greenmail* con la esperanza de que aparezcan otros postores, los "caballeros blancos". El gerente tiene mejor información que el mercado en conjunto acerca de la probabilidad de que aparezcan otros postores, algunos de los cuales sólo pueden presentarse después de haber realizado una costosa investigación, la que no harán si creen que el precio para controlar la empresa será aumentado por la competencia con el primer postor. El gerente paga *greenmail* a fin de alentar a nuevos postores al librarlos de la competencia.

Greenmail para Atraer Caballeros Blancos
(Shleifer y Vishny, 1986)

Jugadores
El gerente, el mercado y el postor Brydox. (Los postores Raider y Apex no toman decisiones.)

Orden del juego
La gráfica 15.2 muestra el árbol del juego. Después de cada tiempo t, el mercado elige un precio de las acciones, p_t.

0) Sin ser observada por alguno de los jugadores, la Naturaleza elige que el estado sea (A), (B), (C) o (D), con probabilidades de 0.1, 0.3, 0.1 y 0.5, no observadas por ningún jugador.

1) A menos que el estado sea (D), el merodeador *(Raider)* aparece y ofrece un precio de 15. La partición de información del gerente se convierte en $\{(A), (B), (C), (D)\}$; la de todos los demás se convierte en $\{(A, B, C), (D)\}$.

2) El gerente decide si pagará *greenmail* y terminará así con la oferta de Raider a un costo de 5 por acción.

3) Si el estado es (A), aparece Apex y ofrece un precio de 25 si se pagó *greenmail* y de 30 en caso contrario.

4) Si el estado es (B), Brydox decide si comprará información a un costo de 8 por acción. Si lo hace, puede presentar una oferta de 20 si se le ha pagado *greenmail* a Raider, o de 27 si debe competir con Raider.

5) Los accionistas aceptan la mejor oferta vigente, que es el valor final de una acción. Si no hay ninguna oferta vigente, el valor final es de 5 si se pagó *greenmail* y de 10 en caso contrario.

Pagos
El gerente maximiza el valor final.
El mercado minimiza la diferencia cuadrada entre p_t y el valor final.
Si compra información, Brydox recibe 23 (= 31 − 8) menos el valor de su oferta; de otra manera recibe cero.

Los pagos especifican que el gerente debe maximizar el valor final de la empresa, en vez de un promedio ponderado de los precios p_0 a p_5. Este supuesto es razonable porque los únicos accionistas que se benefician de un alto valor de p_t son los que vendieron sus acciones en t. El gerente no puede decir: "La acción está sobrevaluada: ¡venda!", porque el mercado también se enteraría de la sobrevaluación y se negaría a comprar.

Se supone que los precios 15, 20, 27 y 30 son resultado de juegos de negociación (incluidos en una caja negra) entre el gerente y los postores. El supuesto de que el valor de la empresa para Brydox es de 31 asegura que éste no comprará información si prevé que tendrá que competir con Raider. Como Brydox tiene una estrategia dominante —comprar información si se ha pagado *greenmail* a Raider, de otra manera no comprarla—, nos concentraremos en el precio del mercado y en la decisión de pagar o no *greenmail*. Este modelo tampoco está diseñado para responder a la pregunta de por qué aparece el merodeador. Su conducta es exógena. Tal como se presenta el modelo, su ganancia esperada es positiva, ya que a veces se le paga *greenmail;* pero si en realidad tuviera que comprar la empresa en los estados B y C lo lamentaría, pues el valor final de la empresa sería de 10.

GRÁFICA 15.2. *El árbol del juego del* Greenmail
para Atraer Caballeros Blancos

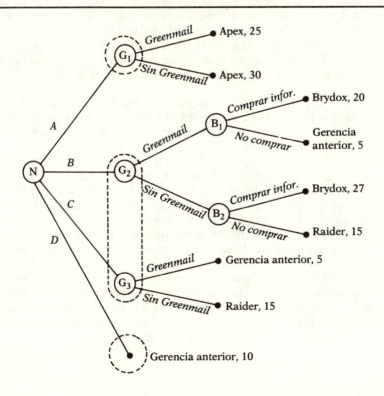

Se verá que en equilibrio el gerente paga *greenmail* en los estados (B) y (C), pero no en (A) o (D). El cuadro 15.1 muestra el sendero de equilibrio para el precio de mercado.

La estrategia óptima del mercado equivale a estimar el valor final. Antes de que el mercado reciba alguna información, sus opiniones previas estiman que el valor final es de 14.5 (= 0.1[30] + 0.3[20] + 0.1[5] + 0.5[10]). Si se elimina la posibilidad del estado (D) por la llegada del merodeador, el precio aumenta a 19 (= 0.2[30] + 0.6[20] + 0.2[5]). Si no aparece el merodeador, se hace de conocimiento común que el estado es (D) y el precio baja a 10.

CUADRO 15.1. *El juego del* Greenmail *para Atraer Caballeros Blancos: los precios de equilibrio*

Estado	Probabilidad	p_0	p_1	p_2	p_3	p_4	p_5	Gerencia final
(A)	0.1	14.5	19	30	30	30	30	Apex
(B)	0.3	14.5	19	16.25	16.25	20	20	Brydox
(C)	0.1	14.5	19	16.25	16.25	5	5	Gerencia anterior
(D)	0.5	14.5	10	10	10	10	10	Gerencia anterior

Si el estado es (A), el gerente lo sabe y se niega a pagar *greenmail*, ya que espera que Apex ofrezca 30. Al observar la ausencia del *greenmail*, el mercado decide que el estado es (A) y el precio sube inmediatamente a 30.

Si el estado es (B) o (C), el gerente paga *greenmail* y el mercado elimina la posibilidad de (A), y usa la Regla de Bayes para asignar probabilidades de 0.75 a (B) y de 0.25 a (C). El precio baja de 19 a 16.25 (= 0.75[20] + 0.25[5]).

Es claro que el gerente no debe pagar *greenmail* en el estado (A) o en el (D), cuando él sabe que Brydox no está ahí para investigar. ¿Qué ocurre si el gerente se desvía en el conjunto de información (B, C) y se niega a pagar *greenmail*? Inicialmente el mercado creerá que el estado es (A), por lo que el precio aumentará hasta p_2 = 30. Pero el precio bajaría de nuevo después de que Apex no presentara una oferta y el mercado se diera cuenta de que el gerente se ha desviado. Brydox se negaría a ingresar en el tiempo 3 y se aceptaría la oferta de 15 del merodeador. El pago de 15 sería menor que el pago esperado de 16.25 si se hubiera pagado *greenmail*.

El modelo no dice que el *greenmail* siempre sea bueno para los accionistas, sólo manifiesta que puede ser bueno *ex ante*. Si el estado verdadero resulta ser *(C)*, el *greenmail* fue un error, *ex post*, pero como es más probable el estado *(B)*, el gerente estaba en lo correcto al pagar *greenmail* en el conjunto de información *(B, C)*. Lo notable es que el *greenmail* es óptimo aunque baje el precio de las acciones de 19 a 16.25. El *greenmail* comunica las malas nuevas de que Apex no se encuentra por ahí cerca, pero saca el mayor provecho de esa mala suerte porque atrae a Brydox.

15.3. La microestructura del mercado

Los precios de los títulos de crédito como las acciones dependen de lo que crean los inversionistas sobre los valores de los bienes que los apoyan. Estos valores son muy inciertos y continuamente se genera nueva información acerca de ellos. Las obras sobre la microestructura del mercado se ocupan de cómo la nueva información ingresa al mercado. En una situación paradigmática, un negociante informado tiene información privada acerca del valor, que espera usar para hacer transacciones lucrativas; pero otros negociantes saben que alguien podría tener información privada. Es una selección adversa, porque el negociante informado tiene mejor información del valor de la acción, y ningún negociante no informado desea comerciar con un negociante informado. La institución que han desarrollado muchos mercados es la del especialista *(marketmaker)*, un negociante de una acción en particular que siempre está dispuesto a comprar o vender para mantener al mercado en operación. Los otros negociantes se sienten más seguros al tratar con este especialista que con un negociante potencialmente informado, pero eso sólo transfiere el problema de la selección adversa al especialista.

En los dos modelos de esta sección se estudiará cómo se enfrenta el especialista en una acción al problema del negociante informado. Ambos se derivan del modelo verbal en Bagehot (1971).[1] En el modelo de Bagehot, que está relacionado más estrechamente con el de Glosten y Milgrom (1985), puede o no haber uno o más comerciantes informados, pero los negociantes informados como grupo tienen un comercio de magnitud fija, en caso de estar presentes. El especialista debe decidir qué tan grande será el margen que cobrará entre el precio que ofrece y el que pide. En el modelo de Kyle (Kyle, 1985) hay un solo negociante informado que decide qué tanto negociar. Al observar el desequilibrio de las órdenes, el especialista decide el precio que ofrecerá.

El modelo de Bagehot es quizá la mejor explicación de por qué los especialistas en una acción pueden cobrar un margen entre el precio de venta y el de compra, incluso en condiciones de competencia pura y aunque no tengan costos de transacción. El supuesto es que el especialista no puede cambiar el precio de acuerdo con el volumen, sino que debe ofrecer un precio y aceptar después las órdenes que se presenten —una orden de compra o una orden de venta—.

El modelo de Bagehot

Jugadores
El negociante informado y dos especialistas en competencia.

---

[1] "Bagehot" es un seudónimo de Jack Treynor.

Orden del juego

0) La Naturaleza elige que el valor del activo v sea o $p_0 - \delta$ o $p_0 + \delta$ con probabilidad igual. Los especialistas nunca observan el valor del activo, ni observan si alguien lo observa, pero el negociante informado observa v con una probabilidad de θ.

1) Los especialistas eligen sus márgenes s, y ofrecen precios $p_{ofrecido} = p_0 - s/2$ al que comprarán el valor y $p_{pedido} = p_0 + s/2$ al que lo venderán.[2]

2) El negociante informado decide si comprará una unidad, si venderá una unidad o si no hará nada.

3) Los negociantes ruidosos compran n unidades y venden n unidades.

Pagos

Todos son neutrales al riesgo. El pago del negociante informado es de $v - p_{pedido}$ si compra, de $p_{ofrecido} - v$ si vende y de cero si no hace nada. El especialista que ofrece el mayor $p_{ofrecido}$ negocia con todos los clientes que desean vender; el especialista que ofrece el menor p_{pedido} negocia con todos los clientes que desean comprar. Si los especialistas fijan precios iguales, se dividen el mercado por igual. Un especialista que vende x unidades obtiene un pago de $x(p_{pedido} - v)$, y un especialista que compra x unidades obtiene un pago de $x(v - p_{ofrecido})$.

Éste es un juego muy sencillo. La competencia entre los especialistas hará que sus precios sean idénticos y que sus ganancias sean de cero. El negociante informado debe comprar si $v > p_{pedido}$ y vender si $v < p_{ofrecido}$. No tiene incentivo para comerciar si $v \in [p_{ofrecido}, p_{pedido}]$.

Un especialista siempre perderá dinero al tratar con un negociante informado, pero si $s > 0$, de modo que $p_{pedido} > p_0$ y $p_{ofrecido} < p_0$, obtendrá ganancias esperadas positivas al tratar con los negociantes ruidosos. La ganancia esperada proveniente de los $2n$ negociantes ruidosos será igual a ns, pues el especialista está perfectamente protegido del riesgo al tratar con ellos. Obtiene una ganancia igual al margen s por cada par de comprador/vendedor de los negociantes ruidosos que logre formar. Para que sus ganancias sean de cero, por tanto, deberá ser cierto que

$$0.5(\theta)\left[\left(p_0 + \frac{s}{2}\right) - (p_0 + \delta)\right] + 0.5(\theta)\left[(p_0 - \delta) - \left(p_0 - \frac{s}{2}\right)\right] + ns = 0. \quad (1)$$

La ecuación (1) implica que $\theta(s - 2\delta) + ns = 0$, de modo que

$$s^* = \frac{2\delta\theta}{n + \theta}. \quad (2)$$

---

[2] Observe que el juego, para simplificar, limita al especialista a elegir $p_{ofrecido}$ y p_{pedido} simétricamente con respecto a p_0.

La ecuación (2) tiene varias implicaciones. Primero, el margen s^* es rigurosamente positivo. Aunque los especialistas compitan y tengan un costo de transacciones igual a cero, cobran un precio diferente cuando compran y cuando venden. Ganan dinero al tratar con los negociantes ruidosos, pero pierden dinero con el negociante informado, si está presente. Las estadísticas comparativas reflejan esto. El margen s^* aumenta con δ, la varianza del valor verdadero, porque valores verdaderos divergentes aumentan las pérdidas por comerciar con el negociante informado. El margen s^* baja al aumentar n, lo que refleja el número de comerciantes ruidosos en relación con los comerciantes informados, porque cuando hay más comerciantes ruidosos las ganancias obtenidas por comerciar con ellos son mayores. El margen s^* aumenta al aumentar θ, la probabilidad de que el comerciante informado tenga información confidencial, lo que también es intuitivo pero requiere de un poco de cálculo para demostrarlo a partir de la ecuación (2):

$$\frac{\partial s^*}{\partial \theta} = \frac{2\delta}{n+\theta} - \frac{2\delta\theta}{(n+\theta)^2} = \left[\frac{1}{(n+\theta)^2}\right](2\delta n + 2\delta\theta - 2\delta\theta) > 0. \qquad (3)$$

El segundo modelo de la microestructura del mercado, importante porque se le utiliza comúnmente como base de modelos más complicados, es el de Kyle, que se centra en la decisión del negociante informado, no en el especialista. El modelo de Kyle se ha elaborado de tal manera que el especialista observa el volumen de las transacciones antes de elegir el precio.

El modelo de Kyle
(Kyle, 1985)

Jugadores
El negociante informado y dos especialistas competitivos.

Orden del juego
0) La Naturaleza elige el valor v del activo entre una distribución normal con una media de p_0 y una varianza de σ_v^2, observada por el negociante informado pero no por los especialistas.
1) El negociante informado ofrece una transacción de magnitud $x(v)$, que es una compra si es positiva y una venta si es negativa, sin ser observado por el especialista.
2) La Naturaleza elige una transacción de magnitud u por los negociantes ruidosos, sin ser observada por el especialista, en donde u se distribuye normalmente con una media de cero y una varianza de σ_u^2.
3) Los especialistas observan que el comercio total del mercado ofrece $y = x + u$ y eligen los precios $p(y)$.
4) Se realizan las transacciones. Si y es positiva (el mercado desea comprar, neto), el especialista que ofrezca los precios más bajos realiza

APLICACIONES

las transacciones; si y es negativa (el mercado desea vender, neto), el especialista que ofrece el precio más alto realiza las transacciones. Entonces se revela v a todos.

Pagos
Todos los jugadores son neutrales al riesgo. El pago del jugador informado es de $(v - p)x$. El pago del especialista es de cero si no comercia y de $(p - v)y$ si lo hace.

Un equilibrio para este juego es el perfil de estrategia

$$x(v) = (v - p_0)\left(\frac{\sigma_u}{\sigma_v}\right) \tag{4}$$

y

$$p(y) = p_0 + \left(\frac{\sigma_v}{2\sigma_u}\right)y. \tag{5}$$

Esto es razonable. Nos dice que el negociante informado aumentará la magnitud de su comercio a medida que v se hace mayor con respecto a p_0 (y venderá, no comprará, si $v - p_0 < 0$), y el especialista aumentará el precio que cobra en las ventas si y es mayor, lo que significa que más personas desean vender, un indicador de que el negociante informado puede estar realizando fuertes transacciones. La varianza del valor del activo (σ_v^2) y de las transacciones de los comerciantes ruidosos (σ_u^2) entran como puede esperarse, y sólo tienen importancia por su relación entre sí. Si σ_v^2/σ_u^2 es grande, el valor del activo fluctúa más que la magnitud de las transacciones de los comerciantes ruidosos y es difícil que el comerciante informado oculte sus transacciones detrás del ruido. El negociante informado hará menos transacciones y cierta magnitud del comercio generará una mayor respuesta del especialista. Podría decirse que el mercado es menos "líquido": un comercio de determinada magnitud tendrá mayor efecto sobre el precio.

No probaré (no puedo hacerlo) la unicidad del equilibrio, ya que es muy difícil comprobar todos los perfiles posibles de las estrategias no lineales, pero mostraré que [(4), (5)] es el único equilibrio lineal. Para empezar, haremos la hipótesis de que el negociante informado usa una estrategia lineal, de modo que

$$x(v) = \alpha + \beta v \tag{6}$$

para algunas constantes α y β. La competencia entre los especialistas significa que sus ganancias esperadas serán de cero, lo que requiere que el precio que ofrecen sea el valor esperado de v. Así, su estrategia de equilibrio $p(y)$ será una estimación no sesgada de v dados sus datos y, en la que saben que y tiene una distribución normal y que

$$y = x + u$$
$$= \alpha + \beta v + u. \tag{7}$$

Esto significa que su mejor estimación de v dados los datos y es, siguiendo la regla de regresión usual (que los lectores poco familiarizados con la estadística deben aceptar como asunto de fe),

$$E(v|y) = E(v) + \left(\frac{cov(v, y)}{var(y)}\right)y$$

$$= p_0 + \left(\frac{\beta\sigma_v^2}{\beta^2\sigma_v^2 + \sigma_u^2}\right)y \tag{8}$$

$$= p_0 + \lambda y,$$

donde λ es una nueva variable sintetizadora que evita escribir en lo que sigue el término entre paréntesis en la penúltima línea de (8).

En nuestro supuesto de que x es una función lineal de v, $p(y)$ será una función lineal de y. Como $p(y) = p_0 + \lambda y$, a continuación debe mostrarse que x será realmente una función lineal de v. Empiece escribiendo el pago esperado del negociante informado, que es

$$E\pi_i = E([v - p(y)]x)$$
$$= E([v - p_0 - \lambda(x + u)]x) \tag{9}$$
$$= [v - p_0 - \lambda(x + 0)]x,$$

en vista de que $E(u) = 0$. Maximizando el pago esperado con respecto a x se obtiene la condición de primer orden

$$v - p_0 - 2\lambda x = 0, \tag{10}$$

que, al reordenar, se convierte en

$$x = -\frac{p_0}{2\lambda} + \left(\frac{1}{2\lambda}\right)v. \tag{11}$$

La ecuación (11) establece que $x(v)$ es lineal, dado que $p(y)$ es lineal. Lo que nos falta es encontrar el valor de λ. Observe al comparar (11) y (6) que $\beta = 1/2\lambda$. Si se sustituye ésta en la expresión para λ que se proporciona en (8) da como resultado

$$\lambda = \frac{\beta\sigma_v^2}{\beta^2\sigma_v^2 + \sigma_u^2} = \frac{\dfrac{\sigma_v^2}{2\lambda}}{\dfrac{\sigma_v^2}{(4\lambda^2)} + \sigma_u^2}, \tag{12}$$

que, al resolver para λ da $\lambda = \sigma_v/2\sigma_u$. Como $\beta = 1/2\lambda$, de esto sigue que $\beta = \sigma_u/\sigma_v$. Estos valores de λ y β junto con la ecuación (11) dan las estrategias que se expusieron al principio en las ecuaciones (4) y (5).

15.4. Regulación de la tasa de rendimientos y Proveeduría del Gobierno

La idea central tanto en la proveeduría del gobierno como en la regulación de los monopolios naturales es que el gobierno intenta inducir a una empresa privada a proporcionar eficientemente un bien al público a la vez que se cubre el costo de producción. Si la información es simétrica, éste es un problema fácil; el gobierno paga a la empresa el costo de producir el bien eficientemente, ya sea que se trate de un nuevo tanque o de energía eléctrica. Sin embargo, por lo común la empresa tiene mejor información que el gobierno. La variedad de formas en que la empresa puede tener mejor información y en que el gobierno puede obtenerla ha dado origen a una amplia literatura sobre el tema en la que aparecen el riesgo moral con acciones ocultas, el riesgo moral con conocimiento oculto, la selección adversa y la señalización. Por ejemplo, suponga que el gobierno desea que la empresa proporcione servicio de televisión por cable a una ciudad. La empresa sabe más sobre sus costos antes de aceptar la franquicia (selección adversa), descubre más después de aceptarla y al empezar las operaciones (riesgo moral con conocimiento oculto) y realiza un mayor o menor esfuerzo para mantener bajos los costos (riesgo moral con acciones ocultas). El problema del gobierno es adquirir el servicio de televisión por cable al menor costo. Desea ser bastante generoso para inducir a la empresa a aceptar la franquicia en primer lugar, pero no más generoso de lo necesario. No puede simplemente acordar cubrir los costos de la empresa, porque ésta siempre podría afirmar que sus costos son altos y realizar un esfuerzo bajo. En cambio, el gobierno puede subastar el derecho de proporcionar el servicio, puede asignarle a la empresa un precio máximo (**límite superior del precio**) o puede aceptar compensar a la empresa en diferentes grados según los diferentes niveles de costo (**regulación de la tasa de rendimiento).**

Los problemas de las franquicias reguladas y de la proveeduría del gobierno son lo mismo en varios sentidos. Si el gobierno desea comprar un portaviones, también tiene el problema de saber cuánto debe ofrecer a la empresa. En general, el equivalente a un límite superior del precio es un precio fijo, y el equivalente de una regulación de la tasa de rendimiento es un contrato del tipo costo-más ganancia, aunque los detalles difieren en forma interesante entre la regulación y la proveeduría. (Así, un límite superior del precio permite flexibilidad hacia abajo en los precios, y una regulación de la tasa de rendimiento permite una ganancia esperada pero no garantizada.)

Aunque la literatura sobre el diseño del mecanismo se remonta a Mirrlees (1971), su verdadero florecimiento fue con el artículo de Baron y Myerson (1982), "Regulating a Monopolist with Unknown Costs" ("Regulando a un monopolista cuyos costos se desconocen"). Spulber (1989) y Laffont y Tirole (1993) proporcionan en 690 y 702 páginas estudios del confuso grupo de modelos y políticas posibles en sus libros sobre la regulación gubernamental. Aquí presentaremos una versión que Laffont y Tirole usaron para la introducción de su libro en las páginas 55 a 62. Éste es un modelo de dos tipos en que el parámetro de costo y el esfuerzo de una empresa son información privada, pero el costo realizado es público y no estocástico —en esencia, un modelo de selección adversa—. El gobierno rembolsará los costos de la empresa, pero fijará un subsidio (que, si es negativo, se convierte en un impuesto) dependiendo del nivel de los costos de la empresa. Las preguntas que el modelo contestará son si el esfuerzo será muy alto o muy bajo y si el subsidio es positivo y aumenta con los costos.

Suponga por el momento que B es bastante grande para que el gobierno desee definitivamente construir la estación (qué tan grande se verá después). Observe que el foco del modelo es el costo, no la producción. La producción es una estación espacial sin importar los problemas de la agencia, pero el gobierno desea minimizar el costo de producir la estación.

Este modelo difiere de los modelos del agente-principal presentados en este libro en que el gobierno, en contraste con los principales previos, es altruista con respecto al agente. Si el gobierno fuera egoísta, su pago sería $B - (1 + \lambda)c - (1 + \lambda)s$. En cambio, maximiza el bienestar social, que incluye tanto el de la ciudadanía como el de la empresa. El bienestar de la ciuda-

---

Proveeduría del Gobierno

Jugadores
El gobierno y la empresa.

Orden del juego
0) La Naturaleza asigna a la empresa un parámetro de costo β. El costo bajo $\beta = L$ tiene una probabilidad de θ y el costo alto $\beta = H$ tiene la probabilidad $(1 - \theta)$.
1) El gobierno ofrece un contrato $s(c)$ en el que acuerda cubrir los costos de la empresa por producir una estación espacial y especifica el subsidio para cada nivel de costo de que pueda informar la empresa.
2) La empresa acepta o rechaza el contrato.
3) Si la empresa acepta, elige un nivel de esfuerzo e.
4) La empresa termina la estación espacial al costo de $c = \beta - e$. El gobierno rembolsa el costo y paga el subsidio apropiado.

Pagos
Tanto la empresa como el gobierno son neutrales al riesgo y ambos reciben pagos de cero si la empresa rechaza el contrato. Si la empresa acepta, el pago es

$$\pi_{empresa} = s - d(e), \tag{13}$$

donde $d(e)$, la desutilidad del esfuerzo, es creciente y convexa, de modo que $d' > 0$ y $d'' > 0$, y por conveniencia técnica, es cada vez más convexa, de modo que $d''' > 0$.[3] El pago del gobierno es

$$\pi_{gobierno} = B - (1+ \lambda)c - \lambda s - d(e), \tag{14}$$

donde B es el beneficio por la estación espacial y λ es la pérdida de peso muerto por la tributación que se requiere para el gasto del gobierno.[4]

danía es $B - (1 + \lambda)c - (1 + \lambda)s$ y el de la empresa es $s - d(e)$. Sumándolos se obtiene la ecuación (14).

Observe también que el tipo *Bajo* de la empresa es bueno, no malo, a diferencia de los modelos previos, porque aquí el tipo se refiere al costo, no a la habilidad o al esfuerzo.

Proveeduría del Gobierno I

En la primera versión del juego, el gobierno observa β y puede asignar diversos contratos a los dos tipos de empresas. El gobierno paga subsidios de s_1 a una empresa de bajo costo del tipo $\beta = L$ ("Empresa L") para el bajo costo $\underline{c}$ s_2 a una empresa del tipo $\beta = H$ ("Empresa H") para el costo alto $\overline{c}$, y un subsidio de contrato forzoso de $s = -\infty$ a una empresa que no elige el nivel de costo que se le asignó.

La limitación de la participación será obligatoria para ambos tipos de empresas, y para hacer que los pagos de una empresa sean iguales a cero el gobierno proporcionará subsidios que cubren exactamente la desutilidad del esfuerzo para la empresa. Como no hay incertidumbre, podemos invertir la ecuación de costos y escribirla como $e = \beta - c$. Los subsidios serán $s_1 = d(L - \underline{c})$ y $s_2 = d(H - \overline{c})$. Sustituyendo éstos en la función de pago del gobierno da

$$\pi_{gobierno} = B - (1 + \lambda)\underline{c} - \lambda d(L - \underline{c}) - d(L - \underline{c}) \tag{15}$$

para la empresa L. En vista de que $d'' > 0$, la función de pago del gobierno es cóncava, y puede usarse la técnica de optimización estándar. La condición de primer orden para el nivel óptimo de $\overline{c}$ es

$$\frac{\partial \pi_{gobierno}}{\partial \underline{c}} = -(1 + \lambda) + \lambda d'(L - \underline{c}) - d'(L - \underline{c}) = 0, \tag{16}$$

de modo que

[3] El supuesto de que $d''' > 0$ permite usar condiciones de primer orden al hacer cóncavo al maximando en (25). Véase la página 58 de Laffont y Tirole (1993).

[4] Se estima que la pérdida es de aproximadamente 0.3 de dólar por cada 1 dólar de ingreso obtenido por impuestos, en el margen para los Estados Unidos (Hausman y Poterba, 1987).

$$d'(L - \underline{c}) = 1. \tag{17}$$

La ecuación (17) nos dice que, al nivel de esfuerzo eficiente, la desutilidad marginal del esfuerzo es igual a la reducción marginal en el costo debido al esfuerzo. Exactamente lo mismo es cierto para la empresa H, así que $L - \underline{c} = H - \overline{c}$ y de esto sigue que $s_1 = s_2$. Las metas de costo asignadas a cada empresa son $\underline{c} = L - e^*$ y $\overline{c} = H - e^*$. Las dos empresas ejercen el mismo nivel de esfuerzo eficiente y se les paga el mismo subsidio positivo como una compensación a su desutilidad por el esfuerzo. Llamemos a este nivel de esfuerzo e^* y al nivel de subsidio s^*. Ahora se puede hacer más específico el supuesto de que B es lo suficientemente grande: es que $B - (1 + \lambda)$ $(H - e^* - d(e^*)) \geq 0$.

Proveeduría del Gobierno II

En la segunda variante del juego, el gobierno no observa β y por tanto debe proporcionar incentivos para que las empresas le informen voluntariamente de sus tipos si quiere que la empresa L produzca a costos más bajos que los de la empresa H.

El gobierno puede usar un contrato unificador al proporcionar un contrato con un subsidio de $d(e^*)$ para un costo de $H - e^*$, lo justo para compensar a la empresa H por su esfuerzo, y un subsidio infinitamente negativo para cualquier otro costo. Ambos tipos lo aceptarán, pero la empresa L puede ejercer un esfuerzo menor que e^* y seguir recibiendo el subsidio. Ello muestra que si el gobierno construirá la estación espacial en condiciones de información completa con el conocimiento de que la empresa tiene costos altos, también la construirá en condiciones de información incompleta, cuando la empresa puede o no tener costos altos, pero éste no resulta ser el contrato óptimo. En cambio, el gobierno pagará una prima mayor que el esfuerzo adicional a una empresa que revela que sus costos son en realidad bajos, ya que, aunque eso le dará a la empresa una ganancia superior a la del mercado, ahorrará en la suma del costo que el gobierno debe rembolsar.

Encontremos el contrato óptimo con los valores $(\underline{c}, s_1)$ y $(\overline{c}, s_2)$ y fuertes castigos para otros niveles de costos. Pese a que todavía no hemos establecido que el contrato óptimo es separador, haremos el análisis de dos contratos separados, y si el óptimo es un contrato unificador, veremos que $\underline{c} = \overline{c}$. El contrato debe satisfacer las limitaciones de la participación y las limitaciones de la compatibilidad de incentivos para cada tipo de empresa. La limitación de la participación para la empresa L es

$$s_1 - d(L - \underline{c}) \geq 0 \tag{18}$$

y para la empresa H es

$$s_2 - d(H - \overline{c}) \geq 0. \tag{19}$$

La limitación de la compatibilidad de incentivos para la empresa L es

$$s_1 - d(L - \underline{c}) \geq s_2 - d(L - \bar{c}) \tag{20}$$

y para la empresa H es

$$s_2 - d(H - \bar{c}) \geq s_1 - d(H - \underline{c}). \tag{21}$$

Como la empresa L puede imitar a la empresa H si lo desea, si se satisface la limitación (19) también se satisface la (18). La limitación (19) será obligatoria (y por tanto se satisfará como una igualdad), pues el gobierno reducirá el subsidio tanto como pueda con el fin de evitar la pérdida por los impuestos que se presentan porque $\lambda > 0$. La limitación de compatibilidad de incentivos para la empresa L también será obligatoria, porque si el par $(\underline{c}, s_1)$ es estrictamente más atractivo para la empresa L, el gobierno puede reducir el subsidio s_1. Así la limitación (20) se se satisface como una igualdad. (No se aplica el mismo argumento a la empresa H, porque si se redujera s_2 se violaría la limitación de la participación.) Como sabemos que estas dos limitaciones son obligatorias, podemos escribir

$$s_2 = d(H - \bar{c}) \tag{22}$$

y, usando (20) y (22),

$$s_1 = d(L - \underline{c}) + d(H - \bar{c}) - d(L - \bar{c}). \tag{23}$$

Por (14), el problema de maximización para el gobierno en condiciones de información incompleta es

$$\underset{\underline{c},\bar{c},s_1,s_2}{Maximice}\ \theta[B - (1 + \lambda)\underline{c} - \lambda s_1 - d(L - \underline{c})]$$
$$+ [1 - \theta][B - (1 + \lambda)\bar{c} - \lambda s_2 - d(H - \bar{c})]. \tag{24}$$

Sustituir s_1 y s_2 en (22) y (23) simplifica el problema a

$$\underset{\underline{c},\bar{c}}{Maximice}\ \theta[B - (1 + \lambda)\underline{c} - \lambda(d(L - \underline{c}) + d(H - \bar{c}) - d(L - \bar{c}))$$
$$- d(L - \underline{c})] + [1 - \theta][B - (1 + \lambda)\bar{c} \tag{25}$$
$$- \lambda d(H - \bar{c}) - d(H - \bar{c})].$$

La condición de primer orden con respecto a $\underline{c}$ es

$$\theta[-(1 + \lambda) + \lambda d'(L - \underline{c}) + d'(L - \underline{c})] = 0, \tag{26}$$

que se simplifica a

$$d'(L - \underline{c}) = 1. \tag{27}$$

Así, la empresa L elige el nivel de esfuerzo eficiente e^* en equilibrio y $\underline{c}$ toma el mismo valor que tomó en Proveeduría del Gobierno I. Por la definición de $s^* = d(e^*)$ en ese juego, la ecuación (23) también se puede escribir como

$$s_1 = s^* + d(H - \bar{c}) - d(L - \bar{c}). \tag{28}$$

Como $d(H - \bar{c}) > d(L - \bar{c})$, la ecuación (28) muestra que $s_1 > s^*$. La información incompleta aumenta el subsidio a la empresa de bajo costo, que gana más que su utilidad de reserva en un juego con información incompleta. Como la empresa de costo alto ganará exactamente su utilidad de reserva, esto significa que en promedio el gobierno proporciona a su abastecedor una tasa de rendimiento superior a la del mercado —no debido a la corrupción o a la influencia política, sino a la forma en que induce a los proveedores de bajo costo a revelar que sus costos son bajos—. Esto debe tenerse presente como una explicación alternativa al modelo de la Calidad del Producto del capítulo 5 y al modelo del Salario de Eficiencia del capítulo 8 de las razones de que persistan las tasas de rendimiento superiores al promedio.

Si pasamos ahora al contrato alternativo que debe elegirse para la empresa de costo alto, la condición de primer orden para maximizar el pago del gobierno con respecto a $\bar{c}$ es

$$\theta[-\lambda(-d'(H - \bar{c}) + d'(L - \bar{c}))] + [1 - \theta][-(1 + \lambda) \\ + \lambda d'(H - \bar{c}) + d'(H - \bar{c})] = 0. \tag{29}$$

Esto puede escribirse de otra manera como

$$d'(H - \bar{c}) = 1 - \left(\frac{\lambda}{1 + \lambda}\right)\left(\frac{\theta}{1 - \theta}\right)[d'(H - \bar{c}) + d'(L - \bar{c})]. \tag{30}$$

Ya que el lado derecho de la ecuación (30) es menor que uno, la empresa H tiene un nivel de d' menor que la empresa L, y por consiguiente debe estar ejerciendo un esfuerzo menor que e^*, pues $d'' > 0$. Quizá esto explica la expresión: "lo suficientemente bueno, para ser un trabajo del gobierno". Además, como la limitación de la participación (22) se satisface como una igualdad, debe ser cierto que $s_2 < s^*$. El subsidio de la empresa de costo alto es menor que en condiciones de información completa, aunque, como su esfuerzo es menor, su pago sigue siendo el mismo.

Hay que comprobar también que la limitación de la compatibilidad de incentivos de la empresa H se satisface como una desigualdad débil; la empresa de alto costo ni siquiera se aproxima a verse tentada a tomar el contrato de la empresa de bajo costo. Esto es en cierta medida una sutileza. Si se hace que el lado izquierdo de (22), la limitación de la compatibilidad de incentivos, sea igual a cero porque la limitación de la participación es obligatoria para la empresa H, y si se sustituye para s_1 de la ecuación (23) y se reordena, se obtiene

$$d(H - \underline{c}) - d(L - \underline{c}) > d(H - \bar{c}) - d(L - \bar{c}). \tag{31}$$

Lo cual es cierto como una rigurosa desigualdad, porque $d'' > 0$ y los argumentos de d en el lado izquierdo de la ecuación (31) toman valores mayores que en el lado derecho.

El juego de la Proveeduría del Gobierno ilustra el hecho de que hay un intercambio entre los dos objetivos del gobierno: inducir la cantidad correcta de esfuerzo y hacer que el subsidio a la empresa sea mínimo. Incluso bajo información completa, el gobierno no puede proporcionar un subsidio de cero, o ninguna empresa construiría la estación espacial. En condiciones de información incompleta, los subsidios no sólo deben ser positivos sino que además la empresa de bajo costo gana **rentas informacionales**; el gobierno ofrece un contrato que paga a la empresa de bajo costo más que bajo la información completa para impedir que imite a la empresa de alto costo y elija un esfuerzo bajo ineficiente. Sin embargo, la empresa de alto costo sí elige un esfuerzo bajo ineficiente, porque si se le asignara un mayor esfuerzo se le tendría que pagar un subsidio mayor, lo que tentaría a la empresa de bajo costo a imitarla. En equilibrio, el gobierno ha llegado a un compromiso, pues tiene alguna probabilidad de un subsidio alto ineficiente *ex post* y alguna probabilidad de un esfuerzo bajo ineficiente.

Reflexionar un poco proporcionará un gran número de formas de modificar este modelo. ¿Qué pasa si la empresa descubre sus costos después de aceptar el contrato? ¿Qué si las dos empresas compiten entre sí por el contrato? ¿Qué si la empresa puede sobornar al gobierno? ¿Qué si la empresa y el gobierno negocian acerca de las ganancias del proyecto, en vez de que el gobierno sea capaz de hacer una sola oferta contractual de "tómelo o déjelo"? ¿Qué si el juego se repite, de modo que en el segundo periodo el gobierno puede usar la información que adquiere? Si el juego es repetido, ¿puede el gobierno comprometerse a contratos de largo plazo? ¿Puede comprometerse a no renegociar? El lector interesado en estos temas puede recurrir a las obras de Spulber (1989), y Laffont y Tirole (1993).

APÉNDICES

A. RESPUESTAS A LOS PROBLEMAS IMPARES

Este apéndice ofrece las respuestas a los problemas impares que se proponen en el libro. Las respuestas a los problemas pares pueden obtenerse de Blackwell Publishers o por medio de Internet. Use telnet o ftp para acceder a mi cuenta en la Universidad de Indiana. El nombre de la máquina es rasmusen.bus.indiana.edu, el número IP es 129.79.122.177, la cuenta es 'guest' y la contraseña es 'guest'. Ésta es una cuenta Unix, así que recuerde usar las letras inferiores del teclado y el comando 'ls' para "bajar" los archivos. Se puede llegar a ella por medio de telnet usando el comando "telnet rasmusen.bus.indiana.edu" o por teléfono llamando al número 812-855-4211 para acceder al modem baud 2400 de la Universidad de Indiana y tecleando 'conect rasmusen'. (El número para el modem baud 9600 es 812-855-9681.) Las respuestas están escritas en ASCII mediante comandos LaTeX. Esto significa que puede trasladarlas a su computadora fácilmente y "cargarlas" en su propio procesador de palabras; pero si usted no sabe LaTeX tendrá que esforzarse para interpretar las respuestas. Tal vez también yo cree archivos DVI para las respuestas en esa cuenta. Éstos son archivos de imágenes, que no pueden leerse como texto, pero sí pueden imprimirse en una impresora PostScript. Aliento a los lectores a proponer problemas adicionales como tareas, al igual que a señalar errores y frustraciones. Se pueden incluir en el archivo de "huéspedes" (guest) o se me pueden enviar por Internet e-mail a Erasmuse@Indiana.edu. [Los archivos están en inglés y debe recordar que las claves de acceso también.]

Otros libros que contienen ejercicios con respuestas son los de Bierman y Fernandez (1993), Binmore (1992), Fudenberg y Tirole (1991a), J. Hirshleifer y Riley (1992) y Moulin (1986b). Debo pedir disculpas a cualquier autor que haya utilizado sin mencionarlo en los problemas que siguen; éstos son los descendientes de problemas que escribí para mis clases y no puse mucha atención en mis fuentes.

Capítulo 1

1.1: Juegos de 2-por-2. Encuentre ejemplos de juegos de 2-por-2 con las siguientes propiedades:

1.1a) Ningún equilibrio de Nash (puede ignorar las estrategias mixtas).
         Respuesta. Véase el juego sencillo de los ciclistas (cuadro A.1).
1.1b) Ningún perfil de estrategia débilmente dominante en el sentido de Pareto.
         Respuesta. Véase el juego sencillo de los ciclistas (cuadro A.1).
1.1c) Por lo menos dos equilibrios de Nash, incluyendo un equilibrio que domina en el sentido de Pareto a todos los demás perfiles de estrategia.

Respuesta. En la Coordinación Jerarquizada (cuadro 1.7) *(Grande, Grande)* tiene pagos uniformemente más altos que *(Pequeño, Pequeño)*.

1.1d) Por lo menos tres equilibrios de Nash.

Respuesta. En el juego del Queso Suizo, un juego de 2-por-2 donde todo perfil de pagos es (0,0), todo perfil de estrategia es un equilibrio de Nash.

CUADRO A.1. *Ciclismo simple*

		Jones		
		Izquierda		*Derecha*
	Arriba	1,0	→	0,1
Smith		↑		↓
	Abajo	0,1	←	1,0

Pagos *a*: *(Smith, Jones)*

1.3: Timmy y Caracortada. Los jugadores Timmy y Caracortada se ven atrapados en un juego similar al Dilema del Prisionero, salvo porque Caracortada ya tiene antecedentes criminales, de modo que siempre lo sentenciarán a una condena por lo menos cinco años mayor que la que le darían a Timmy, sin importar quién confiesa y quién niega. Construya una matriz de resultados (con Caracortada como Hilera) y encuentre el equilibrio de Nash para este juego. (Nota: hay por lo menos dos juegos que se ajustan razonablemente a esta historia.)

Respuesta. La historia es demasiado vaga para decirnos exactamente qué juego están jugando Caracortada y Timmy, así que daré dos posibilidades. El cuadro A.2 se construyó restando 5 a cada uno de los pagos de Caracortada en el Dilema del Prisionero original del cuadro 1.1, excepto en su pago por *(Confesar, Negar)*, del cual se restaron 15. En equilibrio, Caracortada niega y Timmy confiesa.

CUADRO A.2. *Caracortada I*

		Timmy		
		Negar		*Confesar*
	Negar	–6, –1	→	**–15, 0**
Caracortada		↑		↑
	Confesar	–15, –10	←	–13, –8

Pagos *a*: *(Caracortada, Timmy)*

El cuadro A.2 es un poco rebuscado porque implica que, cuando Caracortada confiesa, la negativa de Timmy aumenta el castigo de Caracortada,
al igual que el del mismo Timmy. Esto es posible si el juez quiere castigar
más a Timmy (por negar), pero siempre debe castigar más a Caracortada
que a Timmy. No obstante, el cuadro A.3 muestra otro juego que se ajusta
a la historia y que conserva la característica del Dilema del Prisionero por
la que se tratará más benignamente a un prisionero si proporciona evidencia útil. En este caso, *(Confesar, Confesar)* es el equilibrio de Nash, aunque
Confesar no es la estrategia dominante para Caracortada (él negaría si
creyera que Timmy lo imitaría).

CUADRO A.3. *Caracortada II*

		Timmy		
		Negar		*Confesar*
	Negar	−6, −1	→	−30, 0
Caracortada		↑		↓
	Confesar	−13, −8	→	**−20, −5**

Pagos a: *(Caracortada, Timmy)*

1.5: Descoordinación. Suponga que un hombre y una mujer eligen cada
uno si van a ir a una pelea de campeonato o al ballet. El hombre prefiere ir
a la pelea de campeonato y la mujer al ballet. Sin embargo, lo más importante es que el hombre quiere estar en el mismo evento al que irá la mujer,
y la mujer quiere evitarlo.

1.5a) Construya una matriz de juego para ejemplificar este juego y elija
los números para que correspondan a las preferencias descritas.
Respuesta. Véase la Batalla de los Sexos con un amor no correspondido (cuadro A.4).

CUADRO A.4. *La Batalla de los Sexos con un amor no correspondido.*[1]

		Mujer		
		Pelea de campeonato		*Ballet*
	Pelea de campeonato	20, −2	→	−10,2
Hombre		↑		↓
	Ballet	−20,1	←	10,−1

Pagos a: *(Hombre, Mujer)*

---

[1] O, para los años noventa, el juego del Acosador Sexual.

1.5b)   Si la mujer mueve primero, ¿qué pasa?
          Respuesta: *(Ballet, Ballet)*. La mujer sabe que la única alternativa es *(Pelea de campeonato, Pelea de campeonato)*, que tiene un pago menor.
1.5c)   ¿Hay en el juego una ventaja para el que mueve primero?
          Respuesta. No. Tiene una desventaja para el que mueve primero.
1.5d)   Demuestre que no hay ningún equilibrio de Nash si los jugadores mueven simultáneamente.
          Respuesta. *(Pelea de campeonato, Ballet)* y *(Ballet, Pelea de campeonato)* no son equilibrios de Nash porque el hombre se desviaría; *(Pelea de campeonato, Pelea de campeonato)* y *(Ballet, Ballet)* no lo son porque la mujer se desviaría.[2]

Capítulo 2

2.1: El problema de Monty Hall. Usted es uno de los competidores en un programa de televisión, "Hagamos un trato". Está enfrente de tres cortinas rotuladas A, B y C. Detrás de dos de ellas hay tostadores de pan y detrás de la tercera un automóvil Mazda Miata. Usted elige A y el conductor del programa le dice, a la vez que levanta la cortina B para mostrar un tostador, "Tuvo suerte al no elegir B, pero antes de que le muestre lo que hay detrás de las otras dos cortinas, ¿quisiera cambiar de la cortina A a la C?" ¿Debe usted cambiar su decisión? ¿Cuál es la probabilidad exacta de que la cortina C oculte al Miata?
    Respuesta. Debe cambiar a la cortina C, porque

$$Prob(Miata\ detrás\ de\ C\mid Conductor\ eligió\ B) = \frac{Prob(Conductor\ eligió\ B\mid Miata\ detrás\ de\ C)Prob(Miata\ detrás\ de\ C)}{Prob(Conductor\ eligiera\ B)}$$

$$= \frac{(1)\left(\dfrac{1}{3}\right)}{(1)\left(\dfrac{1}{3}\right) + \left(\dfrac{1}{2}\right)\left(\dfrac{1}{3}\right)} \cdot$$

$$= \frac{2}{3} \cdot$$

La clave es recordar que éste es un juego. La acción del conductor del programa ha revelado más que el simple hecho de que el Miata no está detrás de B; también ha revelado que el conductor no quería levantar la cortina C. Si el Miata estuviera detrás de B o C, levantaría la cortina detrás de la cual no está. En otro caso, levantaría una cortina al azar. Su elección no le dice a usted nada acerca de la probabilidad de que el Mia-

---

[2] Sí existe un equilibrio de Nash en las estrategias mixtas, el cual se tratará en el capítulo 3.

ta esté detrás de la cortina *A*, probabilidad que sigue siendo de 1/3, de modo que la probabilidad de que esté detrás de *C* debe subir a 2/3 (para hacer a la probabilidad total igual a 1).

2.3: Pruebas de cáncer. Imagine que a usted se le aplica una prueba para detectar el cáncer cuyo grado de exactitud es de 98%. Si realmente tiene cáncer, la prueba resulta positiva (lo que indica la presencia del cáncer) en 98% de los casos. Si no tiene cáncer, el resultado será negativo 98% de las veces. Usted ha escuchado que una de cada 20 personas de la población total tiene cáncer. Ahora su doctor le dice que la prueba resultó positiva, pero que no debe preocuparse porque sus últimos 19 pacientes murieron. ¿Qué tan preocupado debe usted estar? ¿Cuál es la probabilidad de que usted tenga cáncer?

Respuesta. Los doctores, por supuesto, no son matemáticos. Si usamos la Regla de Bayes:

$$Prob(Cáncer|Positivo) = \frac{Prob(Positivo|Cáncer)Prob(Cáncer)}{Prob(Positivo)}$$

$$= \frac{0.98(0.05)}{0.98(0.05) + 0.02(0.95)} \tag{1}$$

$$\approx 0.72.$$

Con 72% de posibilidades de cáncer, usted debe estar preocupado. Pero al menos la probabilidad no es de 98 por ciento.

Hay otra forma de conocer la respuesta. Suponga que se hacen 10 000 pruebas. De éstas, un promedio de 500 personas tienen cáncer. De éstas, un promedio de 98% dan positivo en sus pruebas —490 personas—. De las 9 500 personas que no tienen cáncer, 2% en promedio dan positivo en sus pruebas —190 personas—. Así que hay 680 pruebas positivas, de las cuales 490 son verdaderamente positivas. La probabilidad de que usted tenga cáncer si su prueba resultó positiva es de 490/680, aproximadamente 72 por ciento.

2.5: Empresas conjuntas. Software Inc. y Hardware Inc. han formado una empresa conjunta. Cada uno puede hacer un esfuerzo intenso o débil, lo que equivale a costos de 20 y de 0 respectivamente. Hardware mueve primero, pero Software no puede observar su esfuerzo. Los ingresos se dividen por igual al final; las dos empresas son neutrales al riesgo. Si ambas empresas hacen un esfuerzo bajo, los ingresos totales son de 100. Si las partes son defectuosas, el ingreso total es de 100; por el contrario, si ambas hacen un esfuerzo alto, el ingreso es de 200, pero si sólo un jugador lo hace, el ingreso será de 100 con una probabilidad de 0.9 y de 200 con una probabilidad de 0.1. Antes de empezar, ambos jugadores creen que la probabilidad de que haya partes defectuosas es de 0.7. Hardware descubre la verdad acerca de las partes mediante la observación antes de elegir su esfuerzo, pero no sucede lo mismo con Software.

2.5a) Dibuje la forma extensiva y trace líneas discontinuas en torno a los conjuntos de información de Software en cada uno de los nodos en que mueve.
Respuesta. Véase la gráfica A.1.

GRÁFICA A.1. *La forma extensiva del juego de las empresas conjuntas*

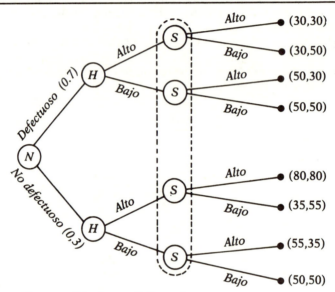

Pagos a: (Hardware, Software)

2.5b) ¿Cuál es el equilibrio de Nash?
Respuesta. (*Bajo* si las partes son defectuosas, *Bajo* si las partes no son defectuosas, *Bajo*).

2.5c) ¿Qué cree Software, en equilibrio, respecto a la probabilidad de que Hardware elija un esfuerzo bajo?
Respuesta. Uno. En equilibrio, Hardware siempre elige *Bajo*.

2.5d) Si Software observa que el ingreso es de 100, ¿qué probabilidad asigna a las partes defectuosas si él realiza un esfuerzo alto y cree que Hardware eligió un esfuerzo bajo?
Respuesta. 0.72 (= (1) (0.7)/[(1)(0.7) + (0.9)(0.3)]).

CAPÍTULO 3

3.1: Primarias presidenciales. Smith y Jones se disputan la nominación demócrata a la presidencia de los Estados Unidos. Cuantos más meses se mantengan en la contienda, gastarán más dinero, porque un candidato debe gastar un millón de dólares por mes para continuar en la contienda electoral. Si uno se retira, el otro gana la nominación, que vale 11 millones de dólares. La tasa de descuento es de *r* al mes. Para simplificar el problema, puede suponer que esta contienda seguiría eternamente si ninguno se retirara. Represente por *θ* la probabilidad de que un jugador individual se retirará de la contienda cada mes en el equilibrio de estrategia mixta.

3.1a) En el equilibrio de estrategia mixta, ¿cuál es la probabilidad *θ* cada mes de que Smith se retirará? ¿Qué ocurre si *r* cambia de 0.1 a 0.15?

Respuesta. El valor de salir es de cero. El valor de permanecer es $V = \theta(10) + (1 - \theta)(-1 + V/(1 + r))$. Así, $V - (1 - \theta)V/(1 + r) = 10\theta - 1 + \theta$ y $V = (11\theta - 1)(1 + r)/(r + \theta)$. Por tanto, en equilibrio $\theta = 1/11$.

La tasa de descuento no afecta al resultado de equilibrio, por lo que un cambio en *r* no produce ningún efecto observable.

3.1b) ¿Cuáles son los dos equilibrios de estrategia pura?

Respuesta. (Smith sale, Jones se queda sin importar lo que pase) y (Jones sale, Smith se queda sin importar lo que pase).

3.1c) Si el juego sólo dura un periodo y los republicanos ganan la elección general (para un pago de cero a los demócratas) en caso de que los dos demócratas se nieguen a retirarse, ¿cuál es la probabilidad *γ* con la que cada uno de los candidatos se retira en un equilibrio simétrico?

Respuesta. El cuadro A.5 presenta la matriz de pagos.

CUADRO A.5. *Demócratas en lucha*

		Jones		
		Salir(γ)		*Permanecer* $(1 - \gamma)$
	Salir(γ)	0,0	→	0,10
Smith		↓		↑
	Permanecer $(1 - \gamma)$	10,0	←	–1,–1

Pagos a: (Smith, Jones)

El valor de salir es *V(Salir)* = 0. El valor de permanecer es *V(Permanecer)* = $10\gamma + (-1)(1 - \gamma) = 11\gamma - 1$. Por consiguiente, cada jugador se queda con la probabilidad $\gamma = 1/11$, la misma que en la Guerra de Desgaste de la parte *a)*.

3.3: El equilibrio único en el juego de emparejar centavos. En el juego del emparejar centavos, Smith y Jones muestran cada uno un centavo con la cara o la cruz hacia arriba. Si muestran el mismo lado del centavo, Smith gana ambos centavos; en caso contrario, Jones los obtiene.

3.a) Dibuje la matriz de resultados para el juego de emparejar centavos.

CUADRO A.6. *Emparejamiento de los centavos*

		Jones		
		Caras (θ)		*Cruces* $(1 - \theta)$
	Caras (γ)	1, –1	$\rightarrow$	–1,1
Smith		$\uparrow$		$\downarrow$
	Cruces $(1 - \gamma)$	–1,1	$\leftarrow$	1,–1

Pagos a: (Smith, Jones)

3.3b) Demuestre que no hay ningún equilibrio de Nash en las estrategias puras.
   Respuesta. (Caras, Caras) no es un equilibrio de Nash, porque Jones se desviaría a *Cruces. (Caras, Cruces)* no es un equilibrio de Nash, porque Smith se desviaría a *Cruces. (Cruces, Cruces)* no es un equilibrio de Nash, porque Jones se desviaría a *Caras. (Cruces, Caras)* no es un equilibrio de Nash, porque Smith se desviaría a *Caras.*

3.3c) Encuentre el equilibrio de estrategia mixta y represente por γ la probabilidad de Smith de *Caras* y por θ la de Jones.
   Respuesta. Iguale a los pagos de la estrategia pura. Entonces, para Smith, π *(Caras)* $= \pi$ *(Cruces)*, y

$$\theta(1) + (1 - \theta)(-1) = \theta(-1) + (1 - \theta)(1), \qquad (2)$$

   lo que nos dice que $2\theta - 1 = -2\theta + 1$ y $\theta = 0.5$. Para Jones, π *(Caras)* $= \pi$ *(Cruces)*, de modo que

$$\gamma(-1) + (1 - \gamma)(1) = \gamma(1) + (1 - \gamma)(-1), \qquad (3)$$

   lo que nos dice que $1 - 2\gamma = 2\gamma - 1$ y $\gamma = 0.5$.

3.3d) Demuestre que sólo hay un equilibrio en las estrategias mixtas.
   Respuesta. Suponga que $\theta > 0.5$. Entonces Smith elegirá *Caras* como una estrategia pura. Suponga que $\theta < 0.5$. Entonces Smith elegirá *Cruces* como una estrategia pura. En forma parecida, si $\gamma > 0.5$, Jones elegirá *Cruces* como una estrategia pura, y si $\gamma < 0.5$, Jones elegirá *Caras* como una estrategia pura. Esto deja a (0.5, 0.5) como el único equilibrio posible de estrategia mixta.
   Compare éste con los múltiples equilibrios del problema 3.5. En ese problema hay tres jugadores, no dos. ¿Eso los hace diferentes?

3.5: Una paradoja de la votación. Adán, Carlos y Vladimiro son los únicos tres votantes en Podunk. Sólo Adán tiene propiedades. En la boleta electoral hay la propuesta de crear un impuesto de 120 dólares que se cobrará a los propietarios y de distribuir por igual las sumas obtenidas entre todos los ciudadanos que no tienen propiedades. A cada ciudadano le desagrada ir a la casilla electoral y votar (aunque las filas son cortas), y pagaría 20 dólares para no tener que ir. Todos deben decidir si van a votar antes de ir al trabajo. Si hay empate, no se acepta la propuesta. Suponga que en equilibrio la probabilidad de que Adán vote es de θ y la de que voten Carlos y Vladimiro es la misma, γ, pero que deciden votar independientemente uno del otro.

3.5a) ¿Cuál es la probabilidad de que la propuesta sea aprobada, como función de θ y γ?

Respuesta. La probabilidad de que Adán pierda puede descomponerse en tres probabilidades: que los tres voten, que Adán no vote, pero que alguno de los otros dos sí vote y que Adán no vote, pero que los otros dos sí voten. Éstas suman $\theta\gamma^2 + (1 - \theta)2\gamma(1 - \gamma) + (1 - \theta)\gamma^2$, que, reordenada, es $\gamma(2\gamma\theta - 2\theta + 2 - \gamma)$.

3.5b) ¿Cuáles son las dos probabilidades de equilibrio γ_1 y γ_2 con las que puede votar Carlos? ¿Por qué, intuitivamente, hay dos equilibrios simétricos?

Respuesta. El equilibrio está en las estrategias mixtas, de modo que cada jugador debe tener pagos iguales por sus estrategia puras. Empecemos con los pagos de Adán. Si él vota, pierde 20 de inmediato, y 120 más si tanto Carlos como Vladimiro han votado:

$$\pi_a(Vote) = -20 + \gamma^2(-120). \qquad (4)$$

Si Adán no vota pierde 120 si Carlos o Vladimiro votan, o si ambos votan:

$$\pi_a(No\ vote) = (2\gamma(1 - \gamma) + \gamma^2)(-120). \qquad (5)$$

Si se igualan $\pi_a(Vote)$ y $\pi_a(No\ vote)$, se obtiene

$$0 = 20 - 240\gamma + 240\gamma^2. \qquad (6)$$

La fórmula cuadrática resuelve para γ:

$$\gamma = \frac{12 \pm \sqrt{144 - 4 \cdot 1 \cdot 12}}{24}. \qquad (7)$$

Estas ecuaciones tienen dos soluciones, $\gamma_1 = 0.09$ (redondeada) y $\gamma_2 = 0.91$ (redondeada).

¿Por qué hay dos soluciones? Si Carlos y Vladimiro no están seguros de votar, Adán no votará, porque si no vota ganará 0 a 0. Si Carlos y Vladimiro están seguros de votar, Adán no votará, porque si no vota perderá 2 a

0; pero si vota, de todas maneras perderá, 2 a 1. Adán sólo quiere votar si las probabilidades de que Carlos y Vladimiro voten son moderadas. Así, para que él sea indiferente entre votar y no votar, basta que γ sea baja o que sea alta —sólo que no puede ser moderada—.

3.5c)   ¿Cuál es la probabilidad θ de que Adán votará en cada uno de los dos equilibrios simétricos?

Respuesta. Ahora use los pagos para Carlos, que dependen de que Adán y Vladimiro voten:

$$\pi_c(Vote) \quad = -20 + 60[\gamma + (1 - \gamma)(1 - \theta)] \tag{8}$$

$$\pi_c(No\ vote) = 60\gamma(1 - \theta). \tag{9}$$

Igualando éstas y usando $\gamma^* = 0.09$ nos da $\theta = 0.70$ (redondeado).

Igualando éstas y usando $\gamma^* = 0.91$ nos da $\theta = 0.30$ (redondeado).

3.5d)   ¿Cuál es la probabilidad de que la propuesta sea aprobada?

Respuesta. La probabilidad de que Adán pierda su propiedad es, usando la ecuación en la parte *a)* y los valores ya descubiertos, o 0.06 (redondeado) ($= (0.7)(0.09)^2 + (0.3)(2(0.09)(0.91) + (0.09)^2)$) o 0.94 (redondeado) ($= (0.3)(0.91)^2 + (0.7)(2(0.91)(0.09) + (0.91)^2)$).

CAPÍTULO 4

4.1: Obstaculización repetida de la Entrada. Considere dos repeticiones sin descuento del juego de la Obstaculización de la Entrada de la sección 4.2. Suponga que hay una empresa que decide secuencialmente si entra a dos mercados dominados por el mismo monopolista.

4.1a)   Dibuje la forma extensiva de este juego.

Respuesta. Vea la gráfica A.2. Si el aspirante no ingresa, la respuesta del monopolista al ingreso en ese periodo no importa.

4.1b)   ¿Cuáles son los 16 elementos del conjunto de estrategia de la empresa que aspira a ingresar?

Respuesta. La que aspira a ingresar hace una decisión binaria en cuatro nodos, de modo que su estrategia debe tener cuatro componentes, rigurosamente hablando, y el número de ordenamientos posibles es $(2)(2)(2)(2) = 16$. El cuadro A.7 muestra los espacios estratégicos, donde E representa *Entrar* y S significa *Permanecer afuera*. Por lo general, los modeladores no son tan cuidadosos. El cuadro A.7 incluye las reglas de acción que debe seguir la que ingresa en los nodos a los que no puede llegar a menos que "tiemble", desviándose algo de su propia estrategia. Por ejemplo, si la aspirante elige la estrategia

GRÁFICA A.2. *Obstaculización repetida de la Entrada*

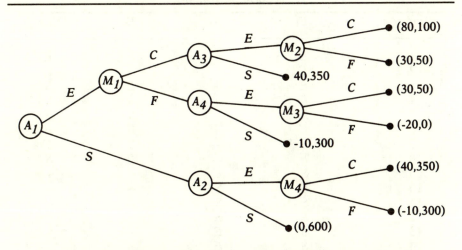

CUADRO A.7. *El conjunto de estrategia de la que aspira a ingresar*

Estrategia	E_1	E_2	E_3	E_4
1	E	E	E	E
2	E	E	S	E
3	E	E	E	S
4	E	E	S	S
5	E	S	S	S
6	E	S	E	E
7	E	S	S	E
8	E	S	E	S
9	S	E	E	E
10	S	S	E	E
11	S	S	S	E
12	S	S	S	S
13	S	E	S	S
14	S	E	S	E
15	S	E	E	S
16	S	S	E	S

16, no es posible que llegue a los nodos E_3 y E_4 aunque el monopolista se desvíe, de modo que se puede pensar que las partes de la estrategia que tratan de esos nodos no son importantes. El cuadro A.8. elimina las partes no importantes de la estrategia y el cuadro A.9 condensa el conjunto de estrategia en seis estrategias significativas distintas.

CUADRO A.8. *El conjunto de estrategia de la que aspira a ingresar, versión resumida I*

Estrategia	E_1	E_2	E_3	E_4
1	E	–	E	E
2	E	–	S	E
3	E	–	E	S
4	E	–	S	S
5	E	–	S	S
6	E	–	E	E
7	E	–	S	E
8	E	–	E	S
9	S	E	–	–
10	S	S	–	–
11	S	S	–	–
12	S	S	–	–
13	S	E	–	–
14	S	E	–	–
15	S	E	–	–
16	S	S	–	–

CUADRO A.9. *El conjunto de estrategia de la que ingresa, versión resumida II*

Estrategia	E_1	E_2	E_3	E_4
1	E	–	E	E
3	E	–	E	S
4	E	–	S	S
7	E	–	S	E
9	S	E	–	–
10	S	S	–	–

4.1c) ¿Cuál es el equilibrio perfecto del subjuego?
   Respuesta. La aspirante a ingresar siempre entra y el monopolista siempre se colude.
4.1d) ¿Cuál es uno de los equilibrios de Nash no perfectos?
   Respuesta. La que aspira a ingresar permanece afuera en el primer periodo y entra en el segundo periodo. El monopolista lucha contra cualquier ingreso que pueda ocurrir en el primer periodo y se colude en el segundo periodo.

4.3: Plinio y el juicio de los libertos. (Plinio, 1963, pp. 221-224; Riker, 1986, pp. 78-88.) Afranius Dexter murió misteriosamente, quizá por su propia mano, quizás asesinado por sus libertos (en la antigua Roma, esclavos liberados que por lo general seguían sirviendo a quien había sido su amo), o quizá sus libertos lo mataron obedeciendo sus propias órdenes. Los libertos fueron sometidos a juicio por el Senado romano. Suponga que 45% de los senadores favorece absolverlos o declararlos inocentes, 35% prefiere desterrarlos y que 20% desea condenarlos a la ejecución; las jerarquías de las preferencias en los tres grupos son $A > D > E$, $D > A > E$, y $E > D > A$. Suponga también que cada grupo tiene un líder y que vota en bloque.

4.3a)   El procedimiento legal moderno requiere que el tribunal decida primero acerca de la culpabilidad y que después asigne una pena a los acusados si se les encuentra culpables. Dibuje un árbol para representar la secuencia de eventos (éste no será un árbol del juego, ya que representará las acciones de los grupos de jugadores, no de los individuos). ¿Cuál es el resultado en un equilibrio perfecto?

   Respuesta. Los que los consideran culpables ganarán en la primera ronda de votación por 55 votos a 45, y la pena del destierro ganará en la segunda por 80 votos contra 20. Véase la gráfica A.3.

GRÁFICA A.3. *Procedimiento legal moderno*

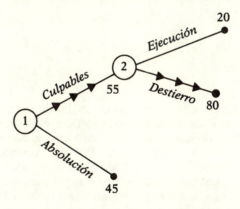

4.3b)   Suponga que el bloque que desea absolverlos puede comprometerse previamente acerca de la forma en que votarán en la segunda ronda si en la primera ganan quienes desean declararlos culpables. ¿Qué harán y qué sucederá? ¿Qué hará el grupo que favorece la ejecución si en el segundo periodo ellos controlan el voto de los que favorecen la declaratoria de inocencia?

   Respuesta. El bloque que los considera inocentes se comprometerá a votar por la ejecución y esto inducirá a los que desean desterrarlos a votar por la absolución en la primera ronda, lo que hará que se les declare inocentes. El bloque que quiere su ejecución ordenará al bloque que prefiere absolverlos que voten en favor del destierro en la segun-

da ronda para evitar que el bloque que propugna desterrarlos cambie su voto por el de la absolución.[3]

4.3c) El procedimiento romano normal empezaba con un voto para decidir si se les ejecutaba y después se votaba sobre las alternativas
en la segunda ronda, si los que preferían la ejecución no ganaban
la mayoría. Dibuje un árbol para representar eso. ¿Qué sucederá
en este caso?

Respuesta. La ejecución perderá por un voto de 20 a favor y 80 en
contra, y después el destierro ganará 55 a 45. Véase la
gráfica A.4.

GRÁFICA A.4. *Procedimiento legal romano*

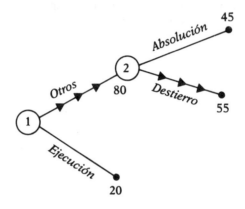

4.3d) Plinio propuso que los senadores se dividieran en tres grupos, según apoyaran la declaratoria de inocencia, el destierro o la ejecución,
y que la posición que obtuviera más votos ganaría. Esta propuesta
originó una vehemente protesta. ¿Por qué la propuso?

Respuesta. Plinio favorecía la absolución y esperaba que todos los
senadores votaran por sus propias preferencias. En ese
caso, la absolución ganaría 45 a 35 a 20.

4.3e) Plinio no obtuvo el resultado que esperaba con su propuesta de votación, ¿por qué no?

Respuesta. Plinio dijo que sus argumentos eran tan convincentes
que el senador que hizo la moción en favor de la pena
de muerte cambió de opinión y, junto con quienes lo
apoyaban, votó por el destierro, que finalmente ganó
(por 55 votos contra 45 en nuestros números hipotéti-

---

[3] Observe que las preferencias no siempre operan de esta manera. En Atenas, seis siglos
antes del episodio que narra Plinio, se encontró culpable a Sócrates en la primera ronda de la
votación y después se le sentenció a muerte (y no a un castigo menor, el destierro) por un
margen mayor en la segunda ronda. Esto implicaría que las jerarquías del grupo que prefería
absolverlo eran AED, además de que la situación se complicó por el discurso ofensivo con que
Sócrates respondió a su sentencia de culpabilidad.

cos). Se le olvidó que las personas no siempre votan por su primera preferencia. El bloque que optaba por la ejecución vio que la absolución ganaría a menos que ellos cambiaran sus votos y los emitieran en favor del destierro.

4.3f) Suponga que consideraciones personales hacen que para un senador sea de la mayor importancia demostrar que se compromete con su voto, aunque tenga que sacrificar su preferencia por un resultado particular. Si se votara para determinar qué procedimiento se usará, el romano tradicional o el de Plinio, ¿quién votaría en favor de Plinio y qué les sucedería a los libertos?

Respuesta. El procedimiento tradicional ganaría al captar los votos de los bloques que prefieren la ejecución y el destierro, y se desterraría a los libertos. En este caso, el procedimiento de votación sí importaría para el resultado, porque cada senador votaría por su propia preferencia.

CAPÍTULO 5

5.1: Generaciones traslapadas.[4] Hay una larga secuencia de jugadores. Nace un jugador en cada periodo t y vive en los periodos t y $t + 1$. Así, en cualquier periodo hay dos jugadores vivos, uno joven y uno viejo. Cada jugador nace con una unidad de chocolate, que no es posible guardar. La utilidad aumenta al aumentar el consumo de chocolate, y un jugador se siente muy infeliz si consume menos de 0.3 unidades de chocolate en un periodo: las funciones de utilidad por periodo son $U(C) = -1$ para $C < 0.3$ y $U(C) = C$ para $C \geq 0.3$, donde C es el consumo. Los jugadores pueden regalar su chocolate pero, como el chocolate es el único bien, no pueden venderlo. La acción de un jugador es consumir X unidades de chocolate cuando es joven y dar $1 - X$ a algún viejo.

5.1a) Si hay un número finito de generaciones, ¿cuál es el equilibrio de Nash único?

Respuesta. $X = 1$. Se aplica la Paradoja de la Cadena de Tiendas. El joven T, el último, no tiene incentivos para dar algo al viejo $T - 1$. Por tanto, el joven $T - 1$, tampoco tiene ningún incentivo, y así sucesivamente para cada t.

5.1b) Si hay un número infinito de generaciones, ¿cuáles son los dos equilibrios perfectos jerarquizados según Pareto?

Respuesta. i) (X = 1, sin importar lo que los otros hagan), y *ii) (X = 0.5, a menos que un jugador se haya desviado, en cuyo caso X = 1).* El equilibrio *ii)* es Pareto superior.

5.1c) Si al final de cada periodo (después de que se consume el chocolate) hay una probabilidad θ de que los bárbaros invadan y se roben todo el chocolate (lo que deja a las personas civilizadas con pagos de -1 por cualquier C), ¿cuál es el mayor valor de θ que sigue permitiendo un equilibrio con $X = 0.5$?

[4] Véase Samuelson (1958).

Respuesta. El pago por la estrategia de equilibrio es de $0.5 + (1 - \theta)$ $0.5 + \theta(-1) = 1 - 1.5\theta$. El pago por desviarse a $X = 1$ es $1 - 1 = 0$. Éstos son iguales si $1 - 1.5\theta = 0$; es decir, si $\theta = 2/3$. Por tanto, θ puede tomar valores de hasta $2/3$ y se puede seguir manteniendo el equilibrio $X = 0.5$.

5.3: Juegos repetidos.[5] Los jugadores Benoit y Krishna repiten el juego del cuadro 5.4 tres veces, con descuento:

5.3a)   ¿Por qué no hay un equilibrio en que los jugadores juegan *Negar* en los tres periodos?

        Respuesta. Un jugador puede desviarse provechosamente a *Confesar* en el último periodo si el equilibrio especificaba *Negar* para el último periodo, y recibirá 15 en vez de 10 en ese periodo.

5.3b)   Describa un equilibrio perfecto en que ambos jugadores eligen *Negar* en los dos primeros periodos.

        Respuesta. (Juegue *Negar* en los dos primeros periodos y *Evadir la pregunta* en el último. Si el otro jugador se desvía en el primero o el segundo periodo, elija *Confesar* a partir de ese momento.)

        Éste es un equilibrio, porque el jugador que se desvía para confesar ganará $5(= 15 - 10)$, pero perderá en consecuencia $8(= 0 - 8)$ en el último periodo. El castigo se refuerza a sí mismo porque *(Confesar, Confesar)* es un equilibrio de Nash.

5.3c)   Adapte su equilibrio al juego que se repite dos veces.

        Respuesta. (Juegue *Negar* en el primer periodo y *Evadir la pregunta* en el segundo periodo. Si en el primer periodo el otro jugador se desvía, elija *Confesar* en el segundo periodo.)

5.3d)   Adapte su equilibrio al juego que se repite T veces.

        Respuesta. (Juegue *Negar* en los primeros $T - 1$ periodos y *Evadir la pregunta* para el último periodo. Si en algún momento de los primeros $T - 1$ periodos el otro jugador se desvía, elija *Confesar* a partir de entonces.)

5.3e)   ¿Cuál es la mayor tasa de descuento para la que su equilibrio sigue funcionando en un juego de 3 periodos?

        Respuesta. El pago de equilibrio es $\pi(eq) = 10 + 10/(1 + r) + 8/(1 + r)^2$. El pago por desviarse en la desviación más provechosa *(Confesar* en el segundo periodo) es $\pi(desv) = 10 + 15/(1 + r) + 0$. Al igualar éstas y resolver para r, se obtiene $10/(1 + r) + 8/(1 + r)^2 = 15/(1 + r)$ y $r = 3/5$.

5.5: El Dilema del Prisionero repetido. Haga que $P = 0$ en el Dilema del Prisionero general del cuadro 1.9, y suponga que $2R > S + T$.

5.5a)   Muestre que, cuando ambos jugadores la siguen, la estrategia rigurosa es un equilibrio perfecto para un juego repetido infinitamente.

[5] Véase Benoit y Krishna (1985).

¿Cuál es la tasa de descuento máxima para la que la estrategia rigurosa sigue siendo un equilibrio?

Respuesta. La estrategia rigurosa es un equilibrio perfecto porque el pago por una cooperación continuada es $R + R/r$, que es mayor para una tasa de descuento baja que el pago por *(Confesar, Negar)* una vez y *(Confesar, Confesar)* por siempre después, que es $T + 0/r$. Para encontrar la tasa máxima de descuento, iguale estos dos pagos: $R + R/r = T$. Esto significa que $r = (T - R)/R$ es el máximo.

5.5*b)*   Muestre que el desquite no es un equilibrio perfecto en el Dilema del Prisionero repetido infinitamente sin descuento.

Respuesta. Suponga que Hilera ha jugado *Confesar.* ¿Se vengará Columna? Si ambos siguen la estrategia del desquite después de la desviación, la venganza resulta en un ciclo de *(Confesar, Negar)*, *(Negar, Confesar)* por siempre. El pago de Hilera es $T + S + T + S + ...$ Por otra parte, si Columna perdona y vuelven a cooperar, el pago de Hilera es $R + R + R + R + ...$ Si se comparan los primeros cuatro periodos, perdonar tiene el mayor pago porque $4R > 2S + 2T$. Los pagos de los primeros cuatro periodos simplemente se repiten un número infinito de veces para dar un pago total, de modo que el perdón domina a la venganza y el desquite no es perfecto.[6]

Capítulo 6

6.1: El duopolio de Cournot con información incompleta sobre los costos. Este problema introduce la información incompleta en el modelo de Cournot del capítulo 3 y permite un *continuum* de tipos de jugadores.

6.1*a)*   Modifique el juego de Cournot del capítulo 3 especificando que el costo de producción promedio de Apex es de c por unidad, mientras que el de Brydox sigue siendo de cero. ¿Cuáles son las producciones de cada empresa si los costos son de conocimiento común? ¿Cuáles son los valores numéricos si $c = 10$?

Respuesta. Las funciones de pago son

$$\pi_{Apex} = (120 - q_a - q_b - c)q_a$$
$$\pi_{Brydox} = (120 - q_a - q_b)q_b. \tag{12}$$

Entonces, las condiciones de primer orden son

$$\frac{\partial \pi_{Apex}}{\partial q_a} = 120 - 2q_a - q_b - c = 0 \tag{13}$$

$$\frac{\partial \pi_{Brydox}}{\partial q_b} = 120 - q_a - 2q_b = 0.$$

[6] Véase Kalai, Samet y Stanford (1988).

La resolución de las condiciones de primer orden da

$$q_a = 40 - \frac{2c}{3}$$
$$q_b = 40 + \frac{c}{3}.$$
(14)

Si $c = 10$, Apex produce 33 1/3 y Brydox produce 43 1/3. Los mayores costos de Apex lo obligan a reducir su producción, lo que alienta a Brydox a producir más.

6.1b) Haga que el costo de Apex, c, sea igual a c_{max} con probabilidad θ y de 0 con probabilidad $1 - \theta$, de tal manera que Apex es uno de dos tipos. Brydox no sabe cuál es el tipo de Apex. ¿Cuáles son las producciones de cada empresa?

Respuesta. La función de pago de Apex es la misma que en la parte a), porque

$$\pi_{Apex} = (120 - q_a - q_b - c)q_a,$$
(15)

lo que da la función de reacción

$$q_a = 60 - \frac{q_b + c}{2}.$$
(16)

El pago esperado de Brydox es

$$\pi_{Brydox} = (1 - \theta)(120 - q_a(c = 0) - q_b)q_b$$
$$+ \theta(120 - q_a(c = c_{max}) - q_b)q_b.$$
(17)

La condición de primer orden es

$$\frac{\partial \pi_{Brydox}}{\partial q_b} = (1 - \theta)(120 - q_a(c = 0) - 2q_b)$$
$$+ \theta(120 - q_a(c = c_{max}) - 2q_b) = 0.$$
(18)

Ahora sustituya la función de reacción de Apex, la ecuación (16), en (18) y "condense" algunos términos para obtener

$$120 - 2q_b - [1 - \theta]\left[60 - \frac{q_b + 0}{2}\right] - \theta\left[60 - \frac{q_b + c_{max}}{2}\right] = 0.$$
(19)

Solucionando para q_b, nos da

$$q_b = 40 + \frac{\theta c_{max}}{3}.$$
(20)

Entonces se pueden usar las ecuaciones (16) y (20) para encontrar

$$q_a = 40 + \frac{\theta c_{max}}{6} - \frac{c}{2}. \tag{21}$$

Observe que las producciones no dependen de θ o de c_{max} separadamente, sólo del valor esperado del costo de Apex, θc_{max}.

6.1c)   Suponga que el costo c de Apex se obtiene de un intervalo $[0, c_{max}]$ usando la distribución uniforme, de modo que hay un *continuum* de tipos. Brydox no sabe cuál es el tipo de Apex. ¿Cuáles son las producciones de cada empresa?

Respuesta. La función de pago de Apex es la misma que en las partes *a)* y *b)*,

$$\pi_{Apex} = (120 - q_a - q_b - c)q_a, \tag{22}$$

lo que da la función de reacción

$$q_a = 60 - \frac{q_b + c}{2}. \tag{23}$$

El pago esperado de Brydox es —si dejamos que la densidad de los valores posibles de c sea $f(c)$—

$$\pi_{Brydox} = \int_0^{c_{max}} (120 - q_a(c) - q_b)q_b f(c)dc. \tag{24}$$

La densidad de la probabilidad es uniforme, así que $f(c) = 1/c_{max}$. Sustituyendo esto en (24), la condición de primer orden es

$$\frac{\partial \pi_{Brydox}}{\partial q_b} = \int_0^{c_{max}} (120 - q_a(c) - 2q_b) \left(\frac{1}{c_{max}}\right) dc = 0. \tag{25}$$

Sustituya ahora en la función de reacción de Apex, ecuación (23), lo que da

$$\int_0^{c_{max}} (120 - [60 - \frac{q_b + c}{2}] - 2q_b) \left(\frac{1}{c_{max}}\right) dc = 0. \tag{26}$$

Simplificando mediante la integración de los términos en (26) que dependen de c sólo por medio de la densidad de probabilidad, da

$$60 - \frac{3q_b}{2} + \int_0^{c_{max}} \left(\frac{c}{2c_{max}}\right) dc = 0. \tag{27}$$

Integrar y reordenar da

$$q_b = 40 + \frac{c_{max}}{6}. \tag{28}$$

Entonces uno puede usar las ecuaciones (23) y (28) para encontrar

$$q_b = 40 - \frac{c_{max}}{12} - \frac{c}{2}. \tag{29}$$

6.1d)   Las producciones fueron de 40 para cada empresa en el juego de costo cero del capítulo 3. Compruebe sus respuestas en las partes b) y c) viendo lo que ocurre si $c_{max} = 0$.
        Respuesta. Si $c_{max} = 0$, entonces, en la parte b), $q_a = 40 - 0/6 - 0/2 = 40$ y $q_b = 40 + 0/3 = 40$, que es como debe ser.
        Si $c_{max} = 0$, entonces, en la parte c), $q_a = 40 - 0/12 - 0/2 = 40$ y $q_b = 40 + 0/6 = 40$, que es como debe ser.

6.1e)   Deje que $c_{max} = 20$ y $\theta = 0.5$, de modo que la expectativa sobre el costo promedio de Apex es de 10 en las partes a), b) y c). ¿Cuáles son las producciones promedio de Apex en cada caso?
        Respuesta. En la parte a), con información completa, las producciones eran de $q_a = 33\ 1/3$ y $q_b = 43\ 1/3$. En la parte b), con dos tipos, $q_b = 43\ 1/3$ por la ecuación (20), y el valor promedio de q_a es

$$Eq_a = (1 - \theta)\left(40 - \frac{0.5(20)}{6} - \frac{0}{2}\right) + \theta\left(40 - \frac{0.5(20)}{6} - \frac{20}{2}\right) = 33 - \frac{1}{3} \tag{30}$$

En la parte c), con un *continuum* de tipos, $q_b = 43\ 1/3$, y q_a se encuentra de

$$Eq_a = \int_0^{c_{max}} \left(40 - \frac{c_{max}}{8} - \frac{c}{2}\right)\left(\frac{1}{c_{max}}\right) dc \tag{31}$$

$$= 40 - \frac{20}{8} - \frac{c_{max}^2}{4c_{max}} = 33\frac{1}{3}.$$

6.1f)   Modifique el modelo de la parte b) de tal manera que $c_{max} = 20$ y $\theta = 0.5$, pero de algún modo $c = 30$. ¿Qué producciones generan sus fórmulas de la parte b)? ¿Hay algo que esto pueda modelar sensatamente?

Respuesta. El propósito del movimiento de la Naturaleza es representar las opiniones de Brydox sobre Apex, no necesariamente representar la realidad. Aquí, Brydox cree que los costos de Apex son de 0 o de 20, pero está equivocado y en realidad son de 30. En este juego eso no constituye un problema para el análisis. Si se usan las ecuaciones (20) y (21), las producciones son

$$q_b = 43\frac{1}{3}\left(= 40 + \frac{0.5(20)}{3}\right)$$

y

$$q_a = 26\frac{2}{3}\left(= 40 - \frac{0.5(20)}{6} - \frac{30}{2}\right).$$

Sin embargo, si el juego fuera dinámico, surgiría un problema real. Cuando Brydox observa la producción del primer periodo de $q_a = 26\ 2/3$, ¿qué debe creer acerca de los costos de Apex? ¿Debe deducir que $c = 30$, reforzar su opinión de que $c = 20$ o creer algo completamente distinto? Esto se aleja del modelado normal.

6.3: Información simétrica con opiniones previas. En el juego de Hablar Cuesta Caro de la gráfica A.5, la Batalla de los Sexos es precedida por un movimiento de comunicación en que el hombre elige *Silencio* o *Hablar*. *Hablar* cuesta una unidad de pago y consiste en que el hombre declare que irá a la pelea de campeonato. La declaración es mera verborrea; no lo compromete.

6.3a)　Dibuje la forma extensiva para este juego, primero poniendo el movimiento del hombre en el subjuego de movimientos simultáneos.
　　　Respuesta. Véase la gráfica A.5.

GRÁFICA A.5. *Forma extensiva para el juego de Hablar Cuesta Caro*

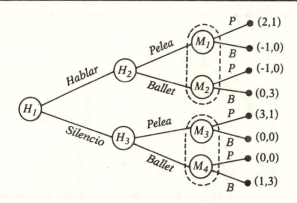

6.3b)   ¿Cuáles son los conjuntos de estrategia para el juego? (Empiece con el de la mujer.)

Respuesta. La mujer tiene dos conjuntos de información en los cuales puede elegir movimientos; el hombre tiene tres. El cuadro A.10 presenta las cuatro estrategias de la mujer.

CUADRO A.10. *Las estrategias de la mujer en el juego de Hablar Cuesta Caro*

Estrategia	M_1, M_2	M_3, M_4
1	P	P
2	P	B
3	B	P
4	B	B

El cuadro A.11 presenta las ocho estrategias del hombre, de las cuales únicamente las cuatro que están en negritas son importantes, ya que las otras difieren sólo en las partes del árbol del juego a las que el hombre sabe que nunca llegará, a menos que "tiemble" en H_1.

6.3c)   ¿Cuáles son los tres resultados de equilibrio perfecto de estrategia pura en términos de las acciones observadas? (Recuerde: las estrategias no son lo mismo que los resultados.)

Respuesta. SPP, SBB, HPP.[7]

6.3d)   Describa las estrategias de equilibrio para un equilibrio perfecto en que el hombre elige hablar.

Respuesta. Mujer: $(P|H, B|S)$ y Hombre: $(H, P|H, B|S)$.

6.3e)   La idea de la "inducción hacia adelante" dice que un equilibrio debe seguir siendo un equilibrio aunque se eliminen del juego las estrategias dominadas en ese equilibrio, y el procedimiento se haga iterativo. Demuestre que este procedimiento excluye a *SBB* como un resultado de equilibrio.[8]

CUADRO A.11. *Las estrategias del hombre en el juego de Hablar Cuesta Caro*

Estrategia	H_1	H_2	H_3
1	**H**	**P**	P
2	H	P	B
3	**H**	**B**	B
4	H	B	P
5	**S**	P	**P**
6	S	B	P
7	**S**	**B**	**B**
8	S	P	B

[7] El equilibrio que apoya a *SBB* es $[(S, B), (B|S, B|H)]$.
[8] Véase Van Damme (1989). De hecho, este procedimiento también elimina a *HPP*.

Respuesta. Primero elimine la estrategia (*H*, *B*) del hombre, que es dominada por (*S*, *B*) cualquiera que sea la estrategia de la mujer. Sin esta estrategia en el juego, si la mujer ve que el hombre se desvía y elige *Hablar*, sabe que él debe elegir *Pelea*. Sus estrategias de (*B*|*H*, *P*|*S*) y (*B*|*H*, *B*|*S*) ahora son dominadas, así que se pueden eliminar. Pero entonces la estrategia del hombre de (*S*, *B*) es dominada por (*H*, *P*|*H*, *B*|*S*). Por tanto, el hombre elegirá *Hablar* y se rompe el equilibrio *SBB*.

Éste es un resultado extraño. Más intuitivamente: si el equilibrio es *SBB*, pero el hombre elige *Hablar*, el argumento es que la mujer debe pensar que el hombre no hará nada sin propósito, así que debe ser que él tiene la intención de elegir *Pelea*. Por tanto, ella elegirá *Pelea* y el hombre está muy dispuesto a elegir *Hablar*, anticipando su respuesta. Llevemos la inducción un paso más allá: *HPP* no es un equilibrio, porque ahora que *SBB* ha sido eliminado, si el hombre elige *Silencio*, la mujer concluirá que es porque piensa que puede obtener el pago *SPP*. Ella decide que él elegirá *Pelea* y, en consecuencia, ella también elige *Pelea*. Esto hace que sea provechoso para el hombre desviarse de *HPP* a *SPP*.

Capítulo 7

7.1: Soluciones del primer mejor contrato en un modelo del agente-principal. Suponga que un agente posee una función de utilidad $U = \sqrt{w} - e$, donde *e* puede tomar los niveles de 0 o de 1. Hagamos que el nivel de la utilidad de reserva sea $\bar{U} = 3$. El principal es neutral al riesgo. Represente el salario del agente, condicionado por la producción, por $\underline{w}$ si la producción es de cero y por $\bar{w}$ si la producción es de 100. El cuadro 7.5 muestra las producciones.

7.1a) ¿Qué esfuerzo elegirá el agente y cuál será su utilidad si es propietario de la empresa?

Respuesta. En este caso, el agente obtiene todo. Su utilidad es o

$$U(Alto) = 0.1(0) + 0.9\sqrt{100} - 1 = 8 \tag{32}$$

o

$$U(Bajo) = 0.3(0) + 0.7\sqrt{100} - 0 = 7. \tag{33}$$

Así que el agente elige un esfuerzo alto y una utilidad de 8.

7.1b) Si los agentes son escasos y los principales compiten por ellos, ¿cuál será el contrato del agente en condiciones de información completa? ¿Cuál será su utilidad?

Respuesta. El nivel de esfuerzo eficiente es *Alto*, que resulta en una producción esperada de 90. La ganancia del principal es de cero debido a la competencia. Como el agente tiene aversión al riesgo, deberá estar totalmente asegurado en equilibrio: $\bar{w} = \underline{w} = 90$. Pero sólo debe obtener esto si su esfuerzo es alto. Así, el contrato es $w = 90$ si el esfuerzo es alto, y $w = 0$ si el esfuerzo es bajo. La utilidad del agente es de 8.5($= \sqrt{90} - 1$, redondeada).

7.1c) Si los principales son escasos y los agentes compiten por trabajar para ellos, ¿cómo será el contrato en condiciones de información completa? ¿Cuál será la utilidad del agente y cuál la ganancia del principal en esta situación?

Respuesta. El nivel de esfuerzo eficiente es alto. Como el agente tiene aversión al riesgo debe estar totalmente asegurado en equilibrio: $\bar{w} = \underline{w} = w$. El contrato debe satisfacer una limitación de la participación para el agente, de modo que $\sqrt{w} - 1 = 3$. Esto da $w = 16$ y una utilidad de 3 para el agente. El contrato usado especificaba un salario de 16 por el esfuerzo alto y de 0 por el esfuerzo bajo. Tal incentivo es compatible, porque el agente obtendrá sólo una utilidad de 0 si elige el esfuerzo bajo. La ganancia del principal es 74(= 90 − 16).

7.1d) Suponga que $U = w - e$. Si los principales son el factor escaso y los agentes compiten por trabajar para ellos, ¿cuál será el contrato cuando el principal no puede observar el esfuerzo? (Se permiten salarios negativos.) ¿Cuál será la utilidad del agente y la ganancia del principal en esta situación?

Respuesta. El contrato debe satisfacer una limitación de la participación para el agente, de modo que $U = 3$. Ya que el esfuerzo es 1, el salario esperado debe de ser igual a 4. Una forma de producir este resultado es permitir que el agente conserve toda la producción, más los 4 adicionales por su trabajo, pero hacerle pagar la producción esperada de 90 por ese privilegio ("vender la tienda"). Haga que $\bar{w} = 14$ y $\underline{w} = -86$ (otros contratos también funcionan). Entonces la utilidad esperada es de 3(= 0.1(−86) + 0.9(14) − 1 = −8.6 + 12.6 − 1). La ganancia esperada es 86(= 0.1(0 −(−86)) + 0.9(100 −14) = 8.6 + 77.4).

7.3. La razón de que los empresarios vendan sus empresas. Suponga que un agente tiene una función de utilidad de $U = \sqrt{w} - e$, donde e puede tomar los niveles 0 o 2.4, y que su utilidad de reserva es $\bar{U} = 7$. El principal es neutral al riesgo. Represente el salario del agente, condicionado a la producción, por $w(0)$, $w(49)$, $w(100)$ o $w(225)$. En el cuadro 7.7 se muestra la producción.

7.3a) ¿Qué esfuerzo elegirá el agente y cuál será su utilidad si es el dueño de la empresa?

Respuesta. $U(seguro) = 0 + 0.1\sqrt{49} + 0.8\sqrt{100} + 0 - 0 = 0.7 + 8 = 8.7$.

$U(arriesgado) = 0 + 0.5\sqrt{49} + 0.5\sqrt{225} - 2.4 = 3.5 + 7.5 - 2.4 = 8.6$. Por consiguiente, elegirá el método seguro, $e = 0$, y la utilidad es de 8.7.

7.3b)   Si los agentes fueran escasos y los principales compitieran por ellos, ¿cuál sería el contrato del agente en condiciones de información completa? ¿Y su utilidad?

Respuesta. Los agentes son escasos, así que $\pi = 0$. Como los agentes tienen aversión al riesgo, esto basta para protegerlos del riesgo. Si se elige el método arriesgado, entonces $w = 0.5(49) + 0.5(225) = 24.5 + 112.5 = 137$. La utilidad es de 9.3 ($= \sqrt{137} - 2.4$, redondeada). Si se elige el método seguro, $w = 0.1(49) + 0.8(100) = 84.9$. La utilidad es $U = \sqrt{84.9} \approx 21$. Por tanto, el contrato óptimo especifica un salario de 137 si se usa el método arriesgado y de cero (en todos los salarios menores de 49) si se usa el método seguro. Esto sería mejor para el agente que si él dirigiera la empresa por sí mismo y usara el método seguro.

7.3c)   Si los principales son escasos y los agentes compiten por trabajar para ellos, ¿cuál sería el contrato con información completa? ¿Cuál sería la utilidad del agente y la ganancia del principal en esta situación?

Respuesta. Los principales son escasos, así que $U = \bar{U} = 7$, pero el nivel de esfuerzo eficiente no depende de quién sea el que escasea, por lo que sigue siendo alto. El agente tiene aversión al riesgo, así que se le paga un salario fijo. El salario satisface la limitación de la participación $\sqrt{w} - 2.4 = 7$ si el método es arriesgado. El contrato especifica un salario de 88.4 (redondeado) para el método arriesgado y de cero para el método seguro. La ganancia es de 48.6($= 0.5(49) + 0.5(225) - 88.4$).

7.3d)   Si los agentes son el factor escaso y los principales compiten por ellos, ¿cuál es el contrato cuando el principal no puede observar el esfuerzo? ¿Cuáles serían la utilidad del agente y la ganancia del principal en esta situación?

Respuesta. Puede usarse un contrato forzoso. Haga que $w(0) = -1000$ o $w(100) = -1000$, lo que induce al agente a elegir el método arriesgado. Para proteger al agente del riesgo, el salario debe ser fijo excepto para esas producciones, así que $w(49) = w(225) = 137$. $\pi = 0$, pues los agentes son escasos. $U = 9.3$, por la parte *b)*.

7.5: El esfuerzo del trabajador. Un trabajador puede ser *Cuidadoso* o *Descuidado*, esfuerzos que generan errores con probabilidades de 0.25 y de 0.75. Su función de utilidad es $U = 100 - 10/w - x$, donde w es su salario y x toma el valor de 2 si es cuidadoso y de cero si no lo es. Si se comete un error, es posible incluirlo en el contrato, pero no sucede lo mismo con el esfuerzo. Los patrones neutrales al riesgo compiten por el trabajador y su producción vale 0 si se comete un error y 20 si no se comete. No es necesario hacer un cálculo para cualquier parte del problema.

7.5a)   ¿Se le pagará algo al trabajador si comete un error?

Respuesta. Sí. Él tiene aversión al riesgo, a diferencia del principal, así que su salario debe ser el mismo en los diversos estados.

7.5b)   ¿Se le pagará más al trabajador si no comete ningún error?

Respuesta. Sí. El esfuerzo cuidadoso es eficiente y la falta de errores es una buena estadística para el esfuerzo cuidadoso, que lo hace útil para la compatibilidad de incentivos.

7.5c)   ¿Cómo se verá afectado el contrato si los patrones también tienen aversión al riesgo?

Respuesta. El salario variará más en los diferentes estados, porque los trabajadores deberían estar menos asegurados (incluso, quizá deberían asegurar al patrón).

7.5d)   ¿Cómo será el contrato si hay una tercera categoría, "error pequeño", con una producción de 19, que ocurre con una probabilidad de 0.1 después de un esfuerzo *Descuidado*, y con una probabilidad de cero después de un esfuerzo *Cuidadoso*?

Respuesta. El contrato pagará cantidades iguales se cometa o no un error, pero pagará cero si se comete un ligero error, un contrato forzoso.

Capítulo 8

8.1: Supervisión con error. Un agente tiene una función de utilidad $U = \sqrt{w}$ − αe, donde $\alpha = 1$ y e es 0 o 5. Su utilidad de reserva es $\bar{U} = 9$, y su producción es de 100 con bajo esfuerzo y de 250 con esfuerzo alto. Los principales son neutrales al riesgo y escasos; los agentes compiten por trabajar para ellos. El principal no puede condicionar el salario al esfuerzo o a la producción, pero puede, si quiere, usar cinco minutos de su tiempo, que vale 10 dólares, para llegar al lugar de trabajo y vigilar al agente. Si lo hace, observa que el agente *Sueña despierto* o *Trabaja*, con probabilidades que difieren según sea el esfuerzo del agente. Puede condicionar el salario a estas dos cosas, por lo que el contrato será $\{\underline{w}, \bar{w}\}$. En el cuadro 8.1 se presentan las probabilidades.

8.1a)   ¿Cuáles son las ganancias en caso de no haber supervisión, si al agente se le paga lo suficiente para que esté dispuesto a trabajar para el principal?

Respuesta. Sin supervisión, el esfuerzo es bajo. La limitación de la participación es $9 \leq \sqrt{w} - 0$, de modo que $w \geq 81$. La producción es de 100, así que la ganancia es de 19.

8.1b)   Muestre que el esfuerzo alto es eficiente en condiciones de información completa.

Respuesta. La producción del esfuerzo alto es de 250. $\bar{U} \leq \sqrt{w} - \alpha e$ o $9 \leq \sqrt{w} - 5$ es la limitación de la participación, de modo que $14 = \sqrt{w}$ y $w = 196$. Entonces la ganancia es de 54.

Esto es superior a la ganancia de 19 por el esfuerzo bajo (y el agente no está peor), por lo que el esfuerzo alto es más eficiente.

8.1c) Si $\alpha = 1.2$, ¿sigue siendo eficiente el esfuerzo alto en condiciones de información completa?

Respuesta. Si $\alpha = 1.2$, el salario debe subir a 225, para ganancias de 25, por lo que el esfuerzo alto sigue siendo eficiente. El salario también debe subir a 225 porque la limitación de la participación se convierte en $9 \leq \sqrt{w} - 1.2(5)$.

8.1d) En una situación de información asimétrica, si $\alpha = 1$, ¿cuáles son las limitaciones de la participación y de la compatibilidad de incentivos?

Respuesta. La limitación de la compatibilidad de incentivos es

$$0.6\sqrt{\underline{w}} + 0.4 \sqrt{\overline{w}} \leq 0.1\underline{w} + 0.9\sqrt{\overline{w}} - 5.$$

La limitación de la participación es $9 \leq 0.1 \sqrt{\underline{w}} + 0.9 \sqrt{\overline{w}} - 5$.

8.1e) Con información asimétrica, si $\alpha = 1$, ¿cuál es el contrato óptimo?

Respuesta. Por la limitación de la participación, $14 = 0.1 \sqrt{\underline{w}} + 09 \sqrt{\overline{w}}$ y $\sqrt{\overline{w}} = \dfrac{14}{0.9} - \left(\dfrac{1}{9}\right)\sqrt{\underline{w}}$. La limitación de la compatibilidad de incentivos nos dice que $0.5\sqrt{\overline{w}} = 5 + 0.5\sqrt{\underline{w}}$, de modo que $\sqrt{\overline{w}} = 10 + \sqrt{\underline{w}}$. Así,

$$10 + \sqrt{\underline{w}} = 15.6 - 0.11 \sqrt{\underline{w}} \tag{34}$$

y $\sqrt{\underline{w}} = 5.6/1.11 = 5.05$. Por tanto, $\underline{w} = 25.5$. De esto sigue que $\sqrt{\overline{w}} = 10 + 5.05$, por lo que $\overline{w} = 226.5$.

8.3: Desembrollando la verdad. Un explorador posee una mina de oro que vale una cantidad θ obtenida de la distribución uniforme $U[0, 100]$, que nadie conoce, ni él mismo. Es seguro que venderá la mina, ya que es demasiado viejo para trabajarla y no tiene ningún valor para él si no la vende. Todos los compradores potenciales son neutrales al riesgo. El explorador puede, si lo desea, excavar más profundamente en el cerro y obtener una muestra del mineral de oro que revelará el valor de θ. Sin embargo, si enseña el mineral a los compradores, debe enseñarles el mineral genuino, ya que una Ley del Lejano Oeste no escrita dice que el fraude se castiga colgando a los culpables de un árbol alto para que sirvan de comida a los zopilotes.

8.3a) ¿Por cuánto puede vender la mina si es claro que está demasiado débil para excavar en el cerro y examinar el mineral? ¿Cuál es el precio en esta situación si, en realidad, el valor verdadero es $\theta = 70$?

Respuesta. El precio es de 50 —el valor esperado de la distribución uniforme de 0 a 100—. Aunque la mina realmente valiera $\theta = 70$, el precio sigue siendo 50.

8.3b) ¿Por cuánto puede vender la mina si es capaz de excavar un túnel de prueba sin costo alguno (costo 0)? ¿Enseñará el mineral? ¿Cuál es el precio en esta situación si, de hecho, el valor verdadero es $\theta = 70$?

Respuesta. El precio esperado es de 50. El desembrollo ocurre, así que enseñará el mineral y el comprador puede descubrir el valor verdadero, que en promedio es de 50. Si el valor verdadero es $\theta = 70$, el comprador recibe 70.

8.3c) ¿Por cuánto puede vender la mina si, después de excavar un túnel de prueba a un costo de cero y descubrir θ, le cuesta adicionalmente 10 verificar los resultados para los compradores? ¿Cuál es su pago esperado?

Respuesta. Enseña el mineral si $\theta \in [20, 100]$. Esto es así porque si la calidad mínima del mineral que enseña es b, el precio al que puede vender la mina sin enseñar el mineral es $b/2$. Si $b = 20$ y el valor verdadero es de 20, puede vender la mina por 10; mostrar el mineral para subir el precio a 20 no aumentará su ganancia neta, dado el costo de 10 para enseñarlo.

Con probabilidad de 0.2 su precio es de 10, porque $\theta \in [0, 20]$, y con probabilidad de 0.8 es un precio promedio de 60, pero paga 10 para enseñar el mineral. Por consiguiente, el pago esperado del explorador es 42 (= 0.2 (10) + 0.8(60 − 10) = 2 + 40 = 42).

8.3d) ¿Cuál es el pago esperado del explorador si, con probabilidad de 0.5, cavar un túnel no le cuesta nada, pero si con probabilidad de 0.5 le cuesta 120?

Respuesta. En equilibrio existe algún número c tal que, si el explorador excavara el túnel y encontrara que el valor de la mina es de $\theta \geq c$, mostraría el mineral. Si no muestra ningún mineral, el valor esperado del comprador por la mina es de $0.5(100 − 0/2) + 0.5(c − 0/2) = c/4 + 25$. Una vez que ha excavado el túnel, mostrará el mineral si $\theta \geq c/4 + 25$, porque entonces puede obtener un precio de θ. Ya que se define a c como el nivel mínimo que enseñará, de esto sigue que $c = c/4 + 25$, lo que implica que $c = 33^{1}/_3$ (y el precio es de $1(^{1}/_4)(33^{1}/_3) + 25 = 33^{1}/_3$ si no muestra el mineral).

Con probabilidad de 0.5, el explorador no excavará el túnel y recibirá un precio de $33^{1}/_3$. Con probabilidad de 0.5 excavará el túnel, y se negará a mostrar el mineral con probabilidad de $^{1}/_3$, para un precio de $33^{1}/_3$, y lo mostrará con probabilidad de $^{2}/_3$, para un precio promedio de $66^{2}/_3$, y un pago esperado de aproximadamente 44.4.

8.5: Salarios de eficiencia y aversión al riesgo.[9] En cada uno de dos periodos de trabajo, el trabajador decide si robará la cantidad v, con la probabi-

---

[9] Véase Rasmusen (1992c).

lidad α de ser detectado y sufrir la sanción legal p, si en realidad roba. A un trabajador al que se le descubre robando también se le puede despedir, después de lo cual gana el salario de reserva w_0. Si el trabajador no roba, su utilidad en el periodo es $U(w)$; si roba, es $U(w + v) - \alpha p$, donde $U(w_0 + v) - \alpha p$ $> U(w_0)$. La utilidad marginal del ingreso del trabajador es decreciente: $U' >$ 0, $U'' < 0$, y $\text{Lim}_{x \to \infty} U'(x) = 0$. No hay descuento. La empresa decididamente quiere impedir el robo en cada periodo, del todo si es posible.

8.5a) Muestre que la empresa puede desalentar efectivamente el robo, incluso en el segundo periodo y, de hecho, lo hace así con un salario de w_2^* en el segundo periodo, que es mayor que el salario de reserva w_0.

Respuesta. Es más fácil desalentar el robo en el primer periodo, ya que un salario alto en el segundo periodo aumenta el castigo por ser despedido. Sin embargo, si w_2 aumenta lo suficiente, la utilidad marginal del ingreso es tan baja que $U(w_2 + v)$ y $U(w_2)$ se hacen casi idénticas, con una diferencia menor de αp, por lo que el robo es desalentado incluso en el segundo periodo.

8.5b) Muestre que el salario de equilibrio del segundo periodo, w_2^*, es mayor que el salario del primer periodo w_1^*.

Respuesta. Ya hemos determinado que $w_2 > w_0$. Por tanto, el trabajador prevé esperanzado que será empleado en el periodo dos, y en el periodo uno está renuente a arriesgar su trabajo robando. Esto significa que se le puede pagar menos en el periodo uno, aunque todavía se le tendría que pagar más que su salario de reserva.

CAPÍTULO 9

9.1: El seguro con ecuaciones y diagramas. En el texto se analiza el juego del Aseguramiento III mediante diagramas. Aquí se utilizan también ecuaciones. Haga que $U(t) = \log(t)$.

9.1a) Indique los valores numéricos de (x, y) para los contratos separadores de información completa C_3 y C_4 de la gráfica 9.6. ¿Cuáles son las coordenadas de C_3 y C_4?

Respuesta. C_3: $0.25x + 0.75(y - x) = 0$ y $12 - x = y - x$. Juntos, éstos dan $y = 4x/3$ y $y = 12$, de modo que $x^* = 9$ y $y^* = 12$.
$C_3 = (3, 3)$ porque $12 - 9 = 3$.
C_4 es tal que $0.5x + 0.5(y - x) = 0$, y $12 - x = y - x$. Juntos, éstos dan $y = 2x$ y $y = 12$, así que $x^* = 6$ y $y^* = 12$.
$C_4 = (6, 6)$ porque $12 - 6 = 6$.

9.1b) ¿Por qué no es necesario usar la función $U(t) = \log(t)$ para encontrar los valores?

Respuesta. Sabemos con certeza que hay aseguramiento pleno en el primer mejor contrato con cualquier función de utilidad adversa al riesgo, por lo cual la función precisa no tiene importancia.

9.1c)   En el contrato separador en condiciones de información incompleta, C_5, $x = 2.01$. ¿A qué es igual y? Justifique el valor de 2.01 para x. ¿Cuáles son las coordenadas de C_5?

Respuesta. En C_5 las limitaciones de la compatibilidad de incentivos requieren que $0.5x + 0.5(x - y) = 0$, de modo que $y = 2x$; y $\pi_u(C_5) = \pi_u(C_3)$, por lo que $0.25\log(12 - x) + 0.75\log(y - x) = 0.25\log(3) + 0.75\log(3)$. La resolución de estas ecuaciones da $x^* = 2.01$ y $y = 4.02$.

$C_5 = (9.99, 2.01)$ porque $9.99 = 12 - 2.01$ y $2.01 = 4.02 - 2.01$.

9.1d)   ¿Cuál es un contrato C_6 que puede ser lucrativo y que atraerá a ambos tipos alejándolos de C_3 y C_5?

Respuesta. Una posibilidad es $C_6 = (8, 3)$, o $(x = 4, y = 7)$. La utilidad de esto para los *Prudentes* es $1.59(= 0.5\log(8) + 0.5\log(3))$, en comparación con $1.57(= 0.5\log(10.99) + 0.5\log(2.01))$, por lo que los *Prudentes* lo prefieren en vez de C_5, y esto significa que los *Imprudentes* ciertamente lo preferirán. Si no hay muchos *Imprudentes*, el contrato puede arrojar una ganancia, porque si sólo atrae a los *Prudentes*, la ganancia es de $0.5(= 0.5(4) + 0.5(4 - 7))$.

9.3: Cómo encontrar el equilibrio de estrategia mixta en un juego de pruebas. La mitad de los graduados del bachillerato son talentosos y producen $a = x$, y la otra mitad carece de talento y produce $a = 0$. Ambos tipos tienen un salario de reserva de 1 y son neutrales al riesgo. A un costo de 2 para sí mismo y de 1 para el solicitante, un patrón puede someter a prueba a un graduado y comprobar su habilidad verdadera. Los patrones compiten entre sí al ofrecer los salarios, pero cooperan al revelar los resultados de las pruebas, de modo que un patrón sabe si un solicitante ya ha sido sometido a prueba y ha fracasado. Hay un solo periodo de trabajo. El patrón no puede comprometerse a someter a prueba a todos los solicitantes.

9.3a)   ¿Por qué no hay un equilibrio en que o bien los trabajadores sin talento no presentan su solicitud, o bien el patrón somete a prueba a todos los solicitantes?

Respuesta. Si ningún trabajador sin talento presenta una solicitud, el patrón se desviaría y ahorraría 2 al evitar la prueba y simplemente contratar a todos los que presentan solicitud. Entonces los trabajadores sin talento empezarían a presentar solicitudes. Sin embargo, si el patrón hace pruebas a todos los solicitantes y paga sólo w_H, ningún trabajador sin talento presentará solicitud. Nuevamente el patrón se desvía y evita hacer la prueba.

9.3b)   En equilibrio, con probabilidad γ, el patrón somete a prueba a los trabajadores y paga w a los que pasan el examen; todos los trabajadores talentosos se presentan para someterse a la prueba, y los trabajadores sin talento se presentan con probabilidad α. Encuentre una expresión para el valor de equilibrio de α en términos de w. Explique por qué α es independiente de x.

Respuesta. Si para igualar los pagos usamos el método de calcular una estrategia mixta, y recordamos que debemos igualar los pagos del jugador 1 para encontrar la probabilidad de mezcla del jugador 2, debemos concentrarnos en las ganancias del patrón. En el equilibrio de estrategia mixta, las ganancias del patrón son las mismas ya sea que haga o no pruebas a un determinado trabajador. La fracción $0.5 + 0.5\alpha$ de los trabajadores hará la prueba, y el costo para el patrón por cada trabajador que presenta solicitud es de 2, lo contrate o no, de modo que

$$\pi\,(prueba) = \left(\frac{0.5}{0.5 + 0.5\alpha}\right)(x - w) - 2 \qquad (35)$$

$$= \pi\,(sin\ prueba) = \left(\frac{0.5}{0.5 + 0.5\alpha}\right)(x - w)$$

$$+ \left(\frac{0.5\alpha}{0.5 + 0.5\alpha}\right)(0 - w),$$

lo que da

$$\alpha = \frac{2}{w - 2}. \qquad (36)$$

La respuesta ingenua a la pregunta de por qué la expresión (36) no depende de x es que α es la estrategia del trabajador, así que no hay razón para que dependa de un parámetro que sólo entra en los pagos de los patrones. Esto es una equivocación, porque en un equilibrio de estrategia mixta el trabajador elige su probabilidad de una manera que hace que al patrón le sean indiferentes los pagos que recibe (el patrón). Más bien, lo que ocurre en este caso es que la productividad de un trabajador de talento no tiene importancia para la decisión de hacer o no la prueba. El patrón ya sabe que contratará a todos los trabajadores con talento; lo que considera al decidir si hará o no la prueba es qué tan caro le costará hacerla y qué tan caro será contratar a trabajadores sin talento.

9.3c)   Si $x = 8$, ¿cuáles son los valores de equilibrio de α, r y w?

Respuesta. Ya tenemos una expresión para α en la parte *b)*. El siguiente paso es encontrar el salario. Las ganancias son de cero en equilibrio, lo que requiere que

$$\pi\,(sin\ prueba) = \left(\frac{0.5}{0.5 + 0.5\alpha}\right)(x - w) + \left(\frac{0.5\alpha}{0.5 + 0.5\alpha}\right)(0 - w) = 0. \qquad (37)$$

Esto implica que

$$\alpha = \frac{x - w}{w}. \tag{38}$$

Sustituyendo $x = 8$ y resolviendo (36) y (37), se obtiene $w^* = 4$ y $\alpha^* = 0.5$.

En el equilibrio de estrategias mixtas, las ganancias del trabajador sin talento son las mismas presente o no su solicitud, por lo que

$$\pi \,(presente\ solicitud) = \gamma(-1 + 1) + (1 - \gamma)(-1 + w) = 1. \tag{39}$$

Si se sustituye $w = 4$ y se resuelve para γ, resulta $\gamma^* = \dfrac{2}{3}.$

9.5: Los seguros y los diagramas de estado-espacio. A dos tipos de personas con aversión al riesgo, las que llevan una vida ordenada y las disolutas, les gustaría comprar un seguro de salud. Las que llevan una vida ordenada se enferman con una probabilidad de 0.3 y las disolutas con una probabilidad de 0.9. En los diagramas de estado-espacio en que se muestra la riqueza de la persona en el eje vertical si es saludable y en el horizontal si está enferma, la dotación inicial de todas las personas es (5, 10), porque su riqueza inicial es de 10 y el costo del tratamiento médico es de 5.

9.5a)   ¿Cuál es la riqueza esperada de cada tipo de persona?
        Respuesta. $E(W_c) = 8.5$ (= 0.7(10) + (0.3(5)). $E(W_d) = 5.5$ (= 0.1(10) + 0.9(5)).

9.5b)   Dibuje un diagrama de estado-espacio con las curvas de indiferencia para una compañía de seguros neutral al riesgo que asegura a cada tipo de persona por separado. Dibuje las asignaciones posteriores al aseguramiento, C_1 para el disoluto y C_2 para el de vida ordenada, bajo el supuesto de que el tipo de una persona puede ser objeto de contrato.
        Respuesta. Véase la gráfica A.6.

9.5c)   Dibuje un nuevo diagrama de estado-espacio con la dotación inicial y las curvas de indiferencia para los dos tipos de personas que pasan por ese punto.
        Respuesta. Véase la gráfica A.7.

9.5d)   Explique la razón de que, en condiciones de información asimétrica, ningún contrato unificador C_3 puede ser parte de un equilibrio de Nash.
        Respuesta. Debido a que las curvas de indiferencia para una vida ordenada son más planas que las correspondientes a una vida disoluta, puede encontrarse un contrato C_4 que rinde ganancias positivas porque atrae a los de vida ordenada, pero no a los de vida disoluta. Véase la gráfica A.8.

9.5e)   Si la compañía de seguros es un monopolio, ¿puede un contrato unificador ser parte de un equilibrio de Nash?

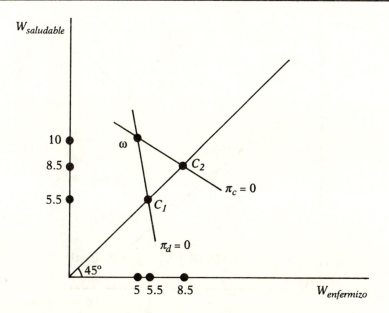

GRÁFICA A.6. *Diagrama de estado-espacio que presenta las curvas de indiferencia para la compañía de seguros*

GRÁFICA A.7. *Diagrama de estado-espacio que presenta las curvas de indiferencia para los clientes*

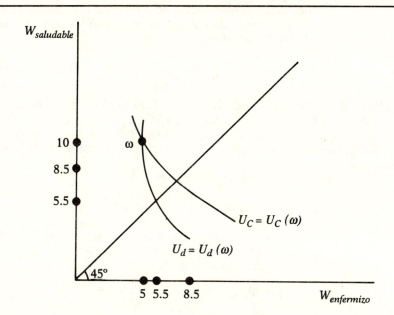

GRÁFICA A.8. *La razón de que un contrato unificador*
no pueda ser parte de un equilibrio

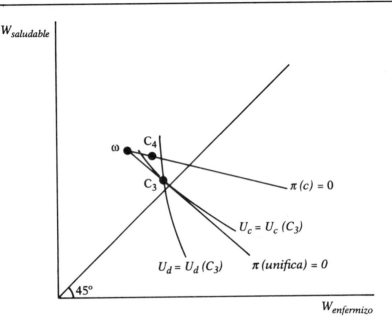

Respuesta. Sí. Si la compañía de seguros es un monopolio, es posible que un contrato unificador sea parte de un equilibrio de Nash porque no hay otro jugador que pueda desviarse ofreciendo un contrato que se apodere de "la crema" de los trabajadores.

CAPÍTULO 10

10.1: ¿Es mejor la baja habilidad? Cambie Educación I de tal manera que las dos habilidades posibles del trabajador son $a \in \{1, 4\}$.

10.1a) ¿Cuáles son los equilibrios de este juego? ¿Cuáles son los pagos de los trabajadores (y el promedio de los pagos a todos los trabajadores) en cada equilibrio?

Respuesta. El equilibrio unificador es

$$y_B = y_A = 0, w_0 = w_1 = 2.5, Pr(B|y = 1) = 0.5, \tag{40}$$

que usa conjeturas pasivas. Los pagos son $U_B = U_A = 2.5$, para un pago promedio de 2.5.

El equilibrio separador es

$$y_B = 0, y_A = 1, w_0 = 1, w_1 = 4. \tag{41}$$

Los pagos son $U_B = 1$ y $U_A = 2$, para un pago promedio de 1.5. Este equilibrio puede justificarse por las restricciones de la autoselección

$$U_B(y = 0) = 1 > U_B(y = 1) = 4 - \frac{8}{1} = -4 \tag{42}$$

y

$$U_A(y = 0) = 1 < U_A(y = 1) = 4 - \frac{8}{4} = 2. \tag{43}$$

10.1b) Aplique el criterio intuitivo (véase N6.2). Los equilibrios, ¿son los mismos?

Respuesta. Sí. El criterio intuitivo no elimina el equilibrio unificador en el juego con $a_B = 4$. No hay ningún incentivo para que alguno de los dos tipos se desvíe de $y = 0$ incluso si la desviación hace que los patrones crean que el que se desvía es de alta habilidad. El pago a un trabajador persuasivo que se desvía es de sólo 2, en comparación con los 2.5 que puede obtener en el equilibrio unificador.

10.1c) ¿Qué ocurre con los pagos del trabajador en equilibrio si la habilidad alta es de 5 en vez de 4?

Respuesta. El equilibrio unificador es

$$y_B = y_A = 0, w_0 = w_1 = 3, Pr(B|y = 1) = 0.5, \tag{44}$$

que usa conjeturas pasivas. Los pagos son $U_B = U_B = 3$, con un pago promedio de 3.

El equilibrio separador es

$$y_B = 0, y_A = 1, w_0 = 1, w_1 = 5. \tag{45}$$

Los pagos son $U_B = 1$ y $U_A = 3.4$, con un pago promedio de 2.2. Las restricciones de la autoselección son

$$U_A(y = 0) = 1 < U_A(y = 1) = 5 - \frac{8}{5} = 3.4 \tag{46}$$

y

$$U_B(y = 0) = 1 > U_B(y = 1) = 5 - \frac{8}{1} = -3. \tag{47}$$

10.1d) Aplique el criterio intuitivo al juego nuevo. Los equilibrios, ¿son los mismos?

Respuesta. No. La estrategia de elegir $y = 1$ está dominada para los de *Baja*, ya que su pago máximo es de –3, aunque el patrón esté persuadido de que es de *Alta*. Por tanto, sólo sobrevive el equilibrio separador.

10.1e) ¿Puede ocurrir que un aumento en la habilidad máxima reduzca el pago promedio al trabajador? ¿Puede perjudicar a todos los trabajadores?

Respuesta. Sí. La habilidad en aumento reduce el pago del trabajador promedio si el cambio ha sido de un equilibrio unificador cuando $a_A = 4$ a un equilibrio separador cuando
$a_A = 5$. Como el criterio intuitivo excluye la posibilidad
de un equilibrio unificador cuando $a_A = 5$, es plausible
que el equilibrio sea separador cuando $a_A = 5$. Como el
equilibrio unificador es dominante en el sentido de Pareto cuando $a_A = 4$, es plausible que sea el equilibrio que se
juegue. Por consiguiente, el pago promedio podría bajar
de 2.5 a 2.2 cuando la habilidad alta aumenta de 4 a 5.
Sin embargo, esto no puede hacer que todos los trabajadores estén peor; los pagos de los trabajadores de alta
habilidad aumentan de 2.5 a 3.4.

10.3: Precio y calidad. Los consumidores tienen las opiniones previas de
que Apex produce bienes de baja calidad con probabilidad de 0.4 y de alta
calidad con probabilidad de 0.6. En cada caso cuesta 1 producir una unidad de producción, y ésta vale 10 para el consumidor si es de alta calidad y 0
si es de baja calidad. El consumidor, que es neutral al riesgo, decide si
comprará en cada uno de los dos periodos, pero no conoce la calidad hasta
que compra. No hay descuento.

10.3a) ¿Cuáles son el precio y la ganancia de Apex si debe elegir un precio
p^*, para ambos periodos?

Respuesta. El excedente esperado de un consumidor es

$$CS = 0.4(0 - p^*) + 0.6(10 - p^*) + 0.6(10 - p^*) = -1.6p^* + 12. \qquad (48)$$

Apex maximiza sus ganancias estableciendo que
$CS = 0$, en cuyo caso $p^* = 7.5$ y la ganancia es $\pi_A = 13(= 2\,(7.5 - 1))$ o $\pi_B = 6.5\,(= 7.5 - 1)$.

10.3b) ¿Cuáles son el precio y la ganancia de Apex si puede elegir dos precios, p_1 y p_2, para los dos periodos, pero no puede comprometerse
anticipadamente a p_2?

Respuesta. Si Apex produce con alta calidad, elegirá $p_2 = 10$, pues
el consumidor, luego de conocer la calidad en el primer
periodo, está dispuesto a pagar hasta esa cantidad. Por
tanto, el excedente del consumidor es

$$CS = 0.4(0 - p_1) + 0.6(10 - p_1) + 0.6(10 - 10) = -p_1 + 6, \qquad (49)$$

y, haciendo que ésta sea igual a cero, $p_1 = 6$, para una
ganancia de $\pi_A = 14\,(= (6 - 1) + (10 - 1))$ o $\pi_A = 5\,(= 6 - 1)$.

10.3c) ¿Cuál es la respuesta a la parte *b)* si la tasa de descuento es $r = 0.1$?

Respuesta. Apex no puede obtener nada mejor que los precios sugeridos en la parte *b)*.

10.3d) Si retornamos a $r = 0$, ¿cuál será la respuesta si Apex se puede comprometer a p_2?

Respuesta. El compromiso no hace ninguna diferencia en este problema, ya que de cualquier manera Apex desea cobrar un precio más alto en el segundo periodo si tiene alta calidad —un alto precio en el primer periodo beneficiaría a Apex de baja calidad también, a costa de la Apex de alta calidad—.

10.3e) ¿Cómo cambian las respuestas a *a)* y *b)* si la probabilidad de baja calidad es de 0.95 en vez de 0.4? (Esta pregunta es capciosa.)

Respuesta. Con un precio constante, el excedente esperado de un consumidor es

$$CS = 0.95(0 - p^*) + 0.05(10 - p^*) + 0.05(10 - p^*) \qquad (50)$$
$$= -1.05p^* + 0.1.$$

Apex fijaría que $CS = 0$, en cuyo caso $p^* \approx 0.95$, pero como esto es menos que el costo, de hecho Apex no vendería nada y sus ganancias serían de cero.

Con precios cambiantes, la Apex de alta calidad elegirá $p_2 = 10$, ya que el consumidor, por haber conocido la calidad en el primer periodo, está dispuesto a pagar hasta esa suma. Así, el excedente del consumidor es

$$CS = 0.95(0 - p_1) + 0.05(10 - p_1) + 0.05(10 - 10) = -p_1 + 0.5, \qquad (51)$$

y, si establecemos que ésta es igual a cero, se puede pensar que $p_1 = 5$, para una ganancia de $\pi_A = 8.5(= (0.5 - 1) + (10 - 1))$. Pero observe que si la Apex de baja calidad trata de seguir esta estrategia, su pago es de $\pi_B = 0.5 - 1 < 0$. Por tanto, sólo la Apex de alta calidad intentará llevarla a cabo. Pero entonces los consumidores se enterarán de que el producto es de alta calidad y estarán dispuestos a pagar 10 incluso en el primer periodo. Lo que puede hacer la Apex de alta calidad es cobrar hasta $p_1 = 1$ en el primer periodo, para ganancias de $9(= (11 - 1) + (10 - 1))$.

10.5: Publicidad. Brydox introduce un nuevo champú que realmente es muy bueno, pero que los consumidores creen que es bueno con probabilidad de 0.5. Un consumidor pagará 10 por alta calidad y 0 por baja calidad, y el costo de producción del champú es de 6 unidades. La empresa puede gastar tanto como quiera en anuncios estúpidos por la televisión que muestren a gente feliz lavándose el pelo, pero el mercado potencial consiste en 100 economistas de sangre fría que no se dejan impresionar por trucos psicológicos. El mercado se puede dividir en dos periodos.

10.5a) Si se prohíben los anuncios, ¿quebrará Brydox?

Respuesta. No. Puede vender a un precio de 5 en el primer periodo y de 10 en el segundo periodo. Esto rendirá ganancias de 300 (= (100)(5 − 6) + (100)(10 − 6)).

10.5b) Si hay dos periodos de compra del consumidor, y los consumidores descubren la calidad del champú si compran en el primer periodo, muestre que Brydox puede gastar sumas considerables en anuncios estúpidos por la televisión.

Respuesta. Si el vendedor produce con una alta calidad, puede esperar compras repetidas. Esto hace útil al gasto en publicidad, si aumenta el número inicial de compras, aunque la empresa sufra pérdidas en el primer periodo. Si el vendedor produce con una baja calidad, no habrá compras repetidas. En consecuencia, los gastos en publicidad pueden servir como una señal de la calidad; los consumidores pueden verla como un indicativo de que el vendedor tiene la intención de permanecer en el negocio dos periodos.

10.5c) ¿Cuáles son el mínimo y el máximo que Brydox gastará en publicidad, si gasta una cantidad positiva?

Respuesta. Si hay un equilibrio separador señalador, será como sigue. Brydox no gastará nada en la publicidad de su champú de baja calidad y los consumidores no comprarán a ninguna empresa cuya publicidad sea menor que una cantidad X, porque creen que esa empresa produce baja calidad. Brydox gastará X en publicidad si su calidad es alta y cobrará un precio de 10 en ambos periodos.

La cantidad X está entre 400 y 500. Si una empresa de baja calidad gasta X en publicidad, los consumidores le compran en un periodo y ella obtiene ganancias de $(100)(10 - 6) - X = 400 - X$. Por tanto, si la empresa de alta calidad gasta X en publicidad, los consumidores le compran en ambos periodos y obtiene ganancias de $(2)(100)(10 - 6) - X = 800 - X$. Como puede hacer ganancias de 300 aun sin publicidad, una empresa de alta calidad gastará hasta 500 en publicidad.

CAPÍTULO 11

11.1: Un costo fijo de la negociación y de las quejas. Smith y Jones procuran dividir 100 dólares. En la ronda de negociaciones 1, Smith hace una oferta a un costo de 0 por la que propone conservar para sí mismo S_1 y Jones la acepta (lo que termina el juego) o la rechaza. En la ronda 2, Jones ofrece a Smith S_2 al costo de 10 y Smith la acepta o la rechaza. En la ronda 3, Smith hace una oferta de S_3 al costo de c y Jones la acepta o la rechaza. Si ninguna oferta se acepta jamás, los 100 dólares se entregan a un tercer jugador, Dobbs.

11.1a) Si $c = 0$, ¿cuál es el resultado de equilibrio?

Respuesta. $S_1 = 100$ y Jones la acepta. Si Jones la rechaza, tendría que pagar 10 para hacer una propuesta que Smith rechazará, y entonces Smith propondría $S_3 = 100$ de nuevo. $S_1 < 100$ no sería un equilibrio, porque Smith se desviaría a $S_1 = 100$ y Jones seguiría dispuesto a aceptar.

11.1b) Si $c = 80$, ¿cuál es el resultado de equilibrio?

>*Respuesta.* Si el juego llega a la ronda 3, Smith propondrá $S_3 = 100$ y Jones la aceptará, pero esto le costará a Smith 80. Por tanto, si Jones propone $S_2 = 20$, Smith la aceptará y le dejará 80 a Jones —que, sin embargo, tendrá que pagar 10 para hacer la oferta—. De ahí que en la ronda 1 Smith ofrecerá $S_1 = 30$ para inducir a Jones a aceptar, y ése será el resultado de equilibrio.

11.1c) Si $c = 10$, ¿cuál es el resultado de equilibrio?

>*Respuesta.* Si el juego llega a la ronda 3, Smith propondrá $S_3 = 100$ y Jones aceptará, pero esto le costará a Smith 10. Por tanto, si Jones propone $S_2 = 90$, Smith aceptará, dejando 10 para Jones —que, sin embargo, tendrá que pagar 10 para hacer su oferta—. De ahí que, en la ronda 1 Smith sólo necesita ofrecer $S_1 = 100$ para inducir a Jones a aceptar, y ése será el resultado de equilibrio.

11.1d) ¿Qué ocurre si $c = 0$, pero Jones es muy impulsivo y escupirá en la cara a Smith y le arrojará los 100 dólares a Dobbs si Smith propone $S = 100$? Suponga que Smith conoce perfectamente la personalidad de Jones.

>*Respuesta.* Sin importar lo impulsivo que pueda ser Jones, hay algún mínimo para M que aceptará, el cual probablemente es menor de 50 (pero no se puede saber: algunas personas piensan que tienen derecho a todo, y es posible imaginar una función tal de utilidad que Jones rechazará $S = 5$ y preferirá pagar el costo de 10 en la segunda ronda con el fin de obtener los 100 dólares). El equilibrio consistirá en que Smith proponga exactamente $S - M$ en la ronda 1, si $S - M \geq 0$, y que Jones acepte.

11.3: La solución de la negociación de Nash. Smith y Jones han naufragado en una isla desierta e intentan dividir 100 kilos de harina de maíz y 100 litros de melaza, sus únicas provisiones. La función de utilidad de Smith es $U_s = H + 0.5M$ y la de Jones es $U_j = 3.5H + 3.5M$. Si no pueden ponerse de acuerdo, combaten a muerte, con $U = 0$ para el perdedor. Jones gana con probabilidad de 0.8.

11.3a) ¿Cuál es el punto de amenaza?

>*Respuesta.* El punto de amenaza da la utilidad esperada para Smith y Jones si pelean. Ésta es de 560 para Jones ($= 0.8(350 + 350) + 0$) y de 30 para Smith ($= 0.2(100 + 50) + 0$).

11.3b) Si se dividen 50-50 por ciento las provisiones, ¿cuáles son las utilidades si los dos jugadores no recontratan? ¿Es esto eficiente?

>*Respuesta.* La división dará las utilidades $U_s = 75$ ($= 50 + 25$) y $U_j = 350$. Si Smith intercambia con Jones 10 pintas de melaza por 8 libras de harina de maíz, las utilidades serán $U_s = 78$ ($= 58 + 20$) y $U_j = 357$ ($= 3.5(60) + 3.5(42)$), de modo que ambos se habrán beneficiado. La división 50-50 por ciento no es eficiente.

11.3c) Dibuje el punto de amenaza y la frontera de Pareto en el espacio de la utilidad (en el eje horizontal represente las U_s).
Respuesta. Véase la gráfica A.9.

Para dibujar el diagrama, considere primero los puntos extremos. Si Smith obtiene todo, su utilidad es de 150 y la de Jones es de cero. Si Jones obtiene todo, su utilidad es de 700 y la de Smith es de cero. Si empezamos en (150, 0) y deseamos eficientemente ayudar a Jones a costa de Smith, se puede hacer si se le proporciona a Jones alguna melaza, ya que Jones da un mayor valor relativo a la melaza. Podrá continuarse hasta que Jones tenga toda la melaza, un punto de utilidad de (100, 350). Más allá de este punto, se deberá quitar harina a Smith si queremos ayudar todavía más a Jones, por lo que la frontera de Pareto adquiere una pendiente más plana.

GRÁFICA A.9. *El punto de amenaza y la frontera de Pareto*

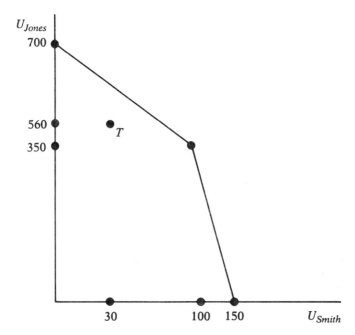

11.3d) De acuerdo con la solución de la negociación de Nash, ¿cuáles son las utilidades? ¿Cómo se dividen los bienes?
Respuesta. Para encontrar la solución negociada de Nash, maximice $(U_s - 30)$ $(U_j - 560)$. Observe por el diagrama que parece que la solución estará en la parte superior de la frontera de Pareto, por encima de (100, 350), donde Jones consume toda la melaza y donde, si Smith pierde una

unidad de utilidad, Jones gana 3.5. Si hacemos que X represente la cantidad de harina de maíz que Jones obtiene, podemos rescribir el problema de la siguiente manera:

$$\text{Maximice } (100 - X - 30)(350 + 3.5X - 560). \qquad (52)$$
$$X$$

Este maximando es igual a $(70 - X)(3.5X - 210) = -14\,700 + 455X - 3.5X^2$. La condición de primer orden es $455 - 7X = 0$, de modo que $X^* = 65$. Así, Smith obtiene 35 libras de harina, Jones obtiene 65 libras de harina y 100 de melaza, y $U_s = 35$ y $U_j = 577.5$.

11.3e) Suponga que Smith descubre un libro lleno de recetas de cocina para una variedad de confites de melaza y de panecillos de harina de maíz, y que su función de utilidad se convierte en $U_s = 10H + 5M$. Muestre que la división de los bienes en la pregunta *d)* sigue igual a pesar de su función de utilidad mejorada.

Respuesta. El punto de utilidad en el que Jones tiene toda la melaza y Smith tiene toda la harina ahora es $(1\,000, 350)$, puesto que la utilidad de Smith es $(10)(100)$. La nueva utilidad de Smith en el punto de amenaza es de 300 $(= 0.2(10)(100) + (5)(100))$. Así, el problema de Nash de la ecuación (52) se convierte en:

$$\text{Maximice } (1\,000 - 10X - 300)(350 + 3.5X - 560). \qquad (53)$$
$$X$$

Pero este maximando es lo mismo que $(10)(100 - X - 30)$ $(350 + 3.5X - 560)$, de modo que debe tener la misma solución que se encontró en la parte *d)*.

11.5: Un costo fijo en la negociación y la información incompleta. Smith y Jones intentan dividir 100 dólares. En la ronda de negociación 1, Smith hace una oferta al costo c y propone conservar S_1 para él mismo. Jones acepta (lo que termina el juego) o rechaza. En la ronda 2, Jones hace una oferta de S_2 para Smith al costo de 10 y Smith acepta o rechaza. En la ronda 3, Smith hace una oferta de S_3 al costo c y Jones acepta o rechaza. Si ninguna oferta se acepta jamás, los 100 dólares se entregan a un tercer jugador, Parker.

11.5a) Si $c = 0$, ¿cuál es el resultado de equilibrio?

Respuesta. $S_1 = 100$ y Jones acepta. Si Jones la rechaza, tendría que pagar 10 para hacer una propuesta que Smith rechazaría, y luego Smith propondría nuevamente $S_3 = 100$. $S_1 < 100$ no sería un equilibrio, porque Smith se desviaría a $S_1 = 100$ y Jones seguiría dispuesto a aceptar.

11.5b) Si $c = 80$, ¿cuál es el resultado de equilibrio?

Respuesta. Si el juego llega a la ronda 3, Smith propondrá $S_3 = 100$

y Jones aceptará, pero esto le costará a Smith 80. Por tanto, si Jones propone S_2 = 20, Smith aceptará, dejando 80 para Jones —que, sin embargo, pagaría 10 para hacer su oferta—. Así, en la ronda 1 Smith debe ofrecer S_1 = 30 para inducir a Jones a aceptar, y ése sería el resultado de equilibrio.

11.5c) Si las opiniones previas de Jones dicen que c = 0 y c = 80 son igualmente probables, pero sólo Smith sabe el valor verdadero, ¿cuál es el resultado de equilibrio? (Le daremos una pista: el equilibrio usa estrategias mixtas.)

Respuesta. La estrategia de equilibrio de Smith consiste en ofrecer S_1 = 100 con probabilidad de 1 si c = 0 y de $1/7$ si c = 80; y de ofrecer S_1 = 30 con probabilidad $6/7$ si c = 80. Él acepta $S_2 \geq 20$ si c = 80 y S_2 = 100 si c = 0, y propone S_3 = 100 independientemente de c. Jones acepta S_1 = 100 con probabilidad $1/8$, rechaza $S_1 \in$ (30, 100), y acepta $S_1 \leq 30$. Propone S_2 = 20 y acepta S_3 = 100. En desequilibrio, una opinión de apoyo que Jones puede tener es que si S_1 no es igual a 30 o 100, *Prob*(c = 80) = 1.

Si c = 0, el resultado de equilibrio es que Smith proponga S_1 = 100, que Jones acepte con probabilidad $1/8$ y que en caso contrario proponga S_2 = 20 y sea rechazado, y que Smith proponga después S_3 = 100 y que su propuesta sea aceptada. Si c = 80, el resultado de equilibrio es, con probabilidad $6/7$, que Smith proponga S_1 = 30 y que sea aceptado; con probabilidad $(1/7)(1/8)$, que Smith proponga S_1 = 100 y se le acepte; y con probabilidad $(1/7)(7/8)$, que Smith proponga S_1 = 100, y se le rechace, para luego proponerle S_2 = 20 y que entonces él acepte.

La razón que subyace en las estrategias de equilibrio es la siguiente. En la ronda 3, cualquiera de los dos tipos de Smith estará mejor si propone una participación de 100, y Jones debería aceptar. En la ronda 2, Smith rechazará cualquier propuesta S_2, excepto S_2 = 100 si c = 0, por lo que Jones desistirá y ofrecerá S_2 = 20, que será aceptada si c = 80, porque si ese tipo de Smith esperara, tendría que pagar 80 para proponer S_3 = 100. En la ronda 1, si c = 0, Smith propondría S_1 = 100, ya que puede esperar hasta la ronda 3 y obtener 100 de todos modos con un costo adicional de cero. No hay ningún equilibrio de estrategia pura, porque si c = 80, Smith simularía que c = 0 y propondría S_1 = 100 si Jones aceptara. Pero si Jones la acepta sólo con probabilidad θ, Smith corre el riesgo de obtener sólo 20 en el segundo periodo, menos que S_1 = 30, que sería aceptado por Jones con probabilidad de 1. En forma parecida, si Smith propone S_1 = 100 con probabilidad γ cuando c = 80, Jones puede aceptar o esperar, en cuyo caso Jones podría pagar un costo de 10 y terminar con $S_3 = 100$ de cualquier modo, o hacer que Smith acepte $S_2 = 20$.

La probabilidad γ debe igualar los dos pagos de estrategia pura de Jones,

$$\pi_j(acepte\ S_1 = 100) = 0 \tag{54}$$

y, usando la Regla de Bayes,

$$\pi_j(rechace\ S_1 = 100) = -10 + \left(\frac{0.5\gamma}{0.5\gamma + 0.5}\right)(80) + \left(\frac{0.5}{0.5\gamma + 0.5}\right)(0), \tag{55}$$

lo que da $\gamma = \frac{1}{7}$.

La probabilidad θ debe ser igual a los dos pagos de estrategia pura de Smith

$$\pi_s(S_1 = 30) = 30 \tag{56}$$

y

$$\pi_s(S_1 = 100) = \theta \cdot 100 + (1 - \theta)(20), \tag{57}$$

lo que resulta en $\theta = \frac{1}{8}$.

CAPÍTULO 12

12.1: Búsqueda de renta. Dos vecinos neutrales al riesgo en la Inglaterra del siglo XVI han ido ante el tribunal y consideran sobornar al juez. Cada uno le hace un regalo, y aquel cuyo regalo es más caro recibe una propiedad que vale 2 000 libras. Si ambos sobornan por la misma cantidad, las posibilidades de ganar el juicio son de 50% para cada uno. Los regalos deben valer 0, 900 o 2 000 libras.

12.1a) ¿Cuál es el único equilibrio de estrategia pura para este juego?

Respuesta. Cada uno ofrece 900 libras, para ganancias esperadas de 100 cada uno (= –900 + 0.5(2 000). El cuadro A.12 muestra los pagos (pero también incluye los pagos para el caso en que se permite la estrategia de una oferta de 1 500 libras). Un jugador que se desvía a cero tiene un pago de cero; un jugador que se desvía a 2 000 libras tiene un pago de cero. Pero (0, 0) no es un equilibrio, porque el pago esperado es de 1 000 libras, en tanto que un jugador que se desvía a 900 tendrá un pago de 1 100 libras.

12.1b) Suponga que también es posible dar un regalo de 1 500 libras. ¿Por qué en ese caso ya no existe un equilibrio de estrategia pura?

Respuesta. Si Smith ofrece 0 o 900, Jones ofrecerá 1 500 libras. Si Smith ofrece 1 500 libras, Jones ofrecerá 2 000 libras. Si ambos ofrecen 2 000 libras, entonces uno puede ganar si se desvía a 0. Pero si smith ofrece 2 000 libras y Jones ofrece 0, entonces Smith se desviará a 900 libras. Esto agota todas las posibilidades.

CUADRO A.12. *Cohechos I*

		Jones		
	£0	£900	£1 500	£2 000
	£0	1 000,1 000	0, 1 100	0, 500	0, 0
Smith	£900	1 100,0	100, 100	–900, 500	–900, 0
	£1 500	500,0	500, –900	–500, –500	–1 500, 0
	£2 000	0,0	0, –900	0, –1 500	–1 000,–1 000

Pagos a: *(Smith, Jones)*

12.1c) ¿Cuál es el equilibrio simétrico de estrategia mixta para el juego ampliado? ¿Cuál es el pago que espera recibir el juez?
Respuesta. Suponga que $(\theta_0, \theta_{900}, \theta_{1\,500}, \theta_{2\,000})$ son las probabilidades. Nunca tiene caso ofrecer 2 000 libras, porque sólo puede dar ganancias de cero o negativas, así que $\theta_{2\,000} = 0$. En un equilibrio simétrico de estrategia mixta, los rendimientos de las estrategias puras son iguales y las probabilidades suman uno, así que

$$\pi_{Smith}(0) = \pi_{Smith}(900) = \pi_{Smith}(1\,500)$$

$$0.5\theta_0(2\,000) = -900 + \theta_0(2\,000) + 0.5\theta_{900}(2\,000) \tag{58}$$
$$= -1\,500 + \theta_0(2\,000) + \theta_{900}(2\,000) + 0.5\theta_{1\,500}(2\,000),$$

y

$$\theta_0 + \theta_{900} + \theta_{1\,500} = 1. \tag{59}$$

Al resolver estas ecuaciones para las tres incógnitas, el equilibrio es (0.4, 0.5, 0.1, 0.0).
El pago esperado del juez es de 1 200 libras (= 2(0.5(900) + 0.1(1 500))).
Nota: Los resultados son sensibles a las ofertas que se permiten. ¿Puede especular sobre lo que ocurriría si el espacio de estrategia fuera todo el *continuum* de 0 a 2 000?

12.1d) En el juego ampliado, si al litigante perdedor se le devuelve su regalo, ¿cuáles son los dos equilibrios? ¿Preferirá el juez esta regla?

Respuesta. El cuadro A.13 presenta la nueva matriz de resultados. En ella hay tres equilibrios: x_1 = (900, 900), x_2 = (1 500, 1 500), y x_3 = (2 000, 2 000).

El pago al juez fue de 1 200 libras bajo el equilibrio único de estrategia mixta en el juego original. Por tanto, su preferencia por las nuevas reglas dependerá de cuál es el equilibrio que se juega con ellas.

CUADRO A.13. *Cohechos II*

		Jones			
		£0	£900	£1 500	£2 000
	£0	1 000 , 1 000	0 , 1 100	0 , 500	0, 0
Smith	£900	1 100 , 0	550 , 550	0 , 500	0, 0
	£1 500	500 , 0	500 , 0	250 , 250	0, 0
	£2 000	0 , 0	0 , 0	0 , 0	0, 0

Pagos a: *(Smith, Jones)*

12.3: Gobierno y monopolio. El monopolista Apex y la empresa que desea entrar, Brydox, compiten por obtener decisiones gubernamentales favorables en el mercado de *widgets*. Apex desea que se rechace una ley que le exigiría compartir sus derechos de patente con Brydox. En cambio, ésta quiere que la ley sea aprobada. El que le ofrezca al presidente del Comité de Telecomunicaciones de la Cámara de Diputados la mayor contribución para sus campañas políticas gana, y el perdedor no paga nada. La curva de demanda del mercado es $P = 25 - Q$ y el costo marginal es una constante de 1.

12.3a) ¿Quién hará la oferta más alta si los duopolistas siguen la conducta de Bertrand? ¿Cuánto ofrecerá el ganador?

Respuesta. Apex hace una mayor oferta, porque obtendrá ganancias monopólicas si gana, y las ganancias de Bertrand son iguales a cero. Apex también puede ofrecer alguna cantidad pequeña ε y ganar.

12.3b) ¿Quién hará la oferta más alta si los duopolistas siguen la conducta de Cournot? ¿Cuánto ofrecerá el ganador?

Respuesta. Las ganancias monopólicas se encuentran mediante el problema

$$\text{Maximice } Q_a(25 - Q_a - 1), \qquad (60)$$
$$Q_a$$

que tiene la condición de primer orden $25 - 2Q_a - 1 = 0$, de modo que $Q_a = 12$ y $\pi_a = 144 (= 12(25 - 12 - 1))$.

Las ganancias de Cournot por el duopolio para cada empresa se encuentran mediante el problema

$$Maximice_{Q_a} \ Q_a(25 - Q_a - Q_b - 1), \qquad (61)$$

que tiene la condición de primer orden $25 - 2Q_a - Q_b - 1 = 0$. Si el equilibrio es simétrico y $Q_b = Q_a$, entonces $Q_a = 8$ y $\pi_a = 64 (= 8(25 - 8 - 8 - 1))$.

Brydox ofrecerá hasta 64. Apex ofrecerá hasta $80 (= 144 - 64)$, por lo que Apex ganará la subasta a un precio de 64.

12.3c) ¿Qué ocurre bajo la conducta de Cournot si Apex puede comprometerse a entregar su patente gratis a todo el mundo en caso de aprobarse la ley de acceso a la industria? ¿Cuánto ofrecerá Apex al congresista?

Respuesta. Apex ofrecerá una cantidad pequeña ε y ganará. Se comprometerá a ceder su patente si la ley es aprobada, lo que significa que si se aprueba la ley la industria recibirá ganancias iguales a cero y Brydox no tiene ningún incentivo para ofrecer una cantidad positiva que le asegure su entrada al mercado.

CAPÍTULO 13

13.1: El Bertrand diferenciado con anuncios. Dos empresas que producen sustitutos compiten con las siguientes curvas de demanda

$$q_1 = 10 - \alpha p_1 + \beta p_2 \qquad (62)$$

y

$$q_2 = 10 - \alpha p_2 + \beta p_1. \qquad (63)$$

El costo marginal es una constante $c = 3$. La estrategia de un jugador es su precio. Suponga que $\alpha > \beta/2$.

13.1a) ¿Cuál es la función de reacción para la empresa 1? Dibuje las curvas de reacción para ambas empresas.

Respuesta. La función de ganancia de la empresa 1 es

$$\pi_1 = (p_1 - c)q_1 = (p_1 - 3)(10 - \alpha p_1 + \beta p_2). \qquad (64)$$

Si diferenciamos con respecto a p_1 y resolvemos la condición de primer orden, obtenemos la función de reacción

$$p_1 = \frac{10 + \beta p_2 + 3\alpha}{2\alpha}. \qquad (65)$$

Esto se representa en la gráfica A.10.

GRÁFICA A.10. *Curvas de reacción en un juego de Bertrand con publicidad*

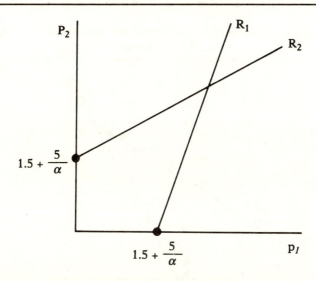

13.1b) ¿Cuál es el equilibrio? ¿Cuál es la cantidad de equilibrio para la empresa 1?

Respuesta. Usando la simetría del problema, haga que $p_1 = p_2$ en la función de reacción para la empresa 1 y resuelva, para que dé $p_1^* = p_2^* = (10 + 3\alpha)/(2\alpha - \beta)$. Mediante la función de demanda para la empresa 1, $q_1 = (10\alpha + 3\alpha(\beta - \alpha)/(2\alpha - \beta)$.

13.1c) Muestre cómo cambia la función de reacción de la empresa 2 cuando aumenta β. ¿Qué les sucede a las curvas de reacción en el diagrama?

Respuesta. La pendiente de la curva de reacción de la empresa 2 es $\partial p_2/\partial p_1 = \beta/2\alpha$. El cambio en ésta cuando β cambia es $\partial^2 p_2/\partial p_1 \partial \beta = 1/2\alpha > 0$. Así, la curva de reacción de la empresa 2 tiene mayor pendiente, como se muestra en la gráfica A.11.

13.1d) Suponga que una campaña de publicidad puede aumentar el valor de β en uno, y que eso aumentará las ganancias de cada empresa por arriba del costo de la campaña. ¿Qué significa esto? Si cada una de las empresas puede pagar por esta campaña, ¿qué juego resultará entre ellas?

Respuesta. Un aumento en β significa que la cantidad que se demanda a una empresa responderá más al precio de la otra empresa. Los bienes se convierten en sustitutos cercanos y la demanda total de los dos bienes aumenta.

Si cualquiera de las dos empresas puede pagar por la campaña publicitaria, resultaría un juego del Gallina, con pagos similares a los que se presentan en el cuadro A.14, en el que la campaña de publicidad cuesta 1 y rinde ganancias adicionales de 4 a cada empresa.

GRÁFICA A.11. *Forma en que las curvas de reacción cambian cuando aumenta* β

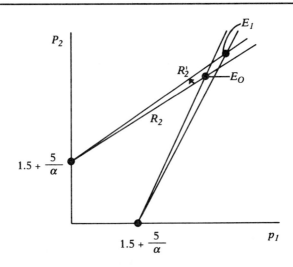

CUADRO A.14. *Un juego del Gallina con publicidad*

		Empresa 2	
		Anunciar	*No anunciar*
Empresa 1	*Anunciar*	3,3 →	**3,4** ↑
		↓	
	No anunciar	**4,3** ←	0,0

Pagos a: (Empresa 1, Empresa 2)

13.3: El Bertrand diferenciado. Dos empresas que producen sustitutos tienen las curvas de demanda

$$q_1 = 1 - \alpha p_1 + \beta(p_2 - p_1) \tag{66}$$

y

$$q_2 = 1 - \alpha p_2 + \beta(p_1 - p_2), \tag{67}$$

donde $\alpha > \beta$. El costo marginal es una constante c, donde $c < 1/\alpha$. La estrategia de un jugador es su precio.

13.3a) ¿Cuáles son las ecuaciones para las curvas de reacción $p_1(p_2)$ y $p_2(p_1)$? Dibújelas.

Respuesta. La empresa 1 soluciona el problema de maximizar $\pi_1 = (p_1 - c)q_1 = (p_1 - c)(1 - \alpha p_1 + \beta [p_2 - p_1])$ por su elección de p_1. La condición de primer orden es $1 - 2(\alpha + \beta)p_1 + \beta p_2 + (\alpha + \beta)c = 0$, lo que da la función de reacción

$$p_1 = \frac{1 + \beta p_2 + (\alpha + \beta)c}{2(\alpha + \beta)} .$$

Para p_2:

$$p_2 = \frac{1 + \beta p_1 + (\alpha + \beta)c}{2(\alpha + \beta)} .$$

La gráfica A.12 muestra las curvas de reacción. Observe que $\beta > 0$, porque los bienes son sustitutos.

13.3*b)* ¿Cuál es el equilibrio de estrategia pura para este juego?

Respuesta. Este juego es simétrico, así que podemos adivinar que $p_1^* = p_2^*$. Si ése es el caso y se usan las curvas de reacción,

$$p_1^* = p_2^* = [1 + (\alpha + \beta)c]/[2\alpha + \beta].$$

GRÁFICA A.12. *Curvas de reacción para el juego de Bertrand diferenciado*

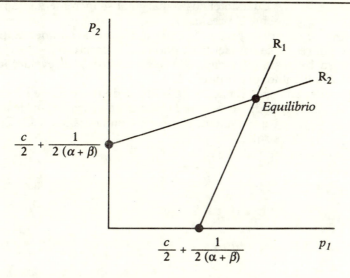

13.3.*c)* ¿Qué ocurre a los precios si α, β o c aumentan?

Respuesta. La respuesta de p^* a un incremento en α es

$$\frac{\partial p^*}{\partial \alpha} = \frac{c}{2\alpha + \beta} - \frac{2[1 + (\alpha + \beta)c]}{(2\alpha + \beta)^2}$$

$$= \left(\frac{1}{(2\alpha + \beta)^2}\right)(2\alpha c + \beta c - 2 - 2\alpha c - 2\beta c) < 0. \qquad (68)$$

La derivada tiene el mismo signo que $-\beta c - 2 < 0$, por lo que, como $\beta > 0$, el precio baja a medida que α aumenta. Esto tiene sentido porque α representa la respuesta de la cantidad demandada al propio precio de la empresa.
El aumento en p^* cuando β aumenta es

$$\frac{\partial p^*}{\partial \beta} = \frac{c}{(2\alpha + \beta)} - \frac{1 + (\alpha + \beta)c}{(2\alpha + \beta)^2}$$

$$= \left(\frac{1}{(2\alpha + \beta)^2}\right)(2\alpha c + \beta c - 1 - \alpha c - \beta c) < 0. \qquad (69)$$

El precio baja al bajar β, porque $c < 1/\alpha$.
El aumento en p^* cuando c aumenta es

$$\frac{\partial p^*}{\partial c} = \frac{\alpha + \beta}{2\alpha + \beta} > 0. \qquad (70)$$

Cuando el costo marginal se incrementa, también aumenta el precio.

13.3.d) ¿Qué le ocurre al precio de cada empresa si α aumenta, pero sólo la empresa 2 se da cuenta de ello (y si la empresa 2 sabe que la empresa 1 no está informada de ese aumento)? ¿Le revelará la empresa 2 el cambio a la empresa 1?

Respuesta. Por la ecuación de la curva de reacción de la empresa 1, puede verse que la curva de reacción se desplazará y girará como se representa en la gráfica A.13. Esto es así porque

$$\frac{\partial p_2}{\partial p_1} = \frac{\beta}{2(\alpha + \beta)},$$

de modo que

$$\frac{\partial^2 p_2}{\partial p_1 \partial \beta} = -\frac{\beta}{2(\alpha + \beta)^2} < 0.$$

La curva de reacción de la empresa 2 no cambia, y cree que tampoco ha cambiado la curva de reacción de la empresa 1, así que la empresa 2 no tiene ninguna razón para cambiar su precio. El equilíbrio cambia de E_0 a E_1; la empresa 1 mantiene su precio, pero la empresa 2 reduce el suyo. La empresa 2 no quiere revelar el cambio a la empresa 1, porque entonces la empresa 1 también reducirá su precio (y la empresa 2 reducirá su precio aún más), y el nuevo equilibrio será E_2.

GRÁFICA A.13. *Cambios en las curvas de reacción*

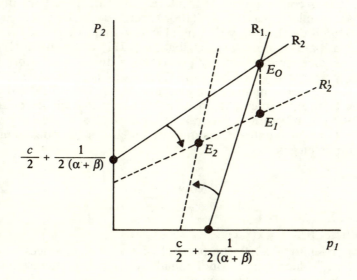

B. MATEMÁTICAS

El propósito de este apéndice es triple: recordar a algunos lectores las definiciones de términos que ya han visto antes, dar a otros lectores una idea de lo que significan los términos y presentar una lista de unos cuantos teoremas para referencia. De acuerdo con estas finalidades limitadas, algunos términos como "punto de frontera" no se definen. Para una exposición más completa, véase Rudin (1964) acerca del análisis real, la *Theory of Value* (1959) de Debreu, y Chiang (1984) y Takayama (1985) sobre las matemáticas para economistas. Intriligator (1971) y Varian (1992) ofrecen buenos apéndices matemáticos y provechosas discusiones sobre la optimización, y Seierstad y Sydsaeter (1987) y Kamien y Schwartz (1991) cubren la maximización mediante la elección de funciones. El libro de 1985 de Border trata enteramente de los teoremas del punto fijo. El de Stokey y Lucas (1989) se refiere a la programación dinámica. Fudenberg y Tirole (1991a) es la mejor fuente de teoremas matemáticos que pueden utilizarse en la teoría de juegos.

NOTACIÓN

Σ Suma. $\sum_{i=1}^{3} x_i = x_1 + x_2 + x_3$.

Π Producto. $\Pi_{i=1}^{3} x_i = x_1 x_2 x_3$.

$|\ |$ Valor absoluto. Si $x \geq 0$, entonces $|x| = x$ y si $x < 0$, entonces $|x| = -x$.

$|$ "Tal que," "dado que", "condicionado a". $\{x | x < 3\}$ representa el conjunto de números reales menores que 3. $Prob(x|y < 5)$ indica la probabilidad de x dado que y sea menor que 5.

$:$ "Tal que." $\{x : x < 3\}$ indica el conjunto de números reales menores que 3. Los dos puntos son sinónimo de $|$.

R^n El conjunto de n-vectores dimensionales de números reales (enteros, fracciones y los límites superiores menores de cualquier subconjunto correspondiente).

$\{\ \}$ Un conjunto de elementos. El conjunto $\{3, 5\}$ consiste en dos elementos, 3 y 5.

$\in$ "Es un elemento de." $a \in \{2, 5\}$ significa que a toma el valor de 2 o de 5.

$\subset$ Inclusión en un conjunto. Si $X = \{2, 3, 4\}$ y $Y = \{2, 4\}$, entonces $Y \subset X$ porque Y es un subconjunto de X.

$[a, b]$ Un intervalo cerrado. El intervalo $[0, 1\,000]$ es el conjunto $\{x | 0 \leq x \leq 1\,000\}$. Los corchetes también se usan como delimitadores.

(a, b) Un intervalo abierto. El intervalo $(0, 1\,000)$ es el conjunto $\{x | 0 < x < 1\,000\}$. $(0, 1\,000)$ será un intervalo medio abierto, el conjunto $\{x | 0 < x \leq 1\,000\}$. También se usan los paréntesis como delimitadores.

$\times$ El producto cartesiano (se lee "cruz"). $X \times Y$ es el conjunto de puntos $\{x, y\}$, donde $x \in X$ y $y \in Y$.

ε Un número positivo arbitrariamente pequeño. Si mi pago tanto por *Izquierda* como por *Derecha* es igual a 10, me es indiferente elegir entre ellos; si mi pago por *Izquierda* cambia a 10 ÷ ε, prefiero *Izquierda*.

~   Decimos que $X \sim F$ si la variable aleatoria X se distribuye de acuerdo con la variable aleatoria F.

∃   "Existe..."

∀   "Para todo..."

≡   "Igual por definición."

→   Si f presenta el mapa del espacio X en el espacio Y, escribimos $f : X \rightarrow Y$.

$\dfrac{df}{dx}$, $\dfrac{d^2f}{dx^2}$ La primera y la segunda derivada de una función. Si $f(x) = x^2$, entonces $\dfrac{df}{dx} = 2x$ y $\dfrac{d^2f}{dx^2} = 2$.

f', f'' La primera y la segunda derivadas de una función. Si $f(x) = x^2$, entonces $f' = 2x$ y $f'' = 2$. También se usan números primos en las variables (no en las funciones) para otras finalidades: x' y x'' pueden denotar dos valores particulares de x.

$\dfrac{\partial f}{\partial x}$, $\dfrac{\partial^2 f}{\partial x \partial y}$ Derivadas parciales de una función. Si $f(x, y) = x^2 y$, entonces $\dfrac{\partial f}{\partial x} = 2xy$ y $\dfrac{\partial^2 f}{\partial x \partial y} = 2x$.

y_{-i} El conjunto y menos el elemento i. Si $y = \{y_1, y_2, y_3\}$, entonces $y_{-2} = \{y_1, y_3\}$.

Max (,)   El máximo de dos números. $Max(x, y)$ indica al mayor de x y y.

Min (,)   El mínimo de dos números. $Min(5, 3) = 3$.

Sup X   El supremo (el menor límite superior) del conjunto X. Si $X = \{x \mid 0 \le x < 1\,000\}$, entonces $sup\,X = 1\,000$. El supremo es útil porque a veces, como en este caso, no existe un máximo.

Inf X   El ínfimo (el límite inferior mayor) del conjunto X. Si $X = \{x \mid 0 \le x < 1\,000\}$, entonces $inf\,X = 0$.

Argmax   El argumento que maximiza una función. Si $e^* = argmax\ EU(e)$, entonces e^* es el valor de e que maximiza la función $EU(e)$. El argmax de $f(x) = x - x^2$ es 1/2.

Maximum   El mayor valor que puede tomar una función. $Maximum(x - x^2) = 1/4$.

Minimum   El menor valor que puede tomar una función. $Minimum(-5 + x^2) = -5$.

El alfabeto griego

A	α	alfa	N	υ	ny
B	β	beta	Ξ	ξ	xi
Γ	γ	gamma	O	o	ómicron
Δ	δ	delta	Π	π	pi
E	$\in$ o ε	épsilon	P	ρ	rho
Z	ζ	zeta	Σ	σ	sigma

H	η	eta	T	τ	tau
Θ	θ	theta	Υ	υ	ípsilon
I	ι	iota	Φ	ϕ	fi
K	κ	kappa	X	χ	ji
Λ	λ	lambda	Ψ	ψ	psi
M	μ	my	Ω	ω	omega

FÓRMULAS SENCILLAS

La fórmula cuadrática

Deje que

$$ax^2 + bx + c = 0.$$

Entonces

$$x = \frac{-b \pm \sqrt{b^2 - 4ac}}{2a}.$$

$\log(xy) = \log(x) + \log(y)$.
$\log(x^2) = 2\log(x)$.
$a^x = (e^{\log(a)})^x$.
$e^{rt} = (e^r)^t$.
$e^{a+b} = e^a e^b$.
$a > b \Rightarrow ka < kb$, si $k < 0$.

Derivadas

$f(x)$	$f'(x)$
x^a	ax^{a-1}
$\dfrac{1}{x}$	$-\dfrac{1}{x^2}$
$\dfrac{1}{x_2}$	$-\dfrac{2}{x^3}$
e^x	e^x
e^{rx}	re^{rx}
$\log(ax)$	$1/x$
$\log(x)$	$1/x$
a^x	$a^x \log(a)$
$f(g(x))$	$f'(g(x)) \cdot g'(x)$
$f(x)g(x)$	$f'(x)g(x) + f(x)g'(x)$

Determinantes

$$\begin{vmatrix} a_{11} & a_{12} \\ a_{21} & a_{22} \end{vmatrix} = a_{11}a_{22} - a_{21}a_{12}.$$

$$\begin{vmatrix} a_{11} & a_{12} & a_{13} \\ a_{21} & a_{22} & a_{23} \\ a_{31} & a_{32} & a_{33} \end{vmatrix} = a_{11}a_{22}a_{33} - a_{11}a_{23}a_{32} + a_{12}a_{23}a_{31} - a_{12}a_{21}a_{33} + a_{13}a_{21}a_{32} - a_{13}a_{22}a_{31}.$$

Algunas formas funcionales útiles para $x > 0$

$f(x)$	$f'(x)$	$f''(x)$	Pendiente	Curvatura
$\log(x)$	$\dfrac{1}{x}$	$-\dfrac{1}{x^2}$	creciente	cóncava
$\sqrt{x}$	$\dfrac{1}{2\sqrt{x}}$	$-\dfrac{1}{4x^{(3/2)}}$	creciente	cóncava
x^2	$2x$	2	creciente	convexa
$\dfrac{1}{x}$	$-\dfrac{1}{x^2}$	$\dfrac{2}{x^3}$	decreciente	convexa
$7 - x^2$	$-2x$	-2	decreciente	cóncava
$7x - x^2$	$7 - 2x$	-2	creciente/	cóncava

Los signos de las derivadas pueden confundir. La función convexa $f(x) = x^2$ es creciente a una tasa cada vez mayor, pero la función convexa $f(x) = 1/x$ es decreciente a una tasa *decreciente*, aunque $f'' > 0$ en ambos casos; es decir, en ambos casos la pendiente es cada vez más positiva.

GLOSARIO

Abierto En el espacio R^n, un conjunto abierto es uno que no incluye todos sus puntos fronterizos. El conjunto $\{x : 0 \leq x < 1\,000\}$ es abierto. En espacios más generales, un conjunto abierto es un miembro de una topología.

Afín Una función afín $f(x)$ es una función de la forma $f(x) = \alpha + \beta x$.

Anualidad Un valor sin riesgos que paga una cantidad constante cada año durante un periodo determinado de años, y en el que convencionalmente se paga la cantidad al final de cada año.

Apoyo El apoyo de una distribución de probabilidad $F(x)$ es el cierre del conjunto de valores de x tal que la densidad es positiva. Si cada producción entre 0 y 20 tiene una densidad positiva de probabilidad, y ninguna otra producción la tiene, el apoyo de la distribución de la producción es [0, 20].

Casi siempre   Véase "genéricamente".

Cero, medida   Véase "genéricamente".

Cerrado   Un conjunto cerrado en R^n incluye sus puntos límite. El conjunto $\{x : 0 \leq x \leq 1\,000\}$ es un conjunto cerrado.

Compacto   Si un conjunto X en R^n es cerrado e inseparable, X es compacta.

Cóncava, función   La función continua $f(x)$ definida sobre el intervalo X es cóncava para todos los elementos w y z de X, $f(0.5w + 0.5z) \geq 0.5f(w) + 0.5f(z)$. Si f hace el mapa de **R** en **R** y f es diferenciable y cóncava, $f'' \leq 0$. Véase la gráfica B.1.

Continua, función   Deje que $d(x, y)$ represente la distancia entre los puntos x y y. La función f es continua si para cada $\varepsilon > 0$ existe un número $\delta(\varepsilon) > 0$ tal que $d(x, y) < \delta(\varepsilon)$ implica que $d(f(x), f(y)) < \varepsilon$.

Continuum   Un *continuum* es un intervalo cerrado de la línea real, o un conjunto que puede representarse uno-a-uno en un intervalo de ese tipo.

Contracción   Se dice que el mapa de $f(x)$ es una contracción si existe un número $c < 1$ tal que para el métrico d del espacio X,

$$d(f(x), f(y)) \leq cd(x, y) \text{ para todas las } x, y \in X \qquad (1)$$

GRÁFICA B.1. *Concavidad y convexidad*

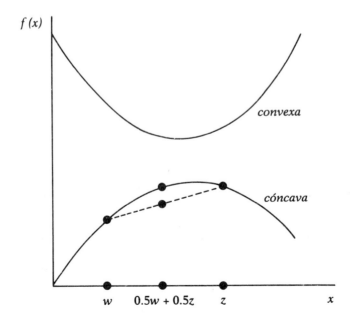

Convexa, función   La función continua $f(x)$ es convexa si para todos los elementos w y z de X, $f(0.5w + 0.5z) \leq 0.5(w) + 0.5f(z)$. Véase la gráfica B.1. Las funciones convexas sólo se relacionan débilmente con los conjuntos convexos.

Convexo, conjunto   Si el conjunto X es convexo si usted toma cualesquiera dos de sus elementos, w y z, y un número real t, $0 \leq t \leq 1$, entonces $tw + (1 - t)z$ también está en X.

Correspondencia   Una correspondencia es un mapa que representa cada punto con respecto a uno o más de los otros puntos, a diferencia de una función, que sólo representa con respecto a un punto.

Correspondencia semicontinua inferior   La correspondencia ϕ es inferior semicontinua en el punto x_0 si

$$x_n \to x_0, y_0 \in \phi(x_0), \text{ implica } \exists y_n \in \phi(x_n) \text{ tal que } y_n \to y_0, \qquad (2)$$

lo que significa que, asociada con toda secuencia x que lleva a x_0, hay una secuencia y que conduce a su imagen. Véase la gráfica B.2. Esta idea no es tan importante como la de la semicontinuidad superior.

Correspondencia semicontinua superior   La correspondencia $\phi : X \to Y$ es semicontinua superior en el punto x_0 si

$$x_n \to x_0, y_n \in \phi(x_n), y_n \to y_0, \text{ implica } y_0 \in \phi(x_0), \qquad (3)$$

lo que significa que toda secuencia de puntos en $\phi(x)$ conduce a un punto que también está en $\phi(x)$. Véase la gráfica B.2. Una definición alternativa, adecuada sólo si y es compacta, es que ϕ es semicontinua superior si el conjunto de puntos $\{x, \phi(x)\}$ es cerrado.

Cuasicóncava   La función continua f es cuasicóncava si para $w \neq z$, $f(0.5w + 0.5z) > min[f(w), f(z)]$, o equivalentemente, si el conjunto $\{x \in X | f(x) > b\}$ es convexo para cualquier número b. Toda función cóncava es cuasicóncava, pero no toda función cuasicóncava es cóncava.

Débil   La palabra "débil" se usa en varios contextos para significar que una relación se podría sostener con la igualdad o estar en la frontera. Si f es cóncava y $f' > 0$, entonces $f'' \leq 0$, pero decir que f es débilmente cóncava, si bien no añade nada al significado, pone énfasis en que $f'' = 0$ bajo algunos o todos los parámetros. Lo contrario de débil es "riguroso" o "fuerte".

Dominio estocástico   Véase la discusión del **Riesgo** más adelante.

Función   Si f presenta el mapa de cada punto en X con respecto a exactamente un punto en Y, f se considera una función. Los dos mapas en la gráfica B.1 son funciones, pero el mapa en la gráfica B.2 no.

Genéricamente   Si una afirmación es cierta con respecto a un conjunto X genéricamente, "excepto sobre un conjunto de medida cero", o "casi siempre", es falsa sólo en un subconjunto de puntos Z que tienen la siguiente propiedad. Si se elige un punto aleatoriamente usando una función de densidad con apoyo X, la probabilidad de elegir un punto en Z es de cero. Esto implica que si la afirmación es falsa en $z \in \mathbf{R}^n$ y z es perturbada añadiendo una cantidad aleatoria ε, la afirmación es cierta en z + ε con probabilidad de uno.

Hacia   El mapa $f : X \rightarrow Y$ es hacia Y si todo punto en el conjunto Y puede proyectarse hacia algún punto en X.

Lagrange, multiplicador de   El multiplicador de Lagrange λ es el valor marginal de flexibilizar una limitación en un problema de optimización. Si el problema es

$$[Maximice \ x^2 \text{ condicionado a que } x \leq 5], \text{ entonces } \lambda = 2x^* = 10.$$
$$x$$

Margen que conserva la media   Véase la discusión del **Riesgo** más adelante.

Maximando   Un maximando es lo que se maximiza. En el problema: "Maximice $f(x, \theta)$ por la elección de x", el maximando es f.

Métrico   La función $d(w, z)$ definida para los elementos del conjunto X es un métrico si *1)* $d(w, z) > 0$ si $w \neq z$ y $d(w, z) = 0$ si $w = z$; *2)* $d(w, z) = d(z, w)$; y *3)* $d(w, z) \leq d(w, y) + d(y, z)$ para los puntos $w, y, z \in X$.

Métrico, espacio   El conjunto X es un espacio métrico si está asociado con un métrico que define la distancia entre cualesquiera de sus dos elementos. Todo espacio métrico compacto es completo.

Monotónica   Una función $f(x)$ es monotónica y creciente si $x > y$ implica $f(x) > f(y)$. Es monotónica y decreciente si $x > y$ implica $f(x) < f(y)$.

GRÁFICA B.2. *Semicontinuidad superior*

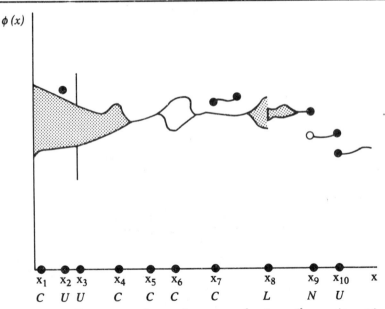

NOTA: Los puntos en los que la correspondencia es sólo superior semicontinua se representan mediante U; sólo inferior semicontinua, L; ambos, C; y ninguno, N.

Perpetuidad   Un valor sin riesgos, que paga una cantidad constante cada año a perpetuidad, la cual convencionalmente se paga al final de cada año.

Retícula   Una retícula es un conjunto ordenado parcialmente (el ordenamiento $\geq$ es definido) donde cualesquiera dos elementos a y b, los valores $inf(a, b)$ y $sup(a, b)$ también están en el conjunto. Una retícula está completa si el infimum y el supremum de cada uno de sus subconjuntos están en la retícula.

Riesgo   Véase la discusión especial del **Riesgo** más adelante.

Rigurosa   La palabra "rigurosa" se usa en varios contextos para significar que una relación no se sostiene con igualdad o que no está arbitrariamente cerca de ser violada. Si la función f es cóncava y $f' > 0$, entonces $f'' \leq 0$, pero si f es rigurosamente cóncava, $f'' < 0$. Lo contrario de "rigurosa" es "débil". A veces se usa la palabra "fuerte" como sinónimo de "riguroso".

Supermodular   Véase la discusión sobre la **supermodularidad** más adelante.

Topología   Además de indicar un campo de las matemáticas, la topología es una colección de subconjuntos de un espacio a los que se llama "conjuntos abiertos" que incluye: *1)* todo el espacio y el conjunto vacío, *2)* la intersección de cualquier número finito de conjuntos abiertos y *3)* la unión de cualquier número de conjuntos abiertos. En un espacio métrico, el métrico "induce" una topología definiendo un conjunto abierto. Imponer una topología en un espacio es parecido a definir cuáles elementos están cercanos el uno al otro, lo que es fácil de hacer para $\mathbf{R}^n$, pero no para todo espacio (por ejemplo, los espacios que consisten en funciones o en árboles del juego).

Uno-a-uno   El mapa de $f : X \to Y$ es hacia Y si todo punto en Y está ubicado con respecto a algún punto en X.

Vector   Un vector es un conjunto ordenado de números reales, un punto en $\mathbf{R}^n$. El punto $(2.5, 3, -4)$ es un vector en $\mathbf{R}^3$.

RIESGO

Decimos que un jugador tiene **aversión al riesgo** si su función de utilidad es rigurosamente cóncava en dinero, lo que significa que ha disminuido su utilidad marginal por el dinero. Es **neutral al riesgo** si su función de utilidad es lineal en términos del dinero. El calificativo "en dinero" se usa porque la utilidad también puede ser una función de otras variables, como el esfuerzo.

Decimos que la distribución de probabilidades F **domina** a la distribución G en el sentido de un **dominio estocástico de primer orden** si la probabilidad acumulativa de que la variable tomará un valor menor que x es mayor para G que para F, es decir, si para cualquier x

$$F(x) \leq G(x), \tag{4}$$

y si (4) es una fuerte desigualdad por lo menos para un valor de x. La distribución F domina a G en el sentido de un **dominio estocástico de segundo orden** si la superficie bajo la distribución acumulativa G hasta $G(x)$ es mayor que la superficie F, esto es, si para cualquier x

$$\int_{-\infty}^{x} F(y)dy \leq \int_{-\infty}^{x} G(y)dy, \tag{5}$$

y si (5) es una fuerte desigualdad para algún valor de x. En forma equivalente, F domina a G si, para todas las funciones U, al limitar U a funciones crecientes para el dominio de primer orden y funciones cóncavas crecientes para el dominio de segundo orden,

$$\int_{-\infty}^{+\infty} U(x)dF(x) > \int_{-\infty}^{+\infty} U(x)dG(x). \tag{6}$$

Si F es un juego dominante de primer orden, todos los jugadores lo prefieren; si F es un juego dominante de segundo orden, es preferido por todos los jugadores con aversión al riesgo. Si F es dominante de primer orden, es dominante de segundo orden, pero no a la inversa. Consulte a Milgrom (1981b) y a Copeland y Weston (1988) para detalles adicionales.

Rothschild y Stiglitz (1979) muestran cómo se puede relacionar a dos jugadas en otras formas equivalentes al dominio de segundo orden, y la más importante de ellas es el **margen que conserva la media.** Informalmente, un margen que conserva la media es una función de densidad que transfiere la masa de las probabilidades desde en medio a los extremos. Más formalmente, para distribuciones discretas que dan suficiente probabilidad a los cuatro puntos a_1, a_2, a_3 y a_4,

> Un **margen que conserva la media** *es un subconjunto de cuatro localizaciones* $a_1 < a_2 < a_3 < a_4$ *y cuatro probabilidades* $\gamma_1 \geq 0$ $\gamma_2 \leq 0$, $\gamma_3 \leq 0$, *y* $\gamma_4 \geq 0$ *tal que* $-\gamma_1 = \gamma_2$, $\gamma_3 = -\gamma_4$ *y* $\Sigma_i \gamma_i a_i = 0$.

Esta definición puede extenderse a distribuciones continuas, y se puede definir alternativamente como el hecho de tomar masa de probabilidad de un punto en medio y moverla a los lados. Véase también Rasmusen y Petrakis (1992).

Milgrom (1981b) ha usado el dominio estocástico para definir cuidadosamente lo que queremos decir cuando hablamos de **buenas noticias.** Deje que θ sea un parámetro acerca del cual se reciben noticias en forma de un mensaje x o y, y deje que la utilidad sea creciente en θ. El mensaje x es más favorable que y (es una "buena noticia") si para toda opinión previa no degenerada para $F(\theta)$, la posterior $F(\theta|x)$ de primer orden domina a $F(\theta|y)$.

Distribuciones de probabilidad

La lista definitiva de las distribuciones de probabilidad y de sus características se encuentra en la serie de tres volúmenes de Johnson y Kotz (1970). Aquí se presenta una lista de algunas distribuciones principales. Una **distribución de probabilidad** es lo mismo que una **función de densidad acumulativa** para una distribución continua.

Distribución exponencial. La distribución exponencial, que tiene como apoyo al conjunto de números reales no negativos, cuenta con la función de densidad

$$f(x) = \frac{e^{-x/\lambda}}{\lambda}. \tag{7}$$

La función de densidad acumulativa es

$$F(x) = 1 - e^{-x/\lambda}. \tag{8}$$

Distribución uniforme. Una variable está distribuida uniformemente en el apoyo X si cada punto en X tiene una probabilidad igual. La función de densidad para el apoyo $X = [\alpha, \beta]$ es

$$f(x) = \begin{cases} 0 & x < \alpha \\ \dfrac{1}{\beta - \alpha} & \alpha \le x \le \beta \\ 0 & x > \beta \end{cases} \tag{9}$$

y la función de densidad acumulativa es

$$F(x) = \begin{cases} 0 & x < \alpha \\ \dfrac{x - \alpha}{\beta - \alpha} & \alpha \le x \le \beta \\ 1 & x > \beta \end{cases} \tag{10}$$

Distribución normal. La distribución normal es una distribución de dos parámetros con un solo pico que tiene como su apoyo a tóda la línea real. La función de la densidad para la media μ y la varianza σ^2 es

$$f(x) = \frac{1}{\sqrt{2\pi\sigma^2}} e^{\frac{-(x - \mu)^2}{2\sigma^2}}. \tag{11}$$

La función de densidad acumulativa es la integral de ésta, con frecuencia representada por $\Phi(x)$, que no puede simplificarse analíticamente. Refiérase a programas de cómputo como *Mathematica* o a cuadros en textos de estadística para sus valores.

Distribución log-normal (distribución logarítmica normal). Si log(x) tiene una distribución normal, se dice que x tiene una distribución log-normal. Es una distribución sesgada que tiene como apoyo al conjunto de números reales positivos, ya que el logaritmo de un número negativo no es definido.

SUPERMODULARIDAD[1]

Suponga que hay N jugadores en un juego, con los subíndices m y n, y que el jugador n tiene una estrategia que consiste en k_n elementos, con los subíndices i y j, de modo que su estrategia es el vector $x_n = (x_{n1}, ..., x_{nk_n})$. Deje que su conjunto de estrategia sea S_n y su función de pago $\pi_n(x_n, x_{-n}; \tau)$, en la que τ representa un parámetro fijo del juego. Decimos que el juego es un **juego supermodular** si se satisfacen las siguientes cuatro condiciones.

(A1) S_n es una retícula (red) completa.

(A2) $\pi_n : S \to R \cup \{-\infty\}$ es de orden semicontinuo en x_n para una x_{-n} fija y de orden continuo en x_{-n} para una x_n fija, y tiene un límite superior finito.

(A3) π_n es supermodular en x_n para una x_{-n} fija. Para todos los perfiles de estrategia x y y en S,

$$\pi_n(x) + \pi_n(y) \le \pi_n(supremum\{x, y\}) + \pi_n(infimum\{x, y\}). \qquad (12)$$

(A4) π_n tiene diferencias crecientes en x_n y x_{-n}. Para todas la $x_n \ge x'_n$, la diferencia $\pi_n(x_n, x_{-n}) - \pi_n(x'_n, x_{-n})$ es nodecreciente en x_{-n}.

(A5) π_n tiene diferencias crecientes en x_n y τ, para una x_{-n} fija. Para todas las $x_n \ge x'_n$, la diferencia $\pi_n(x_n, x_{-n}, \tau) - \pi_n(x'_n, x_{-n}, \tau)$ es nodecreciente en τ.

Las condiciones para una **supermodularidad suave** son:

(A1') El conjunto de estrategia es un intervalo en $\mathbf{R}^{k_n}$:

$$S_n = [\underline{x_n}, \bar{x}_n]. \qquad (13)$$

(A2') π_n es doblemente diferenciable de manera continua en S_n.

(A3') (supermodularidad) Incrementar un componente de la estrategia del jugador n no disminuye el beneficio marginal neto de cualquier otro componente. Para todas las n, y para todas las i y j tales que $1 \le i < j \le k_n$,

$$\frac{\partial^2 \pi_n}{\partial x_{ni} \partial x_{nj}} \ge 0. \qquad (14)$$

(A4') (diferencia creciente en la propia y otras estrategias) Incrementar un componente de la estrategia de n no disminuye el beneficio marginal neto de incrementar cualquier componente de la estrategia del jugador m. Para todas las $n \ne m$, y todas las i y j tales que $1 \le i \le k_n$ y $1 \le j \le k_m$,

$$\frac{\partial^2 \pi_n}{\partial x_{ni} \partial x_{mj}} \ge 0. \qquad (15)$$

---

[1] Esta discusión se basa en la de Milgrom y Roberts (1990).

(A5') (diferencias crecientes en las estrategias propias y los parámetros) Incrementar el parámetro τ no disminuye el beneficio marginal neto al jugador n de cualquier componente de su estrategia: para todas las n y todas las i tales que $1 \leq i \leq k_n$,

$$\frac{\partial^2 \pi_n}{\partial x_{ni} \partial \tau} \geq 0. \tag{16}$$

Teorema 13.1

Si el juego es supermodular, existen un equilibrio de Nash más grande y uno más pequeño en las estrategias puras.

El teorema 13.1 es útil porque muestra *a)* la existencia de un equilibrio en estrategias puras y *b)* si hay por lo menos dos equilibrios (observe que el equilibrio mayor y el menor pueden ser el mismo perfil de estrategia), dos de ellos pueden ser jerarquizados en términos de las magnitudes de los componentes de la estrategia de equilibrio de cada jugador.

Teorema 13.2

Si el juego es supermodular y se satisface (A5'), el equilibrio mayor y el menor son funciones no decrecientes del parámetro τ.

Teorema B.1

Si un juego es supermodular, para cada jugador n hay una estrategia mayor y una menor serialmente no dominada, en que ambas de estas estrategias son puras.

Teorema B.2

Deje que x_n represente el elemento más pequeño del conjunto de estrategia S_n del jugador n, en un juego supermodular. Deje que y y z representen dos equilibrios, con $y \leq z$. Entonces:

1) *Si $\pi_n(x_n, x_{-n})$ es creciente en x_{-n}, entonces $\pi_n(y) \geq \pi_n(z)$.*
2) *Si $\pi_n(x_n, x_{-n})$ es decreciente en x_{-n}, entonces $\pi_n(y) \leq \pi_n(z)$.*
3) *Si la condición en 1) es válida para un subconjunto N_1 de jugadores y la condición en 2) es válida para el resto de los jugadores, el equilibrio grande y es el mejor equilibrio para los jugadores en N_1 y el peor equilibrio para el jugador restante, y el equilibrio pequeño z es el peor equilibrio para los jugadores en N_1 y el mejor para los jugadores restantes.*

Los teoremas se tomaron de Milgrom y Roberts (1990). El teorema 13.1 es su corolario al teorema 5. El teorema 13.2 es su teorema 6 y su corolario. El teorema B.1 es su teorema 5, y B.2 es su teorema 7. Para más información sobre la supermodularidad, véase Milgrom y Roberts (1990) o las páginas 489-497 de Fudenberg y Tirole (1991).

BIBLIOGRAFÍA

En el caso de los artículos y libros que están en preparación o inéditos, en lugar del año se especifica su condición. Si se hace referencia a un autor en el texto de este libro, las páginas donde aparece dicha referencia se presentan en el índice analítico. La fecha de la primera edición, que puede ser distinta de la edición citada, se indica después del nombre del autor. No todas las publicaciones siguientes se mencionan en el texto; algunas sólo se ofrecen en la bibliografía para consulta.

Abreu, Dilip, David Pearce y Ennio Stacchetti (1986), "Optimal Cartel Equilibria with Imperfect Monitoring", en *Journal of Economic Theory*, junio de 1986, 39: 251-269.

—— (1990), "Toward a Theory of Discounted Repeated Games with Imperfect Monitoring", en *Econometrica*, septiembre de 1990, 58: 1041-1064.

Akerlof, George (1970), "The Market for Lemons: Quality Uncertainty and the Market Mechanism", en *Quarterly Journal of Economics*, agosto de 1970, 84: 488-500.

—— (1976), "The Economics of Caste and the Rat Race and Other Woeful Tales", en *Quarterly Journal of Economics*, noviembre de 1976, 90: 599-617.

—— (1980), "A Theory of Social Custom, of Which Unemployment may be One Consequence", en *Quarterly Journal of Economics*, junio de 1980, 94: 749-775.

—— (1983), "Loyalty Filters", en *American Economic Review*, marzo de 1983, 73: 54-63.

—— y Janet Yellen (comps.) (1986), *Efficiency Wage Models of the Labor Market*, Cambridge University Press, Cambridge, 1986.

Alchian, Armen. Véase Klein *et al.* (1978).

—— y Harold Demsetz (1972), "Production, Information Costs and Economic Organization", en *American Economic Review*, diciembre de 1972, 62: 777-795.

Antle, Rick y Abbie Smith (1986), "An Empirical Investigation of the Relative Performance Evaluation of Corporate Executives", en *Journal of Accounting Research*, primavera de 1986, 24: 1-39.

Arrow, Kenneth (1985), "The Economics of Agency", en *Principals and Agents: The Structure of Business*, compilada por John Pratt y Richard Zeckhauser, Harvard Business School Press, Boston, 1985, 37-51.

—— y Gerard Debreu (1954), "Existence of an Equilibrium for a Competitive Economy", en *Econometrica*, julio de 1954, 22: 265-290.

Ashenfelter, Orley y David Bloom (1984), "Models of Arbitrator Behavior: Theory and Evidence", en *American Economic Review*, marzo de 1984, 74: 111-124.

Aumann, Robert (1964a), "Markets with a Continuum of Traders", en *Econometrica*, enero-abril de 1964, 32: 39-50.

―――― (1964b), "Mixed and Behavior Strategies in Infinite Extensive Games", en *Annals of Mathematics Studies*, núm. 52, Princeton University Press, Princeton, 1964, 627-650.

―――― (1974), "Subjectivity and Correlation in Randomized Strategies", en *Journal of Mathematical Economics*, marzo de 1974, 1: 67-96.

―――― (1976), "Agreeing to Disagree", en *Annals of Statistics*, noviembre de 1976, 4:1236-1239.

―――― (1981), "Survey of Repeated Games", en *Essays in Game Theory and Mathematical Economics in Honor of Oscar Morgenstern*, compilado por Robert Aumann, Bibliographisches Institut, Mannheim, 1981.

―――― (1987), "Correlated Equilibrium as an Expression of Bayesian Rationality", en *Econometrica*, enero de 1987, 55: 1-18.

―――― (1988), *Lectures on Game Theory* (Underground Classics in Economics), Westview Press, Boulder, Colorado, 1988.

―――― y Sergiu Hart (1992), *Handbook of Game Theory with Economic Applications*, North-Holland, Nueva York, 1992.

Axelrod, Robert (1984), *The Evolution of Cooperation*, Basic Books, Nueva York, 1984.

―――― y William Hamilton (1981), "The Evolution of Cooperation", en *Science*, marzo de 1981, 211: 1390-1396.

Ayres, Ian (1990), "Playing Games with the Law", *Stanford Law Review*, mayo de 1990, 42: 1291-1317.

―――― (1991), "Fair Driving: Gender and Race Discrimination in Retail Car Negotiations", en *Harvard Law Review*, febrero de 1991, 104: 817-872.

Bagchi, Arunabha (1984), *Stackelberg Differential Games in Economic Models*, Springer-Verlag, Berlín, 1984.

Bagehot, Walter (1971), "The Only Game in Town", en *Financial Analysts Journal*, marzo-abril de 1971, 27: 12-22.

Baiman, Stanley (1982), "Agency Research in Managerial Accounting: A Survey", en *Journal of Accounting Literature*, primavera de 1982, 1: 154-213.

Baird, Douglas, Robert Gertner y Randal Picker (en prensa), *Strategic Behavior and the Law: The Role of Game Theory and Information Economics in Legal Analysis*.

Baker, George, Michael Jensen y Kevin J. Murphy (1988), "Compensation and Incentives: Practice vs. Theory", en *Journal of Finance*, julio de 1988. 43: 593-616.

Baldwin, B. y G. Meese (1979), "Social Behavior in Pigs Studied by Means of Operant Conditioning", en *Animal Behavior*, agosto de 1979, 27: 947-957.

Bamberg, Gunter y Klaus Spremann (comps.) (1987), *Agency Theory, Information and Incentives*, Springer-Verlag, Berlín, 1987.

Banks, Jeffrey (1990), *Signalling Games in Political Science*, Harwood Publishers, Chur, Suiza, 1990.

―――― y Joel Sobel (1987), "Equilibrium Selection in Signalling Games", en *Econometrica*, mayo de 1987, 55: 647-661.

Baron, David (1989), "Design of Regulatory Mechanisms and Institutions", en Schmalensee y Willig (1989).

—— y David Besanko (1984), "Regulation, Asymmetric Information and Auditing", en *Rand Journal of Economics*, invierno de 1984, 15: 447-470.

—— y Robert Myerson (1982), "Regulating a Monopolist with Unknown Costs", en *Econometrica*, julio de 1982, 50: 911-930.

Barzel, Yoram (1968), "Optimal Timing of Innovations", en *Review of Economics and Statistics*, agosto de 1968, 50: 348-355.

Basil Blackwell (1985), *Guide for Authors*, Basil Blackwell, Oxford, 1985.

Basu, Kaushik (1993), *Lectures in Industrial Organization Theory*, Blackwell Publishers, Oxford, 1993.

Baumol, William y Stephen Goldfeld (1968), *Precursors in Mathematical Economics: An Anthology*, London School of Economics and Political Science, Londres, 1968.

Becker, Gary (1968), "Crime and Punishment: An Economic Approach", en *Journal of Political Economy*, marzo-abril de 1968, 76: 169-217.

—— y George Stigler (1974), "Law Enforcement, Malfeasance and Compensation of Enforcers", en *Journal of Legal Studies*, enero de 1974, 3: 1-18.

Benoit, Jean-Pierre y Vijay Krishna (1985), "Finitely Repeated Games", en *Econometrica*, julio de 1985, 171: 317-320.

Bernanke, Benjamin (1983), "Nonmonetary Effects of the Financial Crisis in the Propagation of the Great Depression", en *American Economic Review*, junio de 1983, 73: 257-276.

Bernheim, B. Douglas (1984a), "Rationalizable Strategic Behavior", en *Econometrica*, julio de 1984, 52: 1007-1028.

—— (1984b), "Strategic Deterrence of Sequential Entry into an Industry", en *Rand Journal of Economics*, primavera de 1984, 15: 1-11.

——, Bezalel Peleg y Michael Whinston (1987), "Coalition-Proof Nash Equilibria I: Concepts", en *Journal of Economic Theory*, junio de 1987, 42: 1-12.

—— y Michael Whinston (1987), "Coalition-Proof Nash Equilibria II: Applications", en *Journal of Economic Theory*, junio de 1987, 42: 13-29.

Bertrand, Joseph (1883), "Recherches sur la théorie mathématique de la richesse", en *Journal des savants*, septiembre de 1883, 48: 499-508.

Besanko, David. Véase Baron y Besanko (1984).

Bewley, Truman (comp.) (1987), *Advances in Economic Theory, Fifth World Congress*, Cambridge University Press, Cambridge, 1987.

Bierman, H. Scott y Luis Fernandez (1993), *Game Theory with Economic Applications*, Addison Wesley, Reading, Massachusetts, 1993.

Bikhchandani, Sushil (1988), "Reputations in Repeated Second Privace Auctions", en *Journal of Economic Theory*, octubre de 1988, 46: 97-119.

——, David Hirshleifer e Ivo Welch (1992), "A Theory of Fads, Fashion, Custom, and Cultural Change as Informational Cascades", en *Journal of Political Economy*, octubre de 1992, 100: 992-1026.

Binmore, Ken (1990), *Essays on the Foundations of Game Theory*, Basil Blackwell Ltd., Oxford, 1990.

—— (1992), *Fun and Games: A Text on Game Theory*, D. C. Heath, Lexington, Mass., 1992.

Binmore, Ken y Partha Dasgupta (comps.) (1986), *Economic Organizations as Games*, Basil Blackwell, Oxford, 1986.

——, Ariel Rubinstein y Asher Wolinsky (1986), "The Nash Bargaining Solution in Economic Modelling", en *Rand Journal of Economics*, verano de 1986, 17: 176-188.

Blanchard, Olivier (1979), "Speculative Bubbles, Crashes and Rational Expectations", en *Economics Letters*, 1979, 3: 387-389.

Bloom, David. Véase Ashenfelter y Bloom (1984).

Bond, Eric (1982), "A Direct Test of the 'Lemons' Model: The Market for Used Pickup Trucks", en *American Economic Review*, septiembre de 1982, 72: 836-840.

Border, Kim (1985), *Fixed Point Theorems with Applications to Economics and Game Theory*, Cambridge University Press, Cambridge, 1985.

—— y Joe Sobel (1987), "Samurai Accountant: A Theory of Auditing and Plunder", en *Review of Economic Studies*, octubre de 1987, 54: 525-540.

Bowersock, G. (1985), "The Art of the Footnote", en *American Scholar*, invierno de 1983-1984, 52: 54-62.

Bowley, Arthur (1924), *The Mathematical Groundwork of Economics*, Clarendon Press, Oxford, 1924.

Boyd, Robert y Jeffrey Lorberbaum (1987), "No Pure Strategy is Evolutionarily Stable in the Repeated Prisoner's Dilemma Game", en *Nature*, mayo de 1987, 327: 58-59.

—— y Peter Richerson (1985), *Culture and the Evolutionary Process*, University of Chicago Press, Chicago, 1985.

Brams, Steven (1980), *Biblical Games: A Strategic Analysis of Stories in the Old Testament*, MIT Press, Cambridge, Mass., 1980.

—— (1983), *Superior Beings: If They Exist, How Would We Know?*, Springer-Verlag, Nueva York, 1983.

—— y D. Marc Kilgour (1988), *Game Theory and National Security*, Basil Blackwell, Oxford, 1988.

Brandenburger, Adam (1992), "Knowledge and Equilibrium in Games", en *Journal of Economic Perspectives*, otoño de 1992, 6: 83-102.

Bresnahan, Timothy y Peter Reiss (1991), "Entry and Competition in Concentrated Markets", en *Journal of Political Economy*, octubre de 1991, 99: 977-1009.

Bulow, Jeremy (1982), "Durable-Goods Monopolists", en *Journal of Political Economy*, abril de 1982, 90: 314-332.

——, John Geanakoplos y Paul Klemperer (1985), "Multimarket Oligopoly: Strategic Substitutes and Complements", en *Journal of Political Economy*, junio de 1985, 93: 488-511.

Calfee, John. Véase Craswell y Calfee (1986).

Campbell, Richmond y Lanning Sowden (1985), *Paradoxes of Rationality and Cooperation: Prisoner's Dilemma and Newcomb's Problem*, University of British Columbia Press, Vancouver, 1985.

Campbell, W. Véase Capen *et al.* (1971).

Canzoneri, Matthew y Dale Henderson (1991), *Monetary Policy in Interdependent Economies*, MIT Press, Cambridge, 1991.

Capen, E., R. Clapp y W. Campbell (1971), "Competitive Bidding in High-

Risk Situations", en *Journal of Petroleum Technology*, junio de 1971, 23: 641-653.

Cases, David y Karl Shell (1983), "Do Sunspots Matter?", en *Journal of Political Economy*, abril de 1983, 91: 193-227.

Cassady, Ralph (1967), *Auctions and Auctioneering*, California University Press, Berkeley, 1967.

Chammah, Albert. Véase Rapoport y Chammah (1965).

Chiang, Alpha (1984), *Fundamental Methods of Mathematical Economics*, 2a. ed., McGraw-Hill, Nueva York (1967).

Cho, In-Koo y David Kreps (1987), "Signalling Games and Stable Equilibria", en *Quarterly Journal of Economics*, mayo de 1987, 102: 179-221.

Clapp, R. Véase Capen *et al.* (1971).

Clavell, James (1966), *Tai-Pan*, Dell Publishing Company, Nueva York, 1966.

Coase, Ronald (1960), "The Problem of Social Cost", en *Journal of Law and Economics*, octubre de 1960, 3: 1-44.

—— (1972), "Durability and Monopoly", en *Journal of Law and Economics*, abril de 1972, 15: 143-149.

Cooter, Robert y Peter Rappoport (1984), "Were the Ordinalists Wrong about Welfare Economics?", en *Journal of Economic Literature*, junio de 1984, 22: 507-530.

—— y Daniel Rubinfeld (1989), "Economic Analysis of Legal Disputes and Their Resolution", en *Journal of Economic Literature*, septiembre de 1989, 27: 1067-1097.

Copeland, Thomas y Dan Galai (1983), "Information Effects of the Bid-Ask Spread", en *Journal of Finance*, diciembre de 1983, 38: 1457-1469.

—— y J. Fred Weston (1988), *Financial Theory and Corporate Policy*, 3a. ed., Addison-Wesley, Reading, Mass., 1988 (1a. ed. 1979).

Cornell, Bradford y Richard Roll (1981), "Strategies for Pairwise Competitions in Markets and Organizations", en *Bell Journal of Economics*, primavera de 1981, 12: 210-216.

Cournot, Augustin (1838), *Recherches sur les principes mathématiques de la théorie des richesses*, M. Rivière & Cie., París, 1838. (Traducido al inglés por N. T. Bacon con el título *Researches into the Mathematical Principles of the Theory of Wealth*, A. M. Kelly, Nueva York, 1960.)

Cox, D. y David Hinkley (1974), *Theoretical Statistics*, Chapman y Hall, Londres, 1974.

Cramton, Peter (1984), "Bargaining with Incomplete Information: An Infinite Horizon Model with Two-Sided Uncertainty", en *Review of Economic Studies*, octubre de 1984, 51: 579-593.

Craswell, Richard y John Calfee (1986), "Deterrence and Uncertain Legal Standards", en *Journal of Law, Economics, and Organization*, verano de 1986, 2: 279-304.

Crawford, Robert. Véase Klein *et al.* (1978).

Crawford, Vincent (1982), "Compulsory Arbitration, Arbitral Risk and Negotiated Settlements: A Case Study in Bargaining under Imperfect Information", en *Review of Economic Studies*, enero de 1982, 49: 69-82.

—— y Hans Haller (1990), "Learning How to Cooperate: Optimal Play in

Repeated Coordination Games", en *Econometrica*, mayo de 1990, 58: 571-597.

―――― y Joel Sobel (1982), "Strategic Information Transmission", en *Econometrica*, noviembre de 1982, 50: 1431-1452.

Crocker, Keith. Véase Masten y Crocker (1985).

Dalkey, Norman (1953), "Equivalence of Information Patterns and Essentially Determinate Games", en Kuhn y Tucker (1953), 217-243.

Dasgupta, Partha. Véase Binmore y Dasgupta (1986).

―――― , Peter Hammond y Eric Maskin (1979), "The Implementation of Social Choice Rules; Some General Rules on Incentive Compatibility", en *Review of Economic Studies*, abril de 1979, 46: 185-216.

―――― y Eric Maskin (1986a), "The Existence of Equilibrium in Discontinuous Economic Games, I: Theory", en *Review of Economic Studies*, enero de 1986, 53: 1-26.

―――― (1986b), "The Existence of Equilibrium in Discontinuous Economic Games, II: Applications", en *Review of Economic Studies*, enero de 1986, 53: 27-41.

―――― y Joseph Stiglitz (1980), "Uncertainty, Industrial Structure and the Speed of R&D", en *Bell Journal of Economics*, primavera de 1980, 11: 1-28.

D'Aspremont, Claude, J. Gabszewicz y Jacques Thisse (1979), "On Hotelling's 'Stability of Competition'", en *Econometrica*, septiembre de 1979, 47: 1145-1150.

David, Paul (1985), "CLIO and the Economics of QWERTY", en *AEA Papers and Proceedings*, mayo de 1985, 75: 332-337.

Davis, Morton (1970), *Game Theory: A Nontechnical Introduction*, Basic Books, Nueva York, 1970.

Davis, Philip y Reuben Hersh (1981), *The Mathematical Experience*, Birkhauser, Boston, 1981.

Dawkins, Richard (1989), *The Selfish Gene*, 2a. ed., Oxford University Press, Oxford.

Debreu, Gerard (1952), "A Social Equilibrium Existence Theorem", en *Proceedings of the National Academy of Sciences*, 1952, 38: 886-893.

―――― (1959), *Theory of Value: An Axiomatic Analysis of Economic Equilibrium*, Yale University Press, New Haven, 1959.

―――― . Véase Arrow y Debreu (1954).

―――― y Herbert Scarf (1963), "A Limit Theorem on the Core of an Economy", en *International Economic Review*, septiembre de 1963, 4: 235-246.

DeBrock, Lawrence y J. Smith (1983), "Joint Bidding, Information Pooling, and the Performance of Petroleum Lease Auctions", en *Bell Journal of Economics*, otoño de 1983, 14: 395-404.

Demsetz, Harold. Véase Alchian y Demsetz (1972).

Dewatripont, M. (1989) "Renegotiation and Information Revelation over Time in Optimal Labor Contracts", en *Quarterly Journal of Economics*, agosto de 1989, 104: 589-620.

Diamond, Douglas (1984), "Financial Intermediation and Delegated Monitoring", en *Review of Economic Studies*, julio de 1984, 51: 393-414.

―――― (1989), "Reputation Acquisition in Debt Markets", en *Journal of Political Economy*, agosto de 1989, 97: 828-862.

Diamond, Peter y Michael Rothschild (comps.) (1978), *Uncertainty in Economics: Readings and Exercises*, Academic Press, Nueva York, 1978.

DiMona, Joseph. Véase Haldeman y DiMona (1978).

Dixit, Avinash (1979), "A Model of Duopoly Suggesting a Theory of Entry Barriers", en *Bell Journal of Economics*, primavera de 1979, 10: 20-32.

—— (1980), "The Role of Investment in Entry Deterrence", en *Economic Journal*, marzo de 1980, 90: 95-106.

—— y Barry Nalebuff (1991), *Thinking Strategically: The Competitive Edge in Business, Politics, and Everyday Life*, Norton, Nueva York, 1991.

Dresher, Melvin, Albert Tucker y Philip Wolfe (comps.) (1957), *Contributions to the Theory of Games*, volumen II. *Annals of Mathematics Studies*, núm. 39, Princeton University Press, Princeton, 1957.

Dybvig, Philip y Chester Spatt (inédito), "Does it Pay to Maintain a Reputation? Consumer Information and Product Quality", Yale Working Paper, mayo de 1983.

Eaton, C. y Richard Lipsey (1975), "The Principle of Minimum Differentiation Reconsidered: Some New Developments in the Theory of Spatial Competition", en *Review of Economic Studies*, enero de 1975, 42: 27-49.

Eatwell, John, Murray Milgate y Peter Newman (1989), *The New Palgrave: Game Theory*, W. W. Norton y Co., Nueva York, 1989.

Edgeworth, Francis (1881), *Mathematical Psychics*, Kegan Paul, Londres, 1881.

—— (1897), "La teoria pura del monopolio", en *Giornale degli economisti*, 40:13-31. Traducido al inglés en Edgeworth, Francis, *Papers Relating to Political Economy*, vol. I, Macmillan, Londres, 1925, 111-142.

Engers, Maxim (1987), "Signalling with Many Signals", en *Econometrica*, mayo de 1987, 55: 633-674.

—— y Luis Fernandez (1987), "Market Equilibrium with Hidden Knowledge and Self-Selection", en *Econometrica*, marzo de 1987, 55: 425-439.

Fama, Eugene (1980), "Banking in the Theory of Finance", en *Journal of Monetary Economics*, enero de 1980, 6: 39-57.

Farrell, Joseph (inédito), "Monopoly Slack and Competitive Rigor: A Simple Model", mimeo. MIT, febrero de 1983.

—— (1987), "Cheap Talk, Coordination, and Entry", en *Rand Journal of Economics*, primavera de 1987, 18: 34-39.

—— y Garth Saloner (1985), "Standardization, Compatibility, and Innovation", en *Rand Journal of Economics*, primavera de 1985, 16: 70-83.

—— y Carl Shapiro (1988), "Dynamic Competition with Switching Costs", en *Rand Journal of Economics*, primavera de 1988, 19: 123-137.

Fernandez, Luis. Véase Engers y Fernandez (1987).

—— y Eric Rasmusen (inédito), "Perfectly Contestable Monopoly and Adverse Selection", UCLA AGSM Business Economics Working Paper, # 89-3, marzo de 1989.

Fisher, Franklin (1989), "Games Economists Play: A Noncooperative View, en *RAND Journal of Economics*, primavera de 1989, 20: 113-124.

Fishman, Michael (1988), "A Theory of Pre-emptive Takeover Bidding", en *Rand Journal of Economics*, primavera de 1988, 19: 88-101.

Forgo, F. Véase Szep y Forgo (1985).

Fowler, H. (1965), *A Dictionary of Modern English Usage*, 2a. ed., Oxford University Press, Nueva York, 1965.

—— y F. Fowler (1931), *The King's English*, 3a. ed., Clarendon Press, Oxford, 1949.

Frank, Robert (1988), *Passions within Reason: The Strategic Role of the Emotions*, Norton, Nueva York, 1988.

Franks, Julian, Robert Harris y Colin Mayer (1988), "Means of Payment in Takeovers: Results for the UK and US", en *Corporate Takeovers: Causes and Consequences*, Alan Auerbach (comp.), University of Chicago Press, Chicago, 1988.

Freixas, Xavier, Roger Guesnerie y Jean Tirole (1985), "Planning under Incomplete Information and the Ratchet Effect", en *Review of Economic Studies*, abril de 1985, 52: 173-191.

Friedman, Daniel (1991), "Evolutionary Games in Economics", en *Econometrica*, mayo de 1991, 59: 637-666.

Friedman, James (1990), *Game Theory with Applications to Economics*, 2a. ed., Oxford University Press, Nueva York, 1990 (1a. ed., 1986).

Friedman, Milton (1953), *Essays in Positive Economics*, University of Chicago Press, Chicago, 1953.

Fudenberg, Drew y David Levine (1983), "Subgame-Perfect Equilibria of Finite and Infinite-Horizon Games", en *Journal of Economic Theory*, diciembre de 1983, 31: 251-268.

—— (1986), "Limit Games and Limit Equilibria", en *Journal of Economic Theory*, abril de 1986, 39: 261-279.

—— y Eric Maskin (1986), "The Folk Theorem in Repeated Games with Discounting or with Incomplete Information", en *Econometrica*, mayo de 1986, 54: 533-554.

—— y Jean Tirole (1983), "Sequential Bargaining with Incomplete Information", en *Review of Economic Studies*, abril de 1983, 50: 221-247.

—— (1986a), *Dynamic Models of Oligopoly*, Harwood Academic Publishers, Chur, Suiza, 1986.

—— (1986b), "A Theory of Exit in Duopoly", en *Econometrica*, julio de 1986, 54: 943-960.

—— (1986c), "A Signal-Jamming Theory of Predation", en *Rand Journal of Economics*, otoño de 1986, 17: 366-376.

—— (1990), "Moral Hazard and Renegotiation in Agency Contracts", en *Econometrica*, noviembre de 1990, 58: 1279-1320.

—— (1991a), *Game Theory*, MIT Press, Cambridge, Mass. 1991.

Fudenberg, Drew y Eric Maskin (1991b), "Perfect Bayesian Equilibrium and Sequential Equilibrium", en *Journal of Economic Theory*, 53: 236-260.

Gabszewics, J. Véase D'Aspremont *et al.* (1979).

Galai, Dan. Véase Copeland y Galai (1983).

Galbraith, John Kenneth (1954), *The Great Crash, 1929*, Houghton Mifflin, Boston, 1954.

Gal-Or, Esther (1985), "First Mover and Second Mover Advantages", en *International Economic Review*, octubre de 1985, 26: 649-653.

Gaskins, Darius (1974), "Alcoa Revisited: The Welfare Implications of a

Second-Hand Market", en *Journal of Economic Theory* , marzo de 1974, 7: 254-271.

Gaudet, Gerard y Stephen Salant (1991), "Uniqueness of Cournot Equilibrium: New Results from Old Methods", en *Review of Economic Studies*, abril de 1991, 58: 399-404.

Gaver, Kenneth y Jerold Zimmerman (1977), "An Analysis of Competitive Bidding on BART Contracts", en *Journal of Business*, julio de 1977, 60: 279-295.

Geanakoplos, John. Véase Bulow *et al.* (1985).

—— (1992), "Common Knowledge", en *Journal of Economic Perspectives*, otoño de 1992, 6: 53-82.

—— y Heraklis Polemarchakis (1982), "We Can't Disagree Forever", en *Journal of Economic Theory*, octubre de 1982: 192-200.

Gelman, Judith R. y Steven C. Salop (1983), "Judo Economics: Capacity Limitation and Coupon Competition", en *Bell Journal of Economics*, otoño de 1983, 14: 315-325.

Gertner, Robert. Véase Baird *et al.* (en edición).

Ghemawat, Pankaj y Barry Nalebuff (1985), "Exit", en *Rand Journal of Economics*, verano de 1985, 16: 185-194.

Gibbard, Allan (1973), "Manipulation of Voting Schemes: A General Result", en *Econometrica*, julio de 1973, 41: 587-601.

Gibbons, Robert (1992), *Game Theory for Applied Economists*, Princeton University Press, Princeton, 1992.

Gilbert, Richard y David Newberry (1982), "Preemptive Patenting and the Persistence of Monopoly", en *American Economic Review*, junio de 1982, 72: 514-526.

Gillies, Donald (1953), "Locations of Solutions", en *Report of an Informal Conference on the Theory of n-Person Games*, Princeton Mathematics mimeo., 1953, pp. 11-12.

Gjesdal, Froystein (1982), "Information and Incentives: The Agency Information Problem", en *Review of Economic Studies*, julio de 1982, 49: 373-390.

Glicksberg, Irving (1952), "A Further Generalization of the Kakutani Fixed Point Theorem with Application to Nash Equilibrium Points", en *Proceedings of the American Mathematical Society*, febrero de 1952, 3: 170-174.

Glosten, Lawrence y Paul Milgrom (1985), "Bid, Ask, and Transaction Prices in a Specialist Model with Heterogeneously Informed Traders", en *Journal of Financial Economics*, 14: 71-100.

Gonik, Jacob (1978), "Tie Salesman's Bonuses to their Forecasts", en *Harvard Business Review*, mayo-junio de 1978, 56: 116-123.

Gordon , David. Véase Rapoport, Guyer y Gordon (1976).

Green, Edward (1984), "Continuum and Finite-Player Noncooperative Models of Competition", en *Econometrica*, julio de 1984, 52: 975-993.

Green, Jerry y Jean-Jacques Laffont (1979), *Incentives in Public Decision-Making*, North-Holland, Amsterdam, 1979.

Greenhut, Melvin y Hiroshi Ohta (1975), *Theory of Spatial Pricing and Market Areas*, Duke University Press, Durham, N. C., 1975.

Grinblatt, Mark y Chuan-Yank Hwang (1989), "Signalling and the Pricing of New Issues", en *The Journal of Finance*, junio de 1989, 44: 393-420.

Grossman, Gene y Michael Katz (1983), "Plea Bargaining and Social Welfare", en *American Economic Review*, septiembre de 1983, 73: 749-757.

Grossman, Sanford y Oliver Hart (1980), "Takeover Bids, the Free-Rider Problem, and the Theory of the Corporation", en *Bell Journal of Economics*", primavera de 1980, 11: 42-64.

—— (1983), "An Analysis of the Principal-Agent Problem", en *Econometrica*, enero de 1983, 51: 7-45.

—— y Motty Perry (1986), "Perfect Sequential Equilibria", en *Journal of Economic Theory*, junio de 1986, 39: 97-119.

Groves, Theodore (1973), "Incentives in Teams", en *Econometrica*, julio de 1973, 41: 617-631.

Guasch, J. Luis y Andrew Weiss (1980), "Wages as Sorting Mechanisms in Competitive Markets with Asymmetric Information: A Theory of Testing", en *Review of Economic Studies*, julio de 1980, 47: 653-664.

Guesnerie, Roger. Véase Freixas *et al.* (1985).

Gul, Faruk (1989), "Bargaining Foundations of Shaply Value", en *Econometrica*, enero de 1989, 57: 81-96.

Guth, Wener, Rold Schmittberger y Bernd Schwarze (1982), "An Experimental Analysis of Ultimatum Bargaining", en *Journal of Economic Behavior and Organization*, diciembre de 1982, 3: 367-388.

Guyer, Melvin. Véase Rapoport y Guyer (1966) y Rapoport, Guyer y Gordon (1976).

—— y Henry Hamburger (1968), "A Note on 'A Taxonomy of 2 × 2 Games'", en *General Systems*, 1968, 13: 205-208.

Haldeman, H. R. y Joseph DiMona (1978), *The Ends of Power*, Times Books, Nueva York, 1978.

Haller, Hans (1986), "Noncooperative Bargaining of $N \geq 3$ Players", en *Economic Letters*, 1986, 22: 11-13.

——. Véase Crawford y Haller (1990).

Halmos, Paul (1970), "How to Write Mathematics", en *L'enseignement mathématique*, mayo-junio de 1970, 16: 123-152.

Haltiwanger, John y Michael Waldman (inédito), "Responders versus Nonresponders: A New Perspective of Heterogeneity", en UCLA Economics Working Paper núm. 436, febrero de 1987.

Hamburger, Henry. Véase Guyer y Hamburger (1968).

Hamilton, William. Véase Axelrod y Hamilton (1981).

Hammond, Peter. Véase Dasgupta *et al.* (1979).

Han Fei Tzu, *Basic Writings* (Traducido por Burton Watson), Columbia University Press, Nueva York, 1964.

Harrington, Joseph (1987), "Collusion in Multiproduct Oligopoly Games under a Finite Horizon", en *International Economic Review*, febrero de 1987, 28: 1-14.

Harris, Milton (1987), *Dynamic Economic Analysis*, Oxford University Press, Oxford, 1987.

—— y Bengt Holmstrom (1982), "A Theory of Wage Dynamics", en *Review of Economic Studies*, julio de 1982, 49: 315-334.

Harris, Milton y Arthur Raviv (1992), "Financial Contracting Theory", en *Advances in Economic Theory: Sixth World Congress*, Jean-Jacques Laffont (comp.), Cambridge University Press, Cambridge.

Harris, Robert. Véase Franks *et al.* (1988).

Harsanyi, John (1967), "Games with Incomplete Information Played by 'Bayesian' Players, I: The Basic Model", en *Management Science*, noviembre de 1967, 14: 159-182.

—— (1968a), "Games with Incomplete Information Played by 'Bayesian' Players, II: Bayesian Equilibrium Points", en *Management Science*, enero de 1968, 14:320-334.

—— (1968b), "Games with Incomplete Information Played by 'Bayesian' Players, III: The Basic Probability Distribution of the Game", en *Management Science*, marzo de 1968, 14: 486-502.

—— (1973), "Games with Randomly Disturbed Payoffs: A New Rationale for Mixed Strategy Equilibrium Points", en *International Journal of Game Theory*, 1973, 2: 1-23.

—— (1977), *Rational Behavior and Bargaining Equilibrium in Games and Social Situations*, Cambridge University Press, Nueva York, 1977.

—— y Reinhard Selten (1988), *A General Theory of Equilibrium Selection in Games*, MIT Press, Cambridge, Mass., 1988.

Hart, Oliver. Véase Grossman y Hart (1980).

—— y Bengt Holmstrom (1987), "The Theory of Contracts", en Bewley (1987).

Hart, Sergiu. Véase Aumann y Hart (1992).

Hausman, J. y James Poterba (1987), "Household Behavior and the Tax Reform Act of 1986", en *Journal of Economic Perspectives*, 1: 101-119.

Haywood, O. (1954), "Military Decisions and Game Theory", en *Journal of the Operations Research Society of America*, noviembre de 1954, 2: 365-385.

Henderson, Dale. Véase Canzoneri y Henderson (1991).

Henry, O. (1945), *Best Stories of O. Henry*, The Sun Dial Press, Garden City, Nueva York, 1945.

Herodoto, *The Persian Wars*, traducción al inglés de George Rawlinson, Modern Library, Nueva York, 1947.

Hersh, Reuben. Véase Davis y Hersh (1981).

Hess, James (1983), *The Economics of Organization*, North-Holland, Amsterdam, 1983.

Hines, W. (1987), "Evolutionary Stable Strategies: A Review of Basic Theory", en *Theoretical Population Biology*, abril de 1987, 31: 195-272.

Hinkley, David. Véase Cox y Hinkley (1974).

Hirshleifer, David. Véase Png y Hirshleifer (1987).

—— y Eric Rasmusen (1989), "Cooperation in a Repeated Prisoner's Dilemma with Ostracism", en *Journal of Economic Behavior and Organization*, agosto de 1989, 12: 87-106.

—— y Sheridan Titman (1990), "Share Tendering Strategies and the Success of Hostile Takeover Bids", en *Journal of Political Economy*, abril de 1990, 98: 295-324.

Hirshleifer, Jack (1982), "Evolutionary Models in Economics and Law:

Cooperation versus Conflict Strategies", en *Research in Law and Economics*, 1982, 4: 1-60.

———— (1987), "On the Emotions as Guarantors of Threats and Promises", en *The Latest on the Best: Essays on Evolution and Optimality*, compilado por John Dupre, MIT Press, Cambridge, Mass., 1987.

———— y Juan Martinez-Coll (1988), "What Strategies can Support the Evolutionary Emergence of Cooperation?", en *Journal of Conflict Resolution*, junio de 1988, 32: 367-398.

———— y Eric Rasmusen (1992), "Are Equilibrium Strategies Unaffected By Incentives?", en *Journal of Theoretical Politics*, julio de 1992, 4: 343-357.

———— y John Riley (inédito), "Elements of the Theory of Auctions and Contests", UCLA Economics Working Paper, núm. 118b, agosto de 1978.

———— (1979), "The Analytics of Uncertainty and Information: An Expository Survey", en *Journal of Economic Literature*, diciembre de 1979, 17: 1375-1421.

———— (1992), *The Economics of Uncertainty and Information*, Cambridge University Press, Cambridge, 1992.

Hoffman, Elizabeth y Matthew Spitzer (1985), "Entitlements, Rights and Fairness: An Experimental Examination of Subjects' Concepts of Distributive Justice", en *Journal of Legal Studies*, 14: 269-297.

Hofstadter, Douglas (1983), "Computer Tournaments of the Prisoner's Dilemma Suggest how Cooperation Evolves", en *Scientific American*, mayo de 1983, 248: 16-26.

Holmes, Oliver Wendell (1881), *The Common Law*, Little, Brown and Co., Boston, 1923.

Holmstrom, Bengt. (1979), "Moral Hazard and Observability", en *Bell Journal of Economics*, primavera de 1979, 10: 74-91.

———— (1982), "Moral Hazard in Teams", en *Bell Journal of Economics*, otoño de 1982, 13: 324-340.

————. Véase Harris y Holmstrom (1982) y Hart y Holmstrom (1987).

———— y Roger Myerson (1983), "Efficient and Durable Decision Rules with Incomplete Information", en *Econometrica*, noviembre de 1983, 51: 1799-1819.

Holt, Charles y David Scheffman (1987), "Facilitating Practices: The Effects of Advance Notice and Best-Price Policies", en *Rand Journal of Economics*, verano de 1987, 18: 187-197.

Hotelling, Harold (1929), "Stability in Competition", en *Economic Journal*, marzo de 1929, 39: 41-47.

Hughes, Patricia (1986), "Signalling by Direct Disclosure under Asymmetric Information", en *Journal of Accounting and Economics*, junio de 1986, 8: 119-142.

Intriligator, Michael (1971), *Mathematical Optimization and Economic Theory*, Prentice-Hall, Englewood Cliffs, N. J., 1971.

Isoda, Kazuo. Véase Nikaido e Isoda (1955).

Jacquemin, Alex (1985), *The New Industrial Organization*, MIT Press, Cambridge, Mass., 1987. Traducido al inglés por Fatemeh Mehta de *Sélection et pouvoir dans la nouvelle économie industrielle*, Louvain-la-Neuve, Cabay Libraire-Editeur, 1985.

Jarrell, Gregg y Sam Peltzman (1985), "The Impact of Product Recalls on the Wealth of Sellers", en *Journal of Political Economy*, junio de 1985, 93: 512-536.

Jensen, Michael y William Meckling (1976), "Theory of the Firm: Managerial Behavior, Agency Costs and Ownership Structure", en *Journal of Financial Economics*, octubre de 1976, 3: 305-360.

————. Véase Baker *et al.* (1988).

Johnson, Norman y Samuel Kotz (1970), *Distributions in Statistics*, 3 vols., John Wiley and Sons, Nueva York, 1970.

Joskow, Paul (1985), "Vertical Integration and Longterm Contracts: the Case of Coal-Burning Electric Generating Plants", en *Journal of Law, Economics and Organization*, primavera de 1985, 1: 33-80.

———— (1987), "Contract Duration and Relationship-Specific Investments: Empirical Evidence from Coal Markets", en *American Economic Review*, marzo de 1987, 77: 168-185.

Kahneman, Daniel, Paul Slovic y Amos Tversky (comps.) (1982), *Judgement under Uncertainty: Heuristics and Biases*, Cambridge University Press, Cambridge, 1982.

Kakutani, Shizuo (1941), "A Generalization of Brouwer's Fixed Point Theorem", en *Duke Mathematical Journal*, septiembre de 1941, 8: 457-459.

Kalai, Ehud, Dov Samet y William Stanford (1988), "Note on Reactive Equilibria in the Discounted Prisoner's Dilemma and Associated Games", en *International Journal of Game Theory*, 17: 177-186.

Kamien, Morton y Nancy Schwartz (1982), *Market Structure and Innovation*, Cambridge University Press, Cambridge, 1982.

———— (1991), *Dynamic Optimization: The Calculus of Variations and Optimal Control in Economics and Management*, 2a. ed., North Holland, Nueva York, 1991 (1a. ed., 1981).

Karlin, Samuel (1959), *Mathematical Methods and Theory in Games, Programming and Economics*, Addison-Wesley, Reading, Mass., 1959.

Katz, Lawrence (1986), "Efficiency Wage Theory: A Partial Evaluation", en *NBER Macroeconomics Annual 1986*, compilado por Stanley Fischer, MIT Press, Cambridge, Mass., 1986.

Katz, Michael y Carl Shapiro (1985), "Network Externalities, Competition, and Compatibility", en *American Economic Review*, junio de 1985, 75: 424-440.

————. Véase Grossman y Katz (1983).

————. Véase Moskowitz *et al.* (1980).

Kennan, John y Robert Wilson (1993), "Bargaining with Private Information", en *Journal of Economic Literature*, marzo de 1993, 31: 45-104.

Kennedy, Peter (1979), *A Guide to Econometrics*, 3a. ed., Cambridge, Mass., 1992. (1a. ed., 1979).

Keynes, John Maynard (1933), *Essays in Biography*, Harcourt, Brace and Company, Nueva York, 1933.

———— (1936), *The General Theory of Employment, Interest and Money*, Macmillan, Londres, 1947. (Edición en español del Fondo de Cultura

Económica, *Teoría general de la ocupación, el interés y el dinero*, traducción del inglés de Eduardo Hornedo, México, 1a. ed. 1943.)

Kierkegaard, Søren (1938), *The Journals of Søren Kierkegaard*, Oxford University Press, Oxford, 1938.

Kihlstrom, Richard y Michael Riordan (1984), "Advertising as a Signal", en *Journal of Political Economy*, junio de 1984, 92: 427-450.

Kilgour, D. Marc. Véase Brams y Kilgour (1988).

Kindleberger, Charles (1983), "Standards as Public, Collective and Private Goods", en *Kyklos*, 1983, 36: 377-396.

Klein, Benjamin, Robert Crawford y Armen Alchian (1978), "Vertical Integration, Appropriable Rents, and the Competitive Contracting Process", en *Journal of Law and Economics*, octubre de 1978, 21: 297-326.

————— y Keith Leffler (1981), "The Role of Market Forces in Assuring Contractual Performance", en *Journal of Political Economy*, agosto de 1981, 89: 615-641.

————— y Lester Saft (1985), "The Law and Economics of Franchise Tying Contracts", en *Journal of Law and Economics*, mayo de 1985, 28: 345-361.

Klemperer, Paul (1987), "The Competitiveness of Markets with Switching Costs", en *Rand Journal of Economics*, primavera de 1987, 18; 138-150.

—————. Véase Bulow *et al.* (1985).

Kohlberg, Elon y Jean-Francois Mertens (1986), "On the Strategic Stability of Equilibria", en *Econometrica*, septiembre de 1986, 54: 1003-1007.

Kreps, David. Véase Cho y Kreps (1987).

————— (1990a), *A Course in Microeconomic Theory*, Princeton University Press, Princeton, 1990.

————— (1990b), *Game Theory and Economic Modeling*, Oxford University Press, Nueva York, 1990.

—————, Paul Milgrom, John Roberts y Robert Wilson (1982), "Rational Cooperation in the Finitely Repeated Prisoner's Dilemma", en *Journal of Economic Theory*, agosto de 1982, 27: 245-252.

Kreps, David, y Jose Scheinkman (1983), "Quantity Precommitment and Bertrand Competition Yield Cournot Outcomes", en *Bell Journal of Economics*, otoño de 1983, 14: 326-337.

————— y A. Michael Spence (1984), "Modelling the Role of History in Industrial Organization and Competition", en *Issues in Contemporary Microeconomics and Welfare*, compilado por George Feiwel, Macmillan, Londres, 1984.

————— y Robert Wilson (1982a), "Reputation and Imperfect Information", en *Journal of Economic Theory*, agosto de 1982, 27: 253-279.

————— (1982b), "Sequential Equilibria", en *Econometrica*, julio de 1982, 50; 863-894.

Krishna, Vijay. Véase Benoit y Krishna (1985).

Krouse, Clement (1990), *Theory of Industrial Economics*, Blackwell Publishers, Oxford, 1990.

Kuhn, Harold (1953), "Extensive Games and the Problem of Information", en Kuhn y Tucker (1953).

————— y Albert Tucker (comps.) (1950), *Contributions to the Theory of*

Games, volumen I. *Annals of Mathematics Studies*, núm. 24, Princeton University Press, Princeton, 1950.

—— (1953), *Contributions to the Theory of Games*, volumen II. *Annals of Mathematics Studies*, núm. 28, Princeton University Press, Princeton, 1953.

Kydland, Finn y Edward Prescott (1977), "Rules Rather than Discretion: The Inconsistency of Optimal Plans", en *Journal of Political Economy*, junio de 1977, 85: 473-491.

Kyle, Albert (1985), "Continuous Auctions and Insider Trading", en *Econometrica*, 53: 1315-1336.

Lachman, Judith (1984), "Knowing and Showing Economics and Law", en *Yale Law Journal*, julio de 1984, 93: 1587-1624.

Laffont, Jean-Jacques y Michel Moreaux (comps.), traducido por Francois Laisney (1991), *Dynamics, Incomplete information and Industrial Economics*, Blackwell Publishing, Oxford, 1991.

—— y Jean Tirole (1986), "Using Cost Observation to Regulate Firms", en *Journal of Political Economy*, junio de 1986, 94: 614-641.

—— (1993), *A Theory of Incentives in Procurement and Regulation*, MIT Press, Cambridge, 1993.

Lakatos, Imre (1976), *Proofs and Refutations: The Logic of Mathematical Discovery*, Cambridge University Press, Cambridge, 1976.

Lane, W. (1980), "Product Differentiation in a Market with Endogenous Sequential Entry", en *Bell Journal of Economics*, primavera de 1980, 11: 237-260.

Layard, Richard y George Psacharopoulos (1974), "The Screening Hypothesis and the Returns to Education", en *Journal of Political Economy*, septiembre-octubre de 1974, 82: 985-998.

Lazear, Edward y Sherwin Rosen (1981), "Rank-Order Tournaments as Optimum Labor Contracts", en *Journal of Political Economy*, octubre de 1981, 89: 841-864.

Leffler, Keith. Véase Klein y Leffler (1981).

Leibenstein, Harvey (1950), "Bandwagon, Snob and Veblen Effects in the Theory of Consumer's Demand", en *Quarterly Journal of Economics*, mayo de 1950, 64: 183-207.

Leland, Hayne y David Pyle (1977), "Informational Asymmetries, Financial Structure and Financial Intermediation", en *Journal of Finance*, mayo de 1977, 32: 371-387.

Levering, Robert. Véase Moskowitz *et al.* (1980).

Levine, David. Véase Fudenberg y Levine (1983, 1986).

Levitan, Richard y Martin Shubik (1972), "Price Duopoly and Capacity Constraints", en *International Economic Review*, febrero de 1972, 13: 111-122.

Levmore, Saul (1982), "Self-Assessed Valuation for Tort and Other Law", en *Virginia Law Review*, abril de 1982, 68: 771-861.

Lewis, D. (1969), *Convention: A Philosophical Study*, Harvard University Press, Cambridge, Mass.

Liebowitz, S. y Stephen Margolis (1990), "The Fable of the Keys", en *Journal of Political Economy*, abril de 1990, 33: 1-25.

Lippman, Steven y Richard Rumelt (1982), "Uncertain Imitability: An Analysis of Interfirm Differences in Efficiency under Competition", en *Bell Journal of Economics*, otoño de 1982, 13: 418-438.

Lipsey, Richard. Vease Eaton y Lipsey (1975).

Locke, E. (1949), "The Finan-Seer", en *Astounding Science Fiction*, octubre de 1949, 44: 132-140.

Lorberbaum, Jeffrey. Véase Boyd y Lorberbaum (1987).

Loury, Glenn (1979), "Market Structure and Innovation", en *Quarterly Journal of Economics*, agosto de 1979, 93: 395-410.

Luce, R. Duncan y Howard Raiffa (1957), *Games and Decisions: Introduction and Critical Survey*, Wiley, Nueva York, 1957.

——— y Albert Tucker (comps.) (1959), *Contributions to the Theory of Games*, volumen IV. *Annals of Mathematics Studies*, núm. 40, Princeton University Press, Princeton, 1959.

Macaulay, Stewart (1963), "Non-Contractual Relations in Business", en *American Sociological Review*, febrero de 1963, 28: 55-70.

Macey, Jonathan y Fred McChesney (1985), "A Theoretical Analysis of Corporate Greenmail", en *Yale Law Journal*, noviembre de 1985, 95: 13-61.

Machina, Mark (1982), "'Expected Utility' Analysis without the Independence Axiom", en *Econometrica*, marzo de 1982, 50: 277-323.

Macrae, Norman (1992), *John von Neumann*, Random House, Nueva York, 1992.

Maddala, G. (1977), *Econometrics*, McGraw-Hill Inc., Nueva York, 1977.

Margolis, Stephen. Véase Liebowitz y Margolis (1990).

Marschak, Jacob y Roy Radner (1972), *Economic Theory of Teams*, Yale University Press, New Haven, 1972.

Marshall, Alfred (1890), *Principles of Economics*, 9a. (*variorum*) ed., Macmillan, Londres, 1961 (1a. ed. 1890).

Martinez-Coll. Véase J. Hirshleifer y Martinez-Coll (1988).

Maskin, Eric. Véase Dasgupta y Maskin (1986a, 1986b) 235, 317, 324; Dasgupta *et al.* (1979) 216n y Fudenberg y Maskin (1986).

——— y John Riley (1984), "Optimal Auctions with Risk Averse Buyers", en *Econometrica*, noviembre de 1984, 52: 1473-1518.

——— (1985), "Input vs. Output Incentive Schemes", en *Journal of Public Economics*, octubre de 1985, 28: 1-23.

——— y Jean Tirole (1987), "Correlated Equilibria and Sunspots", en *Journal of Economic Theory*, diciembre de 1987, 43: 364-373.

Masten, Scott y Keith Crocker (1985), "Efficient Adaptation in Long-Term Contracts: Take-or-Pay Provisions for Natural Gas", en *American Economic Review*, diciembre de 1985, 75: 1083-1093.

Mathewson, G. Frank. Véase Stiglitz y Mathewson (1986).

——— y Ralph Winter (1985), "The Economics of Franchise Contracts", en *Journal of Law and Economics*, octubre de 1985, 28: 503-526.

Matthews, Steven y John Moore (1987), "Monopoly Provision of Quality and Warranties: An Exploration in the Theory of Multidimensional Screening", en *Econometrica*, marzo de 1987, 55: 441-467.

Mayer, Colin. Véase Franks *et al.* (1988).

Maynard Smith, John (1974), "The Theory of Games and the Evolution of

Animal Conflicts", en *Journal of Theoretical Biology*, septiembre de 1974, 47: 209-221.

————— (1982), *Evolution and the Theory of Games*, Cambridge University Press, Cambridge, 1982.

McAfee, R. Preston y John McMillan (1986), "Bidding for Contracts: A Principal-Agent Analysis", en *Rand Journal of Economics*, otoño de 1986, 17: 326-338.

————— (1987), "Auctions and Bidding", en *Journal of Economic Literature*, junio de 1987, 25: 699-754.

————— (1988), *Incentives in Government Contracts*, University of Toronto Press, Toronto, 1988.

McChesney, Fred. Véase Macey y McChesney (1985).

McCloskey, Donald (1985), "Economical Writing", en *Economic Inquiry*, abril de 1985, 24: 187-222.

————— (1987), *The Writing of Economics*, Macmillan, Nueva York, 1987.

McGee, John (1958), "Predatory Price Cutting: The Standard Oil (N. J.) Case", en *Journal of Law and Economics*, octubre de 1958, 1: 137-169.

McLennan, Andrew (1985), "Justifiable Beliefs in Sequential Equilibrium", en *Econometrica*, julio de 1985, 53: 889-904.

McMillan, John. (1986), *Game Theory in International Economics*, Hardwood Academic Publishers, Chur, Suiza, 1986.

————— (1992), *Games, Strategies, and Managers: How Managers can Use Game Theory to Make Better Business Decisions*, Oxford University Press, Oxford, 1992.

—————. Véase McAfee y McMillan (1986, 1987).

Mead, Walter, Asbjorn Moseidjord y Philip Sorenson (1984), "Competitive Bidding under Asymmetrical Information: Behavior and Performance in Gulf of Mexico Drainage Lease Sales 1959-1969", en *Review of Economics and Statistics*, agosto de 1984, 66: 505-508.

Meckling, William. Véase Jensen y Meckling (1976).

Meese, G. Véase Baldwin y Meese (1979).

Mertens, Jean-Francois. Véase Kohlberg y Mertens (1986).

————— y S. Zamir (1985), "Formulation of Bayesian Analysis for Games with Incomplete Information", en *International Journal of Game Theory*, 1985, 14: 1-29.

Milgate, Murray. Véase Eatwell *et al.* (1989).

Milgrom, Paul (1981a), "An Axiomatic Characterization of Common Knowledge", en *Econometrica*, enero de 1981, 49: 219-222.

————— (1981b), "Good News and Bad News: Representation Theorems and Applications", en *Bell Journal of Economics*, otoño de 1981, 12: 380-391.

————— (1981c), "Rational Expectations, Information Acquisition and Competitive Bidding", en *Econometrica*, julio de 1981, 49: 921-943.

————— (1987), "Auction Theory", en Bewley (1987).

—————. Véase Kreps *et al.* (1982), y Glosten y Milgrom (1985).

————— y John Roberts (1982a), "Limit Pricing and Entry under Incomplete Information: An Equilibrium Analysis", en *Econometrica*, marzo de 1982, 50: 443-459.

Milgrom, Paul (1982b), "Predation, Reputation and Entry Deterrence", en *Journal of Economic Theory*, agosto de 1982, 27: 280-312.

——— (1986), "Price and Advertising as Signals of Product Quality", en *Journal of Political Economy*, agosto de 1986, 94: 796-821.

——— (1990), "Rationalizability, Learning, and Equilibrium in Games with Strategic Complementaries", en *Econometrica*, noviembre de 1990, 58: 1255-1279.

——— (1992), *Economics, Organizations, and Management*, Englewood Cliffs, Prentice-Hall, Nueva Jersey, 1992.

——— y Robert Weber (1982), "A Theory of Auctions and Competitive Bidding", en *Econometrica*, septiembre de 1982, 50: 1089-1122.

Miller, Geoffrey (1986), "An Economic Analysis of Rule 68", en *Journal of Legal Studies*, enero de 1986, 15: 93-125.

Mirrlees, James (1971), "An Exploration in the Theory of Optimum Income Taxation", en *Review of Economic Studies*, 38: 175-208.

——— (1974), "Notes on Welfare Economics, Information and Uncertainty", en *Essays on Economic Behavior under Uncertainty*, compilado por Michael Balch, Daniel McFadden y Shih-yen Wu, North-Holland, Amsterdam, 1974.

Monteverde, K. y David Teece (1982), "Supplier Switching Costs and Vertical Integration in the Automobile Industry", en *Bell Journal of Economics*, primavera de 1982, 13: 206-213.

Mookherjee, Dilip (1984), "Optimal Incentive Schemes with Many Agents", en *Review of Economic Studies*, julio de 1984, 51: 433-446.

——— e Ivan Png (1989), "Optimal Auditing, Insurance and Redistribution", en *The Quarterly Journal of Economics*, mayo de 1989, 104: 399-415.

——— y D. Ray (1992), "Learning-By-Doing and Industrial Structure: An Overview", en *Theoretical Issues in Development Economics*, compilado por B. Dutta, S. G., Dilip Mookherjee y D. Ray, Oxford University Press, Nueva Delhi, 1992.

Moore, John. Véase Matthews y Moore (1987).

Moreaux, Michel (1985), "Perfect Nash Equilibria in Finite Repeated Games and Uniqueness of Nash Equilibrium in the Constituent Game", en *Economics Letters*, 1985, 17: 317-320.

———. Véase Laffont y Moreaux (1991).

Morgenstern, Oskar. Véase von Neumann y Morgenstern (1944).

Moseidjord, Asbjorn. Véase Mead *et al.* (1984).

Moskowitz, Milton, Michael Katz y Robert Levering (comps.) (1980), *Everybody's Business: An Almanac*, Harper and Row, San Francisco, 1980.

Moulin, Herve (1986a), *Game Theory for the Social Sciences*, 2a. ed. rev., NYU Press, Nueva York, 1986.

——— (1986b), *Eighty-Nine Exercises with Solutions from Game Theory for the Social Sciences*, 2a. ed. rev., NYU Press, Nueva York, 1986.

Mulherin, J. Harold (1986), "Complexity in Long-Term Contracts: An Analysis of Natural Gas Contractual Provisions", en *Journal of Law, Economics, and Organization*, primavera de 1986, 2: 105-118.

Murphy, Kevin J. (1986), "Incentives, Learning and Compensation: A Theoretical and Empirical Investigation of Managerial Labor Contracts", en *Rand Journal of Economics*, primavera de 1986, 17: 59-76.

Murphy, Kevin J. Véase Baker *et al.* (1988).

Muzzio, Douglas (1982), *Watergate Games*, New York University Press, Nueva York, 1982.

Myerson, Roger (1979), "Incentive Compatibility and the Bargaining Problem", en *Econometrica*, enero de 1979, 47: 61-73.

——— (1991), *Game Theory: Analysis of Conflict*, Harvard University Press, Cambridge, Mass., 1991.

——— (1978), "Refinements of the Nash Equilibrium Concept", en *International Journal of Game Theory*, 1978, 7: 73-80.

——— Véase Holmstrom y Myerson (1983).

Nalebuff, Barry. Véase Ghemawat y Nalebuff (1985).

——— y John Riley (1985), "Asymetric Equilibria in the War of Attrition", en *Journal of Theoretical Biology*, abril de 1985, 113: 517-527.

——— y David Scharfstein (1987), "Testing in Models of Asymmetric Information", en *Review of Economic Studies*, abril de 1987, 54: 265-278.

——— y Joseph Stiglitz (1983), "Prizes and Incentives: Towards a General Theory of Compensation and Competition", en *Bell Journal of Economics*, primavera de 1983, 14: 21-43.

Nash, John (1950a), "The Bargaining Problem", en *Econometrica*, enero de 1950, 18: 155-162.

——— (1950b), "Equilibrium Points in n-Person Games", en *Proceedings of the National Academy of Sciences, USA*, enero de 1950, 36: 48-49.

——— (1951), "Non-Cooperative Games", en *Annals of Mathematics*, septiembre de 1951, 54: 286-295.

Nelson, Philip (1974), "Advertising as Information", en *Journal of Political Economy*, julio-agosto de 1974, 84: 729-754.

Newbery, David. Véase Gilbert y Newbery (1982).

Newman, John. Véase Eatwell *et al.* (1989).

Nikaido, Hukukane y Kazuo Isoda (1955), "Note on Noncooperative Convex Games", en *Pacific Journal of Mathematics*, 1955: 807-815.

Novshek, William (1985), "On the Existence of Cournot Equilibrium", en *Review of Economic Studies*, enero de 1985, 52: 85-98.

Ohta, Hiroshi. Véase Greenhut y Ohta (1975).

Ordeshook, Peter (1986), *Game Theory and Political Theory: An Introduction*, Cambridge University Press, Cambridge, 1986.

Owen, Guillermo (1982), *Game Theory*, 2a. ed., Academic Press, Nueva York, 1982.

Palfrey, Thomas y Sanjay Srivastava (1993), *Bayesian Implementation*, Harwood Academic Publishers, Nueva York, 1993.

Pearce, David. (1984), "Rationalizable Strategic Behavior and the Problem of Perfection", en *Econometrica*, julio de 1984, 52: 1029-1050.

———. Véase Abreu *et al.* (1986, 1990).

Peleg, Bezalel. Véase Bernheim *et al.* (1987).

Peltzman, Sam (1991), "The Handbook of Industrial Organization: A Review Article", en *Journal of Political Economy*, febrero de 1991, 99: 201-217.

———. Véase Jarrell y Peltzman (1985).

Perry, Moty (1986), "An Example of Price Formation in Bilateral Situations: A Bargaining Model with Incomplete Information", en *Econometrica*, marzo de 1986, 54: 313-321.

Perry, Moty. Véase Grossman y Perry (1986).

Phlips, Louis (1983), *The Economics of Price Discrimination*, Cambridge University Press, Cambridge, 1983.

—————— (1988), *The Economics of Imperfect Information*, Cambridge University Press, Cambridge, 1988.

Picker, Randal. Véase Baird *et al.* (en preparación).

Plinio, *The Letters of the Younger Pliny*, traducido al inglés por Betty Radice, Penguin, Londres, 1963.

Png, Ivan (1983), "Strategic Behavior in Suit, Settlement, and Trial", en *Bell Journal of Economics*, otoño de 1983, 14: 539-550.

Png, Ivan. Véase Mookherjee y Png (1989).

—————— y David Hirshleifer (1987), "Price Discrimination through Offers to Match Price", en *Journal of Business*, julio de 1987, 60: 365-383.

Polemarchakis, Heraklis. Véase Geanakoplos y Polemarchakis (1982).

Polinsky, A. Mitchell y Yeon Koo Che (1991), "Decoupling Liability: Optimal Incentives for Care and Litigation", en *Rand Journal of Economics*, invierno de 1991, 22: 562-570.

Ponssard, Jean-Pierre (1981), *Competitive Strategies*, Amsterdam, North-Holland, 1981. (Traducción por A. Heesterman de *Logique de la négociation et théorie des jeux*, Les Editions d'Organization, París, 1977.)

Popkin, Samuel (1979), *The Rational Peasant: The Political Economy of Rural Society in Vietnam*, University of California Press, Berkeley, 1979.

Porter, Robert (1983a), "Optimal Cartel Trigger Price Strategies", en *Journal of Economic Theory*, abril de 1983, 29: 313-338.

—————— (1983b), "A Study of Cartel Stability: The Joint Executive Committee, 1880-1886", en *Bell Journal of Economics*, otoño de 1983, 14: 301-314.

Posner, Richard (1975), "The Social Costs of Monopoly and Regulation", en *Journal of Political Economy*, agosto de 1975, 83: 807-827.

—————— (1992), *The Economic Analysis of the Law*, 4a. ed., Little, Brown, Boston, 1992 (1a. ed., 1972).

Poterba, James. Véase Hausman y Poterba (1987).

Prescott, Edward. Véase Kydland y Prescott (1977).

Psacharopoulos, George. Véase Layard y Psacharopoulos (1974). 258, 269n

Pyle, David. Véase Leland y Pyle (1977).

Radner, Roy (1980), "Collusive Behavior in Oligopolies with Long but Finite Lives", en *Journal of Economic Theory*, abril de 1980, 22: 136-156.

—————— (1985), "Repeated Principal-Agent Games with Discounting", en *Econometrica*, septiembre de 1985, 53: 1173-1198.

——————. Véase Marschak y Radner (1972).

Raff, Daniel y Lawrence Summers (1987), "Did Henry Ford Pay Efficiency Wages?", en *Journal of Labor Economics*, octubre de 1987, 5: 57-86.

Raiffa, Howard. Véase Luce y Raiffa (1957).

Rapoport, Anatol (1960), *Fights, Games and Debates*, University of Michigan Press, Ann Arbor, 1960.

—————— (1970), *N-Person Game Theory: Concepts and Applications*, University of Michigan Press, Ann Arbor, 1970.

Rapoport, Anatol y Albert Chammah (1965), *Prisoner's Dilemma: A Study in Conflict and Cooperation*, University of Michigan Press, Ann Arbor, 1965.

——— y Melvin Guyer (1966), "A Taxonomy of 2 × 2 Games", en *General Systems*, 1966. 11: 203-214.

———, Melvin Guyer y David Gordon (1976), *The 2 × 2 Game*, University of Michigan Press, Ann Arbor, 1976.

Rappoport, Peter. Véase Cooter y Rappoport (1984).

Rasmusen, Eric (1987), "Moral Hazard in Risk-Averse Teams", en *Rand Journal of Economics*, otoño de 1987, 18; 428-435.

——— (1988a), "Entry for Buyout", en *Journal of Industrial Economics*, marzo de 1988, 36: 281-300.

——— (1988b), "Stock Banks and Mutual Banks", en *Journal of Law and Economics*, octubre de 1988, 31: 395-422.

——— (1989a), *Games and Information*, Basil Blackwell, Oxford, 1989. Traducido al japonés por Moriki Hosoe, Shozo Murata y Yoshinobu Arisada, Kyushu University Press, vol. 1 (1990), vol. 2 (1991). Traducido al italiano por Alberto Bernardo, Ulrico Hoepli Editore, Milán (1993).

——— (1989b), "A Simple Model of Product Quality with Elastic Demand", en *Economics Letters*, 1989, 29: 281-283.

——— (1992a), "Folk Theorems for the Observable Implications of Repeated Games", en *Theory and Decision*, marzo de 1992, 32: 147-164.

——— (1992b), "Managerial Conservatism and Rational Information Acquisition", en *Journal of Economics and Management Strategy*, primavera de 1992. 1: 175-202.

——— (1992c), "An Income-Satiation Model of Efficiency Wages", en *Economic Inquiry*, julio de 1992, 30: 467-478.

——— (inédito), "Signal Jamming and Limit Pricing: A Unified Approach", Indiana University Working Paper in Economics núm. 92-020.

——— y Emmanuel Petrakis (1992), "Defining the Mean-Preserving Spread: 3-pt versus 4-pt", en *Decision Making Under Risk and Uncertainty: New Models and Empirical Findings*, compilado por John Geweke, Kluwer, Amsterdam, 1992.

——— y Todd Zenger (1990), "Diseconomies of Scale in Employment Contracts", en *Journal of Law, Economics and Organization*, junio de 1990, 6: 65-92.

———. Véase Fernandez y Rasmusen (inédito), D. Hirshleifer y Rasmusen (1989), y J. Hirshleifer y Rasmusen (1992).

Reinganum, Jennifer (1985), "Innovation and Industry Evolution", en *Quarterly Journal of Economics*, febrero de 1985, 100: 81-99.

——— (1988), "Plea Bargaining and Prosecutorial Discretion", en *The American Economic Review*, septiembre de 1988, 78: 713-728.

——— (1989), "The Timing of Innovation: Research, Development and Diffusion", en Schmalensee y Willig (1989).

——— y Nancy Stokey (1985), "Oligopoly Extraction of a Common Property Natural Resource: the Importance of the Period of Commitment in Dynamic Games", en *International Economic Review*, febrero de 1985, 26: 161-174.

Reiss, Peter. Véase Bresnahan y Reiss (1991).

Reynolds, Robert. Véase Salant *et al.* (1983).

Richerson, Peter. Véase Boyd y Richerson (1985).

Riker, William (1986), *The Art of Political Manipulation*, Yale University Press, New Haven.

Riley, John (1979b), "Informational Equilibrium", en *Econometrica*, marzo de 1979, 47: 331-359.

———— (1980), "Strong Evolutionary Equilibrium and the War of Attrition", en *Journal of Theoretical Biology*, febrero de 1980, 82: 383-400.

———— (1979a), "Evolutionary Equilibrium Strategies", en *Journal of Theoretical Biology*, enero de 1979, 76: 109-123.

————. Véase Hirshleifer y Riley (1979, 1992), Maskin y Riley (1984, 1985) y Nalebuff y Riley (1985).

Riordan, Michael. Véase Kihlstrom y Riordan (1984).

Roberts, John. Véase Kreps *et al.* (1982), y Milgrom y Roberts (1982a, 1982b, 1986, 1990, 1992).

———— y Hugo Sonnenschein (1976), "On the Existence of Cournot Equilibrium without Concave Profit Functions", en *Journal of Economic Theory*, agosto de 1976, 13: 112-117.

Robinson, Marc (1985), "Collusion and the Choice of Auction", en *Rand Journal of Economics*, primavera de 1985, 16: 141-145.

Rogerson, William (1982), "The Social Costs of Monopoly and Regulation: a Game-Theoretic Analysis", en *Bell Journal of Economics*, otoño de 1982, 13: 391-401.

Roll, Richard. Véase Cornell y Roll (1981).

Romer, David (1984), "The Theory of Social Custom: A Modification and Some Extensions", en *Quarterly Journal of Economics*, noviembre de 1984, 99: 717-727.

Rosen, J. (1965), "Existence and Uniqueness of Equilibrium Points for Concave n-Person Games", en *Econometrica*, julio de 1965, 33: 520-534.

Rosen, Leo (1968), *The Joys of Yiddish*, Washington Square Press, Nueva York, 1968.

Rosen, Sherwin (1986), "Prizes and Incentives in Elimination Tournaments", en *American Economic Review*, septiembre de 1986, 76: 701-715.

————. Véase Lazear y Rosen (1981).

Rosenberg, David y Steven Shavell (1985), "A Model in Which Suits are Brought for their Nuisance Value", en *International Review of Law and Economics*, junio de 1985, 5: 3-13.

Ross, Steven (1977), "The Determination of Financial Structure: The Incentive-Signalling Approach", en *Bell Journal of Economics*, primavera de 1977, 8: 23-40.

Roth, Alvin (1984), "The Evolution of the Labor Market for Medical Interns and Residents: A Case Study in Game Theory", en *Journal of Political Economy*, diciembre de 1984, 92: 991-1016.

———— (comp.) (1985), *Game Theoretic Models of Bargaining*, Cambridge University Press, Cambridge, 1985.

Rothkopf, Michael (1980), "TREES: A Decision-Maker's Lament", en *Operations Research*, enero-febrero de 1980, 28:3.

Rothschild, Michael. Véase Diamond y Rothschild (1978).

———— y Joseph Stiglitz (1970), "Increasing Risk I", en *Journal of Economic Theory*, 225-243. Reimpreso en Diamond y Rothschild (1978).

———— (1976), "Equilibrium in Competitive Insurance Markets: An Essay on the Economics of Imperfect Information", en *Quarterly Journal of Economics*, noviembre de 1976, 90: 629-649.

Rubin, Paul (1978), "The Theory of the Firm and the Structure of the Franchise Contract", en *Journal of Law and Economics*, abril de 1978, 21: 223-233.

Rubinfeld, Daniel. Véase Cooter y Rubinfeld (1989).

Rubinstein, Ariel (1979), "An Optimal Conviction Policy for Offenses that May Have Been Committed by Accident", en *Applied Game Theory*, compilado por Steven Brams, A. Schotter y Gerhard Schrodiauer, Physica-Verlag, 1979.

———— (1982), "Perfect Equilibrium in a Bargaining Model", en *Econometrica*, enero de 1982, 50: 97-109.

———— (1985a), "A Bargaining Model with Incomplete Information about Time Preferences", en *Econometrica*, septiembre de 1985, 53: 1151-1172.

———— (1985b), "Choice of Conjectures in a Bargaining Game with Incomplete Information", en Roth (1985).

———— (comp.) (1990), *Game Theory in Economics*, Edward Elgar Publishing Company, Brookfield, Vermont, 1990.

Rubinstein, Ariel. Véase Binmore *et al.* (1986).

Rudin, Walter (1964), *Principles of Mathematical Analysis*, McGraw-Hill, Nueva York, 1964.

Rumelt, Richard. Véase Lippman y Rumelt (1982).

Saft, Lester. Véase Klein y Saft (1985).

Salant, Stephen. Véase Gaudet y Salant (1991).

————, Sheldon Switzer y Robert Reynolds (1983), "Losses from Horizontal Merger: The Effects of an Exogenous Change in Industry Structure on Cournot-Nash Equilibrium", en *Quarterly Journal of Economics*, mayo de 1983, 98: 185-199.

Saloner, Garth. Véase Farrell y Saloner (1985).

Salop, Steven y Joseph Stiglitz (1977), "Bargains and Ripoffs: A Model of Monopolistically Competitive Price Dispersion", en *Review of Economic Studies*, octubre de 1977, 44: 493-510.

Samuelson, Paul (1958), "An Exact Consumption-Loan Model of Interest with or without the Social Contrivance of Money", en *Journal of Political Economy*, diciembre de 1958, 66: 467-482.

Samuelson, William (1984), "Bargaining under Asymmetric Information", en *Econometrica*, julio de 1984, 52: 995-1005.

Savage, Leonard (1954), *The Foundations of Statistics*, Wiley, Nueva York, 1954.

Scarf, Herbert. Véase Debreu y Scarf (1963).

Scharfstein, David. Véase Nalebuff y Scharfstein (1987).

Scheffman, David. Véase Holt y Scheffman (1987).

Scheinkman, Jose. Véase Kreps y Scheinkman (1983).

Schelling, Thomas (1960), *The Strategy of Conflict*, Harvard University Press, Cambridge, Mass., 1960.

Schellinig, Thomas (1966), *Arms and Influence*, Yale University Press, New Haven, 1966.

—— (1978), *Micromotives and Macrobehavior*, W. W. Norton, Nueva York, 1978.

Scherer, Frederick (1980), *Industrial Market Structure and Economic Performance*, 2a. ed., Rand McNally, Chicago, 1980.

Schmalensee, Richard (1982), "Product Differentiation Advantages of Pioneering Brands", en *American Economic Review*, junio de 1982, 72: 349-365.

—— y Robert Willig (comps.) (1989), *The Handbook of Industrial Organization*, North-Holland, Nueva York, 1989.

Schmittberger, Rold. Véase Guth *et al.* (1982).

Schwartz, Nancy. Véase Kamien y Schwartz (1982, 1991).

Schwarze, Bernd. Véase Guth e. al. (1982).

Seierstad, A. y K. Sydsaeter (1987), *Optimal Control Theory with Economic Applications*, North-Holland, Amsterdam, 1987.

Seligman, Daniel (1992), *A Question of Intelligence: The IQ Debate in America*, Carol Publishing, Nueva York, 1992.

Selten, Reinhard (1965), "Spieltheoretische Behandlung eines Oligopolmodells mit Nachfragetragheit", en *Zeitschrift für die gesamte Staatswissenschaft*, octubre de 1965, 121: 301-324, 667-689.

—— (1975), "Reexamination of the Perfectness Concept for Equilibrium Points in Extensive Games", en *International Journal of Game Theory*, 1975, 4: 25-55.

—— (1978), "The Chain-Store Paradox", en *Theory and Decision*, abril de 1978, 9: 127-159.

——. Véase Harsanyi y Selten (1988).

Sen, Amenya (1967), "Isolation, Assurance and the Social Rate of Discount", en *Quarterly Journal of Economics*, febrero de 1967, 81: 112-124.

Shaked, Avner (1982), "Existence and Computation of Mixed Strategy Nash Equilibrium for 3-Firms Location Problem", en *Journal of Industrial Economics*, septiembre-diciembre de 1982, 31: 93-96.

—— y John Sutton (1984), "Involuntary Unemployment as a Perfect Equilibrium in a Bargaining Model", en *Econometrica*, noviembre de 1984, 52: 1351-1364.

Shapiro, Carl (1982), "Consumer Information, Product Quality and Seller Reputation", en *Bell Journal of Economics*, primavera de 1982, 13: 20-35.

—— (1983), "Premiums for High Quality Products as Returns to Reputation", en *Quarterly Journal of Economics*, noviembre de 1983, 98: 659-679.

—— (1989), "The Theory of Business Strategy", en *RAND Journal of Economics*, primavera de 1989, 20: 125-137.

—— y Joseph Stiglitz (1984), "Equilibrium Unemployment as a Worker Discipline Device", en *American Economic Review*, junio de 1984, 74: 433-444.

——. Véase Farrell y Shapiro (1988) y Katz y Shapiro (1985).

Shapley, Lloyd (1953a), "Open Questions", en *Report of an Informal Conference on the Theory of n-Person Games*, Princeton Mathematics mimeo., 1953, 15.

Shapley, Lloyd (1953b), "A value for n-Person Games", en Kuhn y Tucker (1953), 307-317.

Shavell, Steven (1979), "Risk Sharing and Incentives in the Principal and Agent Relationship", en *Bell Journal of Economics*, primavera de 1979, 10: 55-73.

———. Véase Rosenberg y Shavell (1985).

Shell, Karl. Véase Cass y Shell (1983).

Shleifer, Andrei y Robert Vishny (1986), "Greenmail, White Knights and Shareholders' Interest", en *Rand Journal of Economics*, otoño de 1986, 17: 293-309.

Shubik, Martin. (1971), "The Dollar Auction Game: A Paradox in Noncooperative Behavior and Escalation", en *Journal of Conflict Resolution*, marzo de 1971, 15: 109-111.

——— (1982), *Game Theory in the Social Sciences: Concepts and Solutions*, MIT Press, Cambridge, Mass., 1982.

———. Véase Levitan y Shubik (1972).

Simon, Leo (1987), "Games with Discontinuous Payoffs", en *Review of Economic Studies*, octubre de 1987, 54: 569-598.

Slade, Margaret (1987), "Interfirm Rivalry in a Repeated Game: An Empirical Test of Tacit Collusion", en *Journal of Industrial Economics*, junio de 1987, 35: 499-516.

Slatkin, Montgomery (1980), "Altruism in Theory", reseña del libro de Scott Boorman y Paul Levitt, *The Genetics of Altruism*. En la revista *Science*, 7 de noviembre de 1980, 210: 633-634.

Smith, Abbie. Véase Antle y Smith (1986).

Smith, Adam (1776), *An Inquiry into the Nature and Causes of the Wealth of Nations*, University of Chicago Press, Chicago, 1976. [Edición en español (1a., 1958) del Fondo de Cultura Económica: *Investigación sobre la naturaleza y causas de la riqueza de las naciones*, traducción de Gabriel Franco, México.]

Smith, J. Véase DeBrock y Smith (1983).

Sobel, Joel. Véase Banks y Sobel (1987), Border y Sobel (1987), y Crawford y Sobel (1982).

——— e Ichiro Takahashi (1983), "A Multi-Stage Model of Bargaining", en *Review of Economic Studies*, julio de 1983, 50: 411-426.

Sonnenschein, Hugo (1983): "Economics of Incentives: An Introductory Account", en *Technology, Organization, and Economic Structure: Essays in Honor of Prof. Isamu Yamada*, compilado por Ryuzo Sato y Martin Beckmann, Springer-Verlag, Berlín, 1983.

———. Véase Roberts y Sonnenschein (1976).

Sorenson, Philip. Véase Mead *et al.* (1984).

Sowden, Lanning. Véase Campbell y Sowden (1985).

Spence, A. Michael (1973), "Job Market Signalling", en *Quarterly Journal of Economics*, agosto de 1973, 87: 355-374.

——— (1977), "Entry, Capacity, Investment, and Oligopolistic Pricing", en *Bell Journal of Economics*, otoño de 1977, 8: 534-544.

———. Véase Kreps y Spence (1984).

Spitzer, Matthew. Véase Hoffman y Spitzer (1985).

Spremann, Klaus. Véase Bamberg y Spremann (1987).

Spulber, Daniel (1989), *Regulation and Markets*, MIT Press, Cambridge, Mass., 1989.

Srivastava, Sanjay. Véase Palfrey y Srivastava (1993).

Stacche.ti, Ennio. Véase Abreu *et al.* (1986 106, 1990).

Stackelberg, Heinrich von (1934), *Marktform und Gleichgewicht*, J. Springer, Berlín, 1934. Traducido al inglés por Alan Peacock con el título *The Theory of the Market Economy*, William Hodge, Londres, 1952.

Staten, Michael y John Umbeck (1982), "Information Costs and Incentives to Shirk: Disability Compensation of Air Traffic Controllers", en *American Economic Review*, diciembre de 1982, 72: 1023-1037.

——— (1986), "A Study of Signalling Behavior in Occupational Disease Claims", en *Journal of Law and Economics*, octubre de 1986, 29: 263-286.

Stevenson, Robert L. (1987), *Island Nights' Entertainments*, Hogarth, Londres, 1987.

Stigler, George (1964), "A Theory of Oligopoly", en *Journal of Political Economy*, febrero de 1964, 72: 44-61.

———. Véase Becker y Stigler (1974).

Stiglitz, Joseph (1977), "Monopoly, Non-linear Pricing and Imperfect Information: The Insurance Market", en *Review of Economic Studies*, octubre de 1977, 44: 407-430.

——— (1982a), "Self-Selection and Pareto-Efficient Taxation", en *Journal of Public Economics*, marzo de 1982, 17: 213-240.

——— (1982b), "Utilitarianism and Horizontal Equity: The Case of Random Taxation", en *Journal of Public Economics*, junio de 1982, 18: 1-33.

——— (1987), "The Causes and Consequences of the Dependence of Quality on Price", en *Journal of Economic Literature*, marzo de 1987, 25: 1-48.

———. Véase Dasgupta y Stiglitz (1980), Nalebuff y Stiglitz (1983), Rothschild y Stiglitz (1970, 1976), Salop y Stiglitz (1977) y Shapiro y Stiglitz (1984).

——— y Frank Mathewson (comps.) (1986), *New Developments in the Analysis of Market Structure*, MIT Press, Cambridge, Mass., 1986.

——— y Andrew Weiss (1981), "Credit Rationing in Markets with Imperfect Information", en *American Economic Review*, junio de 1981, 71: 393-410.

——— (1989), "Sorting out the Differences Between Screening and Signalling Models", en *Papers in Commemoration of the Economic Theory Seminar at Oxford University*, Michael Dempster (comp.) Oxford University Press, Oxford.

Stokey, Nancy y Robert Lucas (1989), *Recursive Methods in Economic Dynamics*, Harvard University Press, Cambridge, Mass., 1989.

———. Véase Reinganum y Stokey (1985).

Straffin, Philip (1980), "The Prisoner's Dilemma", en *UMAP Journal*, 1: 101-103.

Strunk, William y E. B. White (1959), *The Elements of Style*, Macmillan, Nueva York, 1959.

Sugden, Robert (1986), *The Economics of Rights, Co-operation and Welfare*, Basil Blackwell, Oxford, 1986.

Sultan, Ralph (1974), *Pricing in the Electrical Oligopoly, Vol. I: Competition or Collusion*, Harvard University Press, Cambridge, Mass., 1974.

Summers, Larry. Véase Raff y Summers (1987).

Sutton, John (1986), "Non-Cooperative Bargaining Theory: An Introduction", en *Review of Economic Studies*, octubre de 1986, 53: 709-724.

———— (1991), *Sunk Costs and Market Structure: Price Competition, Advertising, and the Evolution of Concentration*, MIT Press, Cambridge, Mass., 1991.

————. Véase Shaked y Sutton (1984).

Switzer, Sheldon. Véase Salant *et al.* (1983).

Szep, J. y F. Forgo (1985), *Introduction to the Theory of Games*, D. Reidel, Dordrecht, 1985.

Takahashi, Ichiro. Véase Sobel y Takahashi (1983).

Takayama, Akira (1985), *Mathematical Economics*, 2a. ed., Cambridge University Press, Cambridge, 1985.

Teece, David. Véase Monteverde y Teece (1982).

Telser, Lester (1966), "Cutthroat Competition and the Long Purse", en *Journal of Law and Economics*, octubre de 1966, 9: 259-277.

Tenorio, Rafael (1993), "Revenue-Equivalence and Bidding Behavior in a Multi-Unit Auction Market: An Empirical Analysis", en *Review of Economics and Statistics*, mayo de 1993, 2: 302.

Thaler, Richard (1992), *The Winner's Curse: Paradoxes and Anomalies of Economic Life*, The Free Press, Nueva York, 1992.

Thisse, Jacques. Véase d'Aspremont *et al.* (1979).

Thomas, L. (1984), *Games, Theory and Applications*, Ellis Horwood Ltd., Chichester, Inglaterra, 1984.

Tirole, Jean (1986), "Hierarchies and Bureaucracies: On the Role of Collusion in Organizations", en *Journal of Law, Economics, and Organization*, otoño de 1986, 2: 181-214.

———— (1988), *The Theory of Industrial Organization*, MIT Press, Cambridge, Mass., 1988.

————.Véase Freixas *et al.* (1985), Fudenberg y Tirole (1983, 1986a, 1986b, 1986c, 1991a, 1991b, Laffont y Tirole (1986, 1993), y Maskin y Tirole (1987).

Titman, Sheridan. Véase D. Hirshleifer y Titman (1990).

Tsebelis, George (1989), "The Abuse of Probability in Political Analysis: The Robinson Crusoe Fallacy", en *American Political Science Review*, 83: 77-91.

Tucker, Albert (inédito), "A Two-Person Dilemma", Stanford University mimeo., mayo de 1950, reproducido en Straffin (1980).

————. Véase Dresher *et al.* (1957), Kuhn y Tucker (1950, 1953) y Luce y Tucker (1959).

Tukey, J. (1949), "A Problem in Strategy", en *Econometrica*, julio de 1949 (suplemento), 17: 73 resumen bibliográfico.

Tullock, Gordon (1967), "The Welfare Costs of Tariffs, Monopolies, and Theft", en *Western Economic Journal*, junio de 1967, 5: 224-232.

———— (1983), *Economics of Income Redistribution*, Kluwer-Nuhuff, Boston, 1983.

Tullock, Gordon (1985), "Adam Smith and the Prisoners' Dilemma", en *The Quarterly Journal of Economics*, septiembre de 1985, 100: 1073-1081.

Umbeck, John. Véase Staten y Umbeck (1982, 1986).

Van Damme, Eric (1983), *Refinements of the Nash Equilibrium Concept*, Springer-Verlag, Berlín, 1983.

—— (1987), *Stability and Perfection of Nash Equilibrium*, Springer-Verlag, Berlín, 1987.

—— (1989), "Stable Equilibria and Forward Induction", en *Journal of Economic Theory*, agosto de 1989, 48: 476-496.

Varian, Hal (1992) *Microeconomic Analysis*, 3a. ed., W. W. Norton, Nueva York, 1992 (1a. ed., 1978).

Vickrey, William (1961), "Counterspeculation, Auctions and Competitive Sealed Tenders", en *Journal of Finance*, marzo de 1961, 16: 8-37.

—— (1964), *Microstatics*, Harcourt, Brace and World, Nueva York, 1964.

Vishny, Robert. Véase Shleifer y Vishny (1986).

Von Neumann, John (1928),"Zur Theorie der Gesellschaftspiele", en *Mathematische Annalen*, 1928, 100: 295-320. Traducido al inglés por Sonya Bargmann con el título de "On the Theory of Games of Strategy", en Luce y Tucker (1959) 13-42.

—— y Oskar Morgenstern (1944), *The Theory .of Games in Economic Behavior*, Wiley, Nueva York, 1944.

Von Zermelo, E. (1913), "Uber eine Anwendung der Mengenlehre auf die Theorie des Schachspiels", en *Proceedings, Fifth International Congress of Mathematicians*, 1913, 2: 501-504.

Waldegrave, James (1713), "Excerpt from a Letter" (con un prefacio de Harold Kuhn), en Baumol y Goldfeld (1968).

Waldman, Michael (1987), "Noncooperative Entry Deterrence, Uncertainty, and the Free Raider Problem", en *Review of Economic Studies*, abril de 1987, 54: 301-310.

——. Véase Haltinwanger y Waldman (inédito).

Weber, Robert, véase Milgrom y Weber (1982).

Weiner, E. (1984), *The Oxford Guide to the English Language*, Oxford University Press, Oxford, 1984.

Weiss, Andrew (1990), *Efficiency Wages*, Princeton University Press, Princeton, 1990.

——. Véase Guasch y Weiss (1980) y Stiglitz y Weiss (1981, 1989).

Weitzman, Martin (1974), "Prices vs. Quantities", en *Review of Economic Studies*, octubre de 1974, 41: 477-491.

Weston, J. Fred. Véase Copeland y Weston (1988).

Whinston, Michael. Véase Bernheim *et al.* (1987) y Bernheim y Whinston (1987).

White, E. B. Véase Strunk y White (1959).

Wicksteed, Philip (1885), *The Common Sense of Political Economy*, Kelley, Nueva York, 1950.

Wiley, John, Eric Rasmusen y Mark Ramseyer (1990), "The Leasing Monopolist", en *UCLA Law Review*, abril de 1990, 37: 693-731.

Williams, J. (1966), *The Compleat Strategyst: Being a Primer on the Theory of Games of Strategy*, McGraw-Hill, Nueva York, 1966.

Williamson, Oliver (1975), *Markets and Hierarchies: Analysis and Antitrust Implications: A Study in the Economics of Internal Organization*, Free Press, Nueva York, 1975.

———. Véase Schmalensee y Willig (1989).

Wilson, Charles (1980), "The Nature of Equilibrium in Markets with Adverse Selection", en *Bell Journal of Economics*, primavera de 1980, 11: 108-130.

Wilson, Robert (1971), "Computing Equilibria of n-Person Games", en *SIAM Journal of Applied Mathematics*, julio de 1971, 21: 80-87.

——— (1979), "Auctions of Shares", en *Quarterly Journal of Economics*, noviembre de 1979, 93: 675-689.

——— (inédito), notas del curso 311b de la Universidad de Stanford.

———. Véase Kennan y Wilson (1993), Kreps y Wilson (1982a, 1982b) y Kreps *et al.* (1982).

Winter, Ralph. Véase Mathewson y Winter (1985).

Wolfe, Philip. Véase Dresher *et al.* (1957).

Wolfson, M. (1985), "Empirical Evidence of Incentive Problems and their Mitigation in Oil and Tax Shelter Programs", en *Principals and Agents: The Structure of Business*, compilado por John Pratt y Richard Zeckhauser, Harvard Business School Press, Boston, 1985, 101-125.

Wolinsky, Asher. Véase Binmore *et al.* (1986).

Wydick, Richard (1978), "Plain English for Lawyers", en *California Law Review*, 1978, 66: 727-764.

Yellen, Janet. Véase Akerlof y Yellen (1986).

Zahavi, Amotz (1975), "Mate Selection: A Selection for a Handicap", en *Journal of Theoretical Biology*, septiembre de 1975, 53: 205-214.

Zamir, S. Véase Mertens y Zamir (1985).

Zenger, Todd. Véase Rasmusen y Zenger (1990).

Zimmerman, Jerold. Véase Gaver y Zimmerman (1977).

ÍNDICE ANALÍTICO

abierto: 487

Abreu, Dilip: 131, 166n

acción(es): 24; aleatorias: 87, 102; conjunto de: 25, 59, 82n, 104, 150, 165n; de conocimiento común: 196; de desequilibrio: 177; distinción entre estrategia y: 27, 30, 78; de equilibrio: 181; fuera del equilibrio: 149; función de la: 27; ocultas: 195, 198, 220n, 228, 237, 240, 424; perfil de: 25, 52; secuencia temporal de: 13

acuerdo(s), espacio de: 124, 129; obligatorios: 130; oferta de: 129-130

afín: 487

agencia, instituciones y problemas de la: 243-248, 254n

agente(s), aversión al riesgo: 255; cambios en el tipo de: 244-245; coordinación: 254n; decir la verdad y: 245; equipos o grupos de: 248-251; individuales: 14, 248; motivación: 254n; teoría de los: 10

agente-principal, modelo: 18, 65-66, 131, 198, 220n-221n, 224, 237, 248, 378, 426, 455; curvas de indiferencia: 201-202, 220; derecho y: 245; desempleo involuntario y: 241; información asimétrica y: 196, 199, 202, 204, 206, 208; negociación: 203; renegociación y: 240; riesgo moral: 167n, 199, 214

Akerlof, George: 245, 252n, 260, 280-282n

Alchian, Armen: 220n, 247

aleatoriedad *versus* mezcla: 110n

alfabeto griego: 485-486

alternativas irrelevantes, independencia de las: 319

anonimia (o simetría) de la solución de Nash a la negociación: 319-320, 332n

Antle, Rick: 253n

anualidad: 133; 487

aplicación a temas particulares: 7

apoyo: 487

Arrow, Kenneth: 220n

aseguramiento total: 215

Asquith, Daniel: 223n

Aumann, Robert: 10, 83n, 96, 109n, 165n

autoselección: 284n; restricción de la: 230, 243, 275, 291-292, 295, 467

Axelrod, Robert: 142n, torneo de: 171, 187, 190n

Ayres, Ian: 122, 332

Bagchi, Arunabha: 111n

Bagehot, Walter: 284n; modelo de: 419

Baiman, Stanley: 220n

Baird, Douglas: 10, 122

Baldwin, B.: 48n

Bamberg, Gunter: 10

Banks, Jeffrey: 10, 189n, 311n

Bannock, Graham: 117n

Baron, David: 110n, 251n-252n, 425

Bartlett: 164n

Barzel, Yoram: 408n

Basu, Kaushik: 10

Baumol, William: 10

Baxter, R. E.: 117n

Becker, Gary: 211, 241

beneficio marginal: 379-380, 495

Benoit, Jean-Pierre: 164n, 169, 448n

Bernake, Benjamin: 279

Bernheim, B. Douglas: 48n, 130, 251

Bertrand, Joseph: 164; competencia de: 388; conducta de: 353; duopolio de: 359; equilibrio de: 359-360, 383n-384n; fijación de precios de: 389; juegos de: 48n, 360, 368, 371-372, 374-375, 380, 386-387, 478-483; modelo de: 354, 363-365, 369, 384n; subjuego de: 409n

Besanko, David: 110n

Bierman, H. Scott: 10, 433

Bikhchandani, Sushil: 348

Binmore, Ken: 10, 189n, 332n, 433

biología, enfoque matemático en: 15; teoría de los juegos y: 115, 135-136

Blackwell, Basil: 19n

Blanchard, Olivier: 166n

Bond, Eric: 282n

Border, Kim: 110n, 484

Bowersock, G.: 19n

Bowley, Arthur: 383n
Boyd, Robert: 142n, 165n
Brams, Steven: 46n, 49n
Brandenburger, Adam: 62, 83n
Bresnahan, Timothy: 383n
Buchanan, James: 88
buenas noticias: 493
Bulow, Jeremy: 378, 384n
búsqueda de rentas: 392

caja negra, modelo: 16, 127, 417
cambios, finitos: 373; infinitesimales: 373
Campbell, Richmond: 46n
Campbell, W.: 346-347
Canzoneri, Matthew: 48n, 141n
capacidad, elección de la: 384n; limitaciones de la: 360-363, 380
Capen, E.: 346-347
casi siempre, definición: 488
Cass: 97
Cassady, Ralph: 338, 342, 350n
cero medida: 488
cerrado: 488
circuitos, abiertos: 141n; cerrados: 141n
Clapp, R.: 346-347
Clavell, James: 352n
coalición: 332n-333n
Coase, Ronald: 204, 378; conjetura de: 385n; Teorema de: 203
coaseguramiento: 218, 224n, 306
colusión, de compradores en subastas: 344; perfecta: 389
compacto: 488
compatibilidad de incentivos: 160, 230; limitación de la: 206-207, 209, 235, 256, 297, 303, 428, 430, 459
competencia, de Bertrand: 388; ordinaria: 164; de patentes: 251; perfecta: 383n; pura: 389; de la vara de medir: 242
complementos estratégicos: 374, 384n
condición de primer orden: 9, 223n, 250, 357, 365, 376, 394, 427, 429; autopercibida: 358; enfoque de la: 207; paralela: 364
condición, diagonal-dominante: 376; estadística suficiente: 210, 222n
conducta, fuera del equilibrio: 331-332; maximizadora: 15
congestionamiento: 384
conjeturas pasivas: 177-181, 189n, 400, 466-467

conjunto-abierto, problema del: 36, 126-128, 232, 318
conocimiento común: 62, 83n, 128, 171-172, 181, 183, 191-192, 200, 234, 240, 276, 281n, 309, 401; acciones de: 196, 202; equilibrio de: 135, 187; información de: 224n; de la ignorancia: 182; importancia del: 184; pagos de: 188; en las subastas: 338, 345, 349
conocimiento mutuo: 62
conocimiento oculto: 195, 229, 231, 237, 240, 251n, 290; contratos con: 236, 254n; economía pública y: 275; mentiras con: 241; riesgo moral con: 196, 198, 220n, 228, 251n-252n, 260, 424
consistencia, dinámica: 141n; temporal: 141n
consumo-préstamos, modelo: 162
continuum: 109n-110n, 145, 161, 232, 254n, 294, 488; de accionistas: 414; de compradores: 328, 378; de equilibrios: 314, 317, 324, 331, 385n; de niveles de educación: 301, 307; de tipos: 261, 333n, 452; de valores: 330
contracción: 489
contratación, modelo de: 204
contrato(s): 196; aleatorio: 222n; alternativo: 429; de autoselección: 231, 240; con conocimiento oculto: 236, 254n; conjunto de: 301, 306; costo-más ganancia: 424; descremador: 273-274, 466; eficiente: 254n; de equilibrio: 217, 232, 296; con incentivos explícitos: 244; de información asimétrica: 337; de largo plazo: 247; lineal: 202; con mentiras: 232; nuevos: 274; obligatorio: 202, 210, 223n, 234, 241, 243-244, 285n, 295; óptimo: 200, 208, 213, 222n-223n, 225, 232, 235, 240, 250, 256, 427; primero mejor: 206, 212, 250, 255n, 295, 455-456; privados: 246; renegociación en: 9, 228; restrictivos: 205; de riesgo compartido: 244, 248, 284n; riesgos morales y: 247; segundo mejor: 206, 295-296; de señalización: 289; separadores: 230, 273, 283n, 285, 291-292, 302-305; subsidiado: 427, 429; de umbral: 202; unificadores: 271, 273-274, 288, 292, 295, 301, 303-307, 427; variedad de: 236; viejos: 274

convexo, conjunto: 489
cooptar: 252n
Cooter, Robert: 47n, 124
Copeland, Thomas: 133, 284n, 308, 492
Cornell, Bradford: 142n
correspondencia: 489; semicontinua inferior: 489; semicontinua superior: 489
corriente o flujo de servicios: 377, 380
costos, hundidos: 117, 404; iguales a cero: 354; marginales: 363, 371, 381-382, 385n-387, 406, 478, 482; variables: 397
Cournot, Augustin: 16, 136, 138, 407; conducta de: 353, 406; duopolio de: 87, 105, 190, 387, 449-453; juego de: 92, 104, 106-107, 111n, 142n, 354; modelo de: 190, 359-360, 384n; reacción de: 387; reglas de: 389; tripolio: 383n
Cournot, equilibrios de: 189n, 387; con productos diferenciados: 365; estrategia pura en el: 383n; fusión de empresas en un modelo de: 383n; múltiples: 356
Cox, D.: 222n
Cramton, Peter: 333n
Crawford, Robert: 247, 333n
Crawford, Vincent: 49n, 97,
crédito, términos del, en el modelo de Diamond: 411-413
creencias, concordantes: 62; de desequilibrio: 178, 180-181, 188n, 191; mutuamente consistentes: 48n
criterio, de alcanzar: 165n; intuitivo: 180-181, 189n, 313, 467-468
Crocker, Keith: 220n
curvas, linealidad de las: 304
curvas, de costos: 371; de demanda: 282n-283n, 317, 365, 368, 371, 377, 379-380, 384n, 386-387, 406, 478; de oferta, 282n-283n
curvas de indiferencia: 201-202, 220, 223n, 233-236, 270, 287-288, 293, 464-466; discontinua: 271; de mayor pendiente: 304; sólida: 271
curvas de reacción: 386; en el juego de Bertrand: 479-483; en el juego de Cournot: 106-107, 356; de pendiente ascendente: 356, 384n; de pendiente descendente: 356, 384n
Chammah, Albert: 187
chantaje monetario: 189n

Che, Yeon Koo Che: 211
Chiang, Alpha: 484
Cho, In-Koo: 180, 189n, 293

Dasgupta, Partha: 10, 251n, 273, 363, 369-370, 408n
D'Aspremont, Claude: 369, 385n
David, Paul: 48n
Davis, Morton: 10, 19n
Dawkins, Richard: 142n
débil: 489
Debreu, Gerard: 14, 484
decisiones, toma de: 10, 23
deducible: 218
demandante residual: 212
demanda, curvas de: 365, 368, 371, 377, 379-380, 384n, 386-387, 406, 478; funciones de: 365-366, 368, 380; infinita: 363; lineal: 354, 356-357; inversa: 357 de pendiente positiva: 268; separable en el tiempo: 377
demandas legales triviales: 115, 121-125, 128-130
descremar: 271
descuento: 135; factor de: 133-134; tasa de: 9, 132, 134; Teorema Folk y: 150, 323-324
desequilibrio, acciones de: 177; conducta de: 331-332; creencias de: 178, 180-181, 188n, 191, 328-329, 400, 409n
desutilidad: 252n; marginal: 241, 427; véase también utilidad
Dewatripont, M.: 237
Diamond, Douglas: 10, 110n, 279; modelo de: 410-413
dimensionalidad, condición de: 152, 166n
DiMona, Joseph: 141n
dinámica evolutiva: 140
discontinuidad: 251, 414, 437
diseño de mecanismo: 10
distribución, exponencial: 493; lineal: 223n; log-normal: 494; normal: 494; de probabilidad: 229, 334, 493; uniforme: 493
divinidad: 189n
Dixit, Avinash K.: 10, 123, 384n, 404
dominio estocástico: 489; de primer orden: 492; de segundo orden: 492
Dresher, Melvin: 46n
duelo, ruidoso: 96; silencioso: 96
duopolio: 16, 111n, 119-120, 397, 405;

de Bertrand: 359-360; de Cournot: 87, 105, 142, 190; diversos modelos de: 359; juego: 156, 383n; modelación del: 107

Dybvig, Philip: 158n

Eaton, C.: 370

Eatwell, John: 10

econometría: 9, 13; pruebas en: 16

Edgeworth, Francis: 216; paradoja de: 360-363

efecto del gato gordo: 409n

eficiencia: 319; concepto de: 318; salarios de: 161, 228, 241, 244, 252n-253n, 255, 258, 278, 384n; de la solución de Nash a la negociación: 319, 332n

ejemplar, teoría: 15

ejemplificadora, teoría: 15, 19n, 383n; limitaciones de la: 16; supuestos primitivos en la: 17

emisiones certificadas, modelos de: 308

Engers, Maxim: 274, 284n, 308

equidad: 33; concepto de: 318

equilibrio(s), acciones de: 181; acuerdo de: 123; asimétricos: 96, 100-101, 348; de Bertrand: 359; de castigo: 166; concepto de: 30-32, 35-38, 48n, 54, 63, 70, 153, 172, 274; conducta fuera del: 331-332; de conocimiento común: 135; conveniente: 189n; correlacionados: 97; de Cournot: 136, 138, 189n, 354, 356, 365; Cournot-Nash: 107, 354, 356; definición de: 13, 31; del dominio débil: 35, 79, 118-119, 126; eficiente: 254n; épsilon: 164n; de equipos con conocimiento oculto: 254n; estable: 189; evaluación de: 174-175; evolutivo: 135, 139, 142n; existencia de: 13, 91, 307; general: 14, 29; inexistencia del: 313; jerarquización de los: 43, 298, 495; limitaciones del: 199; lineal: 422; de Markov: 162-163, 167n; múltiples: 30, 36, 48n-49n, 109n, 131; no estratégico: 397; no perfectos: 121; no plausible: 177; pagos de: 32, 61, 101, 163; de Pareto: 42, 45, 47n-48n; perfecto: 8, 27, 111n, 115-118, 120, 123, 141n-142, 144, 148, 151, 160, 163, 165n, 168, 170, 188n, 192, 326; plausible: 177-178, 181; punto de: 48n; reactivo: 274, 284n, 301, 306-307; recoordinación en: 9;

refinado: 40, 176, 293; resultado de: 29-30; de los salarios: 66; secuencial: 172-175, 189n; sensibles: 146; simétrico: 93-94, 97, 100-101, 112-114, 340, 346; de Stackelberg: 107-108, 111n, 142n, 359; superior: 45; único: 30, 105, 107, 111n, 113, 325, 356, 399, 422, 439; de Wilson: 273-275, 284n, 301, 306-307; véase también Nash, equilibrio de

equilibrio bayesiano perfecto: 83, 118, 171-172, 174-176, 178, 184-185, 191, 200, 274, 284n, 290-291, 294, 296, 307, 328, 409, 413; concepto de: 180; conjeturas pasivas y: 177-179; múltiples: 333n; refinamiento del: 188n-189n; único: 182

equilibrio dominante, estrategia del: 29-32, 39; iterativo: 35-38, 40-41, 49-50; serial: 36

equilibrio de estrategias: 29, 74, 78, 329; dominante: 148; mixtas: 19n, 75, 87-92, 94-101, 112-113, 138, 363; mixtas simétricas: 392; puras: 47n, 87-92, 94-95, 98-103, 110n, 112, 159, 273; puras simétricas: 317

equilibrio, perfil de, dominante: 130, 132; equilibrio de Nash y: 78, 88, 130

equilibrio revelador, parcialmente: 230; totalmente: 230

equilibrio, sendero de: 115-116, 148-149, 174, 331-332, 402, 418; tres partes del: 411; único: 302, 403

equilibrio separador: 178-179, 181, 228-230, 233, 235, 237, 251n, 272, 290-297, 301, 306, 314, 331, 333n; con estrategias mixtas: 329; con estrategias puras: 302, 305; conjetural: 178; curvas de indiferencia para el: 236; imperfectamente: 230; ineficiente: 332; jerarquización del: 298; parcialmente: 230; reactivo: 274-275; señalización y: 299

equilibrio unificador: 179-181, 189n, 191, 228-229, 233, 235, 237, 251n, 271, 275, 290-297, 300-301, 304, 306-307, 328, 400, 466; con niveles positivos: 298; curvas para el: 234; escudriñamiento y: 302; inexistencia de: 270, 273, 305; parcialmente: 230, 264; señalización y: 299

equipos o grupos de: 248-251, 254n; producción por un: 258

escudriñamiento: 195, 197, 284n, 289, 292; juegos de: 300

esfuerzo: 222n: al menor costo: 207; con seguro parcial: 218-219; con señales continuas: 302; distinción entre señalización y: 311n; eficiente: 202, 220, 249, 255-256, 427, 429, 459; equilibrio unificador y: 302; en equipos: 251; espacios continuos y: 304; función continua del: 251; información incompleta como modelo de: 328; opiniones y: 301; relajamiento del: 242; selección adversa y: 301, 305-306; utilidad marginal del: 221n

esquema de apoyo cambiante: 211

estabilidad: 107, 189n; en el equilibrio de Cournot: 136; teoría de juegos y: 111n

estadísticas comparativas: 354

estado del mundo: 231-232, 251n, 259; como movimiento de la Naturaleza: 68, 228-229; pagos y: 252n

estado-espacio, diagrama de: 214-215, 223n, 270, 287, 464-466

estática comparativa: 371, 374; dos enfoques de: 372

estilo-MIT, teoría del: 15

estrategia(s): 24, 28; aleatoria: 75, 87; del burgués: 138; de castigo: 153; combinación de: 46n, 50; de conducta: 109n; conjuntos de: 26, 68, 104-105, 110n, 119, 138, 142, 152, 166n, 192, 374, 442-444, 454; continuas: 57, 104-105, 111n, 127; de cooperación: 153; correlacionadas: 96-97, 109n, 138; del demandante: 80-81; del desquite: 146, 149, 165n-166n, 170, 184-185, 187-188; diparadora: 251; disparadora óptima: 166n; distinción entre acción y: 27, 30, 78; dominada: 31, 36, 189n, 192; de dominio débil: 36-37, 39-40, 48n, 50; de dominio fuerte: 36, 39-40; de equilibrio: 29, 74, 78, 99, 110n, 174; espacios finitos de: 111n; espacios infinitos de: 111; estable evolutiva (EEE): 136-138, 142n-143, 145, 166n; de gatillo: 166n; golpe por golpe: 29, 46n; de Markov: 109n, 146; meta: 155; óptimas: 337, 339-340, 345, 374, 418; pagos por las: 38, 98; pesimistas: 146, 149, 151; preespecificadas: 141n; puras: 103-104, 109n-110n, 112-113, 153, 165n,

167n, 192, 273, 352, 369; racionalizable: 48n; simétricas: 344; de valor privado: 338; véase también Nash, estrategias de

estrategia(s) mixta(s): 104, 110n, 113, 126, 143, 153, 222n, 286, 369-370, 403, 440; completamente: 87; de elección aleatoria: 109n; equilibrio de: 112, 352; información asimétrica con: 114; y categorías de juegos: 99

estrategia(s), perfiles de: 26, 29, 35-37, 39, 42, 46n, 48n, 70, 74, 79, 106, 115; como equilibrio perfecto: 116-117, 125, 141n, 174, 176; dominante: 30-32, 34-35, 40, 46n-47n, 50, 87, 131, 148, 157, 218, 276, 353, 414; de equilibrio: 180-181; información asimétrica y: 121; inicial: 107; de Nash: 130, 250; pagos y: 52, 95; perfecto: 131, 147, 160, 173

evaluación de equilibrio: 174-175

evitar-al-menor-costo: 246

Farrell, Joseph: 48n, 97, 162-163, 242, 254n

Fernández, Luis: 10, 274, 284n, 433

Fisher, Franklin: 15, 109n

Flood: 46n

Forgo, F.: 10

formas funcionales: 487

fórmula cuadrática: 486

Fowler, H.: 19n

Frank, Robert: 321

Freixas, Xavier: 252n

Friedman, Daniel: 139

Friedman, James: 11

Friedman, Milton: 19n

frontera, como clase especial de punto focal: 44-45

Fudenberg, Drew: 10-11, 83n, 96, 109n-111n, 131, 154n, 165n, 186, 188n, 207, 240, 251n, 327, 333n, 396, 409n, 433, 484, 496

función: 490; cóncava: 488; continua: 488; convexa: 489; cuasicóncava: 489; de densidad acumulativa: 392, 493; de reacción: 107, 355-356, 364-365, 384n, 386, 450

Gabszewicz, J.: 369

Gal-Or, Esther: 384n

Galai, Dan: 284n

Galbraith, John Kenneth: 255n

Gaskins, Darius: 385n
Gaudet, Gerard: 111n
Gaver, Kenneth: 254n
Geanakoplos, John: 83n-84n, 384n
Geiman, Judith: 408
generaciones sucesivas: 162, 167n
genéricamente: 490
Gerentes, Corruptos: 415; Leales: 415
Gertner, Robert: 10, 122
Ghemawat, Pankaj: 109n
Gibbard, Allan: 251n
Gibbons, Robert: 11, 140n
Gilbert, Richard: 393
Gillies, Donald: 13
Gjesdal, Froystein: 222n
Glosten, Lawrence, modelo de: 419
Goldfeld, Stephen: 10
Gonik, Jacob: 236
Gordon, David: 47n
Granfield: 247
gratitud: 167n
Green, J.: 10
Greenhut, Melvin: 385n
greenmail: 415-418
Gresham, ley de: 231n
Grinblatt, Mark: 308
Grossman, Stanford: 189n, 207, 222n-223n, 251, 311n, 413
Groves, Theodore, mecanismo de: 260, 284n, 341
Guasch, J. Luis: 285n
Guesnerie, Roger: 252n
Gul, Faruk: 333n
gustos en el juego de los Limones, idénticos: 261-264; heterogéneos: 264-268, 282n-283n
Guth, Wener: 127
Guyer, Melvin: 46n-47n

hacia: 490
Haldeman, H. R.: 141n
Haller, Hans: 49n, 333n
Halmos, Paul: 19n
Haltiwanger, John: 384n
Hamburger, Henry: 46n
Hamilton, William: 142n
Hammond, Peter: 251n
Harrington, Joseph: 164n
Harris, Milton: 11, 66, 220n
Harsansy, John: 10, 14, 43, 91, 109n, 173, 188n, 332n; doctrina de: 68, 70, 82; transformación de: 52, 67-68, 71, 83n

Hart, Sergiu: 10, 207, 220n, 222n-223n, 251, 413
Hausman, J.: 426n
Haywood, O.: 47n
Henderson, Dale: 48n, 141n
Henry, O.: 48n
Herodoto: 46n
Hersh, Reuben: 19n
Hess, James: 10, 220n
Heywood, John: 164n
Hines, W.: 142n
Hinkley, David: 222n
Hirshleifer, Jack: 46n, 48n, 62, 110n, 142n, 164n, 166n-167n, 189n, 386n, 433
Hoffman, Elizabeth: 321
Hofstadter, Douglas: 190n
Holmes, Oliver Wendell: 245-246
Holmstrom, Bengt: 66, 210, 220n, 222n, 224n, 251, 254n
Holt, Charles: 386n
horizonte infinito, modelo de: 158
Hotelling, Harold: 369; modelos de localización de: 354, 366, 369, 385n; Precio de: 366
Hughes, Patricia: 308
Hwang, Chuan-Yank: 308

incertidumbre: 253n; extrínseca: 97; información completa e: 196; en la innovación: 408n
indiferencias crecientes, condición de: 374
información: 24, 28; calidad de la: 61; clasificación de la: 105; de conocimiento común: 224n; descripción de la: 52; economía de la: 7, 10; mejor: 61-62, 214, 223n; ocultar: 171; restricción de la: 240; revelar: 171, 252n, 328
información asimétrica: 7, 10, 13, 18, 65, 68, 78, 110n, 114, 118, 121, 126, 161, 171-174, 228, 256, 259-269, 278, 280, 288, 295, 400; agente-principal e: 196, 199, 202, 204, 206, 208; categorías de: 195, 197-198, 220n; contratos de: 337; negociación e: 333n; optimización e: 224n; tres clases de: 224n; subastas e: 350n
información completa: 63-64, 67, 83n, 188n, 195, 200, 202, 224, 255, 293, 313, 427, 430; con incertidumbre: 196; contrato del agente en condi-

ciones de: 225-226; ingreso con: 404; en juegos de riesgo moral: 228

información, conjunto de: 26, 58-60, 65, 116, 121, 171, 339, 346, 418, 437; refinado: 213-214; un solo miembro en el: 61

información, estructura de: 32, 35, 50, 58; casi perfecta: 83n; clasificación de juegos con base en: 52, 70; cierta: 63, 78, 83n; imperfecta: 63-67, 70, 78; perfecta: 63-64, 83n, 103, 240, 264; privada: 65, 70, 84n, 224n, 259-260, 228, 230, 306, 349, 419; púbiica: 196, 213; simétrica: 62, 64, 66, 83n, 122, 130, 146, 158, 171, 191, 217, 228, 260

información incompleta: 14, 18, 52, 64, 66-68, 78, 107, 124, 148, 171, 184-187, 190, 195-196, 285, 313, 427; como modelo de escudriñamiento: 328; equilibrio de Bertrand e: 360; maximización en condiciones de: 428; negociación e: 327-328, 333n, 335; subsidio e: 429-430

información, particiones de: 59, 63, 68, 182, 213; burda: 60-61, 77, 83, 196, 349-350; conocimiento común y: 62, 172; fina: 60, 62, 196, 349; finitas: 84n

imitación: 388; emisión de patentes e: 390; con ganancias: 389

ingresar para que le compren la empresa: 403-408

innovación: 410; bienestar social e: 390; carrera de patentes e: 408n-409n; como estrategia dominada: 388; formas de: 396; imitación y: 388-389; importancia de la: 388; incertidumbre en la: 408n; en el monopolio: 389, 392, 394-395

insumos complementarios: 374

intuición instruida: 17

invariabilidad, de la solución de Nash a la negociación: 319, 332n

Jacquemin, Alex: 11, 142n, 383n, 409n
Jarrell, Greg: 166n
Joskow, Paul: 220n
juego(s), árbol del: 54-56, 58, 62-63, 70, 77-79, 115, 123, 144, 171, 176, 196, 273-274, 331, 417, 445-446; de Bertrand: 48n; bimatricial: 47n; biológicos: 142n, 146; categorías de:

99; de certidumbre: 63-64, 68, 260, 306-307; clasificación de: 52; con riesgo moral: 259; con selección adversa: 259; con tiempo continuo: 110n; de contribución: 100; de coordinación: 42-44, 46n, 100; de coordinación repetidos: 49n; de descoordinación: 100, 103; descripción del: 30; diferenciales: 111n; dinámicos: 135, 146, 171, 252n; elementos del: 24, 70; equilibrio de los: 19, 216; de escudriñamiento: 300; estructura de información del: 32; extensión mixta del: 87; de incertidumbre: 63-64, 260; de matriz: 47n; del momento oportuno: 95; mutación en los, de biología: 139; de negociación: 13, 106, 127, 133; orden del: 25, 28, 35, 105; del primero que sale: 85; realizaciones del: 25; reglas del: 24, 31, 33, 40, 67, 70, 72, 146, 317; resultado del: 27-29; solución mediante el dominio: 36; de suma cero: 37, 48n, 153-154; de suma variable: 37, 153; super: 166n; supermodular fluido: 373-375, 494-495; último Periodo del: 150-151

juegos con movimientos, estratégicos: 52-54, 80-82n; extensivos: 52, 54-56, 78, 82n, 105, 115, 123, 178, 191, 262, 437-438, 453; matriz de resultados: 52-53, 82n, 105, 112-113; orden de los: 58; de renegociación: 238; en secuencia: 52, 103-104, 110n, 115, 146, 155, 171, 284n; simultáneos: 52, 56, 66, 102, 104, 107-108, 110n, 144, 155, 191, 284n, 358; de uno sólo: 147-148, 150, 158, 164n-166n, 344, 436, 453

juegos cooperativos: 112, 130, 317, 321; no: 155, 229, 321; de suma cero: 106; teoría de: 318, 332n

juegos, ejemplos: 23; Acertijo de la Perfección de Pareto: 131-132; Acuerdo de Png: 77, 79-82, 122-123; Admisión al Doctorado: 178-181, 188n, 230, 294, 312n; Agarre el Dólar: 95-96, 145; Aseguramiento I: 215-218, 223n, 269; Aseguramiento II: 217, 219, 223n; Aseguramiento III: 269-270, 272-273, 283n-284n, 285, 302, 306, 461; Auditoría I: 87, 100, 102-104, 110n, 275; Auditoría II: 103-104; Auditoría III: 104; Batalla de los

Sexos: 38, 41-42, 47n-48n, 51, 93, 97, 100, 109n, 113, 191, 435, 453; Batalla del Mar de Bismarck: 34-37, 47n, 90; bridge: 61, 109n; Broadway: 199, 213; Broadway I: 208-209, 211-212, 295; Broadway II: 213, 223n; Broadway III: 213; Calidad del Producto: 157-159, 167n-168, 241, 429; Carrera de Patentes para un Mercado Nuevo: 390-392; Carrera de Patentes para un Mercado que ya existe: 393-394, 408n; Cerdos Encajonados: 38-39, 48n; Coordinación Jerarquizada: 38, 45, 48n, 52-53, 56, 63-64, 97, 100, 113, 130, 152, 296, 434; Coordinación Peligrosa: 43, 49n; Coronel Blotto: 111n; Costos de los Clientes por Cambiar de Vendedor: 162, 167n; Costos por Cambiar de Producto del Consumidor: 409n; de Cournot: 92, 104-107, 111n, 136, 142n; Deber Cívico: 101-102, 248; Demandas Legales Triviales I: 78, 122-123, 130, 200; Demandas Legales Triviales II: 124-126; Demandas Legales Triviales III: 124, 127-129; Dilema del Modelador: 40-41; Dilema del Prisionero: 13, 32-35, 37, 39-40, 42-43, 46n-47n, 50-51, 64, 66, 94, 99-100, 102, 131, 142n, 146-148, 150-153, 156, 164n-166n, 190n, 243, 360, 415, 434-435; Dilema del Prisionero de un solo lado: 155-158, 166n; Dilema del Prisionero repetido: 141n, 147-149, 155-156, 164n-166n, 169-171, 184-185, 187; Dilema del Samaritano: 88; División del Pastel: 317-322; 2-por-2: 32, 37, 39, 43, 47n, 52, 98-100, 102, 110n, 434; Duopolio: 156-157; Educación I: 290, 293-296, 298, 302, 304, 307, 312-313, 466; Educación II: 294-296, 307; Educación III: 294-295, 298, 307; Educación IV: 294, 296, 298, 303, 307; Educación V: 300-301, 306-307; Educación VI: 301-304, 306; Educación VII: 304, 307; Educación VII: 304-307; Emparejar Centavos: 113, 439; Empleo: 157; Entrar para que lo Compren: 405; Equipos: 250; Fijación de Precios Bajos a las Nuevas Emisiones de Acciones: 308-310; Fijación Rapaz de Precios: 401, 403;

Gallina: 47n, 92-94, 96-97, 109n, 138, 317, 320, 389, 480; *Greenmail* para atraer Caballeros Blancos: 416-418; Guerra de Desgaste: 94-95, 109n-110n; Hablar Cuesta Caro: 453-455; Halcón-Paloma: 47n, 135, 137-138, 142n; Halcón-Paloma-Burgués: 139-140; Limones I: 261-264, 266, 277, 281n, 412; Limones II: 261-264, 266, 277, 281n-283n; Limones III: 261, 264-268, 282n-283n; Limones IV: 261, 264-266, 282n-283n; Localización de Hotelling: 366, 369, 385n; mercado de valores: 91; Modelo de Bagehot: 419-420; Modelo de Kyle: 421-422; Modelo OPEP I: 24-29, 31, 37, 46n; Modelo OPEP II: 28, 37, 105; Monopolio Duradero: 378-379; Negociación con Información Incompleta: 327; Negociación de Nash: 320; Obstaculización de la Entrada I: 119-122, 140n, 142n, 146-147, 157, 164n, 169, 172, 181, 185-186, 188n, 251, 331, 400, 442; Obstaculización de la Entrada II: 172-173, 175-176, 180, 188n; Obstaculización de la Entrada III: 172-173, 176-178, 181-182; Obstaculización de la Entrada IV: 172-173, 181-182; Obstaculización de la Entrada V: 172, 181-183, 192; Ofertas Alternativas: 133, 322-323, 325, 333n; Paradoja de la Cadena de Tiendas: 146-148, 151, 158, 164n, 171, 184, 187, 400, 447; Plática Cara: 191-192; Policía: 110n; póquer: 66-67, 83n; Precio de Hotelling: 366-367, 409n; Precio Límite como una Interferencia de la Señal: 397; Préstamo: 157; Problema del Ventajista en las Tomas de Empresas: 413; Producción: 199-200; Producción I: 200, 202-203; Producción II: 202-203; Producción III: 204, 221n; Producción IV: 204-205; Producción V: 205-206, 215, 217, 229-230, 245; Producción VI: 229, 252n; Producción VII: 259-260, 281n; Proveeduría del Gobierno: 425, 430; Proveeduría del Gobierno I: 426, 429; Proveeduría del Gobierno II: 427; Queso Suizo: 99-100, 434; Quiche y la Cerveza: 189n-190n; Recuperación: 237, 240, 411; Recuperación I: 238-

239; Recuperación II: 239-240; Revelación Financiera: 157; Salario de Eficiencia: 429; Seguro: 48n; Seguro de Sen: 49n; Seguro Social: 88-91, 93, 99-100, 104, 109n-110n, 153, 275; Siga al Líder I: 53-56, 63-64, 68, 115-117, 119; Siga al Líder II: 64-65, 67; Siga al Líder III: 69, 71-74; Tai-Pan: 352; Temblor: 118; Trampa Amorosa: 48n; Valores Subvaluados: 57; Vendedor: 233-234, 236-237, 252n

juegos repetidos: 184, 403; cooperación en: 187; estrategias para: 166n; finitamente: 146-148. 164n-166n, 173; infinitamente: 131, 135, 141n, 146-147, 150, 157-158, 163, 165n-167n, 170, 18ъ, 323

juegos, teoría de los: 8, 10, 13, 18, 41n, 43-44; básica: 7; biología y: 115, 135-136, 139; como instrumentos para modelar: 24; cooperativos: 13, 33-34, 46n; ejemplificación de técnicas en: 388; enfoque biológico en la: 115; equilibrio y: 29-30, 34; estabilidad y: 111n; métodos de la: 14; modelos de localización y: 366; modelos paradójicos: 61; motivaciones y: 128-129; no cooperativos: 7, 13, 33-34, 47n; renegociación en: 237; resultado y: 30; toma de decisiones y: 23

juegos, aplicación de la teoría en: casos legales: 121; ciencias sociales: 109n; historia: 49n; macroeconomía: 141n; organización industrial: 109n; teología: 46n

jugadores: 28; actúan por instinto: 142n; comunicación entre: 45; conjunto de acciones: 25; información y: 52, 61, 70, 74, 84n, 171, 196, 232, 251, 300-301, 306, 311n-312n; irracionales: 185; mediación entre: 45; mejor respuesta del: 31, 39; metas de los: 24; negociación entre: 37; neutrales al riesgo: 78; que responden: 384n; que no responden: 384n; racionales: 135; tipo de: 68

Kahneman, Daniel: 83n
Kalai, Ehud: 449n
Kamien, Morton: 390, 484
Karlin, Samuel: 96
Katz, Lawrence: 252n, 311n
Katz, Michael: 48n

Kennan, John: 124, 333n, 386n
Keynes, John Maynard: 18-19, 49n
Kierkegaard, Sören: 147
Kihlstrom, Richard: 312n
Kilgour, D. Marc: 49n
Kindleberger, Charles: 49n
Klein, Benjamin: 146, 158, 161, 167n, 223n, 247, 252n
Klein-Leffler, modelo: 146
Klemperer, Paul: 162n, 384n
Kohlberg, Elon: 111n, 189n
Kreps, David: 11, 14, 16, 19n, 83n, 173-174, 180, 184, 189n, 293, 400-402, 409n
Kreps-Wilson, modelo: 400-402, 409n
Krishna, Vijay: 164n, 169, 448n
Krouse, Clement: 11, 409n
Kuhn, Harold: 109n
Kydland, Finn: 141n
Kyle, Albert, modelo de: 419, 421

Laffont, Jean-Jacques: 10-11, 131, 251n, 409n, 425-426n, 430
Lagrange, multiplicador de: 490
Lakatos, Imre: 16, 19n
Lane, W.: 385n
Layard, Richard: 299, 311n
Lazear, Edward: 253n
Leffler, Keith: 146, 158, 161, 167n, 252n
Leibenstein, Harvey: 282n
Leland, Hayne: 309
Levine, David: 111n, 165n
Levitan, Richard: 363
Levmore, Saul: 251n
Lewis, D.: 83n
Liebowitz, S.: 48n
linealidad, de la solución de Nash a la negociación: 332n
Lipsey, Richard: 370
localización, modelos de: 366, 368, 384n-385n; elección de la: 369; vendedores en el: 370
Lorberbaum, Jeffrey: 165n
Loury, Glenn: 408n
Lucas, Robert: 484
Luce, R. Duncan: 8, 10, 48n, 153, 164n, 332n
Lluis y Lluis: 117n

Macaulay, Stewart: 166n, 246
Macey, Jonathan: 141n, 414
Machina, Mark: 83n
MacRae, Norman: 30

malas noticias: 346

maldición del ganador, en subastas: 345-349, 351n; en teoría política: 348

malicia, demandas triviales y: 129

manchas solares, modelo de las: 97

margen, competitivo: 111n; que conserva la medida: 490, 492

Margolis, Stephen: 48n

Markov, ecuación de diferencia de: 143; equilibrio de: 162-163, 167n; estrategias de: 109n, 146, 163

Marschak, Jacob: 254n

Marshall, Alfred: 9, 18

Martínez-Coll, Juan: 166n

Maskin, Eric: 97, 165n, 186, 251n-252n, 273, 351n, 363, 369-370

Masten, Scott: 220n

matemática(s), economía: 10; generalidad: 16; transformación de Harsanyi y: 83n; vaguedad no: 16

Mathewson, G. Frank: 223n, 409n

Mattheus, Steven: 308

maximando: 490

maximin, equilibrio: 153-154; estrategia: 153-154

maximización: 89, 93; condición de primer orden y: 108, 365; elección de funciones y: 484; de la utilidad: 64, 321

McAfee, R. Preston: 350n

McChesney, Fred: 141n, 414

McCloskey, Donald: 19n

McGee, John: 119

McGovern: 185

McLennan, Andrew: 180, 189n

McMillan, John: 10-11, 85n-86n, 350n

Mead, Walter: 346

mecanismo, diseño del: 229, 281n; efecto del, fijador de la dirección: 252n; de estrategia dominante: 276; poner en práctica un: 229

Meese, G.: 48n

mejor respuesta: 111n; funciones de la: 106-107

mensaje, diferencia entre señal y: 197

mentir, véase verdad

mercados, competitivos: 317, 370, 381; microestructura de los: 9, 419-421

Mertens, Jean-François: 83n, 111n, 189n

métrico: 491; espacio: 491

Milgate, Murray: 10

Milgrom, Paul: 11, 14, 83n, 184, 191n, 220n, 222n, 252n, 312n, 343, 346,

348-351n, 396, 492-494n, 496; modelo de: 419

Miller, Geoffrey: 122

minimax, castigos: 165n; criterio: 153; ejemplo: 154; equilibrio: 154; estrategias: 152-154; pago: 152, 165n, 186; Teorema: 154; valor: 152

Mirrlees, James: 275, 281n, 285n, 425

modelando por el ejemplo: 15

modelos, escueto: 15; estructura de: 17; notación de: 17

monopolio: 45, 106, 108, 165n, 288; bilateral: 317, 351n; duradero: 377-379, 382, 385n-386n; equilibrio de estrategia pura en: 273; ineficiencia en el: 242; innovación en el: 389, 392, 394; natural: 96, 424; óptimo del: 357; producción del: 317; regulación del: 424; restrictivo: 388

monopsonio: 317

monotónica: 491

Monteverde, K.: 220n

Mookherjee, Dilip: 110n

Moore, John: 308

Moreaux, Michel: 11, 164n

Morgenstern, Oskar: 13, 19n, 64, 83n, 111n, 189n

Moulin, Herve: 10, 433

movimiento, véase acciones

Murphy, Kevin: 220n

mutación: 140; en los juegos de biología: 139; tecnología de la: 139

Muzzio, Douglas: 49n

Myerson, Robert: 251n-252n, 425

Myerson, Roger: 11, 109n, 189n, 198, 224n

Nalebuff, Barry J.: 10, 109n, 123, 253n-254n

Nash, John, equilibrio de: 13, 16, 30, 38-41, 70, 74, 94, 106, 111n, 115, 120, 128, 130, 135, 138, 146, 157, 176, 186-188, 200, 231-232, 250, 276, 288, 318, 382, 433, 436, 438, 443, 448; a prueba de coaliciones: 130; asimétrico: 138; débil: 118, 126, 140n; contratos y: 254; eficiente: 249; estable: 370; de estrategias mixtas: 153; de estrategias puras: 260, 305, 307, 389, 391, 440, 495; funciones de demanda y: 368; en juegos infinitos: 165n; múltiples de: 42-44, 47n-49n, 54, 56, 79, 116, 119, 143, 230, 252n; no perfecto: 141n, 147; perfecto: 141n, 166n, 172; perfil de equilibrio como: 78; perfil de estrategia de: 130; precios y: 361; refinamiento del: 171; separador: 273, 302, 305; subastas y: 340; supermodularidad y: 375; único: 164n, 168, 319-320, 360, 372, 447; unificador: 271, 304-305; variación conjetural y: 358

Nash, estrategias de: 137; débiles: 136; mixtas y: 90-91, 93, 273; no perfectas: 148; puras y: 88, 91, 93; pura simétrica: 138

Nash, solución negociadora de: 317, 319-320, 326, 332n-333n, 335, 406, 471-473

Naturaleza, acción de la: 24, 54-55, 60, 62-66, 77-78, 83n, 124, 175, 251, 453; agente-principal y: 195-196, 205, 240; estado del mundo y: 68, 228-229

navaja de Occam, concepto de la: 15

negociación: 189n, 324, 405, 419; agente-principal: 203-204; cooperativa: 332n; costos de: 325, 333n-334n, 473-475; entre jugadores: 37; fijación de precios y: 16, 33; ineficiente: 332; información y: 419-423; información incompleta y: 327-328, 333n, 335, 386n; juegos de: 13, 106, 127, 133; laboral: 326; legal: 311n; modelos de: 33; no cooperativa: 321, 332n; para el acuerdo: 125; poder de: 239-240, 332; en los subjuegos: 200; teoría de la: 317; en tiempo real: 322; *véase también* Nash, solución negociadora

Nelson, Philip: 312n

Newberry, David: 393

Newman, Peter: 10

Newmann, John von: 13, 19n, 30, 64, 83n, 111n, 154, 189n

nodo: 54, 172; curso: 55; definición de: 82n; final: 55, 65-66, 78, 116; inicial: 55, 109n; predecesor del: 54; rama: 55; singular: 116; sucesor del: 54

notación: 484-485

Novshek, William: 383n

nube: 59

obstaculización de la entrada: 407; estratégica: 396, 400; modelos: 62; *véase también* juegos, ejemplos, Obstaculización de la E ¡-trada

Ohta, Hiroshi: 385n

oligopolio: 10, 33, 45, 384n; cooperación en: 358; producción en: 251

opinión(es), actualización de las: 70; como conjeturas pasivas: 291, 293; de equilibrio: 174, 177, 332; escudriñamiento y: 301; exógenas: 295; formación de: 175, 177; fuera del equilibrio: 174, 296; posterior: 72-73; previas: 70, 73, 176, 188n, 191, 335; racionales: 174; reglas de juegos y: 294

oportunismo: 247

optimización: 484; técnica de: 427

Ordeshook, Peter: 10, 49n

Owen, Guillermo: 10

pago(s): 24, 27-28; asimétricos: 136; aversión al riesgo y: 64; cardinales: 99, 138; de conocimiento común: 188; continuidad de los: 91; definición de los: 165n; descuento de los: 115; discontinuidad en los, por un bien público: 250-251; discontinuos: 390-391; de los dividendos: 311n; equilibrio de: 32, 61; función de: 68, 105, 165n, 261, 263, 268, 355, 359, 371, 391, 450-451; laterales: 33; magnitud de los: 42; método de igualación de: 87, 92-93, 95, 98-99, 101, 103; minimax: 152, 186; modificación de los: 47n; ordinales: 46n, 99; perfil del: 56, 152; por las estrategias: 38, 98; que dominan a otros pagos: 39; representación de: 34; para los subjuegos: 131, 191-192; simétricos: 156; de un solo movimiento: 165n

Palfrey, Thomas: 11

Pandilla de los Cuatro: 171; modelo: 141n, 184, 388, 400, 410, 413; Teorema: 166n, 185-186

Paradoja, de Edgeworth: 360-363; de Newcombe: 46n

Pareto: 40-41, 62, 165n, 303, 335; Acertijo de la Perfección de: 131-132; equilibrio dominante: 43, 47n-48n, 49, 118, 130-132, 296, 433, 468; equilibrio de Nash: 42-43; equilibrio jerarquizado: 298; equilibrio superior: 45, 237, 239; frontera de: 472; óptimo de: 33, 106, 206, 249, 255n, 319, 343-344; perfección de: 131, 168; subastas: 343-344; valor eficiente: 331

participación: 230; restricción de la: 206-207, 209, 222n, 235, 243, 251n, 256, 275, 291, 303, 426, 428-429, 459

patentes, adormecidas: 393, 395-396; carrera de: 350n, 390-396, 408n-409n; competencia de: 251; dos modelos de: 390

Pearce, David: 48n, 131, 166n

Peleg, Bezalel: 130

Peltzman, Sam: 109n, 166n

perfección: 14, 129, 404; concepto de: 118, 121, 155; implicación de la: 142n. de Pareto: 131-132; refinamiento de la: 301; de los subjuegos: 115, 120-121, 140n, 142, 147, 150, 159, 171-173, 175, 187-189n, 200, 322, 326, 384n, 443

periodos, infinitos: 382; múltiples: 360

perpetuidad: 491

Perry, Motty: 189n, 333n-334n

Petrakis, Emmanuel: 493

Phlips, Louis: 11, 284n

Picker, Randal: 10, 122

plática barata: 97

Plinio: 144, 444-445n

Png, Ivan: 110n, 386n; juego del Acuerdo de: 77, 79-82, 122-123; modelo: 121

Poisson: 222n, 408n

Polermarchakis, Heraklis: 84n

Polinsky, A. Mitchell: 211

Popkin, Samuel: 246

Porter, Robert: 166n, 251

Posner, Richard: 95, 246, 392

potencial de atraco: 247

Poterba, James: 426n

precios: 29; como estrategias: 383n; discriminación de: 317; dispersión de: 277, 284n; de equilibrio: 263, 334, 342, 372, 376, 379, 418; equilibrio de Nash en los: 361; elección de: 410; guerra de: 388; límite superior del precio: 424; rapaz: 388, 396; de reserva: 241, 342, 351n; teoría de: 18; uso de los: 311n

precios, fijación de: 191, 384n, 388, 396; de Bertrand: 389; en duopolio: 16, 404; no lucrativos: 404; en monopolio: 45, 404; en oligopolio: 33, 45; rapaz: 400-403, 409n, 411; subastas: 33, 339-350

Prescott, Edward: 141n

presupuesto equilibrado: 284n; restricción del: 249, 255n

probabilidad, condicional: 73; densidad de la: 9, 451; distribución de: 229, 334, 493; de equilibrio: 330-331; finita: 136; interpretación de la: 104; límite de la: 165n; marginal: 72-73; mixta: 99, 402; mixta simétrica: 370; posterior: 74; subjetiva: 84n

problemas y respuestas, acorazado: 85; agarre el dólar: 144; Alba y Roma: 114; apetito de Elmer: 84; Aseguramiento con ecuaciones y diagramas: 285; Bertrand diferenciado: 387, 480-483; Bertrand diferenciado con anuncios: 386, 478-480; búsqueda de renta: 352, 475-477; calidad del producto con demandas legales: 168; Caracortada II: 435; Caracortada y Timmy: 50, 434-435; ciclismo simple: 434; cómo encontrar el equilibrio de estrategia mixta en un juego de pruebas: 286, 462-464; costo fijo de la negociación y de las quejas: 334, 470-471; costo fijo en la negociación y la información incompleta: 335, 473-475; descoordinación: 50, 435; desembrollando la verdad: 257, 459-460; dilema de prisionero repetido: 169, 448-449; dominio de Nash e iterativo: 49; dominio de tipo Pareto: 50; dos-por-dos: 49, 433-434; duopolio de Cournot asimétrico: 387; duopolio de Cournot con infomación incompleta sobre los costos: 190, 449-453; educación productiva y no existencia del equilibrio: 313; Emparejar Centavos: 100, 439-440; empresas conjuntas: 85, 437; equipos: 257; ¿es mejor la habilidad baja?: 312, 466-468; esfuerzo del trabajador: 227, 457-458; estrategias estables evolutivas: 142; falta de conocimiento común: 192; fijación de precios al límite: 191; fundación de Hong Kong: 352; fusiones de Cournot: 387; generaciones sucesivas: 168, 447-448; gobierno y monopolio: 353, 477-478; huyendo de la Gestapo: 112; información incompleta: 335; información simétrica y opiniones previas: 191, 453-455; juegos repetidos: 169, 448; limitaciones de la bancarrota: 226; matrices de resultados: 51; Monty Hall: 84, 436; nuevamente, un costo de negociación fijo: 336; obstaculización repetida de la entrada: 142, 169, 442-444; paradoja en la votación: 113, 440-442; perdedores en dos ocasiones: 287; Plinio y el juicio de los siervos: 144, 444-447; Por qué los empresarios venden su empresa: 225, 456-457; precio y calidad: 313, 468-469; primarias presidenciales: 112, 438-439; problema del agente-principal: 225; pruebas de cáncer: 85, 436; pruebas y compromiso: 285; publicidad: 314, 469-470; salarios de eficiencia: 258, 460-461; seguro con ecuaciones y diagramas: 461-462; seguros y los diagramas de estado-espacio: 287, 464-466; señalización con señal continua: 313; sequía en California: 86; soluciones del primer mejor en un modelo del agente-principal: 224, 455-456; supervisión con error: 255, 458-459; supervisión con error: las segundas ofensas: 256; solución de la negociación de Nash: 335, 471-473; subasta con participantes estúpidos: 353; venta de carros: 334

procedimiento de los tres pasos: 207

producción, comprobada: 204; costos de: 17, 357; eficiente: 383n; elección de: 410; de equilibrio: 359; funciones de: 14; incluida en el contrato: 204; del monopolio: 317; niveles de: 28, 211; en oligopolios: 251

productos diferenciados: 354, 360, 363-365, 368

programación dinámica: 163

propiedad del cruce único: 293, 304

propiedad monotónica de la tasa de probabilidad (PMTP): 222n-223n

Psacharopoulos, George: 299, 311n

publicidad: 469-470; señalización y: 312n

punto de frontera: 484

puntos focales: 44-45, 49n, 97, 102, 113, 317, 321

Pyle, David: 309

racionalidad individual: 207; restricción de la: 222n

racionalidad, secuencial: 109, 117-118, 122, 126-127n, 129-130, 135, 238, 379, 382, 400; en la macroeconomía: 141n

racionamiento: 380; eficiente: 383n;

inverso a la intensidad: 361, 363; proporcional: 361-362; reglas de: 360, 362-363; según la intensidad: 360-363

Radner, Roy: 165n, 245, 254n

Raff, Daniel: 278

Raiffa, Howard: 8, 10, 48n, 153, 164n, 332n

Rapoport, Anatol: 10, 109n, 187

Rapoport, Peter: 46n-47n

Rasmusen, Eric: 11, 84n, 110n, 158n, 164n-166n, 220n, 244, 251, 253n, 255n, 258n, 274, 396, 405, 460n, 493

Raviv: 220n

reacción, de Cournot: 387; curvas de: 106, 356, 384n, 386; función de: 107, 355-356, 364-365, 384n, 386, 450

receptor: 311n

recoordinación: 131

recuerdo perfecto: 109n

Rees, Ray: 117n

refinamientos exóticos: 189n

Regla de Bayes: 52, 70, 72-75, 174, 177, 181, 222n, 330, 402, 413, 418; equilibrio separador y: 178-179, 292, 295; formación de opiniones y: 175-176

Regla de Oro: 29

Regla de Plata: 29, 46n

regulación, de la tasa de rendimiento: 424; teoría de la: 409n

regresión, a la media: 76-77, 84n; bayesiana: 77; más allá de la media: 76; regla de: 423

Reinganum, Jennifer: 142n, 311n, 390, 408n

Reiss, Peter: 383n

remitente: 311n

renegociación: 115; agente-principal: 240; en contratos: 9, 228; paradojas de la: 239; prueba de la: 131; teoría de juegos y: 237

rentas informacionales: 430

repetición: 244

reputación: 155, 244, 298, 384n; beneficios de la: 402; importancia de la: 157, 166n, 184, 348; modelo de: 146, 312n; problema de la: 156; protección de la: 403; selección adversa y: 280

respuesta racional: 379

restricción(es), de la competencia: 230; interinas: 251n; no separadora: 230; no unificadora: 230

resultados: 24
retícula: 491
retroalimentación: 141n
revelación, principio de: 228, 231-232, 235, 251n
Reynolds, Robert: 383n, 387n
Richerson, Peter: 142n
riesgo(s): 489-491; aversión al: 9, 62, 64, 66, 76, 123, 154, 201, 208, 211-215, 217, 222n-223n, 227, 233, 240, 245, 253n, 255n, 258, 261, 267, 270, 282n, 285n, 287, 307, 343-344, 347, 460, 492; neutralidad al: 64, 78, 85, 112, 201, 208, 215-216, 226-227, 233-234, 240, 249, 255n-257, 261, 268, 270, 285-287, 307, 309, 340-341, 343, 492; salarios y: 205
riesgos morales: 9, 126, 155, 158, 242, 246; agente-principal: 167n, 199, 214, 224; aseguramiento y: 218; asignación eficiente del: 220; con acciones ocultas: 195-196, 198, 205, 424; con conocimiento oculto: 195-196, 198, 205, 228, 252n, 259-260, 424; de dos lados: 221n; dos clases de: 228-229; en el modelo de Diamond: 411; en política pública: 252n, 275; remedios para el: 240; en seguros: 268, 284n; selección adversa y: 268-269, 278-280, 300
rigurosa: 491
Riker, William: 49n, 144, 444
Riley, John: 62, 109n, 142n, 274, 351, 433
Riordan, Michael: 312n
Roberts, John: 11, 14, 184, 191n, 220n, 312n, 383n, 396, 494n, 496
Robinson, Marc: 344
robustez completa: 180
Roll, Richard: 142n
Rosen, Sherwin: 253n
Rosenberg, David: 124n
Ross, Steven: 311n
Roth, Alvin: 284n
Rothschild, Michael: 10, 268-269, 306
Rubin, Paul: 223n
Rubinfeld, Daniel: 124
Rubinstein, Ariel: 10, 189n, 256n, 287n, 324-325, 332n-333n; negociación: 406
Rudin, Walter: 484

Saft, Lester: 223n
Salant, Stephen: 111n, 383n, 387n

salarios, altos: 167n, 211; con certidumbre: 204-205; del contrato unificador: 305; desequilibrados: 313; de eficiencia: 161, 228, 241, 244, 252n-253n, 255, 258, 278, 384n, 460; equilibrio de los: 66; de equilibrio: 210, 241, 258; funciones de: 207; con incertidumbre: 205-206; previsible: 213; de reserva: 222n, 258, 285-286, 462; riesgos y: 205, 210; separadores: 291, 302; unificadores: 293, 304
Saloner, Garth: 48n
Salop, Steven: 277, 408
Samet, Dov: 449n
Samuelson, William: 162n, 168, 333n, 447n
Savage, Leonard: 84n
Scarf, Herbert: 14
Scharfstein, David: 285n
Scheffman, David: 386n
Scheinkman, Jose: 384n
Schelling, Thomas: 14, 44, 49n
Schmalensee, Richard: 11, 161, 251n, 390, 409n
Schwartz, Gary: 224n, 390, 484
secuencia temporal: 14
Seierstad, A.: 484
selección adversa, modelos de: 155, 195-196, 198, 228, 253n, 255n, 265, 278, 281n, 285n, 289, 419, 424-425; con certidumbre: 281n-282n; con incertidumbre: 197, 284n; escudriñamiento y: 301, 305-306; en el modelo de Diamond: 411; parcial: 264; problemas de: 251n; reputación y: 280; riesgo moral y: 268-269, 278-280, 300; en seguros: 260, 268, 277; sencilla: 301, 306; señalización y: 298; soluciones a la: 279-280
Seligman, Daniel: 281n
Selten, Reinhard: 14, 43, 140n, 146, 164n, 172
señal(es), diferencia entre mensaje y: 197; múltiples: 308
señal, interferencia de la: 396-397; legal: 400; mixta: 398-399; pura: 398
señales continuas, equilibrios múltiples: 296-298; escudriñamiento con: 302; señalización con: 313
señalización, modelos de: 195-196, 284n, 306, 333n, 396, 400, 424; aplicaciones de la: 311n; aplicada a la publicidad: 312n; en ciencia política:

311n; costos de la: 289; curvas de: 310; distinción entre escudriñamiento y: 311n; educación y: 289-294, 299-300; de estrategia continua: 303; obstaculización de la: 388; productiva: 299; propiedades fundamentales de: 289, 296; pura: 328; tipos y niveles de: 307; usos de la: 298; y fenómenos similares: 298-299

separabilidad: 165n

Shaked, Avner: 333n, 370

Shapiro, Carl: 48n, 109n, 162-163, 167n, 241

Shapley, Lloyd: 13; valor de: 332n-333n

Shavell, Steven: 124n, 222n

Shell, Karl: 97

Shimko, David: 47n

Shleifer, Andrei: 189n, 415-416

Shubik, Martin: 10, 82, 332n, 350n, 363

Simon, Leo: 370

sinergismo: 384n

Slade, Margaret: 166n

Slatkin, Montgomery: 15

Slovic, Paul: 83n

Smith, Abbie: 253n

Smith, Maynard: 109n, 142n, 241

Sobel, Joel: 97, 110n, 189n, 333n

Sonneschein, Hugo: 220n, 383n

Sowden, Lanning: 46n

Spatt, Chester: 158n

Spence, A. Michael: 16, 19n, 289, 293, 311n, 404

Spitzer, Matthew: 321

Spremann, Klaus: 10

Spulber, Daniel: 251n, 409n, 425, 430

Srivastava, Sanjay: 11

Stachetti, Ennio: 131, 166n

Stackelberg, Heinrich von, equilibrio de: 107-108, 111n, 142n, 359; guerra de: 111n; líder de: 107-108; seguidor de: 107

Stanford, William: 449n

Staten, Michael: 220n, 311n

Stigler, George: 9, 166n, 241

Stiglitz, Joseph: 161, 167n, 241, 253n-254n, 268-269, 277, 279, 282n, 284n, 306, 311n, 408n-409n, 411

Stokey, Nancy: 142n, 484

Straffin, Philip: 46n

Strunk, William: 19n

subastas: 317; clasificación de las: 337, 350n-351n; de dólares: 350n; equilibrio de la: 341-342; de grito abierto:

350; holandesa: 339, 342-343, 350n; inglesa: 339-341, 344, 350n-351n; inglesa de salida anunciada: 343; oferta en sobre cerrado, primer precio: 339-340, 342-344, 348-350; oferta en sobre cerrado, segundo precio: 339-341, 343-344, 346, 348, 350, 350n-351n; óptima: 347; óptima en el sentido de Pareto: 343; por partes: 351n; reglas de las: 338-342, 350n; riesgos en: 343-344, 347; de salida anunciada: 339; de valor común: 337-338, 344-345, 348-349, 351n; de valor correlacionado: 338-339; de valor privado: 338, 343-344; tipos de: 338-339

subjuegos, de Bertrand: 409n; de desequilibrio: 331; duración infinita de los: 141n; equilibrio de Nash no perfecto: 142; equilibrio de Nash perfecto y: 116-118, 120, 130; extensivos: 131; negociación en los: 200; pagos para los: 131, 191-192; perfección de los: 115, 121, 140n, 142, 147, 150, 159, 171-173, 175, 187-189n, 200, 322, 326, 379, 384n, 443

Sugden, Robert: 142n, 147

Sultan, Ralph: 385n

Summers, Larry: 278

supermodular: 491, 494

supermodularidad: 9, 354, 372-373, 491, 496; esencia de la: 374; suave: 494; teoremas de la: 374

supuestos primitivos: 15, 17, 365-366

sustitutos estratégicos: 384n

Sutton, John: 333n, 383n

Switzer, Sheldon: 383n, 387n

Sydsaeter, K.: 484

Szep, J.: 10

tabla de ofertas: 351n

Takahashi, Ichiro: 333n

Takayama, Akira: 484

Teece, David: 220n

Telser, Lester: 411

temblor: 118

temblorosa, mano: 118, 120, 294; equilibrio perfecto de la: 172-173, 175, 188n-189n

Tenorio, Rafael: 351n

teorema(s): 9, 16; de Coase: 203; de la equivalencia de los ingresos: 343; Folk: 30, 146, 149-150, 158-159,

165n-166n, 184, 186, 323-324; de la función implícita: 354, 372-373, 375; Minimax: 154; de la Pandilla de los Cuatro: 166n, 185-186; de punto fijo: 484; Rao-Blackwell: 222n; de la supermodularidad: 374

Thaler, Richard: 83n, 321

Thisse, Jacques: 369

Thomas, L.: 10

tiempo, continuo: 111n, 134, 408n; de decisión: 57; descuento de los pagos en el: 115; finito: 150-151; infinito en el juego: 150, 158, 333n; línea de: 57; real: 57, 322

Tirole, Jean: 10-11, 83n, 96-97, 109n-110n, 131, 154n, 165n, 188n, 207, 240, 247, 251n-252n, 327, 333n, 396, 409n, 425-426n, 430, 433, 484, 496

Titman, Sheridan: 189n

tomas hostiles de empresas: 413-415

topología: 491

torneos: 242, 244, 248, 254n-255n, 390; de Axelrod: 171, 187, 190n; de compensación: 253n

transmisión(es), bloqueo de: 9; cultural: 142n; genética: 142n

Treynor, Jack, véase Bagehot

Tsebelis, George: 110n

Tucker, Albert: 13, 46n

Tukey, J.: 111n

Tullock, Gordon: 88, 95, 109n, 392

Tversky, Amos: 83n

Umbeck, John: 220n, 311n

uno-a-uno: 491

utilidad: 27; cardinal: 47n; costo de: 38, 213; cuadrática: 384n; funciones de: 9, 14, 77, 210, 222n-223n, 252n-253n, 255n, 313, 319, 365, 384n, 455-457, 471; funciones de, Von Neumann-Morgenster: 64, 83n; marginal: 201, 211, 221n, 223n, 258; maximización de la: 64, 321; reducción de la: 62; de reserva: 200-201, 207, 230, 429, 458; separable: 222n, 223n; teoría de la: 19n; véase también pago

valor: 325; común: 337-338, 344-345, 348-349, 351n; correlacionado: 337-338; eficiente: 331; estrategias de equilibrio de: 338; privado: 337-338, 344, 348, 350n-351n; de Shapley: 332n-333n

valuación: 337-339, 342, 345-346, 348

Van Damme, Eric: 11, 192n, 454n

Varian, Hal: 11, 83n, 275, 383n, 484

variables, afiliadas: 351n; aleatorias: 351n, 392; de cambio: 371; endógenas: 371; exógenas: 371; no aleatorias: 392

variación conjetural: 358-359, 383n

varianza: 309; niveles de: 310

vector: 491

vender la tienda: 212, 244, 249

venganza: 167n

ventaja comparativa, principio de la: 300

ventaja, del que mueve primero: 42, 50, 323, 384n, 389; del que mueve segundo: 384n; del último que mueve: 328

verdad: 252n; conocimiento oculto y: 241; decir la: 232, 235, 245, 252n; desembrollando la: 231, 257, 264

Vickrey, William: 284n, 339, 341, 343, 350n, 369, 385n

vigilancia: 244

Vishny, Robert: 189n, 415-416

Waldegrave, James: 109n

Waldman, Michael: 251, 384n

Weber, Robert: 343, 349-351n

Wei, Jong-shin: 50n

Weiner, E.: 19n

Weiss, Andrew: 252n, 279, 285n, 311n, 411

Weitzman, Martin: 384n

Weston, J. Fred: 133, 308, 492

Whinston, Michael: 130

White, E. B.: 19n

Wicksteed, Philip: 16-17

Wildavsky: 109n

Wiley, John: 385n

Williams, J.: 10

Willig, Robert: 11, 251n, 390, 409n

Wilson, Charles: 273, 311n

Wilson, Robert: 14, 124, 173, 184-185, 333n, 351n, 386n, 400-402, 409n

Winter, Ralph: 223n

Wolfson, M.: 220n

Wolinsky, Asher: 332n

Wydick, Richard: 19n

Yellen, Janet: 252n

Zahavi, Amotz: 312n

Zamir, S.: 83n

Zenger, Todd: 255n

Zimmerman, Jerold: 254n

ÍNDICE GENERAL

Prefacio 7
   Contenido y propósito 7
   Cómo utilizar este libro 7
   El nivel matemático 8
   Cambios a la segunda edición 9
   Otros libros 10
   Reconocimientos 12

Introducción 13
   Historia 13
   El método de la teoría de juegos 14
   La teoría ejemplificadora 15
   El estilo del libro 17
   Notas 19

Primera Parte
TEORÍA DE JUEGOS

1. *Las reglas del juego* 23
   1.1. Definiciones básicas 23
      Describiendo un juego, 24; El equilibrio, 29; Unicidad, 30
   1.2. Las estrategias dominantes: el Dilema del Prisionero 31
      Los juegos cooperativos y los no cooperativos, 33
   1.3. Dominación iterativa: la Batalla del Mar de Bismarck 34
   1.4. El equilibrio de Nash: los Cerdos Encajonados, la Batalla de
      los Sexos y la Coordinación Jerarquizada 38
      La Batalla de los Sexos, 41; Juegos de Coordinación, 42
   1.5. Puntos focales 44
   Notas 45
   Problemas 49

2. *Información* 52
   2.1. Formas estratégica y extensiva de un juego 52
      La forma estratégica y la matriz de resultado; 52; La forma extensiva y el
      árbol del juego, 54; La línea de tiempo, 57
   2.2. Conjuntos de información 58
      Conocimiento común, 62
   2.3. Información perfecta, cierta, simétrica y completa 63
      Ejemplos de clasificación de información en el póquer, 66
   2.4. La transformación de Harsanyi y los juegos bayesianos . . . 67
      La transformación de Harsanyi: Siga al Líder III, 67; Actualización de las

opiniones con la Regla de Bayes, 70; Actualización de las opiniones en Siga al Líder III, 73; Regresión a la media, 76

2.5. Ejemplo: el juego del Acuerdo de Png 77
Notas 82
Problemas. 84

3. *Estrategias mixtas y continuas* 87
   3.1. Estrategias mixtas: el juego de la Seguridad Social 87
   El juego del Seguro Social, 88; Interpretación de las estrategias mixtas, 90; Existencia del equilibrio, 91
   3.2. El Gallina (cobarde), la Guerra de Desgaste y las estrategias correlacionadas 92
   El Gallina y el método de igualación de pagos, 92; La Guerra de Desgaste, 94; Estrategias correlacionadas, 96
   3.3. Estrategias mixtas con parámetros generales y *N* jugadores: el juego del Deber Cívico 98
   Categorías de juegos con estrategias mixtas, 99
   3.4. Aleatoriedad *versus* mezcla: el juego de la Auditoría. 102
   3.5. Estrategias continuas: el juego de Cournot. 104
   El equilibrio de Stackelberg, 107
   Notas 109
   Problemas. 112

4. *Juegos dinámicos con información simétrica* 115
   4.1. La perfección de los subjuegos 115
   El equilibrio perfecto de Siga al Líder I, 115
   4.2. Un ejemplo de perfección: Obstaculización de la Entrada I . . 119
   ¿Debe el modelador usar alguna vez los equilibrios no perfectos?, 121
   4.3. Las amenazas creíbles, los costos hundidos y el problema del conjunto abierto en el juego de las Demandas Legales Triviales 121
   Demandas Legales Triviales II: la utilización estratégica de los costos hundidos, 124; El problema del conjunto abierto en Demandas Legales Triviales II, 126; Demandas Legales Triviales III: emociones maliciosas, 128
   4.4. Recoordinación hacia los equilibrios dominantes de Pareto en los subjuegos: la perfección de Pareto 130
   4.5. El descuento 132
   4.6. El equilibrio evolutivo: Halcón-Paloma. 135
   Un ejemplo de la EEE: Halcón-Paloma, 137
   Notas 140
   Problemas. 142

5. *Reputación y juegos repetidos con información simétrica* 146
   5.1. Juegos repetidos finitamente y la Paradoja de la Cadena de Tiendas. 146
   La Paradoja de la Cadena de Tiendas (Selten, 1978), 146; El Dilema del Prisionero repetido, 147
   5.2. Juegos repetidos infinitamente, castigos minimax y el Teorema Folk. 148
   La estrategia pesimista, 149; La estrategia del desquite, 149; Teorema 5.1. (El Teorema Folk), 150; Minimax y maximin, 153; Compromiso previo, 155

5.3. Reputación: el Dilema del Prisionero de un solo lado 155
5.4. La calidad del Producto en un jueto repetido infinitamente. . 158
5.5. Los equilibrios de Markov y las generaciones sucesivas en el
    juego de los Costos de los Clientes por Cambiar de Vendedor 162
Notas 164
Problemas. 168

6. *Juegos dinámicos con información asimétrica* 171
    6.1. Equilibrio bayesiano perfecto: Obstaculización de la Entrada
    II y III 171
    La perfección de subjuego no es suficiente, 171; Obstaculización de la
    Entrada II: pelear nunca es lucrativo, 172; La perfección de la mano tem-
    blorosa, 172; El equilibrio bayesiano perfecto y el equilibrio secuencial, 173;
    De regreso a la Obstaculización de la Entrada II, 175
    6.2. Refinamiento del equilibrio bayesiano perfecto: el juego de la
    Admisión al Doctorado 176
    La Obstaculización de la Entrada III: a veces es lucrativo pelear, 176
    El juego de la Admisión al Doctorado 178
    6.3. La importancia del conocimiento común: la Obstaculización
    de la Entrada IV y V 181
    Obstaculización de la Entrada IV: su ignorancia beneficia a la empresa
    establecida, 182; Obstaculización de la Entrada V: falta de conocimiento
    común de la ignorancia, 182
    6.4. Información incompleta en el Dilema del Prisionero repetido:
    el modelo de la Pandilla de los Cuatro 184
    La Pandilla de los Cuatro, 184
    6.5. El Torneo de Axelrod 187
Notas 188
Problemas. 190

Segunda Parte
INFORMACIÓN ASIMÉTRICA

7. *Riesgo moral: acciones ocultas* 195
    7.1. Categorías de modelos de información asimétrica. 195
    7.2. Un modelo del agente-principal: el juego de la Producción . . 199
    El juego de la Producción I: información completa, 200; El juego de la Pro-
    ducción II: información completa. El agente mueve primero, 202; El juego
    de la Producción III: salario dado o "plano" con certidumbre, 204; El jue-
    go de la Producción IV: el salario basado en la producción en condiciones de
    certidumbre, 204; El juego de la Producción V: salario basado en la produc-
    ción en condiciones de incertidumbre, 205
    7.3. Encontrando los contratos óptimos: el procedimiento de los
    tres pasos y las limitaciones de la compatibilidad de incenti-
    vos y de la participación. 206
    7.4. Contratos óptimos: el juego de Broadway 208
    Relación entre producción y compensación, 208; Vender la tienda, 212;
    Información pública que perjudica al principal y al agente, 213
    7.5. Diagramas de estado-espacio: juegos del Aseguramiento I y II 214
Notas 220

8. *Temas acerca del riesgo moral* 228
  8.1. Equilibrio unificador *versus* equilibrio separador y el principio
    de la revelación 228
    Equilibrios unificadores y separadores, 229; Desembrollando la verdad cuando el silencio es la única alternativa, 231; El principio de la revelación, 231
  8.2. Un ejemplo del riesgo moral con conocimiento oculto: el juego
    del Vendedor. 233
  8.3. Renegociación de contratos: el juego de la Recuperación . . . 237
    El juego de la Recuperación I, 238; El juego de la Recuperación II, 239
  8.4. Salarios de eficiencia 240
  8.5. Los torneos. 242
  8.6. Las instituciones y los problemas de la agencia 243
    Formas de suavizar los problemas de la agencia, 243; Las instituciones gubernamentales y los problemas de la agencia, 245; Las instituciones privadas y los problemas de la agencia, 246
  8.7. Los equipos. 248
    Discontinuidad en los pagos por un bien público, 250
  Notas 251
  Problemas. 255

9. *Selección adversa*. 259
  9.1. Introducción: el juego de la Producción VII. 259
  9.2. Selección adversa con certidumbre: Limones I y II. 260
    Limones I: gustos idénticos, dos tipos de vendedores, 261; Limones II: gustos idénticos, un continuo de tipos de vendedores, 262
  9.3. Gustos heterogéneos: Limones III y IV. 264
    Limones III: los compradores dan más valor a los carros que los vendedores, 264; Limones IV: las valuaciones de los vendedores difieren, 265; Más vendedores que compradores, 267; Compradores heterogéneos: exceso de oferta, 267; La aversión al riesgo, 268
  9.4. Selección adversa con incertidumbre: el juego del Aseguramiento III. 268
  9.5. Otros conceptos de equilibrio: el equilibrio de Wilson y el equilibrio reactivo 273
  9.6. El mecanismo de Groves 275
  9.7. Una variedad de aplicaciones 277
    Dispersión de precios, 277; Los seguros de salud y el "Medicare", 277; Los cinco dólares diarios de Henry Ford, 278; Préstamos bancarios, 278; Soluciones a la selección adversa, 279
  Notas 281
  Problemas. 285

10. *Señalización* 289
  10.1. El jugador informado mueve primero: señalización 289
  10.2. Variantes del modelo de señalización de la educación. 293
    Educación II: modelado de temblores para que nada esté fuera del equilibrio, 294; Educación III: ningún equilibrio separador, dos equilibrios unificadores, 295; Educación IV: señales continuas y equilibrios múltiples, 296
  10.3. Comentarios generales sobre la señalización en la educación. 298
    Señalización y fenómenos similares, 298; Problemas al aplicar la señalización a la educación, 299; La señalización productiva, 299

10.4. El jugador informado mueve segundo: escudriñamiento. . . 300
Ningún equilibrio unificador en Educación VI, 303; Educación VII: ningún equilibrio de Nash, 304; Escudriñamiento y selección adversa, 305; El equilibrio de Wilson y el equilibrio reactivo, 306; Un resumen de los modelos de educación, 307

10.5. Dos señales: el juego de la Fijación de Precios Bajos a las Nuevas Emisiones de Acciones 308
Notas 311
Problemas. 312

Tercera Parte
APLICACIONES

11. *Negociación* 317
11.1. El problema básico de negociación: la División del Pastel . . 317
11.2. La solución de la Negociación de Nash 318
11.3. Ofertas alternativas en tiempo finito 322
11.4. Ofertas alternativas en tiempo infinito 323
Ningún descuento, pero un costo de negociación fijo, 325
11.5. Información incompleta 327
Un caso de muchos compradores con baja valuación: $\gamma = 0.5$, 328; Un caso con pocos compradores de baja valuación: $\gamma = 0.05$, 329; Conducta de desequilibrio, 331
Notas 332
Problemas. 334

12. *Subastas* 337
12.1. Clasificación de las subastas y estrategias de valores privados 337
Valores privados, comunes y correlacionados, 337; Las reglas de las subastas y las estrategias de valor privado, 338
12.2. Comparación de las reglas de las subastas 343
Teoremas de equivalencia, 343; Dificultando la colusión de los compradores, 344
12.3. Subastas de valor común y la maldición del ganador 344
Los yacimientos petrolíferos y la maldición del ganador, 346
12.4. La información en las subastas con valor común. 349
Información asimétrica entre los compradores, 349
Notas 350
Problemas. 352

13. *Fijación de precios* 354
13.1. Las cantidades como estrategias: retorno al equilibrio de Cournot 354
La conducta de Cournot con las funciones de costo general y de demanda, 354; Muchos oligopolistas, 357; Variación conjetural, 358
13.2. Los precios como estrategias: el equilibrio de Bertrand . . . 359
Limitaciones de la capacidad: la paradoja de Edgeworth, 360; Diferenciación del producto, 363
13.3. Modelos de localización o de interpretación espacial 365
13.4. Estática comparativa y juegos supermodulares 371
El teorema de la función implícita, 372; Supermodularidad, 373

13.5. El monopolio duradero. 377
Notas 383
Problemas. 386

14. *Ingreso* 388
   14.1. La innovación y las carreras de patentes 388
     Introducción, 388; El poder de mercado como un precursor de la innovación, 388; Las carreras de patentes, 390
   14.2. Interferencia de la señal 396
   14.3. La fijación rapaz de precios: el modelo de Kreps-Wilson. . . 400
     Parte del equilibrio para un juego con una fijación rapaz de precios, 402
   14.4. Entrar para que le compren la empresa. 403
     Ejemplo numérico, 406
   Notas 408

15. *La nueva organización industrial* 410
   15.1. El crédito y la antigüedad de la empresa: el modelo de Diamond 410
     Introducción, 410; El crédito y la antigüedad de la empresa: el modelo de Diamond, 411
   15.2. Las tomas de una empresa y el *greenmail* 413
     El problema del ventajista, 413; *Greenmail*, 415
   15.3. La microestructura del mercado. 419
   15.4. Regulación de la tasa de rendimientos y Proveeduría del Gobierno 424
     Proveeduría del Gobierno I, 426; Proveeduría del Gobierno II, 427

APÉNDICES

A. *Respuesta a los problemas impares* 433
B. *Matemáticas* 484
   Notación 484
   El alfabeto griego. 485
   Fórmulas sencillas 486
     La fórmula cuadrática, 486; Derivadas, 486; Determinantes, 487; Algunas formas funcionales para $x > 0$, 487
   Glosario. 487
   Riesgo. 491
   Distribución de probabilidad 493
   Supermodularidad 494
Bibliografía 497
Índice analítico 527

Este libro se terminó de imprimir en junio de 1996 en los talleres de Impresora y Encuadernadora Progreso, S. A. de C. V. (IEPSA), Calz. de San Lorenzo, 244; 09830 México, D. F. En su composición, parada en el Taller de Composición del FCE, se usaron tipos New Aster de 24, 16, 12, 10:11, 9:10 y 8:9 puntos. La edición, de 2 000 ejemplares, estuvo al cuidado de *Manlio Fabio Fonseca Sánchez*.